RECHERCHES LITTÉRAIRES MÉDIÉVALES
COMITÉ DE DIRECTION

35

Le Royaume arthurien au XIIe siècle

Ouvrage publié avec le soutien du Centre de recherche interdisciplinaire
sur les modèles esthétiques et littéraires (CRIMEL)
de l'université de Reims Champagne-Ardenne

Flore Verdon

Le Royaume arthurien

au XIIe siècle

La quête d'une eutopie

PARIS
CLASSIQUES GARNIER
2022

Flore Verdon, docteur en littérature française de l'université de Reims Champagne-Ardenne, est chercheur associé au Centre de recherche interdisciplinaire sur les modèles esthétiques et littéraires (CRIMEL). Ses recherches portent sur les récits bretons du XIIe siècle. Elle assure, avec Karin Ueltschi, l'organisation du séminaire « Grandes et Petites Mythologies » à l'université de Reims Champagne-Ardenne.

ISBN 978-2-406-12910-3 (livre broché)
ISBN 978-2-406-12911-0 (livre relié)
ISSN 2108-5900

À ma tante, Nadège Wathier.

INTRODUCTION

Le *Chevalier au Lion* s'ouvre sur un moment de convivialité, regroupant Arthur et ses chevaliers autour de la Table Ronde :

> Artus, li boens rois de Bretaingne
> La cui proesce nos enseigne
> Que nos soiens preu et cortois,
> Tint cort si riche come rois
> A cele feste qui tant coste,
> Qu'an doit clamer la Pantecoste[1].

D'emblée, le propos du roman concerne la royauté, son prestige et son rayonnement. En apparence, ce prologue décrit en effet une société parfaite, presque idéale, en une métaphore de l'harmonie animant l'ensemble du royaume. En apparence seulement. Une ombre plane sur ce repas idéal, puisque le roi Arthur déserte la table et la compagnie pour aller dormir :

> Mes cel jor mout se merveillierent
> Del roi qui d'antr'aus se leva,
> Si ot de tex cui mout greva
> Et qui mout grant parole an firent,
> Por ce que onques mes nel virent
> A si grant feste an chanbre antrer
> Por dormir ne por reposer.
> […]
> Qu'il s'oblia et endormi[2].

Cette scène est étonnante et augure d'une singulière faiblesse du roi. Certes, Calogrenant pallie l'absence d'Arthur en proposant le conte

1 *Yvain*, dans Chrétien De Troyes, *Œuvres complètes*, éd. Daniel Poirion, Anne Berthelot, Peter F. Dembowski, Sylvie Lefèvre *et al.*, Paris, Gallimard, Bibliothèque de la Pléiade, 1994, v. 1-6. Sauf avis contraire, les citations des romans de l'auteur champenois se référeront toujours à cette édition.

2 *Ibid.*, v. 42-48 ; 52.

de sa mésaventure à la fontaine de Barenton. Néanmoins, les signaux d'alerte vis-à-vis d'un monde, sinon déséquilibré, du moins fragilisé, se multiplient. Ce récit lance aussi Yvain sur la voie de sa propre quête :

> Messire Yvains de la cort s'anble
> Si qu'a nul home ne s'asanble,
> Mes seus vers son ostel s'en va[3].

La première raison invoquée pour ce départ inopiné est la vengeance de l'affront fait à son cousin. Cette mise en errance renvoie surtout aux enjeux annonciateurs d'un scénario sous-jacent aux récits arthuriens que nous chercherons à dégager.

Le chevalier a pour mission de seconder un roi faible, visiblement trop fatigué pour maintenir le prestige de sa cour, ou même la défendre en dehors de son territoire. Par conséquent, poussant le héros à parcourir l'ensemble de l'espace royal au moment opportun où le roi défaille, le repas d'ouverture renferme une dimension plus profonde et associée à la nécessaire régénération de la royauté.

La notion de royaume renvoie à la fois au territoire royal et à la communauté qui y est réunie. Le royaume est en effet un élément fondamental, voire central, du récit breton. Il apparaît dès le seuil de l'action, comme dans cet extrait, où il est représenté par la réunion des barons du roi autour de la Table Ronde. Il est aussi traversé de part en part par le héros en quête d'aventures et de reconnaissance. Il est encore malmené par des personnages malintentionnés, avides du pouvoir du roi Arthur, à l'image de Méléagant, figure emblématique du mal dans *Le Chevalier de la Charrette*.

Les différentes « matières » définies par Jean Bodel[4] sont en effet organisées autour d'un souverain emblématique. La matière de France est associée à Charlemagne, celle de Rome à Alexandre le Grand et à Jules César, celle de Bretagne enfin, à Arthur. Cette évidence d'un contexte avant tout royal explique en partie l'importance de ce repère. La notion de royaume est en effet construite autour d'un nœud formé par un territoire et la figure du roi.

---

3 *Ibid.*, v. 721-723.

4 Jean Bodel, *Chanson des Saisnes*, Francisque Michel (éd.), Paris, 1839, v. 6-11. Voir aussi à propos de cette notion de « matière », Christine Ferlampin-Acher, Catalina Gîrbea (dir.), *Matières à débat. La notion de matière littéraire dans la littérature médiévale*, Rennes, PUR, 2017.

La structure narrative du récit breton, qui est d'abord spatiale[5], fournit une autre explication à l'importance de cette notion que nous avons placée au centre de notre investigation. La principale dynamique de l'action s'appuie sur l'aventure et l'errance d'un ou de plusieurs chevaliers à travers plusieurs espaces caractéristiques[6]. Nous essaierons de montrer que l'histoire met en place une dichotomie entre un monde supposé « réel » et un autre espace, où les lois rationnelles n'ont plus cours, un ailleurs. Le mouvement du chevalier à travers ce décor bivalent permet de mettre en lumière les principaux enjeux de cette dialectique fort signifiante, ainsi que le rappelle Paul Zumthor :

> L'espace qu'il parcourt est hétérogène, formé d'univers contradictoires, Cour et forêt, le lieu humain dont il vient, l'étendue sauvage où il transite. Par l'errance, le chevalier saisit cet espace, dans l'espoir d'en unifier les composantes : un appel à la Cour et au roi conclut régulièrement toute aventure[7].

À cette dimension spatiale s'ajoute un contexte historique. Enfin, affleurent des traditions celtiques à l'origine de l'imaginaire de la matière de Bretagne. Le royaume arthurien apparaît dès lors comme un lieu éminemment syncrétique.

Jusqu'à présent, aucune étude globale ne s'est attachée à l'ensemble de ces enjeux et n'a mis la notion de royaume au cœur d'une investigation. En effet, le premier, Marc Bloch[8] s'est intéressé aux soubassements symboliques de la figure royale historique. Philippe Walter et Dominique Boutet, chacun à leur manière, ont creusé les mémoires mythiques des grands rois, en privilégiant leur dimension légendaire et littéraire. Martin Aurell a montré plus particulièrement la relation qui existe entre la représentation, en l'occurrence d'Arthur, et les exploitations qu'en fait l'Histoire. Toutefois, dans tous ces cas de figures, la figure du roi était au centre de ces études. La notion de royaume, elle, semble surtout avoir été considérée comme une extension du roi.

---

5 Paul Zumthor a très tôt théorisé cet enjeu du roman médiéval : « Dans le roman médiéval prime le rapport à l'espace », *La Mesure du monde, Représentation de l'espace au Moyen Âge*, Paris, Éditions du Seuil, 1993, p. 385.

6 Emmanuèle Baumgartner, *Le Récit médiéval*, Paris, Hachette, 1995, p. 43.

7 Paul Zumthor, *La Mesure du monde*, *op. cit.*, p. 209-210.

8 Marc Bloch, *Les Rois thaumaturges. Étude sur le caractère surnaturel attribué à la puissance royale particulièrement en France et en Angleterre*, Paris, Gallimard, 1983 [1re éd. 1924].

Le lien de la littérature avec le thème du royaume n'est pourtant pas fortuit et mérite un examen approfondi. Certes, le décor, particulièrement la mixité de la géographie arthurienne, fondée sur une tension entre deux mondes antithétiques, a suscité ces quarante dernières années un intérêt accru dans la communauté des médiévistes. Depuis que Paul Zumthor a ainsi défini le paysage arthurien, les chercheurs se sont ingéniés à analyser les caractéristiques géographiques, littéraires et symboliques de ces lieux, ou encore les conditions de franchissement d'un monde à l'autre[9].

La quasi-absence de travaux consacrés à la notion de royaume, tant dans sa définition spatiale que sociale, s'explique sans doute par son caractère multiforme et hétérogène. Pour l'appréhender, il faut recourir aux apports de plusieurs disciplines. Cette notion implique en effet tout à la fois une dimension historique, littéraire et mythique fournies aussi bien par l'imaginaire chrétien que par les traditions celtiques propres à la matière de Bretagne. Pour la cerner, il faut donc définir une approche associant plusieurs disciplines, afin de prendre en compte toutes ces facettes. Nous proposons d'envisager l'ensemble des dimensions de ce repère central du récit arthurien.

Image d'un monde aux couleurs d'Arthur, le royaume apparaît comme un élément aussi divers qu'ambigu.

---

9 Marie-Luce Chênerie, *Le Chevalier errant dans les romans arthuriens en vers des XIIe et XIIIe siècles*, Genève, Droz, 1986 ; Francis Dubost, *Aspects fantastiques de la littérature narrative médiévale, XIIe-XIIIe siècles*, Paris, Champion, 1991, 2 t. ; Christine Ferlampin-Acher, *Merveilles et topique merveilleuse dans les romans médiévaux*, Paris, Champion, 2003 ; Denis Hüe, Christine Ferlampin-Acher (dir.), *Le Monde et l'Autre Monde*, Orléans, Paradigme, 2002 ; Fabienne Pomel, *Les Voies de l'au-delà et l'essor de l'allégorie au Moyen Âge*, Paris, Champion, 2001.

UN OU PLUSIEURS ROYAUMES ARTHURIENS ?

Descendant du latin classique *regimen, -inis* « royaume[10] », l'ancien français *rëaume*[11] désigne tout d'abord un pays, ou un État gouverné par un roi, c'est-à-dire une portion de l'espace sur laquelle un roi exerce son autorité.

Dans le récit breton, la notion de royaume est tout à la fois spatiale, politique et historique ; elle désigne d'abord un territoire géographique pour former ce qu'on appelle le chronotope arthurien :

> Nous appellerons *chronotope*, ce qui se traduit, littéralement par « temps-espace » : la corrélation essentielle des rapports spatio-temporels, telle qu'elle a été assimilée par la littérature[12].

Il s'agit du domaine royal, composé de sa cour, auxquels il faut ajouter les environs formés le plus souvent d'un paysage naturel et sylvestre. Néanmoins, si le royaume renvoie étymologiquement à un lieu gouverné par le personnage du souverain, en contexte littéraire particulièrement, il réfère aussi, par transfert métonymique, à une population réunie par un idéal de société : la cour, dans son acception à la fois spatiale, mais aussi sociale, et hiérarchique[13]. Il désigne donc le lieu sur lequel gouverne le souverain, mais aussi ses sujets et plus particulièrement ses chevaliers[14]. Plus encore, la communauté concernée se reconnaît dans le complément déterminatif « de Bretagne ». Le royaume arthurien est

---

10 Takeshi Matsumara, Michel Zink (dir.), *Dictionnaire du français médiéval*, Paris, Les Belles Lettres, p. 3008-3009 ; voir aussi FEW, X, 208b, *regimen*.

11 Il est fréquent de le trouver sous ces différentes graphies : *roiame, realme, reame* ou encore *roiaume*.

12 Mikhaïl Bakhtine, *Esthétique et théorie du roman*, Daria Olivier (trad.), Paris, Gallimard, 1978, p. 237. Le lien du chronotope à la réalité est ailleurs dans l'œuvre exprimé en ces termes : « Le chronotope détermine l'unité artistique d'une œuvre littéraire dans ses rapports avec la réalité. », *ibid.*, p. 384.

13 Takeshi Matsumara, Michel Zink (dir.), *Dictionnaire du français médiéval*, *op. cit.*, p. 761 ; voir aussi FEW, II, 849b, *cohors*.

14 Catalina Gîrbea précise cet élargissement de sens que le terme *cour* recouvre au XIIe siècle : « Par ailleurs, il existe un sens très abstrait du terme de cour dans la légende arthurienne : la cour se confond parfois avec le royaume ou la personne même du roi. », *La Couronne ou l'auréole : royauté terrestre et chevalerie célestielle à travers la légende arthurienne (XIIe-XIIIe siècle)*, Turnhout, Brepols, 2007, p. 256.

bien accroché au sol breton dont il est indissociable[15]. Il a donc à voir avec la matière de Bretagne même. À ce titre, il est nécessaire de préciser ici que, pour le qualifier, nous emploierons habituellement les adjectifs « breton » et « arthurien » dans une relation synonymique, même si nous sommes conscients qu'ils peuvent aussi être dotés d'autres sens très précis et distincts[16].

Mais la notion de royaume peut être dilatée et désigne en partie ce qu'on nomme aujourd'hui le paradis. Lorsqu'elle reçoit comme complément « Dieu » : la locution *Deu rëaume*, « royaume de Dieu », a le sens de « paradis[17] ». Cette association est assez fréquente pour donner au substantif un nimbe solennel, qui lui reste attaché même lorsqu'il n'est pas déterminé par une référence eschatologique. De fait, si le terme même de « paradis » n'est pas encore attesté au XIIe siècle, l'espace supérieur auquel il renvoie, issu d'un syncrétisme de traditions qui mêle la Genèse aux traditions antiques, celtiques et orientales, nourrit en filigrane la symbolique du royaume.

La multiplicité des références de la notion de « royaume » en explique la mouvance. C'est une des difficultés majeures de notre étude, il est vrai. C'est surtout grâce à cette instabilité référentielle et définitoire que la notion se prête de manière privilégiée à accueillir et véhiculer un surplus de *senefiance* : il n'y a pas de richesse poétique et imaginaire sans « ouverture ».

Nous proposons donc d'examiner le royaume arthurien, considéré comme un idéal de société terrestre, presque une « utopie[18] » avant la lettre, en considérant cette notion comme un lieu rêvé et imaginaire,

15 Danièle James-Raoul, *Chrétien de Troyes, la griffe d'un style*, Paris, Champion, 2007, p. 382.

16 Il est en effet tout à fait possible de distinguer les récits « arthuriens », dans lesquels Arthur est vraiment présent, des récits « bretons », qui ont le même univers de référence, mais sans que le roi Arthur y soit explicitement présent ; voir à ce sujet Philippe Walter « Notice » du lai de *Lanval*, dans Philippe Walter (dir.), *Lais du Moyen Âge, Récits de Marie de France et d'autres auteurs (XIIe-XIIIe siècle)*, Paris, Gallimard, Bibliothèque de la Pléiade, 2018, p. 1146. Toutefois, dans le cadre de cette étude, distinguer les deux adjectifs en question favoriserait davantage la confusion que la compréhension de ce que représente le royaume à cette époque et dans les textes. Seule compte ici l'inscription du royaume dans une Bretagne associant des références réalistes à une fiction pétrie de références merveilleuses issues entre autres de traditions orales. Par commodité, nous emploierons donc l'adjectif « arthurien », comme simple synonyme de « breton », sans prendre en compte la nécessité de la présence d'Arthur.

17 Takeshi Matsumara, Michel Zink (dir.), *Dictionnaire du français médiéval*, *op. cit.* p. 3008-3009 ; voir aussi FEW, X, 208b, *regimen*.

18 Nous ajoutons des guillemets au nom « utopie » car nous l'employons ici dans son acception commune, indépendamment des connotations qu'il prend à partir de l'œuvre

réunissant les hommes dans la paix et l'harmonie. Le royaume tel que nous l'entendrons apparaît au confluent d'au moins trois entités. Il possède d'abord une dimension politique, puisqu'il s'inspire et reflète jusqu'à un certain point les royaumes existant historiquement au XIIe siècle ; mais sa signification est aussi imaginaire, puisque sa description s'inspire aussi des traditions orales qui irriguent le récit breton ; surtout, sa portée est mythique, puisqu'il se fait le vecteur d'un idéal de société proposé par la fiction à l'auditeur ou au lecteur.

Tirons à présent les conséquences concrètes de ces considérations théoriques pour définir les contours de la notion de « royaume ».

Le royaume arthurien, c'est-à-dire le monde fictif constitué autour de la figure d'Arthur, est composé d'un pôle reflétant l'image de la cour et d'un pôle plus imaginaire, merveilleux. Le récit arthurien englobe ces deux espaces sans les ordonner ou les hiérarchiser : l'errance chevaleresque va de l'un à l'autre. Le nom *rëaume* peut désigner le monde arthurien en général ou l'un de ses deux pôles. Les deux pôles ne cessent en effet d'interférer, renforçant une possible impression de confusion. Il est d'ailleurs fréquent qu'un événement merveilleux vienne troubler la cour, qui est le centre du premier pôle. Cette multiplicité d'emplois et de références à des réalités opposées a pour principale conséquence une perte d'une partie de signifiance de *rëaume* : c'est exactement ici que s'ancre l'instabilité constitutive de la notion, son ouverture poétique féconde. Cette ambiguïté entretenue explique que la notion de « royaume » est difficile à saisir et n'a guère été traitée dans sa dimension littéraire et mythique. C'est pourtant de ce flou même que les poètes – Chrétien et Marie en premier lieu – tirent un parti fort habile pour donner un cadre à la fois concret, courtois et merveilleux à leur fiction.

Enfin, cette notion possède plusieurs cercles concentriques. Elle peut en effet s'élargir pour englober des royaumes voisins mais qui possèdent un lien d'inclusion avec celui d'Arthur. La notion de « royaume » recouvre ainsi la relation de juxtaposition, de voisinage et d'inclusion qui existe entre les terres du roi légendaire et celle de ses serviteurs royaux.

Afin de démêler cet écheveau, nous adopterons une terminologie que nous conserverons tout au long de l'étude. Les choix sont opérés en vertu de la problématique royale.

---

de Thomas More, au XVIe siècle. Rappelons que la première attestation française du mot se trouve chez Rabelais en 1532, au chapitre 2 du *Pantagruel*.

Le royaume correspondant au monde fictif dans lequel l'intrigue se déroule en mettant en son centre Arthur, sera désormais appelé royaume arthurien[19]. Il englobe les deux pôles respectifs de l'errance chevaleresque, l'un étant conçu comme le miroir de l'autre. Précisons que chaque pôle est dominé par une ou plusieurs figures royales secondaires. Nous parlerons par conséquent de domaines pour référer à ces deux espaces royaux. En effet, « domaine » est un terme relatif à la féodalité, et qui renvoie à une unité de territoire[20].

Le premier pôle du royaume arthurien, érigé en principal repère de l'intrigue, correspond à la cour du roi Arthur et à ses environs. La représentation de ce premier espace met en effet en œuvre les problématiques courtoises qui se développent au XIIe siècle tout en les ancrant dans un décor aux dimensions réalistes et féodales. Haut lieu de l'exercice royal, la cour est surtout un lieu dont la littérature s'est emparée pour dire sous forme de fiction la réalité. En vertu du centre névralgique que forme la cour, ce premier espace sera désormais appelé domaine courtois.

Le second pôle est au contraire ancré dans un ailleurs habité par des fées. Il se présente comme un miroir merveilleux du premier pôle, c'est pourquoi il sera nommé domaine merveilleux.

Au cœur de notre investigation, le parcours du héros dans le royaume arthurien le conduit du domaine courtois, au domaine merveilleux, avant de le ramener à la cour d'Arthur. Ce retour final coïncide, non avec un retour au point de départ, mais avec la création d'un nouvel espace, à la tête duquel le héros, érigé à la dimension royale, règnera en faisant primer le bien-être de sa communauté. Ce troisième lieu discerné est donc distinct de la cour d'origine. Il propose surtout un modèle de régénérescence à cette première cour, devenue fragile à cause de la défaillance d'un roi, qui s'endort ou qui n'est plus digne de son statut sacré. Émanant en effet de la dialectique des deux domaines, principalement de leurs limites, il sera admis que cet ultime espace se situe quelque part en marge du monde arthurien et de ses deux pôles avec des caractéristiques qui lui sont propres. En vertu de cette dialectique à la fois géographique et heureuse, nous appellerons ce troisième territoire le royaume eutopique.

---

19 Les termes retenus pour l'étude sont exceptionnellement mis en gras pour plus de lisibilité.
20 Jean Favier (dir.), *La France médiévale*, Paris, Fayard, 2003, p. 131-132.

Le tableau ci-dessous présente en guise d'exemple et d'illustration la répartition de quelques lieux repères de l'intrigue arthurienne en fonction de la terminologie choisie :

ROYAUME ARTHURIEN	
Domaine courtois	**Domaine merveilleux**
Cour du roi Arthur	Avalon
Château royal	Château merveilleux, île féerique, montagne, verger
Domaine de la mère de Perceval (*Perceval*)	Château du Roi Pêcheur
Les trois royaumes du Danemark, du Surrey et les terres du roi Edelsi (*Haveloc*)	Univers onirique du rêve d'Argentille (*Haveloc*)

Cependant, toute l'histoire, toute la *senefiance*, toute la charge mythique enfin du récit breton sont tributaires de cette tension dialectique permanente entre les deux domaines.

DUALITÉ DU ROYAUME ARTHURIEN : LE REGISTRE MERVEILLEUX AU CŒUR DE LA DICHOTOMIE

On l'a dit : le chronotope arthurien a pour première caractéristique un ancrage dans un monde occidental et breton. Son point de référence est la cour du roi, c'est-à-dire le domaine courtois, auquel s'oppose un ailleurs : le domaine merveilleux.

Qu'on le nomme « Autre Monde », « ailleurs », « paradis », « au-delà », ou encore « monde féerique », le contrepoint au domaine courtois a pour principale caractéristique d'introduire le registre merveilleux, notamment par un événement ou un personnage surnaturel[21]. Le terme

21 L'Autre Monde est une notion fondamentale de la littérature médiévale. À ce sujet, voir Irène Bessière, *Le Récit fantastique, La poétique de l'incertain*, Paris, Larousse, 1973 ; Roger Caillois, *Anthologie du fantastique*, Paris, Gallimard, 1966, 2 vol. ; Marie-Luce Chênerie, *Le Chevalier errant dans les romans arthuriens en vers des* XII*e et* XIII*e siècles*, *op. cit.* ; Francis Dubost, *Aspects fantastiques de la littérature narrative médiévale…*, *op. cit.* ; *La Merveille médiévale*, Paris, Champion, 2016 ; Edmond Faral, *Le Merveilleux et ses sources dans les descriptions des romans français du* XII*e siècle*, Paris, Champion, 1913 ; Christine Ferlampin-Acher, *Merveilles*

« *merveille* » contient dans son sémantisme même la complexité de ses dimensions. Il provient de l'adjectif latin *mirabilia*, dont le lien à la vue est rappelé par Christine Ferlampin-Acher :

> Le terme « merveilleux » remonte à *merveille*, qui lui-même vient de *mirabilia*. La racine que l'on identifie aisément est celle de *mirari*. *Merveilleux* de par son origine implique donc d'abord une perception visuelle, puis une réaction caractérisée par deux possibilités qui peuvent coexister : l'étonnement et l'admiration[22].

Par son étymologie, la merveille médiévale suppose donc un regard[23] ainsi qu'une subjectivité qui la perçoit. Le registre merveilleux se définit également par son effet, de l'ordre de l'étonnement provoqué par un « écart », ou une « altérité » entre ce que le personnage s'attend à découvrir et l'aventure qui survient à lui[24]. Cet étonnement « résiste à l'esprit » et pose question[25].

Jacques Le Goff[26] distingue trois types de « merveille », en rapport avec trois références. Il s'agit d'abord du *miraculum* qui réfère au miracle divin et dont la réponse apportée est religieuse. Ensuite, le *magicus* renvoie au domaine du surnaturel diabolique, et les *mirabilia* désignent la merveille d'origine païenne, marquée par une poétique d'indécision. D'autres éléments permettent d'affiner notre intelligence

---

et topique merveilleuse…, *op. cit.* ; *Fées, bestes et luitons. Croyances et merveilles*, Paris, PUPS, 2002 ; Francis Gingras (dir.), *Motifs merveilleux et poétique des genres au Moyen Âge*, Paris, Classiques Garnier, 2015 ; Laurence Harf-Lancner, *Les Fées au Moyen Âge…*, *op. cit.* ; Denis Hüe, Christine Ferlampin-Acher (dir.), *Le Monde et l'Autre Monde*, *op. cit.* ; Claude Lecouteux, *La Mort, l'au-delà et les autres mondes*, Paris, Imago, 2019 ; Jacques Le Goff, *L'imaginaire médiéval*, Paris, Gallimard, 1985 ; Fabienne Pomel, *Les Voies de l'au-delà …*, *op. cit.* ; Jean-René Valette, *La Poétique du merveilleux dans le* Lancelot en prose, Paris, Champion, 1998.

22 Christine Ferlampin-Acher, *Merveilles et topique merveilleuse …*, *op. cit.*, p. 12.

23 Jacques Le Goff insiste sur l'importance du regard dans la définition de ce registre dans *L'imaginaire médiéval*, *op. cit.*, p. 18.

24 Daniel Poirion, *Le Merveilleux dans la littérature française du Moyen Âge*, Paris, PUF, 1995, p. 3-4.

25 Jean-René Valette, *La Poétique du merveilleux dans le* Lancelot en prose, *op. cit.*, p. 146. Voir également Francis Dubost, « La pensée de l'impensable dans la fiction médiévale », Francis Dubost (dir.), *La Merveille médiévale*, *op. cit.*, p. 27.

26 Jacques Le Goff, « Le Merveilleux dans l'Occident médiéval », *L'Étrange et le Merveilleux dans l'Islam médiéval*, actes du Colloque organisé par l'Association pour l'Avancement des Études Islamiques, mars 1974, à Paris, Éditions J. A., Paris, 1978, p. 61-115, repris dans *L'Imaginaire médiéval*, Paris, Gallimard, p. 17-56.

de la notion : la réception du texte[27] doit aussi être prise en compte, puisqu'« aucun texte n'est lu indépendamment de l'expérience que le lecteur a d'autres textes[28]. » Bien évidemment, la compétence du lecteur est différente selon les époques, mais aussi les catégories sociales[29]. Par conséquent, l'horizon d'attente[30] du XIIe siècle diffère du nôtre. Afin de résoudre cette difficulté, Christine Ferlampin-Acher a posé la nécessité de considérer le lecteur inscrit présupposé par le texte et non le lecteur réel[31]. Seules comptent donc les références au lecteur contenues dans le texte. Les adresses au lecteur, notamment dans les prologues et épilogues des lais, ou toutes les mentions d'un possible étonnement du lecteur, mais aussi les marques d'énonciation prévoyant la présence d'un interlocuteur, peuvent ainsi renseigner sur le fonctionnement du registre merveilleux. Francis Dubost propose, quant à lui, de repérer objectivement certains indices porteurs de merveille. Il a en effet remarqué qu'elle se signale souvent par l'introduction du terme même « merveille[32] ». L'ambiguïté constitue la caractéristique première de la merveille. Dans un récent article[33], Danièle James-Raoul signale d'ailleurs que le registre merveilleux se signale le plus souvent par l'implicite[34], ce qui le rend fort difficile à distinguer du « mode » réaliste. En effet, dans le cadre de cette étude, nous verrons que la distinction entre espace réel et espace imaginaire est loin d'être évidente[35]. Le poète cultive la fusion et la confusion. Danièle James-Raoul explique ce phénomène créateur d'ambiguïté :

> Cette ambiguïté qui tend à faire de l'espace merveilleux un espace comme hyperbolique du nôtre, mais dépourvu de caractéristiques intrinsèques

---

27 C'est à-dire son accueil par le lectorat d'une époque donnée. Nous empruntons cette notion à Hans Robert Jauss dans *Pour une esthétique de la réception*, Claude Maillard (trad.), Paris, Gallimard, 1978.

28 Umberto Eco, *Lector in fabula, Le rôle du lecteur ou la coopération interprétative dans les textes narratifs*, Myriam Bouzaher (trad.), Paris, Grasset, 1979, p. 101.

29 Umberto Eco, *Lector in fabula…*, *op. cit.*, p. 64.

30 Sur la notion d'« horizon d'attente », voir Hans Robert Jauss, *Pour une esthétique de la réception*, *op. cit.*, p. 54.

31 Christine Ferlampin-Acher, *Fées, bestes et luitons…*, *op. cit.*, p. 11.

32 Francis Dubost, *Aspects fantastiques de la littérature narrative médiévale…*, *op. cit.*, p. 64.

33 Danièle James-Raoul, « Stratégies textuelles vis-à-vis du merveilleux. Le dire ou non ? », Francis Gingras (dir.), *Motifs merveilleux et poétique des genres au Moyen Âge*, *op. cit.*, p. 437-449.

34 *Ibid.*, p. 442.

35 Christine Ferlampin-Acher, *Fées, bestes et luitons…*, *op. cit.*, p. 106.

> définitoires, se signale à nous surtout par ses êtres, ses objets, les événements qui s'y déroulent[36].

Par conséquent, les espaces et les personnages ancrés dans la merveille sont mouvants, à « géométrie variable » et réputés insaisissables.

Le domaine merveilleux figure surtout un monde où le temps ne semble pas exister, ou en tout cas, où le temps ne modifie pas la condition des créatures. Les lieux de passages, les seuils, et tout autre embrayeur vers cet ailleurs sont d'une importance capitale pour l'étude du registre merveilleux. D'ailleurs, la problématique du temps est centrale dans notre perspective. Nous montrerons en effet comment le schéma mythique à l'œuvre dans notre corpus associe la pérennité du royaume à la restauration de la grandeur royale par le biais de l'itinéraire du chevalier élu. La quête, chevaleresque comme royale, vise avant tout la pérennité de l'état du monde, c'est-à-dire un temps immuable. Plus qu'un rapport à l'espace, la problématique royale, de même que la dichotomie structurante du récit breton définissent un rapport particulier au temps. Par conséquent, la problématique du royaume n'est pas seulement spatiale.

Pourtant, le royaume n'est pas seulement cet espace bipolaire. Il renvoie aussi à un centre : la figure royale. La tension dialectique spatiale est comme doublée par une autre : celle d'un roi affaibli, *méhaignié*, qui forme par la mise en évidence souvent dramatique de ses failles, un contraste saisissant avec l'idéal immuable du *boens rois* posé simultanément par le texte.

ROI, ROYAUME ET PARABOLE ARTHURIENNE

La problématique royale, c'est-à-dire l'autorité et la légitimité du souverain se trouvent au cœur même de la définition du royaume. Étudier les dynamiques qui la régissent revient donc aussi à s'interroger sur la définition, l'action et la légitimité de son maître. Dans la littérature narrative du XIIe siècle, le roi prend souvent les traits d'Arthur, personnage aux frontières de l'histoire, de la littérature et du mythe. C'est spécifiquement au milieu de ses fidèles, réunis dans la cour royale, qu'il apparaît comme un véritable point de convergence. La fonction nodale de la cour tient d'ailleurs à l'inertie même du souverain :

36 Danièle James-Raoul, « Stratégies textuelles vis-à-vis du merveilleux. Le dire ou non ? », art. cité, p. 449.

> Étant donné que, dans la plupart des textes, les rois ne se déplacent pas et qu'ils laissent à leurs chevaliers la tâche de parcourir l'espace à leur place, la cour apparaît comme le lieu privilégié susceptible de définir la relation que la royauté arthurienne entretient avec le monde[37].

Si le souverain est calqué sur des références historiques et politiques, il possède aussi une fonction sacrée[38] que son caractère thaumaturgique illustre bien : « Le roi arthurien est un médiateur, un véritable *pontifex*, entre monde divin et le monde terrestre[39]. » Idéalement, il réunit les trois fonctions duméziliennes que sont la fonction sacrée, la fonction guerrière et la fonction de fécondité[40].

Or la littérature des XIIe et XIIIe siècles problématise constamment la figure royale en présentant le plus souvent un roi décevant[41], indigne de son statut sacré. Inerte, fatigué, voire concourant au désordre, la faiblesse d'Arthur participe le plus souvent du déséquilibre du royaume. Chez Chrétien de Troyes, Arthur est particulièrement passif, notamment dans *Lancelot* lors de l'enlèvement de la reine par Méléagant[42]. Dans *Yvain*, il s'endort à table[43], comme nous l'avons mentionné, et dans *Le Conte du Graal*, le roi apparaît si absent à lui-même que Perceval refuse de croire qu'il a devant lui le fameux roi Arthur qui fait les chevaliers[44].

Malgré toutes ses ambiguïtés, le roi apparaît pourtant comme un personnage nodal, tant sur le plan sacré que public, de même que littéraire et historique. Il nous faudra donc analyser de plus près ce statut

---

37 Catalina Gîrbea, *La Couronne ou l'auréole…*, *op. cit.*, p. 225.

38 Dominique Boutet, *Charlemagne et Arthur ou le roi imaginaire*, Paris, Champion, 1992, p. 211.

39 Catalina Gîrbea, *La Couronne ou l'auréole…*, *op. cit.*, p. 407. Selon Marc Bloch, la capacité du roi à guérir les écrouelles se trouve au fondement de son caractère sacré : « En tous pays, les rois passèrent alors pour des personnages sacrés ; en certains pays tout au moins ils passèrent pour des thaumaturges » *Les Rois thaumaturges…*, *op. cit.*, p. 17.

40 Voir Georges Dumézil, *Les Dieux souverains des Indo-Européens*, Paris, Gallimard, 1977.

41 La faiblesse et la déchéance du roi sont très sévèrement jugées par la société qui l'accueille, ainsi que l'explique Dominique Boutet : « À l'opposé de la colère, mais parfois conjuguée avec elle, la faiblesse d'un roi est considérée par tous les auteurs comme le plus grand danger pour la société. », *Charlemagne et Arthur ou le roi imaginaire*, *op. cit.*, p. 406.

42 *Lancelot*, v. 51-244. Méléagant lance un défi au roi, que Keu accepte de relever mais qui nécessite l'enlèvement de la reine. Non seulement Arthur ne s'y oppose pas mais ce n'est même pas lui qui se lance à la poursuite de Méléagant.

43 *Yvain*, v. 53.

44 *Perceval*, v. 908 ; 924 ; 926. Perceval interprète ce silence comme une absence de réflexion du roi puisqu'il se dit « Cist rois ne fist chevalier onques », v. 928.

sacré. Nous nous appuierons sur la définition de Dominique Boutet pour tenter de cerner au plus près les caractéristiques du roi Arthur :

> Ce roi de l'imaginaire est en effet union du ciel et de la terre, union des contraires – [...] –, à la fois lui-même, avec ses faiblesses et ses contradictions, en tant que personne, et le Tout en tant que fonction, symbole de l'unité profonde du monde – de l'homme, de la nature, du divin –, à la fois, pour reprendre un schéma quelque peu galvaudé, Identité et Différence. Il permet à chacun de transcender sa condition matérielle, *hic et nunc*, et de contempler l'Un à travers les mythes et les rituels[45].

À cause de cette défaillance, à partir de l'œuvre de Chrétien de Troyes, ce n'est plus le roi qui assume les principales fonctions royales, notamment guerrières, mais le héros du récit, à qui revient la mission de parcourir le royaume. Catalina Gîrbea remarque d'ailleurs le transfert de la fonction thaumaturge royale aux chevaliers arthuriens, ce qui démontre la transition sacrée effectuée dans les récits arthuriens :

> À une époque où seuls les saints et les rois participent du pouvoir sacré de guérir, nous retrouvons avec assez d'étonnement dans la matière arthurienne des chevaliers investis du don thaumaturge. Preuve incontestable de la grâce, manière aussi pour la chevalerie de remplacer le roi dans sa fonction de père salvateur, la guérison miraculeuse surgit au cœur de la littérature arthurienne avec toute la force nécessaire à ébaucher les prémisses de la sainteté chevaleresque[46].

UNE DYNAMIQUE NARRATIVE DE VOYAGE

Dans la matière de Bretagne, le principal ressort narratif prévoit l'errance d'un chevalier dans le royaume arthurien, évoluant entre les deux domaines « courtois » – dont l'édification fictive se nourrit de réalités historiques – et « merveilleux » – que la critique a l'habitude d'appeler « Autre Monde » –. Les liens et les conditions de communication entre ces deux pôles nécessiteront d'abord une étude littéraire précise des lieux et de la toponymie proposés par les textes arthuriens. De fait, si l'on ne peut pas proprement parler de libre circulation entre les deux domaines, il est communément admis que leur frontière n'est pas hermétique. La plupart du temps, la peinture de l'espace opère un brouillage topographique où

---

45 Dominique Boutet, *Charlemagne et Arthur ou le roi imaginaire*, *op. cit.*, p. 611-612.
46 Catalina Gîrbea, *La Couronne ou l'auréole...*, *op. cit.*, p. 152.

le réel, dans un souci de vraisemblance, côtoie les contrées imaginaires, littéraires et mythiques afin de concourir au développement de toutes les pistes fictionnelles possibles. Les toponymes, qui sont tantôt inventés, tantôt inspirés de la réalité dans laquelle l'auteur évolue, mixent les données réelles et fictives. Par ce savant brouillage[47], les noms de lieux permettent d'accéder aux autres strates de sens de la fiction arthurienne et apparaissent par conséquent comme un point de convergence entre les signifiances possibles de la fiction.

Quel est le sens de ce mélange des frontières entre les plans réel et imaginaire de l'action ? En quoi oriente-t-il l'évolution du héros tout au long de ce périple ? Que dit finalement la quête entreprise par le héros sur le royaume arthurien ?

Dans le récit breton, le chevalier accède à cette géographie particulière en sortant du domaine courtois, son parcours tissant constamment des liens entre un univers de références courtoises et royales et un contrepoint symbolique. En effet, à partir de Chrétien de Troyes, la survenue de l'élément perturbateur au cœur même du domaine courtois devient une règle narrative arthurienne d'importance majeure[48]. C'est en effet lors du repas organisé pour la Pentecôte, ou pendant une autre fête arthurienne d'envergure, qui réunit Arthur et ses chevaliers, que l'aventure survient. Dans *Érec et Énide*, le roi y propose la chasse au Blanc Cerf qui aboutira à la rencontre des deux héros[49]. Dans *Le Chevalier au Lion*, c'est le récit de Calogrenant qui pousse Yvain à se rendre à la fontaine merveilleuse[50], comme nous l'avons vu. Dans *Le Chevalier de la Charrette*, c'est lors de la fête de l'Ascension que la reine est enlevée[51]. Dans *Cligès*, bien que l'élément perturbateur ne soit pas introduit lors d'une fête, la venue du roi Alexandre à la cour d'Arthur initie l'amitié des deux souverains à l'origine des aventures du héros éponyme[52]. Enfin, dans *Le Conte du Graal*, la venue de Perceval dans le domaine courtois inaugure sa quête[53]. Le chevalier-héros est donc toujours amené à sortir du domaine royal pour

47 Danièle James-Raoul analyse l'enjeu fondamental des toponymes dans *Chrétien de Troyes, la griffe d'un style*, *op. cit.*, p. 371.
48 *Ibid.*, p. 39.
49 *Érec*, v. 36-38.
50 *Yvain*, v. 173-578.
51 *Lancelot*, v. 30 ; 44-46.
52 *Cligès*, v. 308-438.
53 *Perceval*, v. 900 et *sqq.*

chercher l'aventure. Cette démarche est motivée par la faiblesse du roi, incapable alors d'assumer sa charge royale. La délégation de l'autorité royale à des « administrés » chargés de l'appliquer hors du royaume s'inspire notamment de l'organisation du royaume à partir d'Henri II Plantagenêt, tandis que l'élément perturbateur peut se comparer à la force de contestation que génère tout pouvoir central :

> L'idéologie royale forgée dans ce centre qu'est la cour détermine la praxis gouvernementale, judiciaire et administrative en périphérie. Sur le terrain, des officiers royaux s'en font l'écho, la transmettent à leurs administrés. [...] Cette application pragmatique d'un programme centralisateur est jugée arbitraire et rejetée par les barons contestataires. En effet, la volonté royale de commander sans partage heurte de front bien des aristocrates. Elle en favorise toutefois d'autres, notamment ceux qui voudraient collaborer au gouvernement royal et récupérer à leur profit une part du pouvoir décisionnel et du prélèvement fiscal[54].

Ainsi, l'ancrage du texte littéraire dans un environnement politique et historique concret peut en effet fournir des éléments narratifs propices au développement de tensions diégétiques et aux transpositions symboliques, voire mythiques.

Quelle motivation, quel sens le récit breton donne-t-il aux itinéraires des chevaliers à travers ces deux domaines au fondement du royaume ? S'agit-il d'un voyage du héros dans un au-delà pour chercher et ramener un talisman[55] qui rétablirait l'équilibre du monde ? Existerait-il même une dimension messianique de contamination de la merveille dans le domaine courtois afin avant tout d'établir un royaume parfait, en un mot idéal ?

L'étude de la géographie arthurienne et du parcours des personnages à travers ces espaces littéraires et symboliques, conduit à dégager des enjeux mythiques communs à tous les récits arthuriens :

> C'est la solitude chevaleresque qui permet de réduire le désordre du monde, [...] : cette nouvelle structuration de l'espace [...], découle tout naturellement de ce choix littéraire et esthétique qui suppose [...] une opposition fonctionnelle, structurelle, et finalement, idéologique entre l'ici de la cour, de la société courtoise, qui favorise l'impulsion et garantit la célébration de l'exploit, et un

54 Martin Aurell, *L'Empire des Plantagenêts, 1154-1224*, Paris, Perrin, 2003, p. 185.

55 Philippe Walter, *Arthur, l'Ours et le Roi*, Paris, Imago, 2002, p. 178 ; voir aussi Jean Marx, *La Légende arthurienne et le Graal*, Paris, PUF, 1952.

> ailleurs, un monde de l'altérité qui prend justement si souvent les couleurs de l'Autre Monde des Celtes. [...] Mais ces projets littéraires si différents sont eux-mêmes l'expression de deux conceptions différentes du rapport de l'individu à la société, à l'Histoire et, plus généralement de l'homme au monde : c'est pourquoi cette littérature peut se faire créatrice d'un mythe[56].

Nous chercherons à donner sinon un nom à ce mythe du moins à esquisser, au terme de notre investigation, les contours d'un « troisième » univers littéraire ou « royaume ». Le domaine « merveilleux » joue un rôle fondamental dans l'édification de ce troisième lieu en ce qu'il se pose en entité critique par rapport au domaine courtois initial.

LE DOMAINE MERVEILLEUX COMME MIROIR CRITIQUE

Si l'on considère le système des personnages propre à chaque domaine, il est tout à fait remarquable que le domaine courtois corresponde à une emprise masculine, celle d'Arthur, quand le domaine merveilleux est davantage dominé par des figures féminines, souvent féeriques. Véritable envers du domaine courtois, tant dans ses caractéristiques spatiales et narratives, que dans ses personnages, le domaine merveilleux figurerait un contrepoint symbolique du domaine d'origine du héros. Il permettrait aussi par conséquent de mettre en lumière la disharmonie royale.

Pourtant, si le domaine merveilleux semble à première vue se caractériser par une harmonie féminine et féerique, il se présente aussi souvent, au départ, comme le lieu du déploiement d'une « mauvaise coutume ». Ce danger, qui met à mal tout l'univers, est directement issu de l'influence négative des hommes et de la cour. Le domaine merveilleux devient une image du mal dans l'absolu. La première mission du chevalier serait dès lors de rétablir l'équilibre du monde arthurien en mettant fin à cette « mauvaise coutume ». Cette réparation s'effectue le plus souvent dans le domaine merveilleux et aura aussi, inversement, des effets positifs dans le domaine courtois.

Néanmoins, le domaine merveilleux est avant tout défini par son irréalité. Il est une projection littéraire et symbolique, caractérisée par l'image qu'il projette. Tantôt paradis, tantôt enfer, cet espace symbolique sert essentiellement la narration comme contrepoint du premier domaine courtois, en vertu de l'instauration d'une tension dialectique entre les

56 Dominique Boutet, *Charlemagne et Arthur ou le roi imaginaire*, *op. cit.*, p. 540-541.

deux pôles du royaume arthurien. Par conséquent, cette construction imaginaire a avant tout une fonction métaphorique et critique. Elle sert à mettre en valeur des limites de la société incarnée par la cour et le domaine courtois. D'ailleurs, même quand le mal a été enrayé, le périple du chevalier ne s'arrête pas en cet espace, puisque le chevalier repart à la cour du roi Arthur.

Pourquoi repartir si le domaine merveilleux, ainsi guéri, se pare des traits du paradis ? C'est là où tout se joue : le héros doit revenir en vue de bâtir une nouvelle société, un nouveau domaine. La mission fondamentale du héros concernerait avant tout la guérison de l'ensemble du royaume arthurien, c'est pourquoi il doit puiser dans les deux pôles miroirs de quoi définir un idéal pour tous des hommes. De la sorte, le domaine merveilleux constituerait une sorte de miroir déformant du premier domaine courtois. Quoiqu'il en soit, l'un comme l'autre domaines alimentent la conception de l'idéal de royaume qui sera le fruit du voyage du héros.

Le cheminement du héros à travers les deux pôles arthuriens aurait pour enjeu symbolique premier de proposer des variantes autour des différentes « paraboles royales arthuriennes » que nous essaierons de cerner. Il s'agirait de fonder ce nouveau royaume, eutopique et durable, car regroupant les principaux besoins fondamentaux de la communauté arthurienne, mais élémentaires et simples.

Le domaine merveilleux compterait davantage dans son rapport inverse au domaine courtois de référence. En décentrant la perspective et en proposant une autre voie, il s'agirait avant tout de faire percevoir au personnage, comme au lecteur qui s'y identifie, la possibilité d'une autre solution, dans un but presque didactique. Selon la perspective adoptée, la merveille médiévale sera donc davantage perçue comme un moyen symbolique permettant d'accéder à la véritable visée du récit breton, à savoir le projet d'un royaume idéal ancré dans le monde des hommes.

Nous aurons recours, pour étayer cette thèse, à la notion d'« utopie », qui nous aidera à cerner la portée critique, presque pédagogique du voyage du héros dans le domaine merveilleux et les biens qu'il en ramène pour toute la société.

DU ROYAUME IDÉAL À L'UTOPIE NARRATIVE

Si le concept d'« utopie » a été forgé par Thomas More en 1516, ce dernier n'a fait que transcrire des schémas mentaux qui circulaient depuis le Moyen Âge. Le parallèle entre l'île qu'il décrit et le domaine merveilleux arthurien est tout à fait possible pour deux raisons. D'une part, il est certain que Thomas More connaissait la matière de Bretagne, puisque l'on trouve des notes manuscrites de son père John More dans un manuscrit de l'*Historia regum britanniae* de Geoffroi de Monmouth[57], preuve que la famille More a possédé cet ouvrage. L'un des premiers récits bretons connus a donc pu nourrir les différentes symboliques en arrière-plan de l'île d'Utopia. D'autre part, l'existence de textes, comme la *Lettre du Prêtre Jean*[58] ou le *Fabliau de Cocagne*[59], dont les plus anciennes attestations remontent approximativement à la même époque, montre que des schémas mentaux autour des pays imaginaires existaient déjà au XIIe siècle.

Aboutir à d'une définition stable de l'utopie littéraire semble ici un préalable nécessaire à l'appréciation de la portée utopique de notre corpus. Néanmoins la plasticité, ainsi que la variété du concept rendent la tâche ardue, voire périlleuse. Nous choisissons donc de nous appuyer sur l'ouvrage de Raymond Trousson qui synthétise les différentes théories concernant

57 André Prévost, *L'Utopie de Thomas More*, Paris, Mame, 1978, p. 33-34 : « Dans un livre manuscrit du XVe siècle, *Histoire des Rois de Bretagne*, de Geoffrey de Monmouth († 1154), le juge John More a choisi les pages blanches, à la fin du volume, pour y inscrire les dates mémorables de son foyer ». Il s'agit du manuscrit N 1125, GalfroMonumetensis, *Historia Regum Britanniae.* Velum ff. 140, Trinity College, Cambridge.

58 Voir à ce sujet, István Bejczy, La Lettre du prêtre Jean*, une utopie médiévale*, Paris, Imago, 2001, qui montre bien le caractère utopique de cette lettre. Voir aussi Marie-Paule Caire-Jabinet, « *La lettre du prêtre Jean* : de la création d'un faux à la genèse d'une utopie », Claude Thomasset, Danièle James-Raoul (dir.), *En quête d'Utopies*, Paris, PUPS, 2005, p. 111-133.

59 Si Raymond Trousson ne considère pas le mythe de Cocagne comme une utopie, l'œuvre d'Hilário Franco Júnior a plus récemment démontré le caractère utopique de ce mythe médiéval : Raymond Trousson, *D'Utopie et d'Utopistes*, Paris, L'Harmattan, 1998, p. 23 ; Hilário Franco Júnior, *Cocagne, Histoire d'un pays imaginaire*, Paris, Arkhê, 2013, et particulièrement : « La Cocagne est une utopie médiévale, car elle n'est pas le nostalgique âge d'or de l'Antiquité, ni une société futuriste comme celles des socialismes de l'époque moderne. La Cocagne n'est ni dans le passé ni dans le futur. La Cocagne est la fête d'un éternel présent. », p. 9.

l'utopie, que nous compléterons de recherches spécifiques sur le corpus médiéval[60]. De fait, le critique a le mérite de discerner deux définitions claires de l'utopie, en fonction de la perspective adoptée : de manière plus générale, qu'il appelle *lato sensu*, ou plus spécifiquement littéraire : *stricto sensu*.

D'une part, Raymond Trousson nomme « utopisme », l'esprit de l'utopie, que l'on peut retrouver de manière diffuse, *lato sensu*, dans différents genres littéraires, allant du traité au roman. Cet esprit s'exprime principalement par la volonté de création d'une cité heureuse. Cette définition, plus large et plus libre de l'utopie, permet de rendre compte d'une vision du monde commune à tous les projets ayant pour but de forger une cité idéale.

D'autre part, il s'attache aussi à définir le genre littéraire *stricto sensu* de l'utopie. Il discerne notamment certains invariants du genre, qui rendent compte de l'esprit utopique, et que l'on retrouve aussi dans la formalisation que Thomas More réalisera en 1516. Selon cette seconde perspective, l'utopie littéraire est définie comme une œuvre de fiction s'appuyant sur le voyage initiatique d'un homme en vertu d'une ambition collective de bonheur. Nous ajouterons une nuance propre à la littérature médiévale, à savoir que si l'ambition finale est collective, le projet est mené par un seul homme, le chevalier, qui fait implicitement office de porte-drapeau de sa communauté. Ce faisant, le chevalier accède au statut de héros royal. L'utopie médiévale serait en ce sens une forme singulière d'utopie en ce que l'agrément terrestre final reposerait avant tout sur l'acquisition d'une souveraineté sacrée certes, mais surtout légitimée par une communauté humaine. Une des caractéristiques principales de l'entreprise chevaleresque consiste à mettre en place une harmonie avant tout humaine, c'est-à-dire sans aucune intervention divine, ce qui distingue l'inspiration utopique d'autres mythes littéraires, telles que le récit du mythe de l'Âge d'Or, ou de Cocagne. Néanmoins, dans cette définition de l'utopie *stricto sensu*, Raymond Trousson évince la période médiévale, qui, selon lui, plaçait invariablement et exclusivement l'autre monde sous l'égide de Dieu[61]. Si le critique semble accepter l'existence d'un utopisme médiéval, pour lui, il ne peut exister d'« utopie médiévale » à cette époque censée être abreuvée de discours divin.

60 Notamment l'ouvrage collectif de Claude Thomasset et Danièle James-Raoul (dir.), *En quête d'Utopies*, *op. cit.*

61 Raymond Trousson, *D'Utopie et d'Utopistes*, *op. cit.*, p. 23.

Notre étude tendra justement à démontrer que le roman breton place la responsabilité de l'harmonie terrestre dans les mains même du chevalier, qui en la réalisant, accède au statut de héros royal. Tout homme qu'il est, il vise à forger un royaume de plénitude pour les hommes. C'est ici qu'intervient le rôle fondamental de la tension entre les deux domaines opposés posés en miroir. Le voyage du chevalier met en valeur leur fonction structurante et déterminante pour l'action bretonne.

La mythocritique nous apportera de précieux éléments pour étayer cette thèse : de la guérison royale au mythe de l'abondance, en passant par la poétique du salut terrestre, tous les mythes sous-jacents du discours arthurien visent à créer une cité heureuse et humaine. Nous démontrerons alors que le récit breton, plus qu'une simple facétie merveilleuse, met aussi en place les prémices de ce qu'on peut appeler légitimement l'utopie médiévale. En vertu de cette finalité mythique spécifique, nous intégrerons aussi à cette analyse les traditions du pays de Cocagne, qui permettront de déceler les constantes de ce que nous nommerons un « utopisme médiéval », s'exprimant dans et par l'initiation chevaleresque arthurienne.

Les pays imaginaires sont volontiers assimilés au paradis. En effet, leur projet est le plus souvent idéalisé et irréalisable. Le temps ne les atteint pas et ils sont impossibles à localiser, d'où leur qualificatif de non-lieu, c'est-à-dire d'*u* (non en grec)-*topos* (lieu). En vertu de ces qualifiants, il est tout à fait possible d'admettre que le domaine merveilleux, volontiers appelé par les médiévistes « Autre Monde », forme une sorte d'utopie.

Par ailleurs, ces pays imaginaires sont aussi et surtout des lieux du bonheur, au sens moderne du terme. Ils renvoient en effet à un état d'harmonie et de béatitude d'une humanité totalement débarrassée de toute source de souffrance. La cité idéale renvoie surtout à un lieu parfait de délice, c'est-à-dire à un *eu* (εὐ, « bien » en grec) – *topos* (lieu). Ce projet de construction d'un territoire harmonisé, unifié et pacifié, c'est-à-dire sans guerre, sans faim, ni autre fléau social, en un mot heureux, est aussi au cœur des préoccupation médiévales autour du royaume.

Remarquons à ce titre que si Thomas More a délibérément choisi de confondre et de fusionner l'*eu* (bien en grec)-*topie*, c'est-à-dire le lieu heureux, avec l'utopie, le non-lieu, dans son île d'Utopia, il en est tout à fait différemment du récit breton. L'eutopie l'intéresse en effet davantage que l'utopie. La spécificité bretonne réside en effet dans le fait d'ancrer cette projection dans le monde ordinaire. Le récit breton souhaite réaliser la plénitude et l'ordre de l'ensemble des hommes dans un troisième et nouveau royaume, correspondant au sens étymologique d'eutopie.

En vertu de cette spécificité du récit breton, il est possible d'admettre que l'utopisme médiéval est fondé sur la dialectique qui aboutit à la création du royaume utopique, une fois que les deux domaines miroirs ont tour à tour été surpassés. L'eutopie arthurienne est donc triple, car s'appuyant sur trois lieux distincts, alors que l'utopie de Thomas More sera double. Cette conception ternaire, non pas binaire, de l'harmonie permet d'ailleurs d'expliquer que le périple du héros continue après qu'il a aboli la « mauvaise coutume ». Plus encore, l'ensemble du récit breton est conçu en vertu de cette ternarité de l'espace, qui dote le discours littéraire d'une perspective politique et social réalisable.

Si le chevalier rentre à la cour de son roi à l'issue de ses pérégrinations, celle-ci semble changée et n'incarne plus la corruption ou le péché comme c'était le cas au début du récit. Ce retour glorieux valide le succès de l'entreprise du héros auprès de sa communauté. La présence d'Arthur à ce moment de l'intrigue est d'ailleurs fondamentale : elle met en valeur l'exploit réalisé par le chevalier qui a rétabli l'équilibre de l'ensemble du royaume arthurien. S'il ne revient pas avec un talisman ou un trésor de son périple, ce qu'il rapporte est bien plus précieux, car composé des besoins humains les plus simples : paix, justice, amour, mais surtout harmonie. Ce royaume eutopique ainsi projeté figurerait en somme la recherche d'idéal arthurien. Il est un but à atteindre, simplement esquissé à la fin du récit breton certes, mais fortement présent dans les esprits médiévaux. Il renvoie à une version améliorée et future du royaume arthurien, si l'on corrige tous ces travers allégorisés.

Si l'on se place du côté du héros, son action est bénéfique et salvatrice pour l'ensemble de la communauté, ce qui lui permet aussi d'accéder au statut de héros-royal. Il n'y aurait pas de bonheur possible sans prise en compte de la communauté comme un tout uni. On passerait donc du collectif divisé du domaine courtois à une communauté unie dans le royaume eutopique. Les quelques scènes de couronnement final que nous analyserons marquent symboliquement ce dernier moment de l'action. Par conséquent, la matière de Bretagne renouvelle aussi la problématique royale. La souveraineté se mérite par l'achèvement de la quête chevaleresque, qu'elle soit réelle ou spirituelle.

Le héros, en rétablissant la paix et la justice montrerait surtout la possibilité de réaliser un paradis sur terre plutôt qu'un non-lieu comme le propose le domaine merveilleux ou les théories futures projetant des univers utopiques. Le récit arthurien propose finalement la perspective compensatoire d'un idéal composé d'harmonie et de mesure.

Ce royaume eutopique sera donc le lieu de la construction d'un idéal. Cependant, ce qui est remarquable c'est que cet idéal est constitué des satisfactions humaines les plus élémentaires, à savoir l'abondance alimentaire surtout, et de manière plus générale la réparation de tous les maux causés par l'égoïsme, la cruauté de l'homme, et que résume le roi fatigué qui a laissé faire. Si la perspective est claire, tout reste cependant à construire au début du récit. En somme, le message du récit breton concerne aussi la possibilité de réhabilitation d'un pouvoir royal fort pour une société heureuse.

L'utopie met donc au jour une relation particulière entre la littérature et la réalité qui l'inspire, plus précisément entre fiction et action : elle est d'une part projection imaginaire dans l'espace fictif institué par le texte du récit, d'autre part perspective de réalisation qui tend à passer de l'expérience historique, perspective qui, en même temps, doit se nourrir de fiction. C'est ce projet qui se dégage implicitement des récits bretons que nous choisissons de nommer *eutopie* arthurienne.

Si l'on considère particulièrement le contexte historique qui a vu naître les principales œuvres de notre corpus, soit la fin du XIIe siècle et le début du XIIIe siècle, on peut constater que la littérature commence par refléter une réalité historique, celle d'une société déséquilibrée, pour passer, *via* la quête chevaleresque, à une vérité poétique et littéraire aux potentialités presque infinies, ce que prouvent d'ailleurs toutes les continuations de la matière de Bretagne qui suivront. Cet espoir pour les hommes et « permis » par un seul homme sacré, le roi, montre que l'enjeu final du récit breton du XIIe siècle est bien d'infuser l'idée de la création d'un royaume eutopique humain, un paradis terrestre instaurant une dialectique féconde avec l'univers réel en somme. Ce faisant, les « paraboles royales » ainsi révélées participent aussi de réécritures mythiques du paradis perdu du récit de la Genèse. Plus encore, en mettant le destin de l'humanité tout entière entre les mains du héros, un homme parmi les hommes, le récit breton minimise le rôle de Dieu dans les affaires humaines, en mettant en évidence le pouvoir d'un homme mettant sa prouesse au service d'un salut social. *Yvain* est exemplaire à cet égard. Le paradis n'est pas seulement une espérance pour la vie post-mortem. Les conditions d'une harmonie possible peuvent exister dès l'ici-bas : si le paradis semble hors d'atteinte dans le récit breton, il n'en reste pas moins qu'une possible félicité sur terre est esquissée en filigrane, précisément par la voie de la création d'un royaume eutopique.

Les analyses s'appuieront d'abord sur les travaux de Mikhaïl Bakhtine. Il a révélé l'originalité fondamentale du « chronotope arthurien » qu'il a défini comme « corrélation essentielle des rapports spatio-temporels, telle qu'elle a été assimilée par la littérature[62] ». Ce critique a mis en évidence le caractère abstrait de l'espace-temps du récit médiéval, avant de constater que la grande originalité du chronotope arthurien repose sur la survenue d'une aventure merveilleuse dans un monde totalement étranger au héros, mais dans lequel il pérégrine pourtant avec une aisance naturelle. Mikhaïl Bakhtine consacre d'ailleurs un chapitre à la présentation des mécanismes de ce cadre singulier. De fait, le chronotope arthurien a pour première caractéristique un ancrage dans un monde occidental et « breton ». D'une part, son point de référence spatial est spécifiquement la cour du roi, à laquelle s'oppose un ailleurs, principalement marqué par l'altérité de la merveille. D'autre part, le temps breton est associé à un passé relatif, mais résolument médiéval et non antique ou biblique.

Depuis la mise en évidence de l'originalité du chronotope médiéval, les études portant sur les mécanismes spatio-temporels du genre arthurien se sont multipliées. Paul Zumthor a analysé le fonctionnement précis de cette géographie arthurienne double, dont le creuset est formé par la cour royale d'Arthur, qui est un « lieu défini spatialement, actantiellement, et culturellement ou idéologiquement[63]. » Il s'agit du « domaine courtois », selon notre terminologie.

À la suite de Paul Zumthor, Erich Köhler et Marie-Luce Chênerie se sont penchés sur les mécanismes de l'aventure chevaleresque[64] à

62 Mikhaïl Bakhtine, *Esthétique et théorie du roman*, *op. cit.*, p. 237. Il consacre particulièrement un chapitre à la présentation du chronotope chevaleresque, p. 298-304.

63 Danièle James-Raoul, Chrétien de Troyes, *la griffe d'un style*, *op. cit.*, p. 267 ; 273-274.

64 Voir plus particulièrement Erich Köhler, *L'Aventure chevaleresque. Idéal et réalité dans le roman courtois. Étude sur la forme des plus anciens poèmes d'Arthur et du Graal*, Éliane Kaufholz (trad.), Paris, Gallimard, 1974.

travers ce cadre singulier. Les différents éléments du décor, mais aussi les personnages considérés d'un point de vue narratologique[65] comme actants ou opposants, ou encore la quête entreprise ont ainsi été étudiés de manière minutieuse[66]. Ces observations qui ont fait date formeront le socle de départ de notre étude.

Néanmoins, nous essayerons aussi d'approfondir les acquis de ces investigations par un examen de la fonction de l'onomastique et plus particulièrement toponymique. Dans les quatre dernières décennies, ce sujet n'a en effet été que peu étudié. Seuls des listes de leurs apparitions[67], quelques articles[68], ou un chapitre de Danièle James Raoul[69] sur l'étude des noms de lieux dans les romans de Chrétien de Troyes y étaient consacrés. Plus récemment, on peut citer le séminaire onomastique du laboratoire du CETM/CELLAM de Rennes 2, ou encore la thèse d'Adeline Latimier-Ionoff[70], qui s'y intéressent.

---

65 Les lieux de l'action sont d'abord des objets d'une approche narratologique que le roman médiéval, du fait de sa structure diégétique fondée sur l'espace, accueille aisément. Emmanuèle Baumgartner explique l'importance de la prise en compte de l'évolution du roman arthurien dans l'approche de type narratologique dans « Le roman médiéval : approches poétiques et narratologiques », *Perspectives médiévales, trente ans de recherches en langues et en littératures médiévales*, Jean-René Valette (dir.), Société de langues et de littératures médiévales d'oc et d'oïl, 2005, p. 56.

66 Marie-Luce Chênerie, *Le Chevalier errant dans les romans arthuriens en vers des XIIe et XIIIe siècles*, *op. cit.*

67 Louis-Ferdinand Flutre, *Table des noms propres avec toutes leurs variantes figurant dans les romans du Moyen Âge écrits en français ou en provençal et actuellement publiés ou analysés*, Poitiers, Centre d'Études Supérieurs de Civilisation Médiévale, 1962.

68 Voir notamment *Lais bretons (XIIe-XIIIe siècles) : Marie de France et ses contemporains*, éd. Nathalie Koble et Mireille Séguy, Paris, Champion, 2011, « Introduction », p. 79 et *sqq.* ; voir également Ernest Hoepffner, « La géographie et l'histoire dans les *lais* de Marie de France », *Romania*, 56, 1930 ; Paul Zumthor lie aussi espace et temps à travers les noms de lieux : « Une culture entière s'inscrit sur le sol. Tout événement marquant se commémore dans l'espace : une croix, une pierre levée, signale où il eut lieu ; plus souvent, un toponyme nouveau le proclame. », *La Mesure du monde*, *op. cit.*, p. 43 ; Florence Plet, « La carte du Temps. Les entrelacs de l'espace, du temps et du récit dans la toponymie du Tristan en prose. », Denis Hüe, Christine. Ferlampin-Acher (dir.), *Le Monde et l'Autre Monde*, *op. cit.*, p. 305-320 ; F. P. Knapp, « Toponymie une Topographie im französischen und deutschen Artusroman », *Journal of the international Arthurian Society*, De Gruyter, 4, 1, 2016, p. 3-24.

69 Danièle James-Raoul, *Chrétien de Troyes, la griffe d'un style*, *op. cit.*, p. 371-394 ; voir aussi Roger Sherman Loomis, *Arthurian Tradition and Chrétien de Troyes*, New York, Columbia University Press, 1949, p. 486.

70 Adeline Latimier-Ionoff, *Lire le nom propre dans le roman médiéval*, Paris, Classiques Garnier, 2019.

Ces « informants », ainsi que Roland Barthes les appelle[71], concentrent des fonctions à la fois littéraires, symboliques et imaginaires qui permettent au lecteur d'accéder aux différentes strates de signifiance de la fiction arthurienne. En effet, outre la cohérence diégétique à laquelle ils participent, les noms de lieux sont d'abord des marqueurs spatiaux de l'errance et de l'aventure dont ils balisent la progression. Ils remplissent donc en premier lieu une fonction narrative fondamentale. De fait, leur emploi est toujours dépendant de l'assise du monde fictionnel que le narrateur veut réaliser, qu'elle soit réelle ou imaginaire. Leur deuxième fonction est davantage idéologique et renvoie à une connivence créée avec la culture littéraire qui découvre le texte proposé. Certains toponymes réutilisés d'un texte à un autre tissent des liens intertextuels que nous aurons à cœur d'étudier. Par exemple, *Carlïon* renvoie à tout l'univers arthurien, et véhicule aussi une mémoire intertextuelle par le biais des références aux œuvres de Geoffroi de Monmouth et de Wace. Les toponymes oscillent donc constamment entre un fonctionnement intratextuel et les charges mythiques extratextuelles dont ils sont investis[72]. Ils intéressent par conséquent tout particulièrement la problématique royale, qu'ils investissent d'une véritable dimension symbolique, voire mythique. Danièle James-Raoul explique leur enjeu dans l'assise royale :

> Presque tous sont liés à la présence du roi et de sa cour ou de ses héros, signe de leur tropisme exercé sur le restant du monde : c'est leur carte de visite dans un monde féodal et chevaleresque. Ces noms valent comme des repères qui servent à baliser les chemins de l'aventure et à en cautionner la vraisemblance[73].

Nous montrerons particulièrement qu'à partir de leur fonction littéraire mêlant plan réel et fictif, les toponymes conduisent subrepticement le lecteur vers les dimensions symboliques et mythiques touchant aux

71 Roland Barthes, « Introduction à l'analyse structurale des récits », *Communications, 8, L'analyse structurale du récit*, 1966, 6, p. 1-27. Il précise que ces « informants » ont en charge d'indiquer avec précision lieux et dates. Le cadre spatio-temporel peut aussi être introduit de manière indirecte grâce à des indices permettant de deviner où et quand l'histoire se situe.

72 Voir Karin Ueltschi, *La Main coupée, Métonymie et mémoire mythique*, Paris, Champion, 2010, p. 15-16.

73 Danièle James-Raoul, *Chrétien de Troyes, la griffe d'un style*, *op. cit.*, p. 386.

« paraboles royales ». Nous essaierons de montrer que les noms de lieux dévoilent par là même l'enjeu fondamental de tout récit arthurien : celui de la résolution d'un déséquilibre royal par le biais de la construction d'un nouvel espace, qui est un véritable troisième lieu, entre le domaine courtois et le domaine merveilleux.

Il faudra aussi s'interroger sur les fonctions qu'assure le registre merveilleux dans le cadre du voyage chevaleresque. Pour ce faire, nous nous appuierons notamment sur les ouvrages fondateurs de Francis Dubost[74], de Laurence Harf-Lancner[75], de Christine Ferlampin-Acher[76], ou encore de Jean-René Valette[77]. La dynamique dialectique fortement polarisée de notre investigation se dégage en effet avec netteté dans la confrontation au pôle de la merveille :

> La merveille apparaît [...] comme un point de contact entre deux systèmes référentiels dont l'exploration est particulièrement féconde. Elle sollicite l'esprit au point critique où s'effectue le relai entre deux modes de pensée. Lorsque, après avoir épuisé les formes habituelles de lecture du monde, le premier arrive au bout de ses possibilités, le second se trouve sollicité pour mettre en œuvre les réponses métaphysiques[78].

La dimension mythique des œuvres littéraires émanera alors. Or accéder à cette strate enfouie du récit arthurien nécessitera une méthodologie rigoureuse reposant sur une définition précise des enjeux et des outils utilisés. La critique a en effet souvent souligné la difficulté des études mythiques dans le cadre de la littérature[79], ce qui nécessite beaucoup de précautions terminologiques, à commencer par la notion de « motif » littéraire, à la source du mythe. Il est nécessaire de compléter les enseignements du *Motif-Index* d'Aarne et

74 Francis Dubost, *Aspects fantastiques de la littérature narrative médiévale...*, *op. cit.* ; *La Merveille médiévale*, *op. cit.*

75 Laurence Harf-Lancner, *Les Fées au Moyen Âge. Morgane et Mélusine : la naissance des fées*, Paris, Champion, 1984 ; *Le Monde des fées dans l'Occident médiéval*, Paris, Hachette, 2003.

76 Christine Ferlampin-Acher, *Fées, bestes et luitons...*, *op. cit.*

77 Jean-René Valette, *La Poétique du merveilleux dans le* Lancelot en prose, *op. cit.*

78 Francis Dubost, « La pensée de l'impensable dans la fiction médiévale », Francis Dubost (dir.), *La Merveille médiévale*, *op. cit.*, p. 47.

79 Dominique Boutet précise : « Le rapport au mythe (au sens ethno-religieux du terme) à la littérature est fondamentalement ambigu : discours nécessaire, pur de tout élément extérieur à sa propre logique, il ne peut que redouter les amplifications et les enrichissements que sont le propre des œuvres littéraires. » *Charlemagne et Arthur ou le roi imaginaire*, *op. cit.*, p. 10.

Thompson[80]. Nous retiendrons donc une définition à la fois précise et ouverte de la notion de motif :

> Le *motif* est une entité virtuelle (les récits en offrent des manifestations variables). Il naît de la jonction de deux attributs invariants, soigneusement définis : ses *figures*, organisées en parcours ; son *thème constant* qui, plus profond que le niveau figuratif porte un investissement sémantique abstrait[81].

Pour affiner cette approche, nous retiendrons également ces éléments constitutifs véhiculant plus particulièrement une mémoire mythique, que l'on appelle « mythèmes », c'est-à-dire ces petites unités mythologiques constituant des fragments de sens[82] et qui s'appuient sur les principes définis par la discipline de la mythanalyse[83].

Enfin, cette étude de la mémoire mythique reposera sur une certaine pluridisciplinarité. L'ethnologie, le folklore, la mythologie comparée, et surtout l'histoire seront utilisés. De fait, le mythe se situe au confluent de la littérature et de l'histoire, et nous entendons accorder une certaine place à l'investigation historique. Il faudra en particulier prendre en compte le lieu de production de ces textes : il n'est certainement pas indifférent que la plupart d'entre eux viennent de France ou d'Angleterre. La vaste entreprise, sous l'égide d'Henri II Plantagenêt, et certainement de son épouse Aliénor d'Aquitaine, d'acclimater les grands mythes fondateurs européens à l'environnement contemporain, liée au souci de doter l'Angleterre d'une histoire de ses rois puisée dans des traditions orales, le tout dans un environnement

80 Antti Aarne, *The Types of Folktale. A classification and bibliography* (1928), translated and enlarged by Stith. Thompson, Helsinki, Academia Scientiarum Fennica, FF Communication, 184, 1961, (repr. 1987). Stith. Thompson, *Motif-Index of Folk-Literature*, Copenhague, Rosenkilde and Bagger, 6 vol., 1955-1958.

81 Jean-Jacques Vincensini, *Motifs et thèmes du roman médiéval*, Paris, Nathan, 2000, p. 78.

82 Karin Ueltschi, *La Mesnie Hellequin en conte et en rime. Mémoire mythique et poétique de la recomposition*, Paris, Champion, 2008, p. 25 ; voir aussi Gilbert Durand, « À propos du vocabulaire de l'imaginaire : Mythe, mythanalyse, mythocritique », *Recherches et Travaux, l'Imaginaire*, bulletin n° 15, 1977, p. 5-16.

83 L'œuvre de Philippe Walter apporte à ce domaine une contribution décisive. En guise d'exemples, nous pouvons citer : *Dictionnaire de mythologie arthurienne*, Paris, Imago, 2014 ; *Canicule, essai de mythologie sur* Yvain *de Chrétien de Troyes*, Paris, SEDES, 1988 ; *Arthur, l'Ours et le Roi*, *op. cit.* ; voir également Danièle Chauvin, André Siganos, Philippe Walter, *Questions de mythocritique : dictionnaire*, Paris, Imago, 2005.

chrétien, a certainement joué un rôle important dans l'élaboration de ces visions[84].

Nous espérons ainsi apporter un nouveau regard sur le contenu mythique sous-jacent aux textes littéraires médiévaux.

Les textes étudiés ont été regroupés en deux corpus, classés selon des principes de cohérence générique et thématique que nous expliquerons.

En premier lieu, des principes génériques et thématiques président à la constitution du regroupement principal de notre « corpus primaire ». L'unité de ce premier ensemble de récits repose à la fois sur l'appartenance des textes au XIIe siècle, particulièrement à la matière de Bretagne, ainsi que sur une forme d'expression commune, l'octosyllabe.

Ce corpus primaire inclut d'abord les œuvres historiques de Wace, *Le Roman de Brut* et le *Le Roman de Rou*, ainsi que son hypotexte l'*Historia regum Britanniae* de Geoffroi de Monmouth ; la question du royaume y est en effet centrale. Ces textes sont chronologiquement antérieurs de quelques années aux œuvres de Chrétien de Troyes et de Marie de France et nous pouvons légitimement penser qu'ils ont nourri leurs thématiques et leurs problématiques.

Ensuite, les cinq romans de Chrétien de Troyes constituent surtout le socle de notre investigation car ils présentent les premières problématiques royales arthuriennes de manière véritablement explicite. En effet, c'est dans *Érec et Énide*, *Cligès*, *Le Chevalier de la Charrette*, *Le Chevalier au Lion* et *Le Conte du Graal* que la force centripète et centrifuge[85] émanant de la cour s'exprime pour la première fois. Chrétien inaugure le motif de l'errance chevaleresque qui sera ensuite repris dans les autres récits de la matière de Bretagne. L'auteur champenois a tout particulièrement formalisé la problématique royale autour du personnage d'Arthur[86]. En effet, il nous peint un roi affaibli, inefficace, qui aura besoin de guérison, voire de rédemption. À titre d'exemple, dans *Érec et Énide*, une mauvaise décision d'Arthur est

84 Martin Aurell, Catalina Gîrbea (dir.), *Chevalerie & christianisme aux XIIe et XIIIe siècles*, Rennes, PUR, 2011.

85 La cour éloigne les chevaliers du cœur royal au début de l'intrigue et les rappelle à elle à la fin ; c'est en vertu de ces deux mouvements contradictoires exercés par ce lieu que nous le qualifions de force à la fois centrifuge et centripète.

86 Danièle James-Raoul rappelle l'enjeu essentiel que la royauté d'Arthur représente au sein de l'œuvre de Chrétien : « C'est véritablement un modèle rhétorique topique, articulé sur la conjonction de composantes prédéterminées, qui est ici mis au point. La cour du roi Arthur en est le creuset, qui est un lieu défini spatialement, actantiellement, et culturellement ou idéologiquement. », *Chrétien de Troyes, la griffe d'un style*, *op. cit.*, p. 267.

à l'origine d'une dispute qui déséquilibre l'harmonie au sein de la cour[87]. Gauvain cherche à l'en dissuader et n'hésite pas à le contredire :

> Mon seignor Gauvain ne plot mie,
> Quant il ot la parole oïe :
> « Sire, fet il, de ceste chace
> N'avroiz vos ja ne gré ne grace[88].

Dans *Le Chevalier de la Charrette*, la défaillance royale s'accentue et prend la forme d'une totale inertie face à un défi majeur : le rapt de la reine. Le royaume est ébranlé dans ces fondations mêmes. La passivité du roi face à ce grand danger apparaît à travers son attitude résignée :

> Li roi respont qu'il li estuet
> Sofrir, s'amander ne le puet,
> Mes molt l'an poise durement[89].

L'affaiblissement de la figure royale est encore accentué dans *Le Chevalier au Lion*, puisqu'au début du roman, nous l'avons vu, le narrateur insiste sur le sommeil du roi qui apparaît alors totalement ridiculisé : « Por dormir ne por reposer[90]. » Pourtant, la scène finale de ce roman marque aussi le rétablissement de la royauté : Arthur y tient le rôle de juge juste dans l'issue de l'aventure de la Noire Épine[91]. Ce constat de la faiblesse royale est aussi repris, décliné et multiplié dans *Le Conte du Graal*. Il s'impose d'emblée au héros : « Cist rois ne fist chevalier onques[92]. »

Ensuite, certains lais[93] du XIIe siècle[94], sélectionnés en vertu des problématiques géographiques, royales, merveilleuses et mythiques

---

87 *Érec*, v. 27-341.
88 *Ibid.*, v. 39-42.
89 *Lancelot*, v. 61-63.
90 *Yvain*, v. 48.
91 *Ibid.*, v. 6384-6448.
92 *Perceval*, v. 928.
93 Les références aux lais de Marie de France, ainsi qu'aux lais de *Desirré*, *Guingamor*, *Tydorel*, *Graelent* et *Melïon* sont tirées de l'édition suivante : *Lais bretons (XIIe-XIIIe siècles) : Marie de France et ses contemporains*, Nathalie Koble et Mireille Séguy (éd.), *op. cit.* ; Les références aux lais de *l'Espine*, *Tydorel*, *Tyolet* et *Doon* sont tirées de l'édition : *Lais féeriques des XIIe et XIIIe siècles*, Alexandre Micha (éd.), Paris, Garnier-Flammarion, 1992 ; Les références aux lais d'*Haveloc* sont tirées de : The Anglo-Norman Lay of *Haveloc*, Glyn Sheridan Burgess (éd.), Cambrige, D. S. Brewer, 2015. Sauf avis contraire, les citations des lais se réfèreront toujours à ces éditions.
94 Philippe Walter, « Introduction », dans Philippe Walter (dir.), *Lais du Moyen Âge*, *op. cit.*, p. XIII-XIV.

intéressent notre sujet. En effet, certains de ces textes brefs accordent une place de choix à la cour royale ou seigneuriale. L'intégration des lais au corpus primaire est en effet tout à fait essentielle :

> Le lai féerique joue avec l'autre, et esquisse quelques-uns des motifs qui seront développés plus loin : chevaliers *faés*, annonces contraignantes et prophétiques, proximité de la mort comme de l'amour, incertitudes temporelles, ligne d'horizon historique qui rappelle que tout ceci est vrai, puisque cela s'est passé « avant » ; familiarité des gens de bien avec ces êtres étranges ; crainte au contraire du petit peuple qui ne comprend pas et suscite la catastrophe [...][95].

Ainsi, l'action des lais de *Lanval*, *Graelent* et *Guingamor* prend sa source dans le domaine courtois, par une action néfaste du roi ou de la reine. La fin est marquée par la résolution de ce déséquilibre d'origine royale, confirmant le caractère nodal du roi et de son royaume. L'importance accordée aux problématiques royales et au royaume est aussi particulièrement prégnante dans les lais d'*Eliduc* et d'*Haveloc*. Dans *Eliduc*, le héros éponyme est partagé entre son devoir marital envers Guildeluëc et son amour véritable pour Guilliadon. Ce tiraillement est reproduit à l'échelle des royaumes et des seigneurs que le héros sert. De même, dans le lai d'*Haveloc* l'action est centrée sur trois royaumes comprenant le Danemark, le Surrey, ainsi que les terres du roi Edelsi. Leur unification par le biais du royaume instauré par Haveloc constitue d'ailleurs la clef de l'intrigue.

Le choix du corpus primaire a donc été opéré en vertu de l'appartenance des textes à la matière de Bretagne[96], et non pas par le biais d'un critère générique, toujours problématique quand il est question du Moyen Âge :

> Les travaux sur la poétique médiévale ont montré de façon éclatante combien des motifs et des structures suffisent à déterminer non seulement des genres, mais aussi des modes de fonctionnement et des attentes[97].

95 Denis Hüe, « Avant-propos », dans Denis Hüe, Christine. Ferlampin-Acher (dir.), *Le Monde et l'Autre Monde*, *op. cit.*, p. 12.

96 Ce critère présente aussi sa part d'arbitraire et d'ambiguïté, notamment concernant les lais, dont l'appartenance à la Bretagne est toute relative, voire conventionnelle. Les récits qui les inspirent, provenant d'une mémoire orale, voire mythique, peuvent très bien être issus d'autres pays, tels le Pays de Galles ou l'Irlande, voir Philippe Walter, « Introduction », dans Philippe Walter (dir.), *Lais du Moyen Âge*, *op. cit.*, p. XLII.

97 Denis Hüe, *Rémanences. Mémoire de la forme dans la littérature médiévale*, Paris, Champion, 2010, p. 17.

La forme du lai ajoute une difficulté supplémentaire à cette entreprise difficile de hiérarchisation car elle est connue pour sa mouvance et sa grande diversité qui en font un type de textes malaisé à définir[98]. Le lai est à l'origine un chant, un poème musical que les poètes reconstituent dans ces récits qu'on appellera à leur tour « lais » par un transfert. Sans entrer dans les débats critiques existant à ce sujet, pour considérer qu'un lai est breton, outre la présence même du mot « *lai* » (souvent dans le prologue)[99] comme critère, il devra y être question de Bretagne, de merveilles et de royaumes, qui constituent les thèmes clefs de notre recherche. En outre, on y trouvera tout particulièrement la référence au fameux *devoir de mémoire*[100] d'une *aventure* qui est la raison d'être même des lais. Le critère de la brièveté du texte sera aussi pris en compte.

Nous puiserons dans ce premier corpus les occurrences de départ pour étayer notre démonstration qui y trouve sa source. Ces textes sélectionnés présentent l'intégralité des fils directeurs à la base de tout récit breton, tant spatiaux que narratifs, symboliques et surtout mythiques. Historiquement antérieurs de quelques années (la plupart du temps) aux textes arthuriens du corpus secondaire que nous établirons, ils sont les précurseurs qui ont inauguré les thématiques royales et féeriques et autour desquels s'organiseront et se structureront d'autres cercles concentriques. Les lais d'*Eliduc*[101] et d'*Haveloc* seront particulièrement développés du fait des enjeux royaux qu'ils fournissent.

Cette sélection de textes nous servira donc de référence première tout au long de l'étude et nous permettra d'isoler finalement les traits mythiques propres à l'époque considérée, celle du XIIe siècle.

Après avoir discerné les principaux enjeux littéraires, symboliques et mythiques de notre recherche grâce au corpus primaire, nous élargirons et nuancerons notre propos en le confrontant à d'autres œuvres. Ce corpus que nous nommerons « secondaire » proposera un élargissement

98 Philippe Walter a fait la synthèse de ces discussions ardues dans son introduction à l'édition des lais, voir « Introduction », dans Philippe Walter (dir.), *Lais du Moyen Âge*, *op. cit.*, p. XI-LI.

99 Marie l'utilise trente et une fois dans ses prologues, *ibid.*, p. XXI.

100 Philippe Walter, « Introduction », dans Philippe Walter (dir.), *Lais du Moyen Âge*, *op. cit.*, p. XV.

101 La mention du toponyme de Logre[s], demeure du roi Arthur, au vers 69, nous permet de considérer que ce lai est arthurien, même si le roi en question n'y est pas explicitement présent.

de la perspective à des œuvres narratives emblématiques des enjeux de l'étude, du fait de leur enracinement spatio-temporel et de leur traitement de la thématique de la création d'un royaume mythique. Ce classement reposera donc davantage sur une cohérence thématique, centrée autour des fils directeurs de notre étude concernant le royaume arthurien, l'espace arthurien, la merveille féerique, l'errance, tout en prenant en compte les enjeux mythiques dessinés par leur concordance au sein d'un même texte.

Dans ce corpus secondaire, un premier ensemble comprend quelques récits bretons emblématiques de notre problématique. Un second apport important comprend quelques récits de voyages dans l'au-delà qui consolideront notre hypothèse sur le « troisième lieu ».

Enfin, en appoint, nous aurons ponctuellement recours à d'autres œuvres pour certains aspects spécifiques de la problématique royale. Il s'agira notamment d'autres lais narratifs, tels le lai du *Trot*, le lai du *Manteau mal taillé*, le lai du *Cor*, le lai de l'*Oiselet*, ou d'autres récits médiévaux, comme la *Lettre du prêtre Jean*, *Le Fabliau de Cocagne*, *La Manekine* (Philippe de Rémi), ou encore certains textes religieux ou philosophiques, comme *La Légende dorée* (Jacques de Voragine), certaines œuvres d'Isidore de Séville, et même des œuvres antiques telles que *L'Énéide* (Virgile) et *La Cité de Dieu* (Saint-Augustin).

Afin de rendre compte des aspects à la fois littéraires, historiques et mythiques du royaume arthurien, notre étude adopte un développement progressif, associé à une démarche pluridisciplinaire. Elle cherche d'abord à proposer une définition stable du royaume arthurien, avant de développer ses fonctions dans le récit breton, pour enfin considérer son rapport avec le mythe littéraire arthurien.

La première partie s'attache à circonscrire le royaume arthurien en prenant en compte ses différents aspects lexicaux, historiques et symboliques. Les mots utilisés, tant pour le nommer que pour le qualifier seront d'abord répertoriés. Cette première définition lexicale dévoilera la dichotomie de l'espace à l'étude. L'examen des toponymes mettra en partie en évidence le rôle fondamental de la polarisation de l'espace en deux domaines, le domaine courtois et le domaine merveilleux, dans le surgissement de l'imaginaire arthurien.

Le royaume arthurien, donnée fictive, sera ensuite confronté au contexte historique du XIIe siècle, qui en nourrit la représentation dans le récit breton. La notion de « royaume » renvoie aussi en effet à une réalité historique, dont les auteurs médiévaux s'inspirent pour édifier le *topos* littéraire qui nous intéresse. En lien avec l'environnement d'écriture du corpus, les royaumes de France, et d'Angleterre, respectivement gouvernés par Louis VII et Henri II Plantagenêt, seront examinés.

D'autres influences extérieures à la fiction seront interrogées, notamment les traditions antiques, religieuses et celtiques à l'origine de l'imaginaire breton. Ces symboliques seront approfondies par le truchement du *topos* du verger.

Ces données lexicales, historiques et imaginaires fonderont le socle de l'étude à partir duquel nous pourrons examiner les implications du royaume, tant dans l'action bretonne, que dans la mémoire mythique qui nourrit les récits bretons.

La deuxième partie s'intéresse aux fonctions narratives du royaume arthurien. Le mode de passage entre les deux domaines, courtois et merveilleux, sera étudié aussi bien à travers une investigation de l'espace, que du temps, dans lesquels s'ancrent les aventures. Puis, les implications narratives des domaines courtois et merveilleux seront précisées. La cour, cœur du domaine courtois, sera perçue comme le centre de référence de l'univers arthurien. L'orientation de sa force, tantôt centrifuge, tantôt centripète, serait associée à l'initiation royale du chevalier-héros, qui constitue la principale dynamique narrative du récit breton, comme nous essaierons de le montrer.

Puis, le voyage du chevalier à travers le royaume arthurien sera analysé. Il s'agira de mettre en valeur le rôle fondateur du royaume arthurien dans la poétique d'initiation royale à l'œuvre dans le récit breton.

La troisième partie explore le royaume arthurien dans sa dimension anthropologique et mythique. En tant que haut lieu de ce nous appellerons une véritable « parabole arthurienne », le royaume associerait la nécessaire régénération de la royauté à l'entreprise du héros. Il renfermerait par conséquent un message utopique tendant à faire de l'homme le véritable maître de son destin. Pour saisir cette portée utopique du royaume arthurien, comme du récit breton, l'issue et le bilan humain de la quête chevaleresque seront analysés. La théorie d'une visée de paix et d'harmonie, associée à la création d'un troisième royaume sera esquissée. Nous montrerons que ce nouvel espace germe de la dialectique des deux domaines opposés.

Dans une veine plus anthropologique, le message « utopique » du récit breton sera ensuite comparé aux mutations des structures de pensée du XIIe siècle.

Enfin, le propos adoptant une perspective mythique, la « parabole royale » à l'œuvre dans les récits étudiés, sera développée. L'étude tentera de démontrer que ce scénario cosmique associe la restauration de la royauté à la pérennité du royaume, dévoilant finalement un rapport particulier au temps. Cette problématique finalement plus temporelle que spatiale fonctionnerait peut-être aussi comme problématique structurante fondamentale de la littérature arthurienne, voire au-delà.

En tout premier lieu, toute ma gratitude va à Karin, que je remercie particulièrement pour son soutien sans faille, surtout son enthousiame à toute épreuve et sa confiance en mon travail. Je remercie aussi Anne-Sophie, Florence, Philippe, Dominique, Lucile, Catherine, Amandine, Caroline et Valentin pour leur soutien et leur relecture. Et enfin, à mes deux Aimés, sans qui rien n'aurait été possible, un grand merci.

PREMIÈRE PARTIE

LE ROYAUME ARTHURIEN

LIEUX ET ANCRAGE

INTRODUCTION

> L'espace appelle l'action, et avant l'action l'imagination travaille[1].

Le royaume arthurien, dans lequel se déploie l'ensemble des pérégrinations chevaleresques, comme toute l'action, se présente comme un haut lieu du paysage médiéval, voire le plus important du récit breton. Il est composé d'un premier espace logeant en son cœur la cour depuis laquelle le roi Arthur exerce son pouvoir. Nous l'appellons « domaine courtois » du fait du reflet historique qu'il constitue. Son envers merveilleux est nommé « domaine merveilleux », en vertu de l'événement surnaturel qu'il accueille, ainsi que de sa fonction critique et compensatrice du domaine courtois. Cette désignation double rend compte de la dichotomie structurante de l'ensemble du royaume arthurien.

Avant toute chose, il convient de revenir sur le sens des mots « espace » et « lieu ». « Lieu », du latin *locus*, désigne une partie déterminée de l'espace, dédiée à des usages qui peuvent être éclairés en fonction du contexte. « Espace », quant à lui, est un terme polysémique qui provient du latin *spatium*. Il renvoie à une surface indéterminée, perçue par les sens sans précision[2], mais indique aussi une étendue à la fois géographique et temporelle. Les deux termes désignent donc des appréhensions différentes de la spatialité. Ce qui les oppose dans leur sème moderne tient d'abord de la précision et de l'étendue.

Néanmoins, au Moyen Âge, la sensibilité est différente de la nôtre et l'idée d'espace, en tant qu'étendue spatiale imprécise, n'existe pas. Il est une sorte de blanc à remplir entre deux lieux. D'ailleurs le latin

---

1 Gaston Bachelard, *La Poétique de l'espace*, Paris, PUF, 1970, p. 30.

2 On trouve le mot employé dans des expressions comme « *faire espace* », qui signifie « faire place », ou encore « *estre en espace* » pour « être immobile ».

spatium n'a pas eu de descendance en ancien français. Il ne réapparaîtra qu'au XVe siècle, employé d'abord dans un usage savant pour renvoyer à un intervalle séparant deux repères[3]. Cela ne veut pas pour autant dire que les médiévaux n'avaient pas conscience de l'espace, mais plutôt qu'ils l'envisageaient d'une manière personnalisée, synthétique[4], et subjective :

> L'espace est par là créateur de mythes. Perçu par le moyen de la lumière, première saisie dans notre découverte érotisée du monde, zone ambiguë entre le cosmos et le chaos, il s'associe au feu, au mouvement, au rythme, au chant, à l'amour. [...] Le Moyen Âge apparaît dans l'histoire de l'Occident comme le moment où ces archétypes envahissent avec le plus d'intensité le champ des représentations : d'où, alors, une personnalisation de l'espace – contrastant fortement avec la réaction de défense qui nous le fait concevoir comme impersonnel[5].

En conséquence, la notion de paysage est différente de la nôtre, plutôt floue, aux limites imprécises. Les frontières alors n'existent pas, ou sont mouvantes et donc peu connues de la majorité des gens[6] qui ne sortaient que peu de leur contrée.

Dans la littérature, on trouve le reflet de cet état de fait, puisque la simple nomination d'une portion du paysage l'élève au statut de lieu. Attribuer un nom à un site lui confère en effet un statut de repère indiquant implicitement que l'aventure va y naître. Seule compte ainsi la place de l'action, et non l'intervalle qui y mène. Le lieu, du latin *locus*[7], « fait événement dans l'étendue[8] », comme le théorise Paul Zumthor. En d'autres termes, dans le récit médiéval, le « lieu » n'acquiert de sens qu'en vertu de sa capacité à accueillir l'événement, l'aventure ou l'action selon le contexte[9]. C'est d'ailleurs par l'errance du héros à travers différents sites, nommés au fur et à mesure de ses pérégrinations, que

3 Paul Zumthor, *La Mesure du monde*, *op. cit.*, p. 51.

4 Georges Matoré, *Le Vocabulaire et la société médiévale*, Paris, PUF, 1985, p. 98.

5 Paul Zumthor, *La Mesure du monde*, *op. cit.*, p. 17 ; 20.

6 Georges Matoré, *Le Vocabulaire et la société médiévale*, *op. cit.*, p. 96.

7 À ce titre Georges Matoré précise : « Pour définir le *leu>lieu* (Xe siècle) où se trouve ce dont il est question, l'ancien français emploie des termes comme *place, siege et estal* (d'où notre étal de boucher). », *ibid.*, p. 99.

8 Paul Zumthor, *La Mesure du monde*, *op. cit.*, p. 51.

9 Patricia Victorin, *Ysaïe le Triste : une esthétique de la confluence : tours, tombeaux, vergers et fontaines*, Paris, Champion, 2002, p. 45.

les lieux existent. Le toponyme gardera d'ailleurs souvent le souvenir de ce passage, puisqu'il marque la naissance d'un lieu aux yeux ou aux oreilles de la culture littéraire :

> L'errance du chevalier rend ainsi manifeste l'existence d'un espace encore dépourvu de lieux : en le parcourant, le chevalier y suscite des lieux, par le seul fait qu'il arrive, s'arrête, accomplit une action puis repart : le souvenir de cette action engendrera peut-être un nom propre, porté désormais par le carrefour, le gué, le château ou cette éphémère présence a infusé une vertu. L'espace flotte autour de ces lieux par rapport auxquels, peu à peu, on tente de le définir[10].

Outre leurs fortes potentialités narratives et symboliques, les toponymes instaurent donc la réunion des deux invariants du récit breton que sont le héros-chevalier et son espace singulier.

Aux XIe et XIIe siècles, le lieu n'est donc jamais neutre, mais toujours envisagé selon les hommes qui y séjournent[11]. Le *locus* forme de ce fait une entité d'abord sociale, qui n'existe qu'en vertu des relations qui s'y fondent[12].

Ce qui distingue aussi l'appréhension générale de l'espace médiéval du nôtre est le rapport subjectif et sacré que les hommes entretiennent avec la nature. La mémoire des cultes païens et de leurs coutumes, en ce moment de transition religieuse, explique partiellement cette résurgence dans la littérature. Au Moyen Âge, le lieu exprime ce rapport sacré entre la nature et les hommes, et de ce fait, sa nomination dans le récit médiéval porte sens, narratif ou symbolique. Malgré cette sensibilité différente, l'espace et les lieux comptent donc fondamentalement dans les récits médiévaux[13]. À ce titre, Pierre Gallais estime même que le lieu est « significatif,

---

10 Paul Zumthor, *La Mesure du monde*, *op. cit.*, p. 208.

11 Didier Méhu, « *Locus, transitus, peregrinatio.* Remarques sur la spatialité des rapports sociaux dans l'Occident médiéval (XIe-XIIIe siècles) », *Construction de l'espace au Moyen Âge : pratiques et représentations*, XXXVIIe Congrès de la Société des Historiens Médiévistes de l'Enseignement Supérieur public (Mulhouse, 2-4 juin 2006), Paris, PUPS, 2007, p. 280.

12 Selon la typologie topique des romans médiévaux, la cour marque par exemple une communauté d'échanges courtois, alors que la forêt inaugure le temps de la solitude chevaleresque.

13 Paul Zumthor, « Dans le roman médiéval prime le rapport à l'espace. », *La Mesure du monde*, *op. cit.*, p. 385.

représentatif[14] ». D'ailleurs, l'espace et la littérature sont intrinsèquement liés au Moyen Âge, les matières littéraires étant avant tout enracinées dans un territoire. Jean Bodel dans la *Chanson des Saisnes* associe en effet les trois grands types de textes de l'époque médiévale à une contrée : la matière de Rome, la matière de France et la matière de Bretagne. Celles-ci correspondent approximativement aux trois grands genres littéraires que sont alors le roman antique, la chanson de geste et toutes les productions relevant de la matière de Bretagne.

Élément clé du décor, envisagé comme entité subjective, sociale et narrative, le royaume arthurien nécessite dans un premier temps une définition stable et précise, qui sera d'abord lexicale, avant d'être historique, et enfin symbolique.

14 Pierre Gallais, *L'imaginaire d'un romancier français de la fin du* XIIe *siècle. Description raisonnée, comparée et commentée de la Continuation-Gauvain (Première suite du* Conte du Graal *de Chrétien de Troyes)*, Amsterdam, Rodopi, 1989, Tome III, p. 1793.

LES LEÇONS DE LA LANGUE

Ce chapitre vise à une première définition lexicale du lieu de notre étude, puisque les mots constituent le premier matériau d'analyse dans notre discipline[1].

La recherche entreprise portera sur le vocabulaire, défini comme plusieurs unités lexicales réunies, non seulement en vertu de leurs ressemblances sémantiques, mais aussi pour leur enjeu sociologique – et cela en vertu de la définition sociale des lieux précédemment décrite[2]. Cette enquête adoptera aussi une visée à la fois paradigmatique et syntagmatique[3], puisqu'il s'avère nécessaire de replacer le mot analysé dans son contexte, ainsi que dans son environnement syntaxique immédiat – son cotexte –, afin d'en saisir tous ses potentiels sémantiques.

Nous émettons l'hypothèse que le lexique spatial utilisé pour nommer le territoire royal au sein du corpus primaire est ouvert et indifférencié, ce qui contribuerait à faire jaillir le flou nécessaire à l'ouverture imaginaire et poétique.

LE ROYAUME ARTHURIEN
Un territoire double et duel aux contours flous

Le nom *reaüme* sera d'abord envisagé selon une perspective lexicographique et diachronique, ainsi qu'à travers son paradigme morphologique

1 Karin Ueltschi, *Le Pied qui cloche ou le lignage des boiteux*, Paris, Champion, 2011, p. 24.

2 Georges Matoré précise l'intérêt historique et sociologique d'une telle conception du vocabulaire, *Le Vocabulaire et la société médiévale*, *op. cit.*, p. 15-16.

3 Georges Kleiber explique la nécessité de coupler une approche syntagmatique à une approche paradigmatique dans les études de textes médiévaux dans *Le mot* « ire » *en ancien français* (XIe-XIIIe *siècles*)*. Essai d'analyse sémantique*, Paris, Klincksieck, 1978, p. 409.

et sémantique. Ensuite un classement de ses autres dénominations dans le corpus primaire sera réalisé.

NOMMER LE ROYAUME

Regne, *Roiaume*, *roiame*, *realme*, *reame* ou encore *rëaume*, tous issus de l'accusatif latin *regimen*, *-inis* « royaume[4] », désignent d'abord un pays, ou un état gouverné par un roi, où les sèmes à la fois spatial et royal sont prédominants. Le nom aurait été employé pour la première fois avec ce sens concret vers 1080 dans *La Chanson de Roland.* Il est aussi signalé dès 1155 chez Wace[5], puis chez Chrétien de Troyes, avec ce même sens territorial et politique.

Par ailleurs, dès l'ancien français, le mot s'emploie au figuré dans la locution *Deu reaüme*, forme archaïque pour « royaume de Dieu » et prenant le sens de « souveraineté de Dieu dans les âmes et dans le ciel ». Si cette expression n'est pas attestée au XIIe siècle, aussi bien dans les textes hagiographiques que littéraires, l'espace supérieur auquel il renvoie, issu d'un syncrétisme mêlant la Genèse aux traditions antiques, celtiques et orientales, nourrit toutefois en filigrane la symbolique du royaume dessiné dans notre corpus de travail.

Dans le cadre de cette investigation, le sens concret de « territoire sur lequel un roi exerce son ascendance », avec les sèmes politique et féodal qui lui sont adjacents, prime. Par ailleurs, le sens abstrait de « ciel, paradis », d'« autre monde », contenu dans la locution *Deu reaume* nourrira bien sûr la portée plus imaginaire de notre recherche. En revanche, la locution « royaume des morts », pourtant séduisante, eu égard à son ancrage imaginaire et symbolique, ne pourra être considérée car elle est postérieure aux bornes chronologiques retenues[6]. Philippe Contamine, Olivier Guyotjeannin, Régine Le Jan, constatant ces difficultés

---

4 Takeshi Matsumara, *Dictionnaire du français médiéval*, *op. cit.* p. 3008-3009 ; voir aussi FEW, X, 208b, *regimen. Le Dictionnaire étymologique de la langue française* signale « Altération, par croisement avec *royal* de *reia(m)me*, compris comme un dérivé de *rex*, *regis* "roi", et qui est, en réalité, emprunté du latin *reginem* "direction, gouvernement", [...]. » dans Oscar Bloch, Walther von Wartburg (dir.), *Dictionnaire étymologique de la langue française*, Paris, PUF, 2004, p. 564. Ces références valent pour l'ensemble de l'histoire du mot fourni ; c'est pourquoi nous ne les répéterons pas.

5 Ivor Arnold et Margaret MacLean Pelan, *La Partie arthurienne du Roman de Brut*, Paris, Klincksieck, 1962, v. 9 ; 34 ; 496 ; 2627 ; 4628.

6 Voir FEW, X, 208b, *regimen*, où la locution est signalée à partir de 1669 chez Jean de La Fontaine.

sémantiques[7], choisissent de définir principalement le royaume en vertu de son lien à la figure du roi[8]. Certes, au Moyen Âge, le pouvoir concerne aussi les comtes, les vicomtes, etc. Toutefois, dans le cadre de notre étude de textes arthuriens, c'est-à-dire de récits qui placent le roi Arthur en pivot central, nous considérerons principalement le *regnum* dans son lien à la royauté.

Ainsi, malgré un ancrage étymologique d'abord spatial, dès 1155, les sens se multiplient, en privilégiant le sème royal. Le *reaüme* peut alors signifier, selon le contexte : « royauté », « pouvoir royal » ou encore « gouvernement[9] », ou encore « terre en la main du roi », et même « puissance royale », apportant une belle illustration de la fameuse et redoutable mouvance du vocabulaire médiéval[10]. Le caractère polysémique et profondément ambigu du nom nous pousse à en étudier le sens en contexte, dans le corpus primaire[11].

LE ROYAUME DANS LE CORPUS PRIMAIRE[12]

Occurrences de « reaüme » *: un substantif rare*

Dans le corpus primaire, *rëaume* a d'abord une acception territoriale, plus que politique. *Le Roman de Brut* de Wace, ainsi que son hypotexte l'*Historia regum Britanniae* de Geoffroi de Monmouth, fondent le décor arthurien typique, dans lequel un monde de référence, que nous appelons « domaine courtois » s'oppose à un monde déréalisé et antithétique[13], le « domaine merveilleux ». D'emblée, le royaume arthurien est donc structuré selon cette dichotomie. Et si l'enjeu premier de ces deux textes

7 Philippe Contamine, Olivier Guyotjeannin, Régine Le Jan, *Le Moyen Âge, Le roi, l'Église, les grands, le peuple 481-1514*, Paris, Éditions du Seuil, 2002, p. 296.

8 Philippe Contamine, Olivier Guyotjeannin, Régine Le Jan *Le Moyen Âge, Le roi, l'Église, les grands, le peuple 481-1514*, *op. cit.*, p. 297-298.

9 FEW, X, 208b, *regimen*.

10 Georges Kleiber, *Le mot* « ire » *en ancien français* (XIe-XIIIe *siècles). Essai d'analyse sémantique*, *op. cit.*, p. 76.

11 Nous suivons donc la voie méthodologique ouverte par Georges Kleiber : « Aussi pour apprécier la richesse du vocabulaire médiéval, faut-il avoir recours non aux dictionnaires, mais aux textes eux-mêmes. », *ibid.*, p. 77.

12 Les relevés donnés ci-après présentent les occurrences sélectionnées en vertu de notre problématique.

13 Danièle James-Raoul montre que Wace est le créateur du chronotope arthurien tel qu'il apparaît dans les romans médiévaux à partir de Chrétien de Troyes dans *Chrétien de Troyes, la griffe d'un style*, *op. cit.*, voir aussi p. 260.

est de retracer l'histoire des rois de Bretagne, de Brut(us), présenté comme l'arrière-petit-fils d'Énée jusqu'à Cadvalladr, en passant par l'éminent roi Arthur[14], la volonté de promotion de ce dernier inclut surtout une grande attention portée à son royaume, au sens de « pays gouverné par un roi puissant ». En effet, ce haut lieu y apparaît d'ailleurs dès le prologue sous la forme *regne*[15], ainsi qu'on le retrouve souvent dans le corpus primaire, notamment dans le lai d'*Haveloc*[16] et dans *Érec et Énide*[17].

Pourtant, *regne* ou *rëaume* ne sont pas toujours utilisés dans les textes de Geoffroi de Monmouth ou de Wace[18], habitude que reprendront les continuateurs de la matière de Bretagne. De fait, la plupart des lais n'emploie pas ce terme pour désigner le territoire placé sous la domination d'Arthur, excepté quelques occurrences stéréotypées, comme en témoigne d'abord un exemple issu de *Melïon* : « el roialme n'avoit tant bele[19]. ». Mais dans ce cas, il s'agit alors de magnifier la beauté de l'héroïne, et de ce fait, le nom n'a pas sa pleine référence spatiale, mais renvoie davantage à une grande étendue indéterminée, convoquée pour renforcer une hyperbole figée. D'autres occurrences sont aussi présentes dans *Guigemar*[20], *Eliduc*[21]

---

14 Laurence Mathey-Maille, *Écritures du passé, Histoires des ducs de Normandie*, Paris, Champion, 2007, p. 30.

15 *La Partie arthurienne du Roman de Brut*, *op. cit.*, v. 9 : « Par tot le regne tel pes mist » ; v. 34 : « Il n'ot plus bele an tot le renne ; » ; v. 496 : « Tant com el regne o lui seront ; » ; v. 2627 : « Livra an garde Artus son rengne » ; v. 4628 : « Qui sor Yvain preïst le regne ». Sur la concurrence de « *regne* » avec « *royaume* », il faut rappeler que « règne » signifie surtout « royaume » jusqu'au XVIe siècle. (*Dictionnaire étymologique de la langue française*, *op. cit.*, p. 543.) Le FEW précise même qu'il y a encore « confusion » entre les deux noms du temps de Guez de Balzac, soit jusqu'au XVIIe siècle. (FEW, X, p. 216).

16 *Haveloc*, v. 238, 972, 980.

17 *Érec*, v. 1876. Dans ce roman, il est remarquable que « *regne* » soit employé en concurrence avec « *rëaume* ».

18 Le territoire royal est davantage désigné par « *terre* » qui apparaît à la rime aux vers 130 ; 1128 ; 1591 ; 2220 ; 2755 et 3561, « *païs* » que l'on retrouve aussi en fin de vers, notamment aux v. 1390 ; 1914 ; 2209 ; 4157, ou encore « *contree* », aux vers 299 ; 448 ; 929 ; 1001 ; 1299 ; 2337. (*La Partie arthurienne du Roman de Brut*, *op. cit.*)

19 *Melïon*, v. 124.

20 *Guigemar*, v. 38 : « El reaulme nen out plus bel ! ». Nous ne pouvons que souligner la similarité d'emploi et de syntaxe de cet emploi et de l'exemple précédent.

21 *Eliduc*, v. 18 : « El rëaume nen ot plus bele ! » (même remarque que précédemment) ; v. 69 : « El rëaume de Logre ira, » : « rëaume » forme avec « de Logre » un syntagme nominal. Ainsi employé au début du lai, il signifie la destination du héros éponyme lors de son départ en aventure. La place en début de vers du groupe nominal ainsi formé insiste sur cette destination, et met en valeur le toponyme Logres, comme marqueur de la matière arthurienne.

et *Haveloc*[22], dans le même contexte, mais elles sont à relativiser du fait de la longueur de ces lais[23].

De même, dans le corpus champenois, *rëaume* n'est représenté que lors de vingt-six occurrences[24], ce qui fait de lui un substantif d'une grande rareté. Il n'est mentionné qu'une fois dans *Le Conte du Graal*[25]. Dans *Le Chevalier au Lion* et dans *Cligès*[26], deux occurrences seulement sont présentes[27]. *Érec et Énide* utilise un peu plus le nom, puisqu'il y apparaît huit fois[28]. *Le Chevalier de la Charrette* fait vraiment figure d'exception puisqu'il compte treize occurrences de *rëaume*, suivies parfois d'un complément déterminatif. Elles seront par conséquent analysées plus précisément.

---

22 *Haveloc*, v. 201 : « Le roiaume vers les Surois » ; v. 226 : « Que el reaume troveroit » ; v. 358 : « Que el reaume trover porroie. »

23 *Eliduc* et *Haveloc* comptent respectivement 1 184 et 1 107 vers, alors que la moyenne des autres lais est de cent à deux-cents vers.

24 Selon le Dictionnaire Électronique de Chrétien de Troyes, http://www.atilf.fr/dect/, consulté le 5 octobre 2017.

25 *Perceval*, v. 6169 : « Que toz li reaumes de Logres ». Le substantif désigne ici le domaine gouverné par Arthur, ainsi que le connote le toponyme Logres, *infra*, p. 57. À ce moment du récit, le narrateur donne une explication à l'origine du royaume et de son toponyme.

26 *Cligès*, v. 1457 : « Del meillor reaume de Gales » ; v. 2353 : « Le meillor reaume de Gales ». Dans ces deux occurrences, le royaume ainsi signifié est celui du Pays de Galles.

27 *Yvain*, v. 2500 : « Quant il est del rëaume sire. » Le nom prend place au sein d'un passage au discours direct prononcé par Yvain, où il énumère les devoirs du maître du royaume, et plus particulièrement celui de continuer à parcourir le monde afin d'enrayer la menace de récréantise ; v. 4077 : « Que por le rëaume de Tarse ». Le nom est employé par Yvain lorsqu'il promet à la nièce de Gauvain de la défendre contre le géant Harpin de la montagne. Le syntagme nominal « rëaume de tarse » ne désigne pas un territoire réel mais est employé dans le cadre d'une expression déréalisante signifiant une contrée aux multiples splendeurs. Le territoire ainsi mentionné n'existe pas mais exprime la fascination du rêve oriental, dans une expression visant à renforcer la loyauté du héros : même pour ce royaume si plaisant, il ne renoncerait pas à son devoir de défendre la famille de son ami Gauvain.

28 *Érec*, v. 1838 : « An son rëaume d'Estre-Gales », le royaume d'Estre-Galles est celui du père d'Érec et correspond à une région « arthurienne » indéterminée, voir note, dans *Chrétien de Troyes, Œuvres complètes*, *op. cit.*, p. 1084 ; v. 1847 : « Quant an son roiaume vandroient », qui reprend le même domaine que précédemment ; v. 1859 : « El rëaume les an menerent », il s'agit ici du royaume d'Érec ; v. 1888 : « Et par son rëaume anvea », il s'agit ici du royaume du père d'Érec, donc celui d'Estre-Galles ; v. 1962 : « Que nus chevaliers del rëaume », où le lieu est ici convoqué dans une comparaison visant à démontrer la grande taille de Bliant, l'un des chevaliers invités aux noces des héros ; v. 2410 : « Onques nus rois an son rëaume », dans le cadre d'une expression manifestant un irréel du passé ; v. 2444 : « El rëaume ne an l'empire », dans le cadre d'une expression signifiant un irréel du présent ; 4759 : « Ou d'un rëaume ou d'un empire. », où le nom renvoie à l'honneur qui lui est lié.

Sans complément

Le *rëaume* peut d'abord désigner le domaine courtois gouverné par le roi Arthur. Le nom est employé seul à une occasion, lorsqu'Arthur envoie des messagers à travers tout le royaume pour tenter d'obtenir des nouvelles de Lancelot, alors perdu :

Li rois maintenant i envoie,
Par son rëaume, ses messages[29],

Le contexte suffit alors pour préciser la référence exacte du territoire en question, puisqu'Arthur est ici le sujet même de la phrase, sa présence connotant implicitement le domaine courtois.

– Avec complément : d'Artu, de Logres, de Gorre

Ensuite, le domaine courtois d'Arthur peut être mentionné par une périphrase dans laquelle « le roi Artu », adjoint à *rëaume* précise le détenteur du pays. Cette tournure est d'abord utilisée par Lancelot pour insister sur son origine, lorsqu'il se présente à une jeune fille dans un passage au discours direct :

Ne vos ai ge dit que je sui
Del rëaume le roi Artu ? [...][30]

La construction déterminative « del rëaume le roi Artu » est aussi utilisée pour introduire l'origine des prisonnières du royaume de Gorre, dans une volonté d'opposition des deux royaumes antithétiques :

Totes les puceles estrenges
Des rëaume le roi Artu[31],

La comparaison de ces deux extraits met au jour une autre distinction, entre Lancelot en tant que personnage individuel, et entre le groupe de prisonnières envisagé comme un collectif. Le *rëaume d'Artu* déterminant les deux types de protagonistes, nous pouvons ainsi affirmer qu'il

29 *Lancelot*, v. 5234-5235.
30 *Ibid.*, v. 2010-2011.
31 *Ibid.*, v. 3532-3533.

fait ressortir le caractère héroïque du chevalier, en le distinguant de la communauté imprécise des prisonniers de Gorre.

Le syntagme nominal *rëaume de Logres* apparaît six fois[32] pour désigner le domaine courtois, notamment lorsque Lancelot décide de suivre une demoiselle qui lui dit alors :

> Et dit : « Sire, je m'an iroie
> O vos grant piece an ceste voie,
> Se vos mener m'an osïez
> Et conduire m'i devïez
> Par les us et par les costumes
> Qui furent ainz que nos ne fumes
> El reaume de Logres mises[33]. »

La précision instaurée par le toponyme de Logres est signifiante à deux niveaux[34]. D'une part, Logres introduit la coloration arthurienne connue depuis l'œuvre de Wace et que nous développons plus loin[35]. D'autre part, la ressemblance phonique existant avec Gorre, qui est presque son anagramme, met en valeur la dissemblance des deux royaumes opposés. Nous l'avons vu, Logres est le royaume d'Arthur, le « domaine courtois » selon notre terminologie, et correspond à l'image du bien. Il s'oppose à Gorre, le « domaine merveilleux », qui correspond au royaume de Baudemagu et de Méléagant et connote le mal. Dans l'exemple analysé, le groupe nominal *rëaume de Logres* est d'ailleurs suivi d'un passage aux vers 1308-1322 sur les us et coutumes de ses habitants, visant à en démontrer son côté civilisé, par opposition au royaume de Gorre[36]. Par conséquent, il est possible d'admettre que *Le Chevalier de la Charrette* repose sur l'antithèse entre ces deux royaumes. D'ailleurs, alors que le royaume de Logres semble parfaitement connu du public médiéval, puisque le narrateur se contente de nommer le toponyme

32 *Lancelot*, v. 1307 ; 1936 ; 2061 ; 2087 ; 2962 ; 3523.

33 *Ibid.*, v. 1301-1307.

34 La symbolique de Logres et de Gorre, ainsi que les enjeux des différents toponymes seront précisés dans un paragraphe suivant, *infra* p. 58 et *sqq.*

35 *Infra*, p. 58.

36 Pour plus de précisions sur la valeur civilisatrice du royaume de Logres dans cet extrait, voir l'édition de référence, *Chrétien de Troyes, Œuvres complètes*, éd. Daniel Poirion, Anne Berthelot, Peter F. Dembowski, Sylvie Lefèvre et al., *op. cit.*, note 1, p. 539 ; voir aussi Donald Maddox, « Lancelot et le sens de la coutume », *Cahiers de Civilisation médiévale*, XXIX, 1986, p. 339-353.

pour que jaillisse tout l'univers qui lui est contigu, il insiste davantage, à deux occasions, sur la symbolique dangereuse et mortelle associée au royaume de Gorre[37], tout en se livrant à une véritable définition du domaine merveilleux :

> [...]
> Et si l'a el rëaume mise
> Don nus estranges ne retorne,
> Mes par force el païs sejorne
> An servitune et an essil[38].

Il s'agit d'un pays dont nul ne revient, comme l'expriment les connotations négatives des noms *force*, *servitune*, *essil*, ainsi que la modalité négative : « Don nus estranges ne retorne ». En outre, le rythme binaire de la clausule de la phrase « An servitune et an essil », ainsi que la rime de *mise* avec *essil*, insistent sur l'asservissement effectué dans ce royaume, présenté par conséquent comme le parfait oxymore du royaume de Logres.

Notons enfin, un dernier emploi que nous classerons seul du fait de sa singularité. À une reprise à la fin du roman, le substantif *rëaume* est aussi employé seul, pour dénoter le pays de Gorre, après qu'il a été libéré : « Qu'el rëaume fu espandue », puis « Tant est par le rëaume alee[39] ». Ici, ne pas préciser la référence exacte du royaume introduit une confusion qui tend à assimiler le royaume de Gorre libéré à celui de Logres, afin de signifier le rapprochement de coutumes que la libération par Lancelot a introduit[40].

Malgré la rareté du substantif « *rëaume* » dans le corpus primaire, ses emplois dans *Le Chevalier de la Charrette*[41] nous permettent d'affirmer que le dispositif spatial du roman arthurien repose bien sur une dichotomie établie entre deux royaumes, et non entre deux mondes. Dans une volonté de clarification de l'ambiguïté de *rëaume*, nous rappelons la

37 *Lancelot*, v. 640-641 (voir citation suivante qui reproduit les vers en question) ; v. 1942 : « El rëaume don nus n'eschape. »

38 *Ibid.*, v. 640-643.

39 *Lancelot*, v. 5428 ; v. 5433.

40 Cette remarque n'est valable que pour la première occurrence de cet emploi, puisque la mention seule du « *rëaume* » dans l'occurrence du vers 5433 peut s'expliquer par proximité immédiate du vers 5428 : le public comprend aisément grâce au contexte et à la coréférentialité de quel royaume il s'agit.

41 Seul ce roman nous permet donc d'entrer dans la définition du royaume d'une manière lexicale.

dénomination retenue, où le « domaine courtois » correspond au royaume de Logres, et le « domaine merveilleux » à celui de Gorre.

Dans les autres textes du corpus, le royaume est davantage introduit par des parasynonymes, ce qui nous conduit naturellement à considérer le paradigme sémantique de *rëaume*.

Paradigme sémantique[42] : empire, cort

Le substantif *empire*[43] ou *emperie*, issu du latin classique *imperium*, nous intéresse particulièrement, par son lien morphologique avec le nom *emperor*[44]. Le sème royal est connoté par l'assimilation phonique entre *emperor* et *emperie*, qui partagent aussi le même étymon. En entendant l'un des deux noms, l'auditeur pense immédiatement en termes de royauté[45].

Pourtant, malgré le lien à la royauté connoté par *empire*, il renvoie davantage au Saint Empire et ne peut être considéré comme un parasynonyme de *rëaume*. D'ailleurs, ce substantif reste rare au sein du corpus primaire. Il n'est attesté que dans *Cligès*[46], où il sert notamment à dissocier le royaume de Grèce, dont est originaire le héros, du royaume arthurien. Par exemple, au début du roman, lorsqu'Alexandre prend la décision de partir de l'Orient vers l'Occident, il est écrit :

42 Dans ce paragraphe, nous nous attacherons à analyser le paradigme sémantique du terme *rëaume* en constituant le champ lexical de l'espace étendu et indéterminé, et sous l'ascendance d'un roi. Nous garderons en mémoire la part d'arbitraire indéniable résultant de ce type de classement, ainsi que Georges Kleiber l'a rappelé : « On ne peut jamais faire totalement abstraction de l'intuition dans la constitution du champ lexical. La langue n'étant accessible qu'à celui qui la comprend, le sentiment linguistique est un facteur constitutif de l'étude sémantique. Cela ne signifie point subjectivité, arbitraire, liberté intuitive. », *Le mot « ire » en ancien français (XIe-XIIIe siècles). Essai d'analyse sémantique*, *op. cit.*, p. 31.

43 FEW, IV, 587b, *imperium* ; Takeshi Matsumara, *Dictionnaire du français médiéval*, *op. cit.*, p. 1112 ; *Dictionnaire étymologique de la langue française*, *op. cit.*, p. 220. Ces références valent pour l'ensemble de l'histoire du mot fournie ; c'est pourquoi nous ne les répéterons pas.

44 Le latin classique *imperator*, qui a donné « empereur » appartient bien au même paradigme morphologique que *imperium*.

45 Philippe Contamine, Olivier Guyotjeannin, Régine Le Jan, *Le Moyen Âge, Le roi, l'Église, les grands, le peuple 481-1514*, *op. cit.*, p. 270.

46 *Cligès*, v. 112, 4222, 4346. Le DÉCT référence aussi d'autres occurrences d'« *empire* », employé comme élément de comparaison ou de décor, notamment dans *Érec*, *Yvain* et *Perceval*. http://www.atilf.fr/dect/, consulté le 5 octobre 2017. Pour notre étude, nous considérerons seulement les cas où il renvoie à un lieu de l'action. Seul *Cligès* sera donc étudié.

> Car issir vuel de vostre empire,
> S'irai presanter mon servise
> Au roi qui Bretaingne justise,
> Por ce que chevalier me face[47].

Dire *empire* plutôt que *rëaume* vise ici à connoter l'Orient, l'étranger et l'ailleurs. Cette hypothèse se confirme au regard des autres occurrences qui mentionnent *empire* dans le cadre d'une métaphore signifiant une étendue et impliquant le toponyme de Rome[48], dont le but consiste à chaque fois à renvoyer à un territoire lointain et très étendu.

Cort, ensuite, est un syntagme nominal issu du latin *cohors, -ortis*, « cour de ferme », et dont la polysémie, déjà attestée en latin, se retrouve dans la langue médiévale. En ancien français, selon le contexte et le texte qui l'accueille, il désigne une ferme, une basse-cour, la résidence du souverain et de son entourage, ou une assemblée de vassaux, un siège de justice, voire un tribunal ecclésiastique. La locution nominale *cort pleniere*, apparue dans la langue au XIIe siècle, désigne l'ensemble des vassaux convoqués par le roi[49]. Le terme connaît aussi un élargissement de sens à cette époque de production du corpus : « [...] il existe un sens très abstrait du terme de cour dans la légende arthurienne : la cour se confond parfois avec le royaume ou la personne même du roi[50]. » D'ailleurs, lorsque la cour désigne la communauté d'hommes réunie autour du roi, elle connote de fait la *cortoisie*[51], cet idéal de vie littéraire et sociale autour duquel cette *mesnie* se retrouve et se rassemble. Paul Zumthor rappelle l'origine du substantif « courtoisie » en résumant ses différentes acceptions au XIIe siècle :

> Le mot *courtoisie*, lorsqu'il apparaît au XIIe siècle, dans la langue, réfère idéalement à la vie des cours seigneuriales : d'un monde incohérent traversé de poussées anarchiques, la cour idéalisée, utopique, thématise les contradictions, les harmonise dans la fête et le jeu. Le chevalier, dès qu'on l'y accueille, s'y

47 *Ibid.*, v. 112-115.
48 *Yvain*, v. 6082 ; *Perceval*, v. 2781.
49 FEW, II, 849b, *cohors* ; Takeshi Matsumara, *Dictionnaire du français médiéval*, *op. cit.*, p. 761 ; *Dictionnaire étymologique de la langue française*, *op. cit.*, p. 164. Ces références valent pour l'ensemble de l'histoire du mot fournie ; c'est pourquoi nous ne les répéterons pas. Rappelons ici qu'assister à la cour plénière est une obligation vassalique ; le vassal qui s'y soustrait est considéré comme rebelle.
50 Catalina Gîrbea, *La Couronne ou l'auréole...*, *op. cit.*, p. 256.
51 Le terme *cortoisie* dérive morphologiquement de *cort*.

> trouve prisonnier d'un espace enchanté, où tout l'énergie des êtres vise à une parfaite maîtrise de la parole, plus que des comportements ; vise à domestiquer la multitude des voix spontanées pour en organiser le concert. L'amour de la parole est une vertu ; son usage, une joie[52].

La *cort* revêt donc une multiplicité d'acceptions : à la fois spatiale, mais aussi sociale, et hiérarchique[53], ou encore idyllique, dans le lien à l'esthétique de la courtoisie, ce qui en fait un vocable polysémique, mais aussi ambigu[54]. Désignant à la fois l'espace d'exercice du pouvoir royal et la communauté hiérarchisée autour du roi, la cour correspond toutefois bien à la richesse sémantique du royaume arthurien. D'ailleurs, dans le corpus primaire, le terme de *cort*, contrairement à celui de *rëaume*, est très fréquent[55], moins dans les lais[56] que dans les romans[57], il est vrai. Il est mentionné trente fois dans *Érec et Énide*[58], onze fois dans *Cligès*[59], dix-sept fois dans *Yvain*[60], huit fois seulement dans *Lancelot*[61] et quinze fois dans *Le Conte du Graal*[62]. Marqueur d'un idéal, d'un *topos*, et même d'une esthétique, le terme de « courtoisie » est logiquement plus apte que *rëaume* à réunir autour de lui l'ensemble des éléments romanesques. Et d'ailleurs, lorsque le substantit *cort* est employé avec son acception

52 *La Lettre et la voix de la « littérature » médiévale*, Paris, Éditions du Seuil, 1987, p. 80-81.

53 Du fait du rôle prédéterminant et redondant de la cour dans les récits arthuriens, Danièle James-Raoul l'associe à un modèle topique parfaitement rodé, dans *Chrétien de Troyes, la griffe d'un style, op. cit.*, p. 267.

54 Philippe Contamine, Olivier Guyotjeannin, Régine Le Jan, *Le Moyen Âge, Le roi, l'Église, les grands, le peuple 481-1514*, *op. cit.*, p. 315.

55 Du fait de la multiplicité des occurrences de *cort* au sein du corpus primaire, nous les classerons en fonction de leurs principaux emplois en contexte, sans revenir précisément sur chacune d'entre elles. En marge de la problématique royale qui nous occupe, notons un emploi particulier, dans *Érec et Énide*, où il forme la locution nommant une aventure : *la joie de la Cort*. Le nom prend alors une majuscule. *Érec*, v. 5463 et *sqq*.

56 *Tydorel*, v. 296 ; *Tyolet*, v. 200, 280, 308 ; 398, 580, 474 ; *Graelent*, v. 499, 559.

57 Le DÉCT compte non moins de 213 occurrences. Du fait de cette forte fréquence, nous ne considérerons que les apparitions signifiantes pour l'étude entreprise. http://www.atilf.fr/dect/, consulté le 5 octobre 2017.

58 *Érec*, v. 29, 47, 84, 383, 653, 1229, 1235, 1238, 1314, 1337, 1350, 1807, 1885, 1995, 2246, 2260, 4541, 5278, 5463, 5541, 5695, 6036, 6042, 6115, 6175, 6175, 6418, 6495, 6506, 6543.

59 *Cligès*, v. 381, 1466, 2580, 2617, 3364, 4956, 4972, 5029, 5646, 6154, 6489.

60 *Yvain*, v. 4, 207, 721, 1002, 1830, 2682, 2691, 2692, 3674, 3693, 3907, 4715, 4775, 5849, 5881, 5914, 6520.

61 *Lancelot*, v. 31, 45, 3894, 5046, 5191, 5313, 6159, 6699.

62 *Perceval*, v. 65, 512, 880, 885, 900, 1368, 2323, 2735, 2756, 2829, 4004, 4564, 4641, 6107, 6234.

spatiale, il implique un espace plus restreint que *rëaume*[63] et donc un resserrement sur l'entourage immédiat du roi.

Rappelons que la *cort* est un élément typique et topique du monde arthurien. À l'exception de *Cligès*, les romans de Chrétien débutent par installer cette référence clé de l'intrigue[64]. À ce titre, nous citerons le prologue d'*Érec et Énide* qui connote d'entrée l'univers romanesque breton par une référence à la cour du roi Arthur :

> Au jor de Pasque, au tans novel,
> A Quaradigan, son chastel,
> Ot li rois Artus cort tenue[65].

La *cort* est toujours associé à la figure d'Arthur, qu'elle prolonge, donnant ainsi au substantif sa coloration royale si déterminante pour notre étude du royaume[66]. En effet, la locution *tenir cort*, au sens de « réunir ses barons » est employée à chaque début d'intrigue, et chaque fois qu'il est question de la cour d'Arthur[67], à l'exemple de ce vers topique : « *li rois Artus cort tenoit*[68] », qui peut fonctionner comme un signal aux oreilles de l'auditeur pour lui indiquer qu'il pénètre dans le la matière de Bretagne. La locution attributive *la cort le roi*[69] est également très fréquente[70] et va peut-être jusqu'à suggérer un pléonasme. Dans ce contexte, le nom en question désigne davantage la communauté réunie sous l'égide d'Arthur, que le parasynonyme de *rëaume*. D'ailleurs, lorsqu'il est ainsi employé pour référer aux personnes peuplant ce lieu, *cort* est associé à *mesniee*, pour mieux lever l'ambiguïté de la référence,

---

63 Sauf *Érec*, v. 383, où « *cort* » désigne la cour du vavasseur, c'est-à-dire la partie attenante à sa maison. Le nom n'a alors aucun rapport avec le royaume ou le roi.

64 *Érec*, v. 29 ; *Yvain*, v. 4 ; *Lancelot*, v. 31 ; *Perceval*, v. 65.

65 *Érec*, v. 27-29. C'est nous qui soulignons.

66 Voir à ce sujet, Georges Matoré, *Le Vocabulaire et la société médiévale*, *op. cit.*, p. 150.

67 *Érec*, v. 29.

68 *Érec*, v. 4 ; *Yvain*, v. 4, 2682, 2691, 5849 ; *Lancelot*, v. 31 ; *Perceval*, v. 2323, 2735, 2757, 4004.

69 *Érec*, v. 653, 1314, 6036, 6042 ; *Cligès*, v. 2590 ; *Yvain*, v. 1002, 3693, 3907, 4715 ; *Lancelot*, v. 5046, 6159, 6699 ; *Perceval*, v. 512, 1268, 6234.

70 Danièle James-Raoul associe cet emploi topique au rôle central du roi Arthur dans les romans arthuriens : « Arthur tient sa cour à la manière d'une figure tutélaire qui rayonne sur l'intrigue. Il est toujours présenté par son nom associé en apposition à la fonction royale qu'il assume et qui le définit : la référence semble figée pour ce personnage nommé en majesté et c'est effectivement ce que confirme la lecture globale des différents romans [...]. », *Chrétien de Troyes, la griffe d'un style*, *op. cit.*, p. 265.

la *mesniee* désignant bien l'entourage royal, ainsi qu'en témoigne cet extrait d'*Érec et Énide*[71] :

> Ce chevalier quite clamez
> Par tel covant de la prison
> Que il remaigne an ma meison,
> De ma mesniee et de ma cort, [...][72]

Dans ce discours du roi Arthur, la *mesniee* et la *cort* sont considérées en même temps, à l'aide notamment de la conjonction *et*, ce qui a pour conséquence de dénoter spécifiquement la communauté qui vit et s'épanouit à la cour.

En fait, la *cort* ne réfère spatialement au domaine courtois que lorsqu'elle est associée à un verbe de mouvement, dans des locutions comme *venir a cort*[73], *a cort aler*[74], ou encore *de la cort s'anbler*[75], ce qui est largement le cas durant l'aventure chevaleresque. La cour fonctionne en effet comme une force centrifuge et centripète, principal repère du chronotope arthurien :

> La Cour en effet, origine et terme ensemble, récupère l'errance et s'approprie symboliquement l'espace parcouru par l'errant. Ainsi, le monde extérieur, hostile, entre dans l'ordre et se soumet au Règne. Sans l'incessante présence-absence de la Cour, le chevalier errant est livré à l'absurdité du hasard. De la Cour procèdent en revanche sa nécessité et celle des vertus nobles qu'il incarne. La Cour, simplement parce qu'elle existe, institutionnalise ce qui, en soit, ne serait qu'une fuite orgueilleuse hors d'ici. Par l'intermédiaire de chevaliers auxquels il accorde la permission d'errer, le roi affronte figurément l'univers[76].

Extension du pouvoir royal d'Arthur, la cour ainsi décrite concentre bien les principales fonctions nodales, narratives et référentielles du domaine courtois[77].

71 *Érec*, v. 1229 : « De ma mesniee et de ma cort, » ; 1238 : « Puis fu de cort et de mesniee. »

72 *Ibid.*, v. 1226-1229.

73 *Érec*, v. 1995, 5278, 5541, 6175 ; *Cligès*, v. 4956, 4972, 5029, 5646, 6489 ; *Yvain*, v. 2692 ; *Lancelot*, v. 45, 5313 ; *Perceval*, v. 880 ; *Tydorel*, v. 296 ; *Tyolet*, v. 200, 280, 308, 398, 474.

74 *Yvain*, v. 1830 ; *Perceval*, v. 512, 885.

75 *Cligès*, v. 6154 ; *Yvain*, v. 721.

76 Paul Zumthor, *La Mesure du monde*, *op. cit.*, p. 209, voir aussi Danièle James-Raoul, *Chrétien de Troyes, la griffe d'un style*, *op. cit.*, p. 273-274.

77 *Infra*, p. 316-320.

L'adjectif qualificatif *real*, issu du paradigme morphologique de *rëaume* peut aussi être adjoint à *cort.* Variante de l'expression *la cort le roi*, *la cort real* confirme l'hypothèse d'une association quasi synonymique et redondante entre la cour et le royaume. Dans *Le Conte du Graal*, il s'agit alors d'introduire la coloration royale à l'ouverture de l'action :

Par le comandement li conte,
Qui soit contez an cort real :
Ce est li contes del graal, [...][78]

L'adjectif *real* rime d'ailleurs avec le substantif *Graal*, en une introduction habile à la fois du thème du roman, comme de la tradition arthurienne à laquelle il appartient. Dans *Le Chevalier au Lion*, le qualifiant est utilisé par le roi lui-même, au moment où l'une des deux sœurs en litige ne veut pas attendre le délai fixé pour se revendiquer la victoire. Le roi lui ordonne alors d'attendre le terme fixé ainsi que la loi l'exige :

Vers sa seror, trop desleal,
Li dit : « Amie, a cort real
Doit en atendre, par ma foi,
Tant con la justise le roi
Siet et atant por droiturier[79].

La rime de *real* avec *desleal* insiste à la fois sur la garantie de justice que le lieu apporte, et sur la faute de la jeune fille.

Ainsi, l'association *cort* + *real* nous amène à considérer l'addition d'un terme désignant un territoire à un élément du paradigme morphologique de *rëaume.* De fait, certains substantifs entretiennent avec le lieu qui nous occupe une relation de voisinage, sans pour autant appartenir directement à son paradigme sémantique du fait de l'absence de sème royal.

L'hypothèse ici formulée sera que la présence dans l'environnement immédiat d'un dérivé de *rëaume* permettrait d'inclure ces autres désignations spatiales dans notre étude.

78 *Perceval*, v. 64-66. C'est nous qui soulignons.
79 *Yvain*, v. 5913-5917. C'est nous qui soulignons.

Relation de voisinage : contree, païs, terre

Ces termes constituent des variantes synonymiques de *rëaume.* Nous allons les examiner puis tirer des conclusions concernant leur parenté sémantique avec notre mot central. Toutefois, *contree*, *païs* et *terre* désignent tous une simple portion d'espace, étendue et indéfinie, sans contenir en eux-mêmes le sème royal. Georges Matoré explique la grande banalité de ces noms employés dans divers contextes pour dénoter une portion d'espace :

> Les termes généraux les plus employés pour désigner le monde environnant sont ceux de *païs* et de *contrée* ; mais on dit fréquemment la *terre* qui a le triple sens de *terrain*, de pays et d'*element*[80].

Leur diversité, ainsi que leur quantité et fréquence au sein du récit introduit une grande ambiguïté référentielle[81], ce qui nous pousse à définir des critères d'analyse précis, avant de procéder à la typologie. En effet, seule la présence d'un terme royal dans le cotexte, ou encore un contexte d'ordre royal, nous permettent à coup sûr d'affirmer que nous sommes face au lieu qui nous occupe. Nous aurions donc souhaité que ces termes soient associés à un élément du paradigme morphologique de *rëaume* (*rei, roi*[82] : roi, *reïne, roïne*[83] : reine, *roial, reäl, regial, regiel, roiel*[84] : royal, *rëauté, roiauté*[85] : royauté). Cependant, ce phénomène est très rare : seule une occurrence de *rëauté* est employée dans *Érec et Énide*, dans le

80 George Matoré, *Le Vocabulaire et la société médiévale*, *op. cit.*, p. 103.

81 Rien que pour les romans de Chrétien de Troyes, le DÉCT recense 260 occurrences de *terre*, 72 occurrences de *païs* et 21 occurrences de *contree*, http://www.atilf.fr/dect/, consulté le 5 octobre 2017.

82 FEW, X, 366b, *rex* ; Takeshi Matsumara, *Dictionnaire du français médiéval*, *op. cit.*, p. 3008 ; *Dictionnaire étymologique de la langue française*, *op. cit.*, p. 559. Avec le sens de « monarque », « souverain d'un État » dans les occurrences concernées. Pour une définition plus précise du roi médiéval et de ses fonctions, voir : Les leçons de l'histoire [...], *infra* p. 316-320.

83 FEW, X, 210b, *regina* ; Takeshi Matsumara, *Dictionnaire du français médiéval*, *op. cit.*, p. 3011 ; *Dictionnaire étymologique de la langue française*, *op. cit.*, p. 543. Avec le sens « femme d'un roi » ; « femme d'un souverain » dans nos textes.

84 FEW, X, 201a, *regalis* ; Takeshi Matsumara, *Dictionnaire du français médiéval*, *op. cit.*, p. 3008 ; *Dictionnaire étymologique de la langue française*, *op. cit.*, p. 559. Avec le sens « fait au nom du roi », « qui a rapport au roi, qui est digne d'un roi », « royal » dans nos textes.

85 FEW, X, 202b, *regalis* ; Takeshi Matsumara, *Dictionnaire du français médiéval*, *op. cit.*, p. 3009 ; *Dictionnaire étymologique de la langue française*, *op. cit.*, p. 559. Avec le sens « dignité de roi », « pouvoir royal » dans nos textes.

vers : « Se France et la rëautez tote[86] ». Ni *contree*, *pais*, ou *terre* ne sont proches, même si le toponyme « France » renvoie à un pays, à un royaume.

Par conséquent, les cas où le locuteur est une figure royale ont été analysés. Il fallait aussi que l'on retrouve dans leur discours l'un des termes étudiés adjoints à un pronom possessif de première personne, comme dans *Yvain*, lorsque le maître du château de la Pire Aventure promet au héros son royaume en récompense de sa victoire sur les deux netuns :

> Mon chastel et ma fille a per
> Doit avoir, et tote <u>ma terre</u>,
> Cil qui porra en chanp conquerre
> Ciaus qui vos vendront assaillir[87].

De fait, lorsque ce roi utilise le pronom possessif singulier pour désigner son domaine, il renvoie bien à un territoire, c'est-à-dire son royaume.

En outre, lorsque l'un des trois noms étudiés est déterminé par un démonstratif, c'est le contexte qui nous aide à saisir la référence visée par le substantif[88]. À preuve, dans *Le Chevalier de la Charrette*, lorsqu'il est question de l'assaut lancé par les gens de Logres :

> [...] Car cil de Logres sont a ost
> Venu sor ces de <u>ceste terre</u>,
> S'ont ja comanciee la guerre [...][89]

La connotation arthurienne naît bien de l'association de *terre* avec le déterminant démonstratif *ceste*, mais surtout du toponyme Logres dans le voisinage immédiat, qui introduit la dimension légendaire arthurienne.

Par ailleurs, la référence royale peut être plus diffuse et implicite. Elle s'appuie alors sur le contexte féodal plus général des récits bretons. Ce contexte, généralement introduit dans le début du récit, contribue néanmoins à l'imprécision référentielle des trois substantifs examinés, puisque la dimension royale du territoire est alors si implicite, qu'elle est presque absente.

---

86 *Érec*, v. 5390.

87 *Yvain*, v. 5490-5493. C'est nous qui soulignons.

88 La référence désignée par le déterminent possessif ou démonstratif devra être royale pour que le nom soit consigné dans notre étude.

89 *Lancelot*, v. 2296-2298. C'est nous qui soulignons.

Nous rendrons ici compte des principales tendances intéressantes pour la définition lexicale du royaume arthurien.

– *Contree*[90]

Ce substantif est le plus rare des trois. Nous n'en retrouvons qu'une seule occurrence signifiante chez Chrétien, dans *Le Chevalier de la Charrette*, lorsque le roi envoie ses messagers demander des nouvelles de Lancelot :

> Li rois maintenant i envoie,
> Par son rëaume, ses messages,
> Sergenz bien coneüz et sages,
> Qui ont par tote la contree
> De lui novele demandee[91].

La reprise de *rëaume* par *contree* confirme bien que dans cet exemple, le nom à l'étude est employé comme synonyme de notre mot central.

Contree semble en fait être l'apanage de Marie de France, puisque nous n'en avons dénombré non moins de seize apparitions dans ses lais, dont sept dans *Eliduc*. Le substantif est également déterminé par un possessif de troisième personne dans le lai du *Chievrefoil* :

> En sa cuntree en est alez,
> En Suhtwales u il fu nez[92].

Le locuteur est Tristan, personnage connu de la légende arthurienne, qui connote d'emblée la référence féodale et royale, confirmant l'emploi de *contree* comme synonyme de *rëaume*. Excepté cet exemple révélateur, la référence royale du nom est beaucoup plus implicite, contenue dans le contexte général du lai, comme en témoigne cet exemple de *Guigemar* :

> Li chivaliers fu mult pensis :
> En la cuntree nel païs
> N'out unkes mes oï parler

90 FEW, II, 1111a, *contra* ; Takeshi Matsumara, *Dictionnaire du français médiéval*, *op. cit.*, p. 720 ; *Dictionnaire étymologique de la langue française*, *op. cit.*, p. 155. Ces références valent pour l'ensemble de l'histoire du mot fournie ; c'est pourquoi nous ne les répéterons pas.

91 *Lancelot*, v. 5235-5238. C'est nous qui soulignons.

92 *Chievrefoil*, v. 15-16. C'est nous qui soulignons.

Ke nefs i peüst ariver[93].

Il s'agit du moment où le héros accède au domaine merveilleux. Le contexte féodal général du lai confirme que *contree* dénote un territoire royal. Par ailleurs, le terme est aussi associé à *païs*, en une relation synonymique nous permettant désormais d'aborder l'emploi de *païs*, mais aussi de *terre*, pour désigner le royaume arthurien.

– *Païs*[94] et *terre*[95]

Païs et *terre* sont de loin les substantifs les plus employés pour dénommer le royaume arthurien, tant par Chrétien, que par Marie, ou encore par d'autres auteurs anonymes. Bien souvent les deux substantifs sont associés, notamment dans le corpus de l'auteur champenois, où *païs* et *terre* apparaissent en emplois synonymiques, voire antinomiques. Dans *Le Chevalier de la Charrette* notamment, lorsque le héros se renseigne sur le royaume de Gorre, *païs* et *terre* signifient tous deux *rëaume* :

« Del rëaume de Logres sui,
Einz mes an cest païs ne fui. » [...]
– Sire, de vostre terre somes.
An cest païs a mainz prodomes
De vostre terre an servitume[96].

Pourtant, une nuance est réalisée entre le royaume de Logres qui est dénommé *terre*, quand le royaume de Gorre est dénoté par *païs*, et ce, quel que soit le locuteur. Le substantif *terre* marque donc une certaine proximité, non spatiale, mais davantage évaluative. Par conséquent, le royaume appelé *terre* est proche de l'univers de référence du locuteur, et donc connoté positivement. Corollairement, *païs* renvoie plutôt à une certaine distance, et donc à l'ailleurs.

93 *Guigemar*, 161-164.

94 FEW, VII, 469a, *pagensis* ; Takeshi Matsumara, *Dictionnaire du français médiéval*, *op. cit.*, p. 2457 ; *Dictionnaire étymologique de la langue française*, *op. cit.*, p. 470-471. Ces références valent pour l'ensemble de l'histoire du mot fournie ; c'est pourquoi nous ne les répéterons pas. En outre, on peut voir le sème social désignant une communauté humaine apparaître (contrairement à *contree* qui n'est que géographique).

95 FEW, XIII, 244a, *terra* ; Takeshi Matsumara, *Dictionnaire du français médiéval*, *op. cit.*, p. 3273-3274 ; *Dictionnaire étymologique de la langue française*, *op. cit.*, p. 631. Ces références valent pour l'ensemble de l'histoire du mot fournie, c'est pourquoi nous ne les répéterons pas.

96 *Lancelot*, v. 2087-2088 ; 2099-2101.

Le substantif *terre* semble donc le plus apte à désigner le domaine courtois à partir duquel Arthur exerce son pouvoir. À ce titre, la construction la plus fréquente est formée de l'association du roi à un syntagme nominal du type : *ma terre* ou *sa terre*, notamment dans *Érec et Énide*, lorsque le héros émet le souhait de repartir après avoir été soigné par les sœurs guérisseuses :

> Sire, je ne puis plus atandre
> Que je ne m'an aille an ma terre. [...][97]

Le groupe nominal « ma terre » renvoie bien au domaine direct d'Érec, adjacent au domaine courtois, et tous deux contenus dans le royaume arthurien en général.

Ces constantes ne sont pas des lois, et il est tout à fait possible que le narrateur utilise l'un des termes indifféremment pour marquer l'éloignement ou la proximité. D'ailleurs, quand il s'agit de dénommer un pays étranger, ce n'est pas *païs* qui est utilisé mais *terre*, dans la locution nominale topique *terre estrange*[98], qui sert aussi à connoter le domaine merveilleux, notamment au début de *Cligès*, quand le héros émet le souhait de partir :

> Car, einçois que chevaliers soie,
> Voldrai servir le roi Artu. [...]
> Que je n'aille an la terre estrange
> Veoir le roi et ses barons[99],

Certes, *estrange* renvoie d'abord à la différence culturelle existant entre l'Orient duquel provient le héros, et l'Occident, sa destination. Toutefois, l'adjectif connote aussi l'extraordinaire, ce qui étonne de manière générale, de même que la merveille qui nimbe le royaume arthurien. Comme le prouve la présence du « roi Artu » dans le voisinage immédiat, cette dénomination particulière fait donc éclore le registre merveilleux propre à la matière de Bretagne.

Enfin, une autre différence entre les lais et les romans de Chrétien de Troyes réside dans l'identification du royaume, qui est plus précise dans les romans. Et de fait, si l'auteur champenois s'applique à circonscrire

97 *Érec*, v. 5264-5265.

98 *Guigemar*, v. 478 ; *Cligès*, v. 150.

99 *Cligès*, 144-145 ; 150-151. C'est nous qui soulignons.

la référence de presque chaque occurrence, en recourant notamment aux déterminants possessifs, démonstratifs, ainsi qu'au cotexte, il en est tout autrement dans les lais étudiés. De fait, nombreux sont les cas où le narrateur expose le contexte royal dans le prologue, avant que les noms *terre*, *païs* ou *contree* ne s'appuient dessus, sans le rappeler. Il compte ainsi sur la mémoire de son auditorat. Par conséquent, dans la suite du lai, la variante de *rëaume* introduite n'est donc pas clairement identifiée, contribuant à l'impression de flou quant au décor arthurien.

Par ailleurs, dans les lais, le contexte royal même n'est pas toujours clairement introduit. *Fresne*, *Yonec*, *Laüstic*, *Milun* et *Chaitivel* ne sont pas spécifiquement royaux. Les personnages sont plutôt des seigneurs ou des chevaliers. Nous considérerons tout de même les variantes étudiées comme des synonymes de *rëaume* du fait du contexte féodal général qui les anime à chaque fois. Si le royaume ainsi dénommé est marqué par une grande imprécision, il n'en est pas moins le décor de fond sur lequel s'écrit le lai.

Cette exploration lexicale révèle donc que, dans la plupart des dénominations spatiales considérées, le contexte royal n'est pas rappelé, ce qui contribue à appuyer l'hypothèse d'une forte ambiguïté référentielle du territoire dénoté. De fait, le paradigme morphologique de *rëaume* n'est que peu présent dans l'entourage de ces substantifs, favorisant par conséquent l'impression d'un véritable flou spatial. Seul le *roi* apparaît fréquemment, mais sans être nommé, uniquement envisagé en tant que locuteur et possesseur des territoires envisagés. En outre, c'est bien souvent l'arrière-plan féodal général du récit qui nous permet de conclure au sens royal de *contree*, *païs*, *terre*, confirmant une fois de plus l'imprécision lexicale attachée à la dénomination du royaume arthurien.

L'entreprise de définition lexicale du royaume sera poursuivie par une attention portée à la manière de qualifier le royaume, tant dans l'espace arthurien, que dans l'économie du vers. Nous espérons y puiser des informations nous permettant de préciser davantage les contours du royaume arthurien.

QUALIFIER ET ANCRER LE ROYAUME

Deux royaumes antithétiques : *les adjectifs évaluatifs* estrange, riche, meillor, gaste

Après avoir examiné le mot *rëaume* puis ses variantes, passons maintenant à l'examen des expansions de ces noms (sans désormais les distinguer), en nous attachant aux adjectifs qualificatifs qui les accompagnent.

Avant toute chose, il est nécessaire de rappeler que l'analyse des expansions du nom, et plus particulièrement des qualifiants du royaume, concernera plus précisément les romans que les lais car ceux-ci, du fait de leur brièveté, qualifient peu. Corollairement, lorsqu'un adjectif qualificatif est employé, il est porteur d'un grand sens et d'une riche symbolique.

– *Riche*, *meillor*, *esforciee* : les adjectifs évaluatifs positifs

Commençons par les adjectifs évaluatifs positifs, dont *riche* est assurément le plus présent dans le corpus. En ancien français, l'adjectif a le sens de « riche », mais aussi de « puissant ». Il apparaît quelquefois employé comme expansion d'un nom royal, notamment dans *Haveloc* pour décrire le roi, comme le montre bien le prologue du lai : « L'aventure d'un riche roi[100] ». Le royaume arthurien est évidemment aussi souvent qualifié de *riche*, comme en témoigne ce vers final de *Fresne* : « Mut richement en lur cuntree[101] », même s'il s'agit ici de l'adverbe construit à partir de l'adjectif étudié. Quelque sens qu'il ait d'ailleurs précisément en contexte, *riche* est très fréquent au Moyen Âge pour signifier l'appréciation positive du locuteur, narrateur ou conteur. Et c'est tout à fait logiquement que le domaine courtois est ainsi décrit, afin d'en démontrer toute sa puissance et sa magnificence.

L'appréciation positive liée au royaume est d'ailleurs intensifiée dans *Cligès*, où le royaume de Galles est caractérisé par le superlatif *meillor*[102]. Dans les romans de Chrétien de Troyes, nous rencontrons donc force *riches cités*[103], ou *riche cort*[104], signifiant toute la puissance du royaume

100 *Haveloc*, v. 12 ; voir aussi v. 176.
101 *Fresne*, v. 513.
102 *Cligès*, v. 1457.
103 *Érec*, v. 3886.
104 *Ibid.*, v. 29 ; *Yvain*, v. 4.

arthurien, dès l'entrée de l'intrigue. *Le Chevalier au Lion* précise aussi que la *cort* est *plainne*[105], et même *real*[106]. À ce titre, *Yvain* est le roman qui délivre le plus de renseignements sur la cour, à l'aide d'adjectifs tous positifs et rendant bien compte d'un jugement du conteur.

En outre, *Le Conte du Graal*, qui présente lui aussi deux fois une *cort real*, la qualifie aussi, à un autre moment de *mout esforciee*[107], plénière. Force est de constater que ces qualifiants réactualisent un sens – royal ou plénière – déjà présent dans le signifié de *cort*. Ainsi, hormis l'introduction du jugement positif du locuteur, ces adjectifs ne caractérisent pas pour autant le lieu qui nous occupe, tant ils sont communs, topiques, et vides d'informations véritables. En effet, ils servent avant tout à dévoiler la subjectivité du conteur, sans délivrer d'informations objectives sur le lieu en question. Il s'agit là avant tout de renvoyer à la matière de Bretagne et aux descriptions topiques qui lui sont liées.

La fécondité de cette recherche lexicale se trouve donc ailleurs. En effet, selon que le jugement du conteur soit positif, ou au contraire négatif, deux types de royaume se dessinent.

– *Estrange*, *gaste*, *soutainne* : les adjectifs évaluatifs négatifs

Qualifiant logiquement le domaine merveilleux, opposé au domaine courtois, les adjectifs évaluatifs négatifs *estrange*, *gaste*, *soutainne* feront l'objet de ce paragraphe.

Commençons avec l'adjectif *estrange*, dont l'un des seuls exemples issus des lais suffit à démontrer toute sa force symbolique. Dans *Guigemar*, lorsque la conteuse précise « estrange tere[108] », pour signifier d'où vient le héros, elle introduit implicitement la raison de la future séparation des amants. C'est en effet parce qu'il est étranger que Guigemar devra quitter le pays de la jeune fille. Excepté la fécondité de cet emploi particulier, force est d'admettre que l'adjectif n'apparaît que rarement dans le corpus primaire pour qualifier le royaume arthurien ou l'un de ses domaines.

Ensuite, dans *Le Chevalier de la Charrette*, l'emploi de l'adjectif *gaste* vise différencier le royaume de Gorre, figurant le mal et la prison, ainsi

105 *Yvain*, v. 3674.
106 *Ibid.*, v. 5914 ; voir aussi « *cort real* » dans *Perceval*, v. 65 ; 461.
107 *Perceval*, v. 2757.
108 *Guigemar*, v. 78.

que nous l'avons expliqué. Dans le *Conte du Graal*, la terre *gaste*[109] désigne le territoire ravagé duquel vient Perceval, qui est totalement aride depuis que le roi lui-même est *méhaignié*[110]. En outre, la terre est aussi décrite comme *sauvaige*[111], à la fin de ce même roman, lorsque Gauvain arrive chez le nautonier, ce qui sert aussi à figurer le domaine merveilleux. Ces adjectifs négatifs employés pour dessiner le domaine merveilleux renvoient notamment à la peur engendrée par les merveilles et l'inconnu pour des populations ayant un rapport à l'espace éminemment sacré et mental.

– *Prochiene* et *loingtienes*

Enfin, il est un exemple qui mérite d'être classé à part du fait de son caractère atypique. En effet, à la fin du *Chevalier de la Charrette*, lorsque le tournoi de Noauz est organisé, *prochiene* et *loingtienes*, deux adjectifs non évaluatifs, sont employés pour désigner le royaume arthurien :

> Par totes les terres prochienes
> Et autresi par les loingtienes[112],

Leur emploi à la rime insiste sur leur sens contraire éveillant l'attention de l'auditeur sur cette particularité. Cette association antithétique vise en fait à insister sur l'ampleur de l'étendue désignée afin de signifier que l'ensemble du royaume est concerné par ce tournoi.

L'étude des qualifiants attachés aux dénominations du royaume n'a donc pas apporté d'élément de caractérisation objectif. Ses contours, son étendue, ou ses habitants, autant de données objectives, ne sont pas retranscrits. De fait, *riche*, *meillor*, *estrange* ou *gaste* ne permettent pas de décrire concrètement le royaume arthurien, encore moins d'en établir une carte. Néanmoins, le jugement de l'énonciateur que ces adjectifs évaluatifs introduisent permet de mettre en lumière les deux domaines antithétiques typiques du récit arthurien : un bon, qui sera le repère positif de l'action, auquel s'oppose un mauvais, qui mettra à mal la bravoure chevaleresque du héros.

109 *Perceval*, v. 75 : « Gaste Forest soutainne » ; 451 : « ceste forest gaste ».
110 Nous préciserons le lien profond entre cette désertion du royaume et la blessure particulière du Roi Pêcheur dans le dernier temps de cette étude, *infra* p. 404.
111 *Ibid.*, v. 7464.
112 *Lancelot*, v. 5385-5386.

Qualifier le roi : entre portrait exemplaire et roi méhaignié

Après cette étude lexicale autour de la notion de royaume, qu'en est-il du roi, son maître ? Les qualifiants attachés au roi, plus nombreux et diversifiés, permettent d'en dresser un portrait type. En effet, qu'il s'agisse d'Arthur ou d'un autre monarque, le roi est *riche*[113] – tout comme son royaume, et même la reine[114] – mais aussi *boens*[115], *cortois*[116], *puissanz et larges*[117], voire le *meillor*[118], autant de qualités exemplaires attendues chez un monarque. Il est aussi souvent *coroné*, notamment dans *Cligès*[119], dans une redondance topique révélant l'enjeu sacré et politique de cette détermination. En effet, *coroné* renvoie au symbole de l'union entre le divin et l'humain que le souverain est appelé à incarner. Cet adjectif qualificatif insiste sur les devoirs et missions que cette figure sacrée doit remplir. Ces éléments de description visent donc moins à rendre compte du caractère ou du physique d'un roi individualisé, qu'à signifier la charge sacrée, politique et publique lui incombant. Ils dessinent un type auquel le prince arthurien doit se conformer. Georges Matoré explique ces qualifications courantes, en les reliant à la classe noble :

> Revenons aux caractéristiques de la classe noble. Le noble, surtout s'il est le maître d'un *demaine* important est craint, mais aussi révéré, pour le pouvoir dont il jouit. La richesse du vocabulaire qui exprime cette situation caractérise son importance : le seigneur est *riche, puissant, poëstif, vertuos* (tous termes à peu près synonymes), il est de *poeir*, il dispose de la *force*, de l'*esfort* ou *esforcement*, de la *vertu*, de la *baillie*, de la *manaïe* « pouvoir », etc.[120].

Pourtant dans le corpus primaire, il arrive aussi que le roi soit décrit en des termes beaucoup moins flatteurs, révélant par là un contraste avec l'exemplarité attendue. À la fin d'*Érec et Énide*, Arthur est présenté comme *angoisseus*[121], c'est-à-dire triste, déprimé. À la toute fin du *Conte*

113 *Érec*, v. 650 ; *Perceval*, v. 3533 ; 4671.
114 *Perceval*, v. 690.
115 *Yvain*, v. 1 ; *Perceval*, v. 3587.
116 *Lancelot*, v. 3345-3346.
117 *Érec*, v. 6659.
118 *Perceval*, v. 2834.
119 *Cligès*, v. 1456.
120 Georges Matoré, *Le Vocabulaire et la société médiévale*, *op. cit.*, p. 149.
121 *Érec*, v. 6418.

du Graal, il apparaît même *[m]out correcié*[122], *et mu et sort*[123], *mout plains de duel et d'ire*[124] et même *mornes et pansis*[125]. Ces nombreux adjectifs de l'ordre de l'émotion sont intéressants à plus d'un titre. D'une part, ils dotent le personnage d'une plus grande profondeur psychologique en le pourvoyant d'une sensibilité, mais d'autre part, ils dévoilent aussi ses faiblesses, et renvoient au trouble affectant l'ensemble du royaume arthurien. De fait, cette déchéance du roi qui ne correspond pas aux stéréotypes royaux est à la fois la cause de l'errance chevaleresque, mais aussi de l'ensemble du déséquilibre du royaume. Dans *Le Conte du Graal*, d'autres qualifiants négatifs singularisent le Roi Pêcheur, tout en dévoilant la tare du royaume qui lui est attaché : si ce roi est *boen*[126] et *riche*[127], *sages et cortois*[128], il est aussi et surtout *[n]avrez et mahaigniez*[129]. La précision et le nombre de qualifiants qui lui sont attachés font d'ailleurs de ce roi particulier celui dont le portrait est le plus détaillé après Arthur. Dans un roman qui insiste à de nombreuses occasions sur la stérilité de son royaume *gaste*, cette blessure du Roi Pêcheur, « entre le cuisse[130] » pourrait être la cause de la déchéance royale dans son ensemble, la sienne propre, comme celle de son domaine.

Ainsi donc, les qualifiants attachés au souverain dressent deux types de portrait royal : un portrait statique d'abord, dans les prologues notamment, du roi exemplaire tel qu'il est attendu, celui ensuite du roi arthurien tel qu'il se présente dans l'histoire, c'est-à-dire, en proie à la mélancolie ou atteint par une profonde blessure qui l'empêche d'assurer un règne stable au sein du royaume. Cette distorsion est structurante et au cœur du sujet.

122 *Perceval*, v. 9107.
123 *Ibid.*, v. 9198.
124 *Ibid.*, v. 9200.
125 *Ibid.*, v. 9220.
126 *Ibid.*, v. 3587.
127 *Ibid.*, v. 3533 ; 4671.
128 *Ibid.*, v. 3497.
129 *Ibid.*, v. 3510.
130 *Ibid.*, v. 3513 : « Par mi les hanches amedos, » ; voir Philippe Walter, *Perceval, le pêcheur et le Graal*, Paris, Imago, 2004.

Position du royaume dans la phrase et dans l'économie du vers

La place du mot dans la phrase ou le vers est un autre révélateur sémantique. L'analyse des rimes[131] sera instructive en ce sens. D'ailleurs, il existe un effet stylistique propre à la position finale dans le vers, qui marque une véritable insistance. Ce procédé rhétorique est bien connu. L'analyse de ce système d'emphase et des jeux de rimes permettrait « peut-être de mieux connaître l'écriture de base du roman arthurien, voire l'ensemble du genre romanesque aux XIIe et XIIIe siècles[132]. » Il est aussi des vers chez Chrétien de Troyes qui commencent par la locution adverbiale *El rëaume*[133], confirmant aussi l'enjeu emphatique de la place dans le vers : que le terme soit placé en tout début, ou au contraire en toute fin d'un vers, il vise à signifier son importance au sein de l'action. La présence à la rime de *regne*[134], *rëaume*[135] ou encore *reignoit*[136] confirme assurément ce postulat. *Renne*, *rengne* ou *regne*, selon la graphie utilisée, étaient d'ailleurs déjà placés à la rime dans *Le Roman de Brut*[137]. Il s'agit bien de marquer l'esprit du lecteur, tant par l'introduction d'un terme rare, que par sa place au sein du vers. Les noms *roi*[138], *reine*[139], *Artu (s)*[140], *terre*[141] ou *païs*[142] y sont aussi très fréquemment employés à la rime. *Contree*, du fait de sa fréquence plus faible, est

131 Paul Zumthor définit les enjeux de la rime au Moyen Âge dans *Langues, texte, énigme*, Paris, Éditions du Seuil, 1975, p. 125 et *sqq.*

132 Emmanuèle Baumgartner, « Jeux de rimes et roman arthurien », dans *Romania*, CIII, 4, 1982, p. 550-551 ; voir aussi le chapitre consacré aux rimes dans les romans en vers dans Danièle James-Raoul, *Chrétien de Troyes, la griffe d'un style*, *op. cit.*, p. 663 et *sqq.*

133 *Lancelot*, v. 1307.

134 *Érec*, v. 1876.

135 *Ibid.*, v. 2410.

136 *Cligès*, v. 69.

137 Notamment aux v. 34 ; 2627 et 4628 (*La Partie arthurienne du Roman de Brut*, *op. cit.*).

138 *Érec*, v. 3869 ; *Cligès*, v. 2336 ; 5287 ; *Yvain*, v. 4 ; 1002 ; 5915 ; *Lancelot*, v. 3345 ; *Perceval*, v. 2315 ; 5315 ; 6053 ; 6056 pour ne citer que les occurrences les plus caractéristiques. Ce phénomène était déjà à l'œuvre dans le *Roman de Brut*, v. 27 ; 319 ; 1707 ; 1919 ; 2073 ; 2361 ; 3835 ; 4032 ; 4239 ; 4606 (*La Partie arthurienne du Roman de Brut*, *op. cit.*).

139 *La Partie arthurienne du Roman de Brut*, *op. cit.*, v. 1350 par exemple.

140 *Ibid.*, v. 6653 ; *Cligès*, v. 10 ; *Yvain*, v. 5945 ; *Lancelot*, v. 5046 ; *Perceval*, v. 2314 par exemple.

141 Pour le relevé d'occurrences, voir le paragraphe portant sur les jeux de rimes *terre/querre* ; *terre/guerre*, *infra* p. 77.

142 Pour le relevé d'occurrences, voir le paragraphe portant sur les jeux de rimes *païs/conquis* ; *païs/naïs*, *infra* p. 77.

logiquement moins présent à la rime[143]. Les principaux acteurs de la matière de Bretagne résonnent aux oreilles de l'auditeur ou du lecteur. Ils constituent ce qu'Emmanuèle Baumgartner nomme des « rimes banales », mais démontrent aussi que la problématique royale et territoriale constitue assurément l'un des enjeux fondamentaux du récit arthurien.

L'analyse des jeux et couples de rimes les plus fréquents, les « rimes quasi-automatiques », pour reprendre la terminologie d'Emmanuèle Baumgartner, dévoile aussi les principales problématiques à l'œuvre dans le récit arthurien[144]. D'ailleurs, il est remarquable que, dans ses apparitions, le nom *terre* soit le plus souvent placé à la rime, en couple avec *querre*[145] ou avec *guerre*[146]. S'expriment alors les deux pôles respectifs du récit arthurien : l'errance et le conflit, tous deux reliés à l'enjeu plus territorial et féodal.

Païs est aussi souvent en position finale et associé à *conquis*[147] ou *ami*[148], reproduisant aussi à l'échelle du vers la quête territoriale à l'œuvre. Pourtant, ce substantif est aussi combiné à *naïs* : « naïf », lors de deux occurrences. Ce couple particulier apparaît d'abord dans *Le Chevalier au Lion*, lorsqu'Yvain parvient à l'Ile aux Pucelles :

> – Sire, il avint mout grant pieça
> Que li rois de l'Isle as Puceles
> Aloit por apanre noveles
> Par les corz et par les païs.
> S'ala tant come fos naïs

143 Nous relevons tout de même : *Perceval*, v. 425.

144 Emmanuèle Baumgartner, « Jeux de rimes et roman arthurien », dans *Romania*, CIII, art. cité, p. 551.

145 *Érec*, v. 843-844 ; 1317-1318 ; 4521-4522 ; 5265-5266 ; 6511-6512 ; *Cligès*, v. 2379-2380 ; 6677-6678 ; *Yvain*, v. 1881-1882 ; 4715-4716 ; *Lancelot*, v. 4087-4088 ; *Perceval*, v. 2097-2098 ; 2179-2180 ; 4139-4140 ; 4745-4746 ; 8885-8886 ; var. *terre/aquerre* : *Érec*, v. 4613-4614 ; var. *terre/anquerre* : *Yvain*, v. 5255-5256 ; *Perceval*, v. 7507-7508 ; var. *terre/conquerre* : *Érec*, v. 1731-1732 ; *Yvain*, v. 5491-5492 par exemple. Ce phénomène était déjà l'œuvre chez Wace, notamment aux v. 1133-1134 ; var. *terre/conquerre* : 2335-2336 ; 2477-2478 ; 4483-4484 (*La Partie arthurienne du Roman de Brut*, *op. cit.*)

146 *Érec*, v. 6261-6262 ; *Cligès*, v. 2407-2408 ; *Lancelot*, v. 2297-2298 ; *Perceval*, v. 7599-7600 par exemple. Ce phénomène était déjà l'œuvre chez Wace, notamment aux v. 1591-1592 ; 2755-2756 ; 3561-3562 (*La Partie arthurienne du Roman de Brut*, *op. cit.*).

147 *Perceval*, v. 2171-2172 par exemple. Voir aussi Wace, notamment aux v. 2209-2210 (*La Partie arthurienne du Roman de Brut*, *op. cit.*).

148 *Érec*, v. 6493-6494 par exemple.

Qu'il s'anbati an cest peril[149].

L'adjectif qualifie alors le roi de cette île, responsable de l'emprisonnement des trois cents ouvrières. Ce couple original de rimes prend tout son sens au regard de l'épisode que traverse le héros. *Païs* y dénote bien le problème lié à l'emprisonnement et *naïs* désigne le coupable de cette mésaventure. En outre, cette occurrence touche un point central de notre étude : le roi de l'Ile aux Pucelles porte la responsabilité de la malédiction de son royaume. Dans *Le Chevalier de la Charrette*, ce même couple *païs/naïs* est employé au moment où Lancelot entreprend de d'emprunter le Passage des Pierres qui mène au Pont de l'Épée. Il prend place dans un reproche formulé par l'ennemi du héros :

Et dit : « Vasax, grant hardemant
As fet, et molt es fos naïs,
Quant antrez ies an cest païs[150].

Là encore, la rime est signifiante puisque *naïs* renvoie à la grande témérité de Lancelot, presque un péché d'*hybris*, dans un *païs* connu pour ses dangers. Par ailleurs, il est remarquable que la rime étudiée soit véhiculée par deux passages au discours direct, celui des ouvrières dans *Yvain* d'une part, et celui de l'ennemi du héros dans *Lancelot* d'autre part. Ces associations à la fois emblématiques de la matière de Bretagne, et singulières, car adaptées aux enjeux plus profonds du roman auxquels elles renvoient, dévoilent une profonde habileté et liberté de l'écrivain. Il utilise les *topoï* arthuriens afin de plaire au goût de son temps, mais les agence librement pour que la signifiance profonde de son œuvre apparaisse.

Enfin, le roi est souvent adjoint à *desroi*[151], *cortois*[152], ou *foi*[153], adjectifs topiques de la matière de Bretagne dans le portrait idéal qu'ils établissent du souverain médiéval. D'ailleurs, dès *Le Roman de Brut* de Wace, *rois* rime avec *dois*[154], posant d'emblée la posture attendue du monarque

149 *Yvain*, v. 5258-5263. C'est nous qui soulignons.
150 *Lancelot*, v. 2220-2222.
151 *Perceval*, v. 6053-6054.
152 *Yvain*, v. 3-4 ; *Lancelot*, v. 3345-3346 par exemple. Ce phénomène est déjà l'œuvre chez Wace, notamment aux v. 1707-1708 (*La Partie arthurienne du Roman de Brut*, *op. cit.*).
153 *Yvain*, v. 5915-5916 par exemple.
154 *Le Roman de Brut*, v. 27-28.

médiéval comme image de la justice, et confirmant aussi la portée emphatique des mots placés à la rime. La rime *Artu/vertu*[155], « rime cliché[156] » inventée par Chrétien lui-même, s'inscrit aussi dans cette volonté emphatique et d'idéal. En effet, ce personnage est par définition exemplaire, l'adjectif qualificatif *vertu* est donc redondant. Sa place à la rime insiste encore davantage sur cette qualité attendue du monarque, connotant l'idéal royal auquel le récit breton aspire. Et de fait, toutes ces rimes construisent le portrait d'un roi parfait, presque utopique, courtois, garant de la foi et de l'ordre. Elles résonnent aux oreilles du lecteur ou de l'auditeur comme autant d'impératifs.

Dans ces rimes appartenant à l'entourage lexical du royaume se dessinent bien les principaux enjeux féodaux et territoriaux à l'œuvre dans le corpus primaire et qui instaurent une tension féconde.

Ainsi donc, une première impression de flou et d'indétermination ressort de cette investigation. Conformément à l'appréhension mentale de l'espace au Moyen Âge, l'analyse lexicale du royaume arthurien révèle un territoire ambivalent, à la fois omniprésent mais aux contours flous et de ce fait difficile à cerner. Il recouvre en effet une réalité à la fois spatiale, géographique, mais aussi sociale et politique, et surtout narrative et symbolique.

Nous avons d'abord remarqué que le *rëaume* n'est presque jamais désigné par ce terme. Trois substantifs sont employés à la place : *contree*, *terre* et *païs*. Leur très grande indétermination, leur généralité est frappante. Ils sont les plus communs qui soient pour dénoter un terrain. Pouvant ainsi référer à des lieux très différents, ils sont par conséquent imprécis et introduisent une grande ambiguïté référentielle, qui tend à faire du royaume arthurien un lieu indéterminé, à la fois partout et nulle part, presque insaisissable en somme.

Pourtant, si le récit ne fournit pas d'informations explicites sur le royaume, en termes de contours ou d'aspect physique et géographique, les qualifiants évaluatifs qui lui sont attachés laissent percevoir l'appréciation du narrateur à son sujet. Le domaine courtois, dominé

155 *Érec*, v. 1707-1708 ; 4221-4222 ; 4529-4530 ; *Cligès*, v. 145-146 ; 2589-2590 ; 4629-4630 ; *Yvain*, v. 3907-3908 ; *Lancelot*, v. 1429-1430 ; 2011-2012, associé aussi à *rëaume* ; 3533-3534 associé aussi à *rëaume* ; 5275-5276 ; 6269-6270, Perceval, v. 8733-8734.

156 Emmanuèle Baumgartner, « Jeux de rimes et roman arthurien », dans *Romania*, CIII, art. cité, p. 559.

par Arthur, est en général connoté positivement, alors que son opposé, le domaine merveilleux, est évidemment dépeint très négativement. Enfin, il est fréquent que des termes relatifs au domaine décrit soient en position finale dans le vers, dévoilant par ce procédé emphatique que la thématique royale et féodale constitue un enjeu primordial de l'action arthurienne.

L'étude des toponymes du récit arthurien nous permettra d'avancer dans la définition de la notion de royaume.

TOPONYMES[157] ET IRRUPTION MERVEILLEUSE

Les toponymes[158], plutôt que le lexique spatial trop imprécis, portent toute la charge sémantique, littéraire et mythique de l'ensemble de la caractérisation du royaume arthurien[159]. Ils favorisent le jaillissement de l'imaginaire arthurien par leur réservoir de sens et de signifiance, d'autant plus qu'ils se situent à la croisée des plans réel et imaginaire. Leur étude permettra de mieux appréhender l'assise spatiale et narrative du royaume arthurien, comme du récit médiéval :

> L'emploi des toponymes n'est jamais gratuit ; leur examen permet d'appréhender de manière précise l'assise du monde fictionnel, que celui-ci se pare ou non des couleurs de la réalité[160].

Le récit breton ne fait pas exception. Il se distingue même par un recours particulièrement fréquent aux toponymes, depuis la réécriture

---

157 La sous-partie qui suit s'appuie sur la thèse d'Adeline Latimier-Ionoff, *Lire le nom propre dans le roman médiéval*, *op. cit.*

158 Les remarques sur les toponymes de cette sous-partie s'appuient sur les ouvrages de Christopher W. Bruce, *The Arthurian Name Dictionary*, New York, London, Garland, 1999 ; Roger Sherman Loomis, *Arthurian Tradition and Chrétien de Troyes*, *op. cit.* ; Philippe Walter, *Dictionnaire de mythologie arthurienne*, *op. cit.*, ainsi que sur l'apparat critique de l'édition d'étude retenue et réalisé par Daniel Poirion, *Chrétien de Troyes*, *Œuvres complètes*, *op. cit.* Du fait de la fréquence des renvois, ils ne seront pas rappelés.

159 Ce pouvoir suggestif tient à la possibilité de connotations induite par la catégorie du nom propre, ainsi que le précise Adeline Latimier-Ionoff dans *Lire le nom propre dans le roman médiéval*, *op. cit.*, p. 44.

160 Danièle James-Raoul, *Chrétien de Troyes, la griffe d'un style*, *op. cit.*, p. 371.

par Wace du roman de Geoffroi de Monmouth. Il semble que l'ambiguïté référentielle précédemment observée marque aussi leur emploi. Ils peuvent renvoyer aussi bien à des référents réels que fabuleux, et participent ainsi d'un véritable brouillage topographique. Cette hybridité même, extraordinairement féconde car associant les plans réel et imaginaire, est créatrice du mystère typiquement arthurien. Le royaume ainsi décrit mêlerait des géographies réelles et imaginaires dont nous analyserons le fonctionnement narratif et symbolique.

Les noms de lieux peuvent renvoyer à une ville, une contrée, une région ou un pays, selon le degré de précision que le narrateur souhaite introduire dans sa description.

Avant de distinguer les différents types de toponymes employés dans le corpus primaire, il est nécessaire de revenir sur les principaux enjeux de leur emploi au sein du récit médiéval. Partie prenante du chronotope arthurien, les noms de lieux participent d'abord à la construction d'un univers diégétique[161], en tant que repères[162] de l'intrigue. Adeline Latimier-Ionoff rend compte du rôle joué par les toponymes au sein du chronotope arthurien :

> En identifiant les composants du cadre romanesque, les noms propres contribuent à la définition du chronotope de l'intrigue. Les toponymes indiquent les contours de l'univers décrit, et par le dévoilement successif des lieux parcourus prennent part à la cadence du récit. La nature des noms retenus a naturellement son importance. Si le monde arthurien est un univers fictionnel imaginaire, il demeure qu'il entretient avec le réel des relations qu'il n'est pas toujours aisé de mettre au jour[163].

Tant pour l'auditeur ou le lecteur que pour le personnage suivi, leur référentialité participe bien d'un effet de réel, dont le fonctionnement est toutefois très ambigu[164]. De fait, la mixité de la géographie arthu-

161 Adeline Latimier-Ionoff, *Lire le nom propre dans le roman médiéval*, *op. cit.*, p. 10 ; voir aussi Danièle James-Raoul *Chrétien de Troyes, la griffe d'un style*, *op. cit.*, p. 372.

162 Voir Yves Baudelle, *Sémantiques de l'onomastique-romanesque*, thèse soutenue à la Sorbonne nouvelle, sous la direction de Henri Miterrand, 1989.

163 Adeline Latimier-Ionoff, *Lire le nom propre dans le roman médiéval*, *op. cit.*, p. 21.

164 D'où la nécessité d'une étude en contexte, ainsi que l'explique Roger Dragonnetti : « Les mots ne "signifient" rien par eux-mêmes, mais ne commencent véritablement à parler qu'au moment où, intégrés au *verbum* de la période, leur sens est accueilli comme effet de résonnance du rythme dont la lettre propage les vibrations. », dans « *La Musique et les lettres » : Études de littérature médiévale*, Genève, Droz, « Publications romanes et françaises », 1986, p. 87.

rienne définie par Paul Zumthor[165] et rappelée en introduction est en partie due à la référence plus ou moins réaliste des noms de lieu. Par ailleurs, les toponymes relèvent certes de la compétence de l'auteur, mais construisent aussi une connivence lectoriale, dont il faudra tenir compte.

Danièle James-Raoul explique la complicité ainsi créée avec le lecteur qui reconnaît le référent ou qui partage la même culture littéraire que l'auteur :

> Ce sont ensuite des repères culturels et mentaux, qui interviennent comme porteurs de valeurs : ces noms-là aident à construire le monde romanesque en ce qu'ils instaurent une communauté de pensée éventuelle avec le récepteur, qui profite au monde créé de toutes pièces[166].

Nous classerons donc les noms de lieux en fonction de la nature de leur référence et de la connivence qu'ils instaurent avec le public. Nous partirons du présupposé qu'au sein d'une fiction, un toponyme peut avoir, soit une fonction référentielle, d'ancrage du décor spatial, soit une fonction imaginaire, ou encore posséder des connotations permettant de renvoyer à des traditions intertextuelles qui font émerger un autre plan fictionnel. La référence convoquée peut en outre être étiologique. Enfin, si le toponyme convoque la culture de l'auditeur par des références à sa mémoire littéraire ou culturelle, il peut assumer une fonction mythique[167]. Grâce à ces quatre fonctions possibles : référentielle, imaginaire, étiologique ou mythique, les noms de lieux participent à ce passage du plan référentiel au plan imaginaire, mais cette transition est le plus souvent ténue et imperceptible. C'est pourquoi une étude précise des toponymes nous permettra d'apprécier au mieux le système spatial à l'œuvre au sein du corpus primaire, de même que le mode d'introduction de l'imaginaire.

Après avoir expliqué l'enjeu crucial des toponymes pour le surgissement du royaume arthurien, l'étude distinguera les toponymes réels, c'est-à-dire faisant référence à un lieu non-fictionnel, ou assumant une fonction étiologique, des toponymes fictifs et permettant l'émergence du domaine merveilleux.

---

165 Paul Zumthor, *La Mesure du Monde*, *op. cit.*, p. 209-210.

166 Danièle James-Raoul, *Chrétien de Troyes, la griffe d'un style*, *op. cit.*, p. 372.

167 Philippe Walter rappelle que : « Un mythe, quel qu'il soit, se transmet toujours par des noms propres », *Le Gant de verre. Le Mythe de Tristan et Yseut*, La Gacilly, Artus, 1990, p. 47.

UNE TOPONYMIE ROYALE : L'EXEMPLE DE CHRÉTIEN DE TROYES

Un royaume dans et par les toponymes

Les toponymes, plus que le lexique spatial, dessinent les contours à la fois narratifs et imaginaires du royaume arthurien. Ce sont eux qui font surgir l'imaginaire légendaire et dotent le récit d'une profondeur mythique, à l'exemple de ce vers d'*Érec et Énide*, dans lequel le héros éponyme se présente à Guivret le Petit, juste avant d'être introduit dans la cour d'Arthur : « Rois est mes peres d'Estre-Gales[168]. » Outre l'insistance sur le roi que la première place dans le vers confère à cette désignation, le terme *rëaume*, sur lequel règne logiquement le père d'Érec est omis, et tout entier compris dans le nom de lieu aux connotations légendaires. Car en effet, *Estre-Gales* signale tout particulièrement le territoire placé sous l'ascendance du roi Lac, son domaine donc. Cette référence toponymique au royaume est d'ailleurs une stratégie de l'écrivain qui grâce à un seul nom concentre la notion de territoire, comme la coloration arthurienne[169] nécessaire à l'assise légendaire et mythique de l'*estoire*. De même, lorsque l'écrivain introduit le *rëaume de Logre*, c'est bien le toponyme, dont la symbolique est bien connue, qui connote l'histoire d'Arthur avec toute l'aura légendaire qui en découle. Seul résonne aux oreilles du public le nom de lieu. L'exemple précédent a d'ailleurs démontré que la mention exacte du territoire gouverné n'est pas nécessaire. Ces deux exemples montrent une nouvelle fois le flou lexical qui règne au sein du corpus et que nous avons analysé auparavant.

Du fait de la multiplicité des emplois possibles des toponymes, nous ferons d'abord une synthèse de leur apparition dans le *Chevalier de la Charrette*, dont le système spatial est à la fois complet et détaillé, mais aussi facilement déchiffrable grâce à la dichotomie entre deux domaines opposés qu'il présente. L'entrée par ce roman dans l'étude onomastique facilitera l'investigation plus approfondie qui suivra.

---

168 *Érec*, v. 3885.

169 Daniel Poirion signale dans l'édition retenue que « Le royaume du père d'Érec, Estre-Galles, est une région arthurienne indéterminée », *Chrétien de Troyes*, *Œuvres complètes*, *op. cit.*, p. 1084. Si Roger Sherman Loomis voit en « *estre* », la référence à « *dextre* », qui lui permet de conclure que le nom identifie le Pays de Galles du sud, il n'en reste pas moins que dans le roman en question, il renvoie à une contrée avant tout définie par sa coloration arthurienne. (voir Roger Sherman Loomis, *Arthurian tradition*, *op. cit.*, p. 482.)

Logres et Gorre : la dualité des domaines dans Lancelot

Dès le prologue du roman, la coloration arthurienne est introduite, puisque les villes de Carlïon et de Cama(a)lot, loin d'être réelles, emmènent incontinent le lecteur dans les terres légendaires de la matière de Bretagne :

> Des or comance sa raison
> A un jor d'une Ascensïon
> Fu venuz devers Carlïon
> Li rois Arthur et tenu ot
> Cort molt riche a Cama(a)lot[170].

En effet, si Cam(a)lot est assurément le lieu le plus connu où Arthur et sa cour résident[171], Carlïon constitue une autre place connotant l'univers arthurien[172]. Selon l'*Historium regum Britanniae*, ce site aurait accueilli la neuvième bataille mythique d'Arthur contre les Saxons.

L'univers fictionnel de ce roman est ensuite scindé en deux domaines antagonistes et entièrement définis dans et par leurs toponymes. Mais, Logres et Gorre renvoient aussi à toute une histoire symbolique et légendaire qui dote le roman d'une profondeur mythique. À notre sens, ces deux lieux sont les plus emblématiques du royaume arthurien. Ils reviennent d'ailleurs très souvent d'un récit breton à l'autre et sont les seuls dont le narrateur élucide leur mode de formation, ainsi que leur histoire légendaire au cœur même du texte.

Logres[173] d'abord, qui désigne le royaume d'Arthur dans *Le Chevalier de la Charrette*[174], *Le Conte du Graal*, mais aussi dans les lais de *Lanval* et *Eliduc*, est défini de la manière suivante dans le dernier roman de l'auteur champenois : « Qui jadis fu la terre as ogres[175] » L'adverbe

---

170 Nous convoquons une variante du manuscrit de Guiot qui sert d'ordinaire de base pour l'établissement du texte. De fait, Carlïon et Cama(a)lot ne sont pas mentionnées dans le manuscrit de Guiot. Chrétien de Troyes, *Romans*, édition et traduction d'*Érec et Énide, Cligès, le Chevalier de la Charrette, Le Chevalier au Lion, Le Conte du Graal, Chansons, Philomena*, de Michel Zink (dir.), Paris, Librairie Générale Française, Le Livre de Poche, 1994, p. 501, v. 29.

171 Philippe Walter, *Dictionnaire de mythologie arthurienne, op. cit.*, p. 91.

172 *Ibid.*, p. 93-94.

173 Toutes les précisions symboliques sont tirées de Philippe Walter, *Dictionnaire de mythologie arthurienne, op. cit.*, p. 245-246 et Christopher W. Bruce, *The Arthurian Name Dictionary, op. cit.*, p. 324.

174 Première mention : *Lancelot*, v. 1307.

175 *Perceval*, v. 6170.

temporel *jadis*, ainsi que la mention des créatures merveilleuses que sont les ogres, renvoient à tout un passé légendaire, celui plus particulièrement de la tripartition traditionnelle distinguant les trois îles de la Grande Bretagne : Chymry (Pays de Galles), Alban (Écosse) et enfin Lloegr (Angleterre), qui nous intéresse ici et dont le sens est « plat pays ». Le jeu homonymique ferait ainsi référence aux ogres qui peuplaient le royaume d'Arthur avant qu'il ne le conquière. D'ailleurs, il est fréquent de voir le roi Arthur désigné comme : « roi Arthur de Logres ». Geoffroi de Monmouth a donné le premier des précisions concernant le détenteur de ce royaume, puisqu'il s'agirait d'un certain Locrinus, nom dans lequel on reconnaît à nouveau la forme de Logres. Pour Wace, le domaine renverrait à la résidence habituelle des géants. Dire « Logres » fait donc jaillir un passé légendaire et mythique qui nourrit à la fois le récit et sa symbolique[176]. La langue s'en empare et la décline d'analogie en analogie, au niveau onomastique.

De même, son opposé, dont le nom est l'anagramme de celui de l'Ogre, Gorre[177], convoque tout un jeu de références légendaires. Si Logres est le domaine d'Arthur – le domaine courtois, selon notre terminologie – Gorre – outre sa figuration du domaine merveilleux – est bien sûr celui de son rival, Baudemagu, mais surtout de son fils Méléagant, qui incarne l'image du mal puisqu'il ravit Guenièvre à Arthur en pleine cour plénière. Le royaume de Gorre est bien un avatar du domaine merveilleux, comme le suggère la périphrase « d'où l'on ne revient pas » :

> Et si l'a el rëaume mise
> Don nus estranges ne retorne,
> Mes par force el païs sejorne
> An servitune et an essil[178].

176 Voir Philippe Walter, *Dictionnaire de mythologie arthurienne*, *op. cit.*, p. 245-246 et Daniel Poirion, *Chrétien de Troyes, Œuvres complètes*, *op. cit.* Voir aussi Rachel Bromwich, *The Welsh Triads*, University of Wales Press, Cardiff, 1961, p. CXXV, Gédéon Huet, « Ogre dans le *Conte du Graal* de Chrétien de Troyes », *Romania*, 37, 1908, p. 301-305 et Christopher W. Bruce, *The Arthurian Name Dictionary*, *op. cit.*, p. 229.

177 Au sujet de l'origine du nom, il pourrait s'agir d'une corruption de *Voirre*, ce qui ferait de ce lieu le royaume de Verre. Voir Ferdinand Lot, « Études sur la provenance du cycle arthurien », *Romania*, 24, 1895, p. 497-528 ; voir aussi Claude Lecouteux, *La Mort, l'au-delà et les autres mondes*, *op. cit.*, p. 93.

178 *Lancelot*, v. 640-643. On remarque que Gorre est bien qualifié de *rëaume*, ce qui est fortement signifiant au vu du peu d'occurrences du substantif relevées.

Et de fait, le toponyme en question convoque bien un espace parallèle, et particulièrement effrayant. C'est proprement une évocation infernale :

> [...] le nom de Gorre appartient à la même famille indo-européenne que le latin *gurges* avec le sens « gouffre, abîme » et celui, plus populaire, de « gosier ». C'est une sorte de gueule d'enfer [...][179].

Pourtant, les deux noms Logres et Gorre ne renvoient pas entièrement à un espace fictif, puisque le royaume de Logres pourrait recouvrir les îles bretonnes et le sud de l'Angleterre, tandis que le pays de Gorre pourrait se situer, d'après le réalisme de certaines descriptions, dans les environs de Bath (*Bade*), aussi au sud de l'Angleterre[180]. Ces deux toponymes arthuriens révèlent ainsi une hybridité géographique, oscillant entre la référence réaliste et le surgissement d'un imaginaire totalement fictif. Ils fondent de ce fait un brouillage topographique destiné à rassurer le public, tout en l'embarquant dans une autre strate de signifiance, plus merveilleuse, imaginaire, voire légendaire.

Quelques toponymes réels jalonnent bien sûr la fiction, mais leur principal enjeu est d'ancrer la fiction dans un cadre réaliste afin de rencontrer l'adhésion du public en lui rappelant des territoires connus, ou sonnant comme tels. On retrouve ainsi Dombes[181] et Pampelune[182], employés dans le cadre d'une métaphore simulant une étendue spatiale, pour signifier qu'il n'y a nulle part ailleurs de si belles tombes que celles que Lancelot distingue[183] alors. Peu après cet épisode, la ville d'Amiens[184] est aussi citée par un personnage secondaire pour marquer son soulagement que son fils ne se soit pas mesuré au héros. La référence à la ville apparaît encore dans le cadre d'une expression qui n'a rien de réaliste, mais renvoyant seulement à la richesse présumée de la ville en question. Les toponymes réels du roman sont donc ainsi déréalisés par leur place

179 Philippe Walter, *Dictionnaire de mythologie arthurienne*, *op. cit.*, p. 191.

180 Daniel Poirion, *Chrétien de Troyes*, *Œuvres complètes*, *op. cit.*, p. 1239.

181 *Lancelot*, v. 1864. Cette ville est située en Navarre, ainsi que le précise Daniel Poirion, *Chrétien de Troyes*, *Œuvres complètes*, *op. cit.*, p. 1270.

182 *Lancelot*, v. 1865. Ce comté situé entre le Jura et le Beaujolais, ainsi que le précise Daniel Poirion, *Chrétien de Troyes*, *Œuvres complètes*, *op. cit.*, p. 1270.

183 Lors de l'épisode merveilleux des tombes où Lancelot est le seul à parvenir à soulever le marbre, démontrant ainsi qu'il est l'élu.

184 *Lancelot*, v. 1994. Daniel Poirion ajoute qu'à l'époque, cette ville du nord du royaume de France était connue pour sa richesse, *Chrétien de Troyes*, *Œuvres complètes*, *op. cit.*, p. 1271.

au sein de métaphores. De même, Limoges[185], Toulouse[186], Lyon[187] sur Rhône[188], ainsi que « Londres en Angleterre[189] », n'apparaissent que pour désigner la provenance prestigieuse des écus, dans un effet de réel. L'exemple de l'organisation du tournoi de Noauz est emblématique de cette pratique : le référent de cette ville reste mystérieux et sans rapport explicite à un domaine spécifique. En effet, *Noauz*, de même que *Pomelegoi*, qui désignent les domaines des deux dames pour lesquelles les chevaliers s'affrontent alors, ne font référence à aucun lieu connu, réel ou réaliste[190], mais sont porteurs d'une signifiance lexicale par consonance.

Une véritable hybridité spatiale est donc à l'œuvre dans ce roman, où les noms de lieux réels côtoient les contrées imaginaires, légendaires et arthuriennes de la matière de Bretagne. Et peu importe l'ambiguïté des toponymes de Logres et Gorre, qui peuvent tout autant renvoyer à de possibles contrées réalistes ou totalement inventées, tout l'enjeu résidant avant tout dans la prévalence du domaine courtois où s'épanouit le règne d'Arthur.

Cette première incursion dans le système spatial toponymique du *Lancelot* a donc permis de discerner différents types de toponymes en fonction de leur référence. Celle-ci peut être réelle, mais aussi fabuleuse : mythique ou littéraire. C'est ce que nous allons à présent approfondir.

UNE GÉOGRAPHIE HYBRIDE : MIXITÉ DES RÉFÉRENCES POUR UN IMAGINAIRE ARTHURIEN

Les toponymes réels et réalistes

Nombreux sont les toponymes réalistes dans les récits médiévaux[191]. Nous distinguerons ceux dans lesquels l'action s'attarde de ceux qui sont

185 *Lancelot*, v. 5815.
186 *Ibid.*, v. 5818.
187 *Ibid.*, v. 5821.
188 *Id.*
189 *Ibid.*, v. 5827. Nous traduisons.
190 Daniel Poirion, après avoir rappelé le mystère lié à ces identifications, souligne que le domaine de la dame de *Noauz* est commode pour rimer avec *noauz* : pire ; ce qui dans une situation de tournoi a l'avantage de distinguer deux camps qui s'opposent, dans *Chrétien de Troyes, Œuvres complètes*, *op. cit.*, p. 1290.
191 Adeline Latimier-Ionoff rappelle que l'introduction de noms réels dans l'intrigue arthurienne tient d'une volonté de vraisemblance de la part de l'écrivain, *Lire le nom propre dans le roman médiéval*, *op. cit.*, p. 258.

simplement mentionnés pour planter un décor, véhiculer une référence ou une allusion. Nous ajouterons que les noms de lieux peuvent surgir pour dénommer le cadre de l'action, ou n'être employés qu'à titre de décor pour construire un effet de réel[192].

– Les toponymes « décor »

Dans un premier temps, nous nous pencherons sur les indications géographiques qui n'entrent pas dans le cadre de l'action.

Certains toponymes n'apparaissent que dans des locutions, employées notamment dans des métaphores symbolisant une grande distance. Dans *Le Chevalier au Lion*, lorsque le narrateur mentionne la loyauté d'Yvain à l'égard de la demoiselle auprès de qui il s'est engagé, l'hyperbole de l'étendue signifiée est introduite par la locution nominale « rëaume de Tarse[193] » :

> Que por le rëaume de Tarse
> Ne voldroit que cele fust arse
> Que il avoit aseüree[194] ;

La référence turque, souvent synonyme de « sarrasin », sert ici à susciter l'impression d'une étendue tellement grande qu'elle en est difficilement mesurable. Le même procédé est à l'œuvre dans le lai d'*Haveloc :* « desq'a Rome[195] », utilisé pour caractériser l'ampleur de la force du héros, qui occupe alors la fonction de commis de cuisine. La ville ainsi convoquée n'a alors pas sa pleine référence spatiale. Elle n'a de sens que dans la métaphore de l'étendue ainsi créée et pour son aura symbolique : d'ici jusqu'à Rome, on ne trouverait d'homme aussi fort. De ce fait, elle ne compte pas pour le lieu qu'elle désigne et ne participe pas de la description du domaine, sinon pour l'enrichir d'une épaisseur symbolique, d'une connotation particulière.

Plus souvent, des noms de lieu apparaissent à l'occasion d'une description. Pourtant, lorsqu'ils ne constituent pas le chronotope de l'action, ils n'ont pour fonction que de mimer un effet de réel.

192 Adeline Latimier-Ionoff, *Lire le nom propre dans le roman médiéval*, *op. cit.*, p. 258.

193 Le « royaume de Tarse » renvoie au Psaume 71 utilisé lors de l'offertoire de la messe de l'Épiphanie (« *Reges Tarsis et insulae munera offerent* »).

194 *Yvain*, v. 4077-4079. C'est nous qui soulignons.

195 *Haveloc*, v. 367.

Ils sont complément d'origine et servent notamment à préciser la provenance d'un animal, d'un personnage ou d'un matériau. À cet égard, il est fréquent de préciser l'origine lointaine, orientale et prestigieuse des tissus, notamment ceux de la robe d'Énide[196] à son mariage, dans *Érec et Énide*. Les armures, particulièrement les écus dans *Le Chevalier de la Charrette*, sont souvent associées à leur origine géographique, uniquement introduite pour connoter la solidité de l'arme[197]. Enfin, il est récurrent de préciser l'origine des chevaux[198], qui viennent souvent d'Irlande[199], en signe de leur robustesse. Dans les lais anonymes, le procédé est aussi fort prégnant : dans le lai de l'*Espine*, il est précisé au vers 416 que le destrier vient de *Castiel* (Castille). On retrouve ce genre de précision dans d'autres lais du corpus secondaire[200], notamment dans celui du *Manteau mal taillé*, puisque les chevaux sont originaires d'*Espaigne* (v. 51), de *Lombardie* (v. 52) et d'*Alemaingne* (v. 52). De même, le lai du *Cor* indique que le roi est né en *Moraine* au vers 129.

Dans les *Lais* de Marie de France, le recours à une origine lointaine par l'utilisation d'un toponyme est plus rare et revêt de ce fait une plus grande symbolique. Au début du lai du *Fresne*, il est précisé que l'étoffe dans laquelle le bébé est enveloppé vient de *Costentinoble* dont l'aura byzantine sonne aux oreilles du lecteur comme une réminiscence d'un royaume de l'ailleurs – celui de l'autre monde oriental :

> En un chief de mut bon chesil
> Envolupent l'enfant gentil,
> E desus un paile roé ;
> De Costentinoble, u il fu :
> Unques si bon n'orent veü[201] !

196 *Érec*, v. 2377, la robe vient d'*Aumarie*, qui connote l'Orient. Dans le même passage, l'origine merveilleuse du drap de soie recouvrant l'autel est signifiée par la référence à la *Thessalie*, connue pour sa magie ; on précise par ailleurs qu'il est le résultat d'une action magique de Morgue, v. 2421. Dans *Le Conte du Graal*, lors de l'adoubement de Perceval, il est précisé que tissus utilisé provient d'*Ynde*, v. 1604.

197 *Lancelot*, v. 5814, les écus ont été fabriqués à *Limoges*.

198 *Érec*, v. 1931, le cheval du roi d'Écosse vient de *Capadoce* ; v. 2631, 4134 : *norrois* ; v. 2675 : *Gascoigne*.

199 *Ibid.*, v. 2126, le cheval de l'Orgueilleux de la lande vient d'Irlande.

200 Nous convoquons le corpus secondaire pour les besoins de notre démonstration.

201 *Le Fresne*, v. 121-126.

L'évocation de Constantinople connote également un ailleurs riche[202], fonctionnant comme un argument de cause de la description élogieuse du tissu. Cependant, au XIIe siècle, le paradis était localisé dans l'ici-bas, précisément selon une géographie terrestre située en Orient. Jean Delumeau explique cette croyance médiévale :

> Pour les gens du Moyen Âge, le paradis terrestre était, depuis le premier péché, interdit aux humains mais il n'avait pas disparu. Il subsistait quelque part en Orient, barré par un mur de feu et l'épée d'un chérubin. [...] Une conviction largement répandue au Moyen Âge était que des contrées lointaines conservaient encore certains des privilèges et avantages du paradis terrestre, soit parce qu'elles étaient situées à proximité de son emplacement supposé, soit à cause de leur isolement insulaire[203].

Nous reviendrons sur l'emplacement imaginé du paradis au XIIe siècle, qui est une question véritablement nodale concernant la représentation du royaume et l'aspiration à un idéal terrestre. Pour l'instant, contentons-nous de souligner que la référence à Constantinople fonctionne comme un marqueur du caractère merveilleux de l'étoffe de notre extrait. En insistant sur la ville orientale, le narrateur signifie en effet qu'elle provient de l'emplacement imaginé du royaume de Dieu. Celle-ci, de par son origine, a conservé son essence extraordinaire. De fait, le lecteur est mis sur la voie du rôle que jouera le vêtement à la fin du lai, puisqu'il dévoilera l'identité de Fresne. Par ailleurs, nous remarquons aussi que le toponyme peut être décomposé en *constenti-noble*. *Constenti*[204] renverrait ici à la constance de caractère de l'héroïne, et *noble*[205] à son origine sociale, mais aussi à sa valeur de cœur. Sans aller jusqu'à une intention délibérée de l'auteur, ce jeu de mots phonique nous séduit. Marie de France se démarque ainsi par le réseau de sens tissé par le choix du toponyme : il n'est pas qu'un simple effet de réel symbolisant un ailleurs lointain.

L'aura byzantine est bien sûr aussi fortement marquée et activée dans *Cligès*, tout entier construit sur la dichotomie entre Occident et Orient.

---

202 À l'époque, l'Orient est réputé pour les splendeurs et richesses de ses tissus.

203 Jean Delumeau, *Le Paradis*, Paris, Fayard, 2001, p. 19.

204 *Constans* signifie « fidèle », « ferme » dans le malheur, d'après le FEW, II, p. 1079. Ces deux qualités définissent le caractère de Fresne.

205 *Noble* veut dire « distingué, relevé au-dessus des autres par les qualités, les mérites » d'après le FEW, VII, p. 157. Ce qualificatif s'applique aussi parfaitement à l'héroïne du lai.

D'ailleurs, l'empire de Constantinople y est plus qu'un élément de décor. Il correspond au cadre de l'action puisqu'il est dirigé respectivement par les empereurs Alexandre, Alis, jusqu'au héros éponyme, Cligès. De ce fait, les occurrences de la ville par excellence sentie comme byzantine sont nombreuses[206].

– Les toponymes cadres de l'action

Le cadre spatial même de l'action s'enracine aussi dans des toponymes non fictionnels.

Il s'agit d'abord des lieux que traverse le héros. Nous trouvons dans les lais force contrées à la référentialité spatiale imprécise. Dans *Guigemar*, *Flaundres*[207], *Lorreine*[208], *Burguine*[209], *Angou*[210] et *Gascuine*[211] balisent l'errance chevaleresque du héros. Ils restent vagues et ne servent de fait qu'à désigner une grande région, à la mesure des exploits chevaleresques du héros et ancrent son action dans une région bretonne. Ils n'ont de fait qu'une fonction secondaire de décor puisqu'ils renvoient à des régions de passage. Dans le lai de *Doon*, l'intrigue repose sur l'impératif fixé par l'héroïne d'effectuer un trajet entre les villes de *Daneborc* (Édimbourg) et de *Sushanstone* en un minimum de temps. Le défi est impossible à relever, si ce n'est grâce à une intervention merveilleuse. Néanmoins, même si elles ne sont que traversées, ces villes revêtent une plus grande fonction narrative, puisqu'ainsi associées à la condition de la jeune femme cruelle, elles permettent la révélation de l'origine merveilleux du héros. Selon le vœu de l'héroïne, il est capable d'accomplir le voyage séparant les deux villes en un temps record.

Les lieux où le héros s'arrête sont aussi souvent désignés par des noms géographiques renvoyant à un référent réel. Un lai comme *Haveloc* contient non moins de treize occurrences de toponymes[212] où l'action s'attarde. Chez Marie de France, nous retiendrons la récurrence du

206 *Cligès*, v. 49 ; 401 ; 2375 ; 2473 ; 2559 ; 2632 ; 4188 ; 5094 ; 6110 ; 6667 ; 6706 ; 6757.

207 *Guigemar*, v. 51.

208 *Ibid.*, v. 53.

209 *Ibid.*, v. 53.

210 *Ibid.*, v. 54.

211 *Ibid.*, v. 54.

212 Il s'agit de pays réels comme *Denemerche*, *Engleterre*, *Holande* mais aussi de nombreuses villes : *Grimesby*, *Rotelande*, *Nicole*, *Stanford*, *Lindesie*, *Carleflure*, *Thefort* et *Gloucestre*.

Mont-Saint-Michel[213] et de Nantes[214], tous deux considérés comme situés en Bretagne déjà à l'époque. Nous remarquons aussi que les référents semblent être concentrés sur trois, voire quatre pays : la France, l'Irlande, et l'Écosse, et surtout l'Angleterre. Et de fait, une véritable carte se dégage de toutes ces mentions, carte qui ménage une place de choix à l'Angleterre et à la Bretagne armoricaine. Une explication historique permet de comprendre cette insistance :

> De par sa position géographique, la Grande Bretagne a connu une situation intermédiaire, car elle fut un territoire de passage pour les peuples en déplacement vers l'Irlande[215].

De même, dans *Cligès*, les toponymes sont tous réels, bien que plus étendus, allant de la Bretagne à Constantinople, en passant par la Syrie. Ils connotent deux espaces différenciés par leur pôle géographique : un territoire occidental d'abord, dominé par la cour arthurienne et résumé par le nom *Bretaigne* et un autre, oriental et souvent associé à Constantinople. La dichotomie ne dissocie donc pas le domaine courtois du domaine merveilleux, mais davantage deux espaces géographiques : Orient et Occident – même si l'Occident concorde bien sûr avec le domaine courtois. Or l'Orient fait référence à un ailleurs moins merveilleux que spatial, géographique et culturel. L'enjeu premier de l'onomastique donne ainsi une coloration byzantine au récit, en lien avec la problématique impériale et territoriale de l'intrigue, en opposition féconde avec le domaine courtois d'Arthur. Le récit va de l'un à l'autre, cherche peut-être même à réconcilier deux lieux poétiques, renvoyant symboliquement à la dualité entre la matière antique et la matière bretonne.

Dans ce roman, la majorité des toponymes fait référence à un lieu réel, contrairement aux autres romans de Chrétien de Troyes. En effet, trente-sept toponymes réels établissent un itinéraire fort détaillé du

---

213 *Milun*, v. 385. Le toponyme possède d'ailleurs une forte charge symbolique, comme l'analyse Philippe Walter : « Différents combats y ont lieu, opposant souvent un père et son fils (lais de *Milun* et de *Doon*) à des dates rituelles (changements de saisons). La clé de ce mythe saisonnier est donnée par le roman de *Brut* où se battent un ours et un dragon (respectivement Arthur "l'ours" et Uterpendragon son père). », *Dictionnaire de mythologie arthurienne*, *op. cit.* p. 275.

214 *Chaitivel*, v. 9 et 73 ; *Tydorel*, v. 19 ; 235.

215 Marie-Thérèse Brouland, *Le substrat celtique du lai anglais* Sir Orfeo, Paris, Didier Érudition, 1990, p. 33.

héros. D'ailleurs, la multiplicité, ainsi que la précision des territoires évoqués, pourraient servir de base pour l'établissement d'une cartographie des connaissances géographiques de l'époque médiévale qu'il serait intéressant d'exploiter. En comparaison de cette multitude de lieux réels, seuls *Bretaigne* ou *Cornouaille* ont un référent ambigu que nous nous attacherons à préciser dans un prochain paragraphe[216]. Cette singularité s'explique par la polarisation duelle du roman à une époque où l'Orient connotait l'inconnu et renvoyait aussi de fait aux merveilles, ainsi que nous l'avons expliqué plus haut.

Cependant, si les noms de lieu renvoient à un paysage géographique existant, leur mention semble davantage obéir à une volonté littéraire. En fait, plus qu'une référence géographique, il s'agit surtout de renvoyer à la Bretagne (petite ou grande) et à ses mythes[217].

On le voit clairement, même quand les noms de lieu renvoient à la réalité, la toponymie médiévale dessine davantage un pays idéal qu'un pays réel : c'est ce qui intéresse le poète.

Les toponymes étiologiques

Cette famille de toponymes, très nombreux dans les traditions populaires, est peu représentée dans notre corpus. Un exemple emblématique se trouve toutefois dans le lai des *Deus Amanz*, dont l'intrigue repose sur le destin funeste de deux amants, sur fond de jalousie paternelle incestueuse. Le père de l'héroïne n'autorise sa fille à se marier que si son prétendant est capable d'escalader une gigantesque montagne du nom de *Vals de Pistre.* Le paysage dans lequel l'aventure se déroule a bien un référent réel : la ville de Pîtres, qui existe encore en Normandie et se situe à l'embouchure de la Seine, près d'une côté escarpée qui porte le nom de « Côte des Deux-Amants[218] ». D'ailleurs, le narrateur, dans son épilogue, explique le choix de ce toponyme en référence à l'histoire d'amour contée dans le lai, mélangeant ainsi les données réelles à la fiction[219] :

---

216 *Infra*, p. 99 ; 101 et *sqq.*

217 *Lais bretons (XIIe-XIIIe siècles) : Marie de France et ses contemporains*, *op. cit.*, p. 79.

218 *Les Deus Amanz*, v. 16, voir note 2, p. 389 de l'édition retenue, *Lais bretons (XII*e*-XIII*e *siècles) : Marie de France et ses contemporains*, *op. cit.*

219 *Les Deus Amanz*, v. 252.

Pur l'aventure des enfaunz
Ad nun li munz « des Deus Amanz ».
Issi avint cum dit vus ai ;
Li Bretun en firent un lai[220].

Le lai a donc été écrit en souvenir de la tragédie qui s'est jouée sur cette montagne et qui en explique aussi le nom. La visée du toponyme, comme du lai est bien étiologique et mémorielle.

Les toponymes fabuleux

C'est sans doute la catégorie la plus prolifique : nous sommes en pays de poésie plus que dans la géographie du siècle. Et en effet, les auteurs des récits médiévaux ont souvent recours à des noms de lieux inventés[221] pour les besoins du récit. Certains établissent une fois encore un véritable brouillage topographique dont nous expliciterons le fonctionnement avant d'en proposer de possibles explications. D'autres font référence à des sources littéraires externes aux lais qui révèlent la vision du monde des auteurs du XIIe siècle, ainsi que de leur lectorat.

La référence de certains toponymes ne coïncide parfois avec aucun espace connu. Elle reste mystérieuse et suscite plus de questions qu'elle ne donne de repères à l'action. Toutefois, l'auteur n'invente pas ces noms au hasard. Dans *Equitan*, où le roi éponyme finit ébouillanté, la ville de *Naun*, dont le héros éponyme est seigneur, ne correspond à aucun lieu :

D'Equitan, ki mut fu curteis,
Sire des Nauns, jostise et reis[222].

Les philologues[223] ne tombent pas d'accord sur la signification du toponyme. Ils hésitent entre un référent réel, celui de Nantes, ou le

220 *Les Deus Amanz*, v. 251-254.

221 Paul Zumthor, dans *La Mesure du monde*, précise d'ailleurs que ce phénomène n'est pas propre aux fictions puisque la ficticité domine aussi la cartographie jusqu'aux XIIIe et XIVe siècles, *op. cit.*, p. 319.

222 *Equitan*, v. 11-12. C'est nous qui soulignons.

223 *Lais bretons (XIIe-XIIIe siècles) : Marie de France et ses contemporains*, *op. cit.*, note, p. 240. Louis-Fernand Flutre émet l'hypothèse d'une déformation du toponyme réel « Vannes », dans *Table des noms propres…*, *op. cit.*, p. 275. Philippe Walter invalide l'hypothèse du rapprochement de *Nauns* avec le nom « nain », bien qu'il remarque aussi la présence d'un nain perfide nommé Aquitan dans les romans allemands de Tristan. Il penche davantage

substantif *nain*, ce qui ferait d'Equitan le « roi des nains ». Or les nains sont des habitants du domaine merveilleux, ce qui, par connotation phonique, attribuerait au héros une origine merveilleuse, ceci peut-être simplement pour conférer à un récit, plus proche du fabliau que du lai, une connotation féerique qui lui fait tant défaut. Outre les débats critiques sur l'onomastique, l'ambiguïté même est ici signifiante et suffit à faire émerger le mystère, de même qu'à rattacher le nom au domaine merveilleux.

Chrétien aime lui aussi à créer des toponymes dont la signification n'est pas toujours aisée à déchiffrer[224], imprimant par conséquent un mystère poétique sur le lieu dénoté de la sorte. *Perceval* fournit quelques exemples intéressants qui illustrent cette pratique. Au début du roman, est fait mention *Valdone*[225], qui suggère une contrée rurale comme il y en avait alors. Ce toponyme désigne ici le domaine de la mère de Perceval où les gens effectuent les semailles de printemps :

> La sont li destroit de Valdone.
> – Et qu'est de ce, fet il, biau frere ?
> – La sont li hercheor ma mere,
> Qui ses terres herchent et erent[226].

Le toponyme *Valdone* est aussi orthographié *Valbone* dans une variante[227], dans lequel on lit « val-bonne » en une référence implicite à une « bonne vallée ». Le contexte permet de valider l'hypothèse qu'il s'agit d'une référence au registre de l'abondance alimentaire, sujet qui joue un rôle si important dans l'économie du *Conte*, comme dans la poétique royale à l'étude[228]. De même, *Goort* utilisé dans l'anthroponyme « Gornemant de Goort », l'un des premiers chevaliers rencontrés par le jeune Perceval, pourrait faire penser au nom *gort*, qui désigne une baie, un golfe. Il renverrait alors au paysage précédemment introduit, un paysagé

pour une variante de la ville de Nantes, dans Philippe Walter (dir.), *Lais du Moyen Âge*, *op. cit.*, note 3, p. 1128.

224 Cette difficulté d'élucidation du nom de lieu est associée à une volonté propre de l'auteur médiéval, ainsi que l'explique Adeline Latimier-Ionoff dans *Lire le nom propre dans le roman médiéval*, *op. cit.*, p. 21.

225 *Perceval*, v. 298.

226 *Ibid.*, v. 298-301. C'est nous qui soulignons.

227 Variante b, dans Daniel Poirion (dir.), *Chrétien de Troyes*, *Œuvres complètes*, *op. cit.*, p. 1328.

228 La mère ou ses gens cherchent à remédier à la *terre gaste*. Sur l'abondance et la problématique royale, *infra* p. 404 et *sqq.*

réel ouvert sur l'océan, autrement dit le domaine merveilleux[229]. Le pays de *Galvoie*, mentionné à la fin du roman[230] et déterminé comme une frontière, ainsi que la cité d'*Orquelenes*[231] sonnent aussi comme tout à fait fictifs. Leur mode de formation lexicale semble plus difficile à déchiffrer.

Un nom propre peut donc véhiculer des références spatiales par les jeux de sons et de sens. Le mystère sur un lieu peut aussi être introduit dès le titre du lai. Ainsi, « Haveloc » ne peut manquer d'évoquer le substantif masculin *havene* : « port », terme que l'on retrouve dès le vers 105 du lai : « Del havene sont desancré[232] ». Pourtant, le port, en tant que seuil, fait le lien entre le domaine courtois et le domaine merveilleux. De fait, le héros ne cesse de séjourner sur l'eau en quête d'un port. Le même procédé suggestif, par exploitation d'une analogie, est à l'œuvre dans *Érec et Énide*, au moment où l'héroïne pense qu'Érec est mort. Elle est à ce moment précis emmenée au château de *Limors*[233], dont le nom formé de *li* + *mors* ne manque de faire écho au destin supposé de son mari. Dans *Le Conte du Graal* aussi, le domaine de Beaurepaire[234], où évolue Blanchefleur est explicite, de même que *Quinqueroi*[235] (cinq rois), nom donné à la forêt où évolue le chevalier aux armes vermeilles tué par Perceval. On pourrait multiplier les exemples selon la même méthode de suggestion[236].

Dans certains récits, la topographie est résolument plus fictionnelle et littéraire que réelle, et se détache ostensiblement de tout modèle réel. Plus précisément, nos textes mélangent la mention d'une géographie réelle à des toponymes imaginaires, en une sorte de jeu littéraire destiné aux lecteurs habiles[237]. C'est le cas dans le lai d'*Yonec* notam-

229 Voir l'apparat critique de notre édition, Daniel Poirion (dir.), *Chrétien de Troyes, Œuvres complètes*, *op. cit.*, p. 1338.

230 *Perceval*, v. 8385 ; 6602 ; 8648.

231 *Ibid.*, v. 8626.

232 *Haveloc*, v. 105. C'est nous qui soulignons.

233 *Érec*, v. 4719 ; 4740 ; 4949 ; 4966 ; 5067.

234 *Perceval*, v. 2689 ; 3123.

235 *Ibid.*, v. 951 ; 4128.

236 *Ibid.*, v. 3123.

237 À propos de la topographie mixte ainsi créée, Adeline Latimier-Ionoff remarque justement : « Noms fictifs et noms réels, introduits de la même manière, se fondent en un seul ensemble, composite et hybride. Portons en particulier notre attention sur les toponymes. Relevant de deux savoirs différents, la culture littéraire d'une part et la connaissance du monde d'autre part, ces noms s'entremêlent pour ne plus former que la cartographie d'un seul et même monde. La mixité de la géographie arthurienne, à la fois fondée sur

ment. L'action semble avoir pour cadre *Carwent*, nom introduit dès le prologue[238], et qui pourrait évoquer la ville de Carwent dans le sud du Pays de Galles[239]. Le narrateur précise cette assise spatiale : « La citez siet sur Duëlas[240] ». Néanmoins, s'il existe bien une rivière *Duëlas* au Pays de Galles[241], il semble que dans le cas d'*Yonec*, l'intention soit aussi et surtout littéraire. En effet, R. H. Bloch a montré la concordance entre les connotations psychologiques soulevées par *Carwent* et *Duëlas* et les héros du lai :

> À un autre niveau d'interprétation, R. H. Bloch souligne les connotations voisines du nom de « *Carwent* » (qui évoque le latin « *careo* » : « être privé de », « être séparé de ») de celui de « *Duëlas* » (où peut se lire l'ancien français « *doel* », du latin « *dolus* ») ; dans cette perspective, la situation géographique du lai vaut surtout comme mise en situation psychologique[242].

Nous avions déjà observé le choix d'un toponyme pour ses connotations psychologiques dans le lai de *Fresne*[243]. Chez Marie de France, des critères littéraires plus que géographiques semblent présider au choix du cadre spatial de ses lais.

L'une des constantes de l'action arthurienne réside donc en un système spatial mixte, où les références réelles se mélangent aux références imaginaires pour fonder un décor singulier, arthurien avant tout, c'est-à-dire rassemblé en vertu du roi Arthur[244].

Un semblable brouillage topographique est à l'œuvre dans presque tous les lais, mais certains exemples sont particulièrement incisifs pour illustrer ce procédé, notamment *Milun*, à l'occasion particulière de la mention des contrées traversées par le héros. Les toponymes sont

des territoires attestés et sur des lieux de fiction, s'élabore ainsi en partie grâce au mode d'introduction des noms qui la composent. », *Lire le nom propre dans le roman médiéval*, *op. cit.*, p. 107.

238 *Yonec*, v. 13.

239 Nous nous appuyons sur les hypothèses de Nathalie Koble et Mireille Séguy pour l'étude des toponymes de ce lai, voir *Lais bretons (XIIe-XIIIe siècles) : Marie de France et ses contemporains*, *op. cit.*, note p. 411.

240 *Yonec*, v. 15.

241 *Lais bretons (XIIe-XIIIe siècles) : Marie de France et ses contemporains*, *op. cit.*, note 5, p. 1169.

242 R. Howard Bloch, *The Anonymous Marie de France*, Chicago and London, The University of Chicago Press, 2003, p. 53-54, cité dans Nathalie Koble, Mireille Séguy, *Lais bretons (XIIe-XIIIe siècles) : Marie de France et ses contemporains*, *op. cit.*, note 2, p. 411.

243 *Supra*, p. 90.

244 Danièle James-Raoul, *Chrétien de Troyes la griffe d'un style*, *op. cit.*, p. 266.

multipliés pour montrer l'étendue de sa réputation : *Suhtwales*[245] (Pays de Galles), *Irlande*[246], *Norweje*[247] (Norvège), *Guthlande*[248], *Norhumbre*[249], *Lögres*[250], ou encore *Albanie*[251]. Ce flot de contrées établit un véritable itinéraire de l'errance du personnage. Leur principale fonction narrative semble être l'indication de l'étendue de sa réputation. Néanmoins, c'est la fonction symbolique de cette multiplication des noms de lieux qui est intéressante. En effet, ici encore Marie joue avec les référents réels et fictionnels, en un savant brouillage. Danièle James-Raoul associe d'ailleurs le succès du récit arthurien à ce mélange des contrées réelles et fictives :

> L'immanence du monde arthurien vient aussi de ces données toponymiques réelles, qui permettent la reconnaissance et aident à la découverte de jalons nouveaux. On ne peut guère établir de différence entre toponymes empruntés à la réalité et toponymes apparemment imaginaires, créés pour les besoins de la fiction, encore qu'il existe toujours, à ce niveau, une marge importante d'incertitude. Globalement, le public naïf, celui qui entend l'histoire pour la première fois, qui lit aujourd'hui l'histoire sans recours à des notes ou à des traductions explicatives, reconnaît des noms et en accepte d'autres par proximité textuelle, sans sourciller [...][252].

Et de fait, dans l'exemple analysé, *Logres* et *Guthlande* n'ont qu'une existence littéraire. Les trois villes mentionnées font explicitement référence au *Brut* de Wace[253]. Ainsi, Marie renvoie à une source antérieure aux lais. Elle interpelle la mémoire de ses lecteurs-auditeurs afin d'inscrire son action dans un cadre arthurien[254].

245 *Milun*, v. 9.
246 *Ibid.*, v. 15.
247 *Ibid.*, v. 16.
248 *Id.*
249 *Ibid.*, v. 69.
250 *Ibid.*, v. 17.
251 *Id.*
252 Danièle James-Raoul, *Chrétien de Troyes la griffe d'un style*, *op. cit.*, p. 371.
253 Nous renvoyons à l'article d'Ernest Hoepffner, « La géographie et l'histoire dans les *lais* de Marie de France », *Romania*, 1930, p. 1-30, ainsi qu'à l'introduction des *Lais bretons (XIIe-XIIIe siècles) : Marie de France et ses contemporains*, *op. cit.*, p. 79-83, pour un développement plus précis des références à Wace chez Marie de France.
254 Nous nous appuyons ici sur les remarques d'Ernest Hoepffner, de Nathalie Koble, et de Mireille Séguy : « Ces trois toponymes fonctionnent ainsi davantage comme une citation qui sollicite la mémoire du lecteur-auditeur et qui permet, comme l'a bien noté Ernest Hoepffner, "de situer [le] récit à l'époque des grandes conquêtes du roi Artus"

Logres[255], on l'a vu, désignerait la place dans laquelle Arthur exerce son pouvoir, correspondant au domaine courtois dans notre étude. Ainsi associée au roi mythique et à la matière de Bretagne, cette ville connote aussi la merveille de son pendant opposé, le domaine merveilleux. Elle est attestée pour la première fois chez Geoffroi de Monmouth dans *Historia regum Britanniae*, puis sera reprise par Wace dans *Le Roman de Brut*. Dans le corpus primaire, *Logres* est également le théâtre de l'aventure dans *Lanval*[256] et *Eliduc*[257]. De même, cette contrée est mentionnée dans *Tyolet*[258], afin de désigner la provenance de l'orgueilleuse demoiselle et d'en signifier son origine merveilleuse. Et de fait, utiliser *Logres* plutôt qu'*Engleterre* contribue à situer l'histoire dans le temps légendaire et mythique du règne du roi Arthur. *Karlïon/Karlïun* fonctionne de la même manière au début du *Lancelot*, ainsi que dans *Yonec*[259] et *Milun*[260]. Arthur y tient aussi sa cour dans *Le Conte du Graal*[261]. Ce toponyme à la consonance mythique renverrait aussi à Caerleon-sur-Wysc dans le Pays de Galles, où Arthur tenait régulièrement sa cour[262], instaurant par là même un énième brouillage entre les références réelles et arthuriennes.

Autres exemples, la *Cornouaille*, *Carduel*[263], *Caradigan*, ou encore *Carnant*, connotent tout autant la légende arthurienne. De même, dans *Le Chevalier au Lion*, la fontaine magique de Barenton est située en Brocéliande[264], dont la forêt est connue pour ses merveilles arthuriennes, depuis Wace au moins. Parfois, le lieu où Arthur réunit ses fidèles est moins riche en réminiscence littéraire, notamment dans *Le*

[...]. Cette interprétation est confirmée par l'usage, au vers 17, des anciens toponymes de l'Angleterre et de l'Écosse, *Logres* et *Albanie* », *Lais bretons (XIIe-XIIIe siècles) : Marie de France et ses contemporains*, *op. cit.*, p. 47. Voir également Ernest Hoepffner, « La géographie et l'histoire dans les *lais* de Marie de France », art. cité, p. 79-83.

255 Philippe Walter, *Dictionnaire de mythologie arthurienne*, *op. cit.*, p. 245-246.

256 *Lanval*, v. 9.

257 *Eliduc*, v. 69, 1071. L'appartenance de ce lai à la matière de Bretagne est donc indéniable, puisqu'il a pour cadre spatial la ville arthurienne par excellence : Logres.

258 *Tyolet*, v. 228.

259 *Yonec*, v. 470.

260 *Milun*, v. 183.

261 *Perceval*, v. 4155 ; 4606.

262 Philippe Walter, *Dictionnaire de mythologie arthurienne*, *op. cit.*, p. 93-94.

263 *Yvain*, v. 7. Le roman débute par l'épisode topique de la tenue de la cour d'Arthur à « Carduel, en Gales » ; *Perceval*, v. 839.

264 *Yvain*, v. 695.

Conte du Graal, lorsqu'il s'agit de *Disnadaron*, aussi appelé Disnadaron-en-Galles[265]. *Disnadaron* a été en effet expliqué en *dinas* (gallois *din* puis *dinas* « ville », *cf.* dunum gaulois) et *d'Aaron.*

Le même brouillage topographique mêlant des noms réels à des identifications typiquement arthuriennes est à l'œuvre dans d'autres romans de Chrétien de Troyes. L'étude des lieux où l'intrigue se déroule[266] dans *Érec et Énide* est en ce sens fort révélatrice[267]. L'action débute à la Caradigan[268], lieu topique où Arthur tient sa cour, puis prend ensuite place à York et Édimbourg[269], villes réelles, avant de se poursuivre à *Carnant*[270], *Limors*[271], *Pointurie*[272], *Brandigan*[273], ou *Tintagel*[274], tous fictifs et en tout cas arthuriens[275]. La multiplicité des lieux d'actions fait écho à une multitude de domaines introduits, ainsi qu'à une itinérance de la cour arthurienne que nous analyserons dans notre prochaine partie[276].

Plus encore, situer l'action au temps légendaire d'Arthur inscrit celle-ci dans l'espace particulier de la fiction arthurienne : celui instaurant une dichotomie entre le domaine courtois, où Arthur tient sa cour, et le domaine merveilleux, des fées et des morts – d'ordinaire appelé Autre Monde. En somme, ces toponymes aux connotations légendaires portent l'inscription arthurienne du lai.

Ainsi donc, ce mélange d'espaces réels à des toponymes fictionnels dresse un paysage ambigu, une sorte de monde idéal. Il s'agit d'évoquer des contrées lointaines existantes, suffisamment réelles pour rencontrer un profond degré d'adhésion du lecteur, mais suffisamment éloignées pour que surgisse l'idée d'un « ailleurs ». Philippe Ménard, à propos

---

265 *Perceval*, v. 2734-2755.

266 À l'occasion du mariage des héros, la provenance des invités est indiquée, révélant ainsi le même mélange de lieux inventés à des lieux existant réellement à l'époque médiévale. Les rois viennent donc indifférent de Cork, d'Écosse, de Gloucester, autant de contrées réelles auxquelles s'ajoutent des provenances plus fictives et arthuriennes telles que : *Godegrains*, *Estre Posterne* et même *Avalon* ou *Tintagel*, *Érec*, v. 1899-2136.

267 Nous ne développerons que cet exemple pour le besoin de notre démonstration.

268 *Érec*, v. 28 et *sqq.*

269 *Ibid.*, v. 2019 et *sqq.*

270 *Ibid.*, v. 2275 et *sqq.*

271 *Ibid.*, v. 4719 et *sqq.*

272 *Ibid.*, v. 5183 et *sqq.*

273 *Ibid.*, v. 5387.

274 *Ibid.*, v. 6514.

275 *Estres-Gales*, *Carnant*, *Brandigan* et *Tintagel* sont spécifiquement arthuriens. *Limors*, nous l'avons vu, renvoie à l'épisode de la mort supposée d'Érec.

276 *Infra*, p. 305 et *sqq.*

des lais de Marie de France, associe ce brouillage topographique à la volonté de dépaysement de l'écrivain :

> L'onomastique des douze lais de Marie confirme pleinement les affirmations contenues dans les prologues ou les épilogues des lais. La géographie nous conduit en Grande-Bretagne ou en Bretagne armoricaine. [...] tout y est mêlé. [...], la toponymie nous ramène invinciblement vers le domaine celtique. L'anthoroponymie également. Des noms comme Yonec, Muldumarec, Guildeluec sont bretons, comme l'a rappelé Charles Foulon. Les titres des lais, à eux seuls, nous dépaysent[277].

Le décor arthurien est donc introduit grâce à la couleur locale bretonne des références littéraires. Ce mode d'introduction du registre par le cadre trouve une explication dans la particularité spatiale du contexte arthurien. Toutefois, le domaine merveilleux, lorsqu'il coïncide avec le royaume des morts, provient symboliquement du paradis d'origine celtique. Il intéresse ainsi tout particulièrement notre investigation concernant les modes de création d'un royaume idéal.

En fait, ce contexte particulier est cristallisé dans les références à la région de la Bretagne, qui sonnent aux oreilles de l'auditeur-lecteur comme un *topos* de la geste arthurienne.

Le toponyme réel *Bretaine*/*Bretaigne* est utilisé dans le prologue de huit lais sur douze chez Marie. La région est aussi mentionnée par la référence à ses habitants au seuil de *Lanval* et *Laüstic.* Surtout, sept lais de Marie se déroulent en Bretagne. Le même ancrage spatial au début du texte est réalisé dans les lais anonymes de *Graelent, Guingamor, Desirré, Tydorel, Tyolet* et *Espine*, ainsi que dans les romans de Chrétien de Troyes[278]. On peut logiquement émettre l'hypothèse d'une fonction du lieu par rapport au commencement du récit arthurien. Parfois, ce toponyme est précisé par la mention *la menur*[279] : « la petite », désignant ainsi la Bretagne armoricaine (par opposition à la Grande-Bretagne). Toutefois, le plus souvent, Marie et ses contemporains ne décrivent pas

277 Philippe Ménard, *Les lais de Marie de France*, *op. cit.*, p. 47.

278 Cet ancrage légendaire grâce au toponyme *Bretaigne* était déjà à l'œuvre dans l'œuvre de Wace, notamment aux v. 321 ; 2607 et 3848 où le nom de lieu fait référence à l'Angleterre (voir v 2608), ainsi qu'aux v. 602 ; 723 et 4205, où la locution nominale « *Bretaigne la menor* » désigne l'Armorique (Wace, *La Partie arthurienne du Roman de Brut*, *op. cit.*).

279 *Guigemar* : « Bretaigne la Menur », v. 25 et 315 ; voir à ce sujet, Philippe Walter, « Notice » du lai de *Guigemar*, Philippe Walter (dir.), *Lais du Moyen Âge*, *op. cit.*, p. 1111. *Eliduc* : « Brutaine la meinur », v. 30.

le lieu convoqué et restent très imprécis, se contentant de la simple mention de la région. Ernest Hoepffner analyse cet emploi dans *Bisclavret* et le relie à une volonté d'évoquer la merveille :

> Dans *Bisclavret*, l'imprécision du lieu vient s'ajouter à l'imprécision du temps. Jadis, en *Bretaigne*, et c'est tout. Bretagne insulaire ou Bretagne armoricaine ? Marie n'en dit rien. Cela lui était complètement indifférent. La Bretagne, pour elle, est ici, et ailleurs, simplement le pays des merveilles[280].

Le nom propre fonctionne donc comme un marqueur topique du pays des merveilles. En fait, le recours à cette référence est un prétexte : la Bretagne, dans la littérature médiévale, est un lieu essentiellement fictif, calqué sur une entité géographique réelle. Plus que comme un élément du cadre spatio-temporel, il s'agit davantage d'un *topos*[281].

Le toponyme *bretaigne* désigne avant tout un espace mythique qui fait appel aux souvenirs et aux connaissances littéraires de l'auditoire[282]. Fonctionnant comme un « cliché[283] », il évoque à l'esprit de l'auditeur ou du lecteur, la référence arthurienne définie par Geoffroi de Monmouth, puis reprise par Wace. Bernard Sergent explique le recours au *topos* breton par une volonté de Marie de France de plaire à la cour d'Angleterre qu'elle fréquentait :

> [...] elle a mieux connu l'Angleterre et la Normandie que la Bretagne, mais [...] elle a localisé ses lais en Bretagne pour plaire à la noblesse bretonne qui vivait autour du roi d'Angleterre[284].

Ainsi, le toponyme *Bretaigne* fonctionne comme une métonymie du royaume arthurien tout entier, qui évoque plus précisément sa dichotomie spatiale entre les deux domaines courtois et merveilleux, ainsi que

---

280 Ernest Hoepffner, « la géographie et l'histoire dans les *lais* de Marie de France », art. cité, p. 4.

281 Selon la définition donnée par Ernst Robert Curtius dans son ouvrage, *La Littérature européenne et le Moyen Âge latin*, Paris, PUF, 1991, p. 131-134 ; voir également Philippe Walter, « Introduction », *Lais du Moyen Âge*, *op. cit.*, p. XXXI-XXXII.

282 C'est aussi l'hypothèse proposée par Herman Braet à propos du lai de *Graelent* : « en situant son récit dans la Bretagne fabuleuse, l'auteur renvoie à des temps légendaires. Un horizon d'attente indique l'atmosphère dans laquelle va baigner le poème : les faits et les personnages vont contraster avec le monde des XIIe et XIIIe siècles », *Deux lais fériques bretons*, Graelent *et* Tyolet, Bruxelles, Éditions Aurelia, 1980, p. 49.

283 Ernst Robert Curtius, *La Littérature européenne...*, *op. cit.*, p. 134.

284 Bernard Sergent, *L'origine celtique des* Lais *de Marie de France*, Genève, Droz, 2014, p. 20.

la merveille typique de la fiction arthurienne. Plus encore, le toponyme rejoint directement la problématique royale et territoriale qui nous occupe puisqu'il est tout particulièrement lié au roi[285]. La précision apportée au toponyme dans *Haveloc* confirme cette hypothèse : *En Bretaigne, dela la mer*[286]. Cette indication spatiale érige la région ainsi nommée en île, dont la connotation renvoie plus précisément aux références mythiques insulaires connues : Avalon, mais aussi les Hespérides, l'Autre Monde, en somme dans notre perspective : le domaine merveilleux. L'adverbe spatial fonde donc une confluence mythique qui fait appel aux connaissances légendaires de l'auditeur-lecteur.

Notons que dans *Les Deus Amanz*, *Normendie* aux vers 1 et 8, et *Neustrie* au vers 7, renvoient tout autant à la région bretonne. Malgré l'utilisation d'un substantif différent, les termes revêtent la même fonction topique d'identification du lai à la matière de Bretagne.

Dans *Lanval* et *Haveloc*, le cadre breton est davantage introduit par une référence à ses habitants, que par le toponyme analysé. Cette différence a son importance, puisqu'elle pourrait renvoyer à une communauté culturelle qui a des habitudes de lecture. Par ce biais, il semble que le *topos* acquiert une plus grande force générique. De fait, la mention d'une population pour référer au cadre de l'aventure pourrait participer d'une stratégie visant à susciter une plus grande implication du lecteur.

Que ce soit par le toponyme ou par un polyptote, la référence bretonne a toujours pour but d'ancrer le récit dans le contexte légendaire arthurien et royal. Comme nous l'avons déjà souligné, cette matière désigne avant tout un mode de fonctionnement original de l'espace, entre un royaume supposé réel sous l'égide d'Arthur – le domaine courtois –, et un ailleurs inversé – le domaine merveilleux. L'espace merveilleux ainsi créé est lui-même pétri d'influences celtiques, mais aussi chrétiennes et antiques.

D'autres toponymes, à cheval sur la culture réelle et l'imaginaire, peuvent aussi jouer ce rôle de marqueur merveilleux, c'est pourquoi nous leur consacrons le paragraphe suivant.

Le domaine merveilleux peut aussi être désigné par une référence au pays des traditions celtiques. Dans *Melïon*, l'héroïne précise : « D'Yrlande

---

285 Danièle James-Raoul, *Chrétien de Troyes, la griffe d'un style*, *op. cit.*, p. 382.
286 *Haveloc*, v. 313.

sui a vos venue[287] ». La contrée celtique d'origine de la merveille fait surgir dans l'esprit du lecteur cet espace imaginaire. À la seule mention de ce nom, le lecteur imagine une contrée où règnent les fées et où les lois rationnelles n'ont pas de prise. Ainsi, sans que le récit ne soit défini comme breton, *Yrlande* fonde un espace fictionnel particulier, car divisé entre un domaine courtois et un domaine où la merveille domine. C'est le pays des magiciens et des géants, comme le rappelle le roman de *Tristan et Yseut* :

> Qant li Morhot fu ça venuz,
> Ou nen i out uns d'eus tot sous
> Qui osast prendre ses adous. [...]
> Por s'onor croistre m'en armai[288],

Le Morholt est l'oncle de l'héroïne, un géant irlandais venant annuellement, à date fixe, réclamer un tribut au roi Marc. Dès le début de ce roman, l'Irlande évoque donc la magie et les événements surnaturels. De fait, quand un auteur réfère à l'Irlande, c'est vers toutes les traditions celtes, notamment celles des *immrama*, qu'il fait signe :

> Le merveilleux arthurien doit beaucoup à la tradition des récits irlandais de navigation. Ceux-ci présentent un répertoire de thèmes et de motifs qui offrent d'étranges similitudes avec des motifs merveilleux du roman arthurien. [...] Les *immrama* constituent ainsi une authentique littérature mythologique remontant à un fonds archaïque de la culture occidentale[289].

De même, le nom d'*Avalon*[290], « l'île aux pommiers », est employé avec le même sens dans *Lanval*, à la fin du lai, au vers 708, lorsque la dame vient chercher le héros pour l'emmener dans son pays. En effet, le substantif fait directement référence aux légendes celtiques, et plus particulièrement au paradis de ce mythe. Signifiant « la pommeraie », on rappellera que la pomme se dit *aval* en breton, *afal* en gallois et *Apfel*

287 *Melïon*, v. 109.

288 Daniel Lacroix et Philippe Walter (dir.), *Tristan et Iseut, Les poèmes français, La saga norroise*, Paris, Le Livre de Poche, 2007, [1re éd. 1989], v. 136-138 ; 141. Nous convoquons cette œuvre du corpus secondaire pour les besoins de la démonstration.

289 Philippe Walter, *Galaad, le pommier et le Graal*, Paris, Imago, 2004, p. 61-62.

290 Depuis l'*Historia regum Britanniae* de Geoffroi de Monmouth et sa reprise par Wace, Avalon renvoie à l'île où Arthur est envoyé à la fin de sa vie, et d'où il doit revenir le jour venu. *La Partie arthurienne du Roman de Brut*, *op. cit.*, v. 4707 ; 4721.

en allemand. Ce fruit constitue un critère définitoire du lieu, d'une importance capitale, notamment sur le plan de l'imaginaire. Philippe Walter explique la confluence mythique qu'il permet :

> À l'instar des pommes d'or du jardin des Hespérides, ce fruit symbolise l'immortalité chez les Celtes car il est associé au pays de l'éternelle jeunesse. Il est aussi lié à la science, à la magie et à la révélation, autant de dons possédés par Morgane[291].

Avalon désigne d'abord l'île de Morgane, où Arthur est emmené à la fin de sa vie, et constitue en cela une localisation privilégiée du paradis celtique :

> Geoffroi de Monmouth [...] décrit cette « île aux pommes » comme un véritable paradis : les champs n'ont jamais besoin d'être cultivés et la terre abonde en vignes et pommiers. Les textes gallois désignent également cette île par l'expression *Ynys afallach*, l'île aux pommes. Pour les Irlandais, c'est *Emain Ablach*[292].

Par ailleurs, l'étymologie du toponyme faisant intervenir la pomme est fondamentale dans notre perspective. Le pommier a en effet été assimilé par la tradition chrétienne qui en a fait son arbre de vie. D'ailleurs, dans la Genèse, l'essence de cet arbre n'est pas précisée. Nous touchons ici un point important de notre analyse, celui de la construction imaginaire au XIIe siècle du paradis à partir de la symbolique et de la confluence de plusieurs types de royaumes des cieux. Philippe Walter explique le rôle du pommier dans ce processus d'assimilation des légendes celtiques par la religion chrétienne :

> Fondamentalement, le pommier est un arbre de l'autre monde (que ce lieu mythique ait pu être confondu avec le paradis judéo-chrétien n'est évidemment pas surprenant)[293].

Enfin, rappelons que dans son récit du Péché Originel, Isidore de Séville assimile *mālum* (la pomme) et *malum* (le mal) : le fruit ayant causé la Chute du genre humain ne pouvait donc être qu'une pomme ! Dans

291 Philippe Walter, *Dictionnaire de mythologie arthurienne*, *op. cit.*, p. 49.

292 Ruth Minary et Charles Moorman, *Petit dictionnaire du Monde arthurien*, Hélène Pasqualini (trad.), Rennes, Éditions Terre de Brume, 1996, p. 26.

293 Philippe Walter, *Dictionnaire de mythologie arthurienne*, *op. cit.*, p. 158.

ce processus d'intégration et de récupération de traditions ancestrales fondant un nouveau type d'au-delà, les *Lais* de Marie de France ont aussi joué un rôle crucial. C'est en effet dans *Yonec* que nous trouvons l'une des premières occurrences littéraires où l'arbre de vie chrétien est un pommier[294]. Lorsque le chevalier-oiseau récite un *credo* à la dame pour la rassurer sur son origine, il dit :

> Jeo crei mut bien al Creatur,
> Ki nus geta de la tristur
> U Adam nus mist, nostre pere,
> Par le mors de la pumme amere[295] ;

On voit ici à l'œuvre de manière emblématique cette assimilation des légendes celtiques et chrétiennes pour définir un domaine merveilleux en tout point comparable au paradis.

Avalon est parfois mentionné sous des toponymes légèrement altérés, qui en voilent légèrement la charge signifiante. *Escavalon* où Gauvain combat en duel Sir Guigambresil dans *Le Conte du Graal*[296], dérive lexicalement de l'île d'origine celtique dont nous venons de brosser tout le potentiel mythique. De même que la majorité des toponymes arthuriens, il réapparaît dans les romans postérieurs tels que *Perlesvaus* ou *La Vengeance Radiguel*, confirmant par conséquent la relation transfictionnelle et porteuse de mythe reliant les toponymes dans la matière de Bretagne.

L'étude des toponymes utilisés dans le corpus primaire a permis une meilleure compréhension de la dynamique spatiale du récit breton. Fondée sur une topographie hybride, elle mélange les contrées réelles aux domaines fictifs, littéraires ou arthuriens. Les références aux lieux célèbres où Arthur tient sa cour, ainsi qu'à la Bretagne, à l'Irlande ou à Avalon tissent un véritable réseau intertextuel d'influences qui donnent à l'action un cadre merveilleux et mythique. Quelles que soient les symboliques ainsi introduites, ce sont bien les toponymes qui font surgir l'imaginaire légendaire arthurien propre au royaume. Ils portent donc la charge descriptive du motif, et cela même, si elle est avant tout imaginaire et transfictionnelle.

---

294 *Ibid.*, p. 162.
295 *Yonec*, v. 149-152. C'est nous qui soulignons.
296 *Perceval*, v. 463.

Le système spatial à l'œuvre au sein de l'action arthurienne relie tout naturellement les toponymes au personnage du roi, ainsi qu'au modèle féodal qui innerve tout le contexte de l'époque, ainsi que l'a justement notifié Danièle James-Raoul :

> Presque tous sont liés à la présence du roi et de sa cour ou de ses héros, signe de leur tropisme exercé sur le restant du monde : c'est leur carte de visite dans un monde féodal et chevaleresque. Ces noms valent comme des repères qui servent à baliser les chemins de l'aventure et à en cautionner la vraisemblance[297].

Le contexte féodal et historique étant des plus prégnants au sein de la geste arthurienne, nous essaierons de voir dans quelle mesure les leçons de l'histoire ont laissé leur empreinte dans cet univers fictionnel. Ce faisant, nous tenterons de mieux saisir les contours du royaume arthurien, associant l'étude du contexte historique à sa définition lexicale.

297 Danièle James-Raoul, *Chrétien de Troyes, la griffe d'un style*, *op. cit.*, p. 386.

LES LEÇONS DE L'HISTOIRE ET LEUR REFLET DANS LA LITTÉRATURE

Dans ce chapitre, le royaume arthurien sera confronté au miroir de l'histoire. Nous convoquerons certaines données historiques qui pourraient éclairer le contexte d'écriture de nos œuvres[1], ainsi que leur structuration, voire leur *senefiance.* La fonction de l'œuvre littéraire dans l'évolution du royaume historique sera ensuite considérée.

Rappelons d'abord les différents sens pris par le nom *rëaume* au XIIe siècle, dans un cadre historique et politique[2]. Dans l'esprit médiéval, il recouvre une réalité double, à la fois un territoire[3] géographique d'une part, mais aussi et surtout un nœud social, éminemment politique, idéologique, voire mythique. Plus encore, en tant que lieu d'exercice de la royauté, il tend même à être assimilé au pouvoir royal en tant que tel. Il fonctionne en effet sur le principe d'un roi à sa tête. L'héritage carolingien, et notamment la cérémonie particulière du sacre, investissent le souverain en *pontifex* entre les piliers religieux et féodaux de la société sur laquelle il règne. De fait, après le redressement royal amorcé par Louis VI (1108-1137), c'est surtout Louis VII (1137-1180),

---

1 À cet égard, nous rappelons que notre démarche est littéraire. Nous utiliserons modestement certaines données historiques concordant avec notre démonstration, sans pour autant nous attarder sur l'aspect factuel de l'Histoire. L'enjeu de ce chapitre est davantage de comprendre comment la vision du monde propre au XIIe siècle a pu nourrir la caractérisation du royaume arthurien.

2 Du fait de l'ambition plus historique de ce chapitre, les exemples littéraires ne seront pas développés, mais simplement cités ou évoqués. La deuxième partie de la recherche présentera leur étude littéraire détaillée, *infra*, p. 237 et *sqq*.

3 Nous entendons « territoire » au sens où Maïté Billoré le définit : « Alors que l'espace est une simple réalité matérielle, le territoire résulte d'un projet d'appropriation de cette réalité par des acteurs, individuels ou collectifs. Le territoire est un espace symboliquement investi et pensé, socialement structuré et politiquement encadré », dans « Construction des territoires et choix des aristocraties normandes entre la France et l'Angleterre, 1204-1258 », Véronique Gazeau, Jean-Philippe Genet (dir.), *La France et les îles Britanniques : un couple impossible ?*, PUPS, 2012, p. 43.

puis Philippe Auguste (1180-1223) qui renforcent le rôle politique de l'hommage, et en font un outil de pouvoir royal particulièrement fort. Ces monarques français du XIIe siècle nous encouragent à considérer la vision du royaume sous la dynastie capétienne[4]. Le royaume en tant qu'entité territoriale mais aussi idéologique et sociale s'est en effet forgé à cette époque précisément[5].

Par ailleurs, la prise en compte de l'entourage de l'auteur au moment de l'écriture est aussi primordiale. Rappelons que l'une des stratégies de *captatio benevolontia* de la matière de Bretagne consiste à exploiter un récit historiquement daté, même s'il est situé dans un passé reculé. Ce mode d'exploitation historique serait un choix avant tout esthétique, mais aussi mythique[6].

Écrivant ses romans entre 1164 et 1191[7], Chrétien de Troyes lui-même a des relations avec l'entourage de Louis VII[8], et notamment avec sa fille, Marie de Champagne (1145-1198), qui est aussi l'épouse du comte de Champagne, Henri le Libéral (1127-1181). Marie a aussi par ailleurs son château à Troyes. Chrétien pourrait avoir effectué des séjours à la cour de Champagne, puisqu'il lui dédicace *Le Chevalier de la Charrette*[9]. Ensuite, il se serait placé sous le mécénat de Philippe d'Alsace, le comte de Flandres (1143-1191), qui est aussi le dédicataire du *Conte du Graal*[10]. Celui-ci est d'abord réputé pour sa grande piété : il s'est croisé trois fois et mourut au cours de sa troisième expédition

---

4 Celle-ci s'étend du règne d'Hugues Capet (987-996) à celui de Philippe IV (1285-1314).

5 Claude Gauvard, *La France au Moyen Âge du Ve au XVe siècle*, Paris, PUF/Quadrige, 2010.

6 Danièle James-Raoul, *Chrétien de Troyes, la griffe d'un style*, *op. cit.*, p. 263.

7 Philippe Walter fait le point sur les bornes chronologiques de composition des romans de l'auteur champenois : « Un terme antérieur (*post quem*) en 1164, pour le *Chevalier de la Charrette*, son troisième roman, qui ne peut avoir été composé avant cette date, année du mariage de celle qui, par ce mariage, devint justement la comtesse Marie ; un terme postérieur (*ante quem*) est fourni par l'année 1191, date de la mort de Philippe d'Alsace. À cette période d'un quart de siècle, il faut ajouter quelques années antérieurs à 1164 au cours desquelles Chrétien a compté les œuvres qui ont précédé le *Chevalier de la charrette*. Soit, au total, trente à trente-cinq années d'activité littéraire : c'est beaucoup pour une époque où la longueur moyenne de la vie était sensiblement moindre que la nôtre. Chrétien a pu naître vers 1135 et mourir vers 1185, mais aucune de ces deux dates n'est vraiment assurée », *Chrétien de Troyes*, Paris, PUF, 1997, p. 7-8.

8 Sur la vie et l'œuvre de Chrétien de Troyes, voir Martin Aurell, *La Légende du roi Arthur, 550-1250*, Paris, Perrin, 2007, p. 254-256.

9 *Lancelot*, v. 1. Sur Marie de Champagne, commanditaire du *Chevalier de la Charrette*, voir Martin Aurell, *La Légende du roi Arthur*, *op. cit.*, p. 280-281.

10 *Perceval*, v. 13.

de la peste à Saint-Jean-d'Acre, le 1er juin 1191. Il est aussi considéré comme « un vrai chef d'État[11]. » Il est :

> [...] dans l'ouest de l'Europe le féodal le plus puissant après Henri II Plantagenêt. Il est vassal à la fois de l'empereur Frédéric Barberousse († en 1190) pour la partie septentrionale de ses terres, et vassal du roi de France pour ses terres de Flandre et de Picardie tout en étant voisin immédiat du domaine royal de par les terres d'Ile-de-France que sa femme lui a apportées en dot[12].

Philippe d'Alsace a aussi été le parrain et précepteur du jeune Philippe Auguste, âgé alors d'une quinzaine d'années. À ce titre, Rita Lejeune a avancé l'hypothèse que le *Conte du Graal* serait une sorte de « Télémaque du XIIe siècle[13] », ce qui n'est pas sûr, mais confirme en tout cas les relations avec la royauté de France entretenues par l'auteur champenois. D'ailleurs, de Marie à Philippe, Chrétien a bien conservé le lien avec la même cour royale. En effet, quand l'époux de Marie est décédé, Philippe lui-même, devenu veuf à son tour, l'a aussitôt demandé en mariage[14]. Et même si celle-ci a refusé, cet épisode anecdotique prouve que les deux personnages appartenaient au même monde, celui de la cour de Louis VII. Chrétien devait entendre les rumeurs, positives ou négatives, de la cour au sujet du monarque. Et qu'importe qu'il ne s'agisse ici que de suppositions, il est manifeste que la proximité immédiate de la cour royale française a nourri l'imaginaire et les problématiques des œuvres de l'auteur champenois. D'ailleurs, des allusions à cet environnement courtois parsèment son œuvre, notamment dans *Érec et Énide*, où nous pouvons retrouver des références à l'histoire contemporaine de l'écriture présumée du récit. À titre d'exemple, citons l'archevêque de Cantorbery qui bénit l'union d'Érec et d'Énide[15]. Celui-ci figurerait Thomas Becket[16], en un renvoi implicite au scandale autour de sa mort. De même, la réunion courtoise du prologue du *Chevalier de la Charrette* reproduirait la cour de Marie de Champagne, la commanditaire, dans

11 Philippe Walter, *Chrétien de Troyes*, *op. cit.*, p. 10.

12 *Id.*

13 Rita Lejeune, « La date du *Conte du Graal* de Chrétien de Troyes », *Le Moyen Âge*, 61, 1951, p. 51-79.

14 À ce sujet, voir l'édition majoritairement utilisée pour l'étude, Daniel Poirion (dir.), *Chrétien de Troyes*, *Œuvres complètes*, *op. cit.*, « Introduction », p. XIV-XVII.

15 *Érec*, v. 1994-1996.

16 Sur l'allusion à cette affaire au sein du roman, voir la notice réalisée par Peter F. Dembowski, dans Daniel Poirion (dir.), *Chrétien de Troyes*, *Œuvres complètes*, *op. cit.*, p. 1053.

celle animée par la reine Guenièvre. En effet, la cour y est décrite comme un lieu essentiellement féminin et courtois, où règnent la beauté, les jeux de l'esprits et où les activités favorites s'organisent autour de chansons et récits contés pour le plus grand plaisir de tous[17]. La cour de Louis VII innerve donc bien les romans de Chrétien de Troyes. De ce fait, elle retiendra en premier notre attention.

Toutefois, au vu de l'ambiguïté référentielle de la Bretagne précédemment soulevée[18], qui peut tantôt référer au nord-ouest de la France, tantôt à l'Angleterre, la vision du monde anglaise propre à la dynastie Plantagenêt nourrira aussi cette entreprise de définition historique du royaume. Frédérique Lachaud a soulevé la nécessité de prendre en compte l'histoire de l'Angleterre conjointement à celle de la France, ainsi que les liens tissés entre les deux pays, du fait que le pouvoir Plantagenêt s'étendait des deux côtés de la Manche[19]. D'ailleurs, Chrétien de Troyes lui-même est renseigné sur la géographie et la vie politique de l'empire Plantagenêt[20]. Conjointement à l'analyse de l'histoire du royaume de France, il est donc nécessaire d'observer celle du royaume d'Angleterre du XIIe siècle, et plus particulièrement à l'époque d'Henri II Plantagenêt. Ce dernier règne à la fois sur le royaume d'Angleterre et sur toute la moitié occidentale du royaume de France, de la Normandie à la Gascogne, créant d'éminents liens entre les deux pays concernés[21]. L'Angleterre est d'ailleurs fortement liée à la Normandie depuis 1066 :

> L'Angleterre et la Normandie forment dans cet immense conglomérat un noyau solide. Au cours du siècle qui a suivi la conquête de l'Angleterre par les Normands en 1066, les deux territoires ont été réunis, la moitié du temps, sous un même souverain. Ce lien a favorisé le développement d'institutions similaires de part et d'autre de la Manche. Les campagnes sont divisées en *shires* pour l'Angleterre, en vicomtés et en bailliage pour la Normandie. Des agents locaux perçoivent les revenus réguliers et les revenus occasionnels du Domaine, exercent la justice et exécutent les ordres du roi ou du duc[22].

17 *Lancelot*, v. 30-40.

18 *Supra*, p. 87 et *sqq.*

19 Frédérique Lachaud, *L'Éthique du pouvoir au Moyen Âge, L'office dans la culture politique (Angleterre, vers 1150 – vers 1330)*, Paris, Classiques Garnier, 2010, p. 28.

20 Sur les liens de Chrétien de Troyes avec la cour d'Henri II, voir Martin Aurell, *La Légende du roi Arthur*, *op. cit.*, p. 182-185.

21 Florian Mazel, *Féodalités, 888-1180*, Paris, Belin, 2014, p. 572.

22 John Baldwin, *Philippe Auguste et son gouvernement, Les fondations du pouvoir royal en France au Moyen Âge*, Béatrice Bonne (trad.), Paris, Fayard, 1991, p. 32.

Plus encore, la Normandie et l'Angleterre forment véritablement le pivot central du pouvoir Plantagenêt :

> La Normandie et l'Angleterre constituent, en définitive, le noyau dur de la domination des Plantagenêt sur leurs vastes territoires insulaires et continentaux. Elles sont le centre qui gouverne une ample périphérie, le pivot autour duquel s'agence l'espace que la maison d'Anjou tente de maîtriser[23].

De ce fait, dans le corpus d'étude, les relations anglo-normandes sont structurelles, puisqu'elles déterminent le principe d'errance chevaleresque, celui-ci étant métérialisé poétiquement par les nombreux allers et retours contemporains entre les deux contrées. Marie de France elle-même évoluait entre les deux royaumes d'Angleterre et de France. Elle avait des liens avec la cour d'Henri II, comme le montrent le prologue des *Lais*, ainsi que sa connaissance précise des institutions politiques, des organes administratifs et du fonctionnement de la justice de la royauté anglaise[24]. À cet égard, ses *Lais* sont bien le témoin de ces relations. Plus encore, la matière de Bretagne elle-même est liée à l'influence littéraire et politique des cours de France et d'Angleterre. Le règne d'Henri II est souvent associé à la diffusion même de cette littérature à la fin du XIIe siècle :

> Son règne, long de trente-cinq ans, coïncide avec l'essor et la diffusion de la matière de Bretagne, qui s'impose, aussi bien sur l'île que sur le continent, comme l'un des domaines les plus porteurs, novateurs et populaires de la littérature occidentale[25].

D'ailleurs, *Le Roman de Brut* de Wace, aurait peut-être été dédiée à Aliénor d'Aquitaine, mère de Marie de Champagne et femme d'Henri II Plantagenêt depuis son divorce avec le roi de France, Louis VII. Ce récit est aussi une réécriture de *l'Historia Regum Britanniae*, qui avait été rédigé entre 1136 et 1138 par l'évêque gallois Geoffroi de Monmouth. Rappelons à cet égard que dans ces deux hypotextes arthuriens, les

---

23 Martin Aurell, *L'Empire des Plantagenêts*, *op. cit.*, p. 227.

24 Cette dédicace n'est connue n'est connue que par l'un des deux manuscrits de sa traduction tardive en anglais par Layamon. Élisabeth A. Francis, « Marie de France et son temps », *Romania*, 72, 1951, p. 78-99. Pour l'analyse précise des relations de Marie de France avec la cour d'Henri II, voir Martin Aurell, *La Légende du roi Arthur*, *op. cit.*, p. 179-178.

25 Martin Aurell, *La Légende du roi Arthur*, *op. cit.*, p. 164.

auteurs ménagent une place de choix à un descendant et successeur du légendaire Brut, qui s'appelle Arthur.

Il apparaît donc nécessaire de revenir spécifiquement sur les relations entre les deux royaumes français et anglais au XIIe siècle[26] et sur la fonction de la littérature dans l'évolution de ces liens.

Par ailleurs, nous considérons aussi que, si la littérature peut certes refléter la vision du monde de son temps, les problématiques qu'elle expose jouent aussi un rôle dans l'évolution des structures de pouvoir politiques et sociales. Nous souscrivons ainsi à cette pensée de Michel Pastoureau, qui servira de filigrane à notre étude des leçons de l'histoire : « La littérature, [...] est à la fois le reflet et le modèle de la société, [...][27]. ».

Avant d'entrer dans l'analyse du royaume historique, il semble intéressant de revenir sur un extrait du *Chevalier au Lion* permettant d'illustrer le pouvoir prêté à la littérature. Il s'agit de l'épisode du château de *Pesme Aventure*, où Chrétien décrit avec force détails l'exploitation des trois cents tisseuses[28]. Cette scène met en œuvre une dénonciation de la condition des ouvrières nous permettant d'affirmer que l'évocation de la scène contemporaine se mue par le récit en une fine critique sociale[29], permettant aussi de discerner l'enjeu politique de la littérature.

Nous analyserons d'abord le contexte historique des œuvres, ainsi que le statut de médiateur nodal et sacré du souverain pour l'équilibre du royaume. Puis, nous envisagerons le rôle joué par la littérature dans la construction d'un royaume unifié, à la fois sur le plan géographico-territorial, mais aussi d'un point de vue politique et religieux.

---

26 Certes, le public médiéval connaissait d'autres rois que ceux de France et d'Angleterre, dont il est même question dans d'autres romans arthuriens, notamment les *Continuations du Contes du Graal.* Toutefois, ces récits ne font pas directement partie de notre corpus d'étude. Ainsi, du fait des relations fortes avec la cour de France et celle d'Angleterre de Chrétien de Troyes et de Marie de France, nous choisissons de centrer particulièrement notre analyse historique sur Louis VII et Henri II Plantagenêt.

27 Michel Pastoureau, *Le Roi tué par un cochon*, Paris, Éditions du Seuil, 2015, p. 29.

28 *Yvain*, v. 5196-5213.

29 Philippe Walter, dans Daniel Poirion (dir.), *Chrétien de Troyes, Œuvres complètes*, *op. cit.*, p. 1178. Il considère d'ailleurs *Le Chevalier au Lion* comme un récit précurseur de la fortune du règne de Philippe Auguste.

LE RÉCIT ARTHURIEN AU MIROIR DE L'HISTOIRE
L'ordre féodo-vassalique du royaume

Dans un premier temps, le royaume dessiné dans les récits arthuriens est envisagé au miroir de l'histoire. Il s'agit d'abord de retrouver les échos du XIIe siècle dans le corpus primaire. L'hypothèse démontrée sera celle d'un reflet des enjeux de la société féodo-vassalique dans le royaume littéraire, notamment dans le domaine courtois. C'est en effet un lieu éminemment politique, dont les enjeux territoriaux sont associés à la domination du roi sur ses barons, ainsi que la hiérarchie féodale le prévoit. Dans le récit breton, ces principaux enjeux territoriaux sont transcrits sur le plan narratif, les conquêtes de terres étant associées aux principales péripéties du récit.

Toutefois, le royaume arthurien est aussi un lieu profondément ambigu, dont la dualité reproduit métaphoriquement l'écartèlement de la société du temps, tiraillée entre deux figures royales antithétiques, mais aussi entre des idéaux religieux et des réalités terrestres opposés.

Nous tenterons de comprendre comment le royaume est pensé à la fin du XIIe siècle, sur le plan historique. Pour ce faire, dans un premier temps, les principales théories religieuses et politiques concernant le pouvoir royal seront exposées, avant d'être confrontées, dans un deuxième temps, aux réalités historiques. Dans un troisième de temps, nous proposerons enfin une explication sur le parti pris par le texte littéraire dans l'image du monde contemporain qu'il propose.

LES THÉORIES DU POUVOIR AU XIIe SIÈCLE

Une société en mutation

Au XIIe siècle, le royaume, en tant que territoire, mais aussi en tant que communauté d'hommes réunis sur le même sol, suscite de nombreuses réflexions religieuses et politiques. Dominé par le souverain qui y exerce son commandement depuis sa cour, il fait l'objet de nombreuses théories sur le pouvoir que nous commencerons par présenter.

Avant toute chose, la société féodale étant structurée selon l'ordre féodo-vassalique, il convient de déterminer précisément ce que désigne le terme « féodalité » au Moyen Âge, ainsi que les enjeux spatiaux et sociaux qui découlent de cette organisation :

> Un premier usage du terme de féodalité, technique et propre aux spécialistes, renvoie aux liens féodo-vassaliques tissés, au sein de l'aristocratie, entre un seigneur et son vassal, à l'occasion, théoriquement du moins, de la concession d'un ensemble de biens et de droits, appelé bienfait, bénéfice ou fief. Il s'agit de liens à la fois personnels et matériels, supports d'échanges de bien et de services et vecteurs de valeurs, au travers desquels s'établissent la domination du groupe aristocratique sur les paysans (les fiefs sont des seigneuries ou des droits seigneuriaux) et les hiérarchies internes au monde aristocratique[30].

La féodalité s'apparente donc à une relation entre un dominant : le seigneur et un dominé : le vassal, et dont le pivot, avant tout territorial est marqué par la propriété, particulièrement celle du fief. Cette union singulière, que l'on appelle aussi ordre vassalique, repose sur un contrat[31], appelé contrat vassalique, qui comprend à la fois une cérémonie : l'hommage, et un serment de fidélité. Cette relation à la fois définitoire de la société médiévale et ambivalente, doit être précisée et nuancée, par des références chronologiques au phénomène féodal notamment. Le schéma féodal n'était pas dès son apparition si structuré et hiérarchisé. Il a davantage fait l'objet d'une évolution au fil des siècles, dans laquelle on discerne trois principaux mouvements.

Tout d'abord, un certain esprit hiérarchique de la vassalité existe depuis l'ère carolingienne. Charlemagne (768-814) le premier, dès 800, s'appuie sur une vassalité en bonne et due forme qui comprend déjà l'hommage des mains et le serment de fidélité[32], même si ce n'est pas son seul moyen d'assurer son autorité royale[33]. Toutefois, dès sa mort en 814, ainsi que pendant le règne des Robertiens (888-987) qui succèdent aux Carolingiens en 888, on assiste à un véritable étiolement du pouvoir royal. Néanmoins, malgré l'affaiblissement croissant de la royauté, le

---

30 Florian Mazel, *Féodalités, 888-1180*, *op. cit.*, p. 11.

31 Jean-François Lemarignier, *La France médiévale, institutions et société*, Paris, Armand Colin, 2016, p. 127.

32 *Idem.* Sur les obligations du vassal à l'égard de son seigneur, voir Dominique Barthélemy, *Nouvelle histoire des capétiens, 987-1214*, Paris, Éditions du Seuil, 2012, p. 40.

33 Dominique Barthélemy, *ibid.*, p. 16.

roi est toujours respecté, phénomène que nous pouvons expliquer par son caractère sacré[34]. Corollairement, les relations entre les rois et les grands (les comtes, les vassaux royaux et les abbés) sont animées de guerres féodales. Cependant, la plupart de ces actes d'hostilité attestés sont commis à l'appui d'une revendication justicière. Et même si la belligérance fait certes partie intégrante de la féodalité durant toute l'époque médiévale, sa valeur et son effet ne sont pas si destructeurs qu'il n'y paraît :

> Les chroniques du XIe siècle, à leur tour, attestent d'une guerre très codée, mitigée, ajustée du moins aux intérêts de la classe dominante féodale, car propre à pérenniser sa domination en maintenant les paysans [...] sous pression. En ce temps encore, une justice persiste, d'autant plus efficace à faire des compromis qu'elle est informelle[35].

Contrairement à ce que peut laisser à penser la notion de « guerre féodale », il s'agit là d'une organisation de la société, qui a paradoxalement contribué à maintenir une certaine hiérarchie, particulièrement au sein des principautés :

> Ainsi la guerre féodale va-t-elle être, pour le système des principautés formé autour de 888, une sorte d'agitation de surface. Elle sert à le conserver plutôt qu'elle ne le met en cause. À tout le moins ne lui permet-elle que des évolutions graduelles, une série de réajustements au fil des générations et des étapes de la prolifération des châteaux[36].

Ainsi, dès l'époque carolingienne, malgré les nombreuses dissensions ainsi qu'un affaiblissement certain du pouvoir royal, une organisation de la société existait. On pourrait la qualifier de féodale, tout en se rappelant que les notions de « féodalité », comme de « fief » sont épineuses et doivent être manipulées avec précaution[37].

---

34 Cette caractéristique de la royauté en France et en Angleterre est détaillée dans la sous-partie suivante, *infra*, p. 152-162.

35 Dominique Barthélemy, *Nouvelle histoire des capétiens, 987-1214*, *op. cit.*, p. 23.

36 *Ibid.*, p. 24.

37 À propos des débats autour de ces notions problématiques, Alain Guerreau invite à « [...] se convaincre qu'une archéologie des notions généralement admises, dont un examen historiographique sérieux prouve qu'elles sont le plus souvent le produit d'une conjoncture idéologique que d'un effort scientifique d'abstraction, peut apporter une aide directe et concrète à l'élaboration d'un tel schéma. », dans « Fief, féodalité, féodalisme. Enjeux sociaux et réflexion historienne », *Annales. Économies, sociétés, civilisations*, 45e année, 1,

Ensuite, à partir des Capétiens, avec l'accès au pouvoir d'Hugues Capet (987-996), l'interaction féodale prend alors la forme d'un véritable système politique et social, qui repose sur l'engagement vassalique réciproque ainsi défini :

> L'interaction féodale, très codée, repose sur l'idée qu'on est toujours entre guerriers, capables de braver la mort pour leur seigneur et pour leur honneur propre, et par là dignes des propriétés ancestrales, supérieurs aux femmes, aux serfs, aux clercs et moines même qui ont toutes et tous besoins de protecteur, peu ou prou. [...]
>
> [...] Un seigneur et un vassal, en effet, hommes d'honneurs et politiques avisés, ont en principe noué une relation de solidarité telle qu'ils devraient n'avoir, à eux deux, qu'une seule âme, ainsi que le prétend Adémar de Chabanne du duc Guillaume d'Aquitaine et d'un autre Guillaume, comte d'Angoulême[38].

La société féodale est en effet le cadre mental d'une aristocratie[39] qui se pense en maîtresse du royaume[40]. À ce titre, la propriété, particulièrement le fief, apparaît comme le pivot central de cette organisation sociale hiérarchique. Le fief correspond en effet la plupart du temps à un titre comtal :

> Si le pivot central de la hiérarchie reste, en l'an mil comme au IXe siècle, le titre comtal, c'est que la fonction comtale dans un ou plusieurs « pays » (*pagi*) demeure souvent bien réelle, avec des attributions caractéristiques : la justice à rendre aux nobles et aux églises, la monnaie à faire frapper, le contrôle des châteaux, des routes, des forêts[41].

Néanmoins, ici aussi, dans l'engagement que marque le fief, la place de la propriété est à nuancer :

1990, p. 158-159. Nous n'entrerons cependant pas dans ces débats historiographiques, puisque l'enjeu de notre démarche est avant littéraire.

38 Dominique Barthélemy, *Nouvelle histoire des capétiens, 987-1214*, *op. cit.*, p. 40-41 ; 57.

39 Nous entendons « aristocratie » au sens où Joseph Morsel la définit : « On a ici privilégié celui d'"aristocratie" : [...] il renvoie fondamentalement au phénomène social que les querelles de chapelles ont largement fini par occulter : la *domination sociale* à long terme d'un groupe restreint d'individus, au prix d'adaptations liées à l'évolution sociale générale, sans que ces adaptations (ni d'ailleurs le renouvellement généalogique) aient jamais remis en cause le mythe de la continuité du groupe. Étymologiquement, "aristocratie" implique en effet la notion de gouvernement des hommes par une minorité considérée (par elle-même comme par les autres) comme celle des "meilleurs" », *L'aristocratie médiévale (Ve-XVe siècle)*, Paris, Armand Colin, 2004, p. 6.

40 Dominique Barthélemy, *Nouvelle histoire des capétiens, 987-1214*, *op. cit.*, p. 34.

41 *Ibid.*, p. 44.

> [...] On reste donc libre et honorable, quoique l'on se soit fait, par les mains, l'« homme » d'un autre, parfois de plusieurs autres, quoique l'on tienne de la terre et du bien sous plusieurs aussi. [...]
>
> [Les historiens] ont trop sans doute trop insisté sur le fief comme support de toute relation, laquelle lui serait proportionnée et attachée tout entière. [...] Mais la remise en fief est très souvent une sorte de reprise. [...][42]

L'intérêt du fief réside donc moins dans la propriété qu'il constitue que dans la symbolique de l'engagement ainsi formé qu'il exprime. Par ailleurs, durant ce temps d'essor de la féodalité, le pouvoir banal s'accroît considérablement, engendrant une certaine forme de morcellement du territoire. Pourtant, sans détailler ici les raisons complexes d'un tel phénomène, le système féodal en tant que tel n'en est pas la cause, contrairement à ce qu'on a pu penser à une époque. Malgré ce phénomène, l'aristocratie respecte toujours le pouvoir royal, dont elle attend qu'il lui rende justice en cas de besoin[43]. Par ailleurs, on assiste aussi à des tentatives de renforcement du pouvoir royal, même si elles resteront sans effet jusqu'à l'avènement de Louis VI (1108-1137), faute de situations économiques et sociales favorables[44].

Enfin, c'est seulement à partir de XIe et XIIe siècles que l'ensemble des conditions sont réunies pour que la complexification de l'organisation féodale de la société et le renforcement du pouvoir royal aillent de pair. Cette ère de regain socio-économique[45] met en effet des moyens inédits aux mains des princes et du roi, permettant un redressement graduel du pouvoir royal. Le règne de Louis VI marque à cet égard un véritable tournant[46] dans les relations entre l'organisation féodale de la société et l'autorité royale. D'une part, outre l'association du pouvoir religieux au fait féodal, on assiste à la mise en place d'un véritable réseau chevaleresque, prolongeant le pouvoir royal dans les provinces et s'ajoutant à l'interaction vassalique traditionnelle[47]. D'autre part, le schéma féodal est aussi complexifié et affiné par le nouveau statut de justicier attendu et véritablement assumé par le roi :

42 Dominique Barthélemy, *Nouvelle histoire des capétiens, 987-1214*, *op. cit.*, p. 41 ; 58.

43 *Ibid.*, p. 35.

44 *Ibid.*, p. 15.

45 *Ibid.*, p. 244 et *sqq.*

46 D'après les récits de l'abbé Suger ; voir Dominique Barthélemy, *Nouvelle histoire des capétiens, 987-1214*, *op. cit.*, p. 244.

47 *Ibid.*, p. 228.

> [...] le roi mène des guerres en tant que justicier au nom du droit d'autrui, et non plus seulement pour ses propres revendications. Il fait campagne à l'appui de décisions de sa cour, comme il est sollicité de faire à la fois par des églises en conflit avec leurs voisins et par des héritiers lésés. Il tire vengeance, c'est-à-dire justice, de crimes affreux, [...].
>
> [...] Naturellement les entreprises du roi justicier ne sont pas tout à fait innocentes et désintéressées[48].

Cette nouvelle fonction dévolue à la figure royale est bien illustrée dans notre corpus, dans l'épisode du litige entre les sœurs de la Noire Épine dans *Le Chevalier au Lion*, où Arthur se fait le garant de la justice.

Ce mouvement de renforcement du pouvoir royal est poursuivi par Louis VII (1137-1180)[49], jusqu'à ce qu'il aboutisse au prestige de la royauté sous Philippe Auguste (1180-1223). En ce sens, précisons que les problématiques du corpus étudié reflètent davantage la situation historique du XIe siècle, avec notamment la peur de l'aristocratie dirigeante – celle matérialisée dans la cour du domaine courtois – face à un possible renforcement du pouvoir royal grâce à la délégation chevaleresque. L'aristocratie du XIIe siècle, habituée à un tel ordre et à un pouvoir royal fort n'est plus effrayée d'une situation qu'elle connaît déjà bien.

Hormis le modèle féodal, l'organisation des hommes au sein de la société médiévale peut aussi être envisagée selon la « trifonctionnalité », du nom formulé par Georges Dumézil[50] dans son étude de mythologie comparée. Celle-ci a mis au jour les trois types de fonctions sociales en fonction des activités humaines au sein des sociétés primitives. Selon ce schéma, la société est divisée entre *oratores* (ceux qui prient), *bellatores* (ceux combattent, correspondant aussi à l'aristocratie), et *laboratores* (ceux qui travaillent). Cette représentation mentale de la société, malgré les limites qu'elle comporte, a le mérite d'aider à comprendre la vision médiévale du monde. Elle existait d'ailleurs déjà au Moyen Âge, puisqu'on en trouve un reflet dans le livre II des *Miracula sancti Germani* écrit par pour la première fois par Héric d'Auxerre dans la seconde moitié du IXe siècle[51]. Ce modèle se répand ensuite peu à peu avant de s'installer durablement,

48 *Ibid.*, p. 265-266.

49 *Ibid.*, p. 292.

50 Georges Dumézil, *Les Dieux souverains des Indo-Européens*, *op. cit.*

51 Dominique Iognat-Prat, « Le "baptême" du schéma des trois ordres fonctionnels », AESC, 41/1, 1986, p. 101-126.

autour des années 1170, dans l'entourage des Plantagenêts[52], ce qui est véritablement fondateur dans notre perspective. Nous avons en effet montré les liens de Chrétien de Troyes et de Marie de France avec la dynastie Plantagenêt. Ce système social a vraiment dû nourrir leur imaginaire. Dans leurs récits, la suprématie de l'aristocratie, représentée par la primauté accordée à la classe chevaleresque, est directement issue de cette vision. L'épisode du château de *Pesme Aventure*, dans *Yvain*, rend particulièrement compte de cette représentation sociale, comme de l'organisation féodale qui régit toute la société d'alors. En outre, bien que les *oratores*[53] ne soient que peu mentionnés, dans *Haveloc*, le personnage de l'ermite figure un personnage de moine ou de prêtre de cet ordre[54]. Il est en effet qualifié de *seint* (v. 507) et son savoir dépasse celui des hommes. Il commence même par réciter une oraison à Dieu, avant de renseigner les protagonistes. Par ailleurs, les vilains, qui correspondent aux *laboratores* sont aussi représentés[55], notamment dans *Yvain*, juste après la folie du héros, lorsqu'il est nourri par un homme de cet ordre[56].

Ainsi que le montrent ces exemples, toute la société féodale est déterminée et organisée selon cette structure féodale et tripartite.

Or au sein de cette société, le XIIe siècle constitue un tournant particulièrement fécond. La réunion de certaines conditions permet une amélioration notable du mode de vie ainsi que des structures politiques. Le royaume de France comme celui d'Angleterre bénéficient d'abord d'un extraordinaire accroissement démographique. On observe un taux moyen annuel de croissance évalué à 0,39 % pour la France et 0,46 % pour l'Angleterre[57]. À la fin du XIIIe siècle, la population de la France est même estimée à environ 20 millions d'habitants, ce qui correspond aussi à la population du XVIIIe siècle[58]. Outre cet essor démographique, le siècle connaît aussi un développement accru du commerce, qui a une répercussion sur toute la société, puisque les villes ont alors prospéré. L'activité commerciale s'est d'ailleurs ouverte aux frontières dès le

52 Laurence Mathey-Maille, *Écritures du passé, Histoires des ducs de Normandie*, *op. cit.*, p. 96.

53 À ce sujet, voir Jacques Paul, *L'Église et la culture en Occident, IXe-XIIe siècles*, Tome 1 et 2, Paris, PUF, 1986.

54 *Haveloc*, v. 516-517.

55 Laurence Mathey-Maille, *Écritures du passé, Histoires des ducs de Normandie*, *op. cit.*, p. 100-101.

56 *Yvain*, v. 2831-2889.

57 Jean-François Lemarignier, *La France médiévale, institutions et société*, *op. cit.*, p. 289.

58 *Id.*

XIe siècle, avant de s'amplifier aux XIIe et XIIIe siècles, de la Méditerranée à la Baltique et au travers de toute l'Europe occidentale[59]. Ce tournant de prospérité du XIIe siècle profite aussi tout particulièrement aux princes et seigneurs qui renforcent le lien vassalique[60].

Dans le corpus primaire, la richesse de l'époque est reflétée dans la peinture d'un idéal de paix sur laquelle s'appuie l'ensemble des aventures des chevaliers d'Arthur. Certains passages représentent tout particulièrement l'essor des moyens financiers, notamment dans *Érec et Énide*, où le mariage et le couronnement des héros[61], riment avec luxe, faste et abondance alimentaire, ce qui va de pair avec l'ambition de peindre un royaume idéal, comme la troisième partie de l'étude le montrera[62].

Outre la prospérité économique du XIIe siècle qui crée un climat d'apaisement, l'amélioration et le développement des réseaux scolaires favorisent les propos de théorie politique. C'est ainsi toute une société qui s'en trouve modifiée : plus ouverte, mais aussi plus complexe, avec une grande diversification des modes de vie[63]. Plus encore, un véritable idéal est conçu par les instances religieuses et politiques. Il sera aussi intéressant de le confronter à son reflet dans les textes littéraires.

L'idéal religieux de la « Cité de Dieu[64] *»*

L'espace céleste nourrit les théories sur le royaume médiéval[65]. Cette pensée religieuse est tout particulièrement empreinte des théories de saint Augustin (354-430). Ce n'est d'ailleurs pas un hasard si l'on considère qu'avec Isidore de Séville et saint Thomas d'Aquin, il est l'un des grands penseurs du paradis chrétien[66]. Les théories religieuses de

59 Jean-François Lemarignier, *La France médiévale, institutions et société*, *op. cit.*, p. 289.
60 *Ibid.*, p. 258.
61 *Érec*, 6729 et *sqq.* ; *Érec*, v. 2338-2410.
62 *Infra*, p. 382-408.
63 Jean-François Lemarignier, *La France médiévale, institutions et société*, *op. cit.*, p. 257.
64 Selon le titre de l'ouvrage *La Cité de Dieu* de saint Augustin, analysé dans Yves Sassier, *Royauté et idéologie au Moyen Âge, Bas-Empire, monde franc, France (IVe-XIIe siècle)*, Paris, Armand Colin, 2012.
65 La naissance des théories religieuses prenant en compte le royaume est simultanée à celle de la locution « *Deu rëaume* » pour dénommer le « royaume de Dieu ».
66 À ce sujet, voir Jean Delumeau, *L'Avenir de Dieu*, Paris, CNRS Éditions, 2015, p. 151-152. Par ailleurs, à juste titre et en lien direct avec notre problématique, Jacques le Goff le considère d'ailleurs comme le « vrai père du purgatoire », *La Naissance du purgatoire*, Paris, Gallimard, 2011, p. 92. La théorisation de ce « troisième lieu » en 1200 est évidemment

saint Augustin ont aussi eu une véritable influence au Moyen Âge sur la définition à la fois religieuse, mais aussi politique et même littéraire du royaume. Son ouvrage, *De civitate Dei* (*La Cité de Dieu*), est d'ailleurs fortement lu et commenté. Il y prône d'abord la nécessité de réaliser la paix sur terre. Pour ce faire, selon une vision théocratique de l'État[67], il propose de construire un royaume terrestre à l'image de celui de Dieu. En effet, saint Augustin est d'abord le père de l'Église qui insiste le plus sur la marque du péché originel dans l'histoire de l'humanité :

> [...] livre XII : l'histoire de l'humanité est marquée par la transgression première d'Adam se détournant de Dieu par orgueil, pour devenir semblable à son créateur. Du péché originel découle une déchéance de la nature humaine (livre XIII et XIX) marquée par l'ignorance – remplaçant la science de l'homme créé à l'image de Dieu – et par concupiscence, c'est-à-dire par la révolte du corps contre l'esprit qui renverse la hiérarchie première, celle qui assurait la primauté de la raison sur les appétits inférieurs. Tout être humain porte la macule de cette chute et de l'irruption de l'esclavage de la passion dans l'âme du premier des hommes[68].

Hormis cette vision pessimiste de l'humanité, saint Augustin propose surtout des solutions pour expier le Salut de l'homme. À ce titre, l'idée phare de l'auteur antique réside dans la distinction de deux cités : la Cité de Dieu, correspondant au royaume divin, et la Cité terrestre, renvoyant au monde réel[69]. Ces deux cités sont réunies par cet idéal de paix, même si les moyens pour y parvenir sont différents selon qu'il

---

liée à la mise en avant, dans le corpus littéraire médiéval, de la nécessité d'un troisième royaume.

67 La théocratie peut être définie comme la façon de gouverner l'État à l'image du royaume de Dieu : « 'Théocratie', au sens même du mot, c'est, en premier lieu, le gouvernement de la cité par Dieu, par ceux auxquels Dieu a donné mission de gouverner, qu'il a lui-même investis du gouvernement. Et c'est aussi le gouvernement de cette cité pour Dieu, pour réaliser la justice de Dieu qui est l'objet premier que doivent rechercher les gouvernants. Il en résulte un système politique où il n'y a pas de droit naturel de l'État, ce droit naturel de la cité qu'Aristote avait déduit de l'observation des faits. La cité terrestre vient se fondre dans la cité de Dieu. L'Église et l'État sont confondus ; il n'y a plus qu'une seule société et non pas deux, où le pouvoir sacerdotal et le pouvoir royal agissent étroitement unis afin de promouvoir la justice de Dieu. », Jean-François Lemarignier, *La France médiévale, institutions et société*, *op. cit.*, p. 63.

68 Yves Sassier, *Royauté et idéologie au Moyen Âge*, *op. cit.*, p. 52-53.

69 À propos de leur but respectif, Yves Sassier rappelle : « Il y a d'abord cette partie de l'espèce humaine qui se trouve unie par un commun amour de biens de la terre et forme une première cité : la cité terrestre ; et puis il y a cette autre partie de l'humanité qui

s'agisse de l'une ou de l'autre cité[70]. Quoi qu'il en soit, l'idéal de paix prôné par saint Augustin dans ses écrits donne lieu au XIe siècle à de véritables projets pour réaliser la paix dans le royaume. En Aquitaine, puis en Bourgogne et enfin dans toute la France, des ligues diocésaines se rassemblent autour de l'« institution de paix » et émettent le projet de suivre la loi chrétienne afin de concourir à plus de sécurité. Ces ligues cherchent en effet de nouvelles formes de régulation sociale, notamment par la mise en place d'un « pacte de paix » qui comprend :

> Le point le plus important est la sécurité que se promettent les gens, le « pacte de paix » : ils respecteront le droit d'asile dans les lieux saints, ils renonceront aux armes, ils recourront à la justice qui infligera désormais à tout voleur des peines sévères[71].

Pourtant, si une véritable volonté religieuse de paix et d'ordre s'exprime, ces ligues restent éparses. Elles doivent ainsi être distinguées de la « trêve de Dieu » qui, à partir de 1040, s'appuie sur de véritables interdictions[72] pour tenter d'imposer une voie à suivre à l'ensemble du royaume. Et si la paix est bien l'objectif final, le pouvoir sacerdotal doit se joindre au pouvoir royal pour y parvenir[73]. Sans détailler davantage la chronologie de ces différentes actions de paix, il est notable que l'action royale passe plus particulièrement par la préservation de la paix et de l'ordre[74] dans le royaume. Ce qui intéresse donc la définition du royaume réside dans la volonté d'unité et d'unification par cet idéal de paix[75].

Ainsi, la pensée augustinienne fournit la vision idéale du royaume unifié et harmonisé, que l'on retrouve comme objectif à atteindre dans

---

est unie par l'amour de Dieu, et par-delà, par l'amour du prochain : la cité de Dieu. », *Royauté et idéologie au Moyen Âge*, *op. cit.*, p. 54.

70 Yves Sassier, *Royauté et idéologie au Moyen Âge*, *op. cit.*, p. 55.

71 Dominique Barthélemy, *Nouvelle histoire des capétiens, 987-1214*, *op. cit.*, p. 112.

72 *Ibid.*, p. 127.

73 Yves Sassier, *Royauté et idéologie au Moyen Âge*, *op. cit.*, p. 6 ; voir aussi Florian Mazel, *Féodalités, 888-1180*, *op. cit.*, p. 594.

74 L'ordre qu'il propose est ainsi défini : « [...] l'ordre de la cité de Dieu est l'image parfaite et comme l'extension de l'ordre qui règne en chaque juste. Seule cette cité jouit d'une paix véritable qui s'inscrit dans l'éternité ; seule enfin, elle constitue une véritable cité, une véritable *res publica*, car c'est là seulement que règne la vraie justice. », Yves Sassier, *Royauté et idéologie au Moyen Âge*, *op. cit.*, p. 56.

75 L'unité du royaume chrétien prime à cet égard sur les divisions politiques des royaumes anglais et français, voir Jean-François Lemarignier, *La France médiévale, institutions et société*, *op. cit.*, p. 190.

le corpus étudié. Cet idéal s'enrichit de théories politiques à une époque où la volonté de préciser les assises du royaume, donne lieu en France à la création, dès 1155 d'ordonnances royales instituant la paix.

D'autre part, certains lettrés, comme Giraud de Barri[76], Gautier Map[77] ou Jean de Salisbury élaborent de véritables théories de philosophie politique. Du fait des relations étroites de Jean de Salisbury avec les deux monarques français et anglo-normand, et de certaines correspondances entre ses idées et l'organisation de la société primée dans la matière de Bretagne, nous nous concentrerons particulièrement sur sa philosophie et ses échos dans le corpus primaire.

La métaphore du corps et des membres : *l'idéal politique du* Policraticus *de Salisbury*[78]

Dans un premier temps, nous nous attacherons à exposer les principales théories politiques en cours au moment de l'écriture du corpus. Dans un second temps, nous confronterons ces idées à la réalité historique et à son reflet littéraire.

Avant de nous concentrer sur les idées exposées dans le *Policraticus*, plus particulièrement sur la métaphore de la tête et du corps comme idéal politique, nous évoquerons quelques éléments de la vie de l'homme de lettres et de cour Jean de Salisbury (1115-1180) qui entrent en résonnance avec l'étude menée sur le royaume arthurien, notamment ses rapports à la fois étroits et ambigus avec les monarques français et anglo-normand, révélateurs des dissensions entre les deux royaumes. Ces discordes apparaissent lors de l'affaire Becket. Un conflit oppose en effet Thomas Becket (1120-1170), archevêque de Cantorbery, à Henri II Plantagenêt à propos des prérogatives de

76 Voir Jeanne-Marie Boivin, *L'Irlande au Moyen Âge. Giraud de Barri et la* Topographia Hibernica *(1188)*, Paris, Champion, 1993. Davantage centré sur l'Irlande, nous ne citerons ici que ces références, comme exemple d'un ouvrage de théorie historique et politique basé sur les faits contemporains, ainsi que l'exprime Jeanne-Marie Boivin, p. 69. D'ailleurs, certains silences volontaires de son auteure n'en font pas un document historique fiable, mais davantage une source dévoilant la vision sociale contemporaine des faits historiques relatés.

77 Gautier Map, *Contes pour les gens de cour*, Bate Alain Keith (préf. et trad.), Turnhout, Brepols, 1993.

78 Les idées exposées dans cette sous-partie s'inspirent principalement de l'ouvrage de Frédérique Lachaud, *L'Éthique du pouvoir au Moyen Âge*, *op. cit.*

l'Église[79]. Tombé en disgrâce en Angleterre, il part en exil en France, où il est accueilli avec respect par Louis VII, qui voit là une occasion d'affaiblir son principal rival. Toutefois, Thomas Becket est assassiné par des courtisans du roi anglo-normand, alors qu'il est sous protection française, ce qui entérine davantage les désaccords entre les deux souverains[80]. Au sein de ce conflit politique et religieux[81], le courtisan Jean de Salisbury qui entretenait déjà de profonds rapports avec la France depuis ses études[82], prend parti pour Thomas Becket, de même que le fait le monarque français. *Le Policraticus* est d'ailleurs dédié à Thomas Becket. Sans revenir sur les dimensions historiques et politiques de la disgrâce du dédicataire, comme de l'auteur de l'ouvrage, il semble nécessaire de rappeler ce contexte politique[83].

Sans entrer dans les détails de cette disgrâce politique, qui marque aussi un tournant dans le règne d'Henri II, ce contexte montre les liens de Jean de Salisbury avec les deux rois antagonistes[84].

Écrit en 1159, le *Policraticus*[85] a profondément marqué la pensée politique du Moyen Âge. C'est un traité de philosophie et de théologie

79 Martin Aurell développe l'affaire dans *L'Empire Plantagenêt*, *op. cit.*, p. 240-267. Selon lui, trois temps forts constituent ce drame : d'abord, le port de la croix (octobre 1164) qui aboutit à l'exil volontaire de Thomas Becket en France ; puis l'épisode du baiser de paix (novembre 1169-juillet 1170), qui voit le refus d'Henri II de procéder au baiser de paix avec Thomas ; et enfin le martyre (29 décembre 1170). Suite à ce meurtre sanglant, le roi est obligé de revenir sur les constitutions de Clarendon ; voir aussi Florian Mazel, *Féodalités, 888-1180*, *op. cit.*, p. 572.

80 Pour davantage de précisions sur l'affaire, voir Martin Aurell, *L'Empire Plantagenêt*, *op. cit.*, p. 240-267 ; Yves Sassier, *Louis VII*, Paris, Fayard, 1998, p. 443.

81 Ce débat a particulièrement enflammé le monde du XIIe siècle. Les camps ont de nombreux partisans et les textes sur cette affaire sont innombrables (*Cf.* James Craigie Robertson, *Materials for the History of Thomas Becket, archbishop of Canterbury*, 7 vol., 1875-1885.)

82 Yves Sassier, *ibid.*, p. 69.

83 Frédérique Lachaud, *L'Éthique du pouvoir au Moyen Âge*, *op. cit.*, p. 177.

84 Florian Mazel ajoute par ailleurs : « Le célèbre *Policraticus* de Jean de Salisbury témoigne, sur le plan des idées politiques, du tournant que représente le moment Plantagenêt. [...] Comme tous les clercs de cour de son temps, Jean de Salisbury, et son œuvre s'en ressent, est partagé entre deux orientations : d'une part, il participe à l'affirmation de la puissance de l'Église – il sera l'un des plus fidèles soutiens de Thomas Becket lors de son conflit avec le roi et deviendra évêque de Chartres, en 1176, grâce à l'appui de l'archevêque de Sens, Guillaume aux Blanches-Mains ; d'autre part, il élabore une doctrine "naturelle", c'est-à-dire non divine, désacralisée, du gouvernement princier. », dans *Féodalités, 888-1180*, *op. cit.*, p. 576.

85 Le *Policraticus* est un ouvrage riche et complexe, ainsi que le résume Frédérique Lachaud : « Le *Policraticus* est un ouvrage hybride, qui se situe à la croisée de plusieurs genres. Satire du monde curial, réflexion sur les philosophies antiques et sur les modalités de

politique[86] qui, tout en s'appuyant sur les modèles antiques d'Aristote, de Cicéron[87] ou encore de Plutarque[88], propose un nouvel art de gouverner. Les fondements de cet idéal sont d'abord psychologiques, et reposent sur les qualités de justice ou de bienveillance du souverain à l'égard des administrés[89]. En outre, la question de la dignité du monarque est développée. Celui-ci doit susciter naturellement le respect des sujets. Pour cela, il est absolument nécessaire que le roi montre l'exemple et évite toute familiarité afin que ses sujets ne le méprisent pas[90]. Ces conseils font directement écho à l'image de la royauté offerte par les romans de Chrétien. L'auteur champenois peint un tableau complexe du roi[91], qui nous laisse perplexe devant ce souverain mou et passif. Nous avons ainsi remarqué le comportement indigne d'Arthur, au début du *Chevalier au Lion*, puisqu'il s'endort devant tout le monde[92]. De même, la façon dont s'adresse à lui Méléagant au début du *Chevalier de la Charrette* montre une inquiétante impuissance de cette figure royale[93]. Cet Arthur inerte, indigne et incapable de susciter la crainte, tient d'ailleurs davantage de l'image alors attribuée à Louis VII, qu'à Henri II. Si nous ne pouvons affirmer que cette critique royale renvoie explicitement aux idées de Jean de Salisbury, il est en revanche notable que l'esprit du temps était occupé par ces questions de personnalité et de *persona* royale.

---

l'accomplissement vertueux de soi, il comprend aussi, en son cœur, une métaphore de la *res publica* comme corps. », *L'Éthique du pouvoir au Moyen Âge*, *op. cit.*, p. 178. De ce fait, nous y avons choisi ce qui dans la philosophie politique présentée, nourrit notre analyse historique du royaume aux XIIe et XIIIe siècles.

86 Claude Gauvard, *La France au Moyen Âge du Ve au XVe siècle*, *op. cit.*, p. 241-242.

87 Pour l'influence cicéronienne du *Policraticus*, voir Frédérique Lachaud, *L'Éthique du pouvoir au Moyen Âge*, *op. cit.*, p. 181-182 ; voir aussi Martin Aurell, *L'Empire des Plantagenêts*, *op. cit.*

88 Pour l'influence de Plutarque dans le *Policraticus*, voir Frédérique Lachaud, *L'Éthique du pouvoir au Moyen Âge*, *op. cit.*, p. 196. Concernant les autres sources du *Policraticus*, Yves Sassier ajoute : « Jean a fréquenté, nous l'avons dit, les philosophes chartrains : sa réflexion sur les origines naturelles de la société, les nombreuses allusions au macrocosme, l'image de la tête siège de tous les sens qu'il utilise à plusieurs occasions doivent autant à sa connaissance du *Timée*, du commentaire de Calcidius et des gloses de ses maîtres, qu'aux lectures de Cicéron et de Macrobe. », dans *Royauté et idéologie au Moyen Âge*, *op. cit.*, p. 276.

89 *Policraticus*, IV, 8, vol. 1, cité dans Frédérique Lachaud, *L'Éthique du pouvoir au Moyen Âge*, *op. cit.*, p. 262-266.

90 Frédérique Lachaud, *L'Éthique du pouvoir au Moyen Âge*, *op. cit.*, p. 136-137.

91 L'image ambiguë du roi dans les récits bretons à l'étude est analysée précisément dans le deuxième temps de ce chapitre, *infra*, p. 162 et *sqq*.

92 *Yvain*, v. 52.

93 *Lancelot*, v. 51 et *sqq*.

Par ailleurs, si la dignité et l'exemplarité sont exigées du roi, ces qualités ne riment pas avec froideur et distance, le bon souverain doit donc être équilibré, et juste, à l'image du royaume qu'il a à construire. D'ailleurs, Jean de Salisbury n'hésite pas à reprocher à Henri II de ne pas être assez proche de son peuple[94].

Ces qualités attendues du monarque sont transcrites dans le nouveau sens que l'auteur du *Policraticus* attribue à la notion d'*officium*. Cette dernière a d'abord été définie par Cicéron dans son *De officiis* comme une « action appropriée », une « obligation absolue » du souverain envers ses sujets[95]. Dès son origine, elle connotait à la fois l'idée de charge administrative, mais aussi celle d'obligation morale[96]. Chez Jean de Salisbury, l'*officium* renvoie certes, comme chez son modèle, à l'idée de beau ou d'honorable, mais il fait aussi référence aux différentes *personae* que chacun doit savoir adopter en fonction de son rang et des circonstances[97]. Le terme *officium* est aussi enrichi de nouvelles acceptions sous la plume de l'auteur médiéval :

> Grâce à l'influence cicéronienne et, dans une large mesure, à l'œuvre de Jean de Salisbury, le terme *officium* a acquis, dans le vocabulaire de la théorie médiévale, des connotations nouvelles, signifiant à la fois la charge et le devoir vis-à-vis de la communauté et du prince[98].

S'il peut désigner l'« office religieux », le « métier », ou « l'occupation », l'*officium* renvoie surtout au devoir moral du monarque, allié à sa fonction administrative, et ce particulièrement quand l'auteur explique les fonctions des sujets du roi[99], considérés comme des membres dans un corps, où le monarque serait alors la tête. En effet, la véritable clef de voûte de la doctrine politique prônée par l'auteur s'appuie sur une métaphore assignant au monarque un rôle prépondérant : tête du royaume, qui distribue les différentes actions et charges à effectuer à ses administrés,

---

94 Frédérique Lachaud précise : [...] Henri II n'était pas suffisamment accessible, ce qu'il attribue à l'enseignement néfaste de l'impératrice Mathilde, qui conseillait à son fils de demeurer en sa chambre et de paraître peu en public. [...] Ce respect repose sur une apparence digne, qui reflète des mœurs ordonnées. », *L'Éthique du pouvoir au Moyen Âge*, *op. cit.*, p. 136-137.

95 Frédérique Lachaud, *L'Éthique du pouvoir au Moyen Âge*, *op. cit.*, p. 181-186.

96 *Ibid.*, p. 175.

97 *Ibid.*, p. 183.

98 *Ibid.*, p. 216.

99 *Ibid.*, p. 183-184.

les membres : « [...] c'est l'image du corps qui sert essentiellement, dans le *Policraticus*, à exprimer l'accord qui existe entre l'obligation individuelle et l'harmonie de la communauté[100] ».

L'image du corps humain pour expliquer l'organisation de la communauté politique n'est pas neuve. Dès l'antiquité, Platon, Épictète, Cicéron[101] ou Sénèque[102] y recouraient déjà. Certains textes même, comme la fable des *membres et de l'estomac* d'Ésope, reprise par Menenius Agrippa s'en inspirent explicitement[103]. À cet égard, il est remarquable qu'aux XIIe et XIIIe siècles, d'autres versions de cette fable circulèrent, et notamment sous la plume de Marie de France[104]. Sans pour autant en déceler une trace explicite dans les *lais*, cette réécriture nous permet d'envisager l'hypothèse que Marie connaissait peut-être la métaphore royale du corps et des membres. Si l'image en elle-même est connue et presque topique au XIIe siècle, le sens que lui confère Jean de Salisbury est complétement original et novateur. Tout en l'attribuant à Plutarque, il définit ainsi la *res publica* :

> Est autem res publica, sicut Plutarco placet, corpus quoddam quod divini muneris beneficio animatur et summae aequitatis agitur nutu et regitur quodam moderamine rationis[105]

Contrairement aux textes antérieurs, la métaphore du corps est donc beaucoup plus poussée dans le *Policraticus* et sert de fondement à la théorie politique de Jean de Salisbury. Frédérique Lachaud a analysé très précisément les éléments de la métaphore, c'est pourquoi nous nous appuierons sur ses dires :

100 *Ibid.*, p. 192.

101 Cicéron, *De officiis*, I, XXV, 85, vol. 1.

102 Sénèque, *De ira*, II, 31, 7.

103 Frédérique Lachaud, *L'Éthique du pouvoir au Moyen Âge*, *op. cit.*, p. 194-195. Cette métaphore a été très largement reprise et diffusée par saint Paul, 1Co 12.

104 Voir Laurence Harf-Lancner, « Les membres et l'estomac : la fable et son interprétation politique au Moyen Âge », *Penser le pouvoir au Moyen Âge, (VIIIe-XVe siècles). Études d'histoire et de littérature offertes à Françoise Autrand*, Dominique Boutet et Jacques Verger (éd.), Éditions rue d'Ulm, 2000, p. 111-126.

105 « Une république, selon Plutarque, est un certain corps qui est doté de vie par le bénéfice de la faveur divine, qui agit sous l'impulsion de l'équité la plus haute, et qui est régi par ce que l'on pourrait appeler le pouvoir modérateur de la raison. », *Policraticus*, V, 2, vol. 1, p. 282, citée et traduite dans Frédérique Lachaud, *L'Éthique du pouvoir au Moyen Âge*, *op. cit.*, p. 196.

> L'âme du corps correspond aux ministres de la religion ; elle détient, en quelque sorte, le principat du corps (V, 2). La place de la tête est occupée par le prince, qui n'est assujetti qu'à Dieu et à ses représentants sur terre, puisque, dans le corps humain, la tête est animée et gouvernée par l'âme. Le corps est le sénat, « dont procèdent les débuts des bonnes et des mauvaises œuvres ». Les yeux, les oreilles et la langue représentent les juges et les gouverneurs des provinces, alors que les officiers de justice et les combattants sont figurés par les mains. Les côtés du prince désignent ceux qui sont toujours prêts à le servir. Les officiers des finances et les trésoriers sont le ventre et les intestins. Les travailleurs de la terre (*agricolae*) correspondent aux pieds[106].

Cette image permet d'éclairer les mécanismes qui sous-tendent la puissance du prince. Au sein de ce schéma, les chevaliers sont à la fois au service de l'Église et du pouvoir royal. La fonction du roi est, quant à elle, celle d'un détenteur du glaive qui lui permet de punir les méchants. Il est un relai de Dieu sur terre. Son pouvoir temporel vient donc de Dieu[107]. Néanmoins, le prince reste soumis à l'Église dont le chef, c'est-à-dire le pape, détient le glaive spirituel. Jean de Salisbury est en ce sens l'un des premiers fondateurs de l'idée d'État au Moyen Âge[108].

Mais plus que la métaphore elle-même, c'est l'ambiguïté de ce schéma qui est porteuse d'une forte doctrine politique. En effet, outre l'affirmation de l'interdépendance de toutes les parties du corps, si le prince est bien la tête du corps, il est aussi le corps tout entier. Ce redoublement métaphorique vise à souligner l'idée d'une régulation du corps politique dans et par le monarque lui-même. L'équilibre et l'harmonie du royaume dépendent donc de l'action juste et exemplaire du monarque, puisque tête pensante de son gouvernement, il indique la marche à suivre aux membres, c'est-à-dire à ses vassaux, ainsi qu'aux chevaliers[109]. C'est à notre sens, cette dernière idée, fondamentale, que l'on retrouve dans l'ensemble des œuvres de notre corpus, ainsi que

---

106 Frédérique Lachaud, *L'Éthique du pouvoir au Moyen Âge*, *op. cit.*, p. 196-197.

107 Martin Aurell, *L'Empire des Plantagenêts*, *op. cit.*, p. 123.

108 Claude Gauvard, *La France au Moyen Âge du Ve au XVe siècle*, *op. cit.*, p. 241-242 ; voir aussi Amaury Chauou, *L'idéologie Plantagenêt, Royauté arthurienne et monarchie politique dans l'espace Plantagenêt (XIIe-XIIIe siècles)*, Rennes, PUR, 2001, p. 118-119 ; Yves Sassier, *Royauté et idéologie au Moyen Âge*, *op. cit.*, p. 309.

109 L'analyse de Frédérique Lachaud confirme cette hypothèse : « Et tout comme l'âme est le salut et la vie du corps, le roi, s'il gouverne bien, est le salut et la vie du royaume. », *L'Éthique du pouvoir au Moyen Âge*, *op. cit.*, p. 202.

le montrera le paragraphe sur le rôle attribué au roi, de même que la troisième partie de cette recherche[110].

Et de même, sans pour autant affirmer de façon péremptoire que ces idées ont influencé la royauté au sein de la cour de France, elles étaient en tout cas susceptibles d'être connues des deux côtés de la Manche. Il semble probable que la philosophie politique du *Policraticus* ait nourri l'image du pouvoir royal représentée dans la matière de Bretagne. Comme le lai *d'Haveloc* l'illustre[111], la classe aristocratique règne sur les *bellatores*, tout en restant sous le joug d'Arthur, qui est lui-même considéré comme la tête pensante de son royaume[112]. Cette organisation correspond bien à la métaphore de la tête et des membres.

Néanmoins, dans le corpus primaire, les auteurs médiévaux ne cherchent pas à illustrer la doctrine politique du roi exemplaire. La description du monarque ne correspond pas au traité de Jean de Salisbury, qui conseille un souverain équilibré, digne et exemplaire, quand les récits dépeignent un Arthur inerte, faible et risible. C'est justement dans ce décalage que peut se loger une dynamique romanesque de (con) quête et de réparation[113]. Il existe par ailleurs des similitudes entre les idées du *Policraticus* et les relations unissant le souverain Arthur à ses chevaliers. Dans le roman, la primauté est accordée à Arthur. On se réfère à lui quoi qu'il arrive, et cela même s'il n'est pas toujours à la hauteur du modèle idéal et attendu. Les chevaliers se comportent en effet comme de parfaits « membres », soumis à la « tête » que représente leur roi. L'influence de Jean de Salisbury est sans doute diffuse à l'époque, même s'il n'est pas question ici d'affirmer une filiation directe entre nos œuvres et la pensée du penseur. En tout cas, la vision du monde et de la royauté évolue, comme le montrent les nombreuses critiques de la cour qui essaiment alors. En effet, même si elle est formulée à mots couverts,

110 Cette idée permet d'expliquer le passage à la royauté sacrée et cosmique, *infra*, p. 392 et *sqq*.

111 Le début du récit est marqué par l'action déterminante d'Arthur, cause de la déchéance du père du héros (*Haveloc*, v. 27-28 : « En icel tens qe Arthur regna, / Vers Danemarche mer passa »). En outre, les autres rois sont bien considérés comme ses vassaux puisque le récit précise qu'après la guerre qu'il a déclenché, il lègue à Odulf sa terre, reproduisant ainsi un don de fief (*Haveloc*, v. 37-38).

112 En effet, malgré l'inertie d'Arthur représentée dans les romans de Chrétien de Troyes, sa cour constitue le principal repère de l'aventure chevaleresque, prouvant le caractère dominant du souverain : les chevaliers agissent en fonction de sa supposée volonté.

113 Elle correspond à la « parabole royale » que nous mettons en lumière en troisième partie, *infra*, p. 453 et *sqq*.

sous le prisme du traité de philosophie politique, l'analyse menée par l'auteur anglo-normand est tout autant une critique en règle du pouvoir « normand » de l'Angleterre[114]. En cela, le contexte politique et historique de la rédaction du *Policraticus*, avec notamment la mention de Thomas Becket en dédicace, confirme la dimension critique, voire polémique de cette œuvre. D'ailleurs, Jean de Salisbury lui-même n'hésite pas à dénoncer aussi les travers de l'homme de cour, qui est administrateur, ambitieux, flatteur et corrompu, qui s'adonne au jeu et aux amusements indécents, ou qui néglige son devoir pour la chasse[115].

Cette critique sociale qui naît un peu partout dans les cours française et anglaise, de Gautier Map à Gervais de Tilbury, associée aux idées novatrices de Jean de Salisbury, révèle en tout cas une volonté de préciser les assises du pouvoir royal, en réalisant l'unité au sein même du royaume. Pourtant, du fief concédé au vassal en échange de ses services, aux guerres, les enjeux du pouvoir médiéval sont majoritairement liés à des questions de territoire. À l'image du *Policraticus*, les réflexions de l'époque se concentrent avant tout sur la spatialisation du pays, qu'il s'agisse de la France ou de l'Angleterre. Dans les textes théoriques, on voit d'ailleurs germer l'idée de l'unification d'un *regnum* morcelé dans et par le concept de *corona*.

Les deux assises du pouvoir royal : regnum *et* corona

Comme nous l'avons introduit, la propriété domaniale est le nerf de l'interaction féodale et de la relation vassalique. Le fief représente la marque concrète de la relation symbolique unissant le simple seigneur à son vassal, comme le roi et les grands vassaux. Avant de décrire les réalités territoriales et géographiques à la période de production de nos textes littéraires, il sera intéressant d'exposer les principales visions du territoire pour les médiévaux. Ce faisant, il s'agira de mieux comprendre comment l'« idéal de royaume » est pensé à cette époque dans les textes théoriques. Ainsi que l'a montré le traité de Jean de Salisbury, il semble qu'au XIIe siècle, l'idée d'un pays uni et unifié sous l'égide d'un roi commence à être formulée. Les nouveaux sens donnés au concept de *regnum*, ainsi que l'introduction de la notion de *corona*, concourent alors à préciser la nécessité de l'unité du royaume, en complexifiant le schéma féodal, et en garantissant un pouvoir royal fort.

---

114 Frédérique Lachaud, *L'Éthique du pouvoir au Moyen Âge*, *op. cit.*, p. 319.
115 *Ibid.*, p. 20.

Au cours de l'époque de notre corpus, la notion de *regnum* se modifie. Peu à peu, le concept de *corona*, plus large, tend à prendre le relai pour désigner l'ensemble du royaume territorial, mais aussi la souveraineté acquise du monarque.

Au XIIe siècle, ainsi que durant le règne de Philippe Auguste, le concept de *regnum*, selon son sens historique, possède une acception assez floue qui ne renvoie qu'aux possessions directes du roi, c'est-à-dire son domaine[116]. Selon cette signification restrictive et uniquement géographique, le *regnum* ne renvoie donc qu'à l'unique principauté royale et correspond à l'Ile-de-France. Si l'on considère le terme de *Francia*, nom alors donné à la France, l'ambiguïté persiste. En effet, le nom recouvre deux réalités différentes : soit on y inclut les territoires germaniques, soit on ne retient que les terres comprises entre le Rhin, la Moselle et la Loire[117]. Cependant, à partir de 1160 et dans certains esprits, une nouvelle conception du *regnum* émerge. Elle correspond à une idée plus large et abstraite de la totalité du royaume pensé comme un territoire composé du domaine propre du roi et des grands fiefs, dont les détenteurs doivent hommage et fidélité au souverain. Ainsi considéré, ce *regnum* ne désigne plus les seuls territoires et droits du roi, mais bien l'ensemble du pays qui lui est soumis :

> Les années 1160 voient de même l'émergence de l'idée abstraite d'un « royaume » (*regnum*) qui n'est plus conçu comme la somme des droits du roi, ni comme la seule principauté royale, mais bien comme la totalité du royaume pensé comme un territoire composé du domaine propre du roi et des grands fiefs, dont les détenteurs doivent hommage et fidélité au roi[118].

Mais si le sens du vocable évolue durant la période considérée, l'ambiguïté persiste selon qu'il réfère à ce qui est directement lié au roi, ou qu'il est pris dans son sens plus large :

116 John Baldwin, *Philippe Auguste et son gouvernement*, *op. cit.*, p. 453. Le critique précise : « Suger, par exemple, n'aborde ce sujet qu'indirectement, mais la *Francia*, lorsqu'il s'y réfère, équivaut pour lui à l'Ile-de-France, et il dit une fois de la Normandie qu'elle est située hors du *regnum*. Rien ne prouve que les premiers Capétiens aient vu autre chose dans leur *regnum* que leur Domaine. », *id.*

117 John Baldwin, *Philippe Auguste et son gouvernement*, *op. cit.*, p. 454.

118 Florian Mazel, *Féodalités, 888-1180*, *op. cit.*, p. 584. Il ajoute par ailleurs : « Ainsi se dessine peu à peu pour la royauté capétienne un nouvel horizon théorique aussi bien temporel que spatial. Celui-ci inscrit la monarchie dans une tradition carolingienne dont l'essor du thème dynastique du "retour à la race de Charlemagne" (*reditus ad stirpem Karoli*) à partir du règne de Philippe Auguste (1180-1223) représentera l'aboutissement logique. », *id.*

> En bref, *regnum* désigne avant tout, dans un glissement incessant, « ce qui est soumis au roi » : du plus étroit (la terre dominée par le roi sans médiation princière) au plus large (l'ensemble des terres et hommes soumis, de près ou de loin, à l'intervention royale), du plus territorial aussi au plus immatériel (la puissance royale). Le brouillage sémantique est accru du fait que *regnum* renvoie à *rex*, mais aussi à *regere*, « gouverner » ; il y a des *regna* de comtes et de vicomtes bien après la prétendue dissociation du royaume[119].

Cette évolution sémantique du terme clé de notre étude révèle une profonde mutation et ambiguïté du système féodal régissant l'ensemble de la société française médiévale. De fait, les spécialistes hésitent constamment entre deux possibilités : considérer l'espace comme un emboîtement de fiefs, ou en fonction de la *persona* royale qui les domine tout en haut, en vertu du schéma féodal :

> Sous la plume de l'abbé de Saint-Denis, Suger, apparaît le concept d'une pyramide féodale établissant sur terre l'équivalent de la « hiérarchie céleste » du pseudo-Denys que Hugues de Saint-Victor commente par ailleurs pour le roi en 1135. Il importe de forger un cadre général qui emboîte et hiérarchise les relations féodales. Reprenant les conceptions carolingiennes vues à travers le système anglo-normand, Suger transpose au royaume tout entier le vocabulaire de la seigneurie. [...] Les puissances, appelées feudataires à partir de 1140, s'intègrent donc à une pyramide féodale régulière, au sommet de laquelle culmine le roi, lui-même dispensé d'hommage en vertu de sa fonction[120].

Quoi qu'il en soit, ces deux visions coexistent. Et c'est même précisément cette dichotomie créatrice d'ambiguïté qui nourrit l'imaginaire littéraire de la notion de royaume.

Pour diminuer l'incertitude inhérente au nom de *regnum*, les théoriciens politiques, notamment ceux attachés au pouvoir royal, inventent au XIIe siècle une nouvelle notion : la *corona* ou « couronne[121] ». Elle apparaît pour la première fois dans des actes de chancellerie en 1147.

---

119 Philippe Contamine, Olivier Guyotjeannin, Régine Le Jan, *Le Moyen Âge, Le roi, l'Église, les grands, le peuple 481-1514*, *op. cit.*, p. 297-298.

120 Franck Collard, *Pouvoirs et culture politique dans la France médiévale V^e-XVe siècle*, Paris, Hachette, 1999, p. 99.

121 C'est en 816 exactement, qu'un roi est oint et couronné pour la première fois. Pour plus de détails sur la couronne, voir Jacques Krynen, *L'Empire du roi, Idées et croyances politiques en France, XIIIe-XVe siècle*, Paris, Gallimard, 1993, p. 125-126.

On distingue en fait deux types de « couronne » à l'époque étudiée[122]. L'une correspond au cercle posé sur la tête du roi[123] lors de son couronnement. L'autre est une entité abstraite, « invisible et immatérielle[124] », distincte de la personne royale, mais symbolisant sa performance[125], son pouvoir au-delà de sa personne physique, et qui lui vient de Dieu, ou de son héritage dynastique[126]. Sans que le prolongement de l'une à l'autre vision soit récurrent au XIIe siècle, la démarcation entre l'objet physique et l'idée abstraite est encore floue et malléable. Le sens symbolique de *corona* bénéficie d'ailleurs d'un fort enrichissement lexical sous le règne de Louis VII en France, notamment sous l'impulsion de Suger :

> Le retour des plus grands vers ces assemblées royales au sein desquelles s'ordonne, autour de la couronne que ceint le roi une hiérarchie terrestre à l'image de la pyramide céleste du traité du Pseudo-Denys, marque le triomphe d'une nouvelle structure politique qui, loin de nier les réseaux de dépendance issus du mouvement dissociateur, s'appuie sur eux et en vient même à les fixer durablement[127].

Selon le contexte et le locuteur, la *corona* peut aussi revêtir un sens géographique et signifier « domaine », ou « pays ». Par extension et avec une valeur politique réelle, elle tend donc à désigner l'ensemble du royaume, ce qui est fortement significatif pour notre problématique. Enfin, le concept, pris dans une plus grande abstraction sémantique, détermine une royauté considérée indépendamment de son titulaire[128]. La *corona* est donc un concept fortement polysémique à la fin du XIIe siècle, dont le sens retenu est parfois difficile à saisir. Malgré son instabilité sémantique, cette notion a pourtant l'intérêt de correspondre à la métaphore idéale du pouvoir prônée par Jean de Salisbury, tout en contribuant à rassembler le royaume et à l'unifier sous l'autorité du roi :

---

122 Les idées de ce paragraphe s'appuient sur l'ouvrage d'Ernst Kantorowicz, *Les Deux Corps du Roi, essai sur la théologie politique au Moyen Âge*, Jean-Philippe Genet, Nicole Genet (trad.), Paris, Gallimard, 1989, p. 243 et *sqq.*

123 La proximité physique de la tête royale fait fortement échos aux théories organistes du *Policraticus.* Patrick Demouy précise : « La couronne symbolise à la fois la réalité féodale qu'est la multiplicité des "joyaux" ornant un cercle et l'unité que forme celui-ci, un cercle parfait [...]. », *Le Sacre du roi*, Paris, Place des victoires, 2016, p. 43.

124 Ernst Kantorowicz, *Les Deux Corps du Roi*, *op. cit.*, p. 244.

125 Patrick Demouy, *Le Sacre du roi*, *op. cit.*, p. 43.

126 Ernst Kantorowicz, *Les Deux Corps du Roi*, *op. cit.*, p. 244.

127 Yves Sassier, *Louis VII*, *op. cit.*, p. 412-413.

128 Dominique Boutet, *Charlemagne et Arthur ou le roi imaginaire*, *op. cit.*, p. 68.

> Distincte de la personne physique du monarque, la couronne est bien désormais perçue, jusque dans les provinces les plus éloignées du royaume, comme une sorte de principe supérieur symbolisant la permanence de la fonction royale, un cercle idéal dont chaque église du royaume serait un *membrum*, dont relèverait aussi, au même titre, chaque fief ou chaque vassal du roi [...][129].

En ce sens précisément, la *corona* suffit à désigner le royaume uni dans et par la personne royale, comme c'est le cas dans la métaphore du corps. À l'image même du royaume, le mot est en expansion. De plus, comme l'explique Ernst Kantorowicz, ces différents sens correspondent davantage au référent de royaume que le mot *regnum* :

> Le mot Couronne servait à éliminer l'aspect purement géographico-territorial du *regnum* et à souligner sans ambiguïté le caractère politique du *regnum*, qui comprenait aussi la valeur affective de la *patria* – [...][130].

Considérant l'ensemble des acceptions du mot *corona*, comme sa pérennité, il semble que les récits bretons transposent sur le mode littéraire ces théories politiques inventées à la fin du XIIe siècle. En effet, ces textes métaphorisent les rêves médiévaux d'unité et d'harmonie royale réalisées par un autre homme que le roi lui-même. Celui-ci, jugé inapte d'entrée, est relayé ou subsumé par ses chevaliers, sans pour autant être évincé.

Pourtant la polysémie de la notion de « couronne » introduit aussi une profonde ambiguïté[131], surtout parce qu'il n'est pas rare que le nom renvoie à l'ensemble des sens admis, accentuant donc son flou lexical. Si cette ambiguïté est la conséquence logique de l'extraordinaire profusion d'idées germant à propos du pouvoir royal et de l'aménagement politique du territoire, elle est surtout le signe du chemin qu'il reste à parcourir dans l'affirmation d'une unité politico-territoriale. Les théories précédemment exposées reflètent des rêves, des envies et une

---

129 Yves Sassier, *Royauté et idéologie au Moyen Âge*, *op. cit.*, p. 310.

130 Ernst Kantorowicz, *Les Deux Corps du Roi*, *op. cit.*, p. 246.

131 Concernant l'ambiguïté sémantique de *corona*, Ernst Kantorowicz ajoute : « [...] Suger, ainsi que les chanoines de Reims, utilisaient de toute évidence le terme "Couronne" comme n'étant pas tout à fait identique à celui de 'royaume', bien que très proche. D'un autre côté, "Couronne" n'était pas non plus tout à fait identique à "roi". [...] En d'autres termes, la "Couronne" était distincte à la fois de *rex* et de *regnum*. C'était quelque chose de différent du roi et du royaume, bien que non séparé d'eux ; et c'était quelque chose qu'avaient en commun roi et royaume, mais qui n'était tout à fait identique ni à l'un ni à l'autre. », dans *Les Deux corps du Roi*, *op. cit.*, p. 246.

vision du monde propres au XIIe siècle. Leur réalisation concrète, réelle et historique sera plus tardive, sous l'égide de Philippe Auguste[132]. En attendant, elles transparaissent dans la littérature.

RÉALITÉS HISTORIQUES ET REFLETS LITTÉRAIRES : ENCHÂSSEMENT DES TERRITOIRES, LIGNAGES FÉODAUX ET CHEVALERIE ROYALE

Si les rêves religieux et les ambitions politiques du XIIe siècle renvoient à un désir d'unité du royaume, la réalité médiévale correspond davantage à un territoire morcelé, hétérogène, nœud de pouvoir d'un système féodal où la hiérarchie prime sur l'harmonie. De fait, la structuration féodale est déterminante pour l'organisation du royaume au Moyen Âge, puisqu'elle détermine à la fois l'organisation de l'espace par l'enchâssement des territoires qu'elle prévoit, et la hiérarchisation des hommes par les relations de vassalité qui engagent la domination de l'aristocratie sur d'autres hommes.

Féodalité et enchâssement des territoires, un risque ?

Depuis l'introduction du système féodal à l'ère carolingienne, il semble que le bénéfice foncier qui sous-tend toute relation vassalique ait conduit à un morcellement du territoire, envisagé non plus comme un tout, mais davantage comme une succession de domaines. Ce phénomène est fort aisé à comprendre : au fur et à mesure que les serments de fidélité ont été prononcés, les fiefs se sont logiquement multipliés, conduisant à une véritable fragmentation du paysage :

> Il a existé, en Europe, entre le Ve et le XVIIIe siècle, un système structuré de représentation de l'espace correspondant aux principales contraintes de fonctionnement du système social et féodal. L'espace n'était pas conçu comme continu et homogène, mais comme *discontinu et hétérogène*, en ce sens qu'il était à chaque endroit *polarisé* (certains points étaient valorisés, sacralisés, par rapport à d'autres perçus – à partir des premiers et en relations avec

132 Florian Mazel explique le décalage historique entre l'émission de théories politiques et leur réalisation : « Une chose est l'affirmation de l'État royal, aux dépens de l'Empire et en vis-à-vis de l'Église, avec pour horizon théorique le royaume. Une autre chose est la formation d'une communauté de royaume, même réduite aux seules élites. La première est en marche dès le règne de Louis VII, même si elle se limite pour l'essentiel au plan conceptuel tant les moyens sont encore modestes. La seconde ne l'est pas encore autour de 1180. », *Féodalités, 888-1180*, *op. cit.*, p. 600.

eux – comme négatifs). Une multitude de processus et marqueurs sociaux était à l'œuvre pour singulariser chaque point et s'opposer à toute possibilité d'équivalence ou de permutation[133].

Dès 843, avec le partage de l'Empire en différents royaumes, une première étape de divisions des terres a été amorcée. Ce premier partage a engendré trois royaumes distincts, bien qu'ils soient toujours tous placés sous domination franque[134]. Elle s'est ensuite poursuivie, de la fin du IXe siècle à la fin du XIe siècle, et de manière inégale selon les régions[135]. Nous l'avons vu, au début du XIIe siècle, le *regnum* royal ne désigne que le domaine propre au roi, en Ile-de-France, à côté d'autres principautés seigneuriales. On dénombre environ dix *regna* du IXe au XIe siècle dans le royaume de France : Aquitaine, Bretagne, Bourgogne, Flandre, *Francia* (au sens restreint), Gascogne, Neustrie, Normandie et Septimanie[136]. L'unité du pays est donc loin d'être évidente. Par voie de conséquence, les seigneurs ne se sentent plus directement inféodés au roi[137] et l'autorité royale s'étiole, à une époque où les princes et seigneurs territoriaux exercent toujours des pouvoirs régaliens[138]. Par ailleurs, le problème de certaines règles, comme l'adage « le vassal de mon vassal n'est pas mon vassal », supprime toute coercition politique et royale :

---

133 Anita Guerreau, « Quelques caractères spécifiques de l'espace féodal européen. », *L'État ou le Roi, les fondations de la modernité monarchique en France (XIVe-XVIIe siècles)*, N. Bulst, Paris, 1996, p. 85 et 87-88.

134 Voir Carlrichard Brühl, *Naissance de deux peuples, « Français » et « Allemands » IXe-XIe siècle*, Gaston Duchet-Suchaux (trad.), Paris, Fayard, 1994, p. 146-147.

135 Pour les étapes précises de cette morcellisation du territoire, voir Jean-François Lemarignier, *La France médiévale, institutions et société*, *op. cit.*, p. 109 et *sqq.*

136 Carlrichard Brühl, *Naissance de deux peuples*, *op. cit.*, p. 149. Claude Gauvard dénombre elle une douzaine de principautés, ce qui ne change rien à l'idée d'une fragmentation du pays. *La France au Moyen Âge du Ve au XVe siècle*, *op. cit.*, p. 166.

137 Le château tend aussi à devenir le centre de pouvoir, ainsi que l'expliquent Philippe Contamine, Olivier Guyotjeannin, Régine Le Jan : « En effet, la multiplication des châteaux a entraîné une redistribution des pouvoirs locaux au profit des seigneurs châtelains. En d'autres termes, le château est devenu un centre de pouvoir. [...] : le droit de fortification était en effet un droit régalien et tout ce qui touchait à la défense relevait de l'autorité publique. », dans *Le Moyen Âge, Le roi, l'Église, les grands, le peuple 481-1514*, *op. cit.*, p. 179.

138 Franck Collard, *Pouvoirs et culture politique dans la France médiévale V^e^-XVe siècle*, *op. cit.*, p. 113. Il ajoute d'ailleurs : « Vers 1080, bien loin de la belle construction hiérarchique carolingienne totalement décomposée, le royaume des Francs de l'Ouest est un agrégat de dominations, d'où le roi émerge péniblement et où les princes territoriaux s'essoufflent à maîtriser leur remuante vassalité », *id.* Voir également Dominique Barthélemy, *Nouvelle histoire des capétiens, 987-1214*, *op. cit.*, p. 34.

> Ce principe, toujours selon l'usage français, s'applique à l'ensemble des rapports féodaux et le roi n'y échappe pas. Il s'ensuit que les « vassaux de ses vassaux ne sont pas ses vassaux » et qu'il n'a pas de prise sur ses arrière-vassaux. Ceci a pour résultat de priver le roi de coercition, et par conséquent d'action, sur la plupart de ceux qui constituent ce que l'on peut appeler le monde féodal, ceux qui encadrent les classes inférieures, les chefs de la société. Somme toute, le principe compromet en partie ce que la notion de hiérarchie féodale, dégagée par Suger, pouvait avoir d'efficient pour la restauration d'un ordre politique royal[139].

Le pouvoir du roi apparaît alors affaibli, de même que la puissance du pays, qu'il s'agisse de la France[140] ou de l'Angleterre. De 987 à 1108, on assiste à un recul croissant du pouvoir royal, malgré les tentatives des différents rois pour augmenter leur pouvoir : les princes territoriaux apparaissent comme de plus en plus éloignés de la cour royale. Ils ne reconnaissent alors au roi que la prééminence du sacre[141]. Et même si le statut de roi n'est jamais contesté, il n'en reste pas moins que l'unité du royaume n'est pas réalisée.

Dans le récit breton, cette problématique territoriale est souvent matérialisée dès la scène d'ouverture. Dans le lai de *Lanval*[142] par exemple, la première scène présente la cérémonie au cours de laquelle le prince récompense ses barons en leur attribuant un fief. Toutefois, l'enjeu territorial n'a que peu de conséquence véritable sur l'action, hormis celle, narrative, de provoquer l'errance du chevalier. Excepté dans le lai d'*Eliduc*, dont la problématique spatiale organise toute l'action par les guerres provoquées[143], les relations unissant les chevaliers au roi sont davantage féodales, que territoriales[144]. Dans la matière de Bretagne, le roi et sa cour apparaissent toujours comme le pôle central organisant les différents déplacements des chevaliers[145].

139 Jean-François Lemarignier, *La France médiévale, institutions et société*, *op. cit.*, p. 257.

140 D'ailleurs, Louis VII n'a pas non plus mené de politique d'expansion territoriale qui aurait pourtant pu freiner le phénomène de morcellement du royaume par l'adjonction de nouvelles terres, voir Yves Sassier, *Louis VII*, *op. cit.*, p. 425.

141 Jean-François Lemarignier, *La France médiévale, institutions et société*, *op. cit.*, p. 159.

142 *Lanval*, v. 11-14.

143 *Eliduc*, v. 89-90 : « Plusurs reis i ot en la tere, / Entre eus eurent estrif e guere. » La rime de « *tere* » avec « *guere* » traduit bien l'enjeu à chaque fois territorial des attaques. Il s'agit bien de faire la « guerre » pour gagner des « terres ».

144 Dominique Boutet, *Charlemagne et Arthur ou le roi imaginaire*, *op. cit.*, p. 163-164.

145 *Ibid.*, p. 164.

Autorité royale et pacification des mœurs aristocratiques

Entre le IXe et le XIe siècle, le système de partage féodal des terres aboutit à une véritable fragmentation du pays qui perd peu à peu de son unité, à mesure que les seigneurs et grands vassaux gagnent en pouvoir. Pour ralentir ce phénomène qui nuit à l'autorité royale, à partir de 1108, Louis VI met en place une série de solutions destinées à renforcer le pouvoir et la domination royale[146]. Cette impulsion sera poursuivie par Louis VII[147], puis par Philippe Auguste[148]. Louis VI s'attache en premier lieu à renforcer son autorité en exigeant d'abord des princes l'hommage et le service[149]. C'est d'ailleurs cette règle qui entérine plus tard le désaccord entre Louis VII et Henri II[150]. En effet, il faut préciser que le roi d'Angleterre était aussi duc de Normandie, et qu'il devait donc l'hommage au roi de France. Or il commence par refuser avant que Louis VII ne l'y contraigne finalement, marquant aussi par là sa supériorité[151]. Quoi qu'il en soit, il est parfaitement admis que le renforcement de cet acte symbolique contribue à redresser le pouvoir du roi français fondé sur la suzeraineté royale, notamment après 1150, période de notre corpus d'étude.

Toujours pour conforter sa puissance, outre l'obligation de l'hommage, le roi s'attache aussi à renforcer les lignages, à la fois familiaux et féodaux. Philippe Contamine, Olivier Guyotjeannin, Régine Le Jan, expliquent le fonctionnement des lignages au sein de la société médiévale :

146 Sur le redressement royal entrepris au XIIe siècle, voir Dominique Barthélemy, *Nouvelle histoire des capétiens, 987-1214*, *op. cit.*, p. 244 ; Olivier Guillot, Yves Sassier, *Pouvoirs et institutions dans la France médiévale, des origines à l'époque féodale*, Paris, Armand Colin, 2011 [1re éd. 2006], tome 1, p. 255.

147 Louis VII rétablit notamment l'habitude de réunir ses barons en grandes assemblées ; voir Yves Sassier, *Louis VII*, *op. cit.*, p. 409-410 : « Car le règne de Louis VII, qui voit le roi rétablir des liens plus étroits avec la haute aristocratie, voit aussi renaître, au cours des années 1140-1150, la grande tradition de ces assemblées royales, sessions particulièrement solennelles de la *cura regis* réunissant autour du monarque l'élite de la noblesse. »

148 Sur le tournant que marque le XIIe siècle dans le renforcement du pouvoir royal, voir Franck Collard, *Pouvoirs et culture politique dans la France médiévale Ve-XVe siècle*, *op. cit.*, p. 95 ; 105 et *sqq.*

149 C'est Louis VI qui en premier lieu exige des princes l'hommage, voir Jean-François Lemarignier, *La France médiévale, institutions et société*, *op. cit.*, p. 159.

150 Au sein de son propre pays, le roi Henri II Plantagenêt entreprend aussi de pacifier les mœurs aristocratiques ; voir à ce sujet, Martin Aurell, *L'Empire des Plantagenêts*, *op. cit.*, p. 81 ; 187.

151 *Ibid.*, p. 160.

> Les relations entre puissants se caractérisent donc par des liens mouvants, qui rattachent les sires entre eux, les sires aux comtes, les princes aux rois. Cependant, les rituels et les codes de la féodalité viennent conforter la hiérarchie « naturelle » de la société féodale. Les cérémonies de l'hommage et de l'investiture du fief sont faites pour rappeler au vassal la supériorité et les droits éminents du seigneur : le vassal agenouillé place ses mains dans les mains de son seigneur avant de lui prêter serment de fidélité sur la Bible ou sur les reliques, ce qui place l'engagement sous le signe de Dieu[152].

Le pouvoir même du prince repose surtout sur les liens de parentés, d'amitiés et de fidélités régionales[153], formant un réseau dense destiné à le protéger de possibles attaques[154].

Outre Manche, Martin Aurell montre qu'une révolte nobiliaire atteint l'empire Plantagenêt entre 1154 et 1224, dévoilant aussi la force du réseau aristocratique anglais :

> Dans l'espace Plantagenêt, la révolte nobiliaire contre le roi est monnaie courante. Ces soulèvements à répétition révèlent l'hostilité de l'aristocratie à une royauté dont les moyens d'actions et de répression ne cessent de grandir[155].

Le récit breton reflète fidèlement la réalité contemporaine[156] des deux côtés de la Manche. Le personnage du vavasseur[157] en effet, très présent chez Chrétien de Troyes, renvoie directement à l'efficacité de ce type

152 Philippe Contamine, Olivier Guyotjeannin, Régine Le Jan, *Le Moyen Âge, Le roi, l'Église, les grands, le peuple 481-1514*, *op. cit.*, p. 189-190.

153 Florian Mazel, *Féodalités, 888-1180*, *op. cit.*, p. 47.

154 Philippe Contamine, Olivier Guyotjeannin, Régine Le Jan expliquent là encore l'enjeu protecteur des lignages : « Dans sa quête permanente de la paix, la société féodale use de multiples liens sociaux pour assurer la sécurité. Les liens de fidélité et de parenté concourent ensemble au développement de forces hiérarchiques qui tendent à se substituer aux structures étatiques ; ils renforcent également les groupements horizontaux qui, depuis l'époque carolingienne au moins, assurent largement la sécurité des individus. », *Le Moyen Âge, Le roi, l'Église, les grands, le peuple 481-1514*, p. 189.

155 Martin Aurell, *L'Empire des Plantagenêts*, *op. cit.*, p. 195.

156 Sur le lignage dans la littérature arthurienne voir : *Lignes et lignages dans la littérature arthurienne*, Christine Ferlampin-Acher, Denis Hüe (dir.), Rennes, PUR, 2007.

157 Sur le personnage du vavasseur, voir Judith L. Kellogg, « Economic and Social Tensions Reflected in the Romance of Chrétien de Troyes », *Romance Philology*, 39, 1985, p. 1-85 ; *Medieval Artistry and Exchange : Economic Institutions, Society and Literary from Old French Narrative*, New York, 1989 ; Erich Köhler, *L'Aventure chevaleresque…*, *op. cit.*, p. 84-90 ; Michel Stanesco, *D'Armes et d'amours. Études de littérature arthurienne*, Orléans, Paradigme, 2002, p. 283 ; Brian Woledge, « Bons vavasseurs et mauvais sénéchaux », *Mélanges Rita Lejeune*, Glembloux, Éditions Duculot, 1969, p. 1263-1277. Voir également Martin Aurell, *La Légende du roi Arthur*, *op. cit.*, p. 334.

de réseau reposant sur la fidélité du vassal à son seigneur. Cette figure secondaire a en effet pour principale fonction d'offrir l'hospitalité au chevalier durant son errance. Les qualités de fidélité, d'hospitalité et d'intégrité font du vavasseur un personnage très positif. Il peut cependant être aussi la victime de dysfonctionnement, comme le père d'Énide, qui apparaît aussi comme un exemple de la noblesse désargentée, mais toujours digne :

> Tant ai esté toz jorz an guerre,
> Tote en ai perdue ma terre,
> Et angagiee, et vandue[158].

À cet égard, le roman reflète fidèlement une réalité sociale du XIIe siècle, puisqu'à l'époque, le vavasseur est généralement un petit seigneur endetté. Malgré son portrait le plus souvent positif, il peut aussi être l'adjuvant plus ou moins consentant de forces noires, comme dans l'épisode de *Pesme Aventure*, dans *Yvain*[159], où le héros est contraint de se battre contre les deux netuns, après avoir profité d'une généreuse hospitalité offerte par le vavasseur. Toutefois, en accueillant Yvain, ce personnage secondaire a aussi permis la rencontre du chevalier avec les deux monstres. Malgré ces différences de caractères – Chrétien brosse avec subtilité différents portraits de ce type, à l'image de la multiplicité permise par la nature humaine –, le vavasseur est bien déterminé par sa fidélité à l'égard du roi, à l'image du système féodal théorique de l'époque.

L'ampleur du réseau féodal s'exprime aussi dans l'importance accordée au lignage familial. Dans les récits de l'auteur champenois, Arthur et les autres rois sont souvent entourés de membres de leur famille. Rappelons que Cligès appartient au lignage direct d'Arthur[160]. Érec est d'emblée présenté par son ascendance royale, puisqu'il est le fils du roi Lac[161]. Gauvain est, quant à lui, le fils du roi Lot[162] et Yvain le fils du roi Urïen[163]. Le lecteur est donc confronté à une duplication des rois et fils de roi, formant un réseau dense autour du roi Arthur. Et si les fils de roi et autres rois

---

158 *Érec*, v. 515-517.
159 *Yvain*, v. 5459 et *sqq.*
160 *Cligès*, v. 2600-2601. Soredamor, la mère de Cligès, est la sœur de Gauvain, lequel est neveu d'Arthur par sa mère.
161 *Érec*, v. 19.
162 *Yvain*, v. 6269.
163 *Ibid.*, v. 2124 ; 3631.

ont eux aussi leur domaine, il s'agit des fiefs du royaume d'Arthur. Par conséquent, nous pouvons considérer le lignage comme un critère définitoire du royaume. D'ailleurs, *Le Chevalier de la Charrette* problématise même cette particularité du schéma féodal en faisant de Méléagant, le fils de Baudemagu, le personnage qui déclenche l'élément perturbateur de l'action, puisqu'il enlève la reine Guenièvre. L'intrigue entière s'organise donc autour des problèmes de lignage. Ce faisant, le roman révèle surtout l'importance accordée par la société au lignage à partir du XIIe siècle, pour renforcer la puissance royale, en confortant les relations au sein du réseau féodal. Il s'agit surtout de centraliser les relations vassaliques en direction de la cour, centre d'impulsion du pouvoir royal. Plus encore, le réseau de parenté tissé dans *Perceval* donne une autre dimension au lignage puisqu'il concourt aussi à la dimension mythique du roman[164] :

> Perceval n'est pas n'importe qui : par sa mère, il est du même sang que le Roi Pêcheur ; celui-ci ne pouvant avoir de descendance, le sauvageon de la forêt galloise est devenu son héritier présomptif. L'épée merveilleuse envoyée par la *sore pucelle* lui est « jugée et destinée » ; ce dont est le signe de son rang exceptionnel. En outre, la pucelle de la forêt est sa cousine, l'ermite son oncle[165].

Cependant, le Roi Pêcheur a bien succédé à son propre père, qui vit toujours reclus comme une manière de mort-vivant avec lui. Le voilà devenu à son tour vieux et impotent et froid, comme dans un éternel hiver. Il n'a en effet pas de descendant susceptible de le remplacer (le guérir, le délivrer de son impotence) et de faire revenir le printemps et la prospérité. Il faut donc élargir le cercle familial et trouver l'héritier dans la parenté plus éloignée. Perceval est de son sang, c'est lui l'élu, lui à laquelle la mystérieuse épée a été destinée pour toujours[166].

Les lais développent aussi l'importance des lignages, notamment dans le lai de l'*Espine*, où il est précisé que le héros est le fils du roi[167]. Le héros Haveloc est aussi le fils du roi qui décède dès le début du lai[168].

---

164 Les idées concernant le réseau de parenté de Perceval doivent beaucoup à Karin Ueltschi qui a eu la gentillesse de m'en faire part.

165 Jean Frappier, « Le cortège du Graal », René Nelly (dir.), *Lumières du Graal*, Paris, Les Cahiers du Sud, 1951, p. 186.

166 Les implications mythiques de ce schéma cosmique seront développées dans la troisième partie de l'étude, *infra*, p. 404.

167 *Espine*, v. 17.

168 *Haveloc*, v. 16-34.

La question de la succession au sein de la lignée est d'ailleurs ce qui permet au héros de récupérer le trône à la fin[169]. La problématique des fils est aussi illustrée dans *Milun*[170] et *Desirré*[171]. Enfin, dans *Guigemar*, si le héros n'appartient pas à un lignage royal, il est tout de même le fils du baron du roi[172] et conserve donc un fort lien avec la royauté.

En outre, au XIIe siècle, une autre stratégie développée par le roi historique pour renforcer son pouvoir consiste à se déplacer de plus en plus à travers le royaume[173]. Cette itinérance de la cour royale est une caractéristique propre au gouvernement Plantagenêt, et plus particulièrement à Henri II. Rappelons qu'il est roi d'Angleterre, mais aussi de Normandie, d'Anjou, d'Aquitaine, ce qui justifie parfaitement qu'il soit un roi itinérant. Durant son règne qui dura trente-quatre ans, il fête Noël en vingt-quatre endroits différents, traverse vingt-huit fois la Manche et deux fois la mer d'Irlande[174]. Qu'il soit critiqué à cause de cela[175] ou au contraire adulé, Henri II multiplie donc les voyages afin de contrer la révolte nobiliaire qui va croissante. À ce titre, les premiers récits bretons, et notamment *Le Roman de Brut* de Wace, en matérialisant les nombreux déplacements d'Arthur reflètent davantage les méthodes de gouvernement des Plantagenêts. Par la suite, les premiers romans de Chrétien de Troyes reproduisent l'itinérance royale. Les nombreux toponymes – Cama(a)lot, Carlïon, Logres – associés à la cour arthurienne, de même que le déplacement d'Arthur à la fontaine de Barenton, dans *Yvain*, le montrent bien[176]. Il semble que *Le Chevalier de la Charrette* et *Le Conte du Graal* tendent à réduire les expéditions royales. La cour y apparaît davantage comme un repère immobile, davantage une force centrifuge[177] d'une chevalerie qui est alors en charge de l'action royale hors de son domaine. De fait, dans ces romans, l'action belligérante du roi est transférée aux chevaliers-héros, comme autant de prolongement

169 *Ibid.*, v. 842-914.

170 *Milun*, v. 317 ; 451 ; 504.

171 *Desirré*, v. 507.

172 *Guigemar*, v. 29.

173 Voir Léonard Dauphant, *Le Royaume des quatre rivières, L'espace politique français (1380-1515)*, Seyssel, Champ Vallon, 2012, p. 302.

174 Martin Aurell, *L'Empire des Plantagenêts*, *op. cit.*, p. 37.

175 Martin Aurell précise qu'Henri II est critiqué et comparé au cortège de la *Mesnie Hellequin* par le clerc Pierre de Blois, *ibid.*, p. 35-36.

176 *Yvain*, v. 2172 et *sqq.*

177 Danièle James-Raoul, *Chrétien de Troyes, la griffe d'un style*, *op. cit.*, p. 273-274.

de la volonté royale dans tout le royaume. En ce sens, le récit breton du XIIe siècle idéalise l'essor de la classe chevaleresque.

Une chevalerie royale

Dès la période 1060-1100, une des méthodes du souverain pour asseoir son commandement consiste en une véritable mutation chevaleresque des vassaux dans la zone d'interaction royale[178] :

> Les chartes et les chroniques comportent tout à coup, après 1060, des mentions d'adoubement chevaleresque. Elles disent du moins que tel jeune seigneur fut « fait chevalier » ou « ceint de l'épée de chevalier ». Dans les dossiers de l'an mil, cela n'apparaissait pas[179].

La cérémonie de l'adoubement constitue la marque symbolique de l'essor de cette classe sociale, comme son lien à la royauté. En littérature, comme en réalité, les nombreuses illustrations de cette cérémonie sont à la mesure de ses implications politiques. En effet, outre son implication religieuse[180], l'adoubement permet aussi au nouveau chevalier de revendiquer un héritage :

> L'innovation n'est pas vraiment dans le rite de remise d'armes, à peine décrit du reste avant le milieu du XIIe siècle, elle est dans sa portée. Il proclame la majorité de l'héritier noble et l'habilite à hériter et à revendiquer son honneur et héritage dont il se dit spolié. [...]
>
> Son adoubement habilite un jeune homme à régir la seigneurie ancestrale[181].

Néanmoins, malgré le pouvoir politique que confère l'adoubement à la caste chevaleresque directement reliée au pouvoir royal, elle ne s'oppose pas au système féodal. Au contraire, elle se surimpose et la complète, ainsi que le montrent les écrits d'Orderic Vital :

> Ce qui apparaît avec netteté, et pas seulement dans la très riche *Histoire ecclésiastique* d'Orderic Vital, c'est la mise en place d'un véritable réseau de

---

178 Dominique Barthélemy, *Nouvelle histoire des capétiens, 987-1214*, *op. cit.*, p. 224. Sur les enjeux historiques de l'adoubement, voir *ibid.*, p. 224-232 ; voir aussi Olivier Guillot et Yves Sassier, *Pouvoirs et institutions dans la France médiévale...*, *op. cit.*, p. 199.

179 Dominique Barthélemy, *Nouvelle histoire des capétiens, 987-1214*, *op. cit.*, p. 224.

180 Rappelons qu'au XIIe siècle, l'adoubemement et le rôle des chevaliers sont largement repris par l'Église. Cette caractéristique n'étant pas directement liée à notre propos, nous ne la développons pas.

181 Dominique Barthélemy, *Nouvelle histoire des capétiens, 987-1214*, *op. cit.*, p. 226.

> relations entre les chevaliers de diverses provinces, allant de l'une à l'autre des grandes cours, des armées et des maisonnées princières, royales, baronniales aussi. Une sociabilité proprement chevaleresque s'y dessine autour de l'an 1100, sans oblitérer l'interaction vassalique traditionnelle mais plutôt en s'y surimposant, en interférant parfois avec elle[182].

Bien que la chevalerie au XIIe siècle ne soit pas encore stable, les relations même de la noblesse avec la chevalerie permettent de comprendre la mise à l'honneur de cette caste dans la littérature de cette époque :

> Au XIIe siècle, aussi bien à la cour royale que dans les plus modestes maisons fortes de la chevalerie, la littérature est un divertissement aristocratique. Elle est même un élément important de la distinction de la noblesse sur les autres catégories sociales[183].

L'essor de la chevalerie est d'ailleurs dû à la logique propre au XIIe siècle de surenchère et de complexification du modèle féodal :

> Le fond de ce que l'on peut appeler la mutation chevaleresque réside moins dans une civilisation des mœurs que dans une certaine sophistication, et surtout dans l'éclosion d'un style nouveau de relation entre gens de bonne compagnie, très ludique, privilégiant la séduction[184].

Or plus qu'un simple miroir historique de cette sophistication, le récit breton fait l'éloge du nouvel ordre chevaleresque qu'il idéalise. En effet, l'une des principales caractéristiques de la matière de Bretagne consiste en l'errance chevaleresque[185], comme point de départ et nœud de l'intrigue. Les chevaliers sont les héros des aventures qui y sont contées, allant même, dans les romans de Chrétien de Troyes, jusqu'à remplacer le roi dans son itinérance ou dans certaines tâches[186]. Le rite d'entrée en chevalerie peut même faire l'objet de descriptions précises,

182 *Ibid.*, p. 228.

183 Martin Aurell, *La Légende du roi Arthur*, *op. cit.*, p. 172.

184 Dominique Barthélemy, *Nouvelle histoire des capétiens, 987-1214*, *op. cit.*, p. 232.

185 Cette caractéristique générique du roman arthurien a été mise en lumière à plusieurs occasions, depuis notamment l'étude d'Erich Köhler, *L'Aventure chevaleresque…*, *op. cit.*

186 Catalina Gîrbea a décrit ce processus de transfert momentané du pouvoir royal vers le chevalier-héros : « Le roi ne combat donc pas, il ne s'implique pas de manière directe dans les conflits qu'il est appelé à résoudre. Par contre, il délègue à ses chevaliers les tâches qu'il ne peut accomplir lui-même. », *La Couronne ou l'auréole…*, *op. cit.*, p. 412 ; voir aussi p. 83.

notamment dans *Érec et Énide*. Juste avant de couronner les héros[187], Arthur adoube non moins de quatre cents chevaliers[188]. Dans les récits centrés sur le parcours d'un personnage, comme c'est le cas dans *Le Conte du Graal*, ce type de scène métaphorise aussi l'entrée dans l'âge adulte[189]. Le chevalier ainsi formé a acquis la maturité nécessaire pour se conformer aux règles morales prônées par l'éthique chevaleresque : il a changé de vêtements à la manière de Perceval.

Il semble donc que toutes les conditions soient réunies au XIIe siècle pour aboutir à un schéma féodal stable, or les différends royaux et aristocratiques persistent. Nous pouvons attribuer ce décalage entre les idées théoriques ou les solutions proposées par la littérature d'une part, et la réalité d'autre part, aux querelles qui opposent notamment les rois français et anglo-normand durant le XIIe siècle.

LES DEUX DOMAINES ARTHURIENS : MÉTAPHORE LITTÉRAIRE D'UN XIIe SIÈCLE DE CONFLITS

Malgré une volonté de renforcer le pouvoir et l'autorité royale, Henri II et Louis VII ne sont pas parvenus à réaliser l'unité dans leur pays, car ils étaient trop occupés à gérer les oppositions entre leurs deux royaumes. La dualité même des domaines du chronotope arthurien pourrait refléter ces rivalités opposant l'Angleterre à la France[190]. Plus encore, cette dichotomie structurante du récit breton métaphoriserait les nombreux conflits au cœur des préoccupations du XIIe siècle : les oppositions politico-royales d'une part, mais aussi les conflits religieux d'une société écartelée entre une réalité terrestre féodale divisée et un idéal religieux d'unité et d'harmonie.

---

187 *Érec*, v. 6725 et *sqq.*

188 *Ibid.*, v. 6653-6654.

189 *Perceval*, v. 1624-1652, où l'adoubement du héros marque son entrée en chevalerie.

190 Nous centrons nos analyses spécifiquements sur ces deux territoires du fait des rapports étroits de Chrétien, comme de Marie de France avec la France et l'Angleterre. Sans prétendre que les textes reflètent fidèlement la réalité contemporaine de ces deux pays, nous pensons toutefois que leur prise en compte peut nourrir notre analyse littéraire. Nous sommes conscients que les auteurs de notre corpus, comme la chrétienté connaissaient bien d'autres rois.

Rivalités royales et mondes opposés

Louis VII et Henri II doivent d'abord résoudre leurs antagonismes territoriaux et politiques. De fait, ainsi que nous l'avons précédemment remarqué concernant l'hommage qu'Henri II devait rendre à Louis VII, les relations entre les deux rois sont ambiguës, conséquence une fois encore de l'organisation féodale du territoire et de ses dérives.

De fait, si Henri II est roi d'Angleterre, depuis septembre 1151, la mort prématurée de son père l'a aussi mis à la tête de l'Anjou, du Maine et de la Normandie[191]. Par conséquent, il est aussi inféodé au roi français, à qui il prête hommage, symbole de la reconnaissance de la domination du souverain français. Malgré les ambitions d'expansion territoriale du jeune Plantagenêt, les oppositions entre les deux rois sont davantage personnelles et liées à la religion, avant d'être politiques. En effet, l'affaire du divorce d'Aliénor d'Aquitaine avec Louis VII, ainsi que ses conséquences politiques, ont fortement accentué des querelles déjà présentes, ainsi que les différends entre les royaumes de France et d'Angleterre. Aliénor d'Aquitaine fut d'abord l'épouse du roi français, avant d'en divorcer et de se marier à son rival, Henri II Plantagenêt. Il est d'ailleurs nécessaire de préciser ici que le deuxième mariage eut seulement lieu huit semaines après le divorce entre Aliénor et Louis VII. Outre la blessure d'orgueil supposée du roi français, cet épisode eut surtout de considérables répercussions politiques, fondamentales pour l'étude des conflits entre les royaumes français et anglais au XIIe siècle. En se mariant avec le roi anglo-normand, Aliénor lui apporte aussi l'Aquitaine, ce qui complexifie d'autant plus les rapports entre les deux royaumes, puisque si l'Aquitaine est désormais sous l'égide anglaise, elle reste aussi un fief français. C'est pourquoi, dans les semaines qui suivent le remariage d'Aliénor avec Henri II, Louis VII élabore un plan d'attaque contre la Normandie[192]. Ce divorce a par conséquent engendré deux mondes opposés, gouvernés par deux rois qui s'affrontent.

En outre, sans revenir sur le détail de l'affaire Becket, il est clair que le parti pris de Louis VII pour l'ennemi du roi anglo-normand, puis le meurtre de l'archevêque de Cantorbery par des alliés du clan

191 Martin Aurell, *L'Empire des Plantagenêts*, *op. cit.*, p. 25.
192 Yves Sassier, *Louis VII*, *op. cit.*, p. 239.

Plantagenêt, alors que ce dernier avait été placé sous protection du roi français, a renforcé une rivalité naissante[193].

À notre sens, le récit breton pourrait métaphoriser ces questions royales en les transposant sur le mode spatial dans la construction de deux royaumes antagonistes. Sans présumer que les romans refléteraient fidèlement ces problématiques politiques, ce qui n'est pas le rôle de la littérature, nous pouvons toutefois émettre l'hypothèse que ces événements ont pu nourrir les questionnements soulevés par les textes à l'étude. Chrétien de Troyes et Marie de France, par leur relation avec les deux cours de France et d'Angleterre étaient familiers de cet univers duel. Leurs écrits conservent la trace de cette vision du monde particulière et contextuelle. La dualité entre un espace d'origine – le domaine courtois selon notre terminologie –, et un ailleurs imaginaire – le domaine merveilleux –, pourrait évoquer ces réalités contemporaines. Citons aussi la double rivalité, à la fois spatiale – entre Logres et Gorre –, et royale – entre Arthur et Baudemagu, dans *Le Chevalier de la Charrette*.

Les domaines arthuriens et la métaphore du conflit

La dichotomie spatiale arthurienne métaphoriserait spécifiquement la multiplicité des discordances animant le XIIe siècle :

> Ce qui frappe en premier lieu, c'est le développement, sur un fond de vieilles légendes épiques, d'une littérature en langue romane (poèmes épiques, romans courtois) dont les thèmes expriment les valeurs, les tensions et l'imaginaire de ce monde guerrier gravitant autour des châteaux ou formant l'entourage des grands princes. On y prend la mesure de la force et des limites des liens de vassalité, du rôle essentiel joué par la structure parentélaire et de la relative faiblesse d'un pouvoir royal qui n'arrive guère à contrôler une féodalité turbulente. Mais on y prend aussi la mesure du plusieurs siècles d'influence de cette vision théologique du politique imposée par les clercs[194].

Outre les risques externes de guerre, les royaumes de France et d'Angleterre doivent aussi faire face à des tensions religieuses[195]. Et de fait, l'affaire Becket (1164-1170) affaiblit considérablement le gouvernement

193 *Ibid.*, p. 240.

194 Yves Sassier, *Royauté et idéologie au Moyen Âge*, *op. cit.*, p. 258-259.

195 Voir Jean-François Lemarignier, *La France médiévale, institutions et société*, *op. cit.*, p. 190 et *sqq.*

d'Henri II Plantagenêt. Son assassinat en 1170 correspond d'ailleurs au moment culminant d'une forte tension entre le roi d'Angleterre et l'Église[196]. Les relations avec la religion de Louis VII ne sont pas plus faciles, malgré ce que la légende du roi dévot a longtemps laissé à penser. En effet, malgré sa grande ferveur, le souverain français a un temps été excommunié en 1143, après une mauvaise manœuvre politique destinée à soutenir son cousin Raoul de Vermandois dans un conflit matrimonial qui l'opposait au comte Thibaud de Champagne. Au cours de cette guerre, ses soldats ont en effet incendié une église dans laquelle s'était réfugiée une partie des habitants de la ville de Vitry-en-Perthois alors attaquée[197].

L'époque est donc marquée par de grandes tensions au sujet des prérogatives royales et religieuses. L'ensemble de la société est par ailleurs tiraillé entre les prescriptions religieuses de réaliser l'unité et l'harmonie de la Cité céleste sur terre, et la réalité d'une Cité terrestre divisée, instable et dominée par les tensions.

Toutes ces dualités sont bien métaphorisées dans le royaume arthurien. Elles concernent surtout de près ou de loin le même personnage nodal médiéval : le roi. Nous émettons ici l'hypothèse que l'ambivalence du royaume[198] découlerait de l'ambiguïté essentielle de cette référence royale.

Ainsi donc, la dualité du royaume arthurien mise en lumière lors de l'étude lexicale correspond au monde duel et contradictoire contemporain de son élaboration. Le XIIe siècle est en effet marqué par de profondes tensions entres les aspirations à la paix et une réalité divergente, puisque, même si l'organisation féodale correspond à un ordre certain, elle apparaît tout de même divisée sur le plan territorial.

Le dénominateur commun de ces crises politiques et sociales touchant la conception du royaume est la figure royale. Par conséquent, la nature profondément ambiguë de son statut sacré fera l'objet du deuxième temps de l'étude des leçons de l'histoire.

---

196 Martin Aurell, *L'Empire des Plantagenêts*, *op. cit.*, p. 240.

197 Michel Pastoureau, *Le Roi tué par un cochon*, *op. cit.*, p. 124. Louis VII est excommunié jusqu'en 1146.

198 Le royaume historique, comme son image littéraire.

ENTRE CIEL ET TERRE
Les ambiguïtés historiques, littéraires et imaginaires du roi sacré[199]

Historiquement, comme dans les textes littéraires, il existe une véritable unité du royaume autour de la figure du roi, malgré la dislocation politique précédemment mise en lumière. Les idéaux religieux comme la hiérarchie féodale sont effet garantis par le roi, c'est pourquoi nous nous tournons vers l'analyse de son statut ambivalent.

L'étude menée précisera d'abord le statut sacré et ambigu du roi au XIIe siècle, avant d'en analyser son image problématique au sein du corpus étudié, reflet des craintes de l'élite aristocratique face au redressement royal opéré à cette époque.

UN ROI SACRÉ

Le roi médiéval, aussi bien dans la sphère historique, que dans la littérature, est responsable de l'organisation du royaume, de la vie publique et politique. Il est aussi sacré par le fort lien qu'il entretient avec la vie céleste, c'est-à-dire avec la religion et les instances qui la représentent. Ainsi chargé d'effectuer sur terre la volonté de Dieu auprès des hommes, le roi représente le relai entre les aspirations divines et sacrées d'une part et leurs réalisations profanes et terrestres d'autre part.

Dans la littérature arthurienne, si Arthur n'a vraisemblablement jamais existé[200], son portrait dans les textes à l'étude reflète les prérogatives attribuées au monarque au XIIe siècle, ainsi que cet extrait d'*Érec et Énide* le figure :

> Je sui rois, si ne doit mantir,
> Ne vilenie consantir,
> Ne fauseté ne desmesure ;

---

199 Les idées présentées dans cette sous-partie ont fait l'objet d'une communication présentée au XXVe congrès arthurien en juillet 2017.

200 Martin Aurell, *La Légende du roi Arthur*, *op. cit.*, p. 35 ; voir aussi p. 133 où l'auteur montre que dès l'*Historia regum britanniae* de Geoffroi de Monmouth, Arthur agit comme un roi du XIIe siècle, conquérant toujours plus de terres pour étendre son empire.

> Reison doi garder et droiture,
> Qu'il apartient a leal roi
> Que il doit maintenir la loi,
> Verite, et foi, et justise[201].

Le roi doit d'abord être sincère, et ne pas mentir. Il doit aussi veiller à garder l'ordre au sein du royaume et garantir la justice. Ces devoirs royaux font ici l'objet d'une description fort détaillée et nous poussent ainsi à les envisager de manière plus précise.

Devoirs terrestres et politiques du roi et leur interprétation littéraire

Au XIIe siècle, il est admis que le roi assume en premier lieu des fonctions matérielles de gestion du territoire, mais surtout de protection de son royaume et de ses sujets. Si Patrick Demouy discerne trois types de fonctions royales : juridico-sacrée, guerrière et de prospérité[202], la fonction guerrière est de loin la plus importante :

> Au XIIe siècle, la valorisation idéologique de la chevalerie introduit dans le sacre une forme d'adoubement faisant du roi le chevalier par excellence, avec l'idéal éthique d'être le défenseur des veuves et des orphelins, de réprimer les vols, de châtier les adultères, de protéger les églises, de défendre avec courage et justice la patrie contre les ennemis[203].

Le premier rôle assigné au souverain est donc avant tout défensif. Cette fonction guerrière prend une tournure plus protectrice sous le règne de Louis VII :

> Protection des églises et protection du royaume, paix de Dieu et paix du roi tendent alors à se confondre, tandis que chemine l'idée, qui guidera l'action de Louis VII, selon laquelle toute atteinte au droit des églises et des pauvres constitue une *injuria coronae regni*, une atteinte à la couronne et à la dignité royale[204].

Par conséquent, à partir de Louis VII, la capacité du roi à faire régner l'ordre devient capitale :

---

201 *Érec*, v. 1757-1763.

202 Patrick Demouy, *Le Sacre du roi*, *op. cit.*, p. 13.

203 *Ibid.*, p. 14.

204 Yves Sassier, *Royauté et idéologie au Moyen Âge*, *op. cit.*, p. 305.

> Le XIIe siècle est le temps du retour de l'idée d'ordre, mais un ordre spécifiquement terrestre et humain. L'ordre seigneurial n'a pas été supprimé, il a été intégré à un ordre féodal lui-même mieux contrôlé par les princes. Parmi eux, le roi fait meilleure figure sans toutefois parvenir encore à s'imposer[205].

Le roi doit donc régler son royaume afin de lui garantir une paix durable, en accord aussi avec les recommandations religieuses précédemment présentées. D'ailleurs, cette fonction pacificatrice découle directement de son statut sacré :

> Le roi est d'abord le garant, « par la grâce de Dieu », de la justice et de la paix, c'est-à-dire de la protection de l'Église et de l'harmonie sociale, dans la perspective de la fin des temps[206].

En outre, la *leauté*, l'*honor*, la *coustume*, et la *richesse*[207], ou encore la *largesce*, font aussi partie des qualités exigées du roi. Elles renvoient directement à son statut de premier suzerain et de garant de l'équilibre féodal.

Dans la littérature, ces devoirs féodaux sont transposés dans l'idéal moral courtois auquel le souverain doit se conformer[208]. Pourtant, dans les premiers récits arthuriens, *l'Historia Regum Britanniae* de Geoffroi de Monmouth et le *Roman de Brut* de Wace, le roi est d'abord un chevalier, un *primus inter pares*, c'est-à-dire « un guerrier comme les autres, pour qui la vaillance au combat et l'honneur personnels sont des traits essentiels[209] ». Sa première mission est bien militaire puisqu'il se doit d'assurer la défense de son territoire face aux envahisseurs.

Néanmoins, la fonction offensive du roi n'apparaît que rarement dans les récits étudiés. Seul le lai d'*Eliduc* met en scène les diverses guerres royales qui font du roi un belligérant avide de nouveaux territoires. Dès le début, il est question de la guerre que mènent de nombreux rois et à qui le héros propose son aide après avoir été contraint de quitter

205 Franck Collard, *Pouvoirs et culture politique dans la France médiévale V^e^-XVe siècle, op. cit.*, p. 127. Voir aussi à ce sujet, Catalina Gîrbea, *La Couronne ou l'auréole…*, *op. cit.*, p. 409 ; Dominique Boutet, *Charlemagne et Arthur ou le roi imaginaire*, *op. cit.*, p. 343.

206 Florian Mazel, *Féodalité, 888-1180*, *op. cit.*, p. 86-87.

207 *Haveloc*, v. 12 : « L'aventure d'un riche roi », c'est nous qui soulignons.

208 Dominique Boutet, *Charlemagne et Arthur ou le roi imaginaire*, *op. cit.*, p. 203.

209 Catalina Gîrbea, *La Couronne ou l'auréole…*, *op. cit.*, p. 400.

ses contrées[210]. Excepté cet exemple, la fiction ne développe que peu la fonction offensive du roi.

Au contraire, dans le corpus, le roi doit avant tout faire régner l'ordre dans son royaume. À ce titre, le récit breton reproduit bien l'infléchissement de la mission guerrière du roi vers une fonction plus défensive, en vertu d'un idéal de paix. C'est bien le rôle que le souverain assume lorsqu'il rétablit la sérénité dans *Melïon*, ou dans la deuxième partie du lai de *Bisclavret*. Dans ce lai, le héros éponyme révèle à sa femme qu'il est un loup-garou ainsi que la cachette de ses vêtements qui lui permettent de retrouver forme humaine. Mais cette dernière prend peur et le trahit, de sorte qu'il est pris au piège dans son statut de créature maléfique. La venue du roi dans la forêt où le Bisclavret séjourne, marque le retour à l'ordre, puisque le héros profite de la chasse royale pour l'implorer. Notons d'ailleurs que du fait de son impossibilité à parler, il s'exprime autrement, en se ruant littéralement sur le souverain. Il se met alors à lui baiser la jambe et le pied. Alors que quiconque aurait pris peur et n'aurait pas compris l'origine humaine de la créature, le roi s'émerveille et comprend immédiatement ce qu'il nomme un « prodige ». Dans cette scène, le roi est seul apte à comprendre le langage du loup-garou, ce qui suppose de la part du monarque des dons surnaturels, que nous développerons ci-après. Assumant son rôle protecteur, il décide ensuite rapidement de l'aider, introduisant aussi la résolution du lai. À la fin du récit, le souverain délivre le loup du piège dans lequel il se trouve en lui donnant des vêtements. Le roi apparaît par conséquent comme celui qui redonne de l'humanité à notre héros, en lui accordant l'intimité de sa propre chambre. À ce titre, le fait que le Bisclavret redevienne homme sur le lit même du roi est signe de la proximité existant entre le loup-garou et le souverain, en tant que ce dernier incarne le passage entre animal et homme, entre nature et politique[211], mais aussi et surtout, entre nature et surnature.

D'autre part, la notion d'ordre peut aussi renvoyer à la hiérarchisation féodale. À une époque où la structure vassalique organisait toute la société, le monarque était d'abord considéré comme le premier

210 *Eliduc*, v. 89-90 : « Plusurs reis i ot en la tere, / Entre eus eurent estrif e guere. » La rime de *tere* avec *guere* traduit bien l'enjeu à chaque fois territorial des attaques. Il s'agit bien de faire la « guerre » pour gagner des « terres ».

211 Giorgio Agamben, *Homo sacer. Le pouvoir souverain et la vie nue*, Paris, Éditions du Seuil, 1995.

suzerain[212]. À ce titre, la structure narrative d'ensemble du lai d'*Eliduc* repose sur cette relation particulière liant le héros à son seigneur. De fait, le héros n'agit qu'en fonction de l'exigence de fidélité envers le roi, alors érigée en idéal. Rappelons que les deux principaux devoirs féodaux sont l'*auxilium* qui consiste en l'aide que le suzerain peut requérir de son vassal, et le *consilium*[213], qui désigne le conseil sur lequel il doit s'appuyer[214]. Ici, l'*auxilium* qu'Eliduc doit à son roi détermine ses actions, et cela même si ce dernier a été totalement injuste au début du lai, en contraignant le héros à partir du royaume. Ainsi, alors qu'il s'est exilé et a trouvé l'amour et le bien-être ailleurs, le roi le rappelle à son service, au nom du serment de fidélité qui les lie :

> Ses sires l'ot enveié quere
> Treis messages fors de la tere :
> Mut ert grevez e damagiez
> E encumbrez e empeiriez ;
> Tuz ses chasteus alot perdant
> E tute sa tere guastant.
> [...]
> E sumuneit e conjurot,
> Par l'alïance qu'il li fist
> Quant il l'umage de lui prist,
> Que s'en venist pur lui aidier[215].

Les noms *alïance*, *umage*, et *aidier*, renvoient bien au lien vassalique, ainsi qu'à l'engagement dû par le héros au roi. D'ailleurs, Eliduc n'hésite pas un seul instant et part sur le champ aider son seigneur[216]. Le serment de fidélité prime donc sur l'amitié et sur les autres liens. Il définit l'ensemble des relations qui unissent le roi et ses sujets. La littérature exprime donc bien un idéal de société.

---

212 Catalina Gîrbea, *La Couronne ou l'auréole...*, *op. cit.*, p. 391.

213 Sur l'introduction d'un véritable *concilium* royal à l'époque de Louis VII, voir Yves Sassier, *Louis VII*, *op. cit.*, p. 420.

214 Pour plus de détails sur ces deux notions clefs de la féodalité, voir Amaury Chauou, *L'idéologie Plantagenêt...*, *op. cit.*, p. 127 : « Parmi les relations ayant valeur d'obligations féodales qui régissent les rapports entre le roi et ses vassaux dans la société du XIIe siècle, le *consilium* est la plus importante. Le roi, dans la représentation féodale du bon gouvernement, "doit gouverner en son conseil", comme le dit l'adage, et pour cela s'appuyer sur le second ordre, soutien traditionnel de la monarchie. » ; voir aussi p. 130-131.

215 *Eliduc*, v. 551-556 ; 566-569.

216 *Ibid.*, v. 594-595.

Toutefois, le statut de suzerain propre au roi est quelque peu ambigu et surtout complexe, car conditionné par le couronnement et le sacre. D'une part, la remise de la couronne revêt une portée des plus symboliques : elle signifie alors l'*onor* du royaume, que le roi acquiert en même temps le statut de premier suzerain, de premier des hommes. D'autre part, le roi est roi car il est couronné, mais c'est particulièrement le sacre qui marque symboliquement le statut de médiateur du roi entre la cité terrestre et la cité céleste. Dominique Boutet explique l'enjeu religieux et spirituel attaché au sacre, plus qu'au couronnement :

> Arthur, qui par ailleurs n'est rien dans la hiérarchie féodale, ne saurait être suzerain avant d'être *fait* souverain par le sacre. La couronne, symbole de la souveraineté, est aussi le fondement de la suzeraineté suprême dans la mesure où un « *onor* », le royaume, lui est attaché. Sans le sacre, le roi n'est rien dans la hiérarchie féodale : celui-ci apparaît donc comme la pièce maîtresse, y compris dans un domaine auquel la sacralisation pouvait paraître parfaitement étrangère[217].

Paradoxalement donc, le sacre, cette cérémonie des plus symboliques, puisqu'elle est en lien avec la dimension religieuse et sacrée de la société, est ce qui donne au roi le statut de « premier » suzerain, et lui accorde par conséquent une importance capitale sur le plan « terrestre[218] ». Par le sacre, le roi apparaît bien comme un *pontifex* sacré. Parvenu à ce stade de notre étude, il semble nécessaire de revenir sur les enjeux de cette cérémonie à la fois religieuse et royale.

Un pontifex *sacré*

La souveraineté du roi médiéval est avant tout conditionnée par la cérémonie du sacre, au cours de laquelle le roi reçoit l'onction[219] et est couronné[220]. Ces deux actes des plus symboliques[221] signifient que

217 Dominique Boutet, *Charlemagne et Arthur ou le roi imaginaire*, *op. cit.*, p. 61.
218 Le roi Arthur lui-même est un roi-souverain avant d'être un roi-suzerain, voir Amaury Chauou, *L'idéologie Plantagenêt…*, *op. cit.*, p. 154-155.
219 Sur l'origine religieuse de l'onction, voir Yves Sassier, *Louis VII*, *op. cit.*, p. 128.
220 Sur le processus complet de la cérémonie du sacre royal, voir Patrick Demouy, *Le Sacre du roi*, *op. cit.*, p. 150.
221 Dominique Boutet, *Charlemagne et Arthur ou le roi imaginaire*, *op. cit.*, p. 70.

le roi détient son pouvoir de Dieu[222], qu'il a la charge de représenter sur terre :

> Investi de cette puissance surnaturelle, le roi est désormais l'intermédiaire sacré entre Dieu et son peuple. Par lui, par son corps oint passe la protection divine, l'inspiration divine. Il est le trait d'union entre Dieu et son peuple et jusqu'à sa mort il garantit à son royaume et à son peuple les secours divins, non seulement pour sa sauvegarde ici-bas mais surtout pour son salut dans l'au-delà[223].

De ce fait, le sacre[224] a aussi pour fonction de légitimer le pouvoir du monarque[225], qu'il rend incontestable car provenant directement de Dieu. D'ailleurs, on dit alors que le roi a été couronné « par la grâce de Dieu[226] », formule médiévale courante visant à rappeler que le monarque ne dépend d'aucune autorité terrestre. Michel Pastoureau apporte quelques précisions concernant la conception du sacre au Moyen Âge :

> Pour les théologiens médiévaux, le sacre n'est pas à proprement parler un sacrement mais plutôt un « mystère », c'est-à-dire une transformation opérée par la grâce de Dieu. [...] Sur terre, il est le représentant de Dieu – et non du pape – et doit accomplir différentes missions : défendre la foi et assurer le Salut de ses sujets, maintenir la paix dans son royaume, protéger l'Église et le peuple chrétien, être juste et faire respecter la justice[227].

Depuis son apparition dans les textes littéraires dans *l'Historia regum Britanniae*, Arthur est un roi sacré en vertu de cette cérémonie symbolique :

> 143. Après la mort d'Utherpendragon, les nobles de Bretagne venus de différentes provinces se rassemblèrent dans la cité de Silchester et suggérèrent

222 Amaury Chauou précise l'insistance sur la mission divine dans l'exercice du pouvoir, qu'il soit religieux ou politique dans *L'idéologie Plantagenêt...*, *op. cit.*, p. 145-146.

223 Jacques Le Goff, *Textes sacrés et culture profane : de la révélation à la création*, Mélanie Adda (éd.), Berne, Peter Lang, 2010, p. 20 ; voir aussi Catalina Gîrbea, *La Couronne ou l'auréole...*, *op. cit.*, p. 395.

224 Sur la sacralisation de la monarchie française, voir Amaury Chauou, *L'idéologie Plantagenêt...*, *op. cit.*, p. 17-18.

225 Sur la légitimation du pouvoir royal par le rite de l'onction, voir Florian Mazel, *Féodalités, 888-1180*, *op. cit.*, p. 86-87 ; 129.

226 Philippe Contamine, Olivier Guyotjeannin, Régine Le Jan, *Le Moyen Âge, Le roi, l'Église, les grands, le peuple 481-1514*, *op. cit.*, p. 370.

227 Michel Pastoureau, *Le Roi tué par un cochon*, *op. cit.*, p. 315.

> à Dubrice, archevêque de la Ville-des-Légions, de sacrer le roi Arthur, fils d'Uther[228].

La description de la cérémonie du couronnement d'Arthur à Caerléon, le jour de la Pentecôte, après ses premières victoires en Gaule, apparaît d'ailleurs comme le point culminant de son règne, comme de l'œuvre :

> 157. [...] les archevêques furent conduits au palais pour couronner le roi du diadème royal. [...] Le roi, en tenue d'apparat, se rendit en grande pompe à l'église métropolitaine. Deux archevêques l'encadraient à sa droite et à sa gauche. [...][229]

La précision de la scène qui prend la forme d'une hypotypose, comme l'ampleur même du passage, qui se poursuit bien encore après l'exemple cité, confirment l'importance à la fois narrative et symbolique du sacre du roi Arthur.

Outre la fonction sacrée que confère l'onction, le pouvoir politique, comme la vision du roi sont aussi déterminés par la théorie des deux Corps[230]. Même si, à l'époque considérée, nous ne sommes qu'au tout début de cette conception de la royauté[231], celle-ci innerve les textes à l'étude, qui sont par conséquent en avance sur leur temps. Selon cette théorie, on pose que le roi a deux Corps : d'une part, un Corps naturel et mortel d'abord, d'autre part, un Corps politique et immortel[232]. Bien que ces deux entités soient réunies en la personne du roi, le Corps politique dépasse et subsume la finitude de la condition mortelle du Corps naturel :

> Les Deux Corps du Roi forment ainsi une unité indivisible, chacun étant entièrement contenu dans l'autre. Cependant, il ne peut y avoir aucun doute quant à la supériorité du Corps politique sur le Corps naturel : [...]. Non seulement le Corps politique est plus ample et plus grand que le Corps naturel, mais certaines forces réellement mystérieuses y résident, qui diminuent ou même suppriment les imperfections de la fragile nature humaine[233].

---

228 Geoffroi de Monmouth, *Histoire des rois de Bretagne*, Laurence Mathey-Maille (trad.), Paris, Les Belles Lettres, 1992, p. 203.
229 *Ibid.*, p. 221.
230 Ernst Kantorowicz, *Les Deux Corps du Roi*, *op. cit.* Les idées de ce paragraphe s'appuient beaucoup sur cet ouvrage.
231 *Ibid.*, p. 53 ; 247.
232 *Ibid.*, p. 21-22.
233 *Ibid.*, p. 23.

Cette conception plus abstraite du souverain participe aussi de la définition plus imaginaire surnaturelle du souverain, puisqu'il est alors entendu que celui-ci ne meurt jamais[234]. On a aussi utilisé le terme d'*Absconditio*[235] pour expliquer et résumer la nécessité qu'un roi ne peut pas mourir. Un roi se régénère toujours, soit en guérissant de sa maladie ou ses blessures[236], soit en étant remplacé par un descendant, qui est une manière de variante de lui-même. D'ailleurs, c'est bien parce qu'Arthur n'est pas mort, qu'il peut revenir d'un texte à un autre, au fil des siècles. Rappelons d'ailleurs que selon la légende, à la fin de sa vie, Arthur est emmené par Morgue sur l'île d'Avalon, où il panse ses plaies en attendant son retour :

> Geoffroi a ajouté un dernier élément à la sacralisation d'Arthur : sa retraite dans l'île d'Avalon. Ce départ énigmatique procède de la mythologie païenne et nullement de la conception de la théologie chrétienne sur l'Au-delà. Au cours de la bataille contre Mordred sur la rivière Camlan, « Arthur est blessé à mort et porté sur l'île d'Avalon pour y être guéri » (§ 178)[237]

Cet ajout de Geoffroi de Monmouth permet justement au roi Arthur d'atteindre une dimension atemporelle et mythique. En effet, l'île d'Avalon figure un ailleurs, un « autre » royaume d'Arthur, dominé par l'imaginaire et la merveille. C'est sans doute ce que figure de manière métaphorique cette idée de la dormition du roi et plus particulièrement cette image insolite des blessures du roi Arthur se rouvrant cycliquement, comme le rapporte dans un célèbre texte, Gervais de Tilbury, autour de l'an 1200[238], comme si la survie était liée à une effusion de sang, gage et garantie tout à la fois de son inaltérable humanité.

234 *Ibid.*, p. 230.

235 François Delpech, « Le Chevalier-Fantôme et le Maure reconnaissant, remarques sur la légende de Muño Sancho de Finojosa », Philippe Walter (dir.), *Le mythe de la Chasse sauvage dans l'Europe médiévale*, Champion, 1997, p. 115.

236 Dans la *Queste*, l'idée de l'achèvement des aventures coïncide avec la guérison du Roi Méhaigniez (*cil qui metra a fin les aventures de la Grande Bretaigne, et par cui li Rois Mehaigniez recevra garison* (p. 10, li 15-16).

237 Martin Aurell, *La Légende du roi Arthur*, *op. cit.*, p. 141.

238 Gervais de Tilbury, *Otia imperalia* (III, n° 58), éd. G. W. Leibniz, *Scriptores rerum Brunsvicensium*, I, Hanovre, 1707, p. 987 et *sqq.* ; repris dans *Otia Imperialia, Recreation for an Emperor*, S. E. Banks, J. W. Binns (éd.), Oxford University Press, Clarendon Press, 2002. Annie Duchesne (trad.), *Le Livre des Merveilles*, Les Belles Lettres, 1992, p. 151-152. Voir également Karin Ueltschi, *La Mesnie Hellequin…*, *op. cit.*, note p. 60 et *sqq.*

À l'époque considérée, la principale conséquence de cette conception de la figure du roi réside dans la consolidation du pouvoir en place, car celui-ci transcende la seule personne royale. Cette idée est d'ailleurs vite prolongée par la conception de la *corona*, dont nous avons montré tout le potentiel politique et unificateur pour le royaume. Ainsi, c'est bien la réunion de ces deux « Corps » en la personne du roi qui fonde son statut sacré aux yeux de la société[239]. Par conséquent, au Moyen Âge, le roi est considéré comme un personnage sacré au sens où il représente la « [...] médiation entre la société et l'ordre du monde, [le] point de contact entre le surnaturel et le monde des hommes[240] ». C'est bien pour cette raison que depuis le règne de Robert le Pieux (996-1031)[241], le second des Capétiens, on lui attribue alors des pouvoirs surnaturels, comme celui de soigner les écrouelles[242], nom donné à la forme de tuberculose qui provoque des fistules purulentes au niveau du cou. On pense en effet que le toucher royal sur ces plaies est guérisseur, d'où le qualifiant de « thaumaturge » dès lors attribué aux rois, et qui renvoie à leur pouvoir miraculeux. Le roi se « guérit » d'ailleurs lui-même d'abord en ressuscitant pour ainsi dire, puis « applique » cette force à son entourage. Depuis l'ouvrage fondateur de Marc Bloch[243], cette faculté guérisseuse est bien connue et participe de la définition sacrée du souverain. À cet égard, il est remarquable que cette propriété surnaturelle du roi ne soit introduite qu'en France et en Angleterre[244], dont nous avons par ailleurs relevé les liens conflictuels qui opposent ces deux pays. Il semble que sur le plan de l'imaginaire, ainsi que la production de la matière de Bretagne le montre, les deux pays aient enfin trouvé à s'entendre. D'ailleurs Philippe Walter voit en la figure de saint Marcoul, connu pour diffuser le miracle royal, le lien littéraire entre la faculté royale et la guérison du roi *mehaignié* du *Conte du Graal* :

---

239 Ernst Kantorowicz, *Les Deux Corps du Roi*, *op. cit.*, p. 53.

240 Dominique Boutet, *Charlemagne et Arthur ou le roi imaginaire*, *op. cit.*, p. 14 ; sur le statut de médiateur du souverain, voir aussi Ernst Kantorowicz, *Les Deux Corps du Roi*, *op. cit.*, p. 80.

241 Carlrichard Brühl précise : « Le pouvoir thaumaturgique du Capétien est attesté en premier lieu pour Robert II, mais exclusivement *ad personam* et pour la guérison de blessures en général. », *Naissance de deux peuples*, *op. cit.*, p. 48-49.

242 Marc Bloch, *Les Rois thaumaturges...*, *op. cit.*, p. 246.

243 *Ibid.*

244 *Ibid.*, p. 146.

> De fait, l'intérêt du culte de saint Marcoul est considérable. Ce saint est lié au miracle royal. Selon une tradition à la fois historique et populaire, les rois de France bénéficiaient d'une sorte de grâce singulière : celle de guérir les écrouelles par une vertu que leur aurait transmise le saint abbé de Corbény. [...] Toutefois, les continuateurs, et principalement les prosateurs ne manqueront pas de citer le nom de Corbenyc parce qu'ils établissent, à partir du *Conte du Graal*, une relation directe entre la guérison du roi infirme et le mal royal guéri par saint Marcoul de Corbény[245].

Le lai d'*Haveloc* développe aussi les caractéristiques surnaturelles du héros comme preuves de son origine royale. Rappelons qu'après la défaite du roi Gunter, tué par Hodulf, son fils Haveloc est contraint de s'exiler hors du royaume[246] alors qu'il n'est qu'un enfant. Afin de ne pas être reconnu, il change même de nom et troque Haveloc contre Cuaran. Une fois adulte, son ascendance royale a été totalement oubliée. Pourtant, ce personnage possède des attributs et pouvoirs surnaturels. En effet, chaque nuit lorsqu'il dort, une flamme sort de sa bouche :

> Totes les houres q'il dormoit
> Une flambe de lui issoit.
> Par la bouche li venoit fors,
> Si grant chalur avoir el cors.
> La flambe rendoit tiel odour,
> Onc ne sentit nul home meillour[247].

La magie de l'événement est d'ailleurs redoublée par l'odeur exquise que la flamme dégage et dont le narrateur signale le caractère exceptionnel de prédestination par l'expression superlative : « Onc ne sentit nul home meillour ». Outre ce pouvoir surnaturel, le roi est aussi reconnaissable grâce à un cor magique, qui ne sonne qu'en présence du digne héritier du Danemark, ainsi que l'explique le prologue du lai :

> Cil avoit le corn a garder,
> Que nuls homs ne pout soner,
> Si dreit heir ne fust del lignage
> Sur les Danois par heritage[248].

245 Philippe Walter, *Perceval, le pêcheur et le Graal*, *op. cit.*, p. 91 ; 93 ; voir aussi p. 88-93.
246 *Haveloc*, v. 91.
247 *Ibid.*, v. 71-76.
248 *Ibid.*, v. 47-50.

Le lignage, signifié par « *dreit heir* », fonde l'origine royale du héros. C'est d'ailleurs grâce à ces deux qualités surnaturelles, propres au souverain légitime, que le héros est reconnu et couronné roi, confirmant aussi le caractère merveilleux attribué au prince. Ce sera la marque identitaire de reconnaissance. En effet, à la fin du lai, lorsqu'il retourne dans son pays, ses sujets reconnaissent la marque royale lorsqu'il dort. Afin de confirmer son appartenance à la lignée majestueuse, il est alors soumis à l'épreuve du cor, qu'il réussit avec succès, confirmant bien son ascendance royale, comme sa légitimité à gouverner[249]. De ce fait, Haveloc acquiert le droit de régner sur les sujets et les biens terrestres. Profane et sacré sont ainsi inextricablement liés à la fonction royale au Moyen Âge, l'un fondant l'autre. Le souverain détient un rôle singulier et même ambigu, puisque figure sacrée mais aussi profane par la société primitive qui l'accueille, il :

> [...] n'est pas seulement un personnage à caractère politique, le chef d'une communauté dont il a la charge et à qui s'imposent des devoirs que des théoriciens s'efforcent de préciser et d'affiner. Il est aussi, aux yeux de son peuple, un être à part, que son sang distingue et qui entretient, de ce fait ou de par sa fonction, des relations étroites avec le surnaturel[250].

Sphère historique et sphère littéraire concordent sur ce point : le roi est donc un véritable *pontifex* sacré en ce qu'il fait le lien entre le monde et l'au-delà. Détenant son pouvoir de Dieu, ainsi que la cérémonie du sacre le symbolise, il acquiert la légitimité pour équilibrer et faire régner l'ordre dans son royaume. Par sa médiation, le monde est harmonisé[251]. Il est par conséquent en charge d'assurer l'équilibre entre la volonté divine et les aspirations humaines, mais ce rôle est impossible lorsqu'il est dominé et emporté par ses propres passions, comme les récits étudiés le dessinent.

---

249 *Ibid.*, v. 881-884 ; 903-906.

250 Dominique Boutet, *Charlemagne et Arthur ou le roi imaginaire*, *op. cit.*, p. 211.

251 Catalina Gîrbea précise : « Appelé à combattre le chaos, le souverain maintient la cohérence du monde en imposant la loi, à qui il doit se soumettre lui-même, puisqu'elle est une norme faite pour les hommes, mais qui lui vient de Dieu. », *La Couronne ou l'auréole...*, *op. cit.*, p. 416.

LA DÉCHÉANCE SACRÉE DU ROI DANS LA MATIÈRE DE BRETAGNE

Le roi de la matière de Bretagne n'est pas à la hauteur de l'idéal royal et sacré conçu à l'époque. La littérature transpose ici les limites de la condition humaine de cette figure. Le péché du roi amène particulièrement la *terre gaste*, motif universel qu'on trouve dès l'Ancien Testament :

> Du temps de David, il y eut une famine qui dura trois ans. David chercha la face de l'Éternel ; et l'Éternel dit : c'est à cause de Saül et de sa maison sanguinaire[252].

Dans les romans de Chrétien de Troyes, le devoir primordial du roi, à savoir maintenir l'ordre et la paix au sein de son royaume, va de pair avec une inertie inéluctable[253], cause de l'élément perturbateur de l'intrigue comme de la déchéance de son monde. Dans *Le Chevalier de la Charrette*[254], un chevalier vient défier le roi à Pâques pour lui dire qu'il détient un grand nombre de chevaliers et de dames lui appartenant. Mais le roi ne répond rien à cette offense, si ce n'est qu'il doit s'en accommoder[255]. De même, dans *Le Conte du Graal*, bien qu'il soit rudement affligé à cause de l'affront du chevalier vermeil qui vient de renverser une coupe de vin sur la reine, il reste totalement passif et immobile, si bien qu'il faut que le cheval de Perceval le bouscule pour le tirer de sa mélancolique songerie[256]. Enfin, dans le prologue d'*Yvain*, il va jusqu'à s'endormir après un repas festif, et cela en présence même de ses chevaliers[257]. Outre Arthur, le roi *maheigniés*[258], implicitement responsable du caractère *gaste* de son domaine[259], redouble le péché du roi. Ainsi dépeints, les rois dessinés par l'auteur champenois ne correspondent donc pas à l'idéal sacré exigé par la société médiévale. Plus encore, l'ensemble du corpus a en commun une structure narrative fondée sur une faute

252 Ancien Testament, 2 Samuel 21, 1-2.

253 Philippe Walter précise toutefois qu' : « [i]l est indubitable que, dans un état antérieur à celui que les textes français ont conservé, Arthur jouait un rôle véritablement central dans le folklore épique breton. », *Arthur, l'ours et le roi*, *op. cit.*, p. 53.

254 *Lancelot*, v. 51 et *sqq.*

255 *Ibid.*, v. 61-63.

256 *Perceval*, v. 908 et *sqq.*

257 *Yvain*, v. 52.

258 *Perceval*, v. 3510.

259 *Ibid.*, v. 3497-3587.

royale[260], présentée comme le principal élément perturbateur de la paix du royaume et de ses sujets. Plusieurs types de péchés du roi sont représentés, allant de la simple inertie à la véritable cruauté, en passant par des amours coupables. Le lai de *Lanval* présente le manquement du roi à son devoir de *largesce*, c'est-à-dire à l'octroi de fiefs en récompense à ses vassaux, puisqu'il oublie son chevalier le plus loyal, ce qui provoque le départ de ce dernier et la mise en route de son aventure. En outre, le souverain peut être soumis à des pulsions bassement humaines, comme dans *Equitan*, où le roi est présenté comme un amoureux transi, plutôt que comme la figure garante de l'ordre, de la politique et de la volonté de Dieu sur terre. La fin du récit, qui tourne à la farce cruelle, achève de le ridiculiser, puisque le roi est ébouillanté dans le chaudron qu'il avait préparé pour évincer son rival. Les sentiments qu'il éprouve, à l'instar de la convoitise d'Equitan, peuvent donc rappeler le souverain à sa condition humaine. Cette fin fonctionne donc comme une figuration de la peine qui attend les luxurieux dans les récits des peines d'enfer, en même temps qu'elle purge le royaume de ce qui le rendait malade : c'est en effet le souverain lui-même qui était la maladie de ses terres.

Dans *Les Deus Amanz*, l'amour exclusif du roi pour sa fille[261] provoque même la mort de cette dernière. Afin d'éviter que sa fille ne le quitte, le souverain pose une condition à son mariage : il faut que l'aspirant escalade une gigantesque montagne. Tous les prétendants échouent jusqu'au jour où la demoiselle tombe amoureuse d'un jeune garçon qui relève le défi mais meurt d'épuisement à l'arrivée. De douleur la jeune fille meurt aussi, confirmant la première responsabilité du roi dans cette catastrophe. Par ailleurs, l'attachement du souverain à la reine peut le conduire à un défaut de jugement, ainsi qu'à des conséquences désastreuses pour le royaume. Dans ce cas, l'inconstance provient d'abord de cette figure féminine. Nombreux sont les récits à développer ce *topos* de l'inconduite de l'épouse du roi, à commencer par l'amour de Lancelot et Guenièvre dans *Le Chevalier de la Charrette*. Dans *Graelent* et *Guingamor*, la reine est tentée par l'adultère puisqu'elle essaie de séduire un des chevaliers du roi. Néanmoins, à chaque fois, le héros refuse ses avances, provoquant ainsi son courroux, ainsi que la colère du roi qui sera manipulé par son

260 Cette particularité narrative du récit breton sera analysée durant la deuxième partie de notre étude, *infra*, p. 307 et *sqq*.

261 *Les Deus Amanz*, v. 23-30.

épouse[262]. Par conséquent, les transgressions de cette figure féminine entraînent la faiblesse royale et par là même le déclin de la souveraineté.

À titre d'exemple, nous développerons plus particulièrement le péché du roi dans *Eliduc*, où son manque de discernement est à l'origine du départ du héros hors de son pays. Dès le début, le prince préfère prêter foi aux calomnies circulant sur le chevalier. Il le chasse de sa cour sans explication :

> E empeiriez e encusez,
> Que de la curt le cungea
> Sanz ceo qu'il ne l'areisuna.
> [...]
> Mes li reis ne li respundi[263].

La faute royale prend la forme d'une injustice, doublée d'une profonde ingratitude, puisque le lai insiste sur l'aide précédemment apportée par Eliduc au souverain[264]. Le roi se montre même presque cruel en ne prêtant aucune attention aux justifications du chevalier, ainsi que le souligne son silence : « Mes li reis ne li respundi ». Eliduc décide alors de quitter le pays et se met au service d'un autre roi qui endure de nombreuses attaques contre son domaine. Le chevalier n'hésite pas un seul instant et orchestre la défense de ce territoire, qu'il parvient à délivrer des griffes des ennemis. Cette prouesse fournit l'occasion au narrateur de rappeler toute l'indignité du comportement du premier roi. Il la compare à la satisfaction éprouvée par le second roi au service duquel Eliduc s'est mis :

> Aprés cel fet que jeo vus di,
> Mut l'ama li reis e cheri[265].

La gratitude du second souverain, renforcée par l'intensif *mut* fait écho à la première ingratitude du seigneur d'Eliduc, dont la tournure négative renforçait l'injustice du silence. Cette mise en parallèle révèle toute la gravité du péché royal. D'ailleurs, les conséquences de cette inconduite ne tardent pas, puisque le premier domaine est totalement

262 On reconnaît là le motif celtique Putiphar, que nous développons plus loin, *infra*, p. 434.
263 *Eliduc*, v. 44-46 ; 52.
264 *Ibid.*, v. 32-36.
265 *Ibid.*, v. 265-266.

dévasté, ce qui conduit le suzerain à requérir l'aide, l'*auxilium* de son vassal et à rappeler Eliduc auprès de lui. Il l'avait pourtant expulsé dans un premier temps.

Par conséquent, la faute royale, qu'elle concerne l'amour, l'injustice, ou le manque de générosité est toujours du côté de l'humain, de l'immanence donc et non de la transcendance. Le roi déçoit et par là même, déchoit. Il est alors rabaissé du côté du monde terrestre et ne mérite plus son statut de médiateur sacré. De fait, alors qu'il est censé être aussi dessus des hommes, puisque point de contact entre le monde terrestre et le monde divin, ce défaut rappelle le roi à sa condition humaine, et par conséquent le désacralise, tout en déséquilibrant l'ensemble du royaume. Une des explications possibles à ce déclin de la royauté arthurienne résiderait en la figure mythique d'Arthur, qui a été conçu en péché et en tromperie. De fait, rappelons que sa conception résulte d'une action merveilleuse, presque démoniaque. Selon la légende, Uterpendragon, alors amoureux d'Ygrene, l'épouse du duc de Tintagel aurait passé un pacte avec Merlin afin que ce dernier lui permette de revêtir l'apparence du duc pendant une nuit, au cours de laquelle le mythique Arthur aurait été engendré[266]. D'ailleurs, dans *Haveloc*, Arthur est bien un roi pécheur, à l'origine de l'effondrement du royaume[267] :

> En icel tens qe Arthur regna,
> Vers Danemarche mer passa ;
> La terre vout souzmettre a soi
> Et le treü aver del roi[268].

Le verbe *souzmettre* est éclairant à plus d'un titre : il nous permet d'aborder la raison de la déchéance et de la désacralisation de la figure arthurienne, et par extension royale. De fait, alors que le roi, par son statut sacré, est déjà censé se trouver par nature au-dessus des hommes, il cherche toute de même à les soumettre, c'est-à-dire à les placer sous lui. Sa déchéance est par conséquent de son fait et révèle son incapacité à assumer sa légitimité sacrée. En attaquant Gunter et ses hommes, Arthur a provoqué leur perte et la destruction du royaume initial du héros.

---

266 Philippe Walter, *Arthur, l'ours et le roi*, *op. cit.*, p. 103.

267 Le caractère offensif que le lai donne à Arthur correspond davantage au personnage de Geoffroi de Monmouth, puis repris par Wace, qu'à celui dessiné par Chrétien de Troyes dans ses romans.

268 *Haveloc*, v. 27-30. C'est nous qui soulignons.

En somme, l'attention portée au personnage du souverain dans ces extraits révèle la profonde ambiguïté du roi dans le corpus d'étude : « union du ciel et de la terre », à la fois médiation sacrée et premier des nobles, homme parmi les hommes[269], la déchéance le guette à tout instant, menaçant en même temps tout l'équilibre du royaume, ce qui est aussi un grand danger pour sa communauté[270].

RESSEMBLANCES LITTÉRAIRES ET MÉTAPHORISATION DES PEURS ARISTOCRATIQUES

Le statut profondément ambigu du roi Arthur – à la fois principal repère de l'action, mais aussi extrêmement passif – nous pousse à envisager sa ressemblance potentielle avec le monarque Louis VII, lui-même connu pour être peu apprécié de ses contemporains. Nous envisagerons ensuite la possibilité d'une critique royale implicite, avant de revenir sur les peurs aristocratiques métaphorisées dans cette dépréciation du souverain.

Arthur, image de Louis VII ?

Excepté chez Wace et Geoffroi de Monmouth, les récits du corpus ne dessinent pas un Arthur conquérant. Nulle part, il n'y apparaît comme un personnage de premier plan[271]. Chez Chrétien en particulier, il semble en proie à une profonde inertie. En effet, nous avons vu dans la sous-partie précédente que dans *Le Chevalier de la Charrette*, il laisse emporter Guenièvre sans bouger d'un pouce[272], dans *Le Conte du Graal*, il demeure aussi totalement passif durant l'affront que lui cause le chevalier qui renverse du vin[273], et dans *Le Chevalier au Lion*, il va jusqu'à s'endormir en pleine cour plénière[274]. Le portrait ainsi

269 Dominique Boutet, *Charlemagne et Arthur ou le roi imaginaire*, *op. cit.*, p. 604 ; voir aussi p. 611-612 : « Ce roi de l'imaginaire est en effet union du ciel et de la terre, union des contraires – […] –, à la fois lui-même, avec ses faiblesses et ses contradictions, en tant que personne, et le Tout en tant que fonction, symbole de l'unité profonde du monde – de l'homme, de la nature, du divin –, à la fois, pour reprendre un schéma quelque peu galvaudé, Identité et Différence. Il permet à chacun de transcender sa condition matérielle, *hic et nunc*, et de contempler l'Un à travers les mythes et les rituels. »

270 *Ibid.*, p. 406.

271 Philippe Walter, *Arthur, l'ours et le roi*, *op. cit.*, p. 10.

272 *Lancelot*, v. 51 et *sqq.*

273 *Perceval*, v. 908 et *sqq.*

274 *Yvain*, v. 52.

dressé est tellement négatif, qu'il pourrait renvoyer aux soubassements mythiques de cette figure, particulièrement son origine démoniaque, mais il pourrait aussi exprimer une critique plus ou moins implicite du pouvoir royal que côtoie Chrétien, c'est-à-dire celui de Louis VII. D'ailleurs, le gouvernement, ainsi que la personne même du souverain français sont très critiqués de son vivant. L'insistance sur la faiblesse d'Arthur pourrait d'abord évoquer la chasteté supposée de Louis VII, dont l'échec amoureux est fortement commenté, dès le début de son règne. Si la cause officielle de son divorce avec Aliénor d'Aquitaine est l'existence d'un trop fort degré de parenté entre les deux époux, opportunément découvert à ce moment précis, l'abstinence supposée du roi dévot, moine « couronné[275] », ne réussissant pas à concevoir un héritier mâle[276], serait la raison cachée de cette demande d'Aliénor[277]. Louis VII est profondément humilié et affaibli politiquement par cet épisode indigne de la dignité royale attendue. À ce titre, l'adultère de la reine Guenièvre avec Lancelot, dont Chrétien se plaît à dépeindre les ébats avec force détails, pourrait nous faire penser à la réalité contemporaine et scabreuse de l'humiliation royale – même si Aliénor n'a pas été jusqu'à l'adultère –, montrant une fois de plus la liberté de la littérature, qui s'inspire d'épisodes historiques et les réaménage dans un but avant tout poétique. Quoi qu'il en soit, Arthur, roi trompé et passif, nous rappelle la faiblesse de Louis VII. Selon cette hypothèse, la déloyauté d'Aliénor pourrait être représentée par celle de Guenièvre, quand le charmeur Lancelot renverrait à l'entreprise destructrice d'Henri II.

Outre l'opprobre causé par son divorce, Louis VII est critiqué dans les premiers temps de son règne pour être un piètre chef de guerre, un politique médiocre[278]. Cette absence d'initiative politique serait transposée dans l'organisation narrative des récits bretons à l'étude[279]. Partout, ce n'est pas le roi qui défend son royaume, mais ses chevaliers à qui il délègue son devoir de défense et de protection de son pays.

275 Yves Sassier, *Louis VII*, *op. cit.*, p. 142.

276 Dans les premiers temps du mariage en Louis VII et Aliénor, celle-ci désespérait de tomber enceinte. Elle s'était confiée à ce sujet à Bernard de Clairvaux. Il faudra d'ailleurs attendre huit ans pour qu'une petite fille ne voie le jour, la future Marie de Champagne, ce qui étonne fortement la cour et l'entourage royal ; voir à ce sujet, Yves Sassier, *ibid.*, p. 129-130 ; Michel Pastoureau, *Le Roi tué par un cochon*, *op. cit.*, p. 122.

277 Yves Sassier, *Louis VII*, *op. cit.*, p. 230.

278 *Ibid.*, p. 333.

279 Excepté chez Wace et Geoffroi de Monmouth, ainsi que nous l'avons remarqué.

Le corpus présente un roi littéraire passif, à l'image du roi historique, jugé trop en retrait[280] par ses contemporains. Les causes alléguées à ce manquement au devoir royal attendu s'expliqueraient par une tare du lignage[281], perceptible à la fois dans la réalité historique, comme dans les récits étudiés. Rappelons en effet que Louis VII n'était pas destiné à régner[282]. Si son aîné n'était pas mort accidentellement, en revenant de la chasse dans un accident impliquant un cochon, le futur Louis VII serait rentré dans les ordres. Ainsi, une carrière ecclésiastique lui était promise, avant que le sort n'en décide autrement, faisant de lui l'unique héritier de Louis VI. De ce fait, le jeune Louis n'avait pas reçu la préparation du digne héritier royal, ce qui explique les erreurs politiques et religieuses qu'il commet lors de son accession au pouvoir[283]. Affectant considérablement le cours prévu de l'histoire, puisque privant le royaume de son roi légitime, l'accident était aussi indigne de la royauté. En effet, l'héritier au trône royal fut tué par un cochon, animal connu pour sa saleté. À partir de là, cette mort insultante et déchéante fut considérée comme une tare au sein de la lignée royale. On attribua alors tous les échecs supposés de Louis VII à cette destinée tragique ayant mis un frein au cours logique de l'histoire royale française. Michel Pastoureau résume bien la vision péjorative du règne de Louis VII :

> Son très long règne (1137-1180) est marqué par une suite de désordres et de désastres : piété excessive du souverain, tragique incendie de l'église de Vitry-en-Perthois, échec de la deuxième croisade conduite par le roi lui-même, difficulté pour avoir un héritier mâle, divorce d'avec la reine Aliénor, remariage de celle-ci avec le futur roi d'Angleterre, guerres stériles du roi de France contre ce dernier. Assurément, du point de vue politique et dynastique, le règne interminable de Louis VII est un des plus malheureux de l'histoire de France[284].

280 Dominique Boutet, *Charlemagne et Arthur ou le roi imaginaire*, *op. cit.*, p. 537.

281 L'importance du lignage royal est ainsi résumée par Michel Pastoureau : « À l'époque féodale, un roi, un prince, un seigneur est rarement considéré isolément, mais presque toujours par rapport à la lignée à laquelle il appartient. Ses actes, quelque personnel qu'ils soient, concernent tous ceux qui sont de sa parenté, de son sang. Cela vaut pour le bien comme pour le mal ; les louanges comme les châtiments ont une portée collective. », dans *Le Roi tué par un cochon*, *op. cit.*, p. 71.

282 Sur cet accident tragique ayant infléchi le cours de la royauté au XIIe siècle, voir Michel Pastoureau, *Le Roi tué par un cochon*, *op. cit.*, p. 85 et *sqq.*

283 Michel Pastoureau, *Le Roi tué par un cochon*, *op. cit.*, p. 123 ; 124.

284 *Ibid.*, p. 12.

La vision péjorative attachée à Louis VII a longtemps marqué certains esprits, entretenue qui plus est par la pensée d'un roi trop religieux pour être efficace politiquement[285]. Cette tare du lignage est aussi présente au sein de l'imaginaire arthurien dans l'empreinte diabolique attachée à la conception d'Arthur[286]. Historiquement, si ce n'est pas la naissance de Louis VII qui est souillée, c'est davantage son accession au trône qui représente le péché. À cet égard, les premières années de son règne, des erreurs politiques, en passant par l'excommunication[287], ou encore le divorce aux conséquences politiques désastreuses, confirment que ce roi n'aurait pas dû avoir en charge le destin de la France. Dans le corpus étudié, Arthur, dont le portrait péjoratif pointe partout l'inertie ou le péché, nous rappelle celui de Louis VII, peu apprécié de certains de ses contemporains. Pourtant, malgré ce portrait dépréciatif, il n'est pas évident que le corpus mette en place une critique en règle de la royauté, même implicite.

Peurs aristocratiques face à un renforcement du pouvoir royal

Malgré son inertie caractéristique, Arthur n'en reste pas moins le principal repère de l'aventure chevaleresque, le pivot autour duquel l'ensemble du royaume et sa communauté s'organisent :

> Par contraste avec Charlemagne, le roi des Bretons conserve une prépondérance certaine de son entourage, y compris aux heures les plus sombres de son humiliation par ses ennemis ou de son chagrin, narrés par le *Le Chevalier de la charrette* et par le *Conte du Graal*. Chrétien respecte, en effet, les hiérarchies et il exclut toute égalité entre le roi et les chevaliers de la Table Ronde[288].

En effet, dans le récit breton, le roi est toujours à l'origine de l'aventure – que ce soit de manière positive ou négative. Nous avons déjà évoqué son action déterminante pour la destinée du héros dans *Haveloc*. Chez Chrétien, Arthur porte la responsabilité de l'aventure chevaleresque,

285 Yves Sassier résume la vision du roi au XIIe siècle : « Durant sa vie, on s'était parfois moqué de ce prince aux mœurs trop pures, trop compatissant et trop doux de tempérament, si manifestement égaré dans un "métier" exigeant cynisme et ruse. [...] Cette simplicité et ce majestueux mépris du faste et des vanités du monde, Louis VII a entendu les conserver jusqu'au-delà de la mort. », dans *Louis VII*, *op. cit.*, p. 471.

286 Catalina Gîrbea, *La Couronne ou l'auréole...*, *op. cit.*, p. 167.

287 Michel Pastoureau, *Le Roi tué par un cochon*, *op. cit.*, p. 124.

288 Martin Aurell, *La Légende du roi Arhur*, *op. cit.*, p. 319.

comme de l'action toute entière. Dans *Érec et Énide*, il donne indirectement l'impulsion de l'intrigue puisqu'il remet au goût du jour l'ancienne coutume du Blanc Cerf, au cours de laquelle le héros rencontre sa future épouse. Dans *Le Chevalier de la Charrette*, sa cour, comme repère spatial, prolonge son aura, puisqu'il s'y déroule l'enlèvement de la reine à l'origine de l'intrigue, comme du départ de Lancelot. De même, le domaine courtois est le pivot de l'aventure du héros Perceval, puisqu'au sein du roman éponyme, le passage du héros dans sa cour l'amène à entrevoir la suite de son aventure, dans sa dimension à la fois chevaleresque et messianique. *Cligès* affirme le statut central d'Arthur et de son royaume de manière un peu différente, puisque le héros, fils d'Alexandre et issu d'un royaume plus oriental, est comme happé et appelé par les aventures arthuriennes. Le roi Arthur, comme sa cour, donnent donc l'impulsion, comme le cadre de l'aventure et ses repères. Si les portraits de ce roi sont fortement péjoratifs, ce dernier n'en reste pas moins le repère à partir duquel l'aventure, comme la vie du héros, s'organisent. En cela, il conserve son statut nodal et digne de son caractère sacré. Nous ne pouvons donc pas conclure à une critique royale au sein de la matière de Bretagne du XIIe siècle, du moins pas de manière directe. Et de fait, la critique politique médiévale ne met jamais directement en cause la royauté, seuls les conseillers sont vilipendés. En outre, l'ambition de l'écrivain est avant tout poétique et esthétique.

Cette ambiguïté du récit arthurien, qui partout rabaisse les fonctions dévolues au roi sans toutefois lui ôter son statut de repère principal, a peut-être également un lien avec les peurs d'une aristocratie en perte de pouvoir. Encore une fois, il semble nécessaire d'insister sur le contexte d'écriture curial, à la fois anglais et français des textes à l'étude. Comme nous l'avons rappelé, Chrétien, comme Marie, entretenaient des liens étroits avec la cour de France et d'Angleterre. Ils étaient donc imprégnés de la vision du monde et de l'ambiance régnant à la cour qu'ils fréquentaient. Toutefois, de part et d'autre de la Manche, la tendance était à un renforcement du pouvoir souverain. Par conséquent, si les premières années de règne de Louis VII sont dominées par une sorte de chaos politique, la suite est davantage marquée par un redressement de l'autorité royale, poursuivant ainsi l'entreprise de Louis VI. En effet, malgré des débuts difficiles, l'ensemble du règne de Louis VII constitue un véritable tournant dans l'organisation féodale de la société. Celui-ci a procédé à un véritable renforcement de son domaine, mieux tenu et mieux administré, mais aussi mieux protégé par l'alliance avec la maison de Champagne qu'il conclut[289]. Son gouvernement a aussi travaillé à susciter de l'ensemble des Français un sentiment d'appartenance à la *corona* et au royaume[290]. Enfin, il a œuvré pour une véritable paix au sein du royaume, faisant basculer l'origine religieuse de la paix de Dieu vers le centre royal et politique, notamment avec l'ordonnance de 1155, qui instaure une paix royale dans l'ensemble du royaume :

> Déjà en 1155, une ordonnance royale – la première ordonnance royale – avait institué la paix dans le royaume. Le roi avait pris cette mesure à la demande du clergé, mais pour dix ans seulement. Son action est encore limitée. Elle devait encore le rester longtemps : en relation avec la lenteur relative du progrès de l'autorité royale[291].

À un moment où historiquement, on mettait en place une royauté plus forte, l'image d'un monarque faible dans la littérature pourrait donc transposer les désirs d'une aristocratie alors en perte de pouvoir. Florian Mazel précise le désir de concilier les ambitions aristocrates et l'évolution du statut royal dans le récit arthurien :

> Toute la culture courtoise entretient l'illusion d'une communauté de statut et de destin partagée par l'ensemble de l'aristocratie, du roi au petit chevalier, alors même que les évolutions politiques accroissent la hiérarchisation du groupe aristocratique et renforcent le pouvoir des princes et des rois sur la noblesse, parfois à ses dépens. [...] Tantôt cette communauté est exaltée par des textes qui présentent les rois comme les premiers des chevaliers, comme dans la plupart des romans qui brodent et amplifient la légende du roi Arthur. Le motif de la Table ronde, qui apparaît sous la plume de Wace vers 1155, donne une belle image de cette égalité fictive entre les chevaliers et le roi, lequel préside l'assemblée tout en siégeant parmi eux. Arthur est un roi seigneur et non un souverain[292].

---

289 Florian Mazel, *Féodalités, 888-1180*, *op. cit.*, p. 634 ; Yves Sassier a aussi parfaitement montré le tournant politique instigué par Louis VII. La vision du roi dévot et passif est donc propre à ses premières années de règne. Elle est donc erronée et ne correspond pas à l'ensemble de son action et de ses entreprises politiques. Voir Yves Sassier, *Louis VII*, *op. cit.*

290 Yves Sassier, *Louis VII*, *op. cit.*, p. 347 ; 409-410.

291 Jean-François Lemarignier, *La France médiévale, institutions et société*, *op. cit.*, p. 262.

292 Florian Mazel, *Féodalités, 888-1180*, *op. cit.*, p. 631.

C'est d'ailleurs à cette époque, qu'on commence doucement à voir émerger la conception d'un roi-suzerain, maître de la féodalité et réunisseur de terres, à un roi-souverain, maître d'un royaume envisagé dans sa totalité[293]. Les prémices de cette vision du pouvoir royal sont de ce fait intrinsèquement liées à la volonté d'unité dans le royaume. Envisager le roi comme un souverain lui confère en effet l'ensemble des pouvoirs du royaume, féodaux, territoriaux, politiques, religieux et sociaux, quand la vision du roi-suzerain le résumait à son seul rôle féodal. L'élargissement des prérogatives royales consécutives au redressement effectué sous Louis VII et Henri II aboutira d'ailleurs à une hégémonie royale sous Philippe Auguste[294].

À cet égard, le règne de Louis VI, plus encore que celui de Louis VII, par la mise en œuvre d'un véritable renforcement royal, constitue un tournant dans le processsus de réalisation de l'unité du royaume, ainsi que le montre, dans la littérature, la position centrale du roi Arthur. Pourtant, chez Chrétien de Troyes particulièrement, la personnalité prêtée à Arthur pourrait davantage tenir de Louis VII, confirmant la liberté et la toute-puissance de la littérature, qui se plaît à mélanger et à jouer avec les époques dans une visée avant tout poétique.

Le monarque est par conséquent à l'image de son royaume : profondément ambigu et instable. Le récit breton reproduit bien les dynamiques contemporaines concernant la condition royale, qu'il s'agisse de la figure proue de la société, ou du royaume lui-même.

Plus encore, si un renforcement du pouvoir royal est opéré sous l'égide de Louis VI, puis de Louis VII et d'Henri II, en récupérant politiquement les ambitions de paix, nous verrons que le récit breton prend une part active à cette promotion politique. Et de fait, plus qu'un reflet des aspirations de son temps, la matière de Bretagne joue un rôle moteur dans cette visée politique. Ce faisant, le récit breton revêt une ambition à la fois politique et mythique qu'il sera intéressant de présenter.

293 Catalina Gîrbea a montré l'évolution du statut du roi réalisée à l'époque de production du texte à l'étude : « Les XIIe-XIIIe siècles enregistrent l'émergence d'une idéologie qui tend à placer le roi en haut de la pyramide féodale, dans le cadre d'un processus de transition de la suzeraineté à la souveraineté, par le truchement d'un modèle nouveau qui semble légitimer le pouvoir royal à partir de cette variante du cadre capital symbolique [...] », *La Couronne ou l'auréole...*, *op. cit.*, p. 391.

294 Voir John Baldwin, *Philippe Auguste et son gouvernement*, *op. cit.*

Par conséquent, après avoir étudié l'interprétation littéraire de l'histoire, nous envisagerons l'exploitation mythique et politique de la légende arthurienne par le pouvoir royal, et plus particulièrement celui de la dynastie Plantagenêt.

FICTION ET HISTOIRE DE LA DYNASTIE PLANTAGENÊT
Idéal de paix et royaume mythique

Si le récit breton reflète à certains égards l'histoire de son temps, il constitue surtout un véritable moteur dans l'évolution sociale et féodale alors en cours. Nous avons vu que l'idéal de la paix est commun à la société du XIIe siècle et à la quête poursuivie dans les récits arthuriens[295]. Récupérant l'objectif social de son époque, la littérature est aussi le lieu de démonstrations idéologiques[296]. De fait, les Plantagenêts particulièrement n'hésitent pas à récupérer le mythe d'Arthur afin de promouvoir leur dynastie. Corollairement, si la caractérisation du royaume arthurien s'enrichit de la vision du monde propre à l'époque de rédaction des textes étudiés, cette réactivation politique de la légende arthurienne nourrit aussi sa portée plus imaginaire. Plus encore, les relations même entre la fiction et l'histoire au sein du récit breton font du royaume un lieu syncrétique au fort potentiel mythique.

IDÉAL DE PAIX COURTOIS, SOLUTION AU DÉSÉQUILIBRE ROYAL

Le Moyen Âge, dans la réalité, comme dans son reflet littéraire, aspire à construire la paix de Dieu sur terre. La récupération politique

295 Toutefois, dans le récit médiéval, ce rêve est subsumé sur le plan imaginaire dans la construction d'une société utopique réunie dans un troisième royaume juste et bon. La troisième partie de la recherche s'emploie à démontrer cette hypothèse.

296 Nous souscrivons ici à la pensée de Dominique Boutet qui considère que la littérature n'est pas le reflet des réalités historiques, mais davantage un instrument de combat ou de propagande, *Charlemagne et Arthur ou le roi imaginaire*, *op. cit.*, p. 468.

de cet enjeu en 1144[297], puis en 1155[298], témoigne bien de l'importance de cet idéal au sein de la société féodale. Cet idéal de paix est perceptible dans les récits à l'étude, particulièrement dans la fin heureuse des romans de Chrétien, comme *Érec et Énide* et *Cligès* qui s'achèvent par un mariage, ou encore *Le Chevalier au Lion* qui finit sur le bonheur dans le mariage d'Yvain et Laudine. Même si le roi, chez Chrétien, comme chez Marie ou ses émules, n'est pas à l'origine de cette résolution heureuse, puisqu'il n'est jamais le héros de l'œuvre, le héros chevaleresque pallie les faiblesses royales, le guérit le cas échéant[299] et en tout cas, veille à rétablir l'harmonie dans l'ensemble du royaume arthurien.

Outre l'enjeu de paix, le récit breton transpose aussi l'instabilité féodale qui menace l'unité du royaume. Il en fait même l'élément perturbateur à l'origine de la quête chevaleresque. De fait, que le roi n'assume pas son statut médiateur et sacré, ou que les divisions territoriales et féodales provoquent la perte des personnages, comme dans le lai d'*Haveloc*, les textes étudiés démarrent tous sur les conséquences néfastes du déséquilibre féodal propre au début du XIIe siècle. Plus encore, ce faisant, ces textes élèvent cette problématique historique au rang de principal ressort de l'intrigue arthurienne, ce qui relève d'une véritable stratégie littéraire d'appropriation et surtout de transposition esthétique du fait historique.

Néanmoins, si les textes à l'étude commencent en reflétant l'ambivalence du système féodal de leur temps, ils proposent surtout des solutions pour résoudre ce déséquilibre inhérent au royaume. À ce titre, la cour est souvent mise en abyme dans le récit breton, comme lieu d'élaboration d'idées sur le pouvoir en place. Par exemple, dans le prologue du *Chevalier de la Charrette*, elle apparaît comme un lieu de paix, dominé par les dames, et où règnent beauté, civilité et intelligence[300]. À l'inverse, d'anciens clercs de cour comme Jean de Salisbury, Gautier Map ou Pierre de Blois se livrent à de véritables diatribes contre la cour, présentée comme un enfer où règnent la cupidité, le gaspillage, la bêtise

297 En 1144 paraît une première ordonnance qui reconnaît le roi comme premier garant de la paix dans son royaume. Florian Mazel, *Féodalités, 888-1180*, *op. cit.*, p. 595.

298 Sur l'ordonnance de 1155 instaurant la paix dans l'ensemble du royaume, voir *supra*, p. 172.

299 On pense au Roi Pêcheur dans *Le Conte du Graal*.

300 *Lancelot*, v. 30-40 ; voir aussi Florian Mazel, *Féodalités, 888-1180*, *op. cit.*, p. 615-616.

ou l'hypocrisie[301]. La cour, encensée ou décriée, est donc bien le lieu où l'on réfléchit au pouvoir en place et aux solutions pour résorber les problèmes du royaume. C'est ce lieu précisément qui donne le nom à l'idéal courtois présenté comme la solution aux disparités royales par le récit arthurien. Force est d'ailleurs de souligner que l'issue proposée par le corpus arthurien est toujours courtoise, et plus particulièrement chevaleresque. En effet, l'exigence morale du héros-chevalier est subsumée par les valeurs courtoises qui guident l'ensemble de ses actions. Dans ces vertus, la *largesce*, qui s'exprime par des dons matériels, est même élevée au rang de *topos* introducteur de l'action bretonne. Plus qu'une simple qualité, cette générosité typiquement féodale renvoie tout particulièrement à l'origine aristocratique du public des textes à l'étude. Cette qualité, commune aux pans séculiers comme religieux de la société[302], permet de réduire l'opposition entre ces deux instances de la société médiévale. La *largesce* concourt par conséquent à instaurer la paix, en œuvrant pour la réduction des déséquilibres et des contradictions du royaume. Tous convergent vers une ambition commune : réaliser la paix dans le royaume. Particulièrement, c'est l'idéologie courtoise qui constitue la solution littéraire au problème de l'instabilité royale historique, puisqu'en elle particulièrement réside la capacité du royaume à dépasser ses contradictions :

> L'idéal courtois tient lieu, sous la plume des auteurs qui se sont inscrits dans les pas de Wace, de tentative de synthèse, de dépassement et d'abolition des oppositions fortes engendrées au sujet des rôles respectifs de la royauté et de la chevalerie dans le corps social par les conceptions aristocratiques et laïques d'un côté, et leurs homologues d'origine ecclésiastique de l'autre. [...] Il comporte un certain nombre de traits – la largesse, la prouesse, l'honneur – qui peuvent renvoyer aussi bien à des connotations d'origine séculière qu'à des vertus chrétiennes[303].

Par le biais de la courtoisie, on passe donc d'un idéal moral : religieux et féodal, à une éthique courtoise et littéraire, preuve aussi de l'importance grandissante de la classe aristocratique au sein de la société médiévale. En secondant le roi hors de son domaine, les chevaliers des récits bretons apportent un équilibre politique au royaume, tout en gardant le primat

301 Gautier Map, *Contes pour les gens de cour*, *op. cit.*, chapitre I, 1.
302 Amaury Chauou, *L'idéologie Plantagenêt...*, *op. cit.*, p. 159.
303 *Ibid.*, p. 159.

de la fonction héroïque littéraire. En effet, si la matière de Bretagne enregistre l'émergence d'un véritable pouvoir royal et nodal en la figure d'Arthur, ainsi que nous l'avons vu, la classe aristocratique voit dans l'idéal courtois et dans la chevalerie le moyen d'associer la reconnaissance royale à une conservation de ses privilèges et de ses pouvoirs. En conséquence, la courtoisie est porteuse d'un idéal de paix et de bonheur envisagé comme véritable solution littéraire à une instabilité historique, puisque reflet des problématiques royales contemporaines d'écriture. La transmutation de problématiques historiques sur le plan littéraire et esthétique est en ce sens porteuse d'un idéal en vertu de la paix et du bonheur. Cet idéal est directement lié à la création d'une eutopie, qui constitue l'enjeu fondamental et nodal du récit breton, comme la troisième partie de l'étude le montrera[304].

Le récit du XIIe siècle marque aussi une précision des relations féodales et plus particulièrement celles unissant le roi à l'aristocratie, grâce à une solide hiérarchie. Selon l'idéal courtois représenté, le roi prend les décisions politiques que l'aristocratie chevaleresque exécute dans les principautés territoriales[305]. Tous œuvrent pour un but commun : faire la paix dans le royaume. Toutefois, si la littérature réalise et anticipe très tôt l'équilibre des rôles de chacun au sein de la hiérarchie féodale, la réalité historique n'y parviendra que plus tard, sous le règne de Philippe Auguste[306]. Nous avons bien vu que les règnes de Louis VI et Louis VII ne font qu'amorcer le renforcement de l'autorité royale, que Philippe Auguste parviendra à hisser en hégémonie de la royauté. En ce sens, la littérature arthurienne propose un idéal, voire une utopie, mais sa vocation n'est pas politique ou historique, mais davantage artistique et littéraire, d'où ici l'anticipation d'un équilibre qui ne pourra être réalisé que plus tard.

304 *Infra*, p. 369 et *sqq.*

305 Sur le transfert de pouvoir du roi aux chevalier, voir Dominique Boutet, *Charlemagne et Arthur ou le roi imaginaire*, *op. cit.*, p. 449 ; 488 ; 515.

306 John Baldwin explique l'aboutissement des principes féodaux que marque le règne de Philippe Auguste, en précisant que ces réalités ont été pensées bien en amont : « Les liens féodaux entre le roi et ses vassaux remontent à l'époque carolingienne, mais ils ont rarement été définis avec précision dans les chartes ou dans d'autres documents. [...] mais ce n'est qu'avec le règne de Philippe Auguste que la chancellerie royale produit et conserve assez de chartes pour constituer un corpus de documentation où se trouvent officiellement définis les droits féodaux du roi sur ses vassaux. » dans *Philippe Auguste et son gouvernement*, *op. cit.*, p. 333.

Ainsi donc, nous pouvons d'ores et déjà conclure à une fonction à la fois réparatrice et anticipatrice de la littérature sur le cours de l'histoire[307]. Contre l'instabilité même du royaume, le récit breton propose d'y réaliser la paix, et même l'harmonie, en se conformant à l'idéal courtois porté par la caste chevaleresque. Plus que le simple reflet des temps présents, les textes à l'étude proposent donc aussi des solutions aux problèmes signalés, même si elles sont transposées en vertu de l'enjeu premièrement littéraire du récit breton.

Le pouvoir royal, plus particulièrement la dynastie Plantagenêt, était bien conscient de ce pouvoir de la littérature, qu'il a utilisé dans un but de promotion politique.

DU ROI SACRÉ AU ROI MYTHIQUE : PROMOTION DE LA DYNASTIE DES PLANTAGENÊTS

Si le royaume arthurien s'inspire des réalités féodales de son temps, nous avons aussi analysé son action sur le cours même de l'histoire, dans le modèle d'unité et de paix qu'il réalise à la fin de chaque récit. Plus encore, ces relations entre la fiction et l'histoire au sein du récit breton contribuent à forger une autre dimension du royaume arthurien : imaginaire[308] et anhistorique[309].

Sans entrer ici dans l'analyse précise du potentiel mythique du royaume, nous montrerons comment l'action de promotion culturelle entreprise par Henri II a dépassé son ambition politique première pour contribuer à dessiner au royaume une autre strate de signifiance, imaginaire et mythique. Conscient que les relations entre la royauté et les écrivains ne sont pas si faciles à établir[310], nous adopterons ici la méthode proposée par Martin Aurell pour analyser l'influence politique des Plantagenêts sur la diffusion de la littérature :

> Le médiéviste est, somme toute, en droit de chercher dans les textes l'influence, aussi vague soit-elle, d'un patron et de ses idées sur un ouvrage littéraire. [...]

---

307 L'enjeu littéraire de l'idéal courtois pour le royaume arthurien sera développé dans la deuxième partie de l'étude.

308 Nous nous appuyons ici sur cette citation de Philippe Walter : « Il est pourtant évident que le phénomène arthurien, aussi bien historique que littéraire, relève d'abord de l'imaginaire. », *Arthur, l'ours et le roi*, *op. cit.*, p. 8.

309 Au sens où la signification du royaume dépasse son enjeu simplement historique.

310 Martin Aurell montre que le mécénat de la dynastie Plantagenêt n'est pas facilement identifiable dans l'œuvre de l'auteur champenois, *La Légende du roi Arthur*, *op. cit.*, p. 166-170.

> Le tout est que son discours distingue clairement ce qui apparaît dans les sources médiévales de ce qui relève de ses propres commentaires, théories ou spéculations, assurément subjectifs, mais en l'absence desquels tout travail scientifique est voué à l'échec. Même ténus, ces indices du patronage des Plantagenêt sur la légende arthurienne seront donc discutés ici pour cerner la part de propagande, de manipulation politique ou de récupération qu'elle a pu subir[311].

Afin de légitimer son pouvoir, Henri II met en œuvre différentes stratégies, dont la récupération et l'instrumentalisation du savoir à des fins de promotion politique[312]. À ce titre, le monarque Plantagenêt reprend tout particulièrement à son compte la légende arthurienne[313], en la réorientant dans le but d'asseoir ses ambitions de domination. La synthèse des conceptions féodales et laïques, mais aussi royales et sacrées[314] autour de la *persona* royale que la table ronde réalise, l'intéresse fortement. En effet, cette centralisation autour du roi présente l'avantage d'asseoir son projet politique d'unification du royaume Plantagenêt, tout en renforçant sa domination royale :

> La légende arthurienne enregistre donc l'émergence d'une idéologie royale qui pose les prémices de base de l'apparition de l'État moderne. Ébauchée en rapport avec l'espace de la souveraineté, la problématique du domaine public trouve son accomplissement dans le rôle de justicier accompli par Arthur et par ses chevaliers[315].

Henri II entend donc bien profiter des idées politiques royales de la légende arthurienne. Outre la promotion de la légende à travers toute

311 *Ibid.*, p. 170.

312 Martin Aurell analyse la maîtrise des techniques de « propagande » par la dynastie Plantagenêt. Même si le mot peut sembler anachronique, l'historien précise qu'il convient parfaitement à définir l'action des Plantagenêts envers le discours littéraire, dans *L'Empire des Plantagenêts, op. cit.*, p. 96.

313 Catalina Gîrbea explique ce processus d'encouragement à des fins idéologiques de la légende arthurienne : « Dans cet effort de légitimation du pouvoir, le Plantagenêt n'hésite pas à instrumentaliser le savoir à son profit et la légende arthurienne n'échappe pas à ce contrôle. Sans affirmer en aucune manière que les œuvres romanesques arthuriennes sont une simple propagande dans le cadre de l'idéologie Plantagenêt, on ne peut ignorer la place de la stratégie politique angevine dans la promotion de ce mythe. », *La Couronne ou l'auréole…, op. cit.*, p. 369 ; voir aussi Martin Aurell, *La Légende du roi Arthur, op. cit.*, p. 186-193.

314 Amaury Chauou, *L'idéologie Plantagenêt…, op. cit.*, p. 168-169.

315 Catalina Gîrbea, *La Couronne ou l'auréole…, op. cit.*, p. 528-529.

l'Europe, il met en place une véritable parenté par analogie qui fait d'Arthur l'illustre ancêtre du clan Plantagenêt[316]. Il est alors courant à l'époque de s'appuyer sur des « généalogies reconstituées[317] » pour achever de légitimer la dynastie régnante. Les rois d'Angleterre se sont donc efforcés de bâtir une légende autour de leur famille, notamment pour faire pendant au glorieux ancêtre que fut aux rois de France Charlemagne[318], et à la manière de nombreuses familles soucieuses de rehausser le renom du lignage par quelque ancêtre merveilleux[319]. Lorsque Wace entreprend en 1155 la rédaction de son *Brut* pour le roi Henri II, il fait du héros éponyme l'ancêtre d'une lignée illustre de rois bretons, dont la dynastie Plantagenêt se réclamera. En effet, ce roman répond à une commande d'Henri II à Wace[320], prouvant par là même l'engagement du monarque anglo-normand dans la vie culturelle de son époque, de même qu'une véritable volonté de contrôle de l'écriture de son temps[321].

---

316 Martin Aurell précise que le passé des Plantagenêts est recomposé en trois temps par les chroniqueurs et romanciers de l'époque : d'abord, il est question de l'histoire des saints rois et ducs de la famille. Ensuite, il est raconté les événements réels des VIe-IXe siècles, enrichis de légendes puisées dans l'ancien fonds folklorique, où l'on trouve notamment l'histoire du roi Arthur. Enfin la légende d'un Monde troyen des plus improbables est insérée. Voir *L'Empire des Plantagenêts*, *op. cit.*, p. 175.

317 Éric Bournazel, « Mémoire et parenté (le problème de la continuité dans la noblesse de l'an Mil) », Robert Delort (dir.), *La France de l'an Mil*, Paris, Éditions du Seuil, 1990, p. 121.

318 Franck Collard synthétise les différents enjeux de la récupération de rois célèbres par les pouvoirs en place : « Arthur est le Charlemagne du roman courtois. La "matière de Bretagne" permet d'opposer au modèle carolingien qui s'offre au roi de France la personnalité dont le Plantagenêt revendique l'héritage : les chevaliers arthuriens doivent éclipser les preux de Charlemagne. Mais elle remporte beaucoup de succès dans les autres principautés, en Champagne tout spécialement, car elle présente une royauté féodale entourée de barons traitant d'égal à égal avec le roi, *primus inter pares* : la Table ronde est le modèle d'une *curia regis* leur laissant la part belle. Se contentant d'arbitrer et de distribuer des largesses, le roi de Chrétien de Troyes n'est plus le chef de guerre de l'épopée carolingienne. », dans *Pouvoirs et culture politique dans la France médiévale V^e-XVe siècle*, *op. cit.*, p. 102.

319 Voir Claude Lecouteux, *Mélusine et le Chevalier au Cygne*, Paris, Imago, 1997, p. 45 et *sqq.* ; Christine Ferlampin-Acher, *Fées, bestes et luitons…*, *op. cit.*, p. 56 ; Karin Ueltschi, « Le Premier Roi ou le Fils *Méhaignié*. À propos d'Arthur, d'Hellequin et des Plantagenêts », dans Christine Ferlampin-Acher, Denis Hüe (dir.), *Lignes et lignages dans la littérature arthurienne*, *op. cit.*, p. 165-177.

320 Dominique Boutet, *Charlemagne et Arthur ou le roi imaginaire*, *op. cit.*, p. 467. L'auteur explique plus loin qu'Henri II chargea Wace de translater en un français la chronique latine et qu'à partir de là, Arthur devint le modèle à suivre, *op. cit.*, p. 508-509.

321 Martin Aurell, *L'Empire des Plantagenêts*, *op. cit.*, p. 291.

Cette action du roi anglo-normand s'inscrit aussi dans une dynamique d'encouragement à la création littéraire. Aucune réorientation promotionnelle du récit breton n'est d'ailleurs effectuée. En effet, la représentation d'Arthur ne vise pas qu'à servir les intérêts du monarque. Nulle part, il n'est présenté comme un roi lettré ou cultivé, ainsi qu'Henri II aimait à être représenté[322]. Arthur tiendrait d'ailleurs davantage de Louis VII, ainsi que nous avons pu le démontrer.

En outre, tous les pans de la légende n'ont pas fait l'objet du même investissement de la part de la dynastie Plantagenêt. Si Henri II entendait faire partie de la lignée arthurienne en s'attribuant une parenté avec le célèbre roi légendaire, il n'était pas prêt à accepter l'idée de son immortalité[323], incluant aussi leur possible rivalité. À cet égard, les histoires autour de la tombe d'Arthur révèlent cette concurrence entre les deux souverains. Particulièrement, les Plantagenêts ont déployé beaucoup d'efforts pour découvrir la tombe d'Arthur[324], en vue notamment de mettre fin à cette croyance de son retour prochain[325]. Chez Guillaume de Malmesbury, on lit en effet : *Sed Arthuris sepulchrum nusquam visitur, unde antiquitas neniarum adhuc eum venturum fabulatur*[326]. En outre, selon le récit de Giraud de Barri, le roi Henri II Plantagenêt aurait appris par un barde l'emplacement de cette tombe[327]. En 1191 a lieu la célèbre exhumation à Glastonbury, qui possède surtout l'implication politique[328] d'anéantir l'espoir d'un retour d'Arthur, pour mieux asseoir l'autorité

322 Catalina Gîrbea, *La Couronne ou l'auréole…*, *op. cit.*, p. 491.

323 Dominique Boutet le précise : « Pour Arthur, les choses sont claires : après la grande bataille, le roi n'est pas mort, il a fait soigner ses plaies dans l'île d'Avalon et il doit revenir, pour instaurer un règne qui comblera l'attente des Bretons. », *Charlemagne et Arthur ou le roi imaginaire*, *op. cit.*, p. 295.

324 Sur l'invention de la sépulture d'Arthur, voir Martin Aurell, *La Légende du roi Arthur*, *op. cit.*, p. 195-200.

325 Martin Aurell, *L'Empire des Plantagenêts*, *op. cit.*, p. 164.

326 Guillaume de Malmesbury, *Gesta Regum Anglorum*, Oxford, 1998, II, 287.

327 Giraud de Barri, *De principis instructione*, dans *Geraldi Cambrensis Opera*, Brewer *et al.* (éd.), Londres, RS 21, 1891, t. 8, p. 126-129.

328 Catalina Gîrbea, « Limites du contrôle des Plantagenêts sur la légende arthurienne : le problème de la mort d'Arthur », Martin Aurell (dir.), *Culture politique des Plantagenêt (1154-1224)*, Poitiers, CESCM, 2003, p. 287-301 ; voir aussi cette remarque de Catalina Gîrbea : « La découverte de Glastonbury sert réellement les intérêts politiques des Plantagenêt : c'est une attestation sans conteste de la mort du roi destinée à anéantir l'espoir des Bretons qui refusaient l'autorité de Londres, mais c'est aussi sa récupération par la dynastie régnante. L'intérêt des Angevins pour la légende arthurienne réside aussi dans la solution que pouvait offrir une figure mythique comme Arthur pour l'unification

de la dynastie des Plantagenêts. Après avoir trouvé une mémoire et une légitimité en la figure d'Arthur, la dynastie Plantagenêt entreprend donc de s'en séparer. Toutefois, en cherchant de la sorte à abolir ce pan de la légende, elle l'a aussi fait ressortir et a ainsi contribué à sa diffusion. Par conséquent, elle a surtout concouru à faire du discours arthurien, un discours anhistorique et mythique, de même que du roi arthurien, un roi cosmique :

> La vision que ces textes donnent de la société politique est le produit de la confrontation dramatique de l'idéal et de l'histoire, et suit avant tout une logique interne : elle est inséparable de la mise en place d'un mythe qui dépasse de loin les idéologies sociales ou politiques qui nous occupent ici [...][329].

Si l'histoire peut donc avoir valorisé le mythe arthurien, à l'inverse, le mythe peut aussi à son tour influencer l'interprétation historique. En effet, au Moyen Âge, le récit historique est poreux aux traditions littéraires. Par exemple, au moment de la mort d'Henri II, la croyance en la *cruentation*, à savoir qu'un cadavre puisse se mettre à saigner en présence de son meurtrier, tend à faire croire que Richard Cœur de Lion aurait tué son père, alors qu'il était en conflit avec lui. Martin Aurell rapporte en effet ce témoignage écrit par un chroniqueur proche de Gautier Map, de la dernière guerre opposant Henri II à son fils Richard Cœur de Lion :

> [...] la foudre tombe entre le père et le fils, alors que le ciel est sans nuages ; au moment où Richard pénètre dans la salle du château de Chinon où repose le cadavre de son père, celui-ci se met subitement à saigner des narines [...][330]

Ce chroniqueur a alors cru, en vertu de la croyance en la cruentation, que le fils avait bien tué le père, démontrant l'interpénétration de la littérature dans le récit historique.

Ainsi donc, les sources que sont les récits bretons « s'inscrivent dans un contexte politique et social avec lequel elles entretiennent des rapports complexes[331]. » À ce titre, il est remarquable que la chute de

---

des Normands, Bretons et Anglo-saxons sous le même sceptre », *La Couronne ou l'auréole...*, *op. cit.*, p. 185.

329 Dominique Boutet, *Charlemagne et Arthur ou le roi imaginaire*, *op. cit.*, p. 517.

330 Martin Aurell, *L'Empire des Plantagenêts*, *op. cit.*, p. 47.

331 *Ibid.*, p. 23.

la dynastie Plantagenêt ait aussi été annoncée au sein même des récits bretons, confirmant par là le caractère prophétique[332] prêté à ce type de littérature au XIIe siècle. De même, dans le lai d'*Eliduc*[333], l'association réalisée entre l'influence de la femme et le destin funeste des héros, fait directement écho aux critiques formulées à l'égard d'Aliénor, accusée d'être à l'origine de la chute de la dynastie Plantagenêt[334]. À propos du destin tragique du clan Plantagenêt, dont les terres ont été dissoutes à cause des dissensions entre les fils d'Henri II, Catalina Gîrbea entrevoit elle un lien avec le mythe d'Arthur :

> Au-delà de la logique du cycle qui veut que le lignage d'Arthur s'auto-détruise à la fin, nous pensons qu'il peut y avoir là quelques influences du modèle comportemental des Plantagenêt. N'oublions pas que le conflit entre Henri II et ses fils avait fait beaucoup de bruit ; il en va de même pour les affirmations répétées de Richard, qui se considérait descendant d'une famille damnée, dont les membres étaient fatalement destinés à se faire la guerre jusqu'à l'anéantissement[335].

Histoire, littérature et mythe ne cessent de s'entrecroiser au sein de la légende et des récits arthuriens. Sans développer plus avant ces relations ambivalentes, puisqu'elles ne concernent que de loin notre entreprise de définition du royaume, nous remarquerons cependant que toutes ces imbrications nourrissent la portée mythique de ce lieu :

> La dimension historique, quant à elle, est loin d'être secondaire, elle n'est pas seulement une modalité de l'action, ni la simple substance des événements : sans elle, le récit, roman ou geste, perdrait sa vertu fondatrice[336].

Pourtant, force est de constater que le mythe n'a pas à voir avec la politique, mais la subsume par sa volonté d'abord éthico-esthétique, ce qui explique d'ailleurs que, voulant restreindre la portée de la légende arthurienne, la dynastie Plantagenêt a en fait concouru à une diffusion de toute la légende. Dominique Boutet a mis en lumière les rapports complexes et imbriqués entre l'histoire, la littérature et le mythe arthurien :

---

332 Philippe Walter, *Arthur, l'ours et le roi*, *op. cit.*, p. 42.
333 *Eliduc*, v. 831-840.
334 Martin Aurell, *L'Empire des Plantagenêts*, *op. cit.*, p. 52-53.
335 Catalina Gîrbea, *La Couronne ou l'auréole…*, *op. cit.*, p. 168.
336 Dominique Boutet, *Charlemagne et Arthur ou le roi imaginaire*, *op. cit.*, p. 425.

> Le mythe arthurien ne traduit pas seulement le besoin du monde courtois de rejeter *in illo tempore*, dans le temps des origines, la concrétisation et la justification de son idéal social et politique. [...] Mais les sociétés humaines ne sauraient se passer du temps humain, qui est histoire[337].

De fait, l'ensemble des stratégies développées par le clan anglais à l'égard du discours arthurien littéraire, constrictives, comme flatteuses, lui assurent une pérennité permettant de concourir à une autre strate de signifiance, plus imaginaire, mais aussi mythique et anhistorique. Le royaume arthurien bénéficie logiquement de cet enrichissement de sens. En effet, insistant sur le domaine plus terrestre, c'est-à-dire le domaine courtois selon notre terminologie, la dynastie Plantagenêt a aussi fait ressortir l'existence d'un autre domaine, merveilleux et volontiers associé à l'île d'Avalon dans laquelle Arthur passe les derniers moments de sa vie.

Sans développer pour le moment le pan mythique de notre objet d'étude, nous pouvons toutefois nous tourner vers le lieu symbolique du verger, qui constitue un *locus* idéal car clôturé. On y trouve une condensation expressive de ces idées, ainsi que la peinture du domaine arthurien alternatif qu'est Avalon.

---

337 Dominique Boutet, *Charlemagne et Arthur ou le roi imaginaire*, *op. cit.*, p. 461-462.

CONSTRUCTIONS IMAGINAIRES AUTOUR DU ROYAUME

Si le royaume arthurien est une construction linguistique et lexicale, ou historique et politique, ainsi que les deux premiers chapitres l'ont montré, les références savantes et les réminiscences mythiques nourrissent tout autant sa *senefiance*, comme son ambivalence symbolique.

La dualité structurante du récit breton entre le domaine courtois et le domaine merveilleux transpose sur le plan littéraire la multiplicité des dichotomies signifiantes du récit breton : entre réalité et idéal, mais aussi entre histoire et fiction. À notre sens, le royaume arthurien est ambigu parce qu'il se nourrit d'éléments concrets, comme merveilleux, et qu'il brouille constamment les registres ; c'est le privilège et le propre de la littérature.

Ce chapitre concernera davantage le domaine merveilleux, miroir imaginaire du domaine courtois, où les lois rationnelles n'ont plus cours. Cet espace au haut potentiel symbolique est bien souvent entouré d'îlots, dont le fort potentiel fabuleux assure la transition vers la strate plus imaginaire du récit breton[1]. Toutefois, outre son aspect insulaire, le domaine merveilleux est difficile à circonscrire, voire parfois réputé insaisissable. Justement, la multiplicité même de ces dénominations possibles est particulièrement révélatrice de l'instabilité définitionnelle de ce lieu imaginaire. Nous commencerons donc par analyser les différences impliquées dans le lexique conventionnel, avant de montrer que l'analyse précise du verger arthurien, comme condensé des symboliques en jeu dans le domaine merveilleux, permettrait une approche plus satisfaisante du potentiel imaginaire de cet espace, comme de l'ensemble du royaume arthurien.

---

1 Catalina Gîrbea, *La Couronne ou l'auréole…*, *op. cit.*, p. 338 ; 355.

LE DOMAINE MERVEILLEUX ET LA PARABOLE DU JARDIN IDÉAL[2]

Les différents enjeux narratifs, imaginaires et mythiques du récit breton convergent dans l'imaginaire du verger idéal, qui reproduit aussi en condensé les dynamiques des deux domaines arthuriens. En effet, *locus amoenus* instaurant la récompense amoureuse du chevalier courtois, il se présente comme un véritable microcosme des enjeux imaginaires de la narration arthurienne. Il est notamment menacé de basculer vers le *locus horribilis*, du fait de la logique de la « mauvaise coutume » qu'il cristallise.

Après avoir analysé le lexique utilisé pour nommer le domaine merveilleux, nous présenterons ses enjeux symboliques en lien avec l'imaginaire du paradis. Le détour par le vocabulaire présentera aussi l'avantage de saisir les différents éléments imaginaires communs à la fois au domaine merveilleux, au verger littéraire et aux symboliques de paradis. Cette mise au point nous permettra enfin d'analyser la dimension plus merveilleuse du verger idéal arthurien.

DOMAINE MERVEILLEUX ET VOCABULAIRE CONVENTIONNEL

S'il est certain que le chronotope arthurien est défini par ses deux domaines, dont l'un fait référence au registre réel et concret, et l'autre à une surréalité merveilleuse, il peut être utile de remettre en question les termes communément employés par les critiques médiévistes pour les désigner.

Force est de constater que, de même que l'au-delà, le domaine merveilleux, comme le verger arthurien peuvent être identifiés aux *loci incerti*, ainsi définis par Claude Lecouteux : « Tout lieu écarté peut être considéré comme un au-delà et relève des *loca incerta* (sic)[3]. » Il s'agit bien entendu de l'« Autre Monde », mais aussi du paradis et de l'enfer.

---

2 Les idées développées dans ce chapitre étaient déjà en germe dans mon mémoire de master : *Le Verger arthurien dans l'œuvre de Chrétien de Troyes et le* Lancelot en prose : *de la confluence topique et mythique à la senefiance merveilleuse et courtoise*, mémoire de master II soutenu à l'Université de Reims Champagne-Ardenne, 2012.

3 Claude Lecouteux, *Mondes parallèles, l'univers des croyances au Moyen Âge*, Paris, Champion, 1994, p. 48 ; voir aussi du même auteur : *La Mort, l'au-delà et les autres mondes*, *op. cit.*, p. 13.

Autre Monde

« Autre Monde » est le terme le plus communément employé par les médiévistes[4] pour désigner le domaine merveilleux. Il est rare de lire un écrit critique sur la merveille ou l'espace littéraire médiéval, sans que cette locution nominale ne soit introduite, sans qu'elle ne soit pour autant discutée[5], ni même définie. Elle fait partie des outils critiques admis et légitimés par l'ensemble de la communauté scientifique, sans être remis en question du fait de leur statut à la fois pratique et conventionnel.

Comme l'explique Tom Klonski, ce concept serait apparu sporadiquement au milieu du XIXe siècle, avant d'être utilisé couramment dans les travaux critiques de la fin du XXe siècle[6]. Il s'agit de la traduction euphémique du mot celtique *sid*[7]. Plus précisément, Jean Frappier a semble-t-il été le premier médiéviste contemporain à vraiment l'asseoir dans le discours critique, donnant ainsi la première définition précise du concept – et peut-être même la seule :

> [...] l'Autre Monde des Celtes – îles élyséennes situées dans la mer occidentale, paradis sous-marins, tertres hantés, palais souterrains – étaient à la fois le pays des morts, plus exactement de ceux qu'on croit morts, mais qui sont peut-être encore vivants, et celui des dieux, des déesses et des fées ; régions bienheureuses où l'on ne vieillit pas, où le temps s'abolit, où un jour vaut un siècle. [...] Les deux mondes pouvaient communiquer grâce à des navigations lointaines, ou par des passages périlleux, quelquefois de simples gués, ou par une zone intermédiaire que traversait une bête pourchassée, cerf ou sanglier

4 Pour l'étude de cette locution nominale reconnue dans la communauté médiévale, nous nous appuierons sur l'article de Tom Klonski, « Réflexions sur la notion d'Autre Monde : de la critique au texte », Denis Hüe, Christine Ferlampin-Acher (dir.), *Le Monde et l'Autre Monde*, *op. cit.*, p. 211-222.

5 Voir notamment Irène Bessière, *Le Récit fantastique, La poétique de l'incertain*, Paris, Larousse, 1973 ; Roger Caillois, *Anthologie du fantastique*, Paris, Gallimard, 1966, 2 vol. ; Marie-Luce Chênerie, *Le Chevalier errant dans les romans arthuriens en vers des XIIe et XIIIe siècles*, *op. cit.* ; Francis Dubost, *Aspects fantastiques de la littérature narrative médiévale...*, *op. cit.* ; Edmond Faral, *Le Merveilleux et ses sources dans les descriptions des romans français du XIIe siècle*, Paris, Champion, 1913 ; Christine Ferlampin-Acher, *Merveilles et topique merveilleuse...*, *op. cit.* ; Laurence Harf-Lancner, *Les Fées au Moyen Âge...*, *op. cit.* ; Denis Hüe, Christine Ferlampin-Acher (dir.), *Le Monde et l'Autre Monde*, *op. cit.* ; Claude Lecouteux, *La Mort, l'au-delà et les autres mondes*, *op. cit.* ; Fabienne Pomel, *Les Voies de l'au-delà ...*, *op. cit.*

6 Tom Klonski, « Réflexions sur la notion d'Autre Monde : de la critique au texte », Denis Hüe, Christine Ferlampin-Acher (dir.), *Le Monde et l'Autre Monde*, *op. cit.*, p. 213.

7 Il a la même racine que le latin *sedere*, « siéger » à propos des dieux : d'utiles développements se trouvent dans dans Guyonvarc'h et Le Roux, *Les Druides*, p. 280-299.

> de couleur blanche. [...] Cependant si les humains pouvaient entrer dans l'Autre Monde en revenir moyennant certaines précautions, il ne s'ouvrait pas à n'importe qui, [...][8]

Cette synthèse des différentes symboliques comprises par la notion d'« Autre Monde » comprend les sèmes liés à l'île, à l'au-delà et à la mort. Plus encore, les topiques du passage, du seuil, avec les conditions pour y accéder sont aussi introduites. Tout l'imaginaire arthurien merveilleux est ainsi brossé.

Dès 1911 d'éminents spécialistes tels que Joseph Loth ont toutefois commencé à critiquer cette notion du fait de son manque de précision pour définir un espace marqué à la fois du sceau de l'altérité, de la différence, de l'antithèse et du merveilleux :

> Pourtant, en dépit de l'apparente unanimité que l'expression semble faire chez les critiques, l'autre monde ne se laisse pas facilement cerner, même si les notions d'altérité et de merveilleux se retrouvent [...][9].

De fait, la désignation « Autre Monde » peut référer à des espaces tout à fait divers et distincts, allant du monde des morts, au domaine merveilleux qui nous occupe, en passant aussi par le monde amoureux courtois. Ces lieux sont aussi communs à la symbolique du verger arthurien, qui tantôt dénote un idéal proche du paradis, tantôt un enfer terrible, ou encore un lieu d'agrément propice à l'expression du désir amoureux. C'est notamment cette concordance symbolique qui nous permet d'associer le verger arthurien et le domaine merveilleux.

Outre la formidable profusion symbolique qu'elle permet, l'ambiguïté attachée à la locution nominale « Autre Monde » en fait donc une désignation à « géométrie variable[10] ». Pourtant, malgré quelques divergences, le concept fait en général l'unanimité au sein de la communauté scientifique, ce qui s'explique justement par l'importance donnée à la notion englobante d'« altérité » :

---

8 Jean Frappier, *Chrétien de Troyes : L'homme et l'œuvre*, Paris, Hatier, 1957, p. 59-60.

9 Christine Ferlampin-Acher : « D'un monde à l'autre : en guise de conclusion », dans Denis Hüe, Christine Ferlampin-Acher (dir.), *Le Monde et l'Autre Monde*, *op. cit.*, p. 448.

10 Selon la formulation de Stoyan Atanassov qui déclare : « Dans la littérature arthurienne, l'Autre Monde est un espace à géométrie variable », dans « L'Autre Monde comme une scène de quiproquo », dans Denis Hüe, Christine Ferlampin-Acher (dir.), *Le Monde et l'Autre Monde*, *op. cit.*, p. 15.

> Toujours est-il que la force de la notion d'Autre Monde réside dans sa capacité de réunir sous un même nom les différents types de mondes merveilleux qu'on trouve dans les textes, liés entre eux, malgré leurs différences, par des éléments communs. Il met l'accent sur l'altérité, notion ouverte qui nous permet de travailler sur un corpus important de textes[11].

Avant de cerner le degré d'adéquation de cette locution avec l'espace qui nous intéresse, il importe de cerner la référence extra-linguistique à laquelle elle fait référence, et de nous intéresser aux sèmes qu'elle implique, c'est-à-dire l'altérité, la dimension fictionnelle ou encore un idéal utopique, qui sont aussi communs au lieu circonscrit du verger. L'altérité est le premier sème de l'espace auquel cette notion renvoie, ce qui lui confère corollairement une portée esthétique, impliquant la subjectivité du personnage qui la perçoit, pouvant aller jusqu'à un jugement de valeur :

> L'Autre Monde est une notion esthétique. Entrer en contact avec l'« autre » signifie intérioriser, au moins pour un moment, cette altérité, en faire partie en quelque sorte[12].

En outre, l'Autre Monde renvoie à un lieu antithétique au monde de référence construit par la fiction, que nous nommons « domaine courtois » :

> Pour que l'on puisse parler de mondes autres, on doit logiquement admettre d'abord l'existence d'un monde qui serait le point de référence, le monde par rapport auquel on peut constater un écart[13].

Cet écart entre les deux espaces opposés érige souvent l'Autre Monde en contrepoint compensatoire au monde réel, dont il dénonce les vices. De fait, il est presque dessiné comme une utopie avant l'heure, représentative des rêves de la société féodale, qu'il s'agisse d'un monde plus matriarcal, ou tout simplement plus juste :

> Il ne serait pas souhaitable d'affirmer, imprudemment, que l'organisation matriarcale aurait été inconsciemment souhaitée, mais il est évident que ces

11 Tom Klonski, « Réflexions sur la notion d'Autre Monde : de la critique au texte », dans Denis Hüe, Christine Ferlampin-Acher (dir.), *Le Monde et l'Autre Monde*, *op. cit.*, p. 218.
12 *Ibid.*, p. 222.
13 *Ibid.*, p. 219.

> récits instaurent un monde articulé par une très grande autonomie féminine [...]. Utopie ? Peut-être. En tout cas, fonction compensatoire d'un monde inversé où l'on tenterait de rêver, jusqu'au bout, ce qui n'est pas donné dans le réel [...][14].

Cette caractéristique véritablement utopique du domaine merveilleux fera l'objet de notre troisième partie. En attendant, il importe de préciser les nombreux paradoxes du domaine merveilleux qui justifient la mise à l'écart de l'appellation « Autre Monde ».

Dans la littérature arthurienne, la cour d'Arthur, qui forme le cœur du domaine courtois, constitue le pôle dialectique opposé à cette contrée floue, cela même si la dialectique entre les deux domaines n'est pas si clairement délimitée. De fait, eu égard à la dimension elle-même mythique du roi Arthur, la merveille est aussi présente dans le domaine courtois, qui est pourtant censé s'opposer par nature à l'emblème de la magie :

> Pour le public médiéval français, la cour d'Arthur est elle-même merveilleuse, il y a déjà perception d'un écart. Ce roi mythique appartenant à un temps mythique, ainsi que ses illustres compagnons de la Table Ronde déjà n'appartiennent plus vraiment au monde des hommes. La cour d'Arthur doit être comprise comme un inter-monde, dans la mesure où elle représente la collectivité humaine sans pour autant être identifiée à elle. Or le point de référence par rapport à l'« Autre » dont nous venons de parler est, à l'intérieur de l'univers romanesque, le monde arthurien[15].

La référence au registre merveilleux pose donc un premier problème définitoire, c'est pourquoi nous suivrons l'avis de Tom Klonski qui démontre que : « [s]i nous parlons d'Autre Monde, nous devons donc supposer un degré supérieur de merveilleux[16] ». Cette première définition autour de la merveille permet aussi de déterminer la cour du roi Arthur, comme centre de référence réelle concrète, ainsi que dans son rapport de similitude et d'opposition, mais aussi comme donnée

14 Danièle Régnier-Bohler, « Figures féminines et imaginaire généalogique : étude comparée de quelques récits brefs », dans *Le Récit bref au Moyen Âge*, actes du colloque des 27, 28 et 29 avril 1979, Université de Picardie, Centre d'études médiévales, Paris, Champion, 1980, p. 83.

15 Tom Klonski, « Réflexions sur la notion d'Autre Monde : de la critique au texte », dans Denis Hüe, Christine Ferlampin-Acher (dir.), *Le Monde et l'Autre Monde*, *op. cit.*, p. 219-220.

16 Tom Klonski, « Réflexions sur la notion d'Autre Monde : de la critique au texte », dans Denis Hüe, Christine Ferlampin-Acher (dir.), *Le Monde et l'Autre Monde*, *op. cit.*, p. 219.

symbolique. D'ailleurs, la mentalité primitive attribuée à la société médiévale n'établit pas de frontière nette entre les événements réels et ceux jugés surnaturels : « Autrement dit : l'Autre Monde donne à voir du merveilleux, mais, pour l'homme médiéval toujours, le merveilleux se manifeste aussi dans le monde[17]. »

Par conséquent, un second problème définitoire du domaine merveilleux apparaît : au sein des œuvres médiévales, les deux domaines antithétiques ne sont pas si clairement distingués, contrairement à ce que le vocable analysé laisse entendre :

> L'opposition binaire s'efface alors au profit d'un espace divers, où l'altérité connaît des degrés variables : l'autre monde perd de son évidence, ce que favorise sa stratification génétique (où se superposent une origine celtique, une christianisation plus ou moins marquée qui tend à la confusion, ne serait-ce que sur le mode allusif, de l'autre monde avec le paradis ou l'enfer, et (parfois) des réminiscences gréco-romaines[18].

De ce fait, dans le corpus étudié, il ne s'agit pas à proprement parler d'un « autre » monde, mais davantage d'un pôle miroir de la cour, en face duquel se crée une tension dialectique. Le principal repère du personnage arthurien est bien la cour royale, à laquelle le narrateur propose un contrepoint plus ou moins merveilleux.

Ces deux ambiguïtés sémiques – qui relèvent respectivement du lien au registre merveilleux et de la définition spatiale du référent – nous conduisent naturellement à analyser le lexème à proprement parler. En effet, la multiplicité possible des lieux désignés par ce concept invite d'abord à remettre en question le singulier utilisé :

> Bien que le terme d'Autre Monde soit utilisé le plus souvent au singulier et précédé d'un article défini, comme s'il s'agissait de quelque chose de bien précis, localisable, reconnaissable, il faut croire que les représentations sont aussi diverses et nombreuses que les possibilités de l'imaginaire humain[19].

Le singulier est bien trompeur, puisque chaque œuvre construit son espace parallèle et opposé, en fonction même du premier domaine,

17 *Ibid.*, p. 218.

18 Christine Ferlampin-Acher, « D'un monde à l'autre : en guise de conclusion », dans Denis Hüe, Christine Ferlampin-Acher (dir.), *Le Monde et l'Autre Monde*, *op. cit.*, p. 448.

19 Tom Klonski, « Réflexions sur la notion d'Autre Monde : de la critique au texte », dans Denis Hüe, Christine Ferlampin-Acher (dir.), *Le Monde et l'Autre Monde*, *op. cit.*, p. 212.

donné comme réaliste. De ce fait, « l'Autre Monde » est nécessairement dépendant du premier domaine courtois qui le présuppose :

> Ainsi, pour être reconnaissable dans chacun de ces avatars romanesques, l'Autre monde n'en apparaît pas moins altéré, contaminé par le tissu de l'œuvre, assujetti à une intention narrative particulière[20].

Par conséquent, il existe ainsi autant d'Autres Mondes que d'espaces réels et de récits bretons, comme l'explique Christine Ferlampin-Acher : « l'autre monde, hésitant entre l'autre monde *stricto sensu* des celtisants et l'éclatement spatial des romans arthuriens, est donc bien divers [...][21] ».

Or justement, la diversité des types d'espaces ainsi désignés nous permet d'aborder une difficulté lexicographique majeure : aucune occurrence de la locution nominale « Autre Monde » ne peut être relevée dans notre corpus primaire. D'ailleurs, elle n'apparaît à aucun moment dans les textes médiévaux de manière générale. Rappelons ici qu'elle est totalement inventée par la critique scientifique[22].

Il est donc nécessaire de cerner le domaine merveilleux par d'autres biais. À notre sens et en vertu de la définition même de la merveille[23], cet espace doit être défini en vertu de l'effet qu'il provoque chez le personnage qui le visite. Seuls quelques marqueurs discrets permettent en effet au lecteur de le repérer, comme par exemple le recours au registre merveilleux, ou à d'autres motifs. Néanmoins, ces marqueurs littéraires ne sont pas spécifiques au domaine merveilleux, qui se laisse ainsi très difficilement reconnaître du fait de son intégration dans le royaume arthurien plus général. En effet, aucune distinction formelle n'est pratiquée, comme s'il s'agissait volontairement de brouiller la séparation entre les deux domaines.

Nos auteurs établissent donc un jeu de miroir complexe entre un point de référence : le domaine courtois, dont le cœur est formé par la

20 Stoyan Atanassov, « L'Autre Monde comme une scène de quiproquo », dans Denis Hüe, Christine Ferlampin-Acher (dir.), *Le Monde et l'Autre Monde*, *op. cit.*, p. 15.

21 Christine Ferlampin-Acher, « D'un monde à l'autre : en guise de conclusion », dans Denis Hüe, Christine Ferlampin-Acher (dir.), *Le Monde et l'Autre Monde*, *op. cit.*, p. 454.

22 « Il faut rappeler brièvement le problème principal : le terme d'"Autre Monde" n'apparaît jamais dans les textes littéraires. Il est donc impossible de commencer par relever les occurrences du mot dans le texte », Tom Klonski, « Réflexions sur la notion d'Autre Monde : de la critique au texte », Denis Hüe, Christine Ferlampin-Acher (dir.), *Le Monde et l'Autre Monde*, *op. cit.*, p. 212.

23 Voir l'introduction générale de cette étude, *supra*, p. 18.

cour royale, qui s'oppose à un contrepoint que nous appelons « domaine merveilleux », mais qui se révèle difficile à cerner, puisque ses limites en sont volontairement atténuées. Par conséquent, le concept d'« Autre Monde » ne suffit pas pour rendre compte de cette dialectique signifiante établie entre les deux domaines antithétiques. Nous ne l'utiliserons donc pas dans le cadre de cette étude[24], d'autant plus que la notion de « monde » entretient un rapport imprécis avec celui de « royaume ».

Nous nous intéresserons désormais aux autres termes employés par la critique qui pourraient davantage convenir pour nommer le domaine merveilleux[25].

Paradis, enfer

> L'espace merveilleux peut prendre les sombres couleurs de l'Enfer, dans l'obscurité, la puanteur et le bruit, ou bien ressembler au verger, *locus amoenus* d'une grande banalité, marqué par le souvenir biblique du paradis, même lorsqu'il intervient dans des contextes tout à fait profanes[26].

Certaines similarités du domaine merveilleux avec l'au-delà[27], notamment la description d'un paysage naturel[28], ou certaines distorsions temporelles[29], nous invitent à nous interroger sur la possibilité d'identifier ce lieu particulier aux deux catégories bien identifiées dans le cadre judéo-chrétien que sont le paradis et l'enfer.

Tout d'abord, le domaine merveilleux est protéiforme et peut ainsi prendre l'aspect positif du paradis, ou négatif de son contrepoint infernal :

24 Toutefois, si nous citons un extrait d'un critique y faisant référence pour nommer l'espace merveilleux qui nous occupe, nous ne modifierons pas ses dires.

25 « […] d'autres termes existent, et la notion d'"Autre Monde", aussi ingénieuse qu'elle soit, ne résout pas tous les problèmes de lecture et de compréhension. », Tom Klonski, « Réflexions sur la notion d'Autre Monde : de la critique au texte », Denis Hüe, Christine Ferlampin-Acher (dir.), *Le Monde et l'Autre Monde*, *op. cit.*, p. 218.

26 Christine Ferlampin-Acher, *Fées, bestes et luitons…*, *op. cit.*, p. 112.

27 Sur le thème de l'au-delà, voir Claude Lecouteux, *La Mort, l'au-delà et les autres mondes*, *op. cit.*, p. 19 et *sqq.*

28 L'introduction du régime fabuleux dans un paysage naturel, qu'il s'agisse du lieu qui nous occupe, ou des au-delàs analysés, tient à la perception particulière de la nature par la société médiévale, ainsi que Ernst Robert Curtius l'a théorisé : « Au Moyen Âge, la description de la nature ne cherche pas du tout à reproduire la réalité. », dans *La Littérature européenne…*, *op. cit.*, p. 226.

29 La plus représentative étant celle que subit le héros dans le lai de *Guingamor.*

> L'espace de la merveille est pensé comme un au-delà où convergent des croyances folkloriques, marquées par des survivances celtiques, des sources savantes, nourries par l'Antiquité gréco-latine et les rêveries orientales, et par les conceptions chrétiennes. Celles-ci, dominantes, font que tout espace merveilleux, marqué positivement ou négativement, suscite des références infernales ou paradisiaques, ne serait-ce que sur le mode topique[30].

Le domaine merveilleux, le paradis et l'enfer, ont en effet en commun d'être séparés du monde de l'ici-bas, que la frontière en soit réelle ou symbolique. Ils expriment en fait symboliquement la confrontation entre deux mondes :

> La représentation de l'au-delà est un moyen détourné pour représenter l'ici-bas en mettant en scène une confrontation des deux mondes[31].

Pourtant si certaines correspondances entre ces trois espaces sont indéniables, certaines de leurs différences, notamment leurs connotations ou leurs influences symboliques méritent d'être approfondies. Nous nous attacherons donc à préciser les spécificités et vases communicants de ces lieux particuliers.

Commençons notre analyse avec le paradis et convoquons Jean Delumeau pour définir ses origines lexicales[32]. Ce terme proviendrait de l'ancien persan *paradaiza* qui renvoie à un lieu qui, à travers les cultures et les religions, réfère toujours à un jardin. Par opposition à l'aridité supposée du désert, ce lieu, où une nature verdoyante fournit des fruits et des fleurs enchantant les sens, connote la profusion, et par extension l'agrément[33]. Par conséquent, il correspond aussi au *locus amoenus*, lieu idéal d'origine antique :

---

30 Christine Ferlampin-Acher, *Fées, bestes et luitons...*, *op. cit.*, p. 111. On pense notamment au Val sans retour dans le *Lancelot en prose*, qui concentre bien les différentes symboliques du paradis, de l'enfer et de l'île paradisiaque celtique.

31 Michel Henrichot, « La Fiction Infernale dans Les Dialogues des morts », dans Arlette Bouloumié (dir.), *Les Vivants et les morts, Littératures de l'entre-deux-mondes*, Paris, Imago, 2008, p. 63.

32 Jean Delumeau, *À la recherche du paradis*, Paris, Fayard, 2010, p. 14-15 : voir aussi Jean Delumeau, *Mille ans de bonheur. Une histoire du paradis*, t. II, Paris, Fayard, 1995.

33 Danièle Alexandre-Bidon définit ainsi le bonheur idéal du paradis : « Le paradis apparaît aussi comme un lieu paisible, au sens le plus fort du terme. Les âmes déambulent au son léger de la fontaine de paradis dans un séduisant paysage verdoyant, où il ne pleut jamais, où la lumière est douce et tamisée, où l'on n'a jamais froid, contrairement à l'enfer qui associe la glace à la flamme pour torturer les âmes. [...] En outre, le royaume céleste ne

> […] Une « tranche » de nature belle et ombragée ; son décor minimum se compose d'un arbre (ou de plusieurs), d'une prairie et d'une source ou d'un ruisseau. À cela peuvent s'ajouter le chant des oiseaux et les fleurs[34].

Ces caractéristiques agréables sont aussi celles du verger, qui est très souvent décrit comme un *locus* amoenus, notamment dans *Guigemar*[35], *Tydorel*[36], et bien sûr *Oiselet*[37], tout entier construit autour de la description idyllique de ce lieu idéal[38].

Outre les références à l'agrément permises par la nature luxuriante et verdoyante, la tradition judaïque, ainsi que la religion chrétienne en s'appuyant sur la Genèse, lui ont adjoint certaines composantes rendues nécessaires pour faire naître l'harmonie. Il s'agit notamment de l'eau prenant la forme d'une source ou d'une fontaine, et de deux arbres singuliers : l'arbre de vie et l'arbre de la connaissance du bien et du mal. Ce faisant, le jardin d'Éden ajoute aussi à ce lieu une dimension inquiétante qui n'existait pas dans le *locus amoenus*. En effet, l'arbre de la connaissance du bien et du mal est directement lié au péché originel, interrompant brutalement le bonheur intemporel[39]. En d'autres termes, selon la symbolique privilégiée, le paradis chrétien peut renvoyer à un lieu véritablement idéal ou contenir une dimension inquiétante, préfiguration de la chute à venir.

Toutefois, dans le corpus primaire, la Genèse, est très rarement évoquée, ce qui montre que le domaine merveilleux ne coïncide pas avec ce premier jardin de la Création. Dans les textes étudiés, l'influence religieuse chrétienne est extrêmement ténue, voire absente. Le substantif

---

manque pas de relief : le paysage n'est pas plat mais faiblement vallonné, des montagnes se profilent à l'horizon, le regard n'est pas lassé par l'uniformité. Des vols d'oiseaux traversent haut le ciel ; ce sont les seuls animaux admis au paradis, sans doute pour leur caractère céleste : ils sont ailés, comme les anges, passent souvent pour abriter les âmes et certains d'entre eux, tel le perroquet ou le paon sont des symboles de l'éternité. », dans *La Mort au Moyen Âge. XIII*e*-XVI*e *siècle*, Paris, Hachette Littératures, 1998, p. 290. Ce paysage pourrait correspondre à celui décrit dans les lais étudiés.

34 Ernst Robert Curtius, *La Littérature européenne…*, *op. cit.*, p. 231.

35 *Guigemar*, v. 219 et *sqq.*

36 *Tydorel*, v. 23 et *sqq.* ; 367 et *sqq.*

37 Nous convoquons une œuvre du corpus secondaire pour les besoins de la démonstration.

38 *Oiselet*, dans *Nouvelles courtoises occitanes et françaises*, Suzanne Méjean-Thiolier, Marie-Françoise Notz-Grob (éd.), Paris, Librairie générale française, 1997, v. 29 et *sqq.* ; voir dès le vers 29 : « le vergiers fu beaus a devise ».

39 Jean Delumeau, *L'Avenir de Dieu*, *op. cit.*, p. 191.

masculin « *paradis* » est présent en une unique occurrence, lors de la description du palais que découvre le héros dans *Guingamor* :

> Neïs les chambres environ
> Sont a pierres de Paradis[40].

Cependant, dans le lai d'*Yonec*, même si le substantif n'apparaît pas, on discerne implicitement une réplique du paradis lorsque le chevalier *fae* rassure la dame à qui il se présente en récitant son credo :

> Jeo crei mut bien el Creatur,
> Ki nus geta de la tristur
> U Adam nus mist, notre pere,
> Par le mors de la pumme amere[41] ;

Pourtant les références religieuses rapidement introduites avec *Creatur*, et « *U Adam nus mist* », resteront sans suite. Il est donc inapproprié de parler de « paradis » pour des textes ne s'appuyant pas explicitement sur la symbolique chrétienne.

En revanche, il est des substituts comme l'île d'Avalon, issue de la tradition celtique, qui pourraient davantage correspondre au domaine merveilleux :

> Le thème celtique du voyage vers l'autre monde ne peut s'analyser [...] sans la référence à cette « île des pommiers », véritable modèle de toutes les îles merveilleuses de l'autre monde. [...] En outre, dans l'imaginaire celtique, l'île apparaît toujours avec une nette valeur initiatique[42].

D'ailleurs, comme l'île d'Avalon, qui accueille Arthur à la fin de sa vie, mais ne l'en laisse finalement pas sortir, le domaine merveilleux se révèle toujours ambigu et inquiétant, qu'il s'agisse du monde de la fée dont on ne revient pas dans *Guingamor*, ou du palais du chevalier *fae* dans *Yonec*. Cette ambivalence invite à penser ce lieu comme un condensé des deux au-delàs antithétiques, correspondant aussi aux *inferi* des Anciens, ou encore comme un « paradis troublant[43] ». Le verger, qui en présente le condensé sur le plan imaginaire, reproduit cette tension entre idéal utopique et réalité menaçante.

---

40 *Guingamor*, v. 390-391.
41 *Yonec*, v. 149-152.
42 Philippe Walter, *Galaad, le pommier et le Graal*, *op. cit.*, p. 151.
43 Laurence Harf-Lancner, *Les Fées au Moyen Âge...*, *op. cit.*, p. 314.

L'enfer, qui se présente comme un contrepoint du paradis, possède aussi une origine antique et transculturelle. Il faut d'abord revenir sur les différentes désignations que lui donnèrent les cultures au fur et à mesure des époques, avant de préciser laquelle correspond particulièrement à la symbolique du domaine merveilleux[44].

Selon qu'on utilise le singulier ou le pluriel d'abord, la désignation « enfer » ne renvoie pas au même lieu, ni à la même symbolique. Dans la tradition antique d'abord, les « enfers » renvoient à l'au-delà de manière générale. Localisés sous terre, ils désignent l'ensemble des lieux de séjour des morts, qu'ils soient connotés positivement ou négativement, et où tous les défunts se retrouvent sans distinction[45]. Ces lieux du dessous sont organisés selon une géographie imaginaire très structurée. C'est l'Égypte antique qui la première a élaboré une topographie très précise de l'au-delà : elle était d'ailleurs si précise qu'on a trouvé sur certains sarcophages des cartes de l'autre monde[46]. Les lieux infernaux apparaissent ensuite chez les Babyloniens, et plus précisément dans l'*épopée de Gilgamesh*, rédigée vers la fin du IIIe millénaire avant J.-C[47]., et dans laquelle on trouve aussi une description de ce monde souterrain, précisément lorsqu'Ishtar y descend. Ces régions inférieures sont ensuite reprises durant l'antiquité grecque, particulièrement dans les mythes grecs, par le biais du motif de la descente aux enfers. On pense notamment aux célèbres catabases de Perséphone[48], d'Orphée, de Pollux, de

44 Le paragraphe qui suit doit beaucoup à l'ouvrage de Jacques Le Goff, *La Naissance du purgatoire*, *op. cit.* Voir le chapitre sur les « au-delà avant le purgatoire », qui fait l'état des lieux des différents types d'au-delà, p. 31-173, et plus particulièrement, p. 31-77 ; voir aussi *Dictionnaire de la Bible*, André-Marie Gérard (dir.), Paris, Robert Laffont, 1989, p. 206-207 ; 324-325 ; 436-437 ; *Dictionnaire encyclopédique de la Bible*, Brepols, Turhout, 2002 [3e éd.], p. 533-534 ; 1193-1194 ; Fabienne Pomel, *Les Voies de l'au-delà…*, *op. cit.*, p. 12 et *sqq.*

45 *Dictionnaire de la Bible*, *op. cit.*, p. 324-325.

46 L'Égypte compte aussi beaucoup dans l'histoire de l'au-delà, car elle a été le lieu d'élaboration de nombreux textes juifs, grecs, coptes, qui ont joué un grand rôle dans l'imagerie de l'enfer. Par ailleurs, Platon et sa philosophie de la réincarnation ont aussi joué un rôle fondamental dans l'établissement imaginaire des lieux de l'au-delà et de leurs fonctions ; notamment la croyance en la métempsycose et l'orphisme ; voir Jacques Le Goff, *La Naissance du purgatoire*, *op. cit.*, p. 35-36 ; 38.

47 La connaissance que nous en avons provient de tablettes cunéiformes datant du VIIIe siècle avant J.-C.

48 « En Grèce, le mythe de Perséphone traite de ce même rapport entre les forces de la vie et de la mort, autour d'images agraires de fertilité et de régénération cosmique : Perséphone, fille de Démeter, est enlevée par Pluton. Hermès descend en enfer pour persuader l'époux

Thésée, d'Héraklès ou d'Ulysse. Ces lieux y sont alors nommés *Hadès*, terme qui renvoie aux espaces tout en bas, séjours des morts, qu'ils aient bien ou mal agi de leur vivant[49]. À ce titre, l'*Énéide* de Virgile, et plus précisément la catabase du héros, au livre IV, a joué un rôle précurseur par son évocation topographique de l'au-delà. Elle se caractérise par une plus grande précision concernant les enfers que la plupart des autres évocations antiques. Enfin, les enfers correspondent aussi au *Shéôl* juif[50], qui apparaît dans l'Ancien Testament pour désigner un lieu souterrain et neutre, où tous les morts se retrouvent après leur trépas. D'ailleurs, dans la description de ce lieu infernal y figurent pour la première fois les notions de ténèbres et d'obscurité[51], montrant des connotations de plus en plus précises de l'au-delà.

Pourtant, si le *Shéôl* accueille dans un premier temps l'ensemble des morts sans les distinguer, il mène aussi à deux lieux opposés en vertu des qualités morales des morts qui y entrent : la *géhenne*[52], qui correspond au lieu de châtiment bien connu, et l'*eden*, équivalent du paradis. C'est donc dans l'Ancien Testament qu'apparaît pour la première fois le lieu de châtiment que nous nommons de nos jours « enfer » au singulier, et qui a pour rôle d'accueillir tous les « mauvais morts » en leur faisant subir d'atroces tourments. Il y apparaît certes sous un nom différent, celui de *géhenne*, mais possède les mêmes caractéristiques topographiques et les mêmes fonctions. Il consiste en effet en une fosse profonde[53] où sont châtiés les coupables, et qui s'oppose alors à l'*eden*, lieu idyllique. En ce sens, la définition de ces lieux subit par là même une inflexion moralisante :

---

de la délivrer. Un compromis est adopté : Perséphone descendra sous terre pendant quelques mois de l'année et passera le reste de son temps sur terre. », Fabienne Pomel, *Les Voies de l'au-delà…*, *op. cit.*, p. 19.

49 Voir *Dictionnaire encyclopédique de la Bible*, *op. cit.*, p. 1193-1194 ; voir aussi Claude Lecouteux, *La Mort, l'au-delà et les autres mondes*, *op. cit.*, p. 37 et *sqq.*

50 Claude Lecouteux, *La Mort, l'au-delà et les autres mondes*, *op. cit.*, p. 39-40.

51 Jacques Le Goff précise : « Le *shéôl* reste toujours souterrain et obscur, c'est l'ensemble des fosses, des tombes, le monde des morts et de la mort. », dans *La Naissance du purgatoire*, *op. cit.*, p. 61 ; voir aussi *Dictionnaire de la Bible*, *op. cit.*, p. 206-207 : « Mot d'origine inconnue qui, dans l'Ancien Testament, désigne le séjour des morts » ; *Dictionnaire encyclopédique de la Bible*, *op. cit.*, p. 1193-1194.

52 Voir *Dictionnaire de la Bible*, *op. cit.*, p. 436-437.

53 Il correspond de ce fait au Tartare des Gréco-Romains, où sont envoyés les pères coupables, voir *Dictionnaire de la Bible*, *op. cit.*, p. 324-325.

> Sous l'influence de l'eschatologie transcendante, qui détache le salut définitif des conditions terrestres, la géhenne comme lieu de châtiments perd graduellement sa signification topographique[54].

Ainsi, la distinction de l'au-delà en deux lieux opposés – la *géhenne* et l'*eden* – a aussi pour corollaire l'acquisition d'un sens et de fonctions moralisantes. On passe de lieux obscurs et décrits selon leur localisation spatiale sous-terraine, à deux espaces distingués en vertu des actions morales perpétrées au cours de leur vie par les morts qui y entrent.

Enfin, c'est bien ce jugement que reprend la religion chrétienne, dans le Nouveau Testament[55], lorsqu'elle définit l'enfer comme un lieu de peine, qui consiste en un lot de tourments affreux pour les pécheurs et en la privation de la vision de Dieu pour l'éternité[56]. À l'époque médiévale, cette dernière conception prime et est bien connue de la culture littéraire. C'est d'ailleurs celle qui est mise en balance avec le paradis, notamment dans les évocations du Jugement dernier.

Pourtant, la topographie du corpus ne fait presque pas référence au lieu infernal ainsi analysé. De fait, nous ne trouvons qu'une seule mention du vocable *enfern* dans *Yonec*, lorsque la jeune fille séquestrée décrit le supplice de son emprisonnement : « *si fu el flum d'enfern plungiez*[57] ». Ce nom ne sert qu'à nourrir une métaphore liée à la souffrance et ne désigne aucunement un lieu d'ancrage de l'intrigue. D'ailleurs, il ne sera pas réutilisé dans la suite, confirmant sa fonction accessoire.

Enfin, à partir du XIIIe siècle, la théorisation du purgatoire vient parfaire cette géographie chrétienne de l'au-delà[58], en introduisant cet espace intermédiaire entre le paradis et l'enfer, passant par conséquent d'une conception duelle à une vision ternaire de l'au-delà. Nous verrons d'ailleurs dans notre étude à quel point l'introduction d'un troisième lieu pour résoudre une binarité spatiale problématique est structurante

54 *Dictionnaire encyclopédique de la Bible*, *op. cit.*, p. 533-534.

55 Le *livre d'Hénoch* et le *Quatrième livre* d'Esdras préciseront encore un peu plus la topographie imaginaire chrétienne infernale par la suite. À ce sujet, voir Jacques Le Goff, *La Naissance du purgatoire*, *op. cit.*, p. 50-54.

56 *Dictionnaire du Moyen Âge*, Claude Gauvard, Alain de Libera, Michel Zink (dir.), Paris, PUF, 2002, p. 478.

57 *Yonec*, v. 88.

58 À ce sujet, voir Jacques Le Goff, *La Naissance du purgatoire*, *op. cit.*

et révélatrice de l'évolution des modes de pensée, tant sur le plan religieux, historique, que littéraire[59].

Par conséquent, l'utilisation du lexique dans les récits à l'étude corrobore l'hypothèse que, ni le paradis, ni l'enfer, ne constituent un modèle de référence pour nommer le domaine merveilleux. Leurs très rares occurrences dans le corpus primaire sont de simples marqueurs sans réelle consistance. Si le domaine merveilleux possède certains points communs avec ces catégories habituelles de l'au-delà, qui ont contribué à la forger et nourrissent sa symbolique, notamment dans la description d'une nature luxuriante ou la référence à un temps éternel, il semble pourtant indépendant de ces concepts d'origine religieuse[60] dans le corpus primaire.

L'Ailleurs[61]

Toutes les notions abordées jusqu'ici, l'« Autre Monde », le paradis ou encore l'enfer ne suffisent pas pour circonscrire le domaine merveilleux :

> La topographie merveilleuse est donc incertaine : tantôt l'espace, changeant, est insaisissable, tantôt l'hyperbole ouvre sur l'indicible, tantôt la description n'est qu'une projection illusoire de celui qui regarde et ne révèle en aucun cas la vérité du lieu[62].

Pour le désigner, nous préférerons donc utiliser la notion d'« Ailleurs » que nous empruntons à Francis Dubost. De fait, cet adverbe spatial substantivé contient le sème d'altérité au cœur de notre étude, qui fonde le domaine merveilleux comme un lieu incertain. Il renvoie bien à une zone floue, sans véritable limite, si ce n'est qu'elle est éloignée de la cour. Cette distance peut être spatiale, mais aussi culturelle et symbolique.

Sur le plan géographique d'abord, le domaine merveilleux, en tant que véritable opposé de la cour, se situe toujours à une distance impliquant une pérégrination du chevalier qui s'y aventure. Cette première

59 Voir troisième partie, *infra*, p. 454 et *sqq.*

60 D'ailleurs, dans son *Dictionnaire de mythologie arthurienne*, Philippe Walter ne répertorie ni le paradis, ni l'enfer, ce qui prouve aussi que l'imaginaire de ces au-delàs ne nourrit pas directement le mythe arthurien, voir Philippe Walter, *Dictionnaire de mythologie arthurienne, op. cit.*

61 En référence aux travaux de Francis Dubost et à sa défition de l'Ailleurs, nous conservons la majuscule qu'il avait choisi d'adjoindre à l'adverbe substantivé ; voir *Aspects fantastiques de la littérature narrative médiévale…, op. cit.*

62 Christine Ferlampin-Acher, *Merveilles et topique merveilleuse…, op. cit.*, p. 160.

caractéristique est la condition même de l'errance chevaleresque, érigée en principal ressort de la dynamique narrative. À chaque fois, la sortie du héros de son territoire a pour corollaire la découverte de ce second espace. En effet, la navigation de Guigemar lui donne accès au domaine idyllique et merveilleux de la fée, qui apparaît en tout point opposé au domaine courtois duquel il vient, et qui était dominé par le péché d'un roi injuste. De même, l'entrée d'Érec dans le verger clos d'air le fait pénétrer dans un espace où les géants surnaturels obéissent aux jeunes femmes dominatrices et injustes, alors que le domaine d'Érec est placé sous le règne d'Arthur. Néanmoins, la découverte d'un nouvel espace et d'un nouveau plan de l'action engendre aussi un étonnement du personnage face à des événements ou à des pratiques qu'il n'a pas l'habitude de côtoyer.

Par conséquent, l'altérité sous-entendue par la notion d'« Ailleurs » implique aussi une différence d'un autre ordre, davantage culturelle et collective[63], favorisant par là même l'irruption du registre merveilleux. De fait, la découverte de nouveaux lieux par le personnage a aussi pour effet une meilleure attention aux phénomènes extraordinaires typiques de la merveille. C'est donc bien la première distance spatiale qui favorise une meilleure perception du chevalier, alors prêt à entrer dans le domaine merveilleux. Renvoyant tour à tour à une distance spatiale, avant d'être culturelle et émotionnelle, la dénomination « Ailleurs » semble donc davantage convenir à l'ambiguïté essentielle[64] du domaine merveilleux.

63 Paul Zumthor résume les deux types de distances, spatiales et culturelles, impliquées par le concept d'« Ailleurs » « L'ailleurs lointain se définit par les lieux qu'il contient ; [...] Mais la distance est perçue qualitativement, comme étrangeté, plutôt que quantitativement, comme continuité spatiale. Tout se mesure en termes d'appartenance, c'est-à-dire de mémoire collective et d'intérêts partagés ; se mesure par rapport aux figures d'identification que se forme ainsi la communauté, et qu'elle a inscrites dans ses rites, ses coutumes et l'espace où elle vit ; se mesure, enfin, aux récits dans lesquels s'épanouit cette mémoire – qui n'est pas archive inerte mais activité publique vigilante, à la fois préservatrice et prophétique. », *La Mesure du monde*, *op. cit.*, p. 146.

64 Comme le synthétise Laurence Harf-Lancner, l'espace qui nous occupe est à la fois syncrétique et ambigu : « Les lais fèeriques oscillent entre deux pôles : la société humaine et un autre monde aux contours imprécis, proche de celui des contes celtiques, qui est à la fois le monde des fées, le monde des morts, le monde sauvage où s'affirment des contre-valeurs. », dans « La Reine ou la fée – l'itinéraire du héros dans les *Lais* de Marie de France », Jean Dufournet (dir.), *Amour et merveille, Les* Lais *de Marie de France*, Paris, Champion, 1995, p. 81.

Enfin, le concept d'Ailleurs englobe les catégories de l'espace et du temps qui intéressent notre problématique portant sur l'enracinement mythique[65] de la dynamique royale. En effet, ainsi que le théorise Francis Dubost, l'une des ressources d'action de la merveille est la « référence conjecturale » qui fonde une distance, non plus seulement spatiale, mais aussi temporelle : « Le référent n'est plus parcellisé, il est incertain, hors d'atteinte, car le phénomène merveilleux plonge ses racines dans l'Ailleurs et l'Autrefois[66] ». La notion ainsi retenue établit donc des connexions avec des contrées exotiques, mais aussi avec un temps reculé et inatteignable par des procédés classiques. De ce jeu temporel découle aussi l'attention du lecteur aux soubassements mythiques du domaine merveilleux, dont la prise en compte est primordiale pour notre étude[67].

Ainsi donc, les sèmes de distance, à la fois spatiale, temporelle, et culturelle contenus dans le terme « Ailleurs » impliquent l'émergence probable du registre merveilleux ainsi qu'une autre strate de signifiance : mythique. Cette notion convient donc particulièrement pour nommer le domaine merveilleux.

Du fait de leur manque de relation symbolique et imaginaire avec notre problématique royale, les termes d'« Autre Monde », de « paradis » et d'« enfer » sont donc insuffisants et imprécis pour décrire le domaine merveilleux.

Au contraire, le concept d'« Ailleurs », du fait des catégories à la fois spatiales et temporelles qu'il englobe, permet l'introduction d'une dimension mythique. En effet, il ne délimite pas précisément l'espace qu'il désigne, permettant de ce fait l'irruption du registre merveilleux dans des lieux aussi divers que ceux dont il est question dans les récits étudiés, sans s'embarrasser de frontières et de cloisons organisant habituellement notre expérience de l'espace : il les transcende d'emblée. Désormais, les deux appellations « Ailleurs » et « domaine merveilleux », qui sont donc synonymes, seront utilisées sans distinction.

Le verger arthurien fonctionne comme un condensé des problématiques imaginaires et symboliques du domaine merveilleux, dont il

65 Francis Dubost, « La pensée de l'impensable dans la fiction médiévale », dans Francis Dubost (dir.), *La Merveille médiévale*, *op. cit.*, p. 21-22.

66 Francis Dubost, *Aspects fantastiques de la littérature narrative médiévale…*, *op. cit.* p. 69-70.

67 *Ibid.*, p. 70.

forme le centre. Il convient donc davantage pour définir la profusion symbolique si difficile à cerner lexicalement. Plus particulièrement, la symbolique du paradis, avec la présence d'un paysage propice à une profusion nourricière et à l'exaltation des sens, fondent le verger et le domaine merveilleux comme une sorte d'idéal. Nous envisagerons désormais le fonctionnement de ce lieu comme un miroir syncrétique de la mécanique à l'œuvre dans l'ensemble du domaine merveilleux.

LE VERGER ARTHURIEN : AILLEURS SYNCRÉTIQUE ET IMAGINAIRE MERVEILLEUX

Les vergers dans le corpus primaire

Au Moyen Âge, le verger est une réalité concrète et utilitaire pris dans un système de gestion particulier de l'espace, où la récolte des fruits issus des végétaux a pour premier but de se nourrir, d'où une première valeur positive. De la fonction nourricière à celle du plaisir et de l'agrément, le pas est vite franchi, notamment dans le corpus primaire, où le verger apparaît d'abord comme un lieu de vie, planté d'arbres fleuris, contrairement à la terre *gaste* et à sa stérilité. Nous présenterons ces différents vergers, avant de proposer une analyse de leur symbolique.

À la fin d'*Érec et Énide* d'abord, le héros pénètre dans le verger clos d'air, qui constitue le premier verger de la chronologie des romans de l'auteur champenois, et aussi sûrement le plus fourni. Le héros doit alors relever l'aventure de la Joie de la Cour, durant laquelle il vainc le chevalier merveilleusement grand et délivre le lieu de son enchantement. Ensuite, le roman de *Cligès* contient deux vergers : le premier, qui est aussi un cimetière et dans lequel Fénice se fait passer pour morte, et le verger final, qui est celui de l'accomplissement de l'amour des héros. *Le Chevalier de la Charrette* installe aussi la réalisation amoureuse finale dans un verger, lors de la nuit d'amour de Lancelot et Guenièvre. Cette place cruciale est d'ailleurs annoncée plus tôt dans l'histoire par l'ambiance du Pré aux jeux et par la fontaine sur laquelle Guenièvre a oublié son peigne. Dans *Le Chevalier au Lion*, la place du verger évolue considérablement, tant dans sa caractérisation, que dans sa fonction au sein de l'action. Si aucun jardin ne vient introduire la résolution du récit, la fontaine magique, qui apparaît plusieurs fois, présente toutes les caractéristiques de notre lieu. Elle est en effet merveilleuse, ancrée dans un espace naturel et trois éléments typiques du verger : l'arbre, la source et la pierre[68]. Toutefois, dans ce roman, un verger explicitement nommé apparaît tout de même lors de l'épisode de *Pesme Aventure*. Avant de délivrer le château de son maléfice, Yvain est convié par une société galante à partager leurs activités de fête et de jeux dans un jardin. Enfin, *Le Conte du Graal* mentionne le jardin de la *masle pucelle* bien qu'il ne soit pas fortement exploité. La première rencontre de Perceval avec la demoiselle de la tente qu'il brutalise se passe aussi dans un lieu similaire à notre thème. Ces derniers jardins, bien que leur détermination soit concentrée en un nom ou un adjectif, conservent les mêmes fonctions attribuées aux vergers médiévaux plus décrits.

Chez Marie, *vergier* ou *jardin* sont représentés dans quatre lais : *Lanval*, *Laüstic*, *Guigemar* et *Milun*. Dans les lais anonymes, *Tydorel*, *Desirré* et surtout *Oiselet*[69] exploitent particulièrement le motif du verger, pour sa fonction courtoise ou merveilleuse.

Du jardin utilitaire topique au locus amoenus *chargé de sens*

La plupart des vergers de notre corpus sont d'abord de hauts lieux courtois, soit qu'ils protègent la relation amoureuse adultère – la *fin' amor* – primée par cette esthétique, soit qu'ils sont propices à une sociabilité, où l'agrément, les jeux et la détentent sont provilégiés. Dans *Lanval*, le nom *vergier* désigne un lieu de détente pour les chevaliers après les tournois, ou un lieu de repos pour la reine. Il y est mentionné en effet dans un contexte où l'oisiveté et le repos dominent :

> Aprés la feste seint Johan,
> De si qu'a trente chevalier
> S'ierent alé esbanïer
> En un <u>vergier</u>, desuz la tur[70].

L'association de cet espace naturel à une ambiance de repos est d'ailleurs confirmée quelques vers plus loin, lorsque la reine va rejoindre

---

68 Selon la définition donnée par Alain Labbé, dans *L'Architecture des palais et des jardins dans les chansons de geste, Essai sur le thème du roi en majesté*, Paris-Genève, Champion-Slatkine, 1987, p. 59 ; *Yvain*, v. 380-390.

69 Il s'agit d'une œuvre du corpus secondaire.

70 *Lanval*, v. 220-223. C'est nous qui soulignons.

les chevaliers pour se divertir[71]. Dans ce contexte oisif, le verger se présente davantage comme un lieu courtois que comme une place du domaine merveilleux. Il reproduit en effet les réunions typiques des cours, où l'esthétique littéraire de la courtoisie a d'ailleurs pu se développer. Dans *Laüstic*, le verger y est fait brièvement allusion, lorsque le mari fait placer des pièges pour tuer l'oiseau : « Puis les mettent par le vergier[72]. » Ici aussi, il participe à la dimension courtoise du lai et ne renvoie à aucune dimension surnaturelle, puisque sa clôture renvoie symboliquement à la prison amoureuse dans laquelle l'héroïne est enfermée. Cette place est aussi convoquée en vertu de son sens courtois dans *Guigemar*, ou dans *Milun*, lorsque le héros rencontre sa dame : « Delez sa chambre en un vergier[73] ». Nous pouvons donc conclure que chez Marie, le verger est uniquement envisagé selon sa dimension courtoise.

Tous ces vergers ont en effet en commun une nature idéale, où la profusion et la beauté enchantent l'ensemble des sens. La récurrence de ces caractéristiques associe d'ailleurs le verger médiéval au *topos* du *locus amoenus*[74]. De fait, les composants de ce type de paysage idéal sont exactement ceux du jardin littéraire qui en constitue un condensé. Arbres, ruisseaux, fontaines, perrons mais aussi fruits ou une saison idyllique sont des éléments topiques d'abord issus de la poésie et de la rhétorique antique. Virgile mentionnait déjà des vergers dans l'univers pastoral de L'*Énéide*[75].

Les troubadours écrivant en langue d'oc s'en servaient aussi à loisir pour ouvrir leurs poèmes par un exorde printanier. Ce procédé était d'ailleurs très apprécié dans le contexte de la poésie lyrique courtoise. Il n'est que de citer la première strophe de la *canso* 4, *Tant ai mo cor ple de joya*, de Bernard de Ventadour, au XIIe siècle :

> Tant ai mo cor ple de joya,
> Tot me desnatura.

---

71 *Ibid.*, v. 246.

72 *Laüstic*, v. 97.

73 *Milun*, v. 49.

74 Ernst Robert Curtius, *La Littérature européenne…*, *op. cit.*, p. 231.

75 De l'Antiquité latine au Moyen Âge, le lieu a donc fait l'objet d'une forte transmission, dont Alain Labbé explique le fonctionnement : « C'est sans doute sous la forme savante de ce topos à la fois enrichi et appauvri par tant d'emplois illustres ou médiocres que la plupart des thèmes de jardins ont été transmis à la littérature médiévale », dans *L'Architecture des palais et des jardins dans les chansons de geste…*, *op. cit.*, p. 61.

> Flor blancha, vermelh' e groya
> Me par la frejura [...][76]

Cette tradition fera date et nourrira toute la littérature poétique et romanesque du Moyen Âge. Dans le corpus même, l'ouverture par une référence à la végétation proliférante du printemps est habituelle. On la retrouve dans l'œuvre champenoise, notamment dans le *Conte du Graal* :

> Ce fu au tans qu'arbre florissent,
> Fueillent boschaige, pré verdissent,
> Et cil oisel an lor latin
> Dolcemant chantent au matin
> Et tote riens de joie anflame[77],

La nature luxuriante est donc bien associée à un *topos* de renaissance qui introduit l'aventure à venir. Le verger ne fait pas exception à cette première fonction topique.

Pourtant, le jardin médiéval n'est pas qu'un simple tour obligé des auteurs. Lors de sa transmission, le *topos* se charge d'un sens, comme l'explicite Armand Strubel :

> Il faut donc, lorsqu'on aborde le thème du verger, dépasser l'analyse rhétorique et tenir compte d'un sens qui investit certains éléments du *topos* et lui donne une résonnance différente. [...] La surcharge symbolique rend le *topos* particulièrement apte à un usage métaphorique. Il offre un schéma cohérent, homogène et prévisible, avec des associations consacrées par une longue tradition (le mur, les arbres, les oiseaux, l'eau), qui créent la logique du sens littéral[78].

L'origine topique du lieu évolue vers un sens symbolique ou métaphorique du verger que nous tenterons d'interpréter.

De la merveille celtique à la confluence mythique paradisiaque

Haut lieu courtois, le verger apparaît aussi comme un vecteur privilégié vers le domaine merveilleux. Dans le lai de *Tydorel*, le verger semble pourtant avoir au premier abord les mêmes connotations courtoises que

76 *Des Troubadours à Apollinaire, petite anthologie poétique*, Annie Collognat-Barès (éd.), Paris, Gallimard, 2009, p. 11.

77 *Perceval*, v. 69-73.

78 Armand Strubel, « L'allégorisation du verger courtois », *Senefiance*, n° 28, 1990, *Vergers et jardins dans l'univers médiéval*, CUERMA, PUP, p. 347.

chez Marie de France, puisqu'il se présente comme le lieu de détente de la reine :

> E la roïne esbanoier.
> Estoit en un vergier entree
> Aprés mengier de relevee ;
> [...]
> La roïne s'apesanti
> Soz une ente qu'ele choisi ;
> Desor l'erbe s'estoit couchiee,
> [...]
> endormi soi, son chief clina[79],

Dans cet extrait, la place est corrélée au motif du sommeil, connu pour favoriser l'ambiance merveilleuse[80], sûrement du fait de l'éclipse de la conscience qu'il introduit. Le sommeil permet de ce fait le transport du personnage vers l'Ailleurs.

En tant que seuil spatial, le verger ne peut être atteint qu'après que le héros a montré sa vaillance. Ce dernier doit ainsi surmonter les épreuves de la forêt, puis de la lande, avant d'aboutir au lieu de passage vers l'Ailleurs. L'organisation spatiale est de ce fait concentrique et organisée selon les vertus des qualités chevaleresques et morales du personnage, chaque espace traversé aboutissant à un lieu plus resserré et plus aménagé. À preuve, l'organisation de l'espace suit ce schéma dans *Desirré*. Le héros part en aventure suivant un itinéraire qui passe dans la forêt, puis dans la Blanche Lande, afin d'aboutir à une fontaine :

> En la forest se met avant.
> Dedenz la lande enz el boscage,
> [...]
> A une fontainne venoit
> [...]
> Sor l'erbe fresche l'a couchiee,
> [...]
> Cë est dedenz une fueillie[81].

79 *Tydorel*, v. 22-24 ; 29-31 ; 35.

80 Voir Christine Ferlampin-Acher, Élisabeth Gaucher, Denis Hüe (dir.), *Sommeil, songes et insomnie*, actes du colloque, CELAM (Rennes 2) et Université de Bretagne occidentale (28-29 septembre 2006), Perspectives médiévales, 2008.

81 *Desirré*, v. 124-125 ; 141 ; 147 ; 177 et 201. C'est nous qui soulignons.

Outre la mention de la fontaine, on trouve aussi dans ce passage des précisions sur les feuillages des arbres, évoquant la verdure du lieu et renvoyant de fait à l'étymologie du verger, puisque son étymon *viridarium* signifiait « vert ». D'ailleurs, cette couleur est riche d'une forte symbolique, souvent liée au renouveau, mais aussi à une certaine ambivalence :

> Car le vert, s'il est la couleur du renouveau, est aussi celle du cadavre en voir de décomposition. Ce sont encore, subtilement exprimées, les deux faces d'une même réalité : il n'est pas, en effet, de renaissance possible sans passage par la mort, comme l'illustrent d'ailleurs tous les rites d'initiation, à commencer par l'immersion du baptême chrétien[82].

L'étymologie même du verger renvoie donc à son ambivalence essentielle : lieu idyllique courtois de détente, son association à la merveille le dote d'un mystère inquiétant. Une illustration de cette ambiguïté fondamentale du lieu se trouve dans un récit du corpus secondaire : *Oiselet*, qui est un lai entièrement construit autour d'une magnifique description hyperbolique qui commence ainsi :

> Li vergiers fu beaus a devise ;
> Erbes i out de maintes guise,
> Que je ne sais mis nomer[83] ;

L'intervention du locuteur initie une série d'hyperboles qui serviront la description du lieu qui se poursuivra jusqu'au vers 125. On y retrouve condensées les principales dimensions de cette place, notamment la présence de roses, de lis, d'épices guérisseuses et de tous les fruits possibles. La végétation est plantée avec une grande harmonie, de sorte que la fontaine est placée exactement en son centre. Les arbres et les oiseaux qui peuplent le verger sont enfin aussi esquissés. Pourtant, cette dimension courtoise est aussi tenue par le caractère merveilleux du lieu, dont on précise au vers 51 qu'il a été édifié par *nigromance*[84], qui introduit de fait un mystère sur l'origine même de l'agencement parfait du lieu. Au Moyen Âge, la *nigromance*, c'est-à-dire la magie, est souvent associée à la sorcellerie et prend de fait des connotations négatives, voire

---

82 Jacques Ribard, *Le Moyen Âge. Littérature et symbolisme,* Paris, Champion, 1984, p. 48.

83 *Oiselet*, v. 29-31.

84 On rappellera l'intertextualité de ce lai avec *Cligès* de Chrétien de Troyes, dont le verger de Fénice a aussi été élaboré par *nigromance*.

démoniaques. Malgré cet arrière-plan symbolique inquiétant, ce lai identifie le verger à un véritable *locus amoenus* en tout point conforme avec les attentes du paradis terrestre.

En effet, outre sa fonction courtoise et merveilleuse, le lieu d'agrément conserve aussi des réminiscences des préceptes chrétiens qui définissent le paradis terrestre. Nous convoquons Jean Delumeau pour expliquer le lien du « lieu planté d'arbres fruitiers[85] » avec le thème du paradis terrestre :

> Le mot « paradis » vient de l'ancien persan *paridaiza* qui signifiait un verger protégé par un mur contre les vents brûlants du désert. L'ancien hébreu l'adopta sous la forme *pardès*. Puis les Septante qui, à Alexandrie au III-IIe siècles, traduisirent la Bible en grec, exprimèrent par le terme *paradeisos* à la fois *pardès* et le mot hébreu, plus classique, pour désigner un jardin, *gan*. [...] Ces rapprochements témoignent du lien structurel qui, dans toutes les civilisations, a uni bonheur et jardin[86].

La symbolique du paradis est fondamentale pour notre problématique, puisque le lieu idéal fonctionne comme l'antithèse du domaine courtois duquel le chevalier est issu. Nous pouvons donc conclure à une véritable confluence de mythes et de traditions symboliques réunis dans la place du verger en vertu même de cet idéal paradisiaque.

On remarque aussi que plus l'espace est petit et clos, plus l'homme parvient à l'apprivoiser, et plus l'auteur en élabore une représentation agréable. En effet, le verger, le jardin ou le pré se distinguent de la lande et de la forêt par leur clôture, qui est le signe de l'aménagement de l'homme et dont découle la symbolique plaisante. La clôture est une composante essentielle du lieu, qui caractérise la plupart des vergers du corpus, de celui de la Joie de la Cour dans *Érec et Énide*, en passant par celui de *Cligès*, ou encore celui du lai de l'*Oiselet*. Elle sert d'abord à protéger les plantations des animaux nuisibles :

> Ces clôtures affichent les limites d'un espace personnel. De plus elles répondent à diverses préoccupations. Il n'est pas inutile de tenter de prévenir la venue d'animaux peu souhaitables dans un jardin[87].

85 FEW, XIV, *viridarium*, p. 506.

86 Jean Delumeau, *À la recherche du paradis*, *op. cit.*, p. 14-15.

87 Caroline Masson-Voos, « Les jardins objets d'attentions au Moyen Âge », dans Pierre-Gilles Girault (dir.), *Flore et jardins : usages, savoirs et représentations du monde végétal au Moyen Âge*, Paris, Le Léopard d'Or, 1997, p. 23.

Pourtant, la délimitation n'est pas une propriété du *locus amoenus*. Ce n'est qu'à partir du Moyen Âge que le lieu idéal se confond avec l'*hortus conclusus*. Cette évolution du *topos* résulte peut-être du fait que « verger » s'est confondu avec « jardin », dont l'étymon latin montre le rapport avec la clôture :

> « Jardin », d'après le F.E.W (t. 16, p. 21) a, aurait été formé en gallo-roman peut-être d'abord comme adjectif joint à *hortus* (on a supposé un **hortus gardinus* « jardin entouré d'une clôture », d'après le sens du gotique *gardo* « clôture »)[88].

L'évolution du verger a aussi été motivée par l'assimilation des différentes caractérisations du lieu par les traditions. Le Moyen Âge a ajouté la clôture par référence aux symboliques d'origine celte et religieuse. De fait, la clôture d'eau qui ceint l'île d'Avalon est une propriété essentielle qui permet de la distinguer du monde réel. À cet égard, il semble primordial de rappeler que la symbolique celtique dérivée de la légende d'Avalon est commune à l'imaginaire du verger et de l'Ailleurs[89]. C'est justement ce ciment symbolique commun qui nous permet de présenter la vision du verger médiéval comme concentré symbolique du domaine merveilleux. En outre, la clôture constitue un élément véritablement essentiel pour la définition d'un royaume en général, puisque rappelons que les frontières sont évidemment les causes premières des conflits et autres problématiques politiques. Cette évidence est structurante d'une part historiquement, où les délimitations du royaume de France constituent un problème pendant de nombreux siècles, d'autre part dans notre corpus, où les invasions, attaques et autres revendications territoriales représentent un ressort narratif de premier ordre. On pense notamment à l'invasion de Méléagant dans le *Chevalier de la Charrette*[90], qui provoque d'emblée le départ de Lancelot. L'aide apportée par Eliduc à un seigneur attaqué de toutes parts illustre aussi ces problématiques des frontières du royaume, comme des guerres qui sont avant tout territoriales.

Sur le plan imaginaire, si la Genèse ne mentionne pas de délimitation précise au jardin d'Éden, puisque la source traverse le jardin sans

88 Jean-Claude Bibolet, « Jardins et vergers dans l'œuvre de Chrétien de Troyes », *Senefiance*, n° 28, *op. cit.*, p. 34.

89 La légende d'Avalon ainsi que la symbolique en découlant ont été présentés dans le premier chapitre de cette partie, *supra*, p. 104-106.

90 *Lancelot*, v. 51 et *sqq.*

l'entourer, une clôture est en revanche mentionnée dans le *Cantique des Cantiques* :

> C'est un jardin secret,
> Que ma sœur, ma fiancée
> Une source close,
> Une fontaine scellée [...][91].

En conséquence, le verger des récits médiévaux confond plusieurs lieux distincts : d'abord, le *locus amoenus* antique, mais surtout l'île aux pommiers où réside Morgane, Avalon, dans laquelle Arthur passe les derniers moments de sa vie, une île qui s'oppose, par son caractère païen, à la troisième racine de notre motif : le jardin d'Éden dans laquelle Adam et Ève commettent la faute originelle. On imagine qu'au moment de l'effervescence de la religion chrétienne, le verger s'est peu à peu teinté du réalisme chrétien aux dépens de la merveille celtique.

Le verger arthurien constitue donc un *locus* idéal qui condense sur le plan de l'imaginaire les propriétés du domaine merveilleux, particulièrement celles liées à l'île d'Avalon. Il s'agit notamment de la nature luxuriante, mais aussi de l'eau et de la présence d'une clôture.

Ainsi donc, l'Ailleurs opposé au domaine courtois d'Arthur tient du paradis. Or c'est bien souvent dans le verger même que surgit cet espace fabuleux si particulier. Plus encore, nous avons vu que ce *topos* arthurien représente une forme d'idéal immuable, édénique. On peut ainsi y trouver une condensation expressive des dynamiques de l'Ailleurs, ainsi que la peinture de ce royaume arthurien alternatif qu'est Avalon. Du *locus amoenus* latin à l'île celtique d'Avalon, en passant par les lieux de délice d'orient et le jardin d'Éden chrétien, le verger arthurien établit la réunion de symboliques diverses.

Pourtant, à l'image du domaine merveilleux, lui-même pétri d'influences diverses et contradictoires, le jardin médiéval est aussi défini par une forte ambivalence qui s'exprime dans les enjeux amoureux, chevaleresques et politiques qui lui sont dévolus. Et de fait, si le verger arthurien, en tant que *locus amoenus* paradisiaque est érigé en idéal, il est aussi guetté par la *masle coutume*, qui menace constamment

91 *Cantique des Cantiques*, 4, 12.

de le faire basculer du côté du *locus horribilis*. Cette tension entre deux opposés reflète aussi sur le plan de l'imaginaire la dualité des deux domaines arthuriens.

UN PARADIS INQUIÉTANT
La menace de la « mauvaise coutume »

La symbolique édénique nourrissant le verger littéraire en fait un lieu idéal, où la profusion et le plaisir des sens comptent avant tout.

Mais la réalité corrompue de l'imaginaire médiéval rattrape toujours cette paix éphémère. Dans les récits étudiés, un danger extérieur, menace en effet à tout instant de faire basculer le *locus amoenus* vers le *locus horribilis*, véritable royaume des morts. Il suffit notamment qu'un mauvais seigneur ou qu'une amoureuse tyrannique décide une chose absurde pour faire basculer le jardin, mais aussi la société et le royaume, dans la désolation. L'analyse de ce *topos* de la « mauvaise coutume » permettra de comprendre la synthèse du paradis et de l'enfer que représente le verger arthurien sur le plan de l'imaginaire.

Avant cela, nous nous concentrerons sur la fonction herméneutique du jardin médiéval, qui lance le lecteur vers la voie de l'interprétation du récit qui lui est offert.

LE MIROIR DU VERGER : DE L'IDÉAL PARADISIAQUE À LA RÉALITÉ CORROMPUE

Avant de décrire le danger du lieu d'agrément, nous analyserons d'abord sa fonction réflexive qui se présenterait comme une sorte de miroir des enjeux fictionnels. Ensuite, nous tenterons de déterminer si, du fait de son statut révélateur des positions de l'auteur, le verger est investi d'une visée didactique.

Verger et mise en valeur de senefiance

Le récit médiéval est toujours investi d'un sens général implicite qui transcende la singularité de ses épisodes. L'hypothèse démontrée sera que les péripéties se déroulant dans le verger divulguent au lecteur de précieuses indications lui permettant de découvrir le sens du roman qu'il lit. Notons que cet enjeu général du récit breton est souvent en rapport avec la courtoisie, ce qui découle logiquement de l'objet habituel de la quête, à savoir l'amour de la dame. Cet enjeu courtois du récit breton est une conséquence logique de l'environnement curial dans lequel baignait les romanciers à l'époque, ainsi que le chapitre consacré aux leçons de l'histoire l'a montré. De fait, le récit breton des XIIe et XIIIe siècles est aussi un roman courtois. Dans son premier roman, Chrétien de Troyes s'est d'ailleurs ingénié à réconcilier la *fine amor* et le mariage :

> *Érec et Énide* (1169-1170) s'attaque à la question fondamentale du rapport entre *fin' amor* et mariage [...]. Chrétien, précisément, dont le nom est tout un programme, remet en cause cette opposition et entreprend de démontrer que, dans le mariage idéal, l'épouse chrétienne peut être à la fois la dame et l'amie de son seigneur et maître[92].

Dans les romans de Chrétien de Troyes, le verger arthurien est un lieu stratégqique dévoilant la pensée de l'auteur concernant la courtoisie. Dans l'épisode de la Joie de la Cour, qui a lieu dans le verger clos d'air, l'opposition fondamentale entre la *fine amor* hors mariage et l'amour marital se concrétise en effet sous la forme d'un combat qui n'offre aucune difficulté d'interprétation. Si Érec est marié, le chevalier merveilleusement grand ne l'est pas. Le héros l'emporte donc sur le représentant de l'amour soumis à la femme[93]. Cette victoire d'Érec symbolise et résume l'enjeu courtois du roman, à savoir que la *fine amor* est possible dans le mariage, lorsqu'il y a équilibre entre l'homme et la femme. D'ailleurs, la soumission de l'homme est remise en question puisque le couple représentant cette règle courtoise en présente aussi la possible dérive : la cousine d'Énide a abusé de son pouvoir sur son amant en lui faisant promettre de rester dans sa prison[94]. L'amour parfait et véritable n'est donc possible que dans l'équilibre des deux pôles amoureux, que le couple soit marié ou non. Chrétien s'attache ainsi dans *Érec et Énide* à corriger une règle courtoise susceptible de connaître des dérives, comme le montre l'aventure de la Joie de la Cour. Dans

92 Anne Berthelot, *Le Roman courtois, une introduction*, Paris, Armand Colin, 2005, p. 41.
93 *Érec*, v. 5893-6007.
94 *Ibid.*, v. 6048-6111.

le verger se joue donc tout le sens du roman, qui concerne la mesure en amour. De même, le sens abstrait du *Chevalier de la Charrette* est symbolisé par un élément concret du verger, dans lequel la fameuse nuit d'amour a lieu. Lorsque Lancelot franchit les barreaux, il se blesse et dépose du sang sur le lit de Guenièvre, ce qui constitue une preuve de l'adultère[95]. C'est à ce moment de la narration que le risque que les amants soient découverts est le plus fort. Dans *Cligès*, l'adultère, qui constitue aussi tout l'enjeu de l'intrigue, est aussi découvert dans le verger[96]. D'ailleurs, la découverte de l'amour interdit par Bertrand conduit à un nouvel équilibre amoureux et politique. L'empereur Alis meurt au moment où les amants demandent de l'aide au roi Arthur et ils peuvent alors vivre sereinement leur union dans le mariage[97]. À ce moment, le narrateur intervient et dévoile ce qui semble être la position de l'auteur champenois sur l'amour adultère :

> De s'amie a feite sa dame,
> Car il l'apele amie et dame,
> Et por ce ne pert ele mie
> Que il ne l'aint come s'amie,
> Et ele lui tot autresi
> Com l'en doit amer son ami[98].

L'équilibre dans le couple est ici encore le comportement préconisé par l'auteur, comme le montre le jeu sur la paronymie réalisé dans le dernier vers entre *amer* et *ami*. C'est bien grâce à la scène du verger d'amour que cette harmonie a pu être réalisée. Le verger déclenche de fait la résolution de l'intrigue selon la position courtoise de Chrétien de Troyes. Il fonctionne donc comme un révélateur du sens du roman arthurien. La même fonction est dévolue à la fontaine de Barenton dans *Le Chevalier au Lion*. C'est bien à cette place que s'opère la réconciliation des deux époux, après l'élévation morale d'Yvain[99]. Cette évolution du chevalier qui se surpasse correspond à l'éthique courtoise. La fontaine reflète donc le sens courtois du roman.

95 *Lancelot*, v. 4644-4654.
96 *Cligès*, v. 6329-6457.
97 *Ibid.*, v. 6615-6710.
98 *Ibid.*, v. 6737-6742. C'est nous qui soulignons.
99 *Yvain*, v. 6529-6536 ; 6801-6820.

Le statut particulier, nodal et stratégique du verger s'explique par sa confluence. Comme nous l'avons montré plus haut, tous les enjeux, chevaleresques, amoureux, politiques et spirituels des romans de Chrétien de Troyes se rejoignent lors des épisodes de verger. C'est par conséquent durant ces péripéties que transparaît le plus nettement la position de l'auteur à tous les niveaux du roman, et il est alors plus aisé pour le lecteur de saisir le sens général de l'œuvre. La position de Chrétien de Troyes en faveur du mariage, implicite tout le long de roman, devient explicite dans le jardin. Mettant en lumière le but du roman, le verger nous éclaire aussi par conséquent sur les mentalités de l'époque d'écriture du récit breton qui l'accueille.

Fonction herméneutique du lieu d'agrément et participation du lecteur

Qu'il soit merveilleux ou courtois, le jardin d'agrément littéraire des XIIe et XIIIe siècles apparaît comme le lieu de toutes les vérités :

> Au verger, qu'il soit jardin royal ou jardin d'amour, la vérité éclate et, par delà la magie et les philtres, ce lieu primordial est celui de toutes les révélations[100].

Véritable microcosme du roman arthurien courtois, il rejoint la symbolique alors attribuée au miroir :

> Reflétant le monde extérieur dans un espace réduit, le miroir se voit attribuer la qualité essentielle de totalisation : il réduit, synthétise et enclôt des choses, les concentrant dans son unité[101].

Rappelons qu'au Moyen Âge, le miroir est d'abord un objet courtois très en vogue et lié à la beauté, de même qu'à la représentation. Par extension et appliqué à l'œuvre littéraire, l'objet renvoie métaphoriquement au sens profond de l'œuvre, nécessitant une interprétation. Comme le verger, sa fonction herméneutique repose sur la représentation déformée du réel en vertu d'un sens profond et caché de l'œuvre en général. Fabienne Pomel explique cette fonction structurante et

100 Huguette Legros, « Du verger royal au jardin d'amour : mort et transfiguration du *locus amoenus* (d'après *Tristan* de Béroul et *Cligès*) », *Senefiance*, n° 28, 1990, *op. cit.*, p. 230.

101 Fabienne Pomel, « Présentation : réflexions sur le miroir », dans Fabienne Pomel (dir.), *Miroirs et jeux de miroir dans la littérature médiévale*, Rennes, PUR, 2003, p. 18-19.

herméneutique attribuée à la métaphore du miroir dans les œuvres littéraires du Moyen Âge :

> Métaphore du livre, du projet didactique ou encyclopédique, le miroir sert une interprétation sur le statut de la fiction, de l'œuvre d'art et de l'auteur. Le miroir apparaît comme apte à fournir un modèle de structuration de l'œuvre littéraire, fondée sur l'analogie : réduplication et variation, mise en abyme, intertextualité et réécriture ou plus généralement effets de spécularité. Le miroir est apparu comme un mode structuration du sens et donc un mode de représentation et de lecture du monde ou de l'œuvre littéraire[102].

L'image utilisée relie les concepts moteur de l'œuvre littéraire, à savoir ceux de structure, de sens et de représentation. Si nous avons étudié la fonction structurante et révélatrice de la *senefiance* du verger, il importe désormais de nous concentrer sur l'importance de la représentation dans le lieu, comme indice de sa fonction réflexive.

Comme le miroir, le verger appelle une interprétation, et, par conséquent une participation active du lecteur pour saisir le sens profond qu'il divulgue. Des indices l'aident dans la reconnaissance de ce sens caché. En effet, la plupart des vergers contiennent des références plus au moins implicites au reflet ou à la représentation en général. L'indice le plus explicite de la fonction réflexive du verger est la représentation d'un miroir dans les mains d'une jeune femme, notamment dans *Le Conte du Graal*, lorsque Gauvain rencontre la jeune fille au miroir sous l'if[103] qui est présentée ainsi :

> Desoz un yf an un prael
> Trova une pucele sole,
> Qui miroit son vis et sa gole,
> Qui plus estoit blanche que nois[104].

102 Fabienne Pomel, « Présentation : réflexions sur le miroir », dans Fabienne Pomel (dir.), *Miroirs et jeux de miroir dans la littérature médiévale*, *op. cit.*, p. 18-19.

103 *Perceval*, v. 6672-6748.

104 *Ibid.*, v. 6676-6679 ; C'est nous qui soulignons. Dans une autre variante du texte, l'if est remplacé par un orme. *Le Conte du Graal* dans Chrétien de Troyes, *Romans*, édition et traduction d'*Érec et Énide*, *Cligès*, *le Chevalier de la Charrette*, *Le Chevalier au Lion*, *Le Conte du Graal*, *Chansons*, *Philomena*, Michel Zink (dir.), *op. cit.*, v. 6586-6589. Quoi qu'il en soit, que l'auteur choisisse l'une ou l'autre essence, leur symbolique renvoie à une profonde ambivalence qui annonce la croisée des chemins et l'invitation de l'orgueilleuse de Logres à passer la frontière du domaine merveilleux pour entrer dans l'Ailleurs.

L'objet est clairement mentionné par le verbe *miroit*. Le miroir renvoie de fait l'image du personnage féminin, qui est à l'origine de l'ensemble des enjeux courtois. De plus, l'objet n'est cité qu'une ou deux fois, en élément ornemental et sans que son utilisation ou sa symbolique ne soient développées. Cette simple mention pose question au lecteur qui ne comprend pas la présence d'un tel objet à ce moment précis de l'intrigue, d'autant, que le narrateur ne développe pas ses possibilités narratives. De fait, sa présence n'est motivée que pour entraîner le lecteur dans la voie de l'interprétation courtoise. Comme le verger et la scène qui s'y déroule, il nécessite une participation active du lecteur pour combler les vides de sens laissés volontairement par le narrateur. Ainsi, en reflétant la femme et en apparaissant de manière lacunaire, le miroir incite corollairement le lecteur à compléter le sens courtois du verger par sa propre interprétation.

D'une manière générale, la représentation du réel donne un indice de la fonction réflexive du verger. Elle oriente le lecteur dans la voie de l'interprétation qui lui permettra de saisir la *senefiance* révélée par le verger miroir. En guidant ainsi le lecteur, le verger pourrait aussi être investi d'une fonction didactique.

L'AVENTURE DE LA JOIE DE LA COUR, EXEMPLE DE « MAUVAISE COUTUME »

La « mauvaise coutume » apparaît fréquemment dans la littérature médiévale[105]. Nous l'avons vu, nous sommes dans une société reposant essentiellement sur l'accord oral, ainsi que l'engagement vassalique le montre bien. Un incident, une décision peut rapidement servir de précédent et acquérir par là même force de loi, c'est alors le début d'une « mauvaise coutume » qui peut nuire gravement à l'harmonie sociale. Car en effet, la *coutume* ne renvoie que rarement au droit dans les récits bretons, et fait davantage émerger une mémoire archaïque, émergeant par cette force orale de la société médiévale :

> Le terme de *coutume* est souvent employé dans les romans arthuriens avec des nuances spécifiques. Il ne renvoie qu'assez exceptionnellement à la coutume

105 Sur la « mauvaise coutume », voir Philippe Walter, *Dictionnaire de mythologie arthurienne*, *op. cit.* ; Philippe Haugeard, Muriel Ott (dir.), *Droit et violence dans la littérature du Moyen Âge*, Paris, Classiques Garnier, 2013.

> juridique et au droit « coutumier » car le texte littéraire ne « reflète » jamais naïvement l'histoire réelle du Moyen Âge. La *coutume* romanesque relève plutôt d'une mémoire archaïque qui témoigne de l'arrière-plan mythique d'un épisode. [...] On ne peut oublier en effet l'oralité dont procède la littérature médiévale. Celle-ci garde dans son adaptation écrite des traces tangibles de sa provenance mythique[106].

Il suffit qu'un seigneur injuste décide une chose absurde, ou qu'une demoiselle se montre orgueilleuse pour que la *coutume* qui organise la société médiévale tourne en *masle coutume.* Ainsi, tel chevalier déclarera qu'on ne peut traverser son pont qu'en se livrant à un combat[107], et si on perd, non seulement on ne peut traverser, mais bien souvent on le paye de sa vie même. Rappelons d'ailleurs que la légende arthurienne commence parce que le roi Arthur a mis fin à la tyrannie – et « mauvaise coutume » – du roi Rithon. De fait, la *coutume* est en premier lieu liée au roi, en tant que prolongation de sa parole afin de préserver l'ordre du royaume :

> La *costume* devient un danger pour les individus qui, en tant que membres d'une communauté consciente de ses intérêts avaient fait d'elle un devoir impérieux envers leur roi. La *costume* qui doit garantir l'ordre présente soudain un aspect qui met cet ordre en danger, révélant ainsi les contradictions profondes qui menacent cette société et dont elle vit en même temps, comme nous l'avons déjà vu[108].

Dans les textes à l'étude, les épreuves de gué, dans *Le Chevalier de la Charrette*[109] ou dans le lai de l'*Espine*[110], le château de *Pesme Aventure* dans *Le Chevalier au Lion*[111] ou encore la thématique de la *terre gaste*[112] dans *Perceval* reposent tous sur ce *topos* fondateur de l'intrigue médiévale.

L'exemple de la Joie de la Cour dans *Érec et Énide* sera développé du fait de la saturation mythique dont le *topos* est investi. La cousine

106 Philippe Walter, *Le* Bel Inconnu *de Renaut de Beaujeu, rite, mythe et roman*, Paris, PUF, 1996, p. 73.

107 *Lancelot*, v. 738-916 ; il s'agit du combat pour le gué, menant à l'aventure du pont de l'épée.

108 Erich Köhler, *L'Aventure chevaleresque...*, *op. cit.*, p. 106-107.

109 *Ibid.*, p. 106-107.

110 *Espine*, v. 190 et *sqq.* ; 268 ; 290 et *sqq.*

111 *Yvain*, v. 5109-5776. La *coutume*, consistant en un combat contre deux netuns, est énoncée aux v. 5466-5480.

112 Cette thématique est introduite dès le vers 75 du *Conte du Graal.*

d'Énide est à l'origine de la « mauvaise coutume », puisqu'elle a décidé que son ami Mabonagrain ne devait jamais sortir du verger clos d'air. La péripétie en question est précédée d'un événement apparemment anodin dans lequel Énide se fait voler son cheval. Le remplacement de l'animal par un noble palefroi donne l'occasion au narrateur d'annoncer les origines antiques de la destination vers laquelle il amène l'héroïne[113]. Une référence à un texte latin est explicitement donnée au sein de la description de la tenue du cheval :

> S'i fu antailliee l'estoire
> Comant Eneas vint de Troye,
> Comant a Cartaige a grant joie
> Dido an son lit le reçut[114],

Cette description de la gravure de l'histoire d'Eneas attribue une origine symbolique lointaine au cheval car le personnage cité est tiré du *Roman d'Eneas*, une adaptation du héros de l'*Énéide*, l'épopée antique de Virgile. Ce palefroi, par son inscription dans le texte se référant explicitement à l'Antiquité, avertit le lecteur que la prochaine destination, vers laquelle il dirige Érec et Énide, est aussi empreinte de cette influence. De plus, le verger théâtre de l'aventure de la Joie de la Cour possède les attributs du *locus amoenus* antique puisqu'il est décrit comme un lieu idyllique où la nature est synonyme d'harmonie et de délice :

> Et tot esté et tot yver
> Y avoit flors et fruit maür ;
> Et li fruiz avoit tel eür
> Que leanz se lessoit mangier,
> […]
> Ne soz ciel n'a oisel volant,
> Qui pleise a homë an chantant
> A lui deduire et resjoïr[115],

Les termes *deduire* et *resjoïr* évoquent le plaisir permis par le lieu idéal. De plus, comme le montre l'insistance sur la durée établie par le parallélisme à rythme binaire de « Et tot esté et tot yver », la profusion

113 *Érec*, v. 5311 et *sqq.*
114 *Ibid.*, v. 5336-5339.
115 *Ibid.*, v. 5742-5745 ; 5751-5753.

instaurée par la présence ininterrompue de vivres renvoie à une satisfaction des sens, où l'influence orientale n'est pas étrangère. L'agrément apparaît aussi dans la mention du lit dans lequel se trouve la cousine d'Énide, ce qui introduit également une grande éroticité. La sensualité rappelle en outre les légendes celtes d'Avalon dont le souvenir est très présent, puisque la cité de Brandigan est construite sur une île[116] rappelant la demeure de Morgue. Pourtant, ce verger est aussi déterminé par une profonde ambivalence, due en grande partie à l'assimilation chrétienne du motif. De fait, dans *Érec et Énide*, l'aventure est placée sous l'égide de Dieu. Avant même qu'Érec ne pénètre dans le verger clos d'air, l'attitude de la foule le montre :

> Et totes les genz vont après,
> Proiant que de cele besoigne
> Dex a joie partir l'en doigne[117].

Par ailleurs, le verger clos d'air se présente comme une sorte de jardin d'Éden où un interdit est formulé : « Mes au porter hors fet dongier[118] ». D'ailleurs, la maîtresse du site, la cousine d'Énide qui emprisonne le chevalier merveilleusement grand, apparaît comme une Ève tentatrice et cruelle. Ainsi, l'ambivalence du verger est à l'image de la liaison unissant le couple. La coloration mythique définit symboliquement la relation particulière du couple habitant dans le verger et, par conséquent, participe des enjeux amoureux du lieu. Dans le verger clos d'air l'intimité et la sensualité figurent le caractère charnel et la passion de l'amour du chevalier merveilleusement grand pour la demoiselle cruelle. La magie et la notion de faute issue des références chrétiennes symbolisent le manque d'équilibre de l'amour unissant le couple. D'ailleurs, la soumission exacerbée du chevalier pour la demoiselle cruelle a aussi des conséquences politiques et chevaleresques qui montrent que le verger est bien un lieu syncrétique au niveau narratif. En effet, l'aliénation du chevalier entraîne un déséquilibre de la forteresse de Brandigan qu'Érec va s'attacher à rétablir. L'enjeu politique de l'épisode est signifié par la référence aux Sarrasins :

116 *Ibid.*, v. 5395 : « L'isle ou li chastiax est assis, ».

117 *Érec*, v. 5724-5726. Nous citons ici une variante car elle contient la référence à Dieu, *Érec et Énide* dans Chrétien de Troyes, *Romans*, édition et traduction d'*Érec et Énide*, *Cligès*, *le Chevalier de la Charrette*, *Le Chevalier au Lion*, *Le Conte du Graal*, *Chansons*, *Philomena*, Michel Zink (dir.), *op. cit.*

118 *Érec*, v. 5746.

Ce fust Tiebauz li Esclavons
Ne nus de ces que nos savons,
Ne Opiniax ne Fernaguz :
Car devant ax sor pex aguz
Avoit hiaumes luisanz et clers[119],

Ces héros de chansons de geste rappellent au public médiéval *La Chanson de Roland* et l'enjeu politique qui découle de l'épisode où Charlemagne profère son discours sous le pin[120]. De plus, lors de la présentation de la ville de Brandigan qui contient le verger clos d'air, le narrateur souligne l'importance politique de la cité qui est forte, prospère et redoutable :

Brandiganz a non li chastiax,
Qui tant est boens et tant est biax
Que roi n'anpereor ne dote.
Se France et la rëautez tot
Et tuit cil qui sont jusqu'au Liege[121]

La précision sur la qualité de la défense de la ville implique aussi des enjeux chevaleresques : Érec devra faire preuve d'une grande prouesse pour réussir l'aventure que Brandigan propose.

Ainsi, dans l'aventure de la Joie de la Cour, les références aux origines du verger sont signifiantes à deux niveaux. D'une part, l'ambivalence naissant du tissage entre les influences correspond à l'ambiguïté de l'amour illustré dans le verger. Ce déséquilibre extérieur, puisque provenant de l'orgueil de la cousine d'Énide est un exemple de « mauvaise coutume ». Il s'oppose aussi à la conception de la perfection de l'amour telle qu'on l'entend à l'époque. Les références participent donc des enjeux amoureux. D'autre part, l'instabilité que le verger met en place a aussi des conséquences politiques qui induisent des enjeux chevaleresques : en s'attachant à rétablir l'équilibre, Érec prouve toute sa vertu. Cette épreuve conduit ensuite au couronnement du héros, comme à la résolution du roman.

La « mauvaise coutume » qui atteint le verger est renforcée par les symboliques contradictoires du lieu d'agrément. En effet, la rencontre de

119 *Ibid.*, v. 5773-5777.
120 *La Chanson de Roland*, Jean Dufournet (éd.), Paris, Garnier Flammarion, 1993, VIII, v. 114 ; XII, v. 168.
121 *Érec*, v. 5387-5391.

traditions issues d'origines diverses, voire opposées, crée une ambivalence qui semble se cristalliser dans la caractérisation d'éléments du verger, comme la clôture ou la fontaine. Nous décrirons donc l'ambiguïté du jardin médiéval à travers ces deux constituants. Nous développerons davantage les exemples issus des romans de Chrétien de Troyes car les composants qui nous intéressent y sont plus développés et donc plus détaillés.

DU *LOCUS AMOENUS* AU *LOCUS HORRIBILIS*

Clôture physique et enfermement psychologique

La clôture est une composante du motif montrant qu'au Moyen Âge, la réunion des différentes traditions du lieu idéal aboutit à une ambivalence essentielle.

Tout d'abord, la délimitation n'est pas une propriété du *locus amoenus*. Ce n'est qu'à partir du Moyen Âge que le lieu idéal se confond avec l'*hortus conclusus*. Cette évolution du *topos* résulte peut-être du fait que « verger » s'est confondu avec « jardin », dont l'étymon latin montre le rapport avec la clôture[122]. L'évolution du verger a aussi été motivée par l'assimilation des différentes caractérisations du lieu par les traditions. Le Moyen Âge a ajouté la clôture par référence aux symboliques d'origine celte et religieuse. De fait, la clôture d'eau qui ceint l'île d'Avalon est une propriété essentielle qui permet de la distinguer du monde réel. De même, si la Genèse ne mentionne pas de délimitation précise au jardin d'Éden puisque la source traverse le jardin sans l'entourer, une clôture est tout de même mentionnée dans le *Cantique des Cantiques* :

> C'est un jardin secret,
> Que ma sœur, ma fiancée
> Une source close,
> Une fontaine scellée [...][123].

La construction identique des deux derniers vers cités coordonne la « source close » à la « fontaine scellée ». La clôture formée par la source et la fontaine ont en commun la présence d'eau ainsi qu'une grande

122 FEW, XVI, p. 21.
123 *Cantique des Cantiques*, 4, 12.

ambiguïté symbolique. L'une comme l'autre évoquent des connotations à la fois positives et négatives, ce qui les rend d'autant plus difficiles à interpréter. Dans cette citation, les deux qualifiants figurent une immobilité passive et mortifère alors que la fontaine ou la source suggèrent la vie et le rendez-vous amoureux. Les qualifiants « close » et « scellée » introduisent donc une coloration négative aux deux noms *a priori* positifs, ou du moins neutres. À cet égard, la clôture du verger est bien ambivalente car, tout en protégeant les amants des regards indiscrets, elle emprisonne et contraint la liberté du chevalier.

Dans les romans de Chrétien de Troyes, la clôture formée par un mur de brique ou d'air est une constante des vergers mettant en scène des rencontres amoureuses. L'ambivalence du verger est en cela rattachée à l'amour. Dans *Érec et Énide*, la ville de Brandigan, qui contient le verger dans lequel se déroule l'aventure de la Joie de la Cour, apparaît comme une forteresse qui multiplie les clôtures imbriquées les unes dans les autres. D'abord, deux délimitations, une barrière de murailles entourée d'une rivière, protègent la cité :

> [U]n chastel fort et riche et bel,
> Clos tot antor de mur novel.
> Et par desoz a la reonde
> Coroit une eve mout parfonde,
> Roide et bruianz come tanpeste[124].

Dans cette description signalant au lecteur que les héros pénètrent dans un lieu dangereux, la caractérisation de la clôture est redondante puisque le narrateur ajoute la périphrase « de mur novel » à la caractérisation « Clos tot antor ». Dans le vers suivant, la localisation « a la reonde » insiste encore un peu plus sur la ceinture du lieu, donnant ainsi l'impression d'emboîtement concentrique des barrages. De plus, en insistant sur la profondeur et le bruit de l'eau, Chrétien montre la fonction dissuasive qu'elle acquiert dans ce contexte. Ensuite, il souligne la puissance et l'efficacité de la ceinture d'eau, qui rappelle Avalon, par le barrage infranchissable entre le domaine courtois et l'Ailleurs merveilleux du danger de la Joie de la Cour :

> Que s'il n'i avoit mur ne tor,

124 *Érec*, v. 5369-5373.

> Mes que l'eve qui cort antor,
> Tant forz et tant seürs seroit
> Que nul home ne doteroit[125].

La toute puissance de l'eau verrouille efficacement la ville. Elle surpasse la résistance d'un mur. L'insistance sur la force du barrage est exprimée dans le parallélisme à rythme binaire de « tant forz et tant seürs », où l'adverbe « tant » accentue les adjectifs qui lui sont joints. Ces obstacles physiques sont destinés à protéger les habitants de la ville, mais aussi à dissuader les chevaliers valeureux de tenter l'aventure de la Joie de la Cour. D'ailleurs, une dernière barrière semble empêcher le chevalier de pénétrer dans le verger. Le narrateur la décrit ainsi :

> El vergier n'avoit an viron
> Mur ne paliz, se de l'air non.
> Mes de l'air est de totes parz
> Par nigromance clos li jarz,
> Si que riens antrer n'i pooit,
> Se par un seul leu n'i antroit,
> Ne que s'il fust toz clos de fer[126].

Rappelons que la description au Moyen Âge fonctionne comme un argument rhétorique. Elle signale ici au public l'importance du phénomène. Si Chrétien insistait sur l'importance de la protection aquatique, la répétition du terme *air* et l'introduction de la *nigromance*, soulignent qu'un niveau supérieur de merveille et d'étonnement a été atteint. Au sein de cette description, la magie aérienne semble aménager le verger comme une prison invincible mais aussi verrouillée.

Pourtant, la clôture se révèle aisément franchissable. En effet, le narrateur précise que le roi, Érec et la foule l'enfreignent en passant par une *estroite antree*[127]. Si Brandigan est d'abord présentée comme une sorte de prison empêchant toute entrée ou sortie, la facilité avec laquelle le narrateur évince l'obstacle du mur d'air montre que la liberté du chevalier n'est pas totalement contrainte par cette barrière magique. Malgré son caractère surnaturel, la clôture physique n'est pas aussi verrouillée que l'insistance du narrateur semble l'indiquer, ce qui révèle une des

---

125 *Ibid.*, v. 5409-5412.
126 *Ibid.*, v. 5735-5741.
127 *Ibid.*, v. 5761.

ambiguïtés de cette composante de notre lieu. D'ailleurs, la force du barrage s'amenuise puisque les deux vergers de *Cligès* sont fermés par des murs de briques, atténuant la qualité merveilleuse du lieu. Le premier mur, dans le verger du cimetière contenant le tombeau de Fénice, est aussi facilement surmontable :

> Mes clos estoit tot anviron
> Li cemetires de haut mur ;
> [...]
> Cligés ne voit comant i past,
> Car par la porte antrer n'i puet,
> Et por voir antrer li estuet :
> Amors li enorte et semont.
> Au mur se prant et ranpe amont,
> Car molt estoit preuz et legiers[128].

Chrétien souligne l'agilité de Cligès qui ne fait que peu de cas de cet obstacle. De plus, le sujet des verbes *enorte* et *semont* semble désigner l'amour comme la cause de l'adresse dont le héros fait preuve. Le lecteur a l'impression que l'amour aide Cligès et lui donne des ailes. Rien ne peut empêcher les amants de se retrouver. La clôture physique ne peut rien contre la puissance de l'amour des amants. Au contraire même, elle les protège puisque le deuxième verger est aussi entouré d'un mur empêchant les espions de pénétrer à l'intérieur :

> Et li vergiers ert clos antor
> De haut mur qui tient a la tor,
> Si que riens nule n'i montast,
> Se par la tor sus n'i entrast[129].

La clôture ne concerne pas Cligès qui rejoindra son amie par la tour. Toutefois, ici encore, le mur n'est pas infaillible puisque Bertrand réussit à surprendre les amants en montant dans l'arbre. La clôture est bien ambiguë puisque si elle est à la fois obstacle pour les intrus et protection pour les amants, elle se révèle aussi inefficace.

Le rendez-vous amoureux de Guenièvre et Lancelot, dans *Le Chevalier de la Charrette* montre comment le narrateur accommode la clôture lorsque le chevalier veut rejoindre sa dame. D'ailleurs, dans *Le Chevalier de la*

128 *Cligès*, v. 6164-6165 ; 6170-6175.
129 *Ibid.*, v. 6403-6406.

Charrette, comme dans *Érec et Énide*, la clôture est double et constituée d'un mur et de barreaux de fer à la fenêtre de Guenièvre. Le premier obstacle n'en est pas vraiment un puisque la fermeture n'est pas complète :

> Et de ce li est bien cheü
> C'une piece del mur cheü
> Ot el vergier novelemant.
> Par cele fraite isnelemant
> S'an passe, et vet tant que il vient
> A la fenestre, [...][130].

Le second ne pose pas non plus de réel problème puisque, nous l'avons signalé pour Cligès, l'amour aide Lancelot et le dote d'une force surhumaine. Même s'il se blesse, il réussit à arracher les barreaux. Le détail apparemment insignifiant de la plaie amène une ampleur dramatique à la scène. Le sang laissé par Lancelot après cette prouesse constituera la preuve de leur rendez-vous adultère[131]. Par conséquent, comme le montre la brèche dans le mur entourant le verger, la fermeture physique du *topos* tend à s'estomper. Elle ne revêt qu'une fonction ornementale destinée à rappeler les origines du lieu d'agrément. En ce sens, la clôture est bien ambivalente car malgré l'insistance du narrateur elle ne fait pas du verger une prison réelle.

Ainsi, la clôture concrète est une composante ambiguë du verger car elle donne l'impression d'un obstacle au chevalier mais se révèle être une protection des amants après que le héros a justifié sa valeur en passant outre, grâce à une prouesse physique. Propice à l'amour, elle s'estompe pourtant progressivement des romans de Chrétien de Troyes. Elle est presque invisible du *Lancelot* (à part les trois exemples précédemment introduits) et complètement absente du *Conte du Graal*. En effet, si la fermeture du verger est fortement liée à l'enjeu amoureux du verger, ce roman ne démontre pas l'ambition littéraire de Chrétien qui est de réunir le mariage légitime et l'amour courtois. D'ailleurs, bien que *Le Chevalier au Lion* ne contienne pas de véritable verger d'amour, la relation entre

---

130 *Lancelot*, v. 4579-4584.

131 Cet incident reprend explicitement l'épisode connu de la fleur de farine dans *Tristan et Iseut*. Tristan rejoint son amante dans son lit, mais, le piège du nain Frocin, qui a déposé de la farine par terre, se referme sur lui et révèle l'adultère. Comme Lancelot, Tristan est blessé, et, il laisse des gouttes de sang marquant son passage, lorsqu'il rejoint la reine. *Tristan et Iseut, Les poèmes français...*, *op. cit.*, v. 643-770.

la clôture et l'amour est explicitée, lorsqu'Yvain, sort de sa folie et que ses rapports avec Laudine sont difficiles. Il retourne alors à la fontaine :

> Li mur croslent, et la torz tranble,
> Si que par po qu'ele ne verse[132].

Bien que les murs ne soient pas autour de la fontaine, celle-ci mène tout droit au château. Il y a donc une forte proximité entre cet avatar de verger et l'enceinte citée. Le tremblement des murs figure ici le déséquilibre psychologique dont Yvain a souffert depuis la rupture avec Laudine. Cette précision nous permet aussi d'aborder la question de l'enfermement psychologique.

Si la clôture physique peut paraître inutile par son inefficacité, elle est néanmoins redoublée d'une clôture psychologique à l'effet redoutable. Les deux ont d'ailleurs une action différente : la fermeture concrète du verger protège les amants de l'extérieur, alors que l'enfermement volontaire des chevaliers à l'intérieur de cette place a lieu sous l'effet de l'amour. Il y a interdépendance entre ces deux types d'enfermement, puisque l'amour que le chevalier porte à sa dame le pousse à s'enfermer de lui-même dans cette prison.

Dans *Érec et Énide*, si les deux barrières du verger clos d'air n'empêchent pas la foule de s'y engouffrer, le chevalier merveilleusement grand pourrait, par conséquent, s'enfuir par le même passage. Pourtant, comme il le raconte après la victoire d'Érec, sa promesse envers la cousine d'Énide l'y a retenu et emprisonné :

> Ma dameisele, qui siet la
> Tantost de ma foi m'apela
> Et dist que plevi li avoie
> Que ja mes de ceanz n'istroie,
> Tant que chevaliers i venist
> Qui par armes me conqueïst[133].

La fermeture physique signifie en quelque sorte l'enfermement psychologique créé par le sermon. Elle revêt donc un enjeu moins narratif que symbolique. Par conséquent, seule la volonté du chevalier le retient en ce jardin mortifère. De même, l'amour de Lancelot et de Cligès pour

132 *Yvain*, v. 6544-6545.
133 *Érec*, v. 6069-6074.

leur dame les pousse à passer du temps dans le verger au risque de mettre leur vie en péril. Leur conscience est comme altérée.

Ainsi donc, la clôture du verger engendre un enfermement plus psychologique que concret car cette composante du verger est en partie issue de textes chrétiens induisant une morale et des comportements plus spirituels que physiques. La coloration négative introduisant une ambiguïté dans la représentation de ce lieu semble provenir de l'influence religieuse. L'enceinte du verger est aussi un souvenir des légendes celtes qui l'érigent en protection de l'intimité sexuelle des amants. Avalon étant l'abri des fées amantes, leur plaisir sensuel habite toujours notre motif. La double ascendance de cette composante installe donc symboliquement le verger entre deux pôles contraires, entre amour et mort sociale. Cette double interprétation symbolique confirme le lien au *topos* de la « mauvaise coutume ». Elle est aussi valable pour la fontaine.

Fontaine et ambivalence de la relation amoureuse

Comme l'élément précédent, la fontaine n'est pas présente dans le *locus amoenus*, ni dans les autres traditions du lieu. L'eau y est présente sous une forme différente, la source ou le fleuve. En effet, le paradis oriental contient une source, le jardin d'Éden est parcouru par un fleuve et Avalon, le paradis celtique est une île ceinturée d'une mer magique. La source se distingue de la fontaine par son étendue et son caractère plus naturel. L'évolution de cet élément en fontaine résulte du goût médiéval pour l'œuvre ovidienne, pour le mythe de Narcisse, en particulier. D'ailleurs, le *Lai de Narcisse*, qui est une amplification du mythe d'Ovide, fut réalisé autour de 1170. Toutefois, les fontaines principales des romans de Chrétien de Troyes se trouvent dans *Le Chevalier de la Charrette* et *Le Chevalier au Lion* qui ont été rédigés simultanément entre 1177 et 1181. Il est fortement probable que Chrétien de Troyes ait eu connaissance de cette réécriture ou de la version d'Ovide. La fontaine sur laquelle Guenièvre oublie son peigne[134], ainsi que la fontaine magique de Laudine doivent donc beaucoup à cette influence.

L'eau symbolise d'abord la fertilité et par extension la vie. Cependant, comme pour la clôture, la combinaison intertextuelle entraîne une ambiguïté de la composante du verger et, par extension, du lieu même,

134 *Lancelot*, v. 1356 et *sqq.*

redoublant ainsi l'ambivalence issue de la « mauvaise coutume ». De fait, le XIIe siècle a transformé la fontaine de mort de Narcisse en fontaine d'amour. Elle prend à cette époque une connotation positive de *delice* et devient le lieu de rendez-vous des amants. Ainsi, dans *Le Chevalier au Lion*, la fontaine mène Yvain au fief de la dame, Laudine, qui deviendra son épouse. Elle permet la naissance de l'amour et acquiert ainsi une importance considérable au sein de l'enjeu narratif. Néanmoins, la description que fait Calogrenant semble conserver le souvenir de la symbolique de mort qui lui était d'abord attribuée :

> S'au bacin viax de l'eve prandre
> Et desus le perron espandre,
> La verras une tel tanpeste
> Qu'an cest bois ne ramanra beste,
> Chevriax ne cers, ne dains ne pors,
> Nes li oisel s'an istront fors ;
> Car tu verras si foudroier,
> Vanter, et arbres peçoier,
> Plovoir, toner, et espartir[135],

La fontaine est liée à un phénomène de tempête dévastatrice où les éléments d'eau et d'air sont soumis à une action surnaturelle. L'énumération des espèces d'animaux, chacune d'entre-elles étant précédée de l'adverbe de négation *ne*, insiste sur la destruction de la vie exercée par la fontaine. Ainsi, comme dans le mythe d'Ovide, la fontaine comporte un risque de mort comme un enjeu amoureux. La fontaine est donc très ambiguë, comme le symbolise la définition qu'en fait Calogrenant :

> La fontainne verras qui bout,
> S'est ele plus froide que marbres[136].

La chaleur, introduite par la relative *qui bout*, figure la flamme d'amour ou connote la vie, alors que le froid renvoie à la mort. La fontaine réunit donc deux pôles contraires et est totalement influencée par l'ambivalence du mythe d'origine. Quand la dame n'est pas là, elle redevient la fontaine de mort de Narcisse. À preuve, après la folie d'Yvain provoquée par la rupture avec Laudine, celui-ci revient à la fontaine mais son épouse ne l'y accueille pas :

135 *Yvain*, v. 393-401.
136 *Ibid.*, v. 378-379.

> Las ! par po ne reforsena
> Messire Yvains, cele foiee,
> Quant la fontainne a aprochiee,
> Et le perron, et le chapele ;
> Mil foiz las et dolanz s'apele,
> Et chiet pasmez, tant fu dolanz ;
> [...]
> Li lyons cuide mort veoir
> Son conpaignon et son seignor[137] ;

Le retour à la fontaine renvoie immédiatement Yvain à l'enfermement psychologique qu'il avait vécu durant sa folie.

La fontaine peut aussi rappeler l'absence de l'être aimé, notamment lorsque Lancelot y trouve le peigne de Guenièvre :

> La fontainne est enmi uns prez
> Et s'avoit un perron delez.
> Sor le perron qui ert iqui
> Avoit oblïé ne sai qui,
> Un peigne d'ivoire doré[138].

L'objet symbolique fonctionne comme un souvenir rappelant à Lancelot l'absence de la reine à ses côtés. La seule fontaine du *Chevalier de la Charrette* est donc liée au manque de l'être cher. Ainsi, si l'éroticité émanant de la symbolique de l'eau et des cheveux annonce l'accomplissement final de l'amour, la fontaine rappelle aussi à Lancelot le risque de perdre son amante. De plus, cet épisode comporte aussi un risque chevaleresque, puisque Lancelot sombre alors dans ses pensées et n'est plus aussi vigilant. La fontaine effectue ici encore la jonction entre amour et mort. Le souvenir de l'être aimé à la fontaine est d'ailleurs repris dans le *Lancelot en prose* avec pour variante que c'est la reine qui est présente auprès de la fontaine aux fées, et non le héros. Les absences de l'amant au rendez-vous de la fontaine donnent à cette composante du verger un aspect didactique influencé par l'*Art d'aimer* d'Ovide. En effet, les épisodes de solitude des chevaliers leur enseignent que l'on ne peut pas aimer si l'on est tourné vers soi. De la sorte, la fontaine représente une forme de cristallisation du verger, puisqu'elle est, comme lui, un lieu de confluence ambigu des enjeux amoureux, politiques et chevaleresques.

137 *Ibid.*, v. 3492-3497 ; 3506-3507.
138 *Lancelot*, v. 1353-1357.

Nous avons abordé le canevas tissé entre amour et chevalerie par ces scènes de solitude au bord d'une fontaine. Celle-ci entrelace aussi le fil politique à la trame puisque chaque femme, dame ou reine, que la fontaine semble prolonger, a aussi un fort pouvoir temporel. Le lien de la politique et de la fontaine est particulièrement marqué dans *Le Chevalier au Lion*, confirmant par là-même l'essence royale du lieu d'agrément. En effet, à chaque description du paysage l'environnant, l'essence de l'arbre est précisée : il s'agit d'un pin, connu pour symboliser le pouvoir de celui qui se trouve sous ses ramures. L'insistance sur cette essence annonce par conséquent l'enjeu politique de la place. D'ailleurs, la tempête de la fontaine a d'abord un but dissuasif. Il s'agit d'empêcher les intrus de pénétrer dans le château de Laudine. Elle revêt alors une fonction similaire à celle de la clôture. De plus, Laudine épouse Yvain pour protéger son fief. La fontaine réunit donc aussi amour, politique, et surtout protection du royaume arthurien.

La fontaine est donc un lieu de confluence où l'intertextualité ovidienne est responsable de sa grande ambiguïté. Elle condense les principaux enjeux amoureux, politiques et chevaleresques du verger, tout en illustrant l'ambivalence profonde du motif, l'établissant ainsi comme une véritable allégorie du royaume arthurien.

*L'*hortus conclusus*, un paradis terrifiant : entre amour et mort*

L'ambiguïté essentielle de la clôture et de la fontaine font du verger un paradis terrifiant où règne l'incertitude, et où aucune interprétation n'est définitive. Le verger est donc un royaume imaginaire syncrétique au plus haut point puisque s'y effectue une réunion des contraires. En liant amour et risque en ce lieu, l'auteur réussit aussi à réunir la vie et la mort. L'amour engendre la vie alors que le risque de la découverte des amants adultères peut aboutir à la mort. Cette particularité est explicitement représentée dans le verger clos d'air d'*Érec et Énide*, dans la description le caractérisant à la fois comme un *locus amoenus* et comme un enfer de cruauté. Les perceptions d'Érec orientent la description ambiguë :

> Qui mout se delitoit el chant
> Des oisiax qui leanz chantoient,

Qui la Joie li presantoient,
[...]
Car devant ax sor pex aguz
Avoit hiaumes luisanz et clers,
Et voit de desoz les cerclers
Paroir testes desoz chascun[139].

La reverdie de la nature idyllique empreinte des chants d'oiseaux contraste fortement avec le symbole terrifiant des têtes d'hommes plantées sur des pieux. La mort côtoie l'intimité amoureuse au sein de cette place. L'ami de la maîtresse du lieu risque d'ailleurs aussi la mort en se battant pour elle. Ce péril a pour cause l'amour. Ainsi, le paradis terrifiant que figure le verger est à l'image de la relation du couple, qui oscille également entre amour et mort, *Éros* et *Thanatos*.

139 *Érec*, v. 5766-5768 ; 5776-5779.

CONCLUSION

Ainsi donc, le royaume arthurien apparaît comme un territoire en construction au XIIe siècle, tant lexicalement, où il est presque insaisissable dans le corpus, qu'historiquement, où les différentes instances politiques religieuses et royales ne tombent pas d'accord sur sa définition. La saisie par l'imaginaire du verger a en outre permis de comprendre les soubassements imaginaires qui irriguent une définition toujours plus foisonnante et confluente.

L'étude lexicale des lieux arthuriens a dans un premier temps révélé un emploi indifférencié et ouvert des termes spatiaux, qui peuvent tout autant être référentiels que fabuleux, favorisant ainsi un fort brouillage topographique entre les deux domaines constitutifs du royaume arthurien : le domaine courtois ne cesse d'être fabuleux et inversement[1].

Sur le plan historique, les royaumes français et anglais, ne sont pas plus stables, tant dans leur définition territoriale, que politique ou royale. Les frontières des deux pays sont en effet encore très instables. Politiquement, les prémices d'une volonté d'unité grâce au pouvoir royal émergent lentement, mais l'instabilité politique et religieuse domine encore, renforçant l'impression d'un royaume désordonné et multiple, ce que reflète fidèlement le royaume arthurien des œuvres littéraires.

Cette confluence des pouvoirs et des tensions s'exerçant dans le royaume aboutit à une véritable ambiguïté du territoire royal, que nous avons observée sur le plan imaginaire à partir du lieu nodal du verger. Cet espace intime concentre les symboliques liés à l'Éden, au lieu d'agrément, mais aussi à la menace qui le guette. Il présente donc le condensé sur le plan imaginaire de cette tension entre un idéal utopique et une réalité menaçante. De fait, à la frontière du *locus amoenus*, mais aussi du paradis chrétien et celtique, il menace à tout instant de basculer vers le *locus*

1 Bernard Ribémont, « Christine de Pizan : entre espace scientifique et espace imagé », dans *Une femme de lettres au Moyen Âge. Études autour de Christine de Pizan*, Liliane Dulac et Bernard Ribémont (éd.), Orléans, Paradigme, 1995, p. 246.

horribilis. Outre ses multiples enjeux narratifs et chevaleresques, il repose sur un syncrétisme symbolique fécond qui contribue à nourrir la portée imaginaire de l'ensemble du royaume arthurien. Et de fait, le verger est tout entier tendu entre un idéal symbolique, notamment dans son association au lieu d'agrément paradisiaque, et une réalité menacée par la pratique de la « mauvaise coutume ». Cette dualité confirme bien son statut de miroir imaginaire du domaine merveilleux, mais aussi de la tension féconde réunissant les deux espaces étudiés. D'ailleurs, ce lieu est aussi chargé d'un sens à décrypter, qui lance le lecteur sur la voie de l'interprétation et du décodage des signes, afin de mieux entrer dans la dynamique de la « parabole royale ».

Son syncrétisme à la fois mythique et paradoxal renvoie aussi à la nécessité de fonder un troisième royaume subsumant la dichotomie instaurée entre le domaine courtois et le domaine merveilleux.

Au XIIe siècle, tant dans la littérature, qu'historiquement, la confluence des conceptions du royaume aboutit ainsi à une profonde ambivalence du lieu qui ne bénéficie pas par conséquent d'une définition stable. À cet égard et malgré cette ambivalence, émerge aussi une volonté médiévale d'harmonie et de paix dans le territoire, grâce à la figure du roi, ce qu'exprime sur le plan imaginaire la référence paradisiaque, qui est si ancrée dans la conception symbolique du royaume. Et si l'époque médiévale ne sait pas encore comment réaliser concrètement ce bonheur terrestre à l'image de l'agrément céleste originel, la confluence essentielle du royaume exprime aussi cette aspiration à un idéal, dévoilant dès lors une possible portée utopique du récit breton.

Par ailleurs, si les données spatio-temporelles au fondement du royaume sont partout dominées par une grande instabilité, elles révèlent aussi quelque chose de l'histoire qu'elles accueillent. Par conséquent, les fonctions du décor – du royaume dans le cadre de l'étude menée – sont inextricablement liées à l'action. Elles nécessitent de ce fait une prise en compte de l'intrigue et de son interaction avec le décor construit par la fiction.

DEUXIÈME PARTIE

LE ROYAUME AU MIROIR DU RÉCIT

POLARITÉS ET POLARISATION

INTRODUCTION

> Maintien les bones coustumes de ton royaume et les mauveses abesse[1]

Après avoir défini le royaume arthurien par les mots, son contexte historique ou encore sa symbolique, nous allons à présent analyser son intégration, ses enjeux, mais aussi son sens dans l'intrigue arthurienne.

Outre la nécessité de l'aventure[2], force est d'admettre que le récit breton présente deux invariants narratifs, qui selon leurs combinaisons, déterminent l'ensemble des possibilités de l'action. Il s'agit d'abord de l'espace bipartite en miroir, qui lui sert de cadres, aux spécificités connues et que la première partie a rappelées. Il s'agit ensuite du chevalier choisi, presque l'« élu[3] », dont l'action suit la progression. Ces deux éléments clefs de l'intrigue romanesque ne cessent d'interagir et de nourrir leurs potentialités narratives réciproques, comme les différents niveaux de significations – narratifs, symboliques, historiques et mythiques –, c'est pourquoi notre étude les considérera séparément, avant d'analyser leur interaction, d'ordre royale.

Avant toute chose, il semble ici nécessaire de revenir sur les prescriptions médiévales concernant le décor et son déploiement dans le récit. Les arts poétiques médiévaux ne s'attachent que peu au décor, excepté

1 Jean de Joinville, *Vie de Saint Louis*, Jacques Monfrin (éd. et trad.), Paris, Librairie Générale Française, 2002, p. 591, § 743.

2 L'aventure est le principal ressort narratif du récit breton. Elle peut être définie ainsi : « L'aventure est l'irruption du hasard, ou du destin, dans la vie quotidienne, où elle introduit un bouleversement qui rend la mort possible, probable, présente, jusqu'au dénouement qui en triomphe – lorsqu'elle ne triomphe pas. », Jean-Yves Tadié, *Le Roman d'aventures*, Paris, PUF, 1982, p. 5.

3 L'aventure n'attendait que le chevalier élu pour naître ; elle lui est dévolue depuis les origines à l'exclusion de tout autre, au sens que l'entendait Köhler ; voir Erich Köhler, *L'aventure chevaleresque…*, *op. cit.*

pour le *topos* du *locus amoenus*[4], dont nous avons montré la parenté avec le verger[5]. Mathieu de Vendôme dans son *Ars Versificatoria* et Geoffroy de Vinsauf dans la *Poetria Nova*, donnent des exemples d'évocation de la nature qui fixent des modèles. Toutefois, notre corpus n'est que peu concerné puisque les règles formulées concernent surtout le discours poétique[6]. D'ailleurs, les arts poétiques ont souvent été rédigés après les récits étudiés[7]. Par conséquent, les axes d'analyse adoptés se cantonnent aux fonctions du royaume, qui sont en premier lieu narratives. En effet, fondement du décor arthurien et véritable repère de l'action, l'espace royal est constitutif du chronotope tel que Mikhaïl Bakhtine l'a défini, c'est-à-dire comme les relations spatio-temporelles s'exprimant dans l'œuvre littéraire[8]. En vertu de cette approche, les différents enjeux narratifs du royaume arthurien seront envisagés selon un point de vue narratologique.

Ainsi que nous l'avons déjà remarqué, Wace a fixé les données spatio-temporelles du récit arthurien, qui sont récurrentes[9]. Ce chronotope de la matière de Bretagne est organisé autour de la cour, véritable pivot autour duquel l'intrigue se noue :

> Le chronotope arthurien est celui d'un monde localisé, fondamentalement breton et occidental, hanté par le merveilleux, dont le point de mire est la cour du roi, se déroulant dans un passé reculé, mais médiéval et non antique, qui s'oppose au monde contemporain (de la fin du XIIe siècle) en particulier par des valeurs ou des coutumes disparues, tout en lui empruntant certaines de ses caractéristiques. C'est un chevalier exceptionnel caractérisé par la triple modalité du vouloir, du pouvoir, du savoir, dont le roman raconte une tranche de vie caractérisée par des découvertes, des exploits et traduite par une errance aventureuse, qui incarne précisément, dans les romans de Chrétien de Troyes, le point de rencontre de cette double dimension spatio-temporelle[10].

Selon cette définition narratologique de la cour arthurienne comme pivot et point de mire de l'itinéraire du chevalier, nous pouvons considérer

---

4 Ernst Robert Curtius, *La Littérature européenne…*, *op. cit.*, p. 226-247.

5 *Supra*, p. 204 et *sqq.*

6 Ernst Robert Curtius, *La Littérature européenne…*, *op. cit.*, p. 228.

7 Francis Gingras, *Le Bâtard conquérant, essor et expansion du genre romanesque au Moyen Âge*, Paris, Champion, 2011, p. 165.

8 Mikhaïl Bakhtine, *Esthétique et théorie du roman*, *op. cit.*, p. 237.

9 Danièle James-Raoul, *Chrétien de Troyes, la griffe d'un style*, *op. cit.*, p. 271.

10 *Ibid.*, p. 267.

qu'elle est aussi un véritable *topos* créateur de l'univers arthurien et de son imaginaire. Par conséquent, cette partie s'emploie aussi à démontrer que le motif de la cour d'Arthur contribue à faire du « roman de chevalerie[11] » un roman spécifiquement arthurien, c'est-à-dire dont la référence de base est avant tout la cour royale.

Contrairement à ce que la narratologie admet généralement, l'espace arthurien ne fonctionne donc pas uniquement comme simple arrière-plan de l'intrigue. Par le type d'événements et de péripéties qu'il favorise, il détermine aussi les pérégrinations chevaleresques, de même que l'initiation du héros. De fait, la cour, véritable centre du domaine courtois, peut se faire tour à tour impulsion ou centrifuge, selon qu'elle éloigne ou au contraire rappelle le chevalier à elle. Le plus souvent, au début du récit, elle marque un point de départ statique, tandis que la dynamique de l'aventure se déploie ensuite dans le domaine merveilleux. D'ailleurs, il est tacitement admis par l'auditeur ou le lecteur, que l'espace merveilleux donne accès à de multiples aventures, allant de la simple rencontre merveilleuse, à l'abolition de la « mauvaise coutume », en passant par l'expérience amoureuse aux réminiscences celtiques. Réputé pour son mystère, le domaine merveilleux aurait donc pour fonction principale d'introduire le danger et le risque qui permettent au héros de prouver sa valeur, comme d'avancer dans son initiation. Les fruits de cette dynamique viendront à la fin féconder et dynamiser la cour à son tour, en une boucle narrative dialectique.

Ce sont donc les échanges entre le personnage principal et l'espace qu'il traverse qui déterminent le principe de l'« errance », concept introduit par Erich Köhler pour exprimer cet invariant de tout récit breton. D'une part, et ainsi que la focalisation interne le prévoit, le chevalier chevauche à travers le royaume, dévoilant ainsi les possibilités de ce territoire, son imaginaire et sa symbolique notamment. D'autre part, le royaume influe aussi sur le parcours du héros, en dynamisant son voyage.

En vertu de ce principe moteur de l'action arthurienne, nous envisagerons la quête du héros comme d'incessants échanges entre les deux invariants narratifs que sont le personnage principal et l'espace qu'il est amené à découvrir.

Selon les deux moteurs du récit breton que sont son chronotope et son héros, nous envisagerons d'abord les modes de passage entre les

11 Selon l'expression de Mikhaïl Bakhtine, *Esthétique et théorie du roman*, *op. cit.*, p. 385.

deux domaines arthuriens, avant de basculer vers le point de vue du chevalier pour nous intéresser à son errance.

Pour ce faire, le quatrième chapitre cherche à saisir la transition du domaine courtois au domaine merveilleux, d'un point de vue spatial, puis temporel. Réputé imperceptible, ce passage peut en effet être éclairci en fonction des différentes symboliques associées aux deux types de territoires et de leur retentissement sur le voyage chevaleresque ; par là, le fonctionnement même du chronotope arthurien est spécifiquement décrit.

Le cinquième chapitre est centré sur le voyage du chevalier à travers le royaume arthurien. Il démontre que le parcours du chevalier-élu à travers les deux plans de l'action a pour but premier de mettre en valeur sa prouesse chevaleresque. Il s'agit bel et bien d'une initiation qui a pour but de distinguer un héros. Plus encore, une fois ce parcours achevé, le héros acquiert le droit d'être le roi légitime du royaume. Le basculement de notre analyse, de sa dynamique spatiale, à son héros, vise à déterminer les fonctions narratives du royaume arthurien dans l'errance du héros. Or les pérégrinations des personnages sont couplées à une réflexion d'ordre morale. La réussite face au défi posé par le domaine merveilleux détermine à la fois le rang narratif et social du protagoniste en question : s'il échoue, la fiction l'évacue très rapidement, alors que s'il réussit, il devient le héros royal. De par cette fonction de révélation du héros, l'errance dans le chronotope arthurien dote l'espace d'un fort pouvoir narratif, véritable nœud des problématiques de l'intrigue arthurienne.

D'UN DOMAINE À L'AUTRE

Étude du chronotope arthurien

Le fonctionnement narratif et symbolique du chronotope arthurien[1] fait l'objet de ce chapitre, tout particulièrement, le passage du domaine courtois au domaine merveilleux, tant dans sa dimension narrative que symbolique. Celui-ci prend la forme d'un basculement du plan réel vers le plan imaginaire de l'action, et qui est perceptible grâce à l'introduction du registre merveilleux, ainsi que certaines indications spatiales et temporelles.

Dans un premier temps, afin de repérer dans le cadre spatial le mode de passage entre le domaine courtois et le domaine merveilleux, nous proposons un classement des seuils favorisant l'irruption surnaturelle, en tentant d'en repérer les marqueurs et vecteurs merveilleux.

Puis, un deuxième temps du chapitre est consacré au passage du domaine courtois à celui de la merveille d'un point de vue temporel, deuxième élément du chronotope.

SEUILS ET LIEUX FAÉ

Le domaine merveilleux, majoritairement issu des « légendes » celtiques relatives au paradis, est davantage introduit dans des paysages naturels que dans des espaces construits par l'homme, ou par des seuils, dont le potentiel narratif et symbolique favorise l'irruption de phénomènes surnaturels :

1 Il s'agit du cadre spatio-temporel dans lequel le récit prend forme et que Mikhaïl Bakhtine définit ainsi : « Nous appellerons *chronotope*, ce qui se traduit, littéralement par "temps-espace" : la corrélation essentielle des rapports spatio-temporels, telle qu'elle a été assimilée par la littérature. », *Esthétique et thérie du roman*, *op. cit.*, p. 237. Le lien du chronotope à la réalité est ailleurs exprimé en ces termes : « Le chronotope détermine l'unité artistique d'une œuvre littéraire dans ses rapports avec la réalité. », *ibid.*, p. 384.

> [...] tous les phénomènes a priori merveilleux, para-normaux et étranges, ont un point commun. Ils se déroulent dans un petit nombre de lieux, passages ou frontières situés aux franges du monde connu, et quelques sites – montagnes, forêt, lande, mer – qui sont indéniablement à cheval sur l'ici-bas et l'au-delà, formant une ligne de démarcation entre la civilisation et l'espace sauvage, *no man's land* entre l'univers des hommes et des esprits. Le franchissement de ces « pas » s'effectue souvent par hasard – en poursuivant le cerf blanc, un sanglier ou une autre bête (thème de l'animal conducteur) –, ou volontairement, par exemple, pour courir une aventure dont on a entendu parler. C'est alors qu'on rencontre des êtres surnaturels[2].

Les seuils et frontières sont particulièrement féconds pour notre investigation car ils permettent le lien de la réalité à la merveille : ce sont les seules portions d'espace à se trouver à la fois dans les deux domaines du royaume arthurien. De ce fait, leurs fonctions topique, symbolique, mais aussi narrative, sont particulièrement développées. La brièveté des lais faisant ressortir les différentes fonctions narratives associées à ces éléments, l'étude se concentrera sur ces textes brefs.

L'étude des embrayeurs spatiaux vers l'ailleurs distinguera les seuils tels que le port, la porte ou la fenêtre, des frontières que sont la rivière et la mer, ou des liaisons, comme le gué et le passage souterrain.

SEUILS

Aux premiers rangs des seuils se trouvent d'abord les portes et les fenêtres. Celles-ci ne constituent que des portions de pièces, bien souvent de chambres. Pourtant, malgré leurs dimensions exiguës, ces accès conservent un fort potentiel symbolique, du fait de la jonction qu'ils opèrent entre les différents modes de structuration des récits qu'ils permettent.

En premier lieu, nous nous occuperons des fenêtres, qui sont le plus représentées dans le corpus primaire. *Fenestre* provient du latin classique *fenestra* qui voulait dire « fenêtre » ou « ouverture », sens qu'il conserve en ancien français et encore de nos jours[3]. Cet accès est double : à la fois ouverture sur le monde, mais aussi dans l'intimité du logis, ce qui en fait un excellent seuil et embrayeur de merveille. Dans notre perspective, la

2 Claude Lecouteux, *Au-delà du merveilleux. Des croyances au Moyen Âge*, Paris, PUPS, 1993, p. 121.

3 FEW, III, 452a, *fenestra* ; Algirdas Julien Greimas, *Dictionnaire de l'ancien français*, *op. cit.*, p. 263 ; Takeshi Matsumara, *Dictionnaire du français médiéval*, *op. cit.*, p. 1521.

fenêtre effectue souvent la transition entre les deux domaines arthuriens, comme en témoigne l'épisode de la chambre sans portes, dans *Desirré.* L'unique fenêtre de la pièce permet d'abord l'immersion visuelle du héros dans l'intimité des deux jeunes filles endormies. Toutefois, le franchissement de ce seuil a pour corollaire un risque puisque lorsque le personnage passe outre, il encourt la mort[4] :

> Par la fenestre saut joinz piez ;
> Mes ne s'est mie bien tenuz,
> Si est devant le lit cheüz[5],

Le renversement narratif est signifié par la conjonction de coordination *Mes*, placée en début de vers, et qui introduit la chute de Desirré : *cheüz.* Ce seuil est donc ambivalent, puisqu'il représente à la fois un accès et un danger. De ce fait, il possède un grand potentiel narratif, puisqu'il permet l'irruption de nouvelles aventures qui mettront en balance la bravoure chevaleresque du héros. La fenêtre structure aussi toute l'action du lai dans *Laüstic* puisqu'elle permet à l'héroïne un contact visuel avec son amant à qui elle donne rendez-vous de l'autre côté. Le risque lié à la mort est aussi présent dans le lai, puisque l'oiseau que la femme avait dit regarder sera tué à cause de son mensonge. Enfin, dans *Yonec*, la fenêtre revêt aussi une dimension amoureuse et courtoise puisqu'elle permet bien la rencontre entre l'homme-oiseau et la dame prisonnière :

> Quant ele ot fait sa pleinte issi,
> L'umbre d'un grant oisel choisi
> Par mi une estreite fenestre ;
> Ele ne sait que ceo pout estre.
> En la chambre volant entra[6] ;

L'irruption de l'homme-oiseau fait suite à une plainte de la dame, donnant l'impression que sa prière a été exaucée. Ce phénomène surnaturel est d'ailleurs permis par la fenêtre, seul accès possible à sa chambre. Ce seuil merveilleux représente bien une ouverture sur le monde et

4 Concernant le lien du seuil à la mort, Karin Ueltschi ajoute : « En l'occurrence, le fait de "passer outre" certaines frontières grâce aux pieds fait subir une métamorphose : de vivant, on devient un mort. », *Le Pied qui cloche ou le lignage des boiteux*, *op. cit.*, p. 195.

5 *Desirré*, v. 682-684. C'est nous qui soulignons.

6 *Yonec*, v. 105-109.

une forme de libération de la femme emprisonnée par son mari jaloux. Pourtant, le statut paradoxal de ce seuil est ensuite souligné, lorsque le mari trompé y fait placer des pièges pour tuer l'amant :

> Des engins faire fu hastifs
> A ocire le chevalier.
> Broches de fer fist granz furgier
> E acerer le chief devant :
> Suz ciel n'ad rasur plus trenchant !
> Quant il les ot appareilliees
> E de tutes parz enfurchiees,
> Sur la fenestre les ad mises,
> Bien serreies et bien asises,
> Par unt li chevaliers passot,
> Quant a la dame repeirot[7].

La fenêtre fait alors l'objet d'une hypotypose qui vise à souligner la cruauté du mari. Ainsi appareillée de pièges mortels, cette ouverture, qui permettait le déploiement de l'amour courtois entre les deux amants, s'y oppose désormais.

Ainsi, les couples ouvert/fermé, prison/liberté, mais aussi social/intime sont reliés par ces seuils ambivalents que sont les fenêtres. Celles-ci constituent un canal permettant la rencontre entre nature et surnature, d'où le statut ambivalent symboliquement, comme leur fonction de jalon narratif.

Le port ensuite, constitue un autre seuil qui est représenté de nombreuses fois dans les textes à l'étude. Dès ses origines, le substantif *port* contenait déjà une référence intéressante pour notre étude. En effet, il est issu du latin *portus* dont le sens premier est « passage[8] ». Ainsi, nous sommes face au premier mot désignant explicitement un vecteur vers l'Ailleurs et dont le lexème renforce étymologiquement le sens. Il est vrai que dans les lais, le substantif *port* est utilisé en concurrence avec son parasynonyme *hafne/havene.* Dans *Haveloc*, lorsque les protagonistes fuient leur premier royaume dévasté sur ordres du roi Arthur, il est

7 *Yonec*, v. 284-294.

8 FEW, IX, 205b, *portus* ; Algirdas Julien Greimas, *Dictionnaire de l'ancien français*, *op. cit.*, p. 472 ; Takeshi Matsumara, *Dictionnaire du français médiéval*, *op. cit.*, p. 2660. Alain Rey ajoute que le sens de « passage » est « conservé dans le portugais *porto* "passage dans la montagne" », dans *Dictionnaire historique de la langue française*, tome 2, *op. cit.*, p. 2851.

précisé : « k'a un havene sunt parvenu[9] », alors que plus loin le narrateur utilisera indifféremment l'autre nom : « si arrivames a cest port[10] ». Et si l'étymon de *hafne/havene*, qui provient du moyen néerlandais *havene* (XIIe siècle), signifiant « port[11] », ne renvoie pas explicitement au passage, c'est par son origine étrangère et lointaine que l'Ailleurs est connoté. Le port constitue particulièrement le point de départ ou d'arrivée lors d'une traversée maritime, ce qui en fait un excellent « embrayeur » de merveille. Rappelons en effet que la « navigation merveilleuse » est un des motifs spécifiques des thématiques relatives à l'Autre Monde[12]. C'est d'ailleurs le lien à l'eau, qui fonctionne comme une amorce vers l'Ailleurs, un élément de transition entre réel et surnaturel et donc de vecteur vers le domaine merveilleux, qui permet d'expliquer que les aventures merveilleuses soient parfois introduites dans des ports, nommés *port*, *hafne* ou *havene*. Ceux-ci sont présents dans quatre lais.

Chez Marie d'abord, les lais de *Guigemar* et *d'Eliduc* contiennent bien des ports merveilleux. Dans *Guigemar*, ce seuil apparaît à chaque navigation merveilleuse entreprise par le héros éponyme :

> Le travers del bois est alez
> Un vert chemin, ki l'ad menez
> Fors a la laundë ; en la plaigne
> Vit la faleise e la muntaigne.
> D'une ewe ki desuz cureit
> Braz fu de mer, hafne i aveit.
> El hafne out une sule nef,
> Dunt Guigemar choisi le tref[13].

Le *hafne*, c'est-à-dire le « port », fait partie des lieux traversés par le héros qui le mènent vers le domaine merveilleux. Guigemar traverse le bois, la lande, puis la plaine, la montagne, et parvient enfin au port. Ce dernier représente de fait le dernier contact avec le domaine courtois. Il est ici un seuil de sortie. Mais le port sera mentionné à chaque aller et retour du héros, qu'il en marque l'entrée ou la sortie d'un espace. Il

9 *Haveloc*, v. 123. C'est nous qui soulignons.

10 *Ibid.*, v. 614. C'est nous qui soulignons.

11 FEW, XVI, 177b, *mnéer* ; Algirdas Julien Greimas, *Dictionnaire de l'ancien français*, *op. cit.*, p. 309 ; Takeshi Matsumara, *Dictionnaire du français médiéval*, *op. cit.*, p. 1841.

12 Thompson Stith, *Motif-Index of Folk-Literature*, 2e édition, Copenhague, 1955-1958. Nous conservons ici l'appellation communément admise par les médiévistes.

13 *Guigemar*, v. 145-152. C'est nous qui soulignons.

structure ainsi à la fois l'espace arthurien et le récit qui l'accueille. Le lai d'*Eliduc* lui dévoue le même rôle narratif. Les voyages, mais aussi les errances amoureuses du héros, sont ponctués par des ports, plus particulièrement par celui de Totness :

> Il tient sun chemin tut avant,
> A la mer vient, si est passez,
> En Toteneis est arivez[14].

Ici, le port marque plutôt l'entrée dans une ville. À ce titre, Marie lui adjoint un toponyme réel, *Toteneis*, qui désigne réellement le port du Devonshire, où se trouve la ville d'Exeter. Du fait de sa proximité avec la mer, ce seuil introducteur de merveille est donc relié à une référence réelle. Ce statut bivalent et ambigu s'explique par le fait qu'il opère la jonction entre les deux domaines. Dans les lais anonymes, le port peut aussi être utilisé pour structurer la fiction, notamment dans *Melïon*, où le substantif *hafne* est employé à chaque voyage du héros vers ou en provenance de l'Irlande. De même, dans le lai d'*Haveloc*, outre la relation du nom du héros éponyme avec le substantif *havene* que nous avons remarquée, ce seuil souligne aussi l'entrée et la sortie du héros dans divers pays. En effet, la navigation de départ pour Haveloc et sa famille est introduite par : « Del havene sun desancré[15] ». Puis, quand après moult péripéties, la famille parvient à destination, la référence au port est encore utilisée : « K'a un havene sunt parvenu[16] ».

Le port est donc un seuil intéressant car il fonctionne comme un embrayeur vers le domaine merveilleux. Il opère ainsi la jonction entre les deux domaines arthuriens antithétiques fondant la fiction. De ce fait, il marque une forte structuration et peut être ambivalent selon l'espace qu'il introduit et les symboliques qui lui sont associées.

FRONTIÈRES ET SÉPARATIONS ENTRE LES DOMAINES

Après avoir distingué les seuils, une attention sera portée aux frontières et autres types de démarcation entre les deux domaines arthuriens, le « réel » et le « merveilleux ». Du point de vue de l'introduction de la

14 *Eliduc*, v. 86-88.
15 *Haveloc*, v. 106.
16 *Ibid.*, v. 125.

dimension imaginaire, la frontière est véritablement efficace du fait de sa dualité, délimitant de fait deux espaces distincts[17]. Dans le corpus étudié, les frontières sont la plupart du temps aquatiques, ce qui renoue avec un autre élément important dans notre perspective, la source, qui est une des composantes du domaine merveilleux, et dont l'étude de son cœur formé par le verger a montré les relations symboliques au paradis. L'eau en général est commune à toutes les traditions autour de l'Éden, imprimant de fait une connotation positive au domaine merveilleux :

> De toutes les formes que prend la frontière avec l'autre monde, l'eau est sans doute la plus riche de sens. En témoignent les nombreux récits mythiques et mythologiques dans lesquels le héros doit, à un moment donné, franchir un cours d'eau. La traversée accomplie par Gilgamesh, Ulysse et Énée les emmène vers une même destination, un monde qui, en principe, n'est pas accessible aux vivants[18].

Nous analyserons d'abord, la *riviere*, substantif féminin issu du latin *ripa* et qui désigne en ancien français la « rive », le « rivage », ou le « bord de mer ». Dans les textes à l'étude, elle fonctionne comme une véritable frontière, notamment chez Chrétien dans l'aventure de la Joie de la Cour de *Érec et Énide*, ainsi que nous l'avons montré, mais aussi dans les lais de *Graelent*, *Tydorel*, *Guingamor* et *Espine*. Elle constitue à chaque fois l'ultime épreuve avant que le héros ne soit autorisé à accéder à l'espace merveilleux. Elle représente donc un danger que le lai de *Guingamor* explicite par l'adjectif *perilleuse*[19], qui la qualifie. Passer la rivière revient à montrer, par son courage et sa bravoure, que l'on mérite la féerie. Dans

---

17 Pour Claude Lecouteux, la séparation de la frontière relève du sacré : « [...] toute frontière fonctionne sur deux plans, possède deux significations. La délimitation cerne, délimite un territoire vis-à-vis d'autrui, mais cet autrui n'est pas uniquement un homme, c'est souvent un être surnaturel. [...] même si la frontière est purement symbolique, elle forme un espace clos et sacré, dédié à un dieu ou à un saint dans les temps anciens, c'est-à-dire placé sous sa protection, comme l'indiquent clairement les toponymes. On s'en remet à lui pour assurer sa défense contre tous les ennemis potentiels. », dans « Les Marches de l'Au-delà », Danièle James-Raoul, Olivier Soutet (dir.), *Par les mots et par les textes, Mélanges de langue, de littérature et d'histoire des sciences médiévales offerts à Claude Thomasset*, Paris, PUPS, 2005, p. 492.

18 Natacha Rimasson-Fertin, *L'autre monde et ses figures dans les* Contes de l'enfance et du foyer *des frères Grimm et les* contes populaires russes *d'A. N. Afanassiev*, thèse soutenue à l'Université Stendhal-Grenoble 3, sous la direction de François Genton et Claude Lecouteux, 2008, p. 82.

19 *Guingamor*, v. 178.

Graelent par exemple, lorsque le héros part à la conquête de l'aventure, le paysage est ainsi décrit :

> [...]
> Par mi coroit une riviere.
> Cele part erra Graalanz[20],

La rivière sépare clairement la forêt en deux espaces distincts comme le signifie la métaphore « par mi coroit ». Elle constitue donc bien souvent l'élément séparateur entre les deux domaines réels et merveilleux.

La mer revêt la même symbolique séparatrice. Issue du latin *mare*, elle signifie en ancien français « mer » bien sûr, mais aussi « partie de la mer qui passe entre deux terres assez proches l'une de l'autre[21] », ce qui rejoint directement son statut de frontière naturelle. Cet élément joue d'ailleurs avant tout un rôle de démarcation dans la littérature narrative arthurienne, dont la géographie s'organise autour de cet élément, puisqu'elle comprend la France, l'Angleterre, l'Irlande, le Pays de Galles et l'Écosse, tous séparés par la mer du Nord ou la Manche[22]. À ce titre, le paysage marin est récurrent dans la topographie merveilleuse. De fait, il est lié au port, à la navigation merveilleuse, à l'île, mais aussi à l'Irlande et à ses légendes celtiques. De plus, la mer renvoie aussi fortement à la mort du fait de son immensité représentant un danger supplémentaire pour le héros. Rappelons qu'au Moyen Âge, on savait rarement nager et il était courant que des embarcations se perdent en mer pour toujours :

> Lieu mouvant où le péril de la mort réelle est toujours présent, lieu privilégié de passage pour une mort initiatique, frontière entre ce monde et le monde autre, la mer devient un espace où l'on se trouve entre la vie et la mort et où les questions de la vie et de la mort se décident. Impossible d'arriver au port avant que les choses soient fixées. Pour Guigemar, comme pour Tristan, c'est la mer qui décide de leur survie les exposant à un danger de mort imminente mais les faisant naviguer vers la guérison[23].

20 *Graelent*, v. 206-207.

21 FEW, VI, 1, 317a, *mare*; Takeshi Matsumara, *Dictionnaire du français médiéval*, *op. cit.*, p. 2214.

22 Marie-Luce Chênerie, *Le Chevalier errant dans les romans arthuriens en vers des XIIe et XIIIe siècles*, *op. cit.*, p. 144.

23 Anna Elzbieta Korczakowska, « La mer et la mort dans la matière de Bretagne », dans Chantal Connochie-Bourgne (éd.), *Mondes marins du Moyen Âge*, Aix-en-Provence, Publications de l'Université de Provence, 2006, p. 239.

À cause du risque qu'elle engendre, le narrateur insiste sur la nécessité et la capacité des personnages à la passer *hastivement*, notamment dans *Guigemar*, *Milun*, ou encore dans *Desirré*.

Pourtant, chez Marie, l'eau n'est pas tout à fait un obstacle, puisque dans *Yonec*, la dame en quête de son amant la franchit avec une grande aisance :

> De l'autre part, vers le dunjun,
> Curt une ewe tut envirun ;
> Ileoc arivoent les nefs,
> Plus i aveit de treis cenz tres.
> La porte aval fu desfermee ;
> La dame est en la vile entree[24]

Si le narrateur mentionne d'abord cette frontière naturelle, il en atténue ensuite rapidement toute sa puissance séparatrice, puisqu'il introduit une ouverture par la présence d'une porte immédiatement à proximité. Dans ce paysage, la rivière ne constitue donc qu'un simple élément du décor.

Si la mer constitue la frontière naturelle la plus évidente du fait du territoire géographique considéré dans la littérature arthurienne, sa fonction séparatrice n'est pas toujours convoquée dans le corpus, notamment chez Marie de France, où elle n'a qu'une visée réaliste.

LIAISONS FACILITÉES ENTRE LES DEUX DOMAINES

Le passage souterrain

Dans *Yonec*, le passage souterrain qui relie le pays de la jeune femme à celui de Muldumarec fonctionne comme un vecteur de merveille et établit une jonction entre les deux domaines. Lorsque l'homme-oiseau est blessé, il retourne chez lui et la demoiselle décide alors de le suivre. Son itinéraire est décrit très précisément :

> Par une fenestre s'en ist ; [...]
> A la trace del sanc s'est mise [...]
> Icel sentier erra e tint,
> De si qu'a une hoge vint.

24 *Yonec*, v. 367-372.

En cele hoge ot une entree,
De cel sanc fu tute arusee ; [...]
El n'i trova nule clarté.
Tant ad le dreit chemin erré
Que fors de la hoge est issue
E en un mut bel pré venue. [...]
La trace ensiut par mi le pré.
Asez pres ot une cité. [...]
Devers le burc sunt li mareis
E les forez e li difeis.
De l'autre part, vers le dunjun,
Curt une ewe tut envirun[25] ;

Nous avons déjà noté que la *hoge*, sorte de tumulus, fonctionne comme un point d'entrée dans le domaine merveilleux. En effet, celle-ci est creuse, ce qui est déjà surnaturel[26]. Elle fournit un passage souterrain à la dame pour accéder au pays de son bien-aimé. D'ailleurs, quand elle en ressort, elle se trouve dans un espace en tout point conforme aux attentes de la géographie du domaine merveilleux, puisqu'elle accède à un pré. Philippe Ménard explique tout le potentiel narratif et symbolique de ce passage particulier :

> Le merveilleux est subtilement présent d'un bout à l'autre. À la fin du récit, on ne sait plus si l'héroïne est dans le monde d'ici-bas ou dans l'au-delà, au moment où elle s'écroule sur le tombeau de celui qu'elle a tant aimé. Il n'y a pas de barrières nettes et infranchissables entre le monde des hommes et l'Autre Monde. L'ici-bas se trouve aux portes de l'au-delà. La surnature nous entoure de partout[27].

Ainsi, ce passage n'établit pas une frontière entre les deux domaines mais bien au contraire, les relie.

---

25 *Yonec*, v. 337 ; 342 ; 345-348 ; 353-356 ; 359-360 ; 365-368. C'est nous qui soulignons.

26 Rappelons que la montagne se prête elle aussi pour abriter le séjour des morts non seulement par son relief qui la détache manifestement dans le paysage, mais encore parce qu'au Moyen Âge, toutes les montagnes sont considérées comme étant creuses, d'où l'imaginaire d'un monde souterrain qu'elles suggèrent, voir Claude Lecouteux, *Mondes parallèles...*, *op. cit.*, p. 33.

27 Philippe Ménard, *Les lais de Marie de France*, *op. cit.*, p. 179.

Le gué[28]

Le substantif masculin « gué » est issu du latin *vadum* et est apparu pour la première fois sous la forme *guet.* Il désigne alors, comme en français moderne, un « gué », c'est-à-dire un petit sentier aménagé permettant de traverser un cours d'eau, à pied ou à cheval. On retrouve dans le sens du mot le sème lié à la nature, ainsi que celui de l'élément aquatique. De même que le pont, sa fonction de passage le prédestinait à en faire un vecteur vers le domaine merveilleux. Il s'agit même à notre sens de l'élément de paysage le plus significatif dans notre perspective. En effet, il est à la fois un passage et une jonction de deux éléments[29], en particulier l'eau et la végétation, deux éléments impliqués dans le surgissement des fées de l'au-delà, c'est pourquoi le gué est si fécond d'un point de vue symbolique. Ce passage est très fréquent dans le corpus de l'auteur champenois[30], de même que dans les lais, notamment celui de *Tyolet*, et surtout *Espine*, tout entier centré sur cet élément.

Le plus souvent, il apparaît en tant qu'élément de décor visant à signifier un simple passage. Il est mentionné brièvement, comme portion du paysage, dans *Érec et Énide*, au cours d'un combat du héros avec des brigands qui l'assaillent :

> Et li tierz de son agait saut,
> Qui d'autre part d'un gué estoit ;
> Par mi le gué s'an vint tot droit.
> Érec point, si l'a ancontré
> Ainz qu'il par fust issuz del gué[31].

Le gué est seulement utilisé en tant que lieu de la bataille et n'est pas réutilisé par la suite, confirmant sa seule fonction réaliste. Par ailleurs, il ne constitue aucun danger, puisque l'eau qui l'entoure n'est pas profonde : les chevaliers qui y tombent au cours de l'assaut en remontent aussitôt. De même, *Cligès* évoque rapidement cette frontière naturelle à

28 Pour une analyse plus précise du gué, voir Marie-Luce Chênerie, *Le Chevalier errant dans les romans arthuriens en vers des* XII*e et* XIII*e siècles*, *op. cit.*, p. 173-178.

29 *Ibid.*, p. 174.

30 Il y est mentionné trente fois, selon le Dictionnaire Électronique de Chrétien de Troyes, http://www.atilf.fr/dect/, consulté le 16 janvier 2018. Nous renvoyons au site internet en question pour le détail des occurrences.

31 *Érec*, v. 3042-3046.

trois reprises[32], dont au début du roman, lors du siège de Windsor, où les assaillants grecs disent : « Passons le gué, ses assaillons[33]. ». Mais ici encore, il ne s'agit que d'un passage reliant deux portions du décor dans lequel se déroule le combat. Le gué apparaît aussi avec la même fonction accessoire dans les lais, notamment dans *Tyolet*, où il permet de passer outre la « grant eve ravineuse[34] ».

À d'autres moments, le gué assume une véritable fonction narrative et marque le point de départ de l'aventure. Dans *Le Chevalier de la Charrette*, l'épisode du gué périlleux est amplement développé[35], démontrant l'enjeu narratif de ce passage. Après s'être séparé de Gauvain pour aller au Pont de l'Épée, Lancelot est entièrement pris dans une méditation sur l'amour. Totalement absorbé dans sa rêverie, il n'entend pas les mises en gardes du gardien du gué, provoquant par là même son courroux et un combat qu'il remporte aisément :

> Lors li cort sore et si le haste
> Tant que cil li ganchist et fuit ;
> Le gué, mes que bien li enuit,
> Et le passage li otroie[36].

La mise en valeur, en début de vers, du groupe nominal « Le gué » insiste sur l'enjeu narratif du lieu, qui donne l'occasion à Lancelot de montrer l'étendue de sa bravoure. Ainsi, faisant ici l'objet d'un interdit, le gué est plus qu'un simple passage entre les deux domaines réalistes et merveilleux, il acquiert un véritable rôle narratif en constituant l'objet même du combat du héros.

Si le gué assume souvent une fonction narrative de première importance, c'est qu'il représente avant tout un danger. Chez Chrétien, l'adjectif *parfont* lui est d'aileurs souvent associé[37]. Dans *Le Conte du Graal*, il est d'ailleurs employé au sein d'un toponyme, dont nous avons démontré le pouvoir suggestif de naissance de l'imaginaire arthurien. *Li Guez*

---

32 *Cligès*, v. 1305 ; 1315 ; 1485 ; 2933.

33 *Ibid.*, v. 1305.

34 *Tyolet*, v. 436.

35 *Lancelot*, v. 730-887. L'épisode s'étend donc durant cent-cinquante-six vers, durant lesquel le *gué* est mentionné treize fois : v. 730 ; 739 ; 743 ; 749 ; 763 ; 779 ; 791 ; 804 ; 837 ; 846 ; 851 ; 880 ; 886.

36 *Lancelot*, v. 884-887.

37 *Cligès*, v. 2933 ; *Perceval*, v. 8479 ; 8488.

Perilleus contient dans son nom même tout le prestige promis au chevalier vainqueur du danger qu'il représente :

> Et panse qu'il avoit oï
> Dire et conter an plusors leus
> Que cil qui del Gué Perilleus
> Porroit passer l'eve parfonde
> Qu'il avroit tot le pris del monde[38].

Le gué bénéficie d'un tel prestige qu'on en parle à travers le monde. Il est tellement connu pour son danger qu'on lui a donné un nom en accord avec l'imaginaire qu'il suscite. Le lai de l'*Espine* contient aussi un gué fort intéressant, puisqu'il structure l'ensemble de la fiction. Sa mention déclenche même la mise en aventure du personnage, ainsi que la fiction[39]. Surtout, il constitue aussi un risque puisqu'il est qu'il propose toutes sortes d'épreuves aux chevaliers, comme le signifie l'hyperbole de la jeune fille qui le présente :

> [...] au gué de l'Espine,
> en la nuit de la saint Jehan,
> en avenoit plus qu'en tout l'an[40],

Il est même nommé *gué aventurous* au vers 226. Le gué est donc aussi le lieu de tous les dangers inhérents à l'entreprise de celui qui s'apprête à franchir une frontière majeure. Marie-Thérèse Brouland parle même de « point de péage » et de « tribulation[41] » : le danger affronté est comme le tribut à payer pour passer outre. En outre, le risque de ce *gué aventurous* en fait même un lieu de mort, comme le montre sa reprise par le groupe nominal *cest trepas* par le défenseur même du lieu :

> car la painne de cest trepas
> vous ne le soufferïes pas
> ains que li jours doit esclarcir
> por toute la cité de Tir[42] ;

38 *Perceval*, v. 8506-8510.
39 *Espine*, v. 190.
40 *Ibid.*, v. 190-192.
41 Marie-Thérèse Brouland, *Le substrat celtique du lai anglais* Sir Orfeo, *op. cit.*, p. 89.
42 *Espine*, v. 405-408. C'est nous qui soulignons.

Le caractère mortifère du gué confirme bien son adéquation avec le séjour des morts qui intéresse notre problématique par le contrepoint au domaine courtois qu'il représente.

Le gué aussi confirme donc notre hypothèse de départ concernant l'existence de lieux et seuils permettant la transition vers un monde parallèle, un au-delà, celui symbolique du domaine merveilleux.

Ainsi donc, le domaine merveilleux du royaume arthurien, majoritairement issu des légendes sur le paradis celtique, est davantage introduit dans des seuils naturels, dont le potentiel narratif et symbolique favorise l'irruption de phénomènes surnaturels. Par ailleurs, les frontières entre les deux espaces sont multiples et amplement perméables, ainsi que le synthétise Denis Hüe :

> Mais dans ces récits, si les frontières s'abolissent en apparence, elles sont toujours là, imperceptibles, changeantes, mais radicales et surtout, d'une rare multiplicité[43].

Intéressons-nous à présent aux conditions temporelles du passage entre les deux domaines.

LE TEMPS[44] DU PASSAGE

L'étude du royaume arthurien contient en son cœur la problématique du temps, autant que celle du paysage géographique. Par conséquent, le couple espace-temps[45], reconnu depuis l'antiquité, est aussi primordial dans le cadre de notre investigation.

---

43 Denis Hüe, « Avant-propos », dans Denis Hüe, Christine Ferlampin-Acher (dir.), *Le Monde et l'Autre Monde*, *op. cit.*, p. 8.

44 Nous sommes conscient de la mouvance et de l'ambiguïté que le substantif « temps » recouvre, comme le rappelle Philippe Walter « Il est sans doute plus prudent d'admettre a priori une certaine mouvance sémantique du mot temps en vue de mieux saisir sa définition médiévale et aussi en vue de sauvegarder une spécificité éventuelle de la littérature dans sa manière d'appréhender la réalité existentielle et imaginaire du temps. », Philippe Walter, *La Mémoire du Temps. Fêtes et calendriers de Chrétien de Troyes à* La Mort Artu, Paris, Champion, 1989, p. 9. Nous choisissons tout de même de l'employer pour son enjeu conventionnel et pratique.

45 Platon, Aristote, ou encore saint Augustin pensaient déjà le temps et ses relations avec l'espace.

Après l'espace, le temps représente l'autre modalité d'accès au domaine merveilleux. Passer la frontière se fait à certains moments précis. La question du temps est d'abord fondamentale pour notre problématique car l'accès au domaine merveilleux peut être envisagé comme un passage vers une temporalité différente[46]. Les récits bretons mettent en outre en place un feuilletage chronologique complexe, s'étalant du temps fini de la cour à l'éternité de l'au-delà, marquant ainsi temporellement le passage du domaine d'Arthur au domaine merveilleux. Le système temporel du récit breton est en effet singulier. Il oscille entre une restructuration mythique d'un substrat celtique et une organisation qui lui est propre :

> Entre l'imitation pure et simple d'une chronologie réelle et l'expression servile d'un temps mythique hérité, le roman médiéval invente une voie originale. Il tente de concilier le cadre ancien du temps mythique (atemporel) avec la vision nouvelle d'un temps reconstruit et évolutif[47].

Cette temporalité pourra se traduire par le biais de différentes tonalités, être merveilleuse ou d'inspiration celtique, ou encore emprunter ses références au christianisme.

Si tous les récits du corpus primaire mettent en place ce système temporel singulier, nous centrerons davantage ce chapitre sur les lais : le resserrement sur les textes brefs permet un aperçu plus incisif du fonctionnement temporel spécifique des récits bretons. Nous préciserons d'abord les circonstances d'introduction du registre merveilleux, avant de décrire les conditions temporelles du passage vers le plan surnaturel de l'action, pour enfin étudier le « feuilletage chronologique » à l'œuvre dans les récits à l'étude.

LES CONDITIONS D'ÉCLOSION DU TEMPS MERVEILLEUX

Une perception subjective du temps

Afin que le héros pénètre dans le domaine merveilleux, certaines conditions doivent être réunies, au nombre desquelles la temporalité est

46 Rappelons que le héros va dans le domaine merveilleux, non pour y rester, mais pour y « chercher » quelque chose. Nous développons les raisons profondes de cet itinéraire dans la troisième partie, *infra*, p. 382-392.

47 Philippe Walter, *Canicule…*, *op. cit.*

essentielle, à commencer par le calendrier ou l'heure[48]. Mais le temps de la merveille est surtout subjectif et orienté par le personnage qui perçoit :

> Le temps de la merveille n'est pas une donnée une et homogène, objective, comptable et mesurable : au contraire, il se caractérise par sa diversité et sa relation à une subjectivité qui perçoit[49].

Le narrateur utilise la focalisation interne au héros, afin de coucourir à la vraisemblance du récit, de même que pour concourir à l'identification au personnage principal. En effet, l'utilisation du temps subjectif dans le récit de fiction retranscrit d'abord fidèlement notre propre perception temporelle.

À cet égard, Paul Ricœur a expliqué « le jour est la plus naturelle des mesures[50]. »

De fait, dans les lais, le récit suit en général le cheminement du héros, que celui-ci accompagne une jeune fille comme dans *Desirré*, ou qu'il parte de son propre chef comme dans *Guigemar* :

> Talent li prist d'aler chacier ;
> La nuit somunt ses chevaliers,
> Ses veneürs e ses berniers ;
> Al matin vait en la forest,
> Kar cil deduiz forment li plest.
> [...]
> En l'espeise d'un grant buissun
> Vit une bise od un foün[51] ;

On passe bien de la volonté de Guigemar d'aller chasser seul – et de s'extraire du monde – à ses perceptions, notamment la vue qui marque le passage à une focalisation interne. Le récit suit donc bien le parcours du héros, à qui le lecteur s'identifie, puisqu'il découvre l'histoire par ses yeux. Cette stratégie narrative a aussi pour but de ménager le suspense : le lecteur connaît autant d'informations que le héros quant à

48 Karin Ueltschi, « Les véhicules de la survie miraculeuse », dans Ueltschi Karin, White-Le Goff Myriam (dir.), *Les entre-mondes. Les vivants et les morts*, Paris Klincksieck, 2009, p. 205-206.

49 Christine Ferlampin-Acher, *Fées, bestes et luitons…*, *op. cit.*, p. 52.

50 Paul Ricœur, *Temps et récit. Tome 1, L'intrigue et le récit historique*, Paris, Éditions du Seuil, 1991, p. 123.

51 *Guigemar*, v. 76-80 ; 89-90.

cet environnement nouveau. Il est donc sur ses gardes et ouvert à tout surgissement merveilleux.

En outre, espace et temps sont imbriquées, les indications spatiales doublant les indications temporelles, notamment en matière d'ancrage ambigu. Le temps constitue en effet le premier marqueur de l'errance chevaleresque, qui constitue, rappelons-le, le principal ressort de l'action du récit breton. Marie-Luce Chênerie exprime les relations intrinsèques entre espace et temps dans le récit breton :

> Tout voyage, même imaginaire, a besoin d'un support temporel ou spatial, ne serait-ce que pour marquer la progression du voyageur[52].

Les rapports entre l'espace et le temps dans le corpus étudié nécessitent par conséquent un éclaircissement.

Un ancrage temporel incertain

Les relations entre l'espace et le temps ont été observées et commentées depuis l'Antiquité, depuis Platon qui, dans son *Timée*, remarquait déjà la création quasi-simultanée du ciel et du temps, en passant par Aristote, Plotin, puis saint Augustin[53]. Sans revenir précisément sur les fondements de ce couple, nous analyserons les spécificités de cette corrélation dans le corpus primaire, particulièrement dans les lais[54]. Pour ce faire, nous étudierons d'abord le temps introduit dès le prologue, avant de nous intéresser à l'influence de la toponymie dans l'établissement de ce temps particulier.

Dès le prologue, dix-huit lais ancrent leur action dans un temps légendaire très imprécis, introduit par l'adverbe temporel *jadis*, à l'instar du lai du *Fresne* :

---

52 Marie-Luce Chênerie, *Le Chevalier errant dans les romans arthuriens en vers des* XII*e* *et* XIII*e* *siècles*, *op. cit.*, p. 242.

53 Maria E. Koutlouka, *La notion de temps, de l'antiquité au christianisme, Platonisme et néoplatonisme. Antiquité et temps modernes*, actes du 1er colloque de la Villa Kérylos à Beaulieu-sur-Mer du 27 au 30 septembre 1990, Paris, Académie des Inscriptions et Belles Lettres, 1991, p. 72.

54 Nous nous appuierons sur l'étude menée par Florence Plet dans son article, « La carte du Temps. Les entrelacs de l'espace, du temps et du récit dans la toponymie du *Tristan en prose*. », Denis Hüe, Christine. Ferlampin-Acher (dir.), *Le Monde et l'Autre* Monde, *op. cit.*, p. 305-320.

Le lai del Freisne vus dirai
Sulunc le cunte que jeo sai.
En Bretaine jadis maneient
Dui chevalier ; [...][55]

Jadis assume d'abord un rôle topique puisqu'il a pour fonction de renvoyer à un temps lointainement reculé dans le passé, que l'on peut assimiler à un « Autrefois », qu'il s'agisse du temps d'Arthur ou non. Il peut être remplacé par la locution adverbale *en (i)cel tens*[56], comme dans *Milun* et *Haveloc*, ou par *al tans*[57], dans *Melïon*. Il s'agit par là de renvoyer à *tens ancïennur*, considéré comme « temps-origine » ou « temps de l'aventure », à partir duquel le récit nous est conté[58]. Ce renvoi vers l'origine même du sujet du lai participe en outre d'une stratégie d'énonciation et d'adhésion du lecteur, visant à faire croire à la véracité du propos.

Au contraire des lais, Chrétien ne précise que rarement le *in illo tempore* où se passe l'histoire, excepté dans *Cligès*, où l'ancrage mythique se fait par le biais du livre duquel l'auteur aurait extrait son conte :

Li livres est molt ancïens
Qui tesmoigne l'estoire a voire
Por ce fet ele mialz a croire.
Par les livres que nos avons
Les fez des ancïens savons
Et del siegle qui fu jadis[59].

Si Chrétien utilise l'adverbe temporel *jadis*, c'est davantage une transition vers le thème de la *translatio studii*[60], dont l'auteur se sert dans la suite de l'extrait[61] pour justifier le sujet de son histoire.

55 *Fresne*, v. 1-4.
56 *Milun*, v. 27 ; *Haveloc*, v. 64.
57 *Melïon*, v. 1.
58 Francis Dubost, « Les motifs merveilleux dans les *Lais* de Marie de France », dans Jean Dufournet (dir.), *Amour et merveille, Les* Lais *de Marie de France*, *op. cit.*, 42-43.
59 *Cligès*, v. 24-29. C'est nous qui soulignons.
60 Sur ce thème très courant au Moyen Âge, voir Julie Métois, *Histoire inédites de la* translatio studii *: des poètes aux chroniqueurs. Édition critique et étude des* Aventures qui avinrent a troie de Jean de Flixecourt et de Jofroi de Waterford *(XIIIe siècle)*, thèse soutenue à Poitiers, sous la direction de Claudio Galderisi et Cinzia Pignatelli, 2016.
61 *Cligès*, v. 30-44.

Parfois, l'inscription temporelle est corrélée à une indication spatiale : l'imprécision du lieu s'additionne à l'imprécision du temps[62]. Dans les récits à l'étude, l'espace est en effet intimement lié au temps et véhicule la même indétermination propice à faire surgir la merveille. Certains lieux, comme *Bretaine*, ont avant tout une fonction temporelle d'ancrage dans un temps légendaire arthurien. En effet, dire *Bretaine* équivaut parfois à dire *al tans Arthur*. La toponymie peut donc aussi nous renseigner sur le temps du récit :

> Parmi les toponymes qui jalonnent la cartographie arthurienne, certains ouvrent, en guise d'Autre Monde, non pas un espace autre et merveilleux, mais un espace marqué par le temps, par d'autres temps. Ainsi, dans la cartographie de l'errance chevaleresque, se lit également une sorte de « carte du temps[63] ».

Mais il n'y a pas que le nom de Bretaine, d'autres toponymes, par leur côté archaïsant renvoient aussi à l'« Autrefois » de la légende. C'est le cas de Logres et Albanie, qui apparaissent notamment dans *Tyolet*, *Lanval*, *Eliduc* et *Milun*. Pourtant, déjà à l'époque de Marie de France, il s'agissait de noms légendaires.

Certains toponymes ont pour fonction de marquer l'événement historique qui s'est déroulé dans un temps légendaire, en ce lieu précis :

> Ad nun li munz « des Deus Amanz ».
> Issi avint cum dit vus ai ;
> Li Bretun en firent un lai[64].

La dimension étiologique a cette même fonction d'ancrer l'événement *in illo tempore*. Le lai a ici une fonction de commémoration. Tous ces toponymes légendaires renvoient donc à un passé plus ou moins loin, dessinant ce que Florence Plet appelle une « carte » des temps et dont le relief est difficile à graver. Les noms de lieux peuvent en effet tour à tour intégrer un autre nom qu'on peut situer chronologiquement, ou

62 Voir Ernest Hoepffner, « La géographie et l'histoire dans les *lais* de Marie de France », art. cité, p. 1-32.

63 Florence Plet, « La carte du Temps. Les entrelacs de l'espace, du temps et du récit dans la toponymie du *Tristan en prose*. », Denis Hüe, Christine. Ferlampin-Acher (dir.), *Le Monde et l'Autre* Monde, *op. cit.*, p. 306.

64 *Les Deus Amanz*, v. 252-254.

encore avoir une dimension étiologique et mémorielle, ou être actualisés par le cheminement même du héros que décrit l'action[65].

Ainsi donc, l'introduction du temps de l'« Autrefois » est soumise à plusieurs conditions, au nombre desquelles la focalisation interne au protagoniste prime. Ce contexte légendaire est aussi mis en place grâce aux indications spatiales, notamment les toponymes, qui, comme nous l'avons déjà remarqué, comptent davantage pour leur référence historique et mythique, que pour le cadre narratif qu'ils construisent.

MOMENTS DE RUPTURES ENTRE LES DEUX DOMAINES

Passer la frontière se fait à certains moments précis, symboliques et topiques. Nous établirons une classification de ces instants propices afin de construire un « paradigme temporel[66] ». Il s'agira alors de dégager des constantes, afin de tenter de comprendre les « lois » qui les régissent.

Nous nous intéresserons d'abord aux principaux moments qui ancrent l'action ou qui marquent le passage du plan réel au plan imaginaire de l'action. Durant cette étude, nous tiendrons aussi compte de l'imprécision de la perception temporelle au Moyen Âge, ainsi que l'énonce Philippe Walter : « Au moins jusqu'à la généralisation des premières horloges, la perception du temps reste très approximative pour l'immense majorité de la population[67]. »

De ce fait, les références temporelles sont aussi fortement empreintes de réminiscences mythiques, plus particulièrement celtiques. La nuit, l'instant fatidique de midi ou encore la Saint-Jean sont d'abord définis symboliquement par leur rapport à la lumière. Ce même élément organisait d'ailleurs le calendrier celtique :

> L'année celtique était partagée en deux moitiés opposées et complémentaires, alternativement sombre et claire, de part et d'autre d'un axe 1er novembre

65 Florence Plet, « La carte du Temps. Les entrelacs de l'espace, du temps et du récit dans la toponymie du *Tristan en prose*. », Denis Hüe, Christine. Ferlampin-Acher (dir.), *Le Monde et l'Autre* Monde, *op. cit.*, p. 307.

66 Nous empruntons cette méthodologie d'analyse des marqueurs temporels des textes arthuriens à Philippe Walter, qui l'a définie ainsi : « On appellera *paradigme temporel* la présence dans un texte narratif d'une liste de marqueurs temporels destinés sinon à produire, du moins à surdéterminer le caractère narratif d'un texte. Ce paradigme temporel relève, au même titre que le paradigme de l'espace, des personnages ou des événements, des conventions du discours littéraire. », *La Mémoire du temps…*, *op. cit.*, p. 75.

67 Philippe Walter, *La Mémoire du temps…*, *op. cit.*, p. 25.

– 1er mai : la première comportait trois mois d'« hiver » proprement dit, puis trois mois de « printemps », la seconde liait « été » et « automne ». Au milieu exact de ces deux semestres, le 1er février et le 1er août, deux divinités, féminine en hiver, masculine en été, tout à la fois ouvraient une sous-saison et présidaient l'ensemble de leur demi-année[68].

En vertu de cet héritage, la luminosité constituera le principe organisateur des différentes occurrences impliquées. Nous distinguerons les moments d'obscurité, des instants marqués par la profusion de lumière, avant de nous intéresser aux temps relevant davantage d'une sorte de clair-obscur, ainsi qu'à leurs rôles narratifs et symboliques.

Moments d'obscurité

La nuit d'abord est l'inscription temporelle la plus représentée des textes à l'étude. On la retrouve à cent-trente-sept occasions chez Chrétien de Troyes[69] et dans dix-neuf lais, dont huit écrits par Marie de France. De fait : « La nuit marque le passage du temps[70]. » En conséquence, elle joue un rôle primordial dans la scansion des journées du héros, ainsi que dans la constitution du cadre narratif arthurien.

L'absence de lumière rime au Moyen Âge avec danger car les villes et campagnes sont très peu éclairées[71]. En effet, la rupture du lien visuel avec l'espace engendre directement la peur, ainsi que l'explique Jean Verdon :

> La peur de l'obscurité consiste en une appréhension que rien ne justifie, sinon l'absence de perceptions visuelles. L'homme ne peut vivre sans dommages dans les ténèbres ; il lui faut voir pour agir[72].

La longue durée s'étalant de la tombée du jour au petit matin favorise donc le règne du « marginal », ainsi que toutes sortes de violences : rapines,

68 Donatien Laurant, Michel Treguer, *La Nuit celtique*, PUR, 1997, p. 90.

69 Selon le Dictionnaire Électronique de Chrétien de Troyes, http://www.atilf.fr/dect/, consulté le 29 janvier 2018. Nous renvoyons au site internet en question pour le détail des occurrences.

70 Karin Ueltschi, *La Mesnie Hellequin…*, *op. cit.*, p. 281.

71 Roger Caillois explique le danger de l'obscurité : « Alors que la lumière permet au corps de s'opposer aux objets, la ténèbre le rend invisible à lui-même : elle le touche, l'enveloppe, l'imbibe, le traverse de part en part […] », *Les Démons de midi*, Fata morgana, 1991, p. 98.

72 Jean Verdon, *La Nuit au Moyen Âge*, Paris, Perrin, 1994, p. 15.

excès de boisson, mais aussi viols ou encore meurtres[73]. D'ailleurs, du fait de son absence de lumière et du risque qu'elle constitue, la nuit est souvent associée à l'espace de la forêt : « Le contact avec la nuit redouble la symbolique de l'espace sauvage et solitaire[74]. » Francis Dubost définit d'ailleurs la forêt comme « une seconde nuit, une nuit dans la nuit[75] ». En outre, les deux motifs ouvrent métaphoriquement vers la quête de soi effectuée par le héros, qu'elle soit favorisée par l'errance de la forêt, ou par l'obscurité de la nuit :

> Opacité que redouble parfois l'obscurité de la nuit qui peut très facilement figurer la zone d'ombre que chacun porte en soi et dans laquelle il faut d'abord accepter de se perdre pour avoir quelque chance de se retrouver[76].

La nuit favorise donc aussi l'intériorisation. Dans le corpus primaire, la nuit rime bien avec danger, puisque c'est en général à ce moment précis que les malheurs ont lieu, à l'instar du lai de *Tydorel*, qui associe la nuit à un grand mystère menaçant. En effet, l'essence surnaturelle du personnage éponyme n'est vérifiable qu'à ce point du jour, puisque ce dernier ne dort pas, nécessitant ainsi du personnel pour le veiller :

> Firent o lui veillier la gent
> Chascune nuit diversement[77].

Le danger de la nuit peut même aller jusqu'à la mort, comme dans le lai du *Chaitivel*, où les trois prétendants meurent à la tombée du jour :

> Tant ke ceo vint a l'avesprer
> Quë il deveient desevrer ;
> Trop folement s'abaundonerent
> Luinz de lur genz, sil cumparerent,
> Kar li trei i furent ocis[78]

Avesprer rime avec *desevrer*, signifiant par cette insistance sonore la séparation entre la vie et la mort exercée par la nuit. Justement, c'est

---

73 *Ibid.* p. 21-66.

74 Marie-Luce Chênerie, *Le Chevalier errant dans les romans arthuriens en vers des XIIe et XIIIe siècles*, *op. cit.*, p. 252.

75 Francis Dubost, « Les nuits magnétiques du *Perlesvaus* », *Miscellenea Mediaevelia, Mélanges offerts à Philippe Ménard*, Paris, Honoré Champion, 1998, t. I, p. 433.

76 Francis Dubost, *Aspects fantastiques de la littérature narrative médiévale…*, *op. cit.*, p. 314.

77 *Tydorel*, v. 185-186.

78 *Chaitivel*, v. 117-121. C'est nous qui soulignons.

bien la nuit aussi que doit se produire l'aventure de l'*Espine*[79] qui consiste en un combat allant jusqu'à la mort. Ce moment est donc souvent vécu comme une « métaphore de la mort[80] », car « [...] : l'obscurité de la nuit appelle les ténèbres de la mort[81]. » De même, une fois revenu du domaine de la fée, Guingamor défaille à ce point du jour, confirmant la force mortifère du moment, comme le narrateur le précise avec force minutie :

> a estoit bien nonne passee,
> Li jors torna a la vespree[82].

Philippe Walter a démontré que les précisions temporelles ne sont données que lorsqu'elles importent sur le plan symbolique[83]. C'est la raison pour laquelle le narrateur insiste sur *nonne passee* et *la vespree.*

> La nuit est l'occasion d'un arrachement au quotidien, d'un rapt par le surnaturel, qui permet la confrontation de l'homme avec l'animalité, que celle-ci soit posée comme modèle [...] ou comme repoussoir. La nuit est alors le moment où le désir s'exprime le plus clairement [...][84].

Le lien ténu que la nuit entretient avec l'au-delà en fait donc un vecteur privilégié vers le domaine merveilleux[85] et la rend particulièrement intéressant dans le cadre de notre étude. En effet, l'ambiguïté même de ce moment, favorable à la violence, ainsi que le mystère qui en découle, le rendent propice à l'éclosion du registre merveilleux :

> [...] [L]a nuit crée un espace propice à la liberté nécessaire à la fiction. La nuit est une pause. Ouverte, elle est accueillante à la *merveille* arthurienne, qui, dans son ensemble, s'inscrit dans un temps de vacances épiques, celui des années de paix que les chroniques accordent au royaume breton, et qui, pour affecter le

79 *Espine*, v. 191.
80 Karin Ueltschi, *La Mesnie Hellequin...*, *op. cit.*, p. 280.
81 Danièle Alexandre-Bidon, *La mort au Moyen Âge.* xiiie-xvie *siècle*, *op. cit.*, p. 42.
82 *Guingamor*, v. 633-634.
83 Philippe Walter, *La Mémoire du temps...*, *op. cit.*, p. 79.
84 Christine Ferlampin-Acher, « La nuit des temps dans *Perceforest* : de la nuit de Walpurgis à la nuit transfigurée », dans *Revue des langues romanes*, 2002, 2, p. 421.
85 Christine Ferlampin-Acher explique le lien vers la merveille que permet la nuit : « L'obscurité favorise l'émergence de la *merveille*. [...] le lecteur est d'abord conduit à associer la nuit et la mauvaise visibilité qui entrave la perception du personnage, avant de supposer une relation avec les démons de l'au-delà. La tombée de la nuit, le lever du jour et minuit sont les moments les plus importants. », dans *Merveilles et topique merveilleuse...*, *op. cit.*, p. 97.

personnage, a besoin que celui-ci soit disponible, mis à l'écart de l'action immédiate, et susceptible de jouer le jeu de la polysémie qui accompagne toute merveille.

Temps ouvert, amorphe et donc malléable, la nuit est bien un cadre propice à l'amplification romanesque[86].

Le lai de *l'Espine* installe d'ailleurs la rencontre du chevalier avec la fée, ainsi que son passage vers la merveille à ce moment précis :

Ce fu l'aventure premiere
que la nuit vint au chevalier[87].

Cette rencontre est d'emblée qualifiée d'« aventure », signifiant aussi au lecteur la menace que ce passage représente. Le rapport de ce temps obscur avec la merveille d'origine celtique s'explique par les mêmes références mythiques au temps reculé d'« Autrefois », comme l'énonce Francis Dubost : « La nuit magique s'ouvre aux êtres d'autrefois[88] ».

Ce moment marqué par l'absence de lumière est donc particulièrement intéressant pour notre problématique par l'accueil du registre merveilleux qu'il permet, ainsi que par la forte symbolique liée à la mort qu'il contient. Jean Dufournet et Francis Dubost synthétisent les enjeux imaginaires induits par ce moment des ténèbres :

Les désordres de l'imaginaire tiennent à la grande diversité des contenus associés aux épisodes nocturnes. Nuits mystiques, nuits de méditation et de retour sur soi ; [...] nuit de la faune menaçante, des oiseaux de malheur, des tempêtes épouvantables, des méprises tragiques ; nuits de solitudes, lits désertés, « mesurés » en long et en large par l'insomniaque ; nuits creusées de doute et de désespoir, « nuits blanches » des « cœurs inquiets » et dolents ; nuits d'amour, nuptiales ou adultères ; nuits des fiancées substituées, des virginités sacrifiées ; nuits des conceptions miraculeuses ou maudites ; nuits des visions, des songes ou des fantasmagories ; nuits des merveilles spectaculaires ou simplement étranges ; nuits fantastiques de l'illusion magique, des sabbats, ou autres diableries[89]...

La première observation des temps forts dans le corpus primaire nous permet de conclure à un véritable brouillage des références : tant celles

86 Christine Ferlampin-Acher, « La nuit des temps dans *Perceforest* : de la nuit de Walpurgis à la nuit transfigurée », dans *Revue des langues romanes*, 2002, 2, p. 426.

87 *Espine*, v. 296-297.

88 Francis Dubost, *Aspects fantastiques de la littérature narrative médiévale...*, *op. cit.*, p. 334.

89 Jean Dufournet, Francis Dubost, « Pour entrer dans la nuit médiévale... », *Revue des langues romanes*, 2002, 2, p. 222.

marquant le déroulement de la journée, que celles liées au calendrier liturgique ou encore aux réminiscences préchrétiennes. Par là, une amorce du passage est effectuée.

Comme nous l'avons expliqué, la symbolique du temps provient majoritairement de l'organisation calendaire celtique qui reposait sur une dichotomie entre obscurité et lumière[90]. Dans les récits à l'étude, nous ne retrouvons aucun ancrage temporel en hiver[91], saison définie par son absence de luminosité. Le pôle des ténèbres est entièrement formé par les références à la nuit, qui, par leur nombre, assurent l'équilibre avec les moments de pleine lumière. Ces dernières feront l'objet du paragraphe suivant.

Moments de pleine lumière

– Midi

Il n'y a pas que la nuit qui puisse constituer un vecteur de passage. En vertu du principe toujours à l'œuvre dans la langue mythologique, la *coincidentia oppositorum* fonctionne à merveille dans la perspective qui est la nôtre. Même si l'instant de midi[92] n'apparaît véritablement qu'une fois dans les lais, il est fréquent dans les romans de Chrétien de Troyes[93], signe de sa forte charge symbolique merveilleuse[94].

Midi constitue d'abord un moment charnière, de bascule entre les deux pentes de la journée. Cet instant ne marque pas une rupture dans le déroulement du jour, mais un sommet qui installe au contraire une liaison entre le matin et le début de l'après-midi. Du fait de sa position médiane dans la journée, depuis l'Antiquité, midi a été la première heure

90 Donatien Laurant, Michel Treguer, *La Nuit celtique*, *op. cit.*, p. 92.

91 Chez Chrétien, la saison est simplement citée pour désigner un long intervalle temporel, dans des expressions du type « tot esté et tot yver », *Érec*, v. 5742 ; *Cligès*, v. 3880 ; *Yvain*, v. 383 ; *Lancelot*, v. 6872 ; *Perceval*, v. 2014.

92 Pour plus de précisions sur l'heure méridienne, voir Philippe Ménard, « L'heure de la méridienne dans la littérature médiévale », Henrard Nadine, Moreno Paola, Thiry-Stassin Martine (dir.), *Convergences médiévales, Épopée, lyrique roman, Mélanges offerts à Madeleine Tyssens*, De Boeck Université, 2001, p. 327-338.

93 Onze occurrences, selon le Dictionnaire Électronique de Chrétien de Troyes, http://www.atilf.fr/dect/, consulté le 30 janvier 2018. Nous renvoyons au site internet en question pour le détail des occurrences.

94 Nous nous appuierons sur les analyses de Roger Caillois, *Les Démons de midi*, *op. cit.*

objectivement identifiable[95]. Très vite, elle a été identifiée comme une heure de passage, « critique et redoutable[96] », notamment parce qu'on pensait qu'elle favorisait les apparitions de revenants, ou par rapport à l'imaginaire relatif au démon de midi[97], issu d'une erreur de traduction du psaume 91 par saint Jérôme :

> Tu ne craindras ni les terreurs de la nuit,
> Ni la flèche qui vole de jour,
> Ni la peste qui marche dans les ténèbres,
> Ni la contagion qui frappe en plein midi (versets 5-6)[98].

Le terme hébreu *yâsud* (« qui dévaste », au vers 6) a en effet été traduit par *daemonio meridiano*, « démon de midi[99] ». Par ailleurs, il était courant d'enterrer les défunts à midi, ce qui renforce la relation de ce moment à la mort et à l'au-delà :

> [Selon certaines légendes] on enterre habituellement à midi et on donne comme explication de cette coutume qu'à cette heure seulement la lumière est suffisante pour le voyage de l'âme en paradis[100].

Les Grecs déjà réalisaient les libations pour les morts à ce moment précis. C'est donc par une lecture chrétienne, qui voit aussi naître la figure du démon de midi, que se noue un fort syncrétisme entre les symboliques celtique, antique et chrétienne associées à l'heure méridienne.

Dans le corpus primaire, midi est bien souvent considéré comme une heure critique de passage de la vie à la mort, à l'instar d'*Yvain* qui convoque cette heure pour ses connotations mortifères, afin d'introduire une aventure à la fois périlleuse et particulièrement signifiante narrativement. En effet, c'est bien à midi que Calogrenant aperçoit l'arbre et la fontaine de Barenton qui construisent le lieu nodal de toute l'initiation chevaleresque et amoureuse du *Chevalier au Lion* :

> Espoir si fu tierce passee,
> Et pot estre pres de midi,

95 Roger Caillois, *Les Démons de midi*, *op. cit.*, p. 18.
96 *Ibid.*, p. 22.
97 *Ibid.*, p. 43-95.
98 Psaume 91, trad. Karin Ueltschi, *La Mesnie Hellequin…*, *op. cit.*, p. 284.
99 Voir Karin Ueltschi, *La Mesnie Hellequin…*, *op. cit.*, p. 284-285.
100 Roger Caillois, *Les Démons de midi*, *op. cit.*, p. 32.

Quant l'arbre et la fontainne vi[101].

Les potentialités narratives de ce moment fatidique sont aussi décuplées plus loin dans le périple du héros. Lorsque celui-ci prouve sa valeur par ses prouesses chevaleresques, il garantit à Lunete de la retrouver et de la sauver du périple dans lequel elle se trouve. Or juste après cette promesse, il est soumis à une autre aventure, qui le confrontera au géant Harpin. Les victimes de ce bourreau énoncent alors les conditions du duel qui attend le héros, en convoquant l'instant de midi comme seul repère :

Car d'une aventure s'esmaient
Qu'il atendent a l'andemain ;
S'an sont tuit seür et certain
Qu'il l'avront, einz que midis soit[102].

La seule chose certaine est la survenue d'une terrible mésaventure à cette heure précise, qui est utilisée en vertu de sa symbolique mortifère. Néanmoins, la répétition et l'insistance sur ce moment ensuite aux vers 3950, 3996 et 4301, ajoutent une autre fonction, narrative, puisque l'heure même devient véritablement le problème du héros, qui doit se trouver à deux endroits différents à midi : il est en effet aussi attendu pour défendre Lunete. Les potentialités imaginaires de l'heure de midi sont donc couplées à une fonction narrative de premier ordre. Dans le corpus breton, il n'est d'ailleurs pas rare que le délai pour répondre à un duel soit fixé à midi, comme le montre, dans le dernier roman de l'auteur champenois, le défi imposé à Perceval par Clamadeu[103].

Véritable charnière vers l'au-delà, midi est aussi est particulièrement apte à être un embrayeur de merveille et donc, à marquer le passage vers l'un des domaines arthuriens. L'unique occurrence de midi dans les lais s'appuie aussi sur cette forte symbolique, tout en dotant ce temps d'une fonction capitale dans l'intrigue. En effet, lors du retour de Guingamor du domaine merveilleux, il est précisé qu'il erre jusqu'à midi avant qu'il ne rencontre l'homme qui lui dévoile le temps écoulé : « Le jor erra jusq'a midi[104] ». La place du mot à la rime marque une

101 *Yvain*, v. 408-410.
102 *Ibid.*, v. 3826-3829.
103 *Perceval*, v. 2599.
104 *Guingamor*, v. 583.

insistance, dévoilant l'importance symbolique du moment. C'est en effet à ce moment précis que le héros passe du domaine merveilleux de la fée au domaine courtois duquel il provenait. L'heure méridienne marque donc le retour de Guingamor et est en ce sens fondamentale dans l'économie du lai, puisqu'elle permet au personnage, comme au lecteur, de comprendre que toute l'aventure passée s'est déroulée dans un monde aux lois différentes. Il n'est d'ailleurs pas anodin que le narrateur choisisse ce moment pour installer la révélation. La référence à l'heure fatidique annonce aussi son destin funeste, en référence à la symbolique mortifère du moment.

Enfin, dans le corpus champenois, ce repère temporel annonce au lecteur un événement narratif de premier plan. Il s'agit notamment du mariage des protagonistes dans *Érec et Énide* :

> Tant ont ansanble chevalchié
> Qu'a droit midi ont aprochié
> Le chastel de Caradigan,
> Ou andeus les atandoit l'an[105].

L'arrivée à Caradigan, où se trouve le château du roi Arthur, marque l'entrée du couple dans le cœur du domaine courtois, afin que leur mariage soit célébré. Toutefois, cette union déclenche l'élément perturbateur, à savoir le risque de récréantise d'un Érec trop dévolu aux joies du mariage, alors qu'un chevalier doit tournoyer et voyager. Ainsi donc, l'immersion dans le domaine courtois déclenche aussitôt la mise au jour de ses contractions et de ses limites, que les protagonistes cherchent à dépasser par une échappée vers l'aventure. Midi sonne ici comme un repère signalant les étapes clefs de la construction du héros, comme du récit.

L'heure méridienne est donc particulièrement exploitée dans le récit breton en raison du brouillage des repères qu'elle permet, et qui en fait une heure propice à marquer le passage d'un domaine à l'autre.

– Début d'après-midi

Par leur rapport à la lumière, qui culmine aussi, il est intéressant d'inclure dans notre étude les moments qui suivent immédiatement

105 *Érec*, v. 1505-1508.

l'instant fatidique de midi, cela même si Philippe Ménard a rappelé[106] qu'il faut se garder d'étendre la symbolique de midi à ces références temporelles. En effet, tant que le substantif *midi* n'est pas présent dans le texte, nous ne pouvons pas considérer ces références comme « méridiennes ». En revanche, l'heure de sexte, qui suit immédiatement midi introduit d'autres connotations symboliques intéressantes dans notre perpective de mise au jour de la transition temporelle entre les deux domaines. En effet, les lais se déroulant à partir de midi sont nombreux à exploiter les sèmes de détente et d'ambiance onirique propres à faire du début d'après-midi un moment charnière vers le plan merveilleux de l'action.

Il n'est pas si rare que le héros ou une demoiselle s'assoupisse lorsque le soleil est à son zénith, dans une ambiance onirique et propice au surgissement surnaturel. Dans *Tydorel*, alors qu'elle a été présentée comme stérile, la mère du héros s'endort dans un verger, connu pour être un seuil vers l'Ailleurs[107]. À son réveil, elle rencontre le chevalier *fae* qui permettra la conception « magique » de Tydorel :

> Estoit en un vergier entree
> Aprés mengier de relevee[108].

Ce moment de détente a donc installé une ambiance ouverte au surgissement fantastique. Ce processus était déjà à l'œuvre chez Marie, dans *Guigemar*, lors de la rencontre de la fée avec le héros[109]. De même, dans les lais du *Cor* et de *Mantel*, du corpus secondaire, le narrateur insiste beaucoup sur le moment de fête du déjeuner pour justifier l'introduction du registre merveilleux.

L'ambiance de détente et de demi-conscience propre au début d'après-midi est aussi propice à l'introduction du motif du songe, connu pour être un embrayeur de merveille. Les lais de *Guigemar* et *Tydorel* exploitent particulièrement cette symbolique surnaturelle liée au songe. En effet, rappelons qu'au Moyen-Âge, songe et vision sont

106 Philippe Ménard, « L'heure de la méridienne dans la littérature médiévale », Henrard Nadine, Moreno Paola, Thiry-Stassin Martine (dir.), *Convergences médiévales, Épopée, lyrique roman, Mélanges offerts à Madeleine Tyssens*, *op. cit.*, p. 329.

107 *Supra*, p. 203 et *sqq*.

108 *Tydorel*, v. 23-24.

109 *Guigemar*, v. 263-264.

synonymes. De ce fait, le songe était couramment associé au surnaturel et à la merveille :

> Le sommeil et le songe sont deux phénomènes si étranges pour l'homme que de tous temps il les a mis en relation avec le surnaturel diabolique ou divin, aussi bien *magicum*, que *mirabile* ou *miraculum*. Le dormeur en effet n'est plus maître de lui et de sa pensée, ce qui provoque en lui inquiétude et peur[110].

D'ailleurs, dans *Guigemar* et *Tydorel*, le narrateur insiste sur la semi conscience des protagonistes, comme pour signifier que l'aventure qu'ils vont vivre n'est peut-être qu'un songe. C'est cette hésitation même qui nous permet de saisir le passage dans le domaine merveilleux.

Midi et le début après-midi sont donc souvent mentionnés en vertu de leur lien respectif à l'au-delà et au songe. La figure du démon de midi, qui nourrit leur signifiance merveilleuse, est aussi commune à la Saint-Jean d'été, ce qui nous permet une transition vers les fêtes et moments de l'année lumineux et propices au passage vers le domaine merveilleux.

– Fêtes et moments de l'année

L'été est la saison de l'année la plus ensoleillée, où les jours dépassent les nuits, ce qui justifie pleinement notre intérêt pour cette période à ce stade de notre étude. Des connotations liées à la profusion de la nature sont introduites lorsque le récit situe son action à cette saison, ce qui est très courant, notamment chez Marie, dans *Guigemar*, *Laüstic*, *Chaitivel*, ainsi que dans *Tydorel*. En effet, l'été et la chaleur qui en découle, conduiront le chevalier ou la demoiselle dans l'univers onirique de la sieste et du songe.

Annonçant la transition merveilleuse qui s'effectue alors, et en vertu du calendrier liturgique de l'époque, nous retrouvons dans le corpus primaires force références à la Saint-Jean, à Pâques, à la Pentecôte, qui sont des fêtes marquées par une grande luminosité du fait de la saison estivale, ou printanière, qui les accueille :

---

110 Marylène Possamaï-Pérez, « Sommeil et songe : mythologie et allégorie », Christine Ferlampin-Acher, Élisabeth Gaucher, Denis Hüe (dir.), *Sommeil, songes et insomnie, op. cit.*, p. 165.

> La hiérarchie rigoureuse des fêtes privilégie cinq moments essentiels de l'année : Pâques, Ascension, Pentecôte, Toussaint et Noël. Ces cinq échéances sont les fêtes arthuriennes par excellence[111].

Si leurs symboliques chrétienne et arthurienne ont déjà été amplement analysées[112], nous rappellerons l'influence de cet ancrage temporel pour le passage du personnage vers le domaine merveilleux.

La Saint-Jean d'été d'abord est sûrement le moment d'été le plus procice au passage. Cette fête marque en effet le solstice, c'est-à-dire jour le plus long de l'année et qui accueille, de ce fait, le plus longtemps le soleil ainsi que sa lumière. Son statut calendaire singulier la prédispose à une forte symbolique :

> La Saint Jean est une autre date importante du calendrier des fées. [...] Le jour le plus long de l'année est chargé d'une atmosphère trouble où le mystère le dispute souvent à la magie. [...] Cette nuit de la saint Jean est propice aux aventures angoissantes, c'est la nuit magique où le surnaturel pénètre tout à coup dans le quotidien et le fait basculer dans l'enchantement. Les forces cachées de l'Autre Monde se réveillent dangereusement[113].

La nuit de la Saint-Jean est particulièrement réputée pour accueillir des événements troublants : féeriques, en tout cas merveilleux. Dans le lai de l'*Espine*, la trame entière est même nouée autour de cette nuit singulière et inquiétante. Dès le début du récit, une demoiselle explique que l'aventure de l'*Espine* a lieu à ce moment de l'année :

> ele dist : au gué de l'Espine,
> en la nuit de la saint Jehan,
> en avenoit plus qu'en tout l'an[114],

Cette nuit est particulière car c'est celle de l'année qui voit le plus d'événements surnaturels survenir. Or la renommée de cette date est intensifiée par le passage au discours direct de la jeune fille qui participe de la force merveilleuse de la date, comme du défi qu'elle propose, tout en maintenant bien sûr le lecteur en haleine.

---

111 Philippe Walter, *La Mémoire du temps...*, *op. cit.*, p. 217.
112 *Ibid.*
113 *Ibid.*, p. 489.
114 *Espine*, v. 190-192.

Outre la merveille, cette fête connote surtout le danger, comme dans *Lanval*, où les déboires du héros avec la reine commencent à cette date précisément. Le texte précise qu'après la *feste seint Johan*[115], la reine, et épouse d'Arthur, jette son dévolu sur le héros, alors qu'il a déjà donné son cœur à la fée. Pour l'éconduire aimablement, il choisit alors de trahir son secret, ce qui entraîne le courroux de la fée. La Saint-Jean marque donc un véritable retournement dans le destin du héros et apparaît comme particulièrement dangereuse. D'ailleurs, la forte symbolique attribuée à cette fête apparaît nettement dans l'économie et l'organisation des vers :

> Ceo m'est avis, meïsmes l'an,
> Aprés la feste seint Johan,
> De si qu'a trente chevalier
> S'ierent alé esbanïer
> En un vergier, desuz la tur
> U la reïne ert a surjur[116].

Ce nouvel événement du lai est d'abord inscrit dans le repère temporel étudié avant que le narrateur n'en précise les circonstances spatiales : *En un vergier*. Ce faisant, il insiste sur la fête connue pour ses connotations hasardeuses. Il indique donc implicitement le destin tragique de Lanval.

Des fêtes chrétiennes marquent aussi le passage vers l'Ailleurs, notamment la Pentecôte ou Pâques. En effet, dans les textes à l'étude, l'aventure commence souvent en avril ou en mai, dans une référence topique[117] et courtoise au printemps et à l'esthétique de la reverdie, ainsi qu'au « ravissement » amoureux et merveilleux[118]. Surtout, le mois de

---

115 *Lanval*, v. 220.

116 *Ibid.*, v. 219-224. C'est nous qui soulignons.

117 Philippe Walter rappelle les origines du *topos* de la reverdie en lien avec le mois de mai : « Un mois est mentionné avec une particulière insistance dans le paradigme temporel des récits médiévaux en vers : le mois de mai. Sa liaison topique à l'univers printanier remonte au moins à la poésie médio-latine et se répand dans les textes narratifs mais aussi lyriques ou épiques », *La Mémoire du temps…*, *op. cit.*, p. 75.

118 Excepté *Cligès*, qui débute par le voyage d'Alexandre vers le royaume arthurien, tous les romans de Chrétien de Troyes débutent lors de cette saison, qui participe du *topos* d'ouverture, avec l'assemblée des barons réunis autour du roi Arthur. La référence printanière est d'ailleurs explicitement mentionnée dans *Érec et Énide* : « Au jor de Pasque, au tans novel » (v. 27). Elle apparaît aussi implicitement par le biais de la périphrase « […] au tans qu'arbre florissent » (v. 69), pour installer le cadre de l'action du *Conte du Graal*. Les autres récits renvoient à cette saison en mentionnant les mois qui la composent ou les grandes fêtes liturgiques qui la scandent.

mai[119] est révélateur dans notre étude de la transition entre les deux domaines, puisqu'il est d'abord connu pour ses connotations légendaires et fées, du fait notamment de la croyance en la lune rousse :

> Des témoignages extra-littéraires peuvent expliquer les raisons pour lesquelles le mois de mai (la période de la lune rousse) est particulièrement propice à l'apparition des fées. C'est bien sûr dans le contexte de la nature que se cristallise la féerie de mai[120].

Le lai de *Graelent* inscrit le départ du héros à cette époque et en forêt précisément, connue pour favoriser le passage merveilleux :

> Ce fu en mai, en cel lons jors,
> Ses hostes s'est matin levez,
> O sa fame est ou borc alez
> Chiés un de ses voisins mengier.
> Tot seul lessa le chevalier ;
> N'avoit o lui en la meson
> escuier ne gent ne garçon,
> [...]
> hors de la vile avoit un gart
> D'une forest grant et pleniere[121] ;

La mise en valeur de la date en première partie de vers, ainsi que l'insistance sur la solitude du héros (durant trois vers au minimum) et la mention de la forêt annoncent implicitement l'aventure merveilleuse que s'apprête à vivre le héros. Mai favorise donc bien le passage vers le domaine merveilleux.

Pâques aussi est propice à la transition vers l'Ailleurs, du fait notamment de la symbolique chrétienne qui en fait une référence commémorant un passage de la mort à la vie :

> Pâques est une fête mobile liée à l'équinoxe de printemps. La Résurrection du Sauveur qu'elle commémore est vécue par les Chrétiens à travers le renouveau de la végétation. Pâques apparaît ainsi liturgiquement et cosmologiquement comme un passage de la mort de l'hiver à la vie de l'été : c'est le miracle de la vie retrouvée[122].

---

119 Mircea Eliade rappelle les nombreux rites associés au mois de Mai dans les cultures anciennes, *Traité d'histoire des religions*, Paris, Payot, 1949, p. 263-265.
120 Philippe Walter, *La Mémoire du temps...*, *op. cit.*, p. 487.
121 *Graelent*, v. 172-178 ; 204-205.
122 Philippe Walter, *La Mémoire du Temps...*, *op. cit.*, p. 476.

Par sa symbolique charnière de l'au-delà, Pâques intéresse donc particulièrement notre perspective. Cette fête sert d'ancrage narratif dans *Érec et Énide*[123], et dans deux lais de Marie de France, *Milun* et *Chaitivel*. Dans *Milun*, la date est utilisée pour sa symbolique liée à la régénération et au printemps, puisqu'elle marque le début de la période des tournois :

> Desquë aprés la Paske vint,
> K'il recumencent les turneiz
> E les gueres e les dereiz[124].

La fête annonce aussi un tournoi dans *Chaitivel*. Toutefois, comme ce combat verra la mort de trois des prétendants de la demoiselle, on peut penser que sa symbolique de renaissance est inversée, voire absente. Il y a bien un passage entre le monde réel et l'au-delà marqué par la fête de Pâques, mais dans un sens qui lui donne un caractère mortifère. Du fait de son statut ambivalent, nous analyserons cet extrait dans un prochain paragraphe consacré aux moments marqués par un mélange de clair et d'obscur.

La Pentecôte est une autre grande fête topique arthurienne qui prend aussi parfois des connotations féeriques, même si elle marque le plus souvent la grande réunion annuelle du roi Arthur et de ses barons[125]. Pourtant, dans le lai de *Lanval*, la rencontre du héros avec la fée a lieu peu de temps après cette fête, faisant de cette date une condition d'accès à son domaine merveilleux. Excepté cette occurrence singulière, la Pentecôte est plutôt propice à la réunion chevaleresque et courtoise, qu'un moment de transition merveilleuse.

Midi pour ses connotations infernales, le début d'après-midi propice à la sieste et au songe merveilleux ou encore certaines fêtes comme la

---

123 *Érec*, v. 27.

124 *Milun*, v. 382-384.

125 Il est d'usage que le début d'un récit arthurien voit la réunion du roi et de ses barons lors de cette fête, comme le montrent bien *Le Chevalier au Lion* (v. 6), ou les lais de *Lanval* (v. 11) ou de *Chievrefoil* : « A Pentecuste i serunt tuit, » (v. 41). Dans *Desirré* (v. 727), la Pentecôte instaure aussi la réunion des barons autour de la figure du roi, même si cet événement ne prend pas place au début du récit. La Pentecôte peut aussi peut aussi introduire une mésaventure et être synonyme de danger, notamment dans *Graelent*, où elle introduit la cérémonie durant laquelle le roi demande si ces barons connaissent une femme plus belle que la reine (v. 427 ; 433 et *sqq.*). Or, la réponse du héros cause précisément sa perte. La plupart du temps cette fête arthurienne est donc liée à la réunion des chevaliers et parfois à la rencontre avec la femme, qu'elle soit bienheureuse ou non.

Saint-Jean d'été, la Pentecôte et Pâques sont aussi propices à marquer la transition du domaine courtois au domaine merveilleux.

En revanche, seuls les moments à la forte symbolique, comme la durée de la nuit, ou l'instant fatidique de midi[126], sont véritablement développés dans le corpus primaire, du fait de leur relation avec le registre merveilleux. Leur unique fonction est de préciser la condition temporelle d'accès au domaine merveilleux par deux biais distincts. D'une part, l'invisibilité liée à la nuit engendre un flou poétique. D'autre part, la fulgurance du moment de midi, où l'excès de lumière et de chaleur provoque un éblouissement et un aveuglement, est à l'origine du basculement vers l'Ailleurs. De fait, il n'est pas très courant au Moyen Âge d'insister sur les indications temporelles. Il faut en outre rappeler qu'à l'époque, la perception du temps est différente, à la fois rythmée par la vie religieuse, mais aussi marquée par une grande imprécision :

> La subdivision du jour en quarts de journées provenait de l'Écriture et des livres liturgiques. Des matines aux complies, en passant par laudes, tierce, sexte (midi), none et vêpres, les moines pratiquaient la *laus perennis*[127].

Moments de clair-obscur

Certains extraits des récits à l'étude mélangent sciemment les symboliques lumineuses et des ténèbres. L'ambivalence ainsi créée rend le moment propice à marquer la transition entre les deux domaines. Par exemple, la symbolique de vie associée à la fête de Pâques peut être inversée, dotant le moment en question d'une ambiguïté apte à faire naître le registre merveilleux. Alors que le lai du *Chaitivel* se déroule à Pâques, son action est davantage centrée autour de la mort des trois prétendants. D'ailleurs, au moment même du combat, s'effectue un mélange de registres qui confirme le statut charnière et syncrétique de ce moment. Le retournement fatal est d'abord introduit par une référence à la tombée de la nuit, qui sonne comme une antithèse au regard du symbolisme lumineux associé à Pâques :

126 Le matin, sans recouvrir de symbolique particulièrement marquée, semble davantage indiquer le départ de l'errance du chevalier. En effet, dans *Desirré* et *Yonec*, les deux héros partent de la cour à l'aube, en une analogie entre le début du jour et le début de l'aventure chevaleresque. Pour cette raison, nous ne nous attarderons pas sur ce moment.

127 Philippe Walter, *La Mémoire du temps…*, *op. cit.*, p. 23.

Tant ke ceo vint a l'avesprer
Quë il deveient desevrer ;
Trop folement s'abaundonerent
Luinz de lur gent, s'il cumparerent,
Kar li trei i furent ocis[128]

La précision temporelle *a l'avesprer* introduit la menace merveilleuse qui pèse sur les chevaliers : c'est au moment de la nuit que se produisent tous les malheurs associés au démon. C'est donc la mention de la nuit qui inverse les connotations joyeuses de Pâques vers des références merveilleuses infernales. D'ailleurs, on retrouve bien le registre religieux lors des lamentations de la foule après la mort des prétendants :

La noise levat e li criz,
Unques tels doels ne fu oïz !
Cil de la cité i alerent,
Unques les autres ne duterent.
Pur la dolur des chevaliers
I aveit iteus deus milliers
Ki lur ventaille deslacierent,
Chevoiz e barbes detrahierent :
Entre eus esteit li doels communs[129].

Outre la rhétorique de l'hyperbole attachée à l'extrait cité, le terme *la noise* rappelle explicitement la Passion du Christ et place, par conséquent, les combattants en véritables martyrs de l'amour. Les connotations de renaissance d'ordinaire attachées à la fête chrétienne sont ici clairement niées. Ce mélange des registres est fort intéressant puisqu'il confirme la statut clef de la fête de Pâques dans le destin des héros, ainsi que dans l'économie du lai.

L'inscription de l'action un samedi, jour connoté diaboliquement[130], peut aussi signifier le passage du domaine courtois au domaine merveilleux. D'ailleurs, si les heures sont peu évoquées, les références précises à

128 *Chaitivel*, v. 117-121. C'est nous qui soulignons.
129 *Ibid.*, v. 131-139.
130 « Dans le calendrier chrétien, le samedi a des connotations troubles, diaboliques, liées au surgissement du surnaturel : dans le roman de Jean d'Arras, Mélusine interdira à son mari de la voir le samedi. », note 2, dans *Lais bretons (XIIe-XIIIe siècles) : Marie de France et ses contemporains*, *op. cit.*, p. 759.

un jour particulier sont encore plus rares[131], signe d'une forte signifiance symbolique recouverte par le jour en question. À preuve, dans le lai de *Tydorel*, l'événement qui révèle la nature féerique du héros est initié un samedi :

> Un samedi, oï cointer,
> Conmë il vint a l'avesprer,
> Sont a meson venu[132]

Les connotations infernales associées au samedi sont renforcées par la symbolique menaçante de la nuit. En effet, le narrateur précise que le jour tombe (*avesprer*) au moment où les personnages se rendent à la demeure de la vieille dame. D'ailleurs, cette dernière mettra en lumière la nature *fae* de Tydorel. De même, dans le lai de *Doon*, l'aventure – qui se révélera aussi féerique – commence un samedi matin[133], montrant encore une fois l'association de ce jour de la semaine à la transition merveilleux du récit breton.

Passer au delà du réel se fait donc à certains moments précis et privilégiés. Ces dates, plus propices à accueillir le registre surnaturel, constituent donc un seuil vers le temps propre au domaine merveilleux. Il s'agit de la nuit, du temps de midi ou encore de la Pentecôte et de la Saint-Jean. Ce surgissement du domaine merveilleux à des fêtes liturgiques n'a rien de paradoxal à une époque où la sensibilité était différente, plus primitive et davantage ouverte à l'irrationalité :

> [...] ce même public [le public médiéval], plus proche que nous de la « mentalité primitive », devait comprendre, dans les meilleurs cas, que la tension des désirs ou le vertige d'une fascination pouvaient lutter ou se confondre avec le temps « magique » de l'espace « inhumain » qui menait à un autre monde ; que les temps nouveaux, instaurés par une réussite exceptionnelle devaient, comme dans les mythes, conjurer les éternels retours ou les durées sans fin[134].

131 Philippe Walter, *La Mémoire du temps...*, *op. cit.*, p. 79.
132 *Tydorel*, v. 245-247.
133 *Doon*, v. 91.
134 Marie-Luce Chênerie, *Le Chevalier errant dans les romans arthuriens en vers des* XII*ᵉ et* XIII*ᵉ siècles*, *op. cit.*, p. 243.

DURÉES SIGNIFIANTES

Le paradigme temporel des récits étudiés est aussi constitué de durées plus ou moins longues et plus ou moins précises. Nous nous concentrerons sur les durées signifiantes dans notre analyse du mode d'introduction du régime de l'Autrefois, et de la transition temporelle entre les deux domaines arthuriens. Nous commencerons par préciser le sens de certaines durées.

Succession du jour et de la nuit

La succession du jour et de la nuit est particulièrement apte à suggérer le passage d'un univers dans un autre. Ce mode d'inscription de la durée est récurrent dans les lais à l'étude, notamment chez Marie de France, dans *Les Deus Amanz*, *Yonec*, *Milun*, *Chaitivel*, mais aussi dans *Graelent*. Ce roulement des jours qui se suivent invariablement peut aussi faire écho à une thématique chère au récit breton, celle du cycle annuel. En effet, du début du récit situé au printemps à la Pentecôte, au départ du chevalier solitaire de nuit, les textes à l'étude sont ponctués des mêmes références et durées temporelles. À travers cette constance des moments et des durées évoqués, le cycle de l'année est certes matérialisé, mais la durée renvoie aussi à la symbolique mythique de l'éternel retour[135], mimant au final un temps qui n'en est pas un, puisque non plus chronologique, mais cyclique. Pourtant, le domaine merveilleux est aussi supposé être celui de l'atemporalité. L'inscription de la durée par la récurrence du jour et de la nuit contient donc en son cœur une réflexion mythique sur le temps et le cycle, propice à faire surgir une impression d'éternité :

> Le rythme quotidien ne cessant de passer du jour à la nuit et de la nuit au jour, ainsi que le cycle annuel recommençant sans fin suggèrent une analogie avec le mouvement des âmes basculant avec une régularité cosmique dans l'au-delà mais s'en revenant ponctuellement dans notre monde[136].

Le personnage de Lanval, qui oscille entre le domaine merveilleux et la cour arthurienne, est un des exemples de ces âmes pérégrinant entre

135 L'enjeu du temps cyclique et du thème de l'éternel retour dans la « parabole royale » est développé dans la troisième partie de l'étude, *infra*, p. 484-486.

136 Karin Ueltschi, *La Mesnie Hellequin…*, *op. cit.*, p. 289.

deux espaces et deux temporalités – excepté qu'il partira définitivement dans le domaine merveilleux de la fée.

Le cycle ainsi signifié par la succession du jour et de la nuit dote certes le récit d'une profondeur temporelle, mais renvoie surtout à une réflexion sur les différentes temporalités, qui distinguent aussi les deux domaines arthuriens à l'étude.

Périodes symboliques : 3 jours, 40 jours, 7 ans

Couramment, la durée est aussi marquée par une référence à un nombre de jours, de mois ou d'années. Néanmoins, certaines durées sont plus signifiantes symboliquement que narrativement : elles ont pour principale fonction d'introduire le régime de l'Autrefois et effectuent la transition entre le domaine courtois et le domaine merveilleux. Nous nous concentrerons sur celles qui établissent un lien merveilleux.

Commençons par trois, dont la signifiance symbolique, notamment lié au passage, est sûrement la plus forte, et de ce fait la plus développée dans les textes à l'étude[137]. Rappelons que la trinité est primordiale dans cette religion qui reconnaît trois instances que sont le Père, le Fils et le Saint-Esprit. En outre, trois y est symboliquement fort dans la référence aux trois jours de souffrance endurés par le Christ à sa mort et que l'on nomme « Passion ». D'ailleurs, cette durée même marque surtout la principale transition entre les trois statuts qui établissent Jésus en véritable Christ : la vie, la mort et la résurrection. Trois est donc bien le chiffre du passage.

Dans les lais à l'étude, trois connote bien un passage. Il s'agit d'abord de celui de la nature à la surnature, comme dans *Bisclavret*, où trois correspond au nombre de jours hebdomadaires où le héros devient un loup-garou – créature par excellence surnaturelle :

> Femme ot espuse mut vailant
> [...]
> Qu'en la semeine le perdeit
> Treis jurs entiers, qu'el ne saveit
> U deveneit në u alout[138].

137 La symbolique du chiffre trois est développée dans le dernier temps de l'étude qui analyse l'idéal ternaire du récit breton, c'est pourquoi nous présentons ici seulement ce qui a trait au thème du passage, qui nous occupe ici.

138 *Bisclavret*, v. 21 ; 25-27.

Une interprétation chrétienne de cette durée ternaire est aussi possible : le loup-garou apparaît comme une sorte de figure christique à cause de la grande souffrance qu'il endure pendant trois jours chaque semaine.

Le passage dans le domaine merveilleux est aussi associé à la symbolique merveilleuse du chiffre trois dans le lai de *Guingamor*, qui problématise d'ailleurs la référence merveilleuse sur le plan de la distorsion de la durée. En effet, l'hospitalité de la fée qui est censée s'étendre sur trois jours, dure en réalité trois-cents ans :

> N'i cuida que .II. jors ester
> Et au tierz s'en cuida raler :
> [...]
> Autrement li fu trestorné,
> Car .III.C. anz i ot esté[139] !

En ce sens, la transition entre le plan réaliste et merveilleux n'est plus spatiale entre deux domaines, mais davantage temporelle et problématisée entre deux modes de durée. Dans cette distorsion temporelle, le chiffre trois perdure, confirmant son aura merveilleuse.

Le chiffre trois peut aussi marquer une période de transition et de réflexion nécessaire avant de rejeter l'un des deux domaines, comme dans le lai de *Doon*. Le mariage du héros avec la fée dure en effet trois jours, avant qu'il ne la quitte :

> Qant espousee ot la pucele,
> .III. jors tint cort e grant e bele.
> Au qart s'est par matin levez,
> son cheval li est amenez
> sa fame a a Dieu commandee,
> q'aler s'en velt en sa contree[140].

Par ailleurs, la lecture chrétienne est ici aussi possible, puisque Doon peut être comparé au Christ, par le rejet du monde autre qu'il effectue à l'issue de cette période particulièrement signifiante[141].

---

139 *Guingamor*, v. 533-534 ; 539-540.

140 *Doon*, v. 161-166.

141 « [...] Et ces *treis jurs* où les corps des deux jeunes gens restent exposés *sur tere* (v. 245), parmi l'extraordinaire "reverdie" du mont, ne sont-ils pas comme le rappel allégorique des trois jours passés par le Christ dans son tombeau, prélude nécessaire à la surabondance

Quarante jours, connus pour être la durée du Carême dans la religion catholique, constituent une autre période intéressante qui a aussi trait au passage. Le Carême rappelle le jeûne de Moïse dans la Bible, ou encore la durée de la tentation du Christ dans le désert. Quoi qu'il en soit, cette durée correspond à une attente propice à la réflexion et à la remise en question. Elle est une sorte de transition entre deux états.

Cette durée particulière n'apparaît que dans *Eliduc*, quand, lorsqu'après avoir débarqué à Exeter – qui est une sorte de royaume inverse à la cour d'origine du héros –, le héros défend à ses hommes d'accepter quoi que ce soit de leur hôte pendant quarante jours :

> A tuz ses hummes defendi
> Que n'i eüst nul si hardi
> Que des quarante jurs primiers
> Preïst livreisun ne deniers[142].

Le lai *d'Eliduc* récupère donc la symbolique d'attente et de réflexion nécessaire à l'accès à un autre royaume.

Une autre durée signifiant le passage entre les deux plans de l'action par sa symbolique est le chiffre sept. Ce chiffre est en effet est associé à une idée de clôture nécessitant un dépassement[143], une autre forme de transition donc.

Dans le lai d'*Yonec*, la dame est enfermée durant cette durée : « Issi la tint plus de set anz[144] », juste avant que l'oiseau merveilleux ne lui apparaisse. En insistant sur le nombre d'années de prison de l'héroïne, le narrateur annonce aussi sa libération, psychologique, puis réelle, grâce à la créature magique :

> C'est aussi un cycle, achevé et clos, que met en valeur Marie de France dans son *lai d'Yonec*, quand elle nous montre l'héroïne enfermée dans sa tour depuis *plus de set anz* (v. 37). Mais, là encore, cette « clôture », aussi symbolique que narrative, va se trouver brisée par l'intervention de cette forme codée de renouveau qu'exprime l'intrusion brutale du printemps [...] et ce sera l'apparition soudaine du *grant oisel* au travers de l'*estreite* fenestre (v. 106-107)[145].

de grâce désormais offerte aux hommes ? » Voir Jacques Ribard, *Le Moyen Âge. Littérature et symbolisme*, *op. cit.*, p. 24.

142 *Eliduc*, v. 141-144.

143 Jacques Ribard, *Le Moyen Âge, Littérature et symbolisme*, *op. cit.*, p. 25.

144 *Yonec*, v. 37.

145 Jacques Ribard, *Le Moyen Âge, Littérature et symbolisme*, *op. cit.*, p. 26.

Il s'agit bien encore d'une transition vers le bonheur, ce qui n'est pas anodin dans notre perspective d'étude du royaume arthurien. Son enjeur premier est en effet la réalisation de l'harmonie heureuse dans la communauté arthurienne ; le sept augure bien ce nouveau cycle royal.

Outre l'intérêt narratif qu'elle représente, la durée comporte des informations signifiantes essentielles lorsqu'elle entretient un lien avec le domaine merveilleux, confirmant bien que passer au delà du réel se fait à certains moments précis, privilégiés. Dans la symbolique ainsi introduite, un syncrétisme entre des connotations chrétiennes et féeriques est à l'œuvre. Pourtant, la mention d'une durée peut aussi faire l'objet de distorsions merveilleuses, mettant ainsi en place différentes strates temporelles, qu'il conviendra d'analyser afin de comprendre la spécificité du temps de l'Ailleurs. Avant cela, nous nous pencherons sur le contexte d'introduction du temps merveilleux.

Collisions ou marqueurs du passage

Après avoir déterminé le mode d'introduction du régime de l'Autrefois, ainsi que ses symboliques temporelles, il convient d'étudier le fonctionnement du temps propre au domaine merveilleux. De fait, de même qu'il existe plusieurs espaces, il existe plusieurs temporalités[146]. Le présupposé communément admis est celui d'un ralentissement du temps dans le domaine merveilleux, plus particulièrement dans celui qu'on peut appeler le paradis, ainsi que le rappelle Christine Ferlampin-Acher :

> Les paradis amoureux que les fées proposent à ceux qu'elles ont élus sont des lieux où le temps s'écoule – c'est une dimension nécessaire à la conscience du plaisir – mais beaucoup plus lentement et plus pleinement qu'ailleurs [...][147].

Si le temps ralentit dans le domaine merveilleux, c'est qu'il obéit à d'autres lois qui le tirent du côté de l'éternité ; l'au-delà est caractérisé par son atemporalité proche du vide temporel. S'opère alors une distinction entre le temps réel et ce temps tronqué. Une

146 Philippe Walter, *La Mémoire du temps...*, *op. cit.*, p. 65.

147 Christine Ferlampin-Acher, *Fées, bestes et luitons...*, *op. cit.*, p. 51.

troisième strate temporelle s'impose aussitôt, un « temps intermédiaire[148] » qui établit des liens entre le temps fini du monde réel et l'éternité infernale.

– Le temps de l'entre-deux :
explication des collisions temporelles.

Les lois de la merveille s'appliquent aussi bien à son espace, qu'à ses personnages et à sa temporalité. Dès lors qu'un personnage pénètre dans le domaine merveilleux, il fait donc aussi l'expérience d'une temporalité « autre » :

> Il y a en effet par la magie du texte littéraire une coupure brutale entre le temps de l'imaginaire et le temps de la vie ordinaire ; cette brisure signifie une altérité fondamentale de la durée littéraire par rapport à la durée réelle. C'est le cas par exemple lorsqu'un personnage fait une incursion dans l'Autre Monde et qu'il revient quelques centaines d'années plus tard au pays des mortels[149].

Ce temps « élastique[150] », « allant du temps concentré au temps suspendu[151] » est notamment au cœur du lai de *Guingamor*, dont la trame narrative est entièrement construite autour de cette distorsion temporelle. De fait, le héros part à la chasse et perd son limier et son sanglier. En les cherchant, il bascule dans le monde de la fée qui l'accueille pendant ce qu'il pense être trois jours.

> N'i cuida que .II. jors ester
> Et au tierz s'en cuida raler,
> Son chien et son porc volt avoir
> Et son oncle fere savoir
> L'aventure qu'il ot veüe,
> Puis reperera a sa drue.
> Autrement li fu trestorné,
> Car .III.C. anz i ot esté[152] !

148 Ce que nous nommons « temps intermédiaire » désigne donc le moment situé entre le temps fini de la réalité et l'éternité de l'Ailleurs.

149 Philippe Walter, *La Mémoire du temps*..., *op. cit.*, p. 50.

150 Karin Ueltschi, *La Mesnie Hellequin*..., *op. cit.*, p. 348.

151 Stoyan Atanassov, « L'Autre Monde comme une scène de quiproquo », dans Denis Hüe, Christine Ferlampin-Acher (dir.), *Le Monde et l'Autre Monde*, *op. cit.*, p. 17.

152 *Guingamor*, v. 533-540.

Trois jours dans cet autre espace équivalent à trois cents ans. Nous avons ici affaire à un cas de « temps resserré ». De fait, le héros fait l'expérience de deux temporalités opposées : en tant que personnage issu du monde réel, son repère est le temps fini. Toutefois, en passant dans l'univers féerique, il fait l'épreuve de l'éternité. Lorsqu'il veut revenir à son repère initial, il est donc confronté au changement temporel, qui s'apparente à un resserrement lorsque l'on fait le voyage de la féerie vers le monde réel. Guingamor apparaît ici comme un personnage de l'entre-deux, d'où ce concept de « temps intermédiaire », défini comme « se situant entre la durée finie du monde et l'éternité (paradisiaque ou infernale) définitive[153]. »

Néanmoins, le passage d'une temporalité à une autre n'est pas exempt de condition, liéee notamment au respect d'un tabou. Dans l'exemple que nous venons de citer, avant son départ, la fée précise qu'à son retour sur terre, Guingamor ne devra ni boire ni manger, c'est-à-dire en somme, ne pas avoir de comportement de mortel. Dans le cas contraire, sa condition humaine, ainsi que sa temporalité finie le rattraperaient et provoqueraient logiquement sa mort. En ce sens, le discours direct de la fée, s'il n'évoque pas la mort promise, est toutefois très menaçant :

> Ele li dist : « Je vos chasti,
> Qant la riviere avrez passee
> Por raler en vostre contree,
> Que ne bevez ne ne mengiez
> Por nule fain que vos aiez,
> De si que serez reperiez :
> Tost en serïez engingniez[154]. »

La modalité déontique de la tournure « *Je vos chasti* », ou de l'impératif des verbes *bevez* et *mangiez*, montrent ainsi le danger qui pèse sur le héros. De fait, le risque est lié, non au lieu en lui-même, mais à l'expérience de deux temporalités contradictoires, qui s'excluent habituellement, ce qui est source de belles trouvailles poétiques et narratives. En l'occurrence, le héros n'échappe toutefois pas à sa condition première et est pris d'une faim intense une fois revenu dans le monde de la finitude :

153 Karin Ueltschi, *La Mesnie Hellequin*..., *op. cit.*, p. 349.
154 *Guingamor*, v. 564-570.

Ja estoit bien nonne passee,
Li jors torna a la vespree.
Si grant fain prist au chevalier
Qu'il se cuida vif enragier.
Let le chemin que il erra,
Un pomier sauvage trova ;
De grosses pomes fu chargiez.
Il est cele part aprouchiez,
Trois en a prises, ses menja.
De ce fist mal, qu'il oublïa
Ce que s'amie ot conmandé.
Si tost conme il en ot gouté,
Tost fu desfez et enveilliz,
Et de son cors si afoibliz
Que du cheval l'estut cheoir[155] ;

Le moment du jour, c'est-à-dire la tombée de la nuit, *a la vespree*, est particulièrement dangereux, comme nous l'avons déjà remarqué, puisque c'est à cet instant précisément que les esprits sont censés passer de l'au-delà à l'ici-bas. Par ailleurs, il n'est pas anodin que l'aliment provoquant la désobéissance à l'ordre de la fée soit une pomme. En effet, outre la symbolique celtique inhérente à l'immortalité, la pomme est aussi le fruit de la tentation pour les chrétiens. L'allusion au jardin d'Éden est ici explicite et intéressante pour notre étude. En effet, cet extrait assimile Guingamor à un nouvel Adam, et le domaine merveilleux au paradis chrétien. La construction du château de la fée corrobore d'ailleurs cette hypothèse. La description des chambres mentionne des « pierres de paradis[156] », comme un indice de la nature éternelle du lieu. Il est très rare que le poète insiste de manière aussi claire et détaillée sur les conditions et le processus du passage. Il s'agit en ce sens d'une occurrence exemplaire : y est mis en scène avec précision le caractère périlleux car foncièrement transgressif du passage d'un univers à un autre.

Le « resserrement » du temps n'est pas la seule distorsion temporelle à l'œuvre dans le domaine merveilleux. Nous observons dans *Guigemar* un cas de « temps suspendu », lorsque le héros revient du monde féerique :

Al plus tost k'il pout s'en issi.
Uns damisels qu'il ot nurri

155 *Ibid.*, v. 633-647. C'est nous qui soulignons.
156 *Ibid.*, v. 391.

> Errot aprés un chevalier ;
> En sa mein menot un destrier.
> Il le conut, si l'apelat,
> E li vallez se reguardat :
> Sun seignur veit, a pié descent,
> Le cheval li met en present.
> Od lui s'en veit ; joius en sunt
> Tuit si ami, ki trové l'unt[157].

Rien n'a changé depuis le départ du héros, alors qu'il a quitté les lieux depuis un an. On a ainsi l'impression que l'année écoulée auprès de la fée n'a pas compté dans l'espace auquel appartient Guigemar. Elle n'a représenté qu'une parenthèse sans aucun effet sur le domaine courtois.

Néanmoins, la distorsion temporelle ainsi que « le temps intermédiaire[158] » n'existent qu'en vertu de la perception d'un personnage. De fait, ce dernier juge le temps « autre » en rapport avec les normes de l'univers duquel il provient. Par ailleurs, elle ne peut avoir lieu que si ce héros effectue des trajets entre les deux mondes, et donc entre le temps fini et l'éternité. Il n'y a de « temps intermédiaire » que pour les personnages de l'entre-deux ou pour passer d'un espace à l'autre.

– Atemporalité mythique : des personnages et objets vecteurs de merveille

La problématique temporelle du récit breton pourrait être comparée à un « feuilletage chronologique » constitué du temps réel du domaine courtois, d'un temps intermédiaire s'échelonnant au gré des échanges entre les deux domaines arthuriens, et du temps éternel du domaine merveilleux.

Certains personnages ou objets révèlent le lien à l'éternité du domaine merveilleux. Les fées d'abord, sont réputées immortelles, ce qui permet d'assimiler leur espace d'origine celtique à une forme de paradis. Tydorel est un autre personnage entretenant un lien avec l'immortalité féerique[159] : il ne dort jamais. Or le sommeil est le temps nécessaire au corps humain pour se régénérer. Le temps n'a donc aucune prise sur ce

---

157 *Guigemar*, v. 633-642.

158 Rappelons que le « temps intermédiaire » désigne le moment situé entre le temps fini de la réalité et l'éternité de l'Ailleurs.

159 *Tydorel*, v. 179-180.

personnage *fae*, ce qui le tire du côté de l'éternité et de la surnature. Le père du Roi Pêcheur, qui ne mange qu'une hostie quotidienne est un autre personnage merveilleux. Le cheval féerique du lai de l'*Espine* est aussi en dehors de toute temporalité, puisqu'il n'a pas besoin de manger tant qu'on lui tient la bride[160]. D'ailleurs, le choix de l'animal n'est pas anodin, puisque le cheval est réputé pour être un animal psychopompe.

Concernant les objets, nous avons déjà remarqué la présence de « pierres de paradis » sur le mur des chambres du château féerique dans *Guigemar*, confirmant l'appartenance de ce lieu au paradis éternel. Ajoutons aussi cet oreiller particulier que le héros découvre lorsqu'il embarque dans la nef merveilleuse :

> Mes tant vos di de l'oreillier :
> Ki sus eüst sun chief tenu
> Jamais le peil n'avreit chanu[161].

Cet objet a le pouvoir de faire basculer quiconque se pose dessus du côté de l'a-temporalité et donc de l'éternité. Outre l'indice sur la destination merveilleuse vers laquelle le héros est emporté, l'objet abolit même complètement l'action du temps. Par ailleurs, l'oreiller favorise aussi le songe, qui rappelons-le, est aussi un *topos* du passage vers l'Ailleurs. Ces créatures et objets que le temps ne semble pas atteindre sont donc du côté d'une atemporalité.

En outre, la forme même du lai, où le devoir de mémoire et de *remembrance* est topique et récurrent[162], tire ce genre du côté d'une expérience cyclique du temps :

> Au-delà de l'origine lyrique, d'emblée inaccessible, du récit, l'invention des lais dit naître du désir profond de faire revivre une présence, d'exprimer une expérience du temps qui contredit sa fuite, expérience intensément vécue dans la vie amoureuse, mais aussi dans la performance lyrique[163].

Le domaine merveilleux des récits étudiés, particulièrement des lais, se caractérise donc par une atemporalité qui a trait à l'éternité.

160 *Espine*, v. 419-421.
161 *Guigemar*, v. 178-180.
162 Notamment, *Bisclavret*, v. 318 : « Pur remembrance a tuz dis mai. » ; *Desirré*, v. 4 : « Por remembrance un lai en firent. »
163 Nathalie Koble, Mireille Séguy, « Introduction », dans *Lais bretons (XIIe-XIIIe siècles) : Marie de France et ses contemporains*, *op. cit.*, p. 24.

Certains personnages, animaux ou objets, en échappant au passage du temps, marquent leur appartenance à ce temps de l'Ailleurs. On peut en effet parler de temps mythique : il est à l'image des espaces mis en scène : multiple. La problématique temporelle est en ce sens assimilable à un « feuilletage chronologique » constitué du temps réel du domaine courtois, d'un temps intermédiaire s'échelonnant au gré des échanges entre les deux espaces arthuriens, et du temps mythique et éternel du domaine merveilleux.

La mort, une expérience particulière du temps

Si la temporalité affecte l'organisation spatiale des récits du corpus, elle détermine aussi l'existence même des personnages par le biais de la problématique de la mort. La mort peut en effet être assimilée à une expérience particulière du temps en ce qu'elle en marque la fin. Pourtant, la mort est au cœur de notre étude puisqu'elle marque le passage vers l'au-delà[164] :

> Le Moyen Âge chrétien cultive l'idée que la mort n'est rien d'autre qu'un *transitus*, un passage vers l'Au-delà, où le temps prend alors visage d'éternité, valeur de récompense ou de châtiment. Le mourant hérite en somme de sa propre vie[165].

De fait, le domaine merveilleux peut être assimilé à un royaume des morts. D'ailleurs, par le passage qu'elle introduit, la mort conjugue à la fois la finitude du temps réel et l'éternité et l'atemporalité de l'au-delà. Elle constitue un motif récurrent des lais, puisque toutes ses étapes sont déclinées dans notre corpus.

La mort peut ainsi être seulement suggérée métaphoriquement par le départ définitif du protagoniste dans le domaine merveilleux, à l'instar de la fin de *Lanval*. La poétesse met en place avec finesse et subtilité une ambiguïté suggestive qui permet de lire le passage à plusieurs niveaux : on peut d'abord y voir un voyage pour quitter cette cour injuste ; il peut aussi s'agir d'un ravissement métaphorique – amoureux, féerique –,

164 Christine Ferlampin-Acher explicite le lien entre la mort et la merveille dans le récit breton : « Dernière étape de la vie terrestre des héros, la mort est tout autant que la naissance entourée de merveilleux. », *Fées, bestes et luitons*..., *op. cit.*, p. 62.

165 Francis Dubost, « La vie paradoxale : la mort vivante et l'imaginaire fantastique au Moyen Âge », Francis Dubost (dir.), *La Merveille médiévale*, *op. cit.*, p. 149.

enfin plus profondément ce départ symboliserait un chiffre pour dire la mort. À la fin du lai, l'épilogue précise :

> Od li s'en vait en Avalun,
> Ceo nus recuntent li Bretun,
> En une isle ki mut est beaus.
> La fu raviz li dameiseaus !
> Nuls hum n'en oï plus parler
> Ne jeo n'en sai avant cunter[166].

L'insistance marquée par la double négation de *nuls hum* + *n'en oï parler* ne laisse pas de doute sur le caractère définitif du voyage. On peut y voir une possible allusion à la mort. En effet, cette périphrase pour désigner ce domaine dans lequel va Lanval rappelle fortement le pays « Don nus estranges ne retorne[167] » du *Chevalier de la Charrette*, c'est-à-dire le royaume de Logres, dont on a montré le lien à l'au-delà[168]. Dans notre exemple, *Avalun*, où Lanval demeure éternellement[169], est en outre un avatar de l'au-delà paradisiaque, comme Geoffroi de Monmouth l'a montré dans sa *Vita Merlini*.

Le même procédé est utilisé dans *Guingamor*. Après avoir croqué dans les pommes interdites, le héros, extrêmement affaibli, est emmené pour toujours dans le domaine merveilleux :

> Deus damoiseles voit errant,
> De riche ator et bien vestues ;
> Lez Guingamor sont descendues.
> [...]
> Belement et souëf l'ont pris,
> Si l'ont sor un cheval asis ;
> A la riviere le menerent,
> En un bastel outre passerent
> Son brachet et son chacëor[170].

Deux jeunes filles viennent l'escorter. La richesse de leur tenue confirme leur essence féerique. Les seuls éléments du voyage explicitement évoqués sont la rivière et le bateau – véritables *topoï* du passage

166 *Lanval*, v. 641-646.
167 *Ibid.*, v. 641.
168 *Supra*, p. 57-59.
169 Comme le roi Arthur, à la fin de sa vie.
170 *Guingamor*, v. 656-658 ; 663-667.

vers la merveille. Ni la destination, ni la durée du séjour ne sont mentionnées. Cette absence d'information concernant le monde dans lequel est emmené Guingamor connote qu'il a été embarqué dans quelque pays sans temps – une manière d'éternité de l'autre côté d'une frontière figurée par la rivière.

L'élément aquatique, qui est un véritable seuil vers l'Ailleurs, est fréquent pour suggérer que le passage s'apparente à la mort. On le trouve aussi dans *Graelent*, quand il part éternellement avec son amie, dans les mêmes circonstances :

> Molt en ert l'eve *clere et bele*,
> Dedenz se met la damoisele.
> Graalant volt aprés entrer
> Mes el li commence a crier :
> « Fui, Graalant, n'i entrer pas !
> Se tu t'i mes, tu noieras. »
> [...]
> Quant d'autre part sont arivé,
> Ses dras moilliez li a osté ;
> De son mantel afublé l'a ;
> En sa terre o lui l'enmena.
> Encore dient cil du païs
> Que Graalant i est toz vis[171].

Ces deux derniers vers sont fondamentaux car ils résument tous les enjeux de notre étude. En effet, le présent du dernier verbe de l'extrait quand tous les autres sont au passé, de même que l'adjectif « toz vis », suggèrent un effet sur le présent. Graelent vivrait toujours dans le pays de la fée. Le temps de cet Ailleurs est donc bien éternel et parallèle au nôtre, puisqu'il s'étire jusqu'à nos jours. On ne peut donc pas parler de « mort » :

> Pas plus Lanval que Guigemar ne meurent lorsqu'ils emmènent leur amie ou sont emportés par elle. Ils vont vers le bonheur, un point c'est tout. Ils sont maintenant armés pour le conserver : ils ne le laisseront plus échapper – [...][172].

Ni Lanval, ni Guigemar, ni Graelent ne sont donc décédés : ils sont partis ailleurs, où ils continuent de vivre. Seules les conditions

171 *Graelent*, v. 683-688 ; 729-734.

172 Pierre Gallais, « Sémantique du bonheur chez les romanciers du XIIe siècle », dans Danielle Buschinger (éd.), *L'Idée de bonheur au Moyen Âge*, actes du Colloque d'Amiens, mars 1984, Göppingen, Kümmerle Verlag, 1990, p. 201.

spatio-temporelles ont changé : il ne s'agit pas ici de rupture à proprement parler, mais d'un changement dans le sens du bonheur, de l'abolition, soit des injustices et autres monstres, soit des effets du péché originel[173]. Il s'agit davantage de les faire partir dans un autre espace, davantage propice à leur épanouissement quand le domaine courtois – le monde ordinaire donc – ne leur avait offet que frustation ou humiliation.

D'ailleurs, le récit breton n'a aucun mal à mettre en scène de véritables décès, que la mort s'abatte directement sur les protagonistes secondaires ou principaux, ou qu'elle soit simplement contée.

Le récit breton distingue clairement le « passage eutopique », de la mort au sens habituel du terme. En effet, la mort réelle est bien présente dans les lais, notamment dans *Tydorel*, *Tyolet*, *Laüstic* ou encore *Eliduc*. Cette distinction est signifiante et montre une fois de plus la pertinence de cette dichotomie dont nous nous efforçons de démontrer l'existence implicite, celle entre les deux pôles du royaume arthurien qui lui sont propres, exclusivement, et qui participent de la structuration profonde de ces œuvres de l'imaginaire qui les a conçues.

Dans *Tydorel* d'abord, la mort touche un personnage secondaire, le veilleur, qui a eu lieu quinze ans auparavant[174]. Dans *Tyolet*, c'est le père du héros qui a disparu quinze ans auparavant. Dans ces deux lais, l'évocation du trépas revêt une simple fonction réaliste, qui vise à donner une profondeur aux personnages et au récit.

Ensuite, la mort peut revêtir une fonction narrative. Elle touche d'abord les personnages secondaires, comme le prêtre dans *Eliduc*, ou des animaux, comme le rossignol dans le *Laüstic*. Dans ce lai, la disparition du petit animal a d'ailleurs pour conséquence l'arrêt des rendez-vous à la fenêtre entre les deux amants :

> La dame prent le cors petit,
> Durement plure e si maudit
> Ceus ki le laüstic traïrent,
> [...]
> « Lasse, fet ele, mal m'estait !
> Ne purrai mes la nuit lever[175]

173 Cette volonté heureuse du récit breton est créatrice d'une « eutopie ». Elle fait l'objet de la troisième partie, *infra*, p. 369 et *sqq*.

174 *Tydorel*, v. 309.

175 *Laüstic*, v. 121-123 ; 126-127.

La mort de l'oiseau coïncide avec la fin de l'aventure amoureuse des amants, de leur bonheur donc. En outre, ce faisant, la mort clôt aussi le lai : *Ne purrai mes la nuit lever*[176].

La mort revêt aussi un rôle narratif fondamental lorsqu'elle s'abat sur les personnages principaux ou les héros. Dans *Yonec*, le chevalier *fae* expire au milieu du lai, redynamisant ainsi l'intrigue, puisque la seconde partie consacrée à l'aventure du héros éponyme peut alors commencer. La narration de la mort du personnage en question corrobore les relations entre le domaine merveilleux, l'éternité et la mort[177]. Rappelons en effet, que la mort peut être envisagée dans sa relation spatiale au passage vers un au-delà, ou selon sa dimension temporelle, comme le passage vers un mode de temporalité différente, celui de l'éternité. De fait, dans *Yonec*, le refuge du chevalier *fae* dans cet espace autre, à la mi-journée, pour mourir, contribue à en faire un au-delà.

Certaines intrigues sont même entièrement construites autour du trépas d'un personnage important. C'est le cas notamment des lais d'*Equitan*, des *Deus Amanz* et du *Chaitivel*. Dans *Equitan*, la mort des deux amants qui avaient comploté contre le sénéchal est l'issue de l'intrigue. D'ailleurs, tout se joue autour du motif macabre, puisque les deux personnages élaborent d'abord un stratagème visant à tuer le sénéchal, même s'il se retourne finalement contre eux. Le lai des *Deus Amanz* est un autre exemple d'intrigue centrée sur la mort des héros. C'est bien parce que les amoureux ont péri que leur histoire est racontée. De même, le lai du *Chaitivel* tourne autour de la commémoration des défunts, comme son titre l'indique, en désignant ainsi la mauvaise fortune de l'unique survivant :

> Teus cent maus me fetes suffrir !
> Mieuz me vaudreit la mort tenir !
> Pur c'ert li lais de mei nomez :
> *Le Chaitivel* iert apelez.
> [...]
> *Quatre Dols* l'apelent alquant ;
> Chescuns des nuns bien i afiert,
> Kar la matire le requiert ;

176 Sur la commémoration du deuil dans le lai du *Laüstic*, voir Philippe Walter, « Notice » de *Laüstic*, dans Philippe Walter (dir.), *Lais du Moyen Âge*, *op. cit.*, p. 1174.

177 *Yonec*, v. 333-454.

Le Chaitivel ad nun en us[178].

Dans les autres lais concernés, l'épilogue justifie aussi l'écriture du récit par le devoir de mémoire et le rappel de l'événement tragique qui a conduit les protagonistes à la mort.

Ainsi donc, la « vraie » mort marque la fin du lai. Or le devoir de *remembrance* est une façon de contrecarrer la mort, en faisant perdurer les personnages disparus dans l'espace du texte littéraire. Raconter la mort dans les lais est une manière de déjouer la finitude du temps en faisant entrer l'histoire de ces personnes dans l'ère mythique de la légende éternelle :

> Succession et survie se répondent, le roman exprimant et tentant de dépasser l'angoisse de la mort par l'invention d'un temps fondé sur la continuité, privé de cassures accidentelles qui seraient autant de défis à la *senefiance*[179].

Le lai constitue donc une passerelle entre une existence réelle terminée et une existence littéraire mythique. En cela, il forme aussi une sorte d'éternité et d'autre monde, celui de la littérature :

> Le temps devient généreux, et cela seul permet la rencontre de la mémoire avec le moment présent. Marie offre un espace *à la mémoire*, un espace qui permet au passé de se surimposer au présent, de revivre dans le présent[180].

Les lais distinguent bien deux sortes de « passage », sinon de mort : d'abord le passage vers un espace « eutopique », sinon « utopique », où le bonheur règne dans une éternité immuable, qui s'oppose à la « vraie mort », qui lorsqu'elle anime le lai, vient souvent le clore.

Ainsi, certains moments propices, nourris d'une forte symbolique à dominance celtique[181], favorisent le passage du plan réel au plan imaginaire de l'action, que transpose spatialement la transition du domaine courtois au domaine merveilleux. La nuit, le moment de midi, la Saint Jean, ou encore la Pentecôte, grâce à leur charge référentielle très riche

178 *Le Chaitivel*, v. 223-226 ; 234-237.
179 Christine Ferlampin-Acher, *Fées, bestes et luitons…*, *op. cit.*, p. 64.
180 Miléna Mikhaïlova, *Le Présent de Marie*, Paris, Diderot, 1996, p. 91.
181 En effet, si nous sommes dans le domaine arthurien, donc celtique, les composantes antiques et chrétiennes participent du même imaginaire.

et suggestive, sont autant d'instants privilégiés pour suggérer un passage dans l'Ailleurs.

En outre, le passage du domaine courtois au domaine merveilleux est aussi marqué temporellement : on change d'espace, mais aussi de temporalité, c'est-à-dire de mode de perception du temps. Le temps peut aller s'étirer vers l'éternité. Ces modifications temporelles sont en outre symétriques, valables aussi lorsque le personnage fait le chemin inverse, du domaine merveilleux au domaine courtois, passant alors de l'éternité à la finitude, d'où l'appellation de distorsions temporelles pour traduire la transition du domaine courtois au domaine merveilleux.

ITINÉRAIRES NARRATIFS ET POÉTIQUE DE L'INITIATION ROYALE

Le récit breton est focalisé sur un personnage principal dont il suit le cheminement :

> [l]e roman ne se conçoit pas sans fable, et la fable n'existerait pas sans sujet agissant. Pour qu'une « histoire » se constitue, il faut qu'un individu se détache de la collectivité et passe au premier plan[1].

Nous proposons de nous placer désormais du côté de l'errance chevaleresque afin de mieux repérer les dynamiques narratives, mais aussi spatiales se dessinant au fur et à mesure des péripéties[2]. De fait, les différentes étapes de ce voyage sont invariablement balisées par les mêmes lieux. Sur le plan symbolique, le parcours chevaleresque vise aussi à faire ressortir les deux espaces miroirs que le héros traverse. Il s'agit d'abord de la cour, conçue comme le centre du domaine courtois, puis du domaine merveilleux en général – nous avons vu que son esthétique du mystère, de l'étendue et de la profusion ne permet pas d'en délimiter les contours – et enfin, à nouveau de la cour, qui enregistre la fin du périple par le retour du héros. Nous choisissons à dessein de dissocier la cour du début de l'intrigue de celle de la fin, même s'il s'agit souvent du même espace, car elle n'occupe pas la même fonction narrative et n'est pas animée des mêmes dynamiques.

Il existe une forte corrélation entre le voyage entrepris et les espaces traversés. La structuration du récit arthurien, particulièrement ses problématiques narratives, sont ainsi mises en valeur. L'étude de ces métaphores spatiales, en lien avec le motif du parcours chevaleresque,

1 Erich Köhler, *L'Aventure chevaleresque…*, *op. cit.*, p. 103.

2 L'errance chevaleresque a fait l'objet de nombreuses études auxquelles nous renvoyons. Nous citerons particulièrement celles d'Erich Köhler, *L'Aventure chevaleresque…*, *op. cit.*, p. 77 et *sqq.*, et celle de Marie-Luce Chênerie, *Le Chevalier errant dans les romans arthuriens en vers des* XII*e et* XIII*e siècles*, *op. cit.*, p. 214 et *sqq.*

dévoilera aussi l'enjeu symbolique de ce voyage ordonné à travers les deux domaines royaux, réaliste et merveilleux, qui réside en l'initiation et en la naissance d'un roi.

Le parcours même du personnage en ces lieux emblématiques permet de les mettre à l'honneur, c'est pourquoi nous axerons d'abord l'étude sur la subjectivité chevaleresque.

Ensuite, les fonctions des lieux emblématiques de l'errance seront analysées afin de mettre au jour la dynamique d'initiation du récit breton.

SUBJECTIVITÉ CHEVALERESQUE

La focalisation du récit breton est majoritairement interne, centrée sur le personnage principal, dont elle suit le parcours, de la cour origine, jusqu'à sa reconnaissance finale en tant que héros royal. Cette subjectivité narrative a pour fonction de mettre en valeur le voyage – tant réel qu'initiatique – d'un héros individuel, tout en orientant habilement le lecteur à considérer les émotions du protagoniste à qui il s'identifie, particulièrement sa recherche de joie, en lien avec un projet global de réaliser ou de restaurer un bonheur commun. Rappelons ici que le motif du voyage entre deux espaces opposés, comme la quête heureuse prendront part à la définition de l'utopie en tant que genre littéraire ; nous lui emprunterons ces critères formels pour envisager « l'utopie médiévale », en fait « l'eutopie arthurienne », dont les jalons peuvent être observés dans nos textes, comme nous essaierons de le démontrer.

Tout d'abord, le choix même d'un personnage sur lequel l'action est centrée participe d'un processus d'élection d'un héros :

> Tout roman demande un « héros » qui, par le seul fait de passer au premier plan, s'oppose à tous les autres. [...] Les chevaliers de la Table ronde sont tous de même rang, mais non pas de même nature. Ils sont tous *appelés* à chercher l'aventure, l'aventure en général, mais il n'y a à chaque fois qu'un seul *élu*[3].

La particularisation par le nom est le premier signe de l'élection d'un personnage projeté au rang de héros, au sens narratif de personnage

3 Erich Köhler, *L'Aventure chevaleresque...*, *op. cit.*, p. 103-104.

principal de l'action. Dans la plupart des lais, cette stratégie est perceptible dès le titre, qui repose sur une simple mention du nom du héros : Guigemar, Equitan, Fresne, Lanval, Yonec, Milun, ou encore Eliduc chez Marie de France, mais aussi Desirré, Guingamor, Tydorel, Graelent, Mélïon et Haveloc dans les lais anonymes. Par ce biais, l'identité générique arthurienne est connotée d'entrée, puisque le récit breton est connu pour suivre le parcours d'un seul personnage, dont il reproduit aussi les méandres psychologiques. Ce procédé découle d'ailleurs directement du processus d'individuation des protagonistes à l'œuvre dans le roman au Moyen Âge : « À la différence des personnages du roman grec, ceux du roman de chevalerie sont *individuels*, mais en même temps *représentatifs*[4] ».

Francis Gingras attribue d'ailleurs cette évolution du roman au passage de l'ambition collective de l'équipée à le chevauchée solitaire et individuelle :

> Plus profondément, le passage de l'équipée à la chevauchée en solitaire s'inscrit bien dans le mouvement d'individualisation caractéristique de cette époque. La crise sémiologique et épistémologique qui entoure ce que l'on a appelé, sans doute un peu vite, la naissance de l'individu est amplifiée par un contexte linguistique sans précédent pour l'Occident : l'unité linguistique, qui était le principal vecteur culturel dans l'Empire romain comme dans l'Eglise chrétienne primitive, est ébranlée par l'apparition de langues qui acquièrent progressivement le statut de véhicules culturels et, parallèlement de pôles identitaires[5].

Évoluant de la sorte, le « type » devient « personnage ». Les romans de Chrétien complexifient cette introduction nominale en étant dotés, pour certains, d'un sous-titre. Ils problématisent alors la fonction mémoriale du nom en dotant le héros de deux possibilités d'identification : par son identité d'une part, ou par les qualités déployées face aux aventures traversées d'autre part. Le titre s'enrichit alors d'une fonction d'annonce de l'action : Érec est d'emblée associée à Énide, Yvain devient le « Chevalier au Lion » après être sorti de son état de folie en prêtant une assistance sans limite au félin, quand Lancelot est le chevalier qui monte dans la charrette d'infamie pour secourir la reine. D'ailleurs son nom n'est révélé qu'au milieu du roman, renforçant l'importance de cet élément de caractérisation. Le nom du héros peut aussi être problématisé au sein même

4 Mikhaïl Bakhtine, *Esthétique et théorie du roman*, *op. cit.*, p. 300.
5 Francis Gingras, *Le Bâtard conquérant…*, *op. cit.*, p. 235.

des aventures et autres péripéties, à l'instar d'Yvain qui change de nom en cours de route, adoptant l'appellation du lion. L'intrigue ne pourra d'ailleurs se dénouer que grâce à l'ignorance de Laudine, qu'Yvain et le chevalier au Lion sont un seul et même homme. La maturité du héros se joue donc par la lente et progressive coïncidence du « vieil » et du « nouvel » homme. Car le héros de Chrétien évolue, devient. Il devient par le truchement d'une crise, chute ou épreuve majeure, au cœur de chaque roman, qui l'ébranle dans son identité même : d'où l'importance cruciale donnée à la problématique du nom. Parfois l'auteur tait le nom du héros (Lancelot dans la *Charrette*), parfois il change de nom (Yvain). Enfin, comble, dans le dernier roman, le héros, Perceval ignore son propre nom. À ce titre, *Le Conte du Graal* est de loin le récit de notre corpus qui problématise le plus le rapport au nom, puisque le héros apprend son identité par sa cousine, lors d'une scène à l'apparence désinvolte :

> « Comant avez vos non, amis ? »
> Et cil qui son non ne savoit
> Devine et dist que il avoit
> Percevax li Galois a non,
> Et ne set s'il dit voir ou non,
> Et il dit voir, si ne le sot.
> Et quant la damoisele l'ot,
> Si s'est ancontre lui dreciee
> Et li dist come correciee :
> « Vostre noms est changiez, amis. »
> – Comant ? – Percevax li cheitis[6] !

Comme la mère de Perceval le lui a enseigné « [...] par le non conuist an l'ome[7]. » Perceval devient certes alors lui-même, enfin, mais il est surtout un être coupable, *Perchevax li chaitis*. Sans nourrir davantage une analyse qui nous éloignerait de nos préoccupations royales, nous retiendrons ici que la révélation du nom est liée au château du Roi Pêcheur, qui fait figure de préalable nécessaire à l'introduction du nom[8] ; c'est comme un déclencheur. Nous sommes donc face à un premier exemple d'association d'un espace arthurien à un épisode de première importance narrative. Cet extrait confirme bien la fonction structurante des lieux d'exercice de la royauté.

6 *Perceval*, v. 3572-3582.
7 *Ibid.*, v. 562.
8 Pour une analyse précise des implications du nom dans le récit breton voir la thèse d'Adeline Latimier-Ionoff, *Lire le nom propre dans le roman médiéval*, *op. cit.*

Hormis le choix d'un titre nominal, le resserrement subjectif est aussi marqué par le recours constant à une focalisation interne. Il s'agit par là de doter le héros d'une épaisseur psychologique, tout en expliquant aussi certains choix narratifs. Dans les récits étudiés, le premier indice de ce choix de focalisation est le recours à l'isotopie de la vue. Ce procédé narratif concorde parfaitement avec les *topoï* du voyage et de l'errance chevaleresque, puisque le lecteur est amené à percevoir le parcours avec les yeux du protagoniste, avec lequel il s'identifie. Ce procédé topique associe aussi l'introduction du domaine merveilleux à la subjectivité en action du héros, transposée narrativement par la description de ses émotions. Car en effet, la merveille est d'abord fortement corrélée à la vue :

> *Miror, Mirari...Mirabilia.* La merveille médiévale se donne en spectacle, autrement dit, elle s'offre au regard. Elle n'existe qu'à travers le regard d'un témoin surpris qui, à niveau d'homme, s'étonne, admire ou prend peur, qu'il s'agisse d'un acteur de la fiction ou du narrateur dont la parole, tout en médiatisant l'événement, en signale le caractère exceptionnel, inédit et surtout discordantiel[9].

Nous nous contenterons de le rappeler à travers l'exemple fortement représentatif du lai du *Trot*[10] :

> E qant la forest aprocha
> Lorois devant lui esgarda ;
> si voit de la forest issir
> tot belement e a loisir
> dusc'a .IIII.XX. damoiseles,
> [...]
> E Lorois, ki les esgarda,
> de la merveille se segna[11]

La récurrence du champ lexical de la vue, avec *esgarda* (deux occurrences) et *voit*, s'explique aisément par l'étonnement que suscite la merveille. Plus encore, il semble que certaines dispositions du personnage, telles que la somnolence ou la tristesse, soient aussi propices à l'introduction du registre merveilleux. Elles donnent surtout accès à

9 Francis Dubost, « Avant-propos », Francis Dubost (dir.), *La Merveille médiévale*, *op. cit.*, p. 10.

10 Nous convoquons ici un exemple du corpus secondaire pour le besoin de notre démonstration.

11 *Trot*, v. 75-79 ; 135-136. C'est nous qui soulignons.

l'auditeur ou au lecteur aux pensées et aux sensations du héros et participent par conséquent d'un processus d'identification au héros. De fait, par le retour sur soi qu'elle suppose, l'émotion constitue la première forme d'appréhension et de compréhension du monde[12]. Certes, c'est d'abord à travers les sens que l'on perçoit le monde qui nous entoure, mais l'élément qui les stimule provoque ensuite un effet de l'ordre de l'émotion. D'ailleurs, il est reconnu que le sens de la vue et la réaction d'émerveillement sont souvent corrélés[13]. Mais au-delà de la seule vue, quelle qu'elle soit, la référence aux sens sert souvent d'indice ou d'introduction à une indication émotionnelle à propos d'un personnage. Dans *Guigemar*, la blessure physique redonne la sensibilité nécessaire au héros pour être réceptif à la présence de l'espace merveilleux qui l'entoure :

> Nuls ne se pout aparceveir
> Kë il volsist amur aveir :
> [...]
> La seete resort ariere,
> Guigemar fiert en tel maniere,
> En la quisse desk'al cheval,
> [...]
> La bise, ki nafree esteit,
> Anguissuse ert, si se plaineit.
> Aprés parla en itel guise[14].

Le lai commence d'abord par souligner l'incapacité du héros à tomber amoureux. Puis, il est blessé par la biche, ce qui déclenche une profonde douleur. Le héros est alors à la limite de l'évanouissement, et c'est précisément lors de cette demi-conscience qu'il perçoit enfin le monde imaginaire dans lequel il baigne : l'animal se met à lui parler. La sensation de douleur, provoquant une altération provisoire de la conscience, dote le héros d'une acuité émotionnelle, dont il était totalement dépourvu au début de l'intrigue. On a ainsi l'impression qu'il est nécessaire que le personnage soit dans certaines dispositions mentales,

12 Damien Boquet, Piroska Nagy, *Sensible Moyen Âge, Une histoire des émotions dans l'Occident médiéval*, Paris, Éditions du Seuil, 2015, p. 43.

13 Dans *Lanval*, « il ne veit chose ki lui plaise » établit un lien entre la vue et le déplaisir du héros, dans *Lanval*, v. 52 ; voir aussi Christine Ferlampin-Acher, *Merveilles et topique merveilleuse...*, *op. cit.*, p. 12.

14 *Guigemar*, v. 65-66 ; 97-99 ; 103-105.

presque assimilables à une demi-conscience, pour qu'il devienne sensible au domaine merveilleux qui s'ouvre à lui. Cet état d'esprit particulier fonctionne alors comme un véritable vecteur de merveille. Parfois, une précision sur les dispositions psychologiques du héros sert même de transition vers l'Ailleurs. En effet, c'est la tristesse qui introduit le plus souvent le héros dans le domaine merveilleux. Nous pensons que cette insistance sur le trouble du protagoniste effectue une transition du sens narratif au sens symbolique des récits à l'étude. Ce passage d'un registre à un autre est fortement visible dans *Graelent* :

Trespensix, mornes et dolenz.
N'ot gueres par le bois erré
Qu'en un buisson espés ramé
Voit une biche tote blanche[15],

Le rythme ternaire du vers, formé par l'association de trois adjectifs émotionnels : *trespensix, mornes et dolens*, insiste fortement sur la tristesse du héros. Or le phénomène surnaturel surgit à son regard juste après, par le biais de l'introduction de la biche, créature merveilleuse par excellence[16]. Ce schéma est répété plus loin, lorsque Graelent est contraint de quitter la cour après le délai d'un an imposé. Il est alors complètement affligé :

Graalant ert de cort partiz,
Corrouciez, tristres et marriz.
Montez est sor son bon destrier[17],

Ici encore, l'état émotionnel est signifié par un rythme ternaire : *Corrouciez, tristres et marriz*. Nous pouvons donc affirmer que la tristesse, en tant que vecteur de départ et d'errance du personnage, est propice à la pénétration du héros dans le domaine merveilleux[18]. De même, le sommeil et la somnolence favorisent l'émergence de l'ambiance merveilleuse par la distorsion temporelle qu'ils permettent :

---

15 *Graelent*, v. 208-211.

16 La même insistance sur les sentiments mélancoliques du héros est réalisée dans *Guingamor*, : « Molt est dolenz, molt li desplest » (v. 325), juste avant qu'il ne bascule dans l'Ailleurs (*Guingamor*, v. 325-342).

17 *Graelent*, v. 525-527.

18 Voir aussi *Guingamor*, v. 325-332.

> Tantôt les heures oniriques se déroulent plus lentement, tantôt elles sont plus rapides, fusionnant le temps présent et le futur dans des prémonitions. Le temps du songe a soit la plénitude des désirs accomplis, soit la vacuité d'une absence[19].

Chez Chrétien, le héros est aussi conditionné à accueillir le registre merveilleux, notamment dans *Le Chevalier au Lion*, lorsqu'Yvain parvient à la fontaine de Barenton[20], connue pour sa tempête surnaturelle. Toutefois, Yvain ne se rend pas à la fontaine par hasard, il cherche l'aventure merveilleuse, ainsi qu'à venger l'honneur de son cousin : « G'irai vostre honte vangier[21] ». Le récit préalable de Calogrenant[22] l'a d'emblée mis dans des dispositions mentales propres à accueillir le phénomène merveilleux. Lorsqu'Yvain se rend à Barenton, l'aventure de son cousin nourrit d'ailleurs entièrement ses pensées :

> Ne finera tant il voie
> Le pin qui la fontainne onbroie,
> Et le perron et la tormante
> Qui grausle, et pluet, et tone, et vante[23].

La description hyperbolique de la tempête : *qui gruasle, et pluet, et tone, et vante*, reprend précisément les paroles de Calogrenant des vers 399-401, puisqu'Yvain ne l'a pas encore vécue, signe qu'il attend bien que le prodige se produise. Ici encore, il faut que l'esprit du héros soit prêt à accueillir cette strate imaginaire du récit, qui ne s'ouvre qu'à ceux qui en sont dignes, ou à ceux auxquels l'aventure est dévolue[24]. Ainsi, que le héros soit triste ou endormi, son introduction dans le domaine merveilleux est subordonnée à sa subjectivité à travers une focalisation interne repérable grâce à l'insistance sur l'isotopie de la vue. Plus encore, ce regard donne tout son sens à la merveille en question :

> Bien plus, c'est le regard qui définit et qui construit la merveille. Si celle-ci semble conquérir autonomie et altérité à la faveur du sublime chevaleresque,

19 Christine Ferlampin-Acher, *Fées, bestes et luitons…*, *op. cit.*, p. 50.

20 Dans le lai de *Desirré* aussi, la fontaine est présente pour introduire le domaine merveilleux, v. 141.

21 *Yvain*, v. 587.

22 Sur le retour des faux-héros à la cour, voir Marie-Luce Chênerie, *Le Chevalier errant dans les romans arthuriens en vers des XIIe et XIIIe siècles*, *op. cit.*, p. 129.

23 *Yvain*, v. 771-774.

24 L'aventure lui est dévolue au sens où l'entendait Erich Köhler, dans *L'Aventure chevaleresque…*, *op. cit.*

> lorsque le chevalier devient opérateur de merveille(s), c'est toujours sous le regard d'autrui. À cet égard, il importe de définir la merveille comme un *phénomène*, c'est-à-dire, en termes médiévaux, comme une *aventure* au sens le plus neutre possible et le plus proche de l'étymologie verbale (*adventura*). La merveille, c'est ce qui apparaît à un sujet[25].

Mais plus qu'un simple « effet de réel[26] » assurant la transition entre les deux domaines arthuriens, l'insistance sur les émotions du personnage principal fait basculer le lecteur vers le sens global du récit, à savoir la recherche de bonheur[27]. Si l'aventure d'Yvain commence par l'étonnement merveilleux, signe du passage entre les domaines courtois et merveilleux, elle se clôt par son bonheur, ainsi que celui de sa communauté :

> Or a messire Yvains sa <u>pes</u> ;
> Et pöez croire c'onques mes
> Ne fu de nule rien si <u>liez</u>,
> Comant qu'il ait esté iriez.
> [...]
> Ne li sovient de nul enui
> Que par la <u>joie</u> l'antr'oblie
> Que il a de sa dolce amie[28].

Cette conclusion du roman s'appuie clairement sur le lexique de la joie : *pes*, *liez*, et même pour finir *joie*, autant de termes que l'on peut regrouper sous le concept de bonheur, même si cette perspective peut sembler anachronique[29].

Il n'en reste pas moins que les émotions agréables concluent tous les récits à l'étude[30]. Nous pouvons dès lors affirmer que les affects constituent la clef de voûte des domaines et des strates de signifiance du

---

25 Jean-René Valette, *La Poétique du merveilleux dans le* Lancelot en prose, *op. cit.*, p. 98.

26 Selon les mots de Roland Barthes dans « L'Effet de Réel », *Communications*, 1968, 11, p. 84-89.

27 Voir troisième partie, *infra*, p. 369 et *sqq*.

28 *Yvain*, v. 6801-6804 ; 6808-6810. C'est nous qui soulignons.

29 La troisième partie, qui traite de l'enjeu heureux de l'idéal royal du récit breton, apporte une solution au problème de l'absence du mot « bonheur » à l'époque considérée. *Infra*, p. 371-373.

30 Cette dimension fondamentale du récit breton comme de notre perspective fera l'objet de la troisième partie. Toutefois, il semblait nécessaire pour compléter la démonstration sur le rôle structurel des émotions de l'introduire dès à présent.

récit arthurien, en tout cas le moyen d'expression provilégié pour véhiculer le *sen* du texte, sa chute, ou plutôt son couronnement. Elles permettent au lecteur averti et curieux de déceler le sens enfoui du récit breton. De fait, l'ambition profonde de la quête elle aussi d'ordre émotionnelle. Il s'agit d'instaurer un bonheur durable, ambition commune à l'ensemble des textes du corpus, comme à toute utopie narrative d'ailleurs[31]. Le but de l'aventure peut se résumer ainsi : apporter une joie durable à l'humanité. Si l'objectif de bonheur de la chevauchée sera analysé précisément dans une prochaine partie, il importe ici de souligner que les émotions, mises à l'honneur dès début du récit arthurien, constituent un indice du bonheur final à construire. Ce projet de bonheur, commun à la fois au récit breton et à l'utopie, permet aussi de confirmer la portée utopique du discours arthurien.

L'étude de la subjectivité du récit breton dévoile donc certaines de ses dynamiques narratives. Il s'agit d'abord du caractère émotionnel de la transition entre les deux domaines arthuriens, ou encore de la quête de bonheur. Mais force est de constater que le principal intérêt de la focalisation interne réside dans la mise en valeur de l'errance chevaleresque. De fait, l'immersion dans l'esprit du héros a pour corollaire de mettre en exergue son voyage :

> Avec les premiers romans en vers, le héros délaisse la communauté, puis l'équipage pour avancer dans une errance solitaire. Cette mise en scène de la solitude s'accompagne d'une dramatisation des débats intérieurs, d'une conscience en mouvement dont l'intimité est désormais accessible au narrateur-romancier qui se pose en expert du cœur des hommes. Fort de cette nouvelle science, le roman s'invente à partir de deux lieux où la subjectivité est exacerbée : l'amour, où le désir définit le sujet dans un rapport complexe à l'altérité, et l'aventure, où le hasard et l'étrangeté permettent d'en explorer les limites[32].

Véritable critère générique du roman breton, tout comme de l'utopie littéraire[33], le motif de l'errance chevaleresque sera étudié en fonction du héros centralisateur, mais surtout des pôles géographiques invariablement traversés.

31 Raymond Trousson, *D'Utopie et d'Utopistes*, *op. cit.*, p. 9.
32 Francis Gingras, *Le Bâtard conquérant…*, *op. cit.*, p. 249-250.
33 Raymond Trousson, *D'Utopie et d'Utopistes*, *op. cit.*, p. 25.

ITINÉRAIRES POLARISÉS
Allers et retours

L'ERRANCE, PRINCIPALE DYNAMIQUE NARRATIVE

Le principe d'errance peut être défini comme l'interrelation existant entre le cheminement d'un personnage et les espaces qu'il traverse. Ses principaux enjeux comprennent la raison du départ, qu'elle émane d'une volonté du chevalier ou du roi, mais aussi l'enjeu du cheminement, à savoir la quête :

> L'errance, c'est donc le fait de cheminer sur la terre hors de ses bornes les mieux connues, dans un espace sur lequel, pour cela même, on ne possède aucune maîtrise. Une volonté d'exploit décide du départ, le goût de prouver sa bravoure ou de répondre à une provocation ; plus rarement, l'obéissance à un ordre royal. Aux XIIe-XIIIe siècles, l'errance revêt généralement l'aspect d'une « quête », lançant le chevalier sur la piste incertaine d'un être ou d'un objet désiré[34].

Traditionnellement associée aux origines celtes et irlandaises du récit breton[35], cette donnée est aussi enrichie de la conception symbolique médiévale de l'*homo viator*, qui, outre son implication dans le domaine religieux chrétien, considère que l'itinéraire de tout homme est aussi une quête spirituelle vers sa réalisation :

> Nous retrouvons ainsi le thème spirituel et littéraire du l'*homo viator* (« l'homme de la route »), l'un des plus constants de la tradition médiévale, qui souvent le lie à celui du *contemptus mundi* (« le mépris du monde »)[36]

Dans l'ensemble des récits arthurien, brefs comme longs, le voyage du futur héros constitue la première loi narrative, ce qui érige d'ailleurs ce fil conducteur en véritable critère définitoire du genre. L'errance y est conçue comme une aventure[37], qui prend la

34 Jacques Le Goff, *La Mesure du monde*, *op. cit.*, p. 206.
35 Marie-Luce Chênerie, *Le Chevalier errant dans les romans arthuriens en vers des* XII*e et* XIII*e siècles*, *op. cit.*, p. 58.
36 Jacques Le Goff, *La Mesure du monde*, *op. cit.*, p. 165, voir aussi p. 167.
37 Voir Erich Köhler, *L'Aventure chevaleresque…*, *op. cit.*, p. 77 et *sqq.*

forme d'une quête chevaleresque et morale. Il s'agit du squelette de l'intrigue autour duquel toutes les dynamiques secondaires viennent ensuite s'adjoindre. Cette constante structurelle du récit arthurien s'explique par le passage de l'épopée collective au roman individuel breton, qui s'est notamment traduit par une évolution du terrain de l'aventure, passant de la mer à la terre, et par conséquent de la navigation à la chevauchée, même si les deux moyens de transport coexistent souvent dans notre corpus[38] :

> En passant de la navigation à la chevauchée, le roman propose une modulation de l'errance. La Fortune qui mène le navire des protagonistes, le cède à la merveille qui attend le chevalier au détour d'un sous-bois[39].

Mais plus encore, ce fondement narratif est fondamental dans notre étude du royaume arthurien, car il en dévoile petit à petit les potentialités, en lien avec l'évolution du principal protagoniste. De fait, le parcours individuel du chevalier est polarisé géographiquement. Ici encore, un parallèle peut être fait avec les théories de l'utopie littéraire, qui repose aussi sur le motif du voyage, dont elle dote les pôles d'enjeux à la fois métaphoriques et symboliques : « [...] le voyage utopique a été longtemps la forme privilégiée de la pensée utopique[40]. » L'analyse de l'errance chevaleresque nourrira donc la mise au jour d'un sens utopique présent dans le récit breton et participera de la définition du royaume arthurien.

Le motif de l'errance sera illustré à travers la mise en évidence du schéma narratif[41] des récits à l'étude, tout prenant en compte ses trois aspects complémentaires. La fonction structurelle du périple chevaleresque sera d'abord dégagée, ensuite le choix de pôles royaux topiques

38 Notamment dans *Cligès*, *Guigemar*, *Eliduc*, *Lanval* ou *Haveloc* qui comprennent à la fois des navigations et des chevauchées.

39 Francis Gingras, *Le Bâtard conquérant...*, *op. cit.*, p. 232.

40 Raymond Trousson, *D'Utopie et d'Utopistes*, *op. cit.*, p. 22.

41 Le « schéma narratif » renvoie au déroulement logique du récit envisagé en cinq étapes majeures appelées traditionnellement : situation initiale, élément perturbateur, péripéties, dénouement ou résolution, situation finale. Sans entrer dans les divergences et débats concernant ce type d'approche du récit, nous sélectionnons son aspect le plus généralisant pour sa capacité à mettre en lumière les dynamiques structurelles à l'œuvre dans notre corpus. À ce sujet, voir Vincent Jouve, *La Poétique du roman*, Paris, SEDES, 1997, mais aussi Algirdas Julien Greimas, *Sémantique structurale : recherche et méthode*, Larousse, 1966 ; Paul Larivaille, « L'analyse (morpho)logique du récit », *Poétique*, 19, 1974, p. 368-378.

en fonction de l'étape narrative sera envisagé, enfin les fonctions métaphoriques de chacun de ces pôles seront précisées. Plusieurs exemples représentatifs des spécificités du corpus seront d'abord développés pour jeter les fondements de notre hypothèse : un lai de Marie de France, mais aussi un lai anonyme, et bien sûr un roman écrit par Chrétien de Troyes.

Chez Marie de France d'abord, la situation initiale du lai de *Lanval* repose sur la réunion plénière du roi Arthur et de ses vassaux[42], au cours de laquelle le roi attribue à ses fidèles des fiefs en récompense de leur fidélité[43]. Cette première étape du récit est d'emblée associée à un lieu : Kardoel, dont nous avons déjà montré la coloration légendaire arthurienne : « A Kardoel surjurnot li reis[44] ». La place même du toponyme, en début de vers, rend compte du rôle prépondérant du lieu dans l'ancrage des étapes du récit. Ensuite, la précision des dons, ainsi que leur destinataire[45] indiquent au lecteur qu'il s'agit précisément de la cour, c'est-à-dire du centre du domaine courtois. Ce resserrement sur la cour fournit aussi l'occasion au narrateur d'introduire l'élément perturbateur de l'intrigue, à savoir l'oubli de Lanval par le roi[46]. Ce manquement royal au devoir de *largesce* cause de fait la sortie du chevalier hors du domaine courtois et marque le début du voyage. Les péripéties s'enchaînent alors, de l'exploration de la forêt[47], à la rencontre amoureuse, heureuse et féerique[48], en passant par la tentative manquée de séduction de la reine[49]. Ici encore, la troisième étape du schéma narratif correspond à deux lieux stéréotypés de l'aventure : la forêt, puis le domaine merveilleux. À partir de là, le récit effectue de nombreux allers et retours entre les deux domaines arthuriens[50], signe que les dynamiques narratives sont avant tout métaphorisées dans et par l'espace. Le dénouement a d'ailleurs lieu à la cour, où deux jeunes demoiselles, suivies de l'amante féerique de Lanval, viennent le disculper

42 *Lanval*, v. 5-6.
43 *Ibid.*, v. 9-13.
44 *Ibid.*, v. 5.
45 *Ibid.*, v. 13-14.
46 *Ibid.*, v. 19.
47 *Ibid.*, v. 43 et *sqq.*
48 *Ibid.*, v. 115 et *sqq.*
49 *Ibid.*, v. 267 et *sqq.*
50 *Ibid.*, v. 194 ; 217 et *sqq.*

face à l'accusation portée par la reine[51]. La situation finale marque alors le départ du héros dans le domaine merveilleux de la fée, qui apparaît comme un véritable envers heureux du domaine courtois marqué par l'injustice royale :

> Od li s'en vait en Avalun,
> [...]
> En une isle ki mut est beaus[52].

La référence finale à l'île d'Avalon, connue pour ses soubassements mythiques celtiques, dote ainsi l'espace d'un double sens, puisqu'il est à fois un ressort narratif et une métaphore imaginaire et symbolique de l'errance.

Autre exemple emblématique, *Haveloc*, dont l'action est centrée sur trois royaumes comprenant le Danemark, le Surrey, ainsi que les terres d'Edelsi. La quête entreprise à travers une longue errance concerne particulièrement la récupération d'une souveraineté légitime par le héros éponyme. Comme dans l'exemple précédent, la situation initiale introduit la référence au roi Arthur, comme à sa légende[53] : la tradition fabuleuse d'Arthur s'imbrique dans le contexte des invasions danoises. Dans ce lai, une fois de plus, le roi légendaire joue un rôle ambigu, puisqu'il est responsable, presque malgré lui, de la mort du roi Gunter, de l'usurpation du trône qui s'ensuit, puis de l'exil forcé de son fils Haveloc, et donc de son errance :

> La terre vout souzmettre a soi
> et le treü aver del roi.
> [...]
> Hodulf dona tute la terre[54]

D'abord emporté par le fidèle Grim loin du contexte de guerres provoqué par la mort du roi, Haveloc grandit tout en étant préservé des problématiques de successions royales et de spoliation de l'héritage légitime[55] ; il ignore ses origines et son statut royal. Devenu adulte, il

51 *Ibid.*, v. 488 et *sqq.*
52 *Ibid.*, v. 641 ; 643.
53 *Haveloc*, v. 26-27.
54 *Ibid.*, v. 29-30 ; 38.
55 *Ibid.*, v. 66 et 146.

est employé comme commis de cuisine en Angleterre et se fait appeler Cuarant[56]. Il y fait alors la rencontre d'Argentille, la nièce du roi Echebrit, confiée au roi Edelsi, qui la donne en mariage à notre héros[57]. Cet événement, qui aurait dû être une insulte et une usurpation de titre supplémentaire, marque la naissance d'un véritable amour aux antipodes de ce qui était escompté, prélude essentiel à son dénouement. De fait, la jeune mariée découvre vite la particularité merveilleuse de Haveloc, dont une flamme sort de la bouche pendant son sommeil[58]. Cette découverte, associée au dévoilement symbolique de son rêve achèvent de faire reconnaître Haveloc, comme le véritable roi du Danemark[59]. En effet, contrairement à ce qu'avait prévu le roi Edelsi, le mariage des deux héros n'est pas une mésalliance mais bien l'union de deux personnages de sang royal, dont on a justement voulu cacher l'identité en vue de l'usurper. La dernière péripétie du lai consiste alors à recouvrer les terres d'Argentille[60]. Enfin, le dénouement est constitué par la ruse d'Argentille qui œuvre pour la victoire contre l'armée d'Echebrit[61]. La situation finale marque enfin l'équilibre du pouvoir royal, à la fois dans sa personne sacrée, mais aussi dans l'harmonie territoriale signifiée par le retour apaisé au royaume du Danemark, qui apparaît de fait comme le centre du pouvoir royal[62]. Ici encore, l'errance à travers les trois royaumes du Danemark de Gunter, de celui d'Edelsi et de celui de Surrey que gouverne Echebrit, fournit donc l'ossature de l'intrigue, comme ses principales dynamiques narratives.

L'errance chevaleresque est tout autant le véritable moteur de l'action dans l'œuvre de Chrétien de Troyes. Le schéma narratif d'*Érec et Énide* l'illustre. La situation initiale s'appuie bien sur le *topos* de la réunion de la Table Ronde d'Arthur, où le roi remet au goût du jour l'ancienne coutume de la chasse au Blanc Cerf[63]. Ensuite, le motif de l'errance se déploie avec le départ du couple Érec et Énide, à la suite de leur

---

56 *Ibid.*, v. 236-272. Karin Ueltschi présice que ce sobriquet galéique porté par le héros signifie « le bossu », le « courbé », dans « Notice » du lai d'*Haveloc*, dans Philippe Walter (dir.), *Lais du Moyen Âge*, *op. cit.*, p. 1317.

57 *Ibid.*, v. 361-380.

58 *Ibid.*, v. 380-396.

59 *Ibid.*, v. 397-913.

60 *Ibid.*, v. 997-1048.

61 *Ibid.*, v. 1051-1084.

62 *Ibid.*, v. 1085-1107.

63 *Érec*, v. 27 et *sqq.*

mariage[64], auquel se mêle la problématique mariage-amour courtois, elle-même nourrie de la dialectique parole-silence. Il s'agit alors d'enrayer le risque de *recreance* qui pèse sur les épaules d'Érec[65], et qui constitue l'élément perturbateur. Les différentes aventures se suivent dans la forêt, jusqu'au dénouement heureux de la victoire de la Joie de la Cour[66]. La situation finale enregistre alors le couronnement des héros à la cour du roi Arthur[67]. Le roman, qui a débuté par un repas à la cour, clôt de la même manière, selon une structure parfaitement circulaire.

UNE POLARISATION DE L'ERRANCE

Les deux repères royaux de l'errance

Outre la constance de l'errance comme principal moteur narratif et fil conducteur, l'exemple de ces différents schémas narratifs met en valeur les liens existant entre le cheminement chevaleresque et les données spatiales du récit :

> Les « structures spatio-temporelles », fondements de l'« outillage mental » des hommes, trouvent une expression privilégiée dans le roman médiéval à travers la dimension narrative du texte et la thématique de l'errance chevaleresque[68].

Quels que soient le voyage entrepris et les raisons de l'errance, le chevalier traverse toujours le même type d'espaces arthuriens, érigés en véritables repères de l'intrigue. Le tableau ci-dessous synthétise les lieux d'ancrage du récit en fonction des différentes étapes du schéma narratif. Il rend compte de ces constantes spatiales :

---

64 *Ibid.*, v. 2778 et *sqq.*

65 En effet, le héros de Chrétien évolue, devient (*cf. deviens ce que tu es*). Il devient par le truchement d'une crise, chute ou épreuve majeure, au cœur de chaque roman, qui l'ébranle dans son identité même : d'où l'importance cruciale donnée à la problématique du nom. Parfois l'auteur tait le nom du héros (Lancelot dans la *Charrette*), parfois il change de nom (Yvain devient le Chevalier au Lion dans le roman éponyme, et joue sur le fait que les gens ne relient pas l'un à l'autre). Enfin, comble, dans le dernier roman, le héros, Perceval ignore son propre nom.

66 *Érec*, v. 5735-6406.

67 *Ibid.*, v. 6705 et *sqq.*

68 Christine Ferlampin-Acher, *Fées, bestes et luitons…*, *op. cit.*, p. 35.

Récit	Lieu	Situation initiale	Élément perturbateur
Lanval		cour	forêt, puis domaine merveilleux
Haveloc		royaume Danemark	royaume de Grim
Érec et Énide		cour	forêt, puis domaine merveilleux
Récit	**Péripéties**	**Dénouement**	**Situation finale**
Lanval	allers et retours	cour	domaine merveilleux
Haveloc	allers et retours	royaume d'Echebrit	royaume Danemark
Érec et Énide	allers et retours	cour	cour

On voit clairement que l'errance chevaleresque, avec ses péripéties, est matérialisée par les nombreux allers et retours que le chevalier effectue entre les domaines courtois et merveilleux, le mode de passage de l'un à l'autre ayant été précédemment étudié[69]. Une véritable polarisation géographique de l'action apparaît clairement.

Les lais de *Graelent* et d'*Eliduc* offrent une illustration particulièrement parlante de cette dynamique d'allers et retours entre les différents domaines qui animent l'action, et plus particulièrement ses péripéties. Dans *Graelent*, il est même possible de compter le nombre de voyages effectués par le protagoniste entre ces deux espaces, et ce malgré la brièveté du lai, signe de l'importance du phénomène : on n'en dénombre non moins de trois, tous introduits par un verbe de mouvement. Il s'agit d'abord du voyage de Graelent vers le domaine merveilleux, que le verbe *aler*[70] introduit. Ensuite, lorsque le chevalier rentre à la cour du domaine courtois, le participe passé *venuz*[71] est utilisé. Et à la fin du lai, son départ final dans le domaine merveilleux de la fée est signifié ainsi : « Graalant monte et vet après[72], », dont le caractère définitif

69 *Supra*, p. 241 et *sqq*.
70 *Graelent*, v. 182.
71 *Ibid*., v. 346.
72 *Ibid*., v. 673.

de ce dernier voyage est signifié par le recours non pas à un verbe de mouvement, mais à deux.

Dans *Eliduc*, les allers et retours du héros éponyme sont aussi fréquents et rythment sa chevauchée, de même que le récit. Pourtant, les deux domaines sont davantage distingués en fonction de leur maître et surtout de sa fille, avec laquelle le héros entretient à chaque fois une relation amoureuse. Ainsi, le domaine auquel appartient Eliduc est celui de son mariage avec Guildeluëc, quand le second domaine renvoie à son amour sincère mais impossible avec Guilliadon, comme le montre cet extrait :

> Mes puis avint par une guere
> Quë il alat soudees quere ;
> Iloc ama une meschine,
> Fille ert a rei et a reïne.
> Guilliadun ot nun la pucele,
> El rëaume nen ot plus bele !
> La femme resteit apelee
> Guildeluëc en sa cuntree[73].

Tous les fils de l'action sont ici mis en relation : la *guere* introduit le motif de l'errance, comme le révèle la rime de *guere* avec *quere*. De plus, les deux royaumes concernés par le périple renvoient chacun à une femme aimée du héros. À ce titre, l'antithèse établie entre *meschine/pucele* servant à dénommer l'amante Guilliadon, et la *femme*, renvoyant au statut de femme mariée de Guildeluëc, pointe d'entrée l'adultère comme ressort de l'intrigue. L'ordre des mots dans le vers confirme d'ailleurs l'opposition entre les deux personnages, puisque Guilliadon est cantonnée à la rime, quand Guildeluëc occupe davantage la première place dans le vers, reproduisant ici leur ordre social dans la vie du héros. De fait, l'épouse est bien son premier amour, légitime. Mais plus encore, ces deux demoiselles entretiennent un fort lien à la royauté puisqu'elles sont « [f]ille [...] a rei et a reïne », ce qui entremêle la dimension amoureuse de la quête d'Eliduc à son enjeu avant tout royal et féodal. Par conséquent, selon cette métaphorisation amoureuse de cette polarité double, on peut admettre que le domaine merveilleux serait celui de Guilliadon et le réel celui de Guildeluëc.

---

73 *Eliduc*, v. 13-20. C'est nous qui soulignons.

Les domaines courtois et merveilleux occupent donc une fonction stratégique dans l'errance chevaleresque, puisqu'ils la polarisent et l'orientent. L'errance du héros entretient aussi un fort lien avec la royauté. Cette relation est d'ailleurs à double sens, comme les allers et retours du chevalier-héros. En effet, si l'errance se déroule d'abord dans les terres du roi, celles-ci délivrent aussi un message symbolique sur le pouvoir royal.

Verbes de mouvement

Le choix de l'errance comme principale dynamique narrative apparaît dans le recours à des verbes de mouvement. Ceux-ci signalent la mise en marche de l'aventure, quand le narrateur n'employait depuis le début que des verbes signifiant une certaine immobilité. Ce changement est particulièrement perceptible dans *Le Chevalier au Lion*, où les premiers vers du récit insistent fortement sur la passivité royale, avec notamment « Por dormir ne por reposer[74] », ou encore « Qu'il s'oblia et endormi[75] ». Il s'agit en effet de rendre compte de l'improbable, à savoir que le roi est complètement immobile et a presque démissionné, ce qui est aussi la cause du désordre et déséquilibre du royaume arthurien. En revanche, lorsqu'Yvain part à la conquête de l'aventure, on note un changement brutal de rythme, puisque l'on passe d'une immobilité mortifère et durable à une action soudaine :

> Messire Yvains de la cort <u>s'anble</u>
> Si qu'a nul home ne s'asanble[76],

En effet, le verbe *ambler* signifie d'abord « mener au pas de l'amble », qui correspond une allure de promenade. Toutefois, il existe aussi un second sens attribué à ce verbe, qui veut aussi dire « voler », « dérober ». Ce sens dérive d'une confusion avec le verbe *embler*. Le texte joue donc avec les deux sens admis du verbe pour connoter l'idée de l'envol du héros vers le plan plus imaginaire de l'action, celui du domaine merveilleux. L'utilisation de ce verbe en particulier vise donc à rendre compte de l'énergie qui anime le chevalier, par contraste avec l'immobilité royale.

---

74 *Yvain*, v. 48.
75 *Ibid.*, v. 52.
76 *Ibid.*, v. 721-722. C'est nous qui soulignons.

La mise en route du chevalier correspond aussi à un changement de point de vue du récit, qui semble délaisser momentanément de la figure royale pour se centrer sur périple chevaleresque. En effet, si le début du roman est focalisé sur le roi et la communauté qui lui est attachée, à partir de l'élément perturbateur, la mise en errance du chevalier est associée à une focalisation centrée sur lui.

En fait, l'action chevaleresque est prolongement du pouvoir royal, que le héros relaie quand le roi n'est pas capable de défendre son propre royaume :

> Le roi ne combat donc pas, il ne s'implique pas de manière directe dans les conflits qu'il est appelé à résoudre. Par contre, il délègue à ses chevaliers les tâches qu'il ne peut accomplir lui-même[77].

C'est particulièrement net dans le début du *Chevalier de la Charrette* où Arthur, totalement impuissant, délègue entièrement son pouvoir aux autres[78].

Le chevalier ne cesse donc d'agir en fonction de ce principal repère royal, incarné par le lieu de la cour.

Si la structuration est narrative, elle est aussi spatiale et géographique, puisqu'à certains stades de l'évolution du héros sont associés des espaces particuliers. Mieux, il semble que l'errance chevaleresque soit véritablement conditionnée en fonction des différents domaines du royaume que nous avons discernés. En outre, leur caractère opposé, voire contraire, établit une dichotomie d'ordre métaphorique dans l'ensemble du territoire arthurien.

Le statut stratégique des domaines courtois et merveilleux nous conduit naturellement à en envisager les enjeux, ainsi que leurs fonctions narratives, métaphoriques et symboliques, en lien même avec la *senefiance* de l'errance chevaleresque.

77 Catalina Gîrbea, *La Couronne ou l'auréole…*, *op. cit.*, p. 412.

78 C'est donc le parfait produit d'un environnement aristocratique : c'est une cour princière qui sert de cadre à l'ouvrage, grand roman du courant courtois ayant pour protagonistes les deux plus illustres représentants : Lancelot et la Reine Guenièvre. Si la « Reine Blanche » et l'enjeu qu'elle représente est certainement une figure plongeant dans les temps mythiques les plus lointains et resurgissant sans cesse pour féconder l'œuvre des poètes, Lancelot, lui constitue une figure héroïque originale, à la fois glorieuse et coupable et qui inspirera durablement les écrivains des siècles à venir.

Enfin, la dualité de l'espace[79] est, comme le voyage[80], un des critères formels et littéraires de l'utopie littéraire, confirmant une fois de plus l'intérêt de cette notion pour examiner le récit breton.

UNE POLARISATION ROYALE DE L'ERRANCE

Le royaume arthurien contient deux pôles statiques entre lesquels le héros évolue. Le premier pôle est constitué de la cour royale, qui ancre et forme le cœur du domaine courtois. Le deuxième pôle correspond au domaine merveilleux, dont le cœur correspond au verger arthurien. À chaque pôle correspond une fonction narrative, comme une symbolique propre : ce sont là leurs marqueurs, qui ont aussi un effet sur le cheminement du héros.

Plus encore, l'errance chevaleresque apparaît même polarisée en fonction de ces deux pôles. Chaque domaine exerce en effet une force – centrifuge ou centripète – sur le chevalier, qui tantôt tend à l'éloigner, tantôt le retient.

Avant d'entrer dans l'analyse de ces différents repères royaux stratégiques, il est utile de rappeler la fonction de repère que Mikhaïl Bakhtine discerne au niveau du chronotope, et sur lequel nous fonderons cette démonstration :

> Le chronotope détermine l'unité artistique d'une œuvre littéraire dans ses rapports avec la réalité. [...] [Il] apparaît comme le centre de la concrétisation figurative, comme l'incarnation du roman tout entier. Tous les éléments abstraits du roman – généralisations philosophiques et sociales, idées, analyse des causes et des effets, et ainsi de suite – gravitent autour du chronotope,

79 L'étymologie même du mot *U-topia* ou *Eu-topia* implique la binarité de l'espace, le pays de nulle part, ou du bon, s'opposant nécessairement au pays dans lequel le locuteur vit. À propos de la *Lettre du Prêtre Jean*, István Bejczy, déclare d'ailleurs : « C'est que l'espace, loin de fonctionner comme l'arrière-plan d'une intrigue, fait l'objet principal de la représentation. La tâche du narrateur est de susciter cet espace en évoquant les éléments qui s'y trouvent dans une configuration permanente. Le principe qui détermine cette configuration est l'opposition entre le centre et la périphérie. », dans La Lettre du Prêtre Jean*, une utopie médiévale*, *op. cit.*, p. 90.

80 Raymond Trousson, *D'Utopie et d'Utopistes op. cit.*, p. 22.

> et, par son intermédiaire, prennent chair et sang, et participent au caractère imagé de l'art littéraire[81].

Selon la capacité du chronotope à faire graviter autour de lui tous les enjeux du récit breton, la qualification royale des deux domaines expliquerait l'enjeu avant tout royal de l'action arthurienne, comme des symboliques qui gravitent autour de ces deux lieux.

PREMIER PÔLE : LA COUR ROYALE « RÉALISTE[82] »

Le domaine courtois d'abord, et plus spécifiquement sa cour en son cœur, constitue le premier repère. Il apparaît en de nombreux moments du périple, ainsi que la récurrence du terme *cour* l'a précédemment montré. Les marqueurs de ce pôle sont un ancrage réaliste, le lien à la royauté, et la faute du roi qui s'y déroulent ; ils organiseront notre réflexion.

Ancrage du domaine courtois

La cour est un repère permanent du récit breton : elle est en effet un pôle de départ, souvent d'arrivée et un centre de référence.

Elle ancre d'abord le début de l'intrigue. Même dans le lai des *Deus Amanz*, dont la visée est étiologique, la cour est mentionnée dès le début comme repère central où les décisions politiques sont prises[83]. De fait, rappelons que si la cour renvoie d'abord à l'espace où le roi vit et exerce son autorité[84], elle peut tout autant désigner sa communauté, constituée de ses grands vassaux, des barons et d'autres chevaliers, mais aussi, dans le récit breton, de demoiselles et de dames[85]. Cette collectivité est peinte tout particulièrement dans son activité d'échange, de discussion et surtout de partage d'un repas lors des fêtes religieuses. Il est d'ailleurs topique que le roi y rappelle une ancienne coutume, à l'instar du début d'*Érec et Énide*[86] :

81 Mikhaïl Bakhtine, *Esthétique et théorie du roman*, *op. cit.*, p. 384-391.

82 Sur la cour et le point de départ en aventure qu'elle constitue, voir Marie-Luce Chênerie, *Le Chevalier errant dans les romans arthuriens en vers des XIIe et XIIIe siècles*, *op. cit.*, p. 81-82 ; Danièle James-Raoul, *Chrétien de Troyes, la griffe d'un style*, *op. cit.*, p. 273-287.

83 *Les Deus Amanz*, v. 61 et *sqq.*

84 La dimension royale du lieu comme du récit arthurien est développée plus loin *infra*, p. 321 et *sqq.*

85 *Érec*, v. 33.

86 Par exemple, la coutume de la chasse au Blanc Cerf dans *Érec et Énide*, v. 36-38.

Au jor de Pasque, au tans novel,
A Quaradigan, son chastel,
Ot li rois Artus cort tenue.
Einz si riche ne fu veüe,
Que mout i ot boens chevaliers,
Hardiz et conbatanz et fiers,
Et riches dames et puceles,
Filles de rois, gentes et beles[87] ;

On retrouve dans cet extrait tous les éléments connotant l'ouverture du monde arthurien, qui sont aussi de véritables prémices de l'aventure merveilleuse : l'inscription du moment dans la saison printanière d'abord, mais aussi et surtout le contexte royal, avec la présence du roi et de sa cour, tant le lieu, avec ici le toponyme suggestif de Quaradigan, que sa communauté chevaleresque. Le public féminin est aussi présent et destiné à assurer la pérennité de la matière de Bretagne par ses chants et autres contes. Si tous ces constitutifs du *topos* ne sont pas toujours mentionnés[88] dans les textes étudiés, la date situant l'action au printemps, comme la réunion des barons, sont des constantes qui par leur récurrence, connotent la matière de Bretagne.

Sur le plan narratif, ce type de scène correspond la plupart du temps à la situation initiale. Mais il existe une différence notable entre les textes brefs et les romans de l'auteur champenois. En effet, les lais ne s'appuient pas systématiquement sur ce *topos* d'ouverture, et recourent davantage à une variété de scènes initiales, de la réflexion sur le statut de créature maléfique dans *Bisclavret*, à la tragédie familiale dans *Le Fresne*, en passant par le destin malheureux de parents dans *Desirré.* Seuls *Guigemar* et *Lanval* chez Marie, et *Graelent*, *Guingamor*, *Espine*, et *Melïon* débutent à la cour du roi. En revanche, les romans de Chrétien de Troyes ancrent généralement la situation initiale dans cette place stéréotypée, excepté *Le Conte du Graal* (dont le début est davantage centré sur l'éducation du jeune homme). Même *Cligès*, qui traite davantage de la question du rapport entre Occident et Orient, débute à la cour du roi Arthur, quand bien même son apparition est un peu décalée, puisque le roman s'ouvre d'abord par le voyage d'Alexandre de Grèce jusqu'en Bretagne[89]. La cour est donc bien un marqueur de la matière de Bretagne.

87 *Érec*, v. 27-34.

88 Lorsqu'Alexandre arrive chez le roi Arthur, la présentation de sa cour ne mentionne aucune femme par exemple. *Cligès*, v. 310-336.

89 *Cligès*, v. 81-290.

Si la cour constitue le pôle du début de l'aventure, elle réapparaît aussi tout au long de l'errance. En effet, tout au long de son voyage, le chevalier y retourne souvent, confirmant par là même, que plus qu'une borne de départ, elle constitue en fait le principal repère de l'errance. Comme nous l'avons évoqué rapidement lors de la constitution des schémas narratifs, le cheminement chevaleresque fourmille d'allers et retours entre les deux domaines arthuriens. Par exemple, Graelent repart à la cour juste après sa rencontre avec la fée dans le domaine merveilleux[90]. De même, Tyolet[91], ou encore Eliduc retournent à la cour durant leur errance[92]. Ce dernier est d'ailleurs rappelé à ce pôle central par son seigneur qui a besoin de ses services. Dans les romans de l'auteur champenois, nous citerons, dans *Le Chevalier de la Charrette*, l'exemple du retour de Gauvain à la cour juste après avoir été retrouvé au Pont sous l'Eau[93]. Et quand le héros ne peut pas se rendre à la cour, envisagée comme l'emplacement géographique du pouvoir du roi, c'est la cour, en tant que communauté royale, qui vient à lui. On pense notamment à la visite d'Arthur et des siens à Yvain nouvellement installé à Barenton[94]. En outre, il est aussi d'autres personnages qui se rendent à la cour, notamment Méléagant dans *Le Chevalier de la Charrette*[95], confirmant le statut de principal repère royal du royaume arthurien occupé par ce lieu.

Néanmoins, si la cour est le lieu d'impulsion du départ, elle est aussi le lieu du retour. Force est ici de souligner que l'errance chevaleresque se termine toujours à la cour, où le roi réunit ses barons en un repas similaire à celui du début de l'intrigue. Sans détailler les scènes de fin qui feront l'objet d'une analyse précise dans le chapitre dévolu aux résultats de la quête[96], nous insisterons seulement sur cette fonction finale de la cour. Elle clôt l'intrigue, comme elle enregistre la fin de la quête et évalue la réussite du chevalier. C'est d'ailleurs ce que symbolise le couronnement final d'Érec[97] et de Cligès[98] en son sein. Les lais de *Graelent*, *Doon*, *Haveloc*, *Tyolet*, *Espine*, *Melïon*, *Fresne*, *Bisclavret* et *Lanval*,

90 *Graelent*, v. 33 et *sqq.*
91 *Tyolet*, v. 280.
92 *Eliduc*, v. 792 et *sqq.*
93 *Lancelot*, v. 5191 et *sqq.*
94 *Yvain*, v. 2172 et *sqq.*
95 *Lancelot*, v. 51 et *sqq.*, mais aussi v. 6158-6159.
96 *Infra*, p. 392-396.
97 *Érec*, v. 6549 et *sqq.*
98 *Cligès*, v. 6737.

ainsi que l'ensemble des romans de l'auteur champenois se finissent bien à la cour. Même les derniers vers de *Perceval*, pourtant inachevé, laissent préfigurer une fin curiale, puisque le récit retourne auprès d'un roi pensif et attristé dans cet espace même[99]. De force centripète au départ, la cour devient donc une force centrifuge à la fin. En ce sens, ce lieu est fondateur des bornes de l'errance, comme de l'intrigue, voire de l'ensemble du récit. À la fin de l'intrigue, la cour se fait ainsi le lieu de toutes les vérités, comme le montre la révélation de l'identité humaine du Bisclavret, dans cet espace et sous l'égide même du roi[100]. La cour a donc un véritable effet sur le cheminement du héros, comme sur l'action : au début, elle exerce une force centrifuge qui éloigne le futur héros de sa communauté, quand à la fin elle se fait centripète pour le rappeler auprès des siens.

Et même quand le héros ne se rend pas physiquement à la cour, il oriente tout de même l'ensemble de ses actions et de ses prouesses en fonction du pouvoir royal qui s'y exerce et qu'il prolonge de fait dans l'ensemble du royaume. À ce titre, l'ensemble du parcours de Perceval est ponctué de chevaliers qu'il envoie se faire constituer prisonnier à la cour du roi Arthur. Cette punition mise en place par ce héros vise à montrer au roi sa vaillance, comme son dévouement sans faille à la cause royale. Dans l'extrait suivant, l'hyperbole des « cinquante chevaliers » rend compte de la récurrence de cette mise en valeur de la réussite chevaleresque :

> Cinquante chevaliers de pris
> A la cort le roi Artus pris
> Dedanz les cinc anz anvea[101].

L'errance solitaire de Perceval, comme de tout chevalier, est en ce sens entièrement conditionnée par le roi, qui ne cesse d'orienter leur action, et ce, même lorsqu'il n'est pas présent. Ce dévouement sans limite du chevalier tient au statut sacré de la figure royale, qui incarne la médiation divine en toutes circonstances, ainsi que nous l'avons montré. La littérature reflète une fois de plus la vision du monde propre à son époque. En effet, dans les textes à l'étude, l'absence physique du

99 *Perceval*, v. 9102 et *sqq.*
100 *Bisclavret*, v. 186.
101 *Perceval*, v. 6233-6235.

souverain, alors que le chevalier n'agit qu'en fonction de sa volonté, montre bien que le pouvoir qu'il incarne subsume sa présence, comme sa condition humaine. En ce sens, le chevalier se fait bien le prolongement du pouvoir royal :

> La monarchie arthurienne évolue, comme nous le verrons, dans le cadre d'un espace ayant comme centre la cour royale. Étant donné que, dans la plupart des textes, les rois ne se déplacent pas et qu'ils laissent à leurs chevaliers la tâche de parcourir l'espace à leur place, la cour apparaît comme le lieu privilégié susceptible de définir la relation que la royauté arthurienne entretient avec le monde[102].

Par ailleurs, la récurrence du même type de scène et de lieux au début et à la fin des récits breton nous amène aussi à considérer la structure narrative du récit breton comme circulaire, donnée que nous aurons à cœur d'exploiter par la suite de l'étude.

Véritable repère de l'ensemble de l'errance chevaleresque, la cour apparaît par conséquent comme une véritable métonymie du pouvoir royal. Donnant naissance à l'ensemble des dynamiques narratives et symboliques, comme les résolvant à la fin du périple chevaleresque, en accord avec la volonté du roi, la *curia regis* apparaît vraiment comme un lieu stratégique d'exercice du pouvoir royal, le principal repère même du récit breton :

> La demeure royale est le point de repère privilégié de l'espace romanesque, parce que s'y trouve la cour, en apparence florilège de courtoisie, de vertu et de chevalerie, foyer de l'action et de la narration. Elle exerce comme telle une force centrifuge ou centripète sur les sujets arthuriens : les héros en partent ou bien ils y vont et toujours ils y retournent. Ses mentions successives dessinent une première et large découpe dans l'espace romanesque, comme le plus gros des fils de plomb qui intervient dans l'art du vitrail. À partir de cette balise principale, tout est possible[103].

102 Catalina Gîrbea, *La Couronne ou l'auréole…*, *op. cit.*, p. 225.
103 Danièle James-Raoul, *Chrétien de Troyes, la griffe d'un style*, *op. cit.*, 273-274.

Défaillances royales

Plus qu'un simple repère spatial, la cour exprime et prolonge la relation du roi à son espace et à ses sujets, phénomène que Catalina Gîrbea nomme « rationalisation progressive » et qu'elle définit ainsi :

> [...] comme d'une activité définissant la relation de la royauté à l'espace ; d'une part, le roi arthurien manifeste un désir évident de maîtrise des lieux, de mainmise sur les lieux, d'autre part les lieux ainsi assimilés se rattachent de manière inébranlable à la cour arthurienne, qui, elle, est le lieu privilégié que l'on peut appeler public[104].

En effet, si la cour désigne le centre du domaine arthurien, ou encore la communauté qui s'y réunit, elle prend aussi un sens très particulier dans le corpus arthurien et peut parfois renvoyer à la personne même du roi[105], en tout cas à son pouvoir, ce qui est fortement signifiant dans notre entreprise d'étude de la perspective royale du récit arthurien. Le domaine courtois se nourrit précisément des références puisées dans le réel. À cet égard, en ancien français, la cour royale peut coïncider avec la cour de justice, puisque rendre la justice fait partie des fonctions essentielles du roi.

Si la problématique royale fera l'objet du troisième temps de ce chapitre[106], il importe toutefois de souligner ici le lien à la royauté de ce pôle qui en constitue le siège. Dès son apparition dans le corpus, la cour est d'emblée associée au roi, dont elle prolonge le pouvoir d'un point de vue spatial mais aussi collectif : « c'est au milieu de sa cour que le roi apparaît le plus concrètement comme un point de convergence[107]. » À preuve, il n'est besoin que de citer les premiers vers de *Lancelot*, après le prologue :

> Li rois Artus cort tenue ot,
> Riche et bele tant con lui plot,
> Si riche com a roi estut[108].

Le premier vers associe nettement le roi à sa cour, comme le rend la proximité lexicale des deux termes, collés : « Artus cort », ce que ne manque de rendre à la fois la diction et la lecture. D'emblée une

104 Catalina Gîrbea, *La Couronne ou l'auréole...*, *op. cit.*, p. 254.
105 *Ibid.*, p. 256.
106 *Infra*, p. 337 et *sqq.*
107 Dominique Boutet, *Charlemagne et Arthur ou le roi imaginaire*, *op. cit.*, p. 320.
108 *Lancelot*, v. 31-33.

association cour-roi dans l'esprit du lecteur est ainsi effectuée. Jusqu'à la fin du roman, les deux éléments fonctionneront de pair, par connotation suggestive. Citer l'un reviendra implicitement à signifier aussi l'autre.

Pourtant, le roi ainsi agrégé à sa cour ne joue pas le rôle politique attendu. Rappelons rapidement que, dans les romans de Chrétien de Troyes, où il est incapable d'exercer son autorité[109], il délègue d'entrée la défense de son royaume à ses barons[110]. En effet, ce n'est plus le roi qui erre et défend son territoire, mais bien ses chevaliers : Érec, Cligès, Yvain, Lancelot, Perceval, Eliduc pour ne citer que quelques héros de nos œuvres, mais aussi d'autres chevaliers arthuriens, véritables types même du défenseur du royaume, comme par exemple Gauvain, Caradoc et bien d'autres. Cette passivité du roi, qui conduit inexorablement à son péché, ou qui en est la source, est présentée en elle-même comme une aventure incroyable. Elle revêt une fonction narrative particulière d'impulsion, puisqu'elle est en ce sens elle-même créatrice d'événements, et pousse le chevalier en errance et en aventure :

> Chez Chrétien de Troyes, la cour royale remplit plusieurs fonctions narratives qui deviendront vite traditionnelles. La première est d'être le lieu d'où se lance où se relance l'action[111].

Mais plus encore, l'inertie royale constitue même en soi l'élément perturbateur du récit : c'est parce que le roi ne remplit pas son rôle, sa mission à l'égard de sa collectivité, que le royaume est déséquilibré et que le chevalier doit par conséquent partir pour relever l'aventure qui ramènera l'ordre, la paix et l'harmonie dans le royaume :

> Dans *Yvain*, la décision du roi de quitter la table avant la fin du repas et de rester avec la reine dans leurs appartements est présentée comme une rupture et quasiment comme une aventure incroyable. C'est dans ce cadre d'une cour vidée provisoirement de ses deux souverains que prend naissance le récit de Calogrenant, récit d'une aventure passée sept ans auparavant, qui préfigure, en négatif, l'aventure future que vivra Yvain[112].

109 Pour les exemples et l'analyse de l'inertie royale caractéristique, voir première partie, *supra*, p. 163 et *sqq*.

110 Sur le départ en aventure des chevaliers, voir Marie-Luce Chênerie, *Le Chevalier errant dans les romans arthuriens en vers des* XIIe *et* XIIIe *siècles*, *op. cit.*, p. 106-125.

111 Dominique Boutet, *Charlemagne et Arthur ou le roi imaginaire*, *op. cit.*, p. 538.

112 Danièle James-Raoul, Chrétien de Troyes, *la griffe d'un style*, *op. cit.*, p. 275.

L'origine avant tout royale du déséquilibre menaçant le royaume explique l'ambition royale de la quête chevaleresque. L'errance vise à reconquérir une légitimité royale perdue à cause de la faiblesse du roi. Cette question possède aussi et surtout une grande force narrative. En elle réside peut-être même la clef de l'ensemble des problématiques narratives qu'elle induit dès le début de la narration : de l'errance du héros pour rétablir l'équilibre du royaume, à son isolement nécessaire. La cour transpose métaphoriquement ces dynamiques narratives sur le plan spatial par la dialectique de l'impulsion et de la passivité qui l'anime.

L'errance chevaleresque, une dynamique de réparation

Le principe même d'errance découlant de la faiblesse royale distingue deux types de figures du roman breton, en fonction de leur activité et de leur lieu : il y a d'abord ce roi passif, attaché à sa cour et à sa communauté, auquel s'oppose un chevalier-élu, avant tout défini par sa solitude et son errance, et chargé de réparer la faute royale en parcourant l'ensemble du royaume arthurien. Dans les lais, il s'agit particulièrement de Guigemar, de Lanval, de Milun, d'Eliduc, d'Haveloc, de Graelent, de Guingamor, de Desirré, de Tydorel, de Tyolet, ou encore de Milun. Dans les romans de Chrétien, Érec, Cligès, Lancelot, Yvain et Perceval sont les chevaliers élus pour rétablir l'harmonie du royaume qui a été brisée par le roi. Par écart, la vaillance du chevalier-héros ressort. Dès le début du récit, la cour établit ainsi une véritable dialectique entre la passivité royale et l'impulsion chevaleresque[113]. Et c'est au cours du repas initial topique qui réunit l'ensemble des chevaliers autour de la table ronde que cette dialectique naît, du fait notamment de la capacité de la cour à regrouper l'ensemble des personnages arthuriens :

> La tradition qui veut que l'on ne passe pas à table tant qu'une aventure ne s'est pas présentée à la cour n'est que la formalisation de cette dialectique de la passivité et de l'impulsion qu'on vient d'analyser : c'est parce que la cour est témoin, qu'elle porte témoignage d'une perturbation ou d'une merveille, qu'elle est le lieu primordial de l'impulsion tout en restant elle-même passive[114].

113 Cette dialectique trouvera sa résolution complète dans le couronnement d'un héros royal, comme la fin d'*Érec et Énide* ou de *Cligès* l'illustrent bien ; *Érec*, v. 6540 et *sqq.* ; *Cligès*, 6736 et *sqq.*

114 Dominique Boutet, *Charlemagne et Arthur ou le roi imaginaire*, *op. cit.*, p. 539.

Plus qu'un *topos* d'ouverture auquel l'auditeur est habitué, le repas d'ouverture introduit aussi certains soubassements mythiques du récit breton, notamment ceux liés à la nourriture, à la fécondité et à la régénérescence. Sur le plan mythique, la loi arthurienne qui exige qu'on ne puisse passer à table tant qu'une aventure n'a pas surgi, s'expliquerait par l'incapacité du roi à assurer une éternelle fécondité ainsi qu'une harmonie durable dans son royaume. Quoi qu'il en soit, la première fonction de la cour est bien de donner l'impulsion narrative.

Cette force centrifuge de la cour, qui éloigne le chevalier, peut être positive ou négative, selon son origine. Lorsque le roi en est à l'origine de l'éloignement, nous avons vu que c'est la plupart du temps à cause de son péché ou de celui de sa femme. Le départ du héros prend alors la couleur du bannissement : on pense à l'exil de Lanval, du fait de l'oubli du roi[115], ou encore à Eliduc chassé de la cour à cause de la calomnie publique[116], et bien sûr à Haveloc, dont les terres du père ont été confisquées du fait de l'entreprise d'expansion d'Arthur[117].

Si l'impulsion est donnée par un autre chevalier, plutôt que par le souverain, sa connotation est plus ambiguë. Dans *Le Chevalier au Lion*, où le récit de Calogrenant donne envie à Yvain de partir à l'aventure, la mise en route est même envisagée de manière extrêmement positive, comme une occasion pour le héros de montrer sa bravoure[118] :

Einçois ira toz seus, son vuel,
Ou a sa joie ou a son duel,
Et, qui que remaigne a sejor,
Il vialt estre jusqu'a tierz jor
An Broceliande, et querra,
S'il puet, tant que il troverra
L'estroit santier tot boissoneus,
Que trop an est cusançoneus,
Et la lande et la meison fort
Et le solaz et le deport
De la courtoise dameisele[119]

115 *Lanval*, v. 19 ; 43.
116 *Eliduc*, v. 41-52.
117 *Haveloc*, v. 27-39.
118 Dans le lai de *Tyolet*, l'aventure est aussi perçue comme une occasion pour le héros éponyme de démontrer toute l'étendue de sa bravoure, il s'agit de *querre l'aventure*, voir v. 16-17. Dans *Espine* aussi, le nom *aventure* est associé au verbe *querre*, v. 155-156.
119 *Yvain*, v. 691-701.

Adoptant à partir de là une focalisation interne à Yvain, l'extrait nous fait basculer dans son esprit, signe que la fiction suivra ce chevalier, désormais le héros de l'histoire. D'ailleurs, la projection de ses futures aventures prend ici le tour d'une prolepse, comme montre le futur de l'indicatif des verbes *querra* et *trovera*. Or le résultat escompté de la quête est d'office envisagé selon une perspective émotionnelle : « Ou a sa joie ou a son duel », dont la référence à l'agrément et au bonheur introduit l'ambition de bonheur royal[120] commun à l'ensemble des textes à l'étude. Le projet le plus important de l'errance prend donc aussi naissance à la cour, confirmant le caractère nodal et fondamental du lieu. Enfin, la modalité déontique du verbe *vialt*, comme l'adjectif *cusançoneus*, renvoyant au caractère pressant du départ, associent une forte volonté à une perspective uniquement heureuse. Et de fait, *solaz* et *deport*, à la fin de l'extrait, démontrent bien qu'Yvain n'envisage finalement que l'agrément de l'aventure.

Dans *Le Conte du Graal*, l'action offensante de Keu à l'égard de la jeune fille est à l'origine de la quête de Perceval[121]. Celle-ci apparaît alors comme dangereuse, comme le traduit le groupe nomial « Chevalerie et avanture[122] ». De fait, dans le récit breton, la notion même d'aventure fait surgir tout un arrière-plan celtique et féerique, créateur de mystère, mais aussi de danger[123].

Enfin, une aventure périlleuse en provenance directe du domaine merveilleux peut venir à la cour solliciter la vaillance chevaleresque, comme dans *Le Chevalier de la Charrette*, où Méléagant en personne vient enlever la reine[124], ce qui entraîne logiquement l'action de de Keu, mais surtout de Lancelot. L'amant de la reine se lance à la poursuite de cet être tout droit sorti du domaine merveilleux. D'entrée, l'aventure apparaît alors teintée du sceau de la merveille, comme le montre l'introduction de l'objet de la charrette[125], connue pour son lien avec le domaine merveilleux.

120 Sur le projet de « bonheur », voir la troisième partie, *infra*, p. 369 et *sqq*.

121 *Perceval*, v. 1045-1062.

122 *Ibid.*, v. 1075.

123 Rappelons qu'étymologiquement l'aventure fait référence à ce qu'il adviendra, de manière positive ou négative.

124 *Lancelot*, v. 47-79.

125 *Ibid.*, v. 320 : « Si ot une charrete atainte. ».

Ainsi donc, la qualification de la force impulsive de la cour tient avant tout à la personnalité de la personne qui en est à l'origine. La cour métaphorise en ce sens les relations qui s'y nouent et les problématise en les transposant de manière narrative, par le biais de la dialectique de l'impulsion chevaleresque et de la passivité royale :

> Les lieux arthuriens sont différemment problématisés, en fonction des personnages qui les investissent. Le roi, par sa qualité de *personne publique*, génère autour de lui un lieu public, la *curia regis*, centre du monde et de la civilisation arthurienne. À partir de ce centre, la royauté élargie sa sphère d'influence et fait rentrer dans l'espace public des domaines situés dans les limbes.
>
> Comme nous avons pu le constater, le lieu public est en même temps un lieu rationalisé, épuré de ses fantasmes et de tout rituel désordonné[126].

En conséquence, la cour est un lieu symboliquement ambivalent, véritable reflet des relations qui s'y expriment, comme de l'appréciation historique et contemporaine de ce lieu, ainsi que les écrits de Gautier Map nous le rapportent. En effet, au tout début de son œuvre, l'écrivain la compare à l'enfer[127].

Quoi qu'il en soit, à la cour, tout commence, tout se noue et se dénoue. Cet espace apparaît par conséquent comme un véritable pôle stratégique, tant de point de vue de l'intrigue, que des différentes symboliques, qui y prennent aussi leur essence. Ce cœur du domaine courtois, constitue donc comme le principale repère de l'ensemble de l'errance chevaleresque, comme de l'intrigue :

> La cour apparaît ainsi comme le véritable point central, le lieu de la parole et de la mémoire collective, du départ et du retour : le lieu des échanges, autant que celui des célébrations[128].

Autour de ce pôle central prennent naissance toutes les dynamiques narratives, comme l'ensemble des problématiques du récit breton, phénomène qui découle fort logiquement de la perspective globale du récit arthurien qui consiste en un projet de royaume harmonieux.

---

126 Catalina Gîrbea, *La Couronne ou l'auréole...*, *op. cit.*, p. 388.

127 Gautier Map, *Contes pour les gens de cour*, *op. cit.*, I, 1.

128 Dominique Boutet, *Charlemagne et Arthur ou le roi imaginaire*, *op. cit.*, p. 339.

DEUXIÈME PÔLE : LE DOMAINE MERVEILLEUX

L'errance chevaleresque est aussi polarisée par le domaine merveilleux[129], qui constitue le deuxième pôle du royaume arthurien, comme de la quête. Cette constante spatiale est d'ailleurs une conséquence logique de la dualité du chronotope arthurien, à l'origine même de la forme du récit breton. Le passage du premier pôle – le domaine courtois –, au deuxième – le domaine merveilleux –, s'effectue précisément par les vecteurs analysés dans le premier chapitre de cette partie.

Du point de vue de la dynamique structurelle d'ensemble du royaume, le domaine merveilleux agit comme une force centripète, qui de même que la cour à certains moments du périple, ramène le chevalier à lui et le contraint à arrêter son errance.

Les marqueurs de ce pôle que sont ses créatures étranges, l'épreuve qu'il propose, ou encore la suspension de la quête, organiseront notre réflexion.

Un domaine peuplé de créatures étranges

Il faut à présent caractériser le domaine merveilleux. Les créatures étranges qu'il abrite constituent le premier marqueur de ce pôle. Une rencontre avec une fée merveilleuse dans l'espace marginal de la forêt, notamment dans *Lanval*[130], *Graelent*[131], ou *Guingamor*[132], ou encore une bataille avec un être *fae*[133], telle celle d'Yvain avec Esclados le Roux[134] ou celle d'Érec contre Mabonagrain[135], ou encore celle du chevalier au gué de l'Espine[136], constituent autant d'exemples variés de traversées de cet espace[137]. Notons à cet égard que les domaines merveilleux associés à ces

129 Nous appuierons cette démonstration sur les ouvrages fondateurs de Francis Dubost : *Aspects fantastiques de la littérature narrative médiévale…*, *op. cit.*, et plus récemment, *La Merveille médiévale*, *op. cit.* Christine Ferlampin-Acher a aussi brillamment étudié le fonctionnement merveilleux, notamment dans son rapport au lecteur, dans *Merveilles et topique merveilleuse…*, *op. cit.* et dans *Fées, bestes et luitons…*, *op. cit.*

130 *Lanval*, v. 93.

131 *Graelent*, v. 210 et *sqq.*

132 *Guingamor*, v. 363 et *sqq.*

133 Selon la dénomination inventée par Laurence Harf-Lancer, dans *Les Fées au Moyen Âge…*, *op. cit.*, p. 59.

134 *Yvain*, v. 813-904.

135 *Érec*, v. 5893-6003.

136 *Espine*, v. 309 et *sqq.*

137 Nous ne rappellerons pas l'ensemble des exemples d'immersion dans le domaine merveilleux, qui ont fait l'objet du chapitre précédent.

êtres *faes* font toujours l'objet d'une description, même dans les textes brefs, constituant par là une preuve que la merveille colore d'abord un espace, avant de déterminer un être. L'association entre le personnage et le monde merveilleux a d'ailleurs été théorisée par Mikhaïl Bakhtine, du point de vue du héros :

> Enfin, le héros et le monde merveilleux dans lequel il agit sont faits d'un seul bloc, pas de fissure entre eux[138].

Ces protagonistes particuliers, véritables êtres *faes*, transposent une dynamique spatiale au système des personnages. On passe en effet d'un domaine défini par son rapport à la merveille, à la qualification merveilleuse du héros. Ce décentrement d'une perspective d'abord spatiale vers le héros a pour corollaire une dilution des caractéristiques propres de chaque espace. De fait, le lai de *Bisclavret* ne contient aucune description du décor, confirmant le transfert de la qualité merveilleuse au protagoniste de l'histoire. À preuve aussi, dans *Haveloc*, les oppositions entre les royaumes ne résident pas dans leur rapport à la merveille et à l'imaginaire, mais davantage dans leur antagonisme politique et royal. Les royaumes du Danemark, de Surrey, ainsi que le territoire dominé par Edelsi, se confrontent en vertu de la domination royale qui s'y exerce. D'ailleurs, le lai se termine sur l'unification royale sous l'égide du personnage *fae*, instaurant par là même une harmonie entre le plan royal incarné par le territoire et le motif merveilleux, qui s'exprime dans la particularité du héros.

Un seul récit peut en outre contenir plusieurs échappées merveilleuses, phénomène d'autant plus remarquable dans les romans, du fait de leur longueur. Dans *Érec et Énide* par exemple, la chasse au Blanc Cerf[139] d'abord, puis l'aventure de la Joie de la Cour[140] sont autant d'immersions dans le domaine merveilleux. Enfin, il est des récits bretons qui problématisent et transfèrent le rapport au domaine merveilleux dans la qualification même des héros, qui possèdent des pouvoirs extraordinaires. Par exemple, Tydorel ne dort pas de la nuit, quand une flamme sort de la bouche d'Haveloc lorsqu'il dort, sans parler des loups-garous qui sont tout autant des héros dans *Bisclavret* et *Melïon*.

---

138 Mikhaïl Bakhtine, *Esthétique et théorie du roman*, *op. cit.*, p. 300.
139 *Érec*, v. 1741 et *sqq.*
140 *Ibid.*, v. 5387 et *sqq.*

Les relations entre le domaine merveilleux et la dynamique du royaume sont donc multiples, d'abord exprimées dans la dualité spatiale du royaume arthurien, mais pas seulement, ainsi que le montrent les cas des héros merveilleux. Les enjeux royaux du domaine merveilleux doivent donc être éclaircis. Pour ce faire, nous analyserons précisément d'abord les différentes fonctions narratives du domaine merveilleux, tant dans l'errance chevaleresque, que dans l'équilibre du royaume arthurien.

L'épreuve

Du point de vue de l'itinéraire chevaleresque, force est d'abord de rappeler la fonction avant tout narrative du domaine merveilleux qui est vecteur d'aventures. S'y produisent particulièrement des épreuves les plus périlleuses et les plus redoutables, qui prennent la plupart du temps la forme d'un combat avec un être surnaturel. Il n'est que de rappeler les fameux combats entre Yvain et Esclados le Roux, ou entre Érec et Mabonagrain, ou encore induits par des lieux tels que le gué, notamment dans le lai de l'*Espine.* À chaque fois, le chevalier affronte un géant chargé de défendre le domaine merveilleux. À ce titre, précisons que la taille même de la créature, preuve de son origine merveilleuse, procède avant tout d'une stratégie narrative, visant à magnifier le caractère héroïque du chevalier vainqueur :

> Son adversaire (au héros) apparaît sous deux visages opposés : tantôt d'essence surnaturelle, défenseur de son domaine, tantôt de nature mortelle, prisonnier du royaume dont il doit défendre l'accès. Mortel ou divin, le portrait qu'on trace de lui demeure inchangé et se réduit à deux traits : – une taille gigantesque ; – une notation de couleur rouge[141].

Ainsi confrontée à un être si redoutable, la bravoure du chevalier y est mise à rude épreuve. Le récit primitif de Calogrenant, qui a reculé de peur face à son adversaire merveilleux, prouve que seul l'élu, c'est-à-dire le véritable chevalier choisi pour seconder Arthur en ses terres, peut relever le défi du domaine merveilleux :

> Et li chevaliers me feri
> Si durement que del cheval
> Parmi la crope, contreval,

141 Laurence Harf-Lancer, *Les Fées au Moyen Âge…*, *op. cit.*, p. 360.

Me mist a la terre tot plat ;
Si me leissa honteus et mat,
C'onques puis ne me regarda.
Mon cheval pris et moi leissa ;
Si se mist arriere a la voie.
Et je, qui mon roi ne savoie,
Remés angoisseus et pansis[142].

Dans cet extrait, Calogrenant est vaincu et même littéralement jeté à terre, comme le montre la redondance, au sein du même vers, entre *mist a place* et *tot plat*, qui possède une grande force évocatrice. Ainsi séparé de son cheval, il perd par conséquent sa condition chevaleresque. Son cheval lui est même subtilisé. Mais plus encore, la défaite est presque uniquement envisagée du point de vue des émotions, qui sont uniquement négatives : *honteus*, *mat*, *angoisseus* et *pansis*, connotant ainsi là l'échec, tant chevaleresque, que pour l'individu indigne de la mission royale. En comparaison avec l'humiliation de son cousin, la réussite d'Yvain face à la même épreuve apparaît de ce fait rehaussée. D'ailleurs, son entreprise est entièrement déterminée par la défaite de son cousin, qu'il ambitionne de venger tout le long de cette péripétie[143]. En effet, avant même de partir, Yvain veille à choisir le *boen cheval*[144], ce qui fait écho à la monture trop faible qu'avait son cousin : « Et ses chevax miaudres del mien[145]. » Et outre la mise en valeur du futur héros que le récit de Calogrenant constitue, il révèle aussi le processus d'élection mis en place dans le récit arthurien, qui a pour corollaire une hiérarchisation binaire de la caste chevaleresque. Par conséquent, la péripétie du domaine merveilleux distingue deux types de chevaliers en fonction de ses résultats : il y a ceux qui échouent devant l'épreuve merveilleuse, comme, dans l'exemple précédent, Calogrenant, et ceux qui mettent fin à la « mauvaise coutume » et sont, en somme, les véritables héros royaux, comme Yvain.

Un autre exemple tiré du corpus secondaire, particulièrement du *Lancelot en prose*, confirme la fonction constrictive du domaine merveilleux, qui éloigne le chevalier de sa quête. À un moment de son long périple, Lancelot boit de l'eau à la Fontaine Empoisonnée, ce qui a

142 *Yvain*, v. 536-545.
143 *Ibid.*, v. 746-747 ; 895.
144 *Ibid.*, v. 749.
145 *Ibid.*, v. 523.

pour conséquence de retarder largement son errance, comme sa quête. L'épisode dure plus d'une semaine puisque le chevalier est soigné pendant plusieurs jours par une jeune fée, avant qu'elle ne tombe elle-même malade durant quatre jours. Le texte insiste d'ailleurs sur la durée de la convalescence du héros qui connaît, de fait, de nombreuses péripéties :

> Quand Lyon fu descenduz et desarmez, si vient a Lancelot et le troeve assez malade et li demande comment il est. « Par foi, fait-il, je ne garis mie bien, car la pucele qui de moi se prenoit garde est si malade qu'ele ne leva del lit .III. jorz a ; et par ce me vet il mauvesement[146].

La maladie de Lancelot, causée par le poison de la fontaine magique, ne guérit pas. La cause en est donnée par le discours de Lancelot qui évoque la maladie de la fée qui est censée le soigner. L'expression *et par ce*, exprimant la conséquence et l'expression « Lancelot va *mauvesement* », impliquent bien que l'état du héros dépend de la santé de la fée. Ainsi, si la première merveille de la fontaine, l'eau empoisonnée, avait déjà retardé le héros en le rendant malade, la fée, deuxième merveille du lieu, accentue le délai et l'arrêt du chevalier dans la place.

L'aventure dans le domaine merveilleux s'oppose donc à l'errance chevaleresque puisqu'elle contraint le chevalier à s'arrêter et à mettre en danger à la fois sa quête et sa vie.

Par ailleurs, le verger merveilleux, qui constitue bien souvent le cœur du domaine merveilleux, revêt chez Chrétien de Troyes une fonction narratologique essentielle puisqu'il introduit la résolution du roman. En effet, remarquons que les scènes de vergers de la Joie de la Cour dans *Érec et Énide*, du secret dans *Cligès*, et de la nuit d'amour dans *Le Chevalier de la Charrette* sont toutes situées à la fin de l'histoire. Leur rôle est de présenter l'accomplissement identitaire du héros qui voit sa réussite chevaleresque auréolée.

L'épreuve merveilleuse vise en fait à magnifier symboliquement ce chevalier qui réussira la quête malgré toutes les entraves. En ce sens, le domaine merveilleux participe aussi de la révélation d'un héros, légitimé par sa force morale face aux nombreuses épreuves qu'il endure.

146 *Lancelot : roman en prose du* XIII*e siècle*, Alexandre Micha (éd.), Genève, Droz, 1978, p. 148.

La quête suspendue : la prison

Du point de vue de l'enjeu narratif de l'errance, à savoir la quête chevaleresque, ces aventures dangereuses peuvent aussi retarder la quête du héros, en l'en éloignant momentanément ou en l'emprisonnant. Le pôle merveilleux en effet comporte ce danger majeur bien exprimé dans *Le Chevalier de la Charrette*, celui de retenir le héros, puisqu'il est le pays « don nus estranges ne retorne[147] ». Le voyage dans le domaine merveilleux s'apparente ainsi symboliquement à une véritable *catabase* qui met le chevalier à l'épreuve[148], comme l'exprime Erich Köhler :

> C'est pourquoi il y a, en face du monde arthurien, cet autre monde dont la poésie courtoise a pris les éléments au monde légendaire celtique en leur donnant un sens particulier, entièrement nouveau ; et c'est pourquoi tout contact avec cet autre monde représente plus ou moins un combat contre les puissances diaboliques, toute intrusion dans ce monde une « catabase » [...][149].

À ce titre, la définition même du royaume de Gorre, comme pays d'où l'on ne revient pas, confirme son statut symbolique de pays de la mort. Le voyage de Lancelot s'inscrit donc dans la tradition de la descente aux enfers du héros, depuis celle initiatrice d'Enée[150]. Sur le plan narratif, Lancelot, alors emprisonné par Méléagant dans le royaume de Gorre n'est alors plus en mesure de défendre le domaine courtois d'Arthur. Les propriétés géographiques du royaume de Gorre le prédisposent d'ailleurs à retenir le héros secrètement, ainsi que le montre cette hypotypose :

> Une tor, et poine i meïssent
> Ençois qu'ele fust tote feite.
> Sor la mer fu la pierre treite,
> Que pres de Gorre iqui de lez
> An cort uns braz et granz et lez :
> En mi le braz une isle avoit
> Que Melïaganz bien savoit.
> La comanda la pierre a traire

147 *Lancelot*, v. 641.

148 Une fois revenu dans le monde des vivants, celui-ci est d'ailleurs récompensé de sa réussite par l'acquisition d'un nouveau statut, héroïque, comme nous le montrerons ci-après.

149 Erich Köhler, *L'Aventure chevaleresque...*, *op. cit.*, p. 109.

150 *Énéide*, chant IV.

Et le merrien por la tor faire[151].

La construction de ce domaine constitue une prison idéale pour détenir le chevalier. Le caractère insulaire favorise d'abord le secret[152], ce qui accentue la difficulté à retrouver la terre et donc à s'enfuir. La pierre de la haute tour provient même du bord de mer du royaume. Par ailleurs, Méléagant connait toutes les propriétés du lieu, comme le suggère le verbe *bien savoir*, ce qui rend toute tentative d'évasion presque impossible.

Le caractère contraignant du domaine merveilleux s'incarne encore davantage dans un autre lieu du *Lancelot en prose* : le « val sans retour », qui est dominé par la figure ambivalente de Morgue. En emprisonnant tous les chevaliers malhonnêtes en amour, notamment Yvain et le Duc de Clarence, le lieu constitue aussi un frein à la quête chevaleresque. Même si Lancelot délivre le lieu de son sortilège, le val marque avant tout une péripétie de son aventure. En effet, avant d'en sortir vainqueur, le chevalier est confronté à deux cours d'eau qu'il doit traverser, à deux dragons, ainsi qu'à un gigantesque incendie. Les épreuves que seul Lancelot réussit à surmonter sont toutes d'origine merveilleuse, associant par conséquent la bravoure à la victoire sur le domaine merveilleux. De fait, la prouesse du chevalier est d'autant plus élevée que la merveille complexifie les combats en ouvrant l'action à tous les possibles. L'enjeu n'est autre que de mettre à l'honneur la bravoure et la vaillance du véritable héros.

En somme, dans le domaine merveilleux, le chevalier est mis à l'épreuve par l'aventure qu'y déroule, que celle-ci soit dû au hasard[153], ou davantage une conséquence logique de la « mauvaise coutume[154] » exercée par un personnage tyrannique. Le passage du chevalier dans le domaine merveilleux revêt donc une fonction narrative, d'introduction d'aventures, dont le succès est la condition à son accomplissement total et digne d'un héros. Hormis ce premier enjeu narratif d'introduction

151 *Lancelot*, v. 6128-6136.

152 Il est fréquent que le domaine merveilleux soit entouré d'un court d'eau, qui l'érige en île merveilleuses aux consonances symboliques paradisiaques, voir *Yonec*, v. 368, mais aussi *Érec*, où l'épreuve de la Joie de la Cour se déroule dans un château entouré d'eau, et où le tout est qualifié d'*isle*, v. 5372 et surtout 5395.

153 Selon les mots d'Erich Köhler dans *L'Aventure chevaleresque…*, *op. cit.*, p. 103 et *sqq.* ; Catalina Gîrbea traite aussi de ce motif en l'associant au concept de Fortune, voir *La Couronne ou l'auréole…*, *op. cit.*, p. 161 et *sqq.*

154 Sur la « mauvaise coutume », voir première partie, *supra*, p. 218 et *sqq.*

de péripéties, cette traversée imaginaire s'apparente symboliquement à une *catabase* et à une ascèse, où le chevalier ramène d'entre les morts la preuve de son statut sacré de héros.

Le miroir critique du domaine merveilleux

Malgré les fonctions narratives capitales qui lui sont associées, la principale fonction du domaine merveilleux dans l'agencement du royaume arthurien semble davantage symbolique, en tant que miroir critique du domaine courtois. En effet, sur le plan diégétique d'abord, les deux domaines se complètent : nous avons vu que le domaine courtois inscrit l'état initial comme l'état final, formant par là même les bornes de l'action. Au sein de l'histoire même, il est aussi le lieu où se déroule l'élément perturbateur. Au contraire, le domaine merveilleux accueille les diverses péripéties révélant petit à petit le caractère héroïque du héros, comme souvent le dénouement de l'intrigue. Les deux domaines sont donc complémentaires dans leur inscription des différentes étapes de l'action.

Le bilan même du *Conte du Graal*, dont le sens apparaît davantage sur le plan symbolique que narratif, fournit un autre exemple de *senefiance* heureuse métaphorisée par l'espace. Cette *senefiance* est particulièrement visible lors du passage du héros dans les lieux relevant du domaine merveilleux. L'analyse plus détaillée de ce roman servira par conséquent d'illustration et de transition vers la visée plus symbolique et métaphorique du domaine merveilleux, comme du royaume arthurien dans son ensemble. Perceval commence par réparer le domaine courtois, avant d'aller dans le domaine merveilleux. En effet, il venge d'abord l'offense faite au roi par le chevalier Vermeil dans le domaine courtois, avant d'apporter une solution au problème de la disette, de la *terre gaste*, du moins dans le domaine de Blanchefleur. Il s'engouffre ensuite dans le domaine merveilleux en se rendant au château du Roi Pêcheur. Mais si le héros a rétabli l'abondance alimentaire à Beaurepaire[155], il faillit à délivrer le royaume du Roi Pêcheur : il n'abolit pas le mal qui ronge ce second domaine, puisqu'il ne pose pas la fameuse question qui aurait

155 Rappelons ici que l'écriture poétique, à l'instar du mythe, peut dissocier les éléments. Le langage mythique a coutume de dissocier ses éléments constitutifs et crée ainsi un chiffre poétique, voir Karin Ueltschi, *Le pied qui cloche ou le lignage des boiteux*, *op. cit.*, p. 202.

restauré pour de bon l'abondance dans l'ensemble du royaume arthurien. « La parole de Perceval aurait pu être fatale et magique. En parlant à bon escient, il aurait fait preuve d'un charisme royal[156] ». Si Perceval a cru un temps avoir réparé la faille du monde arthurien grâce à la nourriture issue du navire, l'abondance durable et l'harmonie véritable passent par l'épreuve initiatique que le domaine merveilleux propose[157]. Il n'est pas acceptable de ressortir de cet espace surnaturel sans avoir aboli la « mauvaise coutume ». L'échec de Perceval cause alors la chute de l'ensemble du royaume arthurien, en tout cas son maintien dans une situation insatisfaisante et précaire, celle de la terre *gaste*, de la stérilité et de la passivité royale. À ce titre, malgré ou à cause de son inachèvement, il est remarquable que le roman se termine sur la mélancolie du roi – si arbitraire soit cette fin :

> Li rois fu mornes et pansis.
> Quant il vit sa grant baronie
> Et de son neveu n'i vit mie,
> Si chiet pasmez par grant destrece.
> Au relever fu sanz perece
> Qui einçois i pot avenir,
> Car tuit le corent sostenir.
> […]
> Le duel qu'an fist par mi la sale.
> De la loige jus s'an avale,
> S'est a la reïne venue
> Aussi come tote esperdue[158],

La fin du royaume arthurien, du monde en somme, était en effet impossible à raconter comme telle. Remarquons par ailleurs que si le roi est tombé, l'extrait se termine sur une mention de la reine, ce qui pourrait être une fine allusion à la fécondité du mythe arthurien, amené à continuer et à se prolonger après, dans d'autres romans et suites. Chrétien a disséminé des indices mythiques, plus fort de sens et de mystère qu'un récit qui aurait atténué leur portée. En ne mettant pas fin au mal qui ronge le Roi Pêcheur et par extension son domaine, Perceval n'a en effet pas révélé sa capacité à exercer un pouvoir royal sacré. Il n'est donc pas

156 Philippe Walter, *Ma mère l'Oie. Mythologie et folklore dans les contes de fées*, Paris, Imago, 2017, p. 186.
157 C'est comme s'il y avait des étapes dans le rétablissement du Salut.
158 *Perceval*, v. 9220-9226 ; 9229-9232.

digne d'être roi. Guérir le Roi Pêcheur aurait en outre permis de guérir le roi tout court. Il s'agit là d'une variation autour de la royauté déclinée et fragmentée à travers les différents personnages. Faute de roi digne et sacré à sa tête, le royaume ne peut pas habiter le bonheur. Le *Conte du Graal* dit donc aussi la nécessité d'une souveraineté sacrée dans la quête de royaume eutopique.

La signifiance du royaume arthurien s'exprime donc davantage sur le plan symbolique, notamment dans la symbolique de miroir inverse attribuée au domaine merveilleux. Pourtant, nous avons aussi remarqué que la symbolique d'origine celtique dote le domaine merveilleux d'un mystère inquiétant, qui tantôt élève le chevalier, lors de la rencontre amoureuse par exemple, et tantôt le contraint, lorsqu'il y est emprisonné notamment. Cette ambivalence même du domaine merveilleux invite le lecteur à l'interprétation, à prêter attention aux signes dévoilés dans les lieux clefs de l'intrigue[159].

Ainsi, le voyage du héros apparaît véritablement conditionné par les lieux phares du royaume arthurien. Cette polarisation a pour corollaire de mettre à l'honneur ces lieux, érigés en véritables repères. Il est nécessaire de rappeler leur lien à la royauté, puisqu'il s'agit de la cour, cœur du domaine courtois, mais aussi du domaine merveilleux, qui représentent autant d'étapes dans un processus d'éducation et d'initiation du chevalier. Celui-ci devient, par son errance, un véritable héros légitime. Il semble en effet que le voyage chevaleresque a un véritable sens, il converge vers un but, celui de l'initiation[160]. Ainsi donc et en vertu de la complémentarité du chronotope établie par Mikhaïl Bakhtine[161], si l'errance est polarisée spatialement, elle l'est aussi temporellement, en vertu de la révélation attendue du véritable héros élu. Cette polarisation est avant tout initiatique et héroïque puisqu'elle vise à distinguer un héros royal.

---

159 Catalina Gîrbea le dit bien : « La matière arthurienne met en place toute une série de lieux qui, par leurs simples présences ou descriptions, contribuent à définir la relation de l'être au monde. Sans se constituer en véritables cadres pour le récit, les lieux deviennent des cadres épistémologiques lorsqu'ils entrent en contact avec la chevalerie arthurienne » dans *La Couronne ou l'auréole…*, *op. cit.*, p. 295.

160 Au contraire de l'organisation diégétique du récit breton, comme de son sens mythique, qui obéissent davantage à une structure circulaire, ainsi que la troisième partie le montre, *infra*, p. 453 et *sqq*.

161 Mikhaïl Bakhtine, *Esthétique et théorie du roman*, *op. cit.*, p. 237.

STRUCTURE SPATIALE ET NARRATIVE EN VERTU D'UNE INITIATION ROYALE

La trajectoire du chevalier peut se rapprocher de ce que la critique appelle, en analysant des courants modernes et contemporains, le récit initiatique, aussi appelé récit de formation, d'éducation ou d'apprentissage. Si ces termes ne s'appliquent certes pas encore au Moyen Âge, l'errance du héros peut être définie en vertu d'une tension féconde où l'individu s'élève pour sauver sa communauté, de même que ce type particulier de récit[162].

De même que le récit initiatique plus tard, le récit breton s'attache à faire d'un jeune homme presque ordinaire un véritable héros : s'il change à terme le monde, ce changement implique d'abord que lui-même change de stature, mûrit et devient un adulte digne. Dans le corpus étudié, il y a bien une initiation au sens où l'errance infléchit le développement du personnage principal qui accède alors au statut de héros. En vertu de cette similarité entre le schéma narratif de l'intrigue arthurienne et le roman initiatique[163], nous parlerons de structure « de type initiatique ».

Dans le récit breton, ce schéma est polarisé en vertu de l'élection et de la distinction d'un héros. La dimension royale qui y est associée, lui donne sa dimension mythique et sacrée. Toute l'action arthurienne converge en effet vers la distinction d'un héros élu pour ses capacités à devenir un roi légitime.

Structure de type initiatique

Guigemar, *Lanval*, *Milun* et *Eliduc* présentent une structure de type initiatique. De même, *Graelent*, *Haveloc*, *Desirré*, *Tyolet* et *Espine* mettent en place ce processus d'élection d'un héros, dont le lecteur est invité à suivre l'évolution. L'ensemble des romans de Chrétien de Troyes s'appuie aussi sur une structure de ce type : le récit suit l'évolution du parcours d'un chevalier choisi pour devenir le héros. Dans ces textes, l'errance chevaleresque est entièrement orientée en vertu de la formation du

---

162 Georg Lukács, *La Théorie du roman*, Jean Clairevoye (trad.), Paris, Gallimard, 1989 [1re éd. 1920 en allemand, 1968 en français], p. 133-136.

163 Sur l'initiation et les itinéraires héroïques, voir Marie-Luce Chênerie, *Le Chevalier errant dans les romans arthuriens en vers des XIIe et XIIIe siècles*, *op. cit.*, p. 214 et *sqq.* ; voir aussi Erich Köhler, *L'Aventure chevaleresque…*, *op. cit.*, p. 77 et *sqq.*

personnage principal. Ce processus d'apprentissage peut commencer dès la première scène du récit, où le futur héros est choisi pour suppléer le roi statique dans son action offensive ou de défense des territoires[164], à l'instar du *Lancelot* de Chrétien de Troyes.

Le récit peut aussi commencer bien avant, à l'enfance du héros : dans ce cas, le processus d'évolution est évidemment d'autant accentué. Le lai de *Desirré* commence même avant la naissance du héros, à sa conception, qui par sa difficulté[165] préfigure la destinée exceptionnelle du héros, de même qu'elle fournit une explication au choix du prénom du personnage. Ce *topos* d'ouverture sera d'ailleurs souvent repris dans les sommes en prose. On pense notamment aux « enfances Lancelot » dans le *Lancelot en prose*[166]. Il s'agit par là de poser les jalons du le chemin à parcourir.

Dans ce lent processus vers la maturité, l'adoubement du chevalier par le roi Arthur marque symboliquement l'étape clé de l'entrée dans l'âge adulte. Avec cette cérémonie, le *vaslez* devient *chevalier*, le changement de dénomination signalant l'évolution de la condition du personnage. Il est en effet assez courant d'ouvrir les aventures du chevalier par ce *topos* que l'on retrouve dans *Guigemar*[167], *Yonec*[168], *Desirré*[169], *Espine*[170], mais aussi dans *Cligès*[171], ainsi que dans *Le Conte du Graal*[172]. Dans ce dernier exemple, l'identité du roi Arthur est liée à ce pouvoir de transformer un jeune homme en chevalier. Il est d'abord le roi qui fait les chevaliers : « Li rois Artus qui m'adoba[173] ». Cette cérémonie sacrée attribue en effet au nouveau chevalier certaines aptitudes physiques relevant notamment de la *proesce*.

Néanmoins, si la bravoure chevaleresque comprend bien sûr des aptitudes physiques, le véritable héros est surtout intelligent, ainsi

164 Catalina Gîrbea explique ce phénomène : « Il est évident qu'Arthur ne se déplace jamais dans ses terres, ni à Logres ni dans les royaumes tout autour, afin de rendre justice. », dans *La Couronne ou l'auréole…*, *op. cit.*, p. 412 ; 413.

165 *Desirré*, v. 7-47.

166 Après la mort du roi Ban, Lancelot est enlevé par la fée Ninienne qui l'emmène dans un lieu naturel contenant un lac. Ce premier jardin apparaît plusieurs fois dans le tome VII retraçant l'enfance du héros, voir *Lancelot : roman en prose du XIIIe siècle*, Tome VII, *op. cit.*

167 *Guigemar*, v. 47.

168 *Yonec*, v. 466.

169 *Desirré*, v. 68.

170 *Espine*, v. 169.

171 *Cligès*, v. 1113-1207, il s'agit de l'adoubement du père du héros, Alexandre.

172 *Perceval*, v. 1597-1675.

173 *Ibid.*, v. 290.

que montre l'embuscade tendue par Eliduc pour secourir le royaume de Logres[174]. Le héros exerce son pouvoir plus par son intelligence que par la force. Cet enjeu attribué à la raison fait écho au stratagème final développé par Argentille pour récupérer ses terres dans le lai d'*Haveloc*. En effet, alors que l'armée d'Haveloc est en infériorité numérique, la reine a l'idée d'utiliser des cadavres pour faire croire à l'ennemi qu'ils sont plus nombreux que ce qu'il est[175]. Ce type de ruse démontre que la finesse de l'intelligence permet non seulement d'asseoir le pouvoir, mais surtout de rétablir la justice, en vue de concourir à instaurer l'harmonie durable dans le royaume.

En outre, l'amour, plus que la force, contribue à dessiner un autre idéal. De fait, l'initiation chevaleresque est souvent corrélée à l'initiation amoureuse, préalable nécessaire à l'élévation morale du chevalier[176]. L'association des armes et de l'amour en vertu d'un l'accomplissement spirituel et vertueux dérive de l'éthique courtoise qui nourrit l'ensemble du corpus arthurien du XIIe siècle. Rappelons ici que le mot même *cortoisie* est un dérivé de *cort*, la cour, ce qui confirme une fois encore l'aspect nodal et clé du lieu royal étudié, véritable vecteur de toutes les problématiques du récit breton. « Courtois » veut dire à la base « qui concerne la cour, propre à la vie de cour ». L'adjectif s'oppose fondamentalement à « vilain » (aspect social) et à « vil » (aspect moral). Seul peut pratiquer la *fin'amor* et accéder au statut de *fin'amant* celui qui possède les qualités constitutives de la courtoisie : la mesure, la discrétion, la maîtrise de soi, la largesse (générosité matérielle et morale) et la jeunesse. Selon cette éthique, le chevalier doit progresser sur le chemin de la vertu jusqu'à être digne de sa dame qui peut alors décider de lui accorder le *sorplu*, le *guerredon*, même s'il s'agit le plus souvent d'un amour platonique. Cette dernière règle du code courtois est sans doute la plus importante sur le plan narratif. Car en effet, l'ensemble du parcours chevaleresque est orienté de manière à démontrer à la dame toute sa vertu à la fois d'épée et de cœur. Cette façon de conquérir la femme par l'exploit chevaleresque, reflétant par les armes la bonté du cœur du héros, rappelle d'ailleurs l'origine lyrique du roman courtois. La *fin' amor* est d'abord

174 *Eliduc*, v. 201-204.

175 *Haveloc*, v. 1051 et *sqq*.

176 Sur l'idéalisation des qualités morales dans le récit breton, voir Marie-Luce Chênerie, *Le Chevalier errant dans les romans arthuriens en vers des* XIIe *et* XIIIe *siècles*, *op. cit.*, p. 299-318.

née dans la poésie lyrique des trouvères et des troubadours[177]. Le poète gagnait le cœur de sa bien-aimée par la prouesse des mots. Dans nos romans, cette action s'est muée en exploit chevaleresque.

Néanmoins, l'initiation amoureuse nécessite un véritable apprentissage, qui prépare ainsi le héros à sa mission « humanitaire » qu'il devra remplir en tant que roi juste et bon. D'ailleurs, la question de l'apprentissage amoureux est paradoxalement beaucoup plus développée que celle des armes dans les récits étudiés, signifiant ainsi l'infléchissement plus « humain » du roi qui n'était envisagé que selon son rôle guerrier chez Geoffroi de Monmouth et Wace. Dès le début du *Conte du Graal*, l'échec de Perceval avec la demoiselle de la tente[178] montre bien la nécessité d'un véritable apprentissage du héros :

> Li vaslez par la main la prant,
> A force le doi li estant,
> Si a l'anel an son doi pris
> Et el suen doi meïsmes mis[179],

Les jalons de l'initiation sont volontiers marqués et mis en valeur par les textes à travers le vocabulaire. Ainsi, Perceval est appelé *vaslez*, rappelant bien son manque d'expérience. D'ailleurs, au tout début de cette péripétie, le héros est qualifié de *nice*[180] : « ignorant », « niais », « sot », qui sert ici d'explication à son attitude violente. En effet, sa mauvaise interprétation des conseils de sa mère le conduit à accomplir une action anti-courtoise par excellence. Perceval vole l'anneau de la demoiselle, alors que c'est à la dame de l'offrir à son amant en récompense de sa conduise valeureuse. Au lieu d'être soumis à la femme comme l'exige la norme courtoise, il brutalise la demoiselle comme le montre *a force*, placé en début de vers. Le jeune homme, qui n'a rien d'un chevalier, se contente d'appliquer les recommandations sans qu'il n'y ait un quelconque développement moral, ni même chercher à les comprendre. Pourtant, le code courtois ne consiste pas en une série de préceptes à respecter, il faut avant tout que l'action de l'amant soit intentionnellement bonne et charitable.

---

177 Michel Zink, « Un nouvel art d'aimer », dans *L'Art d'aimer au Moyen Âge*, Paris, P. Lebaud, 1997, p. 49.

178 *Perceval*, v. 635-780.

179 *Ibid.*, v. 719-722.

180 *Ibid.*, v. 681.

On trouve de manière récurrente le rôle de l'amour en vue de donner au héros une stature humaine. Citons comme exemple significatif le lai de *Graelent*, où le personnage éponyme commence par violer la fée avant de s'excuser ensuite[181]. Le chevalier à bien du chemin à accomplir avant de parvenir à l'exemplarité attendue du héros.

La relation de l'initiation à l'apprentissage amoureux est aussi problématisée dans *Le Chevalier de la Charrette*, notamment lors du départ de Lancelot à la poursuite de Méléagant[182]. En effet, le chevalier seconde bien le roi dans sa mission de secours à sa propre femme, même si Keu et Gauvain sont aussi partis à sa recherche. En revanche, ici l'initiation amoureuse de Lancelot le distingue aussi des deux autres protagonistes, puisqu'il ira jusqu'à remplacer le roi auprès de la reine dans les moments les plus intimes, lors de la fameuse nuit d'amour. Outre l'humour grinçant de l'auteur champenois qui souligne par là l'ambiguïté et les risques de délégation des prérogatives royales à un chevalier, la nuit des deux amants marque aussi l'accomplissement héroïque par le *sorplu* accordé par Guenièvre au *fin amant*[183].

La reconnaissance héroïque est donc conditionnée par l'association des qualités chevaleresques et amoureuses, en vertu de l'idéal de la *fin'amor* sous-jacent aux récits bretons. En conséquence, la parfaite dévotion à la femme participe donc d'une élévation morale nécessaire au statut du héros.

Du chevalier au héros royal

Si le récit met en scène l'initiation d'un héros, il représente aussi et surtout la naissance d'un futur roi. En partant de la cour, la mission du chevalier est avant tout royale, puisqu'il prolonge le pouvoir et la volonté du roi en ses terres. En effet, avant d'accéder à son propre statut royal, le chevalier doit dans un premier temps seconder le roi, notamment dans l'exercice de la justice, grâce à son intelligence hors du commun, qualité que nous avons déjà soulignée. L'association du discernement et de la justice royale est remarquablement illustrée dans le rôle dévolu au roi Arthur dans l'épisode des sœurs de la Noire Épine du *Chevalier*

181 *Graelent*, v. 281-285.
182 *Lancelot*, v. 300 et *sqq.*
183 *Ibid.*, v. 4541-4729.

au Lion[184]. Gauvain accepte d'abord de défendre les intérêts de l'aînée des demoiselles de Noire Épine sans même s'être renseigné sur le bien-fondé de sa cause : elle veut jouir toute seule de l'héritage paternel, et laisser sa cadette dans le besoin. Celle-ci a su convaincre Yvain d'être son champion. Yvain et Gauvain s'affrontent donc pour défendre les intérêts respectifs des deux demoiselles. Le heaume dissimule leurs visages, ils ne se reconnaissent donc pas mais leur vaillance est telle qu'aucun des deux ne parvient à s'imposer. Si bien que plein d'estime l'un pour l'autre, ils décident d'un commun accord de prendre un peu de repos. Leur identité est alors révélée, ils tombent dans les bras l'un de l'autre, et chacun veut offrir la victoire à l'autre. C'est là qu'intervient le roi Arthur. Il intervient pour exercer la plus haute des fonctions royales, c'est-à-dire pour rendre la justice. Et il le fait – royalement, à nouveau en pleine possession de ses moyens, car le cas est plus compliqué qu'il n'y paraît, il faut un juge – au-dessus de la justice des hommes pour rendre vraiment justice. En effet, nous sommes encore dans le droit féodal qui édifie le pouvoir du seigneur sur l'indivisibilité des ses biens. De fait, l'aînée est dans son droit. Mais il y a une loi plus importante encore, celle qui ne peut tolérer qu'on laisse un proche dans le besoin. C'est dans ce sens que tranche Arthur : l'aînée doit accorder à sa sœur de quoi vivre décemment et s'établir[185]. Ce faisant, Arthur se guérit lui-même définitivement de l'étrange acédie qui le frappait au début du roman.

Plus qu'un prolongement du pouvoir du roi dans l'ensemble du royaume arthurien, l'initiation du héros est elle-même royale. Tout converge dans le récit breton dans la distinction d'un nouveau roi, à commercer par cette première mission de prolongation des prérogatives du roi Arthur. Il s'agit toujours de tester les capacités du chevalier élu à exercer des fonctions royales.

Une comparaison entre le début et la fin de l'intrigue permet de prendre la mesure de la dynamique de changement à l'œuvre. Dans le lai de *Lanval*, le départ final du héros dans le domaine de la fée marque l'éviction du domaine courtois, trop corrompu pour être amendé : « Od li s'en vait en Avalun[186], ». De fait, tout se passe comme si le roi, ayant manqué au principal devoir féodal, la *largesce*, ne pouvait qu'être supprimé,

184 *Yvain*, v. 5874-6459.
185 *Ibid.*, v. 6404-6448.
186 *Lanval*, v. 641.

ce qu'exprime la poétesse en envoyant le héros bâtir un monde heureux dans l'Ailleurs – qui est ici un « sous-Ailleurs ». Néanmoins, même problématisée de la sorte dans son lien à la religion et à la féodalité, la portée de l'initiation est avant tout royale : il s'agit d'élire le bon roi qui fera régner le bonheur.

Le couronnement même des héros symbolise cette portée symbolique de l'initiation, comme l'achèvement de la quête. La fin de *Tyolet* l'illustre bien :

> Roi fu e ele fu roïne.
> De Tyolet le lai ci fine[187].

Une fois son parcours achevé, le héros acquiert donc bien une fonction royale : Érec est couronné roi, de même que Haveloc, quand Yvain règne paisiblement avec Laudine. L'objet principal de l'errance chevaleresque concerne donc l'acquisition d'une souveraineté sacrée légitime par le chevalier devenu par cette cérémonie symbolique le héros royal. L'errance chevaleresque est en ce sens surtout royale.

Le Conte du Graal peut illustrer de manière particulièrement parlante cette idée[188]. Au départ, le héros, particulièrement mal dégrossi, non seulement ignore son nom, mais toute son histoire familiale. Il ne connaît rien au monde, au point de prendre des chevaliers pour Dieu ; il est comme une page blanche. Sa trajectoire se présente comme autant d'étapes dans un processus d'éducation, d'apprentissage et de prise de conscience. Le dernier roman de Chrétien de Troyes prend donc son héros dans son enfance la plus absolue, celle de la plus grande innocence. L'errance le conduira, jalon après jalon, à une initiation chevaleresque et sociale, puis amoureuse, enfin mystique. La première étape de ce processus d'apprentissage est chevaleresque et symbolisée par la scène de l'adoubement, au cours de laquelle Perceval passe symboliquement de l'enfance à l'âge adulte. Après avoir complété son éducation chevaleresque auprès de Gornemant de Goort, le héros est prêt pour l'initiation amoureuse. Il s'agit alors de l'épisode du château de Blanchefleur, épisode qui comporte en outre une dimension mythique de disette à laquelle Perceval, en héros providentiel, mettra un terme, en même temps qu'il

187 *Tyolet*, v. 704-705.

188 Cet aspect du roman ayant été largement étudié et commenté, nous synthétisons pour notre étude les données utiles dans la dynamique royale et utopique.

sauvegarde l'honneur de Blanchefleur en triomphant des deux tyrans qui l'assaillent. En effet, au moment où il les défait, un bateau chargé de victuailles accoste. Chrétien a donc tissé subtilement, dans cet épisode amoureux, cette dimension supplémentaire qui fonctionne comme une annonce discrète des autres étapes à franchir. Et de fait, Perceval ne reste pas, il doit continuer à gravir les échelons en vue d'atteindre la plénitude de la dimension salvatrice à laquelle il est prédestiné. Ainsi donc, Perceval repart juste après avoir puisé dans cet épisode amoureux, outre une vertu guerrière, une intériorité, une conscience, une ouverture à l'autre qui lui faisait jusqu'à présent si cruellement défaut. Le voilà alors confronté à l'épisode central du roman, celui du château du Roi Pêcheur, l'épreuve « initiatique » par excellence : la critique n'a pas manqué de la mettre en parallèle avec celle posée à Œdipe par la Sphinge (à l'envers)[189]. En effet, Perceval est puni, à l'inverse d'Œdipe, pour ne pas avoir posé de question[190], pour s'être tu malencontreusement. Absurde en surface, mais, en profondeur, de portée mythique. Cette question interroge en effet indirectement mais clairement l'essence royale. Perceval faillit alors à guérir le Roi Pêcheur, comme à abolir la « mauvaise coutume » qui plombe son royaume. Il ne rétablit pas pas le bonheur humain. En creux de cet échec se dessine donc la relation intrinsèque fondamentale entre l'initiation du héros royal et la perspective heureuse de l'ensemble du royaume arthurien, l'un étant le corollaire de l'autre. Seul le roi bon, nécessairement différent de la figure Arthur, peut construire un royaume heureux :

> L'homme meilleur, le prince qui assurera le bonheur des hommes, ne peut être qu'un homme nouveau, un homme qui, grâce à la plus puissante des créations utopiques – l'éducation, naîtra deux fois[191].

Ainsi donc, après les jalons guerriers et amoureux, le héros doit atteindre la dernière marche, celle qui le met face à son roi, face à l'idéal royal. Examinons cette étape à travers quelques exemples. Après

189 Daniel Poirion, « Edyppus et l'énigme du roman médiéval », *Senefiance*, n° 9, 1980, p. 285-299.

190 Karin Ueltschi, « Énigme, question rituelle et performance magique : la question à poser ou à ne pas poser », *L'Enigma nella letteratura europea dall'antichità e dal medioevo all'età moderna, a cura di* Margherita Lecco, Alessandria, Edizioni dell'Orso, 2010, p. 79-91.

191 Claude Thomasset, « Quand les rois seront philosophes ou le rêve utopique des universitaires… », dans Danièle James-Raoul, Claude Thomasset (dir.), *En quête d'Utopies*, *op. cit.*, p. 59.

avoir conquis le prix chevaleresque ainsi que l'amour, Érec, poussé par la rumeur publique d'une possible récréantise de sa part, parcourt le royaume arthurien, avant que l'épreuve de la Joie de la Cour ne démontre son élévation vertueuse. Il s'agit bien du troisième jalon, qui est royal, puisqu'à l'issue de sa victoire sur la Joie de la Cour, Érec devenir le roi légitime. De même, dans *Le Chevalier au Lion*, la conquête chevaleresque matérialisée par le combat à la fontaine aboutit à la rencontre amoureuse avec Laudine, avant que la folie du héros le mette sur la voie de la bravoure morale, qui constitue bien le troisième jalon de l'éducation du héros, qui rendra possible *in fine* la paix et le bonheur dans l'ensemble du royaume arthurien :

> De tous les éléments qui précèdent, on peut déduire que l'histoire d'Yvain raconte un itinéraire vers la Royauté. Le lion est l'animal royal par excellence et un thème légendaire confirme cette croyance : les lions s'agenouillent devant des personnages de sang royal. Dans le lai de *Haveloc le Danois* (texte du douzième siècle), Argentille, l'épouse du héros, voit en rêve un lion s'agenouiller devant son mari. Or, ce dernier est justement promis à un destin royal[192].

Autre exemple, Guigemar reçoit d'abord l'éducation chevaleresque avec le départ du héros à la cour et les nombreux tournois auxquels il participe[193]. Une fois sa prouesse acquise, l'apprentissage amoureux commence mais il s'imbrique dans le troisième jalon, puisque le passage vers le domaine merveilleux correspond bien à une élévation morale du protagoniste qui apprend à ses dépens à être moins orgueilleux. En effet, lui qui s'était déclaré insensible à l'amour[194] et avait éconduit nombre de jeunes femmes, se retrouve totalement envoûté par la dame du domaine merveilleux dans lequel il accoste[195]. Il met alors tout en œuvre pour la délivrer de son mari indélicat et pour qu'ils soient tous deux réunis dans la paix. Après de nombreuses péripéties, digne de son statut chevaleresque et parfait *fin amant*, Guigemar accède enfin au statut de héros grâce à l'épreuve finale au cours de laquelle il affronte Mériaduc. Ce faisant, il délivre son amie tout en instaurant une paix durable pour l'ensemble du royaume. Le lai se clôt d'ailleurs sur le départ dans la joie des deux protagonistes :

---

192 Philippe Walter, *Canicule…*, *op. cit.*, p. 199-200.
193 *Guigemar*, v. 48-54.
194 *Ibid.*, v. 63-68.
195 *Ibid.*, v. 379 et *sqq.*

> A grant joie s'amie en meine :
> Ore ad trespassee sa peine[196] !

Rencontrer un amour sincère et concourir à l'harmonie de l'ensemble de la communauté réunie dans le royaume constituent donc les deux jalons préalables nécessaires pour devenir un véritable héros royal.

Ainsi donc, tous ces exemples démontrent bien que le héros arthurien constitue le chaînon permettant de relier la fonction royale, dans sa dimension mythique, à l'harmonie de l'ensemble des hommes.

Les métaphores spatiales de l'initiation royale

Si l'errance chevaleresque est polarisée géographiquement, le sens même des métaphores spatiales renvoie à l'initiation royale, en une réciprocité symbolique remarquable. Par l'action héroïque en leur sein, associée au motif de l'errance, les pôles royaux que sont le domaine courtois et le domaine merveilleux participent des stratégies d'initiation et d'acquisition du pouvoir royal, à l'instar du royaume du Danemark, qui, divisé et saccagé au début du lai d'*Haveloc*, enregistre la souveraineté légitime du héros par son harmonie finale.

Plus encore, la perspective royale du récit breton transparaît davantage dans l'agencement symbolique des domaines arthuriens, que dans le mouvement et le voyage du héros. À ce titre, Marie-Luce Chênerie considère un peu trop rapidement que l'existence du domaine courtois se justifie uniquement par une dimension sociale :

> [L]e réel, la vérité documentaire, n'apparaissent que dans la mesure où ils entrent dans le cadre de vie aristocratique, où ils servent l'ennoblissement du héros[197].

À notre sens, plus que des décors de l'initiation, l'agencement des domaines arthuriens dans la structure de l'intrigue métaphorise et dévoile l'ambition profondément royale des textes à l'étude. Tout converge vers la révélation d'un roi sacré et légitime. À preuve, nous avons vu que la cour revêt une fonction différente en fonction l'étape initiatique traversée

---

196 *Ibid.*, v. 881-882.

197 Marie-Luce Chênerie, *Le Chevalier errant dans les romans arthuriens en vers des XIIe et XIIIe siècles*, *op. cit.*, p. 143.

par le héros. De force centrifuge poussant le chevalier à parcourir le monde lorsque le héros n'a pas encore prouvé sa vaillance, elle se fait force centripète une fois le héros reconnu comme tel, et le rappelle à elle pour enregistrer l'acquisition de la souveraineté. L'exemple d'*Érec et Énide* en est frappant : le roman débute par un repas autour de la table ronde à la cour d'Arthur, où les *topoï* de la noblesse, du faste et de l'abondance nourricière sont imbriqués dans la référence au printemps :

> Au jor de Pasque, au tans novel,
> A Quaradigan, son chastel,
> Ot li rois cort tenue.
> Einz si riche ne fu veüe,
> Que mout i ot boens chevaliers,
> Hardiz et conbatanz et fiers[198],

Il se clôt aussi par le même type de repas, où l'on retrouve les mêmes *topoï* de profusion, de richesse, de nourriture et d'invités prestigieux réunis sous l'égide du roi :

> A chascune table por voir
> Avoit ou roi ou duc ou conte,
> Et cent chevaliers tot par conte
> En chascune table seoient.
> Mil chevalier de pein servoient
> Et mil de vin et de mil de mes,
> Vestuz d'ermins peliçons fres.
> [...]
> Quant celle feste fu finee,
> Li rois departi l'assamblee
> Des rois et des dus et des contes[199],

Si le roi ouvre le dîner dans le prologue, il l'achève aussi, confirmant la structure circulaire du récit, comme la portée symbolique de la thématique du repas, véritable métaphore du livre. Par conséquent, la cour, qui ancre l'action à ces deux moments clefs en recourant aux mêmes topiques, conduit tout naturellement le lecteur à relever les différences entre les deux types de scène. Pourtant, force est d'admettre que la seule différence réside dans la qualification des convives : le repas initial

---

198 *Érec*, v. 27-32.
199 *Ibid.*, v. 6924-6930 ; 6939-6941.

insiste sur leur origine chevaleresque, quand le dîner final insiste sur leur qualité royale, en un renvoi symbolique à l'initiation du héros qui, de chevalier, est devenu roi. Mieux, une remarque de Miléna Mikhaïlova nous aidera à circonscrire précisément le mode de structuration du récit breton induit par la fonction royale de la cour :

> En fait, il s'agit bien d'une spirale, car la fin (tragique ou non) ne se situe jamais dans le premier poste, à la cour. C'est le contraire du roman courtois où le protagoniste revient à la cour du roi pour y raconter ses aventures. Le héros des *Lais* ne revient jamais dans le monde de la société où règne l'injustice, où l'ordre naturel des choses est renversé. [...] Il s'agit bien, par conséquent, d'une structure spiralée[200].

Si le héros du roman breton rentre bien à la cour, il ne s'agit pas d'un retour, au sens où le chemin effectué dessinerait une boucle, mais bien davantage d'une spirale. Entre le début et la fin du récit, le chevalier est devenu héros et même roi, ce que souligne parfois explicitement une scène de couronnement. Si au départ, la cour est le lieu du décentrement injuste, elle enregistre à la fin la possibilité d'un bonheur collectif, créé par le héros, pour les hommes. Le lieu curial apparaît ainsi davantage comme le repère nodal de l'errance, et même le marqueur du changement de la société qui a eu lieu grâce au héros.

Le sens du domaine merveilleux est aussi élaboré en fonction de l'initiation du héros, phénomène que nous allons illustrer à travers l'exemple de son verger merveilleux[201]. Chez Chrétien de Troyes, le verger met en exergue les principales dimensions du roman arthurien, à savoir les ambitions chevaleresque et amoureuse du héros. Cette place accueille particulièrement les scènes finales de l'intrigue où se nouent tous les enjeux de la quête du héros. Ainsi, dans *Érec et Énide*, le verger clos d'air concilie le mariage et la *fin amor* en montrant la nécessité d'une certaine liberté au sein du couple. Dans *Cligès*, l'épisode du lieu d'agrément conduit à la reconnaissance par le roi Arthur après que les amants ont été découverts par le *losengier*. Lieu du bilan, le verger merveilleux de ces romans mène donc à la résolution de l'intrigue.

200 Miléna Mikhaïlova, « L'espace dans les *Lais* de Marie de France : lieux, structure, rhétorique », *Cahiers de civilisation médiévale*, 40, 158, 1997, p. 152.

201 Les idées développées dans ce paragraphe étaient déjà en germe dans mon mémoire de master : *Le Verger arthurien dans l'œuvre de Chrétien de Troyes et le* Lancelot en prose *: de la confluence topique et mythique à la* senefiance *merveilleuse et courtoise*, mémoire cité.

Le rôle de la fontaine de Barenton, dans *Le Chevalier au Lion*, dont nous avons montré l'accointance avec le verger aux réminiscences édeniques, peut illustrer la structuration de l'initiation. À vrai dire, les étapes essentielles du parcours chevaleresque, amoureux et spirituel d'Yvain transparaissent à travers ses différents passages en ce lieu. Au premier arrêt d'Yvain à la fontaine[202], l'isotopie guerrière, avec *hauberc*[203], *lances*[204], *espee*[205] ou encore *escuz*[206], introduit les péripéties chevaleresques d'Yvain lors du combat avec le mari de Laudine. Ensuite, la fontaine apparaît lorsqu'Arthur et sa cour rendent visite au héros[207]. Le lieu souligne ici l'élévation sociale d'Yvain du fait de la reconnaissance politique de son mariage par Arthur. Puis, après être devenu le Chevalier au Lion, il tombe à nouveau, par hasard, sur la fontaine en se promenant avec son animal[208]. La présence du motif à ce moment là est stratégique. D'une part, la fontaine signale l'élévation morale du héros qui, en aidant le lion sans visée de récompense, a atteint une véritable noblesse de cœur. D'autre part, le retour au lieu d'origine de son amour rappelle à Yvain le chemin qu'il reste encore à parcourir pour devenir digne de Laudine, il a alors l'intuition foudroyante de l'immensité de sa faute :

Messire Yvains en tel meniere
Devant le perron se pasma.
Au revenir mout se blasma
De l'an que trespassé avoit
Por coi sa dame le haoit[209],

Le héros fait ensuite le bilan de ses erreurs qu'il va ensuite chercher à réparer. La fontaine se présente ici comme le lieu du bilan. D'ailleurs, à la fin du roman, Laudine pardonne à Yvain, à ce même endroit, après que celui-ci a prouvé sa valeur à son épouse, par des prouesses chevaleresques totalement désintéressées. La fontaine signale donc l'accomplissement amoureux et spirituel du héros qui est récompensé par l'amour. On voit

202 *Yvain*, v. 798-904.
203 *Ibid.*, v. 819.
204 *Ibid.*, v. 820.
205 *Ibid.*, v. 822.
206 *Ibid.*, v. 824.
207 *Ibid.*, v. 2172-2480.
208 *Ibid.*, v. 3489 et *sqq.*
209 *Ibid.*, v. 3526-3530.

donc qu'à chaque fois qu'Yvain retourne à la fontaine de Laudine, il a franchi une étape de plus dans son apprentissage chevaleresque, amoureux et identitaire. Signalant chaque étape fondamentale de l'initiation du héros arthurien, le lieu a ainsi une fonction hautement structurante au sein du roman.

Le statut fondamental du verger dans la mise en place d'une éthique courtoise est favorisé par le caractère stéréotypé de son agencement. Sa récurrence dans le roman courtois s'apparente à un *leitmotiv* du narrateur signalant une étape importante de la construction identitaire du héros.

La structuration de l'espace métaphorise donc les différentes étapes de l'éducation du héros. Plus que des éléments du décor, les lieux constituent par conséquent des métaphores de l'errance et des dynamiques chevaleresques. Leur symbolique renvoie à l'enjeu initiatique royal. Ils possèdent donc aussi une signification sémiologique et épistémologique renseignant sur les dynamiques profondes du récit breton. L'espace invite constamment à une réflexion et à une interprétation des signes. La structuration générale du récit porte ainsi sens. Nous avons montré à plusieurs reprises qu'elle est circulaire, métaphorisant ainsi le monde entier, le royaume arthurien : « [l]es différents moments-clefs pour la spatialité arthurienne se rattachent tous, [...], à la figure symbolique du cercle[210].

Outre leur enjeux narratifs et symboliques, les domaines arthuriens sont ainsi investis d'une portée sémiologique en vertu d'un principe royal, ce qui nécessite un effort constant de l'auditeur/lecteur pour en décrypter les signes. Voici comment on pourrait rendre schématiquement ce processus[211] :

Péché royal + domaine courtois = errance chevaleresque ⇒ aventure chevaleresque + domaine merveilleux ⇒ initiation du héros royal ⇒ domaine courtois + reconnaissance sociale = initiation royale.

L'initiation royale repose sur un savant entrelacement entre un chevalier royal et les aventures proposées par les deux domaines constitutifs du chronotope arthurien, le tout étant orchestré en lien avec le motif

210 Catalina Gîrbea, *La Couronne ou l'auréole...*, *op. cit.*, p. 252.

211 L'association de données est rendue par le signe « + ». La conséquence et le mouvement du héros induits par l'équation précédente sont indiqués par le signe « ⇒ ».

du « hasard[212] », ou de l'« aventure[213] », dans le but même de créer un royaume heureux à la tête duquel se trouve le roi ainsi légitimé. L'initiation royale est en ce sens une légitimation de la souveraineté du nouveau roi, ainsi que le montre la structure circulaire, tant de l'espace, que des données royales ainsi mises en évidence.

Or la présence même d'un roi sera précisément l'une des caractéristiques de l'île d'Utopia de Thomas More, comme de l'ensemble des pays imaginaires. Par conséquent, une réflexion sur la place du roi au sein de la société arthurienne permet une fois de plus de proposer l'hypothèse d'une dimension utopique dans le récit breton.

Dynamique ascétique : un décentrement individuel pour un bonheur collectif

L'attention portée à la relation entre l'errance du héros et les domaines traversés révèle une autre dynamique interne du récit breton, à savoir la tension entre les ambitions individuelles et collectives :

> L'expérience dualiste de la chevalerie, telle qu'elle apparaît dans le roman courtois, n'est pas seulement l'opposition de deux mondes, la confrontation entre le Bien et le Mal ; la contradiction, qui est au fond celle de l'individu et de la société, déchire aussi l'individu, dans la mesure où il est à la fois un être humain particulier et un membre de la communauté, et la communauté, dans la mesure où elle se compose d'individus différenciés. C'est pourquoi le protagoniste des romans arthuriens est non seulement constamment expulsé puis attiré par la société que représente la cour ; la communauté de la cour, dont la fonction est normative, corrective, mais qui a elle-même besoin de sécurité [...][214].

212 Sur le motif du hasard présidant à la survenue des aventures chevaleresques, Erich Köhler précise : « L'homme n'est plus lié au destin seulement en tant que membre d'une collectivité, mais en tant qu'individu dont le destin décidera du sort de la communauté. Le "hasard" comme événement qui "advient" est interprété positivement à partir de ce qui arrive fortuitement à l'individu, à partir de ce qui le frappe – dans le bon ou le mauvais sens. Dans le bon sens, c'est une consécration et une récompense, dans le mauvais sens, c'est un châtiment. Cette mutation qui annonce un nouveau monde chevaleresque et marque sur le plan historico-littéraire l'apparition du roman courtois, reflète une modification politique et spirituelle de la classe des guerriers ; [...] », *L'Aventure chevaleresque...*, *op. cit.*, p. 78-79.

213 Sur l'aventure et son lien au hasard et à la Fortune, voir Erich Köhler, *L'Aventure chevaleresque...*, *op. cit.*, p. 103 et *sqq.* ; Catalina Gîrbea, *La Couronne ou l'auréole...*, *op. cit.*, p. 161 et *sqq.*

214 Erich Köhler, *L'Aventure chevaleresque...*, *op. cit.*, p. 128.

Francis Gingras attribue cette particularité du récit breton au passage qui s'est effectué de la navigation collective à l'équipée solitaire, lorsque le récit médiéval a mué de l'épopée au roman :

> Avec le chevalier errant, le héros se place plus volontiers en marge de la communauté dans un mouvement qui isole un personnage qui n'est plus membre d'une équipée, mais appelé au contraire à faire cavalier seul[215].

Plus encore, la solitude nécessaire à l'errance chevaleresque peut être assimilée à une dynamique ascétique. En effet, l'exclusion temporaire du chevalier de sa communauté semble nécessaire pour rétablir un équilibre corrompu. Il semble nécessaire que le héros s'éloigne seul de sa communauté dans un premier temps, pour endurer le processus ascétique qui le distinguera de ses pairs et le révélera en tant que digne roi. L'ascèse arthurienne s'apparente alors à un renoncement social préalable à l'élection royale.

Les scènes de tournois, qui sont des *topoï* récurrents des textes étudiés, illustrent particulièrement les contradictions existant entre les aspirations individuelles d'un chevalier et celles de sa communauté. Le tournoi est conditionné par l'espace de la lande ; il est tour à tour défini comme un processus d'intégration, de rituel, ou encore comme un moment d'union de la noblesse[216]. Il consiste en effet en une série d'affrontements chevaleresques pouvant aller jusqu'à la mort, et visant malgré tout à réunir l'élite chevaleresque. Il existe donc une ambivalence profonde entre la volonté de réunir la communauté et le risque réel de mort pour chaque chevalier qui participe au tournoi. Toute l'action du lai du *Chaitivel* est construite autour de cette ambiguïté : le rituel chevaleresque conduit à la mort de trois chevaliers sur quatre, ainsi qu'au malheur du survivant et de la dame[217]. De même, le tournoi d'Oxford[218] de *Cligès* prend la forme d'un combat pour la souveraineté, à l'issue duquel le héros est couronné roi, achevant la réunion entre l'Orient et l'Occident. En effet, grâce à Fénice, l'empire d'Allemagne est désormais lié à celui de la Grèce. Ainsi qu'en témoigne cet exemple, le tournoi

215 Francis Gingras, *Le Bâtard conquérant…*, *op. cit.*, p. 222.

216 Marie-Luce Chênerie, *Le Chevalier errant dans les romans arthuriens en vers des XIIe et XIIIe siècles*, *op. cit.*, p. 133-135.

217 *Le Chaitivel*, v. 117-120.

218 *Cligès*, v. 4572 et *sqq.*

peut donc participer d'une stratégie visant à révéler le roi suprême, en somme d'une « éphébie royale[219] », l'éphébie renvoyant à l'éducation et à l'initiation d'un héros pris dans sa plus grande immaturité pour tendre, dans la dynamique révélée par le récit, vers l'acquisition du statut de roi légitimé par ses actions vertueuses.

Néanmoins, si dans ces affrontements nobiliaires, la communauté chevaleresque exige que le chevalier se batte jusqu'à la mort si nécessaire, il se peut aussi que sa propre volonté soit contraire à ce principe, ce qui le conduit à un dilemme. Le combat de Gauvain avec Yvain, pourtant amis, à la fin du *Chevalier au Lion* est révélateur du type de contradictions animant les chevaliers appartenant à une société privilégiant le collectif sur l'individu. D'ailleurs, les chevaliers résolvent ce litige moral entre amitié individuelle et rituel social en refusant de continuer le combat.

L'ambivalence du tournoi est avant tout historique et sociale, puisqu'elle est ancrée dans la société féodale. En ce sens, le tournoi est symptomatique d'une culture et d'une époque tiraillées entre aspirations individuelles et collectives, ce qui nous renvoie à la problématique royale. Celle-ci peut aussi être celle d'un écartèlement entre individu et collectif. Comment une personne seule peut-elle assurer le bien, la justice, bref les valeurs d'une communauté entière ? La solution proposée par le récit breton est celle du chevalier errant. On déplace en effet le centre d'action, puisque ce n'est plus le roi seul qui assure la légitimité de son territoire, mais le chevalier, érigé comme garant des intérêts communs. Il pérégrine pour défendre le royaume, c'est-à-dire pour le roi, mais aussi ses sujets. Cette dynamique individu/communauté est donc au cœur, comme à l'origine de l'errance du chevalier, ce qui justifie sa qualification de dynamique profonde et interne du récit breton. Rappelons ici encore que le départ du chevalier à travers les deux domaines emblématiques est le plus souvent motivé par une faute du roi. Malgré cela, la cour royale reste le principal repère du voyage, ce qui implique par conséquent une tension entre les aspirations individuelles du chevalier et les intérêts collectifs de la communauté du royaume.

Outre le traditionnel processus d'élection d'un chevalier choisi au cœur de la communauté de la cour, cette tension structurante du récit breton peut aussi être modulée. Dans *Eliduc*, elle nuit d'abord au personnage,

219 Selon les mots de Philippe Walter dans *Canicule…*, *op. cit.*, p. 279.

puisque la pression de la communauté et de la rumeur déclenche le bannissement injuste du héros, comme le montre l'extrait suivant :

> Pur l'envie del bien de lui,
> Si cum avient sovent d'autrui,
> Esteit a sun seignur medlez
> E emperiez e encusez,
> Que de la curt le cungea[220]

La forme passive des verbes *medlez*, *emperiez*, et *encusez* attribue bien à une communauté neutre et indéterminée la responsabilité du destin malheureux du héros, la collectivité s'opposant directement à l'épanouissement individuel. Quelques variations que subisse cette dynamique, elle revêt d'abord un intérêt narratif puisqu'elle est toujours à l'origine de l'élément perturbateur et donc du départ du chevalier. Il est bien nécessaire que le héros s'éloigne et endure l'errance dans la solitude ascétique pour accéder au statut supérieur et royal.

Une fois admis comme héros, le personnage principal peut ensuite réintégrer la collectivité qui procèdera à son couronnement. À titre d'exemple on peut citer, à la fin d'*Érec et Énide*, l'épisode de la Joie de la Cour qui introduit le passage d'une action chevaleresque individuelle à ses effets sur toute une collectivité, qui profite de l'action glorieuse d'un seul homme. Si le succès de l'épreuve a pour conséquence le couronnement d'Érec, il réinstaure surtout un équilibre et une harmonie durable pour l'ensemble du peuple, salués par une liesse populaire que le poète décrit avec une insistance qui montre bien l'importance de l'événement dans l'économie globale de l'œuvre :

> Maintenant s'est Erec levez,
> Et cil se lieve ansanble o lui ;
> Au cor an vienent anbedui.
> Erec le prant et si le sone,
> Tote sa force i abandone
> Si que mout loing an va l'oïe.
> Mout s'an est Enyde esjoïe
> Quant la voiz del cor antandi,
> Et Guivrez mout s'an esjoï.
> Liez est li rois et sa gent liee ;

220 *Eliduc*, v. 41-45.

N'i a un seul cui mout ne siee
Et mout ne pleise ceste chose :
Nus n'i cesse ne ne repose
De joie feire et de chanter.
Ce jor se pot Erec vanter
C'onques tel joie ne fu feite :
Ne porroit pas estre retreite
Ne contee par boche d'ome,
[…]
Par le païs novele vole
Qu'ainsi est la chose avenue[221].

L'introduction des bénéficiaires de l'agrément fait l'objet d'une véritable gradation, qui marque explicitement le passage de l'intérêt individuel du couple héros[222], à son effet sur un autre chevalier Guivrez[223], puis sur le roi[224], qui occupe la plus haute position sociale et renvoie à l'ensemble des sujets qu'il gouverne, pour ensuite concerner le pays tout entier[225]. La tension entre individuel et collectif est donc sous-jacente à toute l'aventure. Plus encore, il semble que cette dynamique structure l'ensemble du périple arthurien, dont l'errance peut se comprendre en fonction de ces deux pôles : Érec quitte sa communauté pour conquérir son statut royal, par sa quête individuelle. Une fois sa valeur chevaleresque et morale démontrée, il peut réintégrer les siens en tant que héros royal et même roi, ce qu'enregistre d'ailleurs son couronnement final.

Cette dynamique narrative opposant l'action héroïque individuelle à sa visée collective structure ainsi la plupart des récits à l'étude : tous les romans de Chrétien de Troyes certes, mais aussi les lais de *Guigemar*, *Lanval*, *Yonec*, *Eliduc*, *Haveloc*, *Desirré*, *Guingamor*, *Graelent*, *Tydorel*. Francis Gingras résume ainsi les enjeux de cette opposition entre individuel et collectif :

> Le départ en aventure donne au roman l'élément de crise qui déclenche le récit et éloigne – temporairement – le héros de la cour d'Arthur où son individualité est mise à l'épreuve avant qu'il puisse réintégrer sa communauté. L'aventure place le roman dans la tension vers ce qui doit, ce qui peut, advenir : dans

221 *Érec*, v. 6152-6169 ; 6172-6173.
222 *Ibid.*, v. 6152 ; 6158.
223 *Ibid.*, v. 6160.
224 *Ibid.*, v. 6161.
225 *Ibid.*, v. 6172.

un mouvement de suspension vers l'incertain où l'imprévu donne l'assurance qu'il peut y avoir quelque chose à raconter[226].

À notre sens, ce « quelque chose à raconter » participe d'un soubassement mythique à l'œuvre dans ces récits que nous nous efforçons de mettre au jour. Cette tension profonde et structurante s'explique davantage par la dynamique royale au cœur de la structure narrative, symbolique et mythique du récit breton. La dynamique de décentrement d'un seul chevalier traduit donc un premier processus d'élection d'un homme désigné pour devenir le futur roi. L'initiation vise à discerner l'unique homme capable de régner sur la communauté du royaume, en vertu de la volonté divine, ou le cas échéant de seconder le roi « universel », Arthur, dans cette fonction. C'est bien ce que dit la polarisation spatiale de l'errance. Le parcours individuel du héros, assimilée à une ascèse du fait de toutes les épreuves qu'il traverse, lui permet d'acquérir la légitimation sacrée au sein de la collectivité réunie dans le royaume. Dans la logique mythique de la *catabase*, une fois revenu d'entre les morts, ainsi que le voyage dans le domaine merveilleux le symbolise, il peut réintégrer la communauté des vivants et exercer sa souveraineté acquise[227].

La tension entre individu et collectif définit donc l'errance, ce qui explique d'ailleurs que sa polarisation spatiale, comme la structure même de l'intrigue soient axiaux. Mais cette dichotomie est subsumée en vertu de l'initiation et de la distinction d'un héros digne de l'héritage arthurien. L'initiation royale s'apparente donc à une dialectique entre individu et collectif que résout l'élection d'un roi sacré et *pontifex*[228]. Et de fait, nous avons montré que, tant sur le plan historique que dans la littérature, le sacre du roi traduit sa fonction de médiateur entre la volonté divine et les hommes, entre un individu et une communauté

226 Francis Gingras, *Le Bâtard conquérant…*, *op. cit.*, p. 277. Nous soulignons pour les besoins de la démonstration qui suit la citation.

227 Catalina Gîrbea, *La Couronne ou l'auréole…*, *op. cit.*, p ; 226-227.

228 Les textes ne cherchent pas forcément à résoudre l'oppostion entre la figure royale, centrale, Arthur et le héros. Le combat du héros ne destitue pas Arthur, mais un effet de miroir s'instaure. Le roi Arthur qui couronne le héros se réinvestit, se trouvant lui-même « guéri » par les prouesses du héros ; la logique mythique dissocie volontiers, au niveau narratif, les éléments constitutifs de sa signifiance.

humaine. Le récit breton est donc structuré selon trois grandes dynamiques : l'errance d'abord, mais aussi la conquête d'une souveraineté sacrée, et enfin la tension entre la volonté individuelle et les aspirations collectives, le tout étant savamment entrelacé en vertu d'un sens avant tout royal, mais aussi poétique. Parfait reflet des questionnements des temps contemporains, le récit breton se présente en somme comme la métaphore de l'acquisition d'une souveraineté sacrée légitimée par le peuple.

Le royaume final voit ainsi la réunion de toutes les dynamiques en vertu du bonheur du royaume, à la fois le territoire, mais aussi sa communauté réunie sous l'égide d'un roi. La partie suivante examinera la construction de cette « eutopie arthurienne », c'est-à-dire du royaume heureux et ordonné par un roi sacré et légitimé par son parcours héroïque.

CONCLUSION

La transition entre les deux domaines a fait l'objet du quatrième chapitre. Tant du point de vue du fonctionnement spatial, que temporel, celle-ci prend la forme d'un passage du plan réaliste au plan plus imaginaire de l'action.

Sur le plan spatial d'abord, le passage du domaine courtois vers le domaine merveilleux s'effectue plus volontiers dans des espaces naturels. Leur grandeur et leur mystère favorisent une ambiance merveilleux propre au plan imaginaire où se situe l'Ailleurs.

Puis, le temps des récits éudiés a été considéré. Il est marqué par des durées hautement symboliques, structurées selon des oppositions marquées. De fait, au sein de cet imaginaire, la nuit s'oppose au jour, l'hiver à l'été, comme la vie à la mort. Dans cette forte signifiance, se loge l'éclosion possible d'une autre temporalité, déterminée par le surnaturel. Pour que celle-ci apparaisse, certaines conditions narratives doivent être réunies. En effet, une focalisation interne au héros est primordiale. Ainsi introduit dans le domaine merveilleux, le héros fait l'expérience d'une temporalité extensive, faisant l'objet de distorsions variées. Les récits étudiés mettent en place un feuilletage chronologique complexe, s'étalant du temps fini de la cour à l'éternité de l'au-delà[1]. Le chevalier qui effectue les trajets entre ces strates temporelles apparaît bien comme un personnage de l'entre-deux. Il est lui-même tiraillé dans un temps intermédiaire.

Ce cycle temporel ainsi analysé est vecteur du cycle de la vie, des saisons, comme, en outre, de la dynamique royale que nous étudierons dans la troisième partie de notre étude.

Puis, le cinquième chapitre a considéré l'errance du protagoniste à travers le royaume arthurien. L'attention portée au parcours du personnage

1 Francis Dubost, « La vie paradoxale : la mort vivante et l'imaginaire fantastique au Moyen Âge », Francis Dubost (dir.), *La Merveille médiévale*, *op. cit.*, p. 170.

principal est révélatrice des principaux enjeux du récit breton qui concernent avant tout la question royale.

Nous avons d'abord montré que, sur le plan narratif, l'action est centrée sur un personnage, ce que souligne la dimension subjective du texte. De fait, le choix du nom du héros pour titre, mais aussi la focalisation interne adoptée, ou encore l'insistance sur les émotions du personnage principal, permettant d'accéder à ses pensées et conduisent le lecteur sur la voie qu'il emprunte. Ce resserrement du récit sur un personnage correspond au principe d'élection d'un seul chevalier, choisi en fonction de ses qualités chevaleresques, mais aussi morales, pour seconder le roi en ses terres. Ces procédés relèvent aussi d'un processus visant le lecteur à s'identifier au héros pour mieux en suivre le cheminement.

L'action arthurienne repose en effet principalement sur le principe de l'errance, qui constitue la première loi narrative, le principal fil conducteur de l'action, ainsi que le montre la constance des schémas narratifs arthuriens. L'errance préserve le suspense et concourt aux rebondissements de l'intrigue ; l'aventure est découverte au gré du parcours du héros. Outre ses principaux enjeux narratifs, le voyage chevaleresque dévoile aussi le sens profond du récit arthurien, qui a trait à la question de la royauté, en lien même avec l'organisation spatiale de la diégèse. Il existe en effet un lien indéniable entre les domaines traversés par le chevalier-héros et le principe même d'errance ; l'espace se faisant la métaphore symbolique des relations qui s'y nouent, et le tout convergeant vers la révélation du roi légitime. Plus encore, l'errance est polarisée par les deux domaines courtois et merveilleux, l'un se faisant le miroir symbolique et inversé de l'autre.

Certaines constantes et relations narratives et spatiales ont de ce fait été analysées sur le plan narratif, puis symbolique. Le domaine courtois est le centre d'impulsion de l'aventure chevaleresque, puisque s'y déroule l'élément perturbateur mettant en chemin le protagoniste principal. En outre, le périple contient toujours une traversée du domaine merveilleux, qui fourmille de péripéties visant à dynamiser l'intrigue, comme à mettre en valeur la prouesse du chevalier.

Nous avons donc montré que le recentrement du récit breton sur le parcours d'un chevalier élu vise à mettre en valeur l'initiation royale d'un héros, tout en le soumettant à une quête. Si à l'issue de sa quête, le chevalier rentre à la cour de son roi, celle-ci a changé et n'incarne plus la corruption ou le péché comme c'était le cas au début du récit, grâce notamment à son action bénéfique. Ainsi donc, le retour du chevalier-héros à la cour vise d'abord à enregistrer ce passage. La présence d'Arthur à ce moment de l'intrigue[2] est en ce sens structurante : elle met en valeur l'exploit réalisé par le chevalier qui a rétabli l'équilibre de l'ensemble du monde arthurien. L'initiation du chevalier prend alors fin et il accède au statut de héros royal. Les quelques scènes de couronnement final du corpus marquent symboliquement ce dernier moment de l'action. Certes, tous les chevaliers du corpus ne sont pas couronnés, à l'instar de Guigemar ou de Lanval qui partent définitivement dans l'Ailleurs. Toutefois, Erec, Haveloc et Yvain le sont bien, quand *Le Conte du Graal* et le lai de *Guigemar* problématisent l'accès au statut royal ainsi que nous l'avons démontré. Quelle que soit la singularité des textes à l'étude, la fonction royale se mérite toujours par l'achèvement de la quête chevaleresque, qu'elle soit réelle ou spirituelle.

Outre les interférences inextricables entre le héros et le domaine qu'il visite, le résultat même de l'errance chevaleresque participe de la *senefiance* du récit breton. Nous proposons donc désormais de considérer la perspective et le sens mythique du royaume arthurien, tirant conclusions de ce périple à la fois chevaleresque, mais aussi psychologique et royal.

Un espace binaire et contraire, comme le voyage d'un personnage en son sein, et la nécessité d'un roi à sa tête pour assurer le destin de la communauté constituent aussi trois des critères de l'utopie littéraire. En effet, tous les niveaux de significations de la matière de Bretagne – l'errance, comme l'initiation, ou encore la dynamique royale – structurent tout autant le discours utopique. Le récit breton constitue par conséquent un véritable précurseur de l'utopie littéraire médiévale que l'on distingue à partir du *Fabliau de Cocagne*. Rappelons ici la définition de l'utopie établie par Louis Marin, qui y distingue différents niveaux de significations, de même que le récit breton :

> L'utopie est un discours dont le texte, système complexe et hiérarchisé de niveaux d'articulation du sens, constitue un espace multiple et dispersé en lieux discursifs, en *topoï* dont la dispersion et la pluralité obéissent à des processus spécifiques et à un travail déterminé. Le texte utopique, ainsi défini dans sa structure, effectue fonctionnellement une double opération :

2 Arthur est présent dans les récits de Chrétien de Troyes principalement, et notamment dans *Érec et Énide*, *Le Chevalier au Lion*, *Le Chevalier de la Charrette*.

> tout d'abord, réaliser la transposition sémiotique d'une organisation d'espace qui est sa visée essentielle puisqu'elle poursuit la fin – même lorsqu'elle est négative – d'une « habiter » total du monde, en une organisation de langage, en un discours dont la manifestation la plus apparente est temporelle – qu'elle soit profération verbale-orale ou linéaire-écrite[3].

Le discours utopique est avant tout porté par une perspective de création de bonheur. Le résultat de la quête chevaleresque sera par conséquent analysé en fonction de son rapport au bonheur. Ce faisant, il s'agira aussi de mettre en lumière le sens véritablement utopique de la matière de Bretagne. Le royaume arthurien, en tant qu'eutopie médiévale, c'est-à-dire un lieu royal et utopique, où domine la création du bonheur, sera ainsi mis en évidence.

3 Louis Marin, *Utopiques : jeux d'espace*, Paris, Éditions de Minuit, 1973, p. 23-24.

TROISIÈME PARTIE

PRÉMICES D'UN ROYAUME EUTOPIQUE

INTRODUCTION

Qui petit seme petit quialt,
Et qui auques recoillir vialt,
An tel leu sa semance espande
Que fruit a cent dobles li randes,
Car an terre qui rien ne vaut
Bone semance i seche et faut[1].

Le bilan de la quête du héros associerait sa reconnaissance individuelle et royale au bien-être de l'ensemble de la communauté arthurienne. Surtout, son sacre apporterait l'espoir même de l'avènement d'un nouveau royaume répondant aux attentes de la collectivité. Émergeant de l'errance chevaleresque, ce lieu rêvé serait en effet nourri des failles des deux domaines qui ont été tour à tour évincés tout long de l'intrigue, pour mieux réparer les erreurs du passé et les frustrations révélées et ce, en vue d'une harmonie durable et collective. Par conséquent, ce royaume se présenterait comme le reflet des principaux rêves arthuriens, voire médiévaux. Il assumerait de la sorte l'ensemble des enjeux de l'idéal arthurien que notre approche personnelle tente de circonscrire. La perspective adoptée considérera ce lieu idéal comme un troisième royaume, puisqu'il résulterait d'une troisième voie, spécifiquement ouverte par la dialectique entre le premier domaine courtois malade et le deuxième domaine merveilleux chimérique.

En tant que projection vers un futur radieux, mais avant tout humain, ce royaume idéal contribuerait aussi à faire émerger les prémices d'un véritable discours utopique. En vertu de cet « utopisme arthurien », lorsque nous évoquerons ce royaume rêvé[2], nous lui adjoindrons l'adjectif « eutopique ». Il est formé de *topos*, « le lieu », qui renvoie à l'enjeu spatial

1 *Perceval*, v. 1-6.
2 Nous verrons en effet que ce royaume est seulement ébauché, mais jamais décrit.

du récit breton précédemment mis en lumière, et du préfixe *eu*, du grec εὐ, « bon », racine que l'on retrouve également dans le latin *augurium*, « augure » ; « présage tiré par les augures[3] ». Cet étymon est particulièrement significatif dans notre perspective, car il a aussi donné le nom médiéval *eür*, qui correspond aux mêmes enjeux que l'idéal arthurien d'harmonie et de plénitude collectives que notre approche s'applique à saisir. L'*eür* renvoie au sort partagé par l'ensemble des hommes d'une même société. Il peut d'ailleurs être traduit par « bonne fortune », « chance », voire « hasard[4] ». La tension entre les intérêts collectifs et individuels et leur résolution apparaît de fait véritablement structurante, tant pour la définition médiévale de la « bonne fortune », que pour la « parabole royale » du récit breton.

Nous proposerons donc une approche originale du récit breton, lequel tendrait vers la conception et définition d'un idéal d'harmonie, de plénitude et de paix. Ce rêve culminerait dans la création d'un *royaume eutopique.*

La définition de cet idéal arthurien passera par une mise au jour de la « parabole royale » sous-jacente à la quête du héros. Nous appellerons ainsi le scénario mythique qui associe l'équilibre du royaume et du monde à la nécessaire régénération de la royauté. Dans le récit breton, l'objectif royal qui sous-tend tous les itinéraires arthuriens assure en effet le renouvellement cyclique du roi. Le couronnement final du héros en roi fort et légitimé publiquement, guérirait surtout métaphoriquement le royaume du mal qui le guettait, mettant au jour cet idéal royal, davantage mythique, que narratif. Les différents aspects de cette parabole seront par conséquent envisagés, à travers notamment le rôle fondamental de la femme, ou encore son reflet historique.

Le premier chapitre de cette partie s'attache à mettre en lumière l'objectif de bien-être et d'harmonie durable associé à l'itinéraire royal du héros. Nous montrerons d'abord qu'à l'issue de son parcours, le héros ne ramène nul trésor, ni talisman. Son voyage ne débouche pas non plus sur une terre d'asile cachée, mais revient à son point de départ, le domaine courtois, en un parcours cyclique et humain. Il s'agit plutôt de rétablir les conditions du bien-être et de l'harmonie de l'ensemble

3 *Dictionnaire étymologique latin*, Michel Bréal, Anatole Bailly, Paris, Hachette, 1885, p. 24.

4 *Eür* serait apparu en ancien français en 1121, *Le Robert historique de la langue française*, *op. cit.*, p. 1798.

de la communauté du royaume. Ensuite, en essayant de mettre en évidence l'émergence d'un utopisme arthurien, il conviendra de poser et de cerner la perspective d'un troisième royaume, que nous appellerons donc « eutopique ». Nous expliquerons pourquoi, dans notre perspective, l'harmonie de l'ensemble de la communauté arthurienne dépend avant tout de l'errance individuelle d'un héros au destin royal, dont le couronnement est par conséquent conditionné par sa capacité à apporter les conditions de ce bien-être collectif. Au final, le rêve de l'homme n'est-il pas surtout ancré dans le réel et la satisfaction de ses besoins et désirs tout humains, plutôt que dans la surnature, ou dans l'accès à un au-delà paradisiaque, c'est-à-dire à des biens inaccessibles ou fantasmagoriques ? C'est là tout l'enjeu de cette approche originale du récit breton, qui ne considère plus le registre merveilleux comme une fin narrative, mais davantage comme une voie à explorer pour aller vers le véritable sens utopique de la « parabole royale », que nous nous appliquerons donc à définir.

Pour ce faire, le septième chapitre sera consacré à la femme arthurienne, envisagée comme une figure clef de ce scénario cosmique. Si le héros appelé au destin royal doit assurer la création d'une société eutopique, c'est la femme qui porte en elle la possibilité de la postérité et donc de la pérennité de ce royaume. Elle dote ainsi ce simple projet d'une épaisseur temporelle nécessaire à son caractère prospectif et surtout réalisable.

Enfin, le huitième chapitre développera les enjeux plus historiques et culturels de la « parabole royale » à l'œuvre dans le récit breton. Elle fonctionne comme un déplacement de perspective, qui, de spatiale, devient surtout temporelle. Le scénario mythique subordonnant le projet de l'équilibre du monde à l'initiation du *bon roi* découle en effet de la fin de l'aspiration à un possible paradis sur terre. Cette hypothèse se traduit dans les textes par une réorganisation radicale des repères de l'espace et du temps que nous essaierons de cerner. Mais plus qu'un simple reflet de l'histoire, ce projet utopique porte surtout en creux une nécessaire problématisation du temps que nous nous appliquerons à circonscrire.

LA QUÊTE D'UNE *EU*-TOPIE

Que ramène le héros de son voyage à travers les deux domaines royaux[1] ? Cette simple question va nous mettre sur la voie des enjeux en présence.

Si nous avons suivi jusqu'à présent l'initiation du chevalier royal, nous devons à présent considérer le fruit de son errance et ce qu'il apporte concrètement à la communauté et au royaume. Ce faisant, nous élargissons encore notre point de vue, puisque nous passons de la perspective individuelle et initiatique à une dimension collective et sociale, tandis que l'enjeu semble clairement le rétablissement, voire la création d'un royaume heureux[2]. Mieux, il s'agit de faire le bilan du parcours chevaleresque sur le plan symbolique.

Enfin, nous verrons qu'à travers l'instauration d'un idéal de satisfaction pour tous, un discours utopique, et surtout *eu*-topique, naît.

DE LA FICTION BRETONNE AU DISCOURS UTOPIQUE

Essayons de cerner en guise d'ouverture de cette partie ce qu'il faut entendre par « utopisme arthurien ». Nous commencerons par examiner la pertinence de la notion d'utopie appliquée au champ des études arthuriennes. Puis, la conception médiévale de l'agrément et du sentiment

1 L'analyse de l'objet concret ramené à l'issue de la quête est à différencier de celle du sens même du récit breton, qui porte davantage sur le message délivré, comme en témoignent les quatre premiers romans de Chrétien de Troyes. Leur sens profond, souvent dénommé *senefiance*, concerne en surface l'harmonie et l'équilibre entre la prouesse et le mariage.

2 Nous employons l'adjectif « heureux », dérivé de « bonheur », par commodité, pour référer à cet idéal médiéval de plénitude, de paix et d'harmonie collective, que nous avons défini en introduction. Nous n'oublions toutefois pas les enjeux et tensions attachés à cette notion dans le cadre d'une étude médiévale.

de plénitude sera envisagée. Enfin, différentes composantes de l'utopie arthurienne seront présentées, notamment son roi, son territoire, ou encore la fonction compensatoire du domaine merveilleux[3].

Cette investigation nous permettra aussi de poser les jalons des enjeux mythiques du récit breton et leur problématisation des relations entre l'histoire et la fiction, sous le prisme de l'action royale, politique et utopique en l'occurrence.

UTOPIE ET UTOPISME MÉDIÉVAL

Si, jusqu'à maintenant, nous avons employé le terme « utopie » dans son sens large de « lieu idéal », il est désormais temps d'en préciser un contour médiéval. Pour ce faire, il nous faudra distinguer un « utopisme » médiéval, diffus et perceptible dans les textes à l'étude, de l'« utopie littéraire » telle qu'elle sera formulée à partir du XVIe siècle. Raymond Trousson distingue en effet deux types d'approche de l'utopie, dont la première, nommée « utopisme », relève d'un sens large, imaginaire et collectif de l'utopie :

> La première est l'appréhension *lato sensu* du phénomène. Dès lors que l'utopie littéraire n'est qu'un des modes de l'expression de l'imaginaire social, il convient d'ouvrir l'enquête à des manifestations hybrides recourant à de multiples paradigmes discursifs, permettant ainsi la saisie des images-guides et des idées-force structurant cet imaginaire à une époque donnée. L'autre, *stricto sensu*, reconnaît que le voyage utopique a été longtemps la forme privilégiée de la pensée utopique[4].

L'« utopisme » peut être défini comme « [une] construction intellectuelle inspirée par une forme d'idéalisme[5] ». C'est en s'appuyant sur cette définition large de l'utopie que les études ont jusqu'alors envisagé le corpus médiéval. Nous allons donc chercher à mettre au jour les traits stylistiques du récit breton qui concordent aussi avec les prémices d'un discours littéraire utopique déjà à l'œuvre au Moyen Âge, même si, comme le dit Claude Thomasset, la pensée utopique n'est pas encore aboutie à l'époque médiévale : « on ne peut bien évidemment s'attendre

---

3 Des exemples issus du corpus primaire étayeront ces définitions, notamment celle du bonheur.

4 Raymond Trousson, *D'Utopie et d'Utopistes*, *op. cit.*, p. 21-22.

5 Micheline Hugues, *L'Utopie*, Paris, Nathan, p. 6.

à découvrir une manifestation accomplie de ce genre littéraire, dont le modèle a été créé par l'humanisme anglais[6]. »

Dans le corpus arthurien, l'« utopisme », c'est-à-dire la vision du monde propre à l'utopie, s'exprime déjà à travers certains éléments objectifs récurrents. Il s'agit notamment de la structure spatiale binaire, symétrique et opposée, que nous avons dégagée et qui constitue le socle de cette étude. Le second domaine amène à percevoir les limites du premier, par le biais d'une mise en rapport à effet de miroir, que rend possible sur le plan narratif le motif du voyage du héros. Celui-ci devient roi, avec pour mission d'établir le bonheur de l'ensemble de sa communauté, riche précisément de l'enseignement d'une dichotomie entre ce qui est et ce qui devrait être. Essayons d'isoler les critères littéraires qui permettent d'étayer cette hypothèse.

LES ENJEUX DU RÉCIT BRETON : *EÜR* ET « BONNE FORTUNE »

Le lexique de l'agrément : eür, joie

Le récit breton est le lieu par excellence de la quête, ou plutôt de quêtes au pluriel. On peut en effet avancer que la quête individuelle du héros n'est pas seulement celle de sa satisfaction personnelle, mais davantage celle du bien-être collectif. C'est en quoi on peut parler d'une dimension utopique du récit. Nous posons qu'il s'agit même de l'élément le plus visible :

> Construction de la pensée ou rêverie exotique, des fictions proposent à l'homme d'approcher le bonheur, même si c'est au prix de certains périls, le plus dangereux étant, bien entendu, d'avoir fait le cadeau de sa liberté aux organisateurs du paradis[7].

Toutefois, au XIIe siècle, l'idée même de bonheur est encore difficile à saisir, car le nom « bonheur » n'existe pas alors. Il constitue une impression diffuse, voire une projection, plus qu'une véritable notion définie. Le concept même est d'ailleurs ambigu, difficile à définir puisqu'il relève du lexique de l'émotion. Il renvoie spécifiquement à un état durable d'apaisement et d'agrément :

---

6 Claude Thomasset, « Introduction », Danièle James-Raoul, Claude Thomasset (dir.), *En quête d'Utopies*, *op. cit.*, p. 7.

7 *Id.*

> Nous prenons le concept de « bonheur » au sens le plus courant : celui du sentiment qui accompagne un état durable de contentement, de satisfaction complète de plénitude (d'accomplissement, d'épanouissement, d'équilibre et d'harmonie), dont on voudrait ne pas changer, dont on voudrait ne rien perdre[8].

Pourtant, l'aspiration au bien-être nourrissait bien les rêves et les projets médiévaux[9]. D'ailleurs, il est courant que la formalisation d'un concept arrive en dernier lieu, bien après que ce qu'il désigne a été assimilé par la mentalité collective[10].

De fait, si « bonheur » n'est pas encore attesté, il existe néanmoins un autre terme, *eür*, descendant du même étymon latin *augurium*[11]. Ce nom revêt toutefois une signification différente de la conception actuelle du « bonheur ». Sa dimension est davantage collective : on peut le traduire par « fortune », « chance », ou encore « bonne fortune », qui aura notre faveur dans cette étude, par sa référence à la collectivité[12]. L'*eür* médiéval renvoie donc au sort de l'ensemble des hommes, considérés comme une communauté partageant la même culture, et surtout le même royaume. Ce sens particulier est essentiel pour comprendre à la fois l'idéal arthurien dégagé à l'issue de la quête du héros, mais aussi l'utopisme arthurien. En effet, à l'époque étudiée, le bien-être fait l'objet d'une conquête, d'une construction humaine et n'est pas un donné divin,

---

8 Pierre Gallais, « Sémantique du bonheur chez les romanciers du XIIe siècle », dans Danielle Buschinger (éd.), *L'Idée de bonheur au Moyen Âge*, *op. cit.*, p. 189.

9 Jean-Charles Payen, « Un sujet impossible : le bonheur au Moyen Âge (quelques interrogations) » dans Danielle Buschinger (éd.), *L'Idée de bonheur au Moyen Âge*, *op. cit.*, p. 328 ; voir aussi Pierre Gallais, « Sémantique du bonheur chez les romanciers du XIIe siècle », dans Danielle Buschinger (éd.), *L'Idée de bonheur au Moyen Âge*, *op. cit.*, p. 199-200.

10 Jacques Le Goff explique ce phénomène : « L'apparition d'un terme (*verbum*) est souvent liée à l'apparition de la chose (*res*) qu'il désigne. Tout au plus la chose a pu avoir une gestation plus ou moins longue – en restant innommée, "innommable" – au sein de la conscience collective d'un groupe ou d'une société. », dans « L'Utopie médiévale : le pays de Cocagne », dans Giovanni Busino (dir.), *Revue européenne des sciences sociales*, Tome XXVII, 1989, 85, p. 271.

11 FEW, XXV, 886a, *augurium* ; Takeshi Matsumara, *Dictionnaire du français médiéval*, *op. cit.*, p. 1465 ; *Dictionnaire étymologique de la langue française*, *op. cit.*, p. 321 ; *Le Robert historique de la langue française*, *op. cit.*, p. 1798.

12 Pierre Gallais précise aussi qu'au XIIe siècle, « L'expression "bon eür", ou "buen eürez", n'en est qu'à ses débuts [...] ; elle est plutôt le fait des auteurs religieux, et reste proche de l'idée de chance, de bonne fortune – ou de grâce divine –, qui est devenue secondaire dans le concept moderne ; [...]. », « Sémantique du bonheur chez les romanciers du XIIe siècle », dans Danielle Buschinger (éd.), *L'Idée de bonheur au Moyen Âge*, *op. cit.*, p. 189.

ce qui concorde avec la définition entreprise d'un utopisme arthurien. De fait, la seule intervention de l'homme dans son destin constitue un autre critère de l'utopie littéraire :

> En effet, si l'utopie – comme l'utopisme – suppose la volonté de construire, en face de la réalité existante, un monde autre et une histoire alternative, elle se révèle essentiellement humaniste ou anthropocentrique, dans la mesure où, pure création humaine, elle fait l'homme maître de son destin[13].

Joie *: de l'émotion individuelle à la « bonne fortune » collective*

Si le substantif « bonheur » dans son sens moderne d'« agrément durable » n'est employé qu'à partir du XVe siècle[14], les auteurs médiévaux ont notamment tenté de parer à ce manque par le recours à une isotopie de l'agrément comprenant les termes *aaise*, *hait* et *haitiez*, *douçor*, *solaz*, ou encore *liez/liee* et surtout *joie/joy*[15]. Force est d'abord de constater qu'il s'agit là d'émotions, qui constituent aussi de véritables soubassements et chaînons entre les différentes strates de signifiances de l'intrigue arthurienne. On retrouve d'ailleurs ces noms dans les scènes finales du corpus primaire, où *haitiez*[16], *liez*[17] et *joie*[18] dominent pour retranscrire l'idée de bonheur, comme résultats des travaux du héros, à l'instar de cet extrait du lai d'*Eliduc* :

> Mut par est Elidus <u>haitiez</u>,
> Unques nul jur ne fu si <u>liez</u>.
> La pucele baise suvent,
> E ele lui, mut ducement ;
> Ensemble funt <u>joie mut grant</u>[19].

À n'en pas douter, *joie* est le plus fréquemment employé pour signaler une situation heureuse, à la fois chez Chrétien et chez Marie de

13 Raymond Trousson, *D'Utopie et d'Utopistes*, *op. cit.*, p. 22.

14 FEW, XXV, 886a, *augurium* ; Takeshi Matsumara, *Dictionnaire du français médiéval*, *op. cit.*, p. 1465 ; *Dictionnaire étymologique de la langue française*, *op. cit.*, p. 321 ; *Le Robert historique de la langue française*, *op. cit.*, p. 1798.

15 Pierre Gallais, « Sémantique du bonheur chez les romanciers du XIIe siècle », dans Danielle Buschinger (éd.), *L'Idée de bonheur au Moyen Âge*, *op. cit.*, p. 190.

16 *Fresne*, v. 486, où *haitiez* rime notamment avec *liez* (v. 485) ; *Eliduc*, v. 1116, voir aussi *Chievrefoil*, v. 44 (*haita*).

17 *Fresne*, v. 485 ; *Milun*, v. 523 (*liee*) ; *Espine*, v. 475.

18 *Guigemar*, v. 881 ; *Eliduc*, v. 1087 ; 1119 ; *Melïon*, v. 359 ; *Haveloc*, v. 914.

19 *Eliduc*, v. 1115-1119. C'est nous qui soulignons.

France[20]. Et de fait, « [c]'est la *Joie* qui représente l'anticipation de cette belle harmonie universelle qu'est la paix[21] ». Au moment où Perceval ramène la paix et l'abondance à Beaurepaire, on dénombre non moins de quatre occurrences de *joie*[22]. En témoigne aussi bien sûr, l'épreuve de la Joie de la Cour, dans *Érec*, dont le nom dit assez l'issue heureuse qui en découle. Il s'agit bien d'apporter de la « Joie » à la cour, c'est-à-dire à la communauté réunie dans le domaine d'Arthur. Érec remporte l'épreuve proposée par Mabonagrain, et sonne le cor[23], marque officielle de sa victoire. C'est alors que la joie se répand à travers tout le pays, bien en dehors des frontières du verger merveilleux :

> Maintenant s'est Erec levez,
> Et cil se lieve ansanble o lui ;
> Au cor an vienent anbedui.
> Erec le prant et si le sone,
> Tote sa force i abandone
> Si que mout loing an va l'oïe.
> Mout s'an est Enyde esjoïe
> Quant la voiz del cor antandi,
> Et Guivrez mout s'an esjoï.
> Liez est li rois et sa gent liee ;
> N'i a un seul cui mout ne siee
> Et mout ne pleise ceste chose :
> Nus n'i cesse ne ne repose
> De joie feire et de chanter.
> Ce jor se pot Erec vanter
> C'onques tel joie ne fu feite :
> Ne porroit pas estre retreite
> Ne contee par boche d'ome,
> [...]
> Par le païs novele vole

20 Pierre Gallais, « Sémantique du bonheur chez les romanciers du XIIe siècle », dans Danielle Buschinger (éd.), *L'Idée de bonheur au Moyen Âge*, *op. cit.*, p. 190.

21 Erich Köhler, *L'Aventure chevaleresque...*, *op. cit.*, p. 125-126.

22 *Perceval*, v. 2565 ; 2579 ; 2581 ; 2582.

23 Haveloc sonne aussi le cor pour preuve de sa réussite royale, v. 881-906. Sur la symbolique du cor, voir *Cornes et plumes dans la littérature médiévale : attributs, signes et emblèmes*, Fabienne Pomel (dir.), Rennes, PUR, 2010. Il s'agit d'une épreuve très répandue dans la littérature médiévale depuis *Érec et Énide*. Mais cet épisode fait aussi penser à l'épée dans l'enclume que seul l'héritier royal pouvait sortir de là. On sait à quel point la légitimité de la royauté d'Arthur dépendait de sa réussite à ce défi. C'est ainsi que l'objet magique, cor ou épée, est donc indice, mais aussi vecteur du couronnement.

Qu'ainsi est la chose avenue[24].

On retrouve dans cet extrait quatre occurrences de *joie* ou d'un de ces dérivés (*esjoïe*). Les synonymes *liee* ou *pleise* renforcent aussi cette accumulation lexicale, soutenue en outre par la place à la rime *d'esjoï(e)* aux vers 6158 et 6160. Cette stratégie narrative vise bien à donner une impression d'agrément qui dure éternellement. Le *topos* d'un moment qui relève de l'indicible, rendu par l'expression hyperbolique « Ne porroit pas estre retreite / Ne contee par boche d'ome, » exprime aussi le caractère central de cet enjeu. Ainsi, la dynamique eutopique sous-jacente au récit breton est étayée par le glissement de sens, observable dans ces contextes, du mot « joie » : on passe d'une exaltation intime personnelle, dans le contexte courtois et amoureux, à une dimension collective quasi-salvatrice. D'ailleurs, le héros dans de nombreux cas, après avoir goûté à la *joie* d'amour, ne peut pas s'en contenter. Il doit l'ériger à une dimension collective, voire cosmique.

Ainsi donc, la joie devient à la fois collective et individuelle. Elle unit le plaisir individuel et amoureux à l'agrément collectif et public qui culmine dans l'abondance des scènes de repas[25] :

> C'est la *Joie* qui représente l'anticipation de cette belle harmonie universelle qu'est la paix. Mais nous avons déjà vu que l'harmonie de la cour arthurienne sous-entend l'absorption des individualités par une société organisée conformément à leurs intérêts et rattachée cependant au monde ancien en tant qu'institution[26].

Mais surtout, *joie* rime souvent avec *roi*, ce qui nous permet d'attester l'association de la royauté au bonheur, l'un étant le corollaire de l'autre dans les textes à l'étude, comme au Moyen Âge en général :

> La joie du roi est la condition de la joie de tous ; le roi est responsable de la joie, dont il donne le signal ; sa fonction est de procurer les conditions matérielles (paix, richesse, repas, déduits divers) et morales (l'harmonie, l'aventure) de la joie. La Souveraineté que quêtent symboliquement (ou réellement) tous les héros est un des visages de la joie, du bonheur. De toute façon, pas de

24 *Érec*, v. 6152-6169 ; 6172-6173. C'est nous qui soulignons. Cette citation est particulièrement intéressante dans notre perspective, c'est pourquoi nous la réutilisons ici.

25 Pierre Gallais, « Sémantique du bonheur chez les romanciers du XIIe siècle », Danielle Buschinger (éd.), *L'Idée de bonheur au Moyen Âge*, *op. cit.*, p. 194.

26 Erich Köhler, *L'Aventure chevaleresque…*, *op. cit.*, p. 125-126.

> bonheur véritable sans l'approbation de tous ; Érec et Énide l'ont appris à leur dépens, et pourtant leur union – au contraire de celle de Mabonagrain et de son amie – avait été fort officielle : [...][27].

Pourtant, la joie, comme les autres termes de l'isotopie heureuse, qualifient une émotion éphémère, limitée dans le temps[28], alors que l'*eür*, c'est-à-dire la « bonne fortune », renvoie à une plénitude étendue et durable. Ainsi, plus que par les mots, ce bonheur réputé insaisissable est saisi par une convocation des sens[29]. L'exemple des lais est à ce titre fortement révélateur. La forme même de ces textes, d'origine musicale, est véritablement dédiée au plaisir du lecteur, comme de l'auteur[30], comme le rappelle la plupart du temps leur épilogue :

> De cest cunte k'oï avez
> Fu Guigemar li lais trovez,
> Que hum fait en harpe e en rote ;
> Bone en est a oïr la note[31].

Outre, l'association du bonheur au ravissement auditif, notons que l'adjectif *bone*, d'après lequel sera construit le substantif « bonheur » clôt le lai, en une preuve de la quête avant tout heureuse du récit breton. Le terme de *joie*, qui marque le passage d'un état individuel à une dimension collective, constitue comme l'étape préalable à ce que les auteurs qualifient avec des termes plus conceptuels : paix ou justice. Ce bonh*eür* collectif, la « bonne fortune » donc, résulte du salut de chaque membre de cette société.

En dépit de la variation des moyens pour y aboutir, l'enjeu fondamental de la quête arthurienne[32] semble bien l'*eür*, la « bonne fortune » de tous[33]. Philippe Walter le remarquait déjà à propos de *Cligès* :

27 Pierre Gallais, « Sémantique du bonheur chez les romanciers du XIIe siècle », dans Danielle Buschinger (éd.), *L'Idée de bonheur au Moyen Âge*, *op. cit.*, p. 194.

28 *Ibid.* p. 185.

29 L'expression imagée et synesthésique du bonheur constitue une extension et une suite aux idées de Pierre Gallais.

30 Voir la fin du lai de *Milun*, v. 532-533.

31 *Guigemar*, v. 883-886 ; voir aussi *Chievrefoil*, v. 107-118.

32 Cet enjeu commun a d'ailleurs aussi constitué notre principal critère de constitution du corpus.

33 L'analyse de cette dimension du récit breton s'appuie sur l'article de Pierre Gallais, « Sémantique du bonheur chez les romanciers du XIIe siècle », dans Danielle Buschinger (éd.), *L'Idée de bonheur au Moyen Âge*, *op. cit.*, p. 189-204.

> Ainsi, Fénice est une femme qui, placée dans une situation dramatique comme Yseut, sauve son bonheur par la patience, comme l'avait déjà fait Énide. [...] Le bonheur est possible en toute circonstance à force de rigueur dans la logique de l'amour, de patience dans l'épreuve, et à force de confiance absolue dans l'intelligence au service de la *joie*[34].

Certes, la quête chevaleresque et héroïque révèle le roi légitime du royaume, mais il est lui-même dévoué à une cause qui le transcende, à savoir celle d'instaurer un bien-être durable, à la fois pour lui, mais aussi pour ses congénères. Cet objectif *eüreux* est d'ailleurs inscrit dans le patronyme de certains héros, comme Eliduc, dont le nom proviendrait du vieux breton *lit*, qui veut dire « fête », « bon accueil », et correspondant à l'irlandais *lith*, qui a le sens de « bon augure », « jour de fête », mais aussi et surtout « heureux » et « joie[35] ».

La principale mission du roi consiste donc à faire coïncider la sphère personnelle, de l'ordre de l'émotion positive, avec la sphère publique, que nous appelons désormais « bonne fortune ». Même *Equitan*, qui finit sur la mort cruelle des protagonistes, propose en creux un idéal de ce type, puisque le roi est coupable d'avoir succombé à son plaisir personnel, à sa convoitise, au détriment du respect de son engagement vassalique, de son honneur et la justice, et donc de l'intérêt commun. Marie semble dire que le plaisir individualiste est incompatible avec la « bonne fortune » collective. Helmut Birkhan l'a aussi montré à propos la position ambiguë de Lancelot vis-à-vis du roi Arthur :

> [...] Lorsque le bonheur commun régresse et que le personnage héroïque comme Lancelot se préoccupe de son bonheur au détriment du personnage du roi, qui représente ici la communauté de la cour, cela signifie que cette cour et tout ce qu'elle représente va périr[36].

Par ailleurs, la nécessité du salut collectif explique que les auteurs médiévaux lui associent la mesure, l'amour ou encore la richesse, et surtout

34 Philippe Walter, « Notice » de *Cligès*, dans Daniel Poirion (dir.), *Chrétien de Troyes, Œuvres complètes*, *op. cit.*, p. 1128.

35 Philippe Walter, « Notice » du lai d'*Eliduc*, dans Philippe Walter (dir.), *Lais du Moyen Âge*, *op. cit.*, p. 1198.

36 Helmut Birkhan « Le bonheur dans quelques traditions celtiques du Moyen Âge », dans Danielle Buschinger (éd.), *L'Idée de bonheur au Moyen Âge*, *op. cit.*, p. 77.

la paix[37], qui fonctionnent comme une définition médiévale de ce concept. La fin du lai d'*Haveloc* illustre à merveille la réunion de ces constantes de l'*eür* avec la mise en place d'un vocabulaire connotant l'agrément, en une tentative de rendre une impression presque éternelle de « bonne fortune » :

> Le regne q'a son piere fu ;
> Par le terre bone pees mist
> Et des felons justise prist.
> Sa femme creüt et l'amoit
> [...]
> A la dame rende son droit
> Et face pees einz que pis soit[38].

Dans cet exemple, l'*eür* est aussi et surtout spatial, dans la domination d'un territoire[39] : *terre*, avant que la *pees* (présente en deux occurrences), condition pour que cet état d'harmonie dure, soit envisagée comme le maintien de la justice et du droit de la figure royale, ici la reine Argentille.

Les deux principales conditions à l'instauration de cet état d'apaisement et d'harmonie durables semblent être la figure royale et le territoire. Rappelons, avant de nous engager dans la suite de notre démonstration, que le terme d'utopie est indissociable d'un ancrage dans un territoire.

Les conditions de la « bonne fortune » collective : un roi, une terre

Somme toute, le salut collectif dépend de la fusion d'un roi et d'une terre : il s'agit là de sa condition initiale. On peut citer comme exemples l'issue d'*Érec* ou d'*Yvain*, d'*Haveloc*, ou encore de *Tyolet* :

> Tyolet l'a donc demandee,
> li rois Artur li a donnee,
> e la pucele l'otroia ;
> en son païs donc la mena.
> Roi fu e ele fu roïne.
> De Tyolet le lai ci fine[40].

---

37 Pierre Gallais, « Sémantique du bonheur chez les romanciers du XIIe siècle », dans Danielle Buschinger (éd.), *L'Idée de bonheur au Moyen Âge*, *op. cit.*, p. 192.

38 *Haveloc*, v. 972-975 ; 1075-1076. C'est nous qui soulignons.

39 Les répétitions aux v. 1002 et 1015 confirment bien l'assimilation du bonheur à une conquête de terres.

40 *Tyolet*, v. 700-705.

Tous les ingrédients sont bien réunis pour connoter un parfait état de béatitude, à savoir un royaume uni, un roi et une reine qui s'aiment, le tout sous l'aval du roi Arthur. Le but de la quête est atteint. Il s'agit de la création (ou du rétablissement) du royaume « *eür*eux », où coïncident la satisfaction individuelle et la fortune collective. Pierre Gallais remarquait déjà l'association de la royauté au bonheur :

> J'ai dépouillé trois œuvres : *Érec*, *Conte du Graal*, et *Continuation-Gauvain*, pour y relever les idées le plus souvent associées aux mots qui exprimeraient l'idée de bonheur. Les connotations les plus fréquentes sont : voir (73 cas), aimer (57), « beisier » (47), royauté (roi, reine, etc. : 45) ; [...][41].

Notre hypothèse d'une eutopie bretonne, qui est avant tout royale, est ainsi confirmée. Mais elle ne se conçoit qu'à travers l'ancrage dans un terrain. L'utopie implique en effet toujours une quête dans l'espace. Dans les textes à l'étude, le héros ne va pas tant chercher un talisman dans le domaine merveilleux, mais surtout les conditions de la « bonne fortune » des hommes. En combattant des êtres merveilleux, en concevant ne serait-ce que la possibilité d'une autre réalité, il effectue ainsi ses premiers pas vers un changement durable de royaume, de perspective et de monde même. En conséquence, l'ailleurs allégorise et problématise la lutte, via une ascèse souvent, pour que le chevalier élu devienne le héros, le roi du royaume. Il est vrai que l'homme est directement responsable de sa destinée. Cela ne veut pas pour autant dire que le récit breton évacue la providence divine, mais compose avec, l'accomplit pour établir le bonheur terrestre. Le héros collabore donc avec Dieu pour établir le bonheur terrestre, ce qui rejoint d'ailleurs directement l'idée d'Erich Köhler que telle aventure est, de tout temps, dévolue au héros, choisi pour réaliser la volonté de Dieu sur terre[42], en l'occurrence sinon un nouveau paradis, du moins un univers le moins éloigné possible de ses conditions originelles.

41 Pierre Gallais, « Sémantique du bonheur chez les romanciers du XIIe siècle », dans Danielle Buschinger (éd.), *L'Idée de bonheur au Moyen Âge*, art. cité, p. 191.

42 Erich Köhler, *L'Aventure chevaleresque...*, *op. cit.*, p. 110 et *sqq.*

UNE FONCTION DE COMPENSATION

Le discours utopique se construit *via* une dialectique mettant dos à dos deux lieux antithétiques, dont le deuxième fonctionne comme une critique du premier. La dynamique de voyage sert, au niveau narratif, cet objectif. L'appellation communément admise d'« autre » monde met bien en évidence cette fonction avant tout critique du domaine merveilleux. Il semble surtout exister pour mettre en évidence les manquements et les failles du domaine de départ du héros, et que nous avons appelé le « domaine courtois », avec en son centre Arthur. C'est d'ailleurs cette fonction de mise au jour des limites du premier domaine qui explique que malgré les abords fort agréables du domaine merveilleux, le héros n'y reste pas, notamment dans le lai de *Guingamor*[43].

Foncièrement, le domaine merveilleux exprime surtout la possibilité d'une autre perspective que celle décrite dans le domaine courtois. Néanmoins, il ne s'agit pas non plus d'abolir complètement le premier ordre correspondant à la réalite historique de l'époque d'écriture des textes. Le domaine merveilleux propose plutôt une solution, d'ordre symbolique, au problème du mal et de ses répercussions, mais aussi de cette contradiction ontologique de l'être humain entre devoir et liberté. Plus que la projection d'un rêve d'idéal, il s'agit plutôt d'introduire la possibilité même d'une troisième voie, que figure le royaume eutopique, et qui permettrait de résoudre toutes les contradictions du monde arthurien[44].

En esquissant la perspective idéale d'un troisième lieu, qui permettrait de trouver une issue à l'impasse de la bi-polarité irréductible, la littérature devance quelque peu l'histoire pour exprimer ce que les mentalités perçoivent, à savoir la possibilité d'une rédemption de l'homme par l'homme. Le récit breton transpose cette idée sur le plan spatial en introduisant la possibilité de ce royaume eutopique. Et de fait, une autre fonction de l'utopie est de répondre aux inquiétudes, de pallier des manques. Elle exprime ainsi indirectement les doutes d'une société face à son évolution en cours – tout

43 Même si, il est vrai, Guingamor repart dans le domaine merveilleux à la fin du lai.

44 Cette esthétique du décentrement concorderait presque historiquement avec la naissance du purgatoire, dont on peut situer la théorisation au XIIIe siècle, voir Jacques Le Goff, *La Naissance du purgatoire*, *op. cit.* Cette question est développée dans le dernier chapitre de l'étude, *infra*, p. 463 et *sqq*.

autant de peurs qui ont été explicitées dans le deuxième chapitre de la première partie[45] :

> L'utopie n'est qu'une des formes possibles de manifestation des inquiétudes, des espérances et des recherches d'une époque et d'un milieu social. [...]
> L'opposition utopie/réalité dérive de l'histoire et en fait partie. Cela non seulement en ce sens que toute utopie est produite, imaginée et rêvée dans un moment donné de l'Histoire, mais aussi et surtout parce que l'altérité sociale imaginée renvoie à des réalités historiques, du moins implicitement, ne serait-ce que par leur refus et leur dépassement[46].

Le récit breton, comme l'utopie, parlent en effet du monde réel, tout en proposant un autre projet. S'il existe bien un projet de « bonne fortune » et de bien-être collectif, comme un second espace qui s'oppose au premier, c'est toujours pour parler du monde contemporain des textes, et donc de l'Histoire. D'ailleurs, le néologisme formé par Thomas More renvoie précisément à cette ambiguïté de l'utopie :

> L'ambiguïté première et fondamentale du terme tient au néologisme et a été certainement voulue par More lui-même. « L'utopie » : est-ce « *eu*-topos », la Région du Bonheur et de la Perfection, ou « *ou*-topos », la Région qui n'existe nulle part ? Ou plutôt l'*utopie* ne désigne-t-elle pas les deux choses ensemble – la justice et le bonheur réunis ensemble dans un ordre social qui n'existe pas[47] ?

Néanmoins, le récit breton dissocie ces deux éléments de l'utopie que Thomas More réunira dans son île d'Utopia. En effet, les textes à l'étude identifient l'« *ou-topos* », c'est-à-dire le lieu de nulle part, au domaine merveilleux, quand le royaume final ébauché projette la possibilité d'un « *eu-topos* », pour le bien-être de tous. L'utopisme à l'œuvre dans le récit arthurien n'en est en effet qu'à ses prémices. Rappelons que l'objectif du corpus breton est avant tout poétique, quand celui du traité de Thomas More sera philosophique et politique.

Les caractéristiques d'un utopisme arthurien ont été distinguées. Il s'agit d'abord de l'objectif de « bonne fortune » collective qui sous-tend la quête du héros. La création finale d'un royaume eutopique, forgé des mains du roi, métaphorise d'ailleurs cet aboutissement.

45 *Supra*, p. 171-174.
46 Bronislaw Baczko, *Lumières de l'utopie*, Paris, Payot, 1978, p. 18 ; 31.
47 *Ibid.*, p. 20.

En outre, le chronotope de l'intrigue, formé d'un domaine courtois et de son miroir critique, le domaine merveilleux, relève aussi d'une forme d'utopisme.

Dans notre corpus, le discours utopique met particulièrement en relation les dynamiques individuelles et collectives, mais aussi le roman et l'histoire, et problématise le lien de la fiction à l'action. C'est la direction que l'étude de la dimension utopique du corpus s'appliquera à suivre.

L'UTOPIE DANS LE RÉCIT BRETON
Une quête de bonheur humain

Après avoir distingué les critères d'une forme d'utopisme médiéval, confrontons-les à nos itinéraires arthuriens.

À l'issue sa quête, le chevalier-héros réintègre le domaine courtois qui enregistre alors le bilan de son périple. Dans les textes à l'étude, l'ensemble du récit converge vers cette fin glorieuse qui, outre le retour à l'équilibre du royaume et le couronnement du roi légitime, marque aussi la récompense des épreuves subies dans le domaine merveilleux. La sonnerie du cor marque d'ailleurs symboliquement cet achèvement[48]. On pourrait légitimement s'attendre à quelque signe spectaculaire importé depuis le domaine merveilleux d'où il revient, or rien de tel. Nous devons donc approfondir ce point afin d'y chercher le sens, la *senefiance*, à travers un choix d'exemples[49].

ENJEU ET IDÉAL EUTOPIQUE : LE CONDENSÉ DU VERGER

Il est un *topos* eutopique par excellence : le verger. Nous l'envisagerons comme une métonymie de l'idéal à l'œuvre dans le récit breton.

48 *Érec*, v. 6152-6154, où Érec sonne le cor pour signaler sa victoire sur l'épreuve de la Joie de la Cour ; voir aussi *Haveloc*, v. 881-906, où le héros sonne le cor pour signaler sa légitimité royale ; sur le cor dans la littérature médiévale, voir Fabienne Pomel (dir.), *Cornes et plumes dans la littérature médiévale : attributs, signes et emblèmes*, *op. cit.* Le dernier chapitre revient sur la fonction du cor au regard de la « parabole royale » et du rapport au temps qu'elle dessine, *infra*, p. 481 et *sqq*.

49 Nous ne développerons ici que quelques exemples nécessaires à notre démonstration.

Rappelons d'abord cette évidence d'un bien-être qui passe avant tout par un appel aux sens dans le corpus primaire. La saison printanière à laquelle les récits commencent est une introduction au ravissement sensoriel, signe de la « bonne fortune » finalement envisagée. Ce n'est donc pas par hasard que le verger sert de référence idéale. Il peut d'ailleurs être défini en vertu de la promesse de bonheur qu'il porte : « Espace de bonheur, bonheur fait espace qui repose sur une tradition et une topique[50] ».

Dans l'espace social médiéval, l'imaginaire se fait en effet vecteur des peurs et des envies les plus profondes[51]. La symbolique d'agrément du verger, plus particulièrement celle d'inspiration antique, exprimerait particulièrement les rêves d'une société aristocratique apeurée face au renforcement du pouvoir royal. Cet enjeu vient parfaitement à la rencontre des théories relatives à l'utopie :

> Les utopies manifestent et expriment de façon spécifique une certaine époque, ses hantises et ses révoltes, le champ de ses attentes comme les chemins empruntés par l'imagination sociale et sa manière d'envisager le possible et l'impossible. Dépasser la réalité sociale, ne serait-ce qu'en rêve et pour s'en évader, fait partie de cette réalité et offre sur elle un témoignage révélateur[52].

Avant tout, il est nécessaire de définir précisément l'association du verger à la quête de « bonne fortune » arthurienne. À notre sens, l'absence du mot « bonheur » a été comblée en faisant appel à un *topos* qu'il connaissait parfaitement, celui du *locus amoenus*, lui-même ancêtre du verger médiéval. Rappelons à ce titre que « [l]a nature est le lieu idéal du bonheur, ou plutôt elle en est le signe, [...][53] ». Et de fait, le bonheur ne s'explique pas, il se ressent :

50 Danielle Régnier-Bohler, « Du bonheur des sens : les paradis artificiels dans la littérature narrative du XIIe au XIIIe siècle », dans Danielle Buschinger (éd.), *L'Idée de bonheur au Moyen Âge*, *op. cit.*, p. 369.

51 Hilário Franco Júnior, *Cocagne, Histoire d'un pays imaginaire*, *op. cit.*, p. 15.

52 Bronislaw Baczko, *Lumières de l'utopie*, *op. cit.*, p. 18. Par ailleurs, dans *Utopie et civilisation*, Paris, Flammarion, 1978, Gilles Lapouge a su montrer combien apparaissent de manière récurrente des manifestations de réaction face à la marche de l'Histoire : c'est notamment le cas au cours des XIIe et XIIIe siècles.

53 Paul Bancourt, « Bonheur et innocence : regard sur l'image du bonheur idyllique et des "amours enfantines" dans quelques romans du XIIe et XIIIe siècles », dans Danielle Buschinger (éd.), *L'Idée de bonheur au Moyen Âge*, *op. cit.*, p. 51.

> Le bonheur, au XIIe siècle, ça ne se fabrique pas, ça vous arrive, ça fond sur vous, sous la forme de la joie, qu'il faut ensuite récupérer et installer dans la longue durée[54].

D'ailleurs, tout au long de cette étude, nous avons montré que le passage du domaine courtois au domaine merveilleux est souvent signifié par une référence aux affects du principal protagoniste, plutôt que par la simple narration de son errance. Le basculement du plan réel au plan plus imaginaire prend en ce sens l'allure d'un voyage hypnotique, où le demi-sommeil guide le héros vers une strate plus symbolique de sa quête. Nous avons aussi vu que les émotions alors éprouvées sont souvent agréables, de l'ordre du délice et du l'agrément, ce qui concorde alors parfaitement avec l'ambition d'*eüir* des textes à l'étude. Néanmoins, il faut déjà avoir expérimenté l'agrément, même furtivement, pour pouvoir envisager de l'installer durablement dans le royaume :

> Tu ne me chercherais pas (le bonheur) si tu ne m'avais pas trouvée (la joie). Il faut avoir fait l'expérience de la joie, de toutes les émotions heureuses, pour en arriver à se représenter et à atteindre l'état de bonheur qui les contiendra toutes – sans doute moins vives, mais durables et, surtout unifiées et harmonisées[55].

C'est bien là ce que propose le verger. Il se fait invitation et initiation au plaisir, en une convocation des sens et un apprivoisement à l'émotion. D'ailleurs, il existe une relation intrinsèque discernée entre ce paradis imaginaire, la recherche de bien-être et l'errance chevaleresque :

> Si le roman est le « paradis imaginaire des individus » l'aventure chevaleresque apparait rapidement comme le plus court chemin vers ce paradis[56].

Le verger se présente comme lieu du ravissement de tous les sens : l'odorat avec la senteur suave des fleurs au printemps, la vue avec la splendeur de la nature, l'ouïe avec les chants des plus harmonieux. L'exemple du lai de l'*Oiselet* est fortement révélateur[57]. La description

---

54 Pierre Gallais, « Sémantique du bonheur chez les romanciers du XIIe siècle », dans Danielle Buschinger (éd.), *L'Idée de bonheur au Moyen Âge*, *op. cit.*, p. 201.

55 *Id.*

56 Francis Gingras, *Le Bâtard conquérant…*, *op. cit.*, p. 277. L'expression citée entre guillemets est issue de *L'Art du roman* de Milan Kundera.

57 À cet égard, ce lai consiste en une hypotypose d'un verger, ce qui justifie le recours à ce texte issu du corpus secondaire.

hyperbolique du verger s'étend sur presque cent vers[58]. La source du plaisir, suggère le texte, y est d'abord auditif, puisqu'apporté par le chant merveilleux de l'oiseau :

> El chant avoit une merveille
> qu'ains nus n'en oï sa pareille,
> car tel vertu avoit li chans
> que ja nus ne fu si dolans,
> por que l'oisel chanter oïst
> que maintenant ne s'esjoïst,
> et oblïast ses grans dolors[59] ;

Mais le délice découle aussi de l'harmonie de l'agencement même du lieu, qui se fait ici la mise en abyme de l'ordre heureux escompté pour l'ensemble du royaume arthurien :

> Li vergiers fu beaus a devise ;
> […]
> de bones erbes fu garnis ;
> et li preaus fu si onis
> qu'il n'i avoit ni mont ni val ;
> et tuit li arbre par igal
> estoient d'un grant contre mont :
> si bel vergier n'avoit el mont.
> […]
> Li vergiers fu et beaus et lons,
> tos fu fais a compas reons ;
> en mi avoit une fontaine,
> qui bele estoit et clere et saine[60],

Dans le corpus primaire, l'association du verger à *l'eüir* est davantage problématisée en fonction de l'entreprise chevaleresque. En effet, les scènes de verger se présentent toujours à la fin du périple chevaleresque, signalant par là son achèvement. D'arrière-plan elle devient alors essentielle. La révélation de ce qui n'était que latent trouve tout son sens dans et par le verger, qui apparaît comme le lieu de toutes les révélations et surtout de la principale, à savoir la perspective ontologique heureuse de la communauté arthurienne. La place même de ce lieu d'agrément, à la

58 *Oiselet*, v. 29-125.
59 *Ibid.*, v. 95-101.
60 *Ibid.*, v. 29 ; 41-46 ; 53-56.

fin du périple, le prouve bien. La façon imagée de saisir l'*eür* médiéval, par le biais du *topos* du verger est une façon intelligente de faire sentir ce qui ressort avant tout de l'ordre de l'émotion, c'est-à-dire ce sentiment durable de plaisir et de contentement.

En outre, rappelons que le verger médiéval découle du *topos* antique du *locus amoenus*. Par conséquent, le lieu étudié fait logiquement signe vers un passé antique, dont la tradition irrigue la symbolique. Le lai de l'*Oiselet* porte bien la trace de l'inscription de ce temps mythique et éternel. D'entrée, le récit s'ouvre sur un passé lointain, vieux de plus de cent ans, signe de la forte volonté d'inscrire le verger décrit, comme le lai dans son ensemble, dans un temps durable :

> Il avint jadis au un tans,
> bien a passé plus de cent ans,
> qu'il estoit uns riches vilains[61] ;

Jadis, *a un tans*, et *plus de cent ans*, insistent avec redondance sur cet Âge d'Or mythique. La problématisation temporelle est aussi perceptible dans la description du verger qui suit :

> et se eüst cent ans passés,
> et en cest siecle fu remés,
> s'il oïst de l'oisel le chant,
> si li semblast il maintenant
> qu'il fust meschins et damoiseaus,
> et si cuidast estre si beaus
> qu'il fust amés de damoiseles,
> de meschines et de puceles[62].

Le chant de l'oiseau que la place d'agrément réverbère, permet d'annuler l'effet physique du temps, puisque la vieillesse n'est alors plus perceptible. Ce faisant, le verger fait bien signe vers l'anhistoricité typique du mythe. D'ailleurs, la description du verger en question l'établit en un véritable paradis, dont nous avons bien montré les multiples implications imaginaires et symboliques, et qui rejoint aussi le caractère utopique de l'idéal à l'œuvre dans le corpus primaire :

61 *Oiselet.*, v. 1-3.

62 *Ibid.*, v. 107-114. On retrouve aussi l'amour comme condition au bonheur, puisque la jeunesse retrouvée sert avant tout à devenir physiquement attractif.

> D'emblée, le modèle utopique de More se trouve défini par rapport à une origine antéhistorique, l'expression latine désignant les hommes des premiers âges. Il y a donc bien lieu de rechercher un possible lien entre le mythe et l'utopie, puisqu'il est question d'une origine mythique dans le paradigme ainsi défini par l'initiateur du genre, du moins dans une version positive confondant significativement l'« u-topie » avec l'« eu-topie », c'est-à-dire le lieu idéal[63].

La référence symbolique au *locus amoenus* porte donc en elle l'immuabilité nécessaire à la définition de l'*eür*[64]. Le verger noue ainsi les dimensions à la fois heureuse, temporelle du récit breton en vertu d'une *senefiance* utopique à destination mythique.

Ainsi donc, à travers l'exemple du verger, nous décelons le lien intrinsèque de l'espace arthurien à la perspective utopique du récit, sous le prisme même de l'émotion joyeuse. Ce haut lieu arthurien peut donc être ainsi défini de la sorte :

> Inflation du *topos* antique en un univers hyperesthétique qui accorde aux sens le privilège de la durée, le bonheur qui semble ici totalement celui de la chair engage plus gravement les représentations d'un temps utopique[65].

Par conséquent, qu'elle soit matérialisée par le lexique de l'agrément, ou contenue dans l'appel aux sens du *topos* du verger, la quête arthurienne est donc orientée en fonction de la « bonne fortune » finale. Toutefois, les conditions même de cet idéal dessinent un projet humain et terrestre. Le *topos* idéal du verger, il est vrai, brouille quelque peu cette évidence, phénomène qui semble dû à l'enjeu avant tout poétique du récit breton.

UNE QUÊTE HUMAINE

Comme nous l'avons exposé, le héros ne ramène pas de talisman de son voyage dans le domaine merveilleux, ni même rien de concret. En mettant fin à la « mauvaise coutume », il rétablit simplement la justice, voire la paix sur terre, ou encore il réinstaure l'abondance dans un pays marqué par sa pauvreté. Ce faisant, il répare, guérit, voire

63 Patrick Hubner, « utopie et mythe », dans Pierre Brunel (dir.), *Dictionnaire des mythes littéraires*, Monaco, Éditions du Rocher, 1988, p. 1433.

64 Danielle Régnier-Bohler, « Du bonheur des sens : les paradis artificiels dans la littérature narrative du XIIe au XIIIe siècle », dans Danielle Buschinger (éd.), *L'Idée de bonheur au Moyen Âge*, *op. cit.*, p. 371.

65 *Ibid.*, p. 375.

restaure un ordre originel. L'idéal instauré marque ainsi la fusion de la satisfaction individuelle du héros avec l'harmonie de l'ensemble de la communauté :

> Le roman arthurien, en revanche, s'intéresse principalement au relations entre l'individu et la société au sein du groupe aristocratique matérialisé par la cour d'Arthur, et aux problèmes scientifiques que ce groupe rencontre dans le dernier quart du XIIe siècle : la problématique de l'amour, en particulier, est étroitement liée à ses implications sociales, et l'aventure chevaleresque, qui constitue l'épine dorsale du genre, assure la transposition romanesque d'une analyse du fonctionnement d'une société tendue entre idéal et réalité[66].

La dernière scène du *Chevalier au Lion* constitue un bon exemple de réconciliation entre toutes les dynamiques arthuriennes en vertu de l'équilibre et de l'harmonie. En effet, Yvain rétablit dans un premier temps la justice et la paix entre les deux sœurs de la Noire Épine[67], c'est-à-dire la « bonne fortune » au niveau social et collectif. Ensuite, il revient auprès de Laudine, où a lieu la réconciliation amoureuse, ce qui correspond au niveau plus personnel de l'idéal esquissé :

> Or a messsire Yvains sa pes ;
> Et pöez croire c'onques mes
> Ne fu de nule rien si liez,
> Comant qu'il ait esté iriez.
> [...]
> Et Lunete rest mout a eise ;
> Ne li faut chose qui li pleise,
> Des qu'ele a fet la pes sanz fin
> De monseignor Yvain le fin
> Et de s'amie chiere et fine[68].

Mais le dernier mot revient à Laudine qui apparaît comme la véritable garante de cette issue positive, puisque c'est elle qui a donné la paix, restauré l'harmonie et qui en assure la durée. Le rôle ainsi dévolu à cette

66 Dominique Boutet, *Formes littéraires et conscience historique aux origines de la littérature française (1100-1250)*, Paris, PUF, 1999, p. 229.

67 *Yvain*, v. 6384-6385 ; 6406.

68 *Ibid.*, v. 6801-6804 ; 6811-6815. Nous avons souligné les résultats obtenus à l'issue de la quête d'Yvain.

héroïne matérialise narrativement la nécessité symbolique de l'amour dans la construction de l'équilibre du royaume[69].

Ainsi donc, l'ambition de paix est directement corrélée à l'amour, comme le signifie dans l'extrait étudié, le lexique, avec *pes*, *liez*, *eise* ou encore *pleise*. Exemple comparable, dans *Érec et Énide*, la fin est marquée également par une réconciliation conjugale, en lien avec l'abolition de la *masle coutume* par le héros-royal Érec. De même, *Cligès* se clôt sur une réconciliation amoureuse et territoriale entre Orient et Occident, comme le signifie le mariage final des deux héros que favorise l'entreprise du roi Arthur.

Justement, le roi Arthur lui-même apparaît comme un autre élément indispensable au bien-être final. Il est en effet le garant de la justice, qui est une autre condition à la paix de l'ensemble de la communauté arthurienne. Il réinvestit d'ailleurs dans la fin de l'épisode des sœurs de Noire Épine cette fonction principale, après avoir été affligé d'une fatigue fatale au début du roman. De même, la scène finale du *Chevalier de la Charrette* marque bien le rétablissement de la justice et de l'autorité royale dans une dynamique de réparation du tort fait au roi par Méléagant dans la scène initiale. Enfin, dans *Le Conte du Graal*, l'action de Perceval met fin à la disette du royaume arthurien, tout en rétablissant aussi la justice sociale. La guérison, la paix et la justice constituent donc autant d'autres composantes nécessaires à l'équilibre durable du royaume arthurien.

En somme et en dépit des variations diégétiques, les résultats de la quête comprennent les mêmes ingrédients. Il s'agit de l'amour, de la paix, de la richesse, de l'abondance mais aussi de la justice sociale, et de la mesure enfin, qui sont subordonnés à une poétique de guérison. Un schéma immuable se dessine ainsi, commun à tous ces itinéraires arthuriens, et renvoyant à un retour à l'harmonie et à l'équilibre. Cette conclusion concorde aussi avec la résolution narrative, marquant le retour à l'équilibre de l'action. Néanmoins, il s'agit là des besoins humains les plus élémentaires, presque dérisoires, ce qui peut paraître étonnant, voire décevant après tant d'efforts. C'est là même toute la nouveauté du récit breton, ce en quoi nous y voyons les prémices de l'*Utopia* de More. Et si le rêve de l'homme n'était pas tant que cela ancré dans la surnature que dans l'humble dimension du réel ?

69 Jean-Charles Payen, « Un sujet impossible : le bonheur au Moyen Âge (quelques interrogations) », dans Danielle Buschinger (éd.), *L'Idée de bonheur au Moyen Âge*, *op. cit.*, p. 331.

Faisant ainsi peser sur le héros la guérison du royaume, comme l'avenir de l'ensemble de la communauté arthurienne, le récit breton met en scène la nécessaire action de l'homme dans son propre destin, ce qui constitue aussi un des critères majeurs de l'utopie. Par conséquent, il semble que l'époque médiévale a joué un rôle considérable dans l'émergence de l'utopie littéraire :

> S'il revient à la Renaissance de saluer l'avènement du nouveau genre littéraire de l'utopie, le Moyen Âge, autant que l'Antiquité dont il recueille et façonne l'héritage, s'intéresse lui aussi à l'utopisme. [...] Dans des constructions qui demeurent toujours en prise sur le présent, même quand elles sont rétrospectives, nostalgiques d'un âge d'or à jamais révolu, ou qu'elles affichent une visée prospective, scrutant les possibles d'un futur que l'on voudrait meilleur, prennent place des réflexions diverses, imaginaires et inspirées de la réalité qui préparent et annoncent sous forme de fragments la fiction de Thomas More[70].

Le chevalier, ainsi chargé d'assurer le retour à l'ordre, à la paix et à l'harmonie, incarne une possible forme d'utopisme, bien avant le XVIe siècle et l'œuvre de Thomas More. Il est spécifiquement arthurien et met en place, en son cœur, une responsabilité humaine. Cette dimension n'a pas encore été soulignée par la critique, qui a mis l'accent sur les dimensions merveilleuses du récit arthurien. Toutefois, à notre sens, le registre merveilleux est au service d'un rêve avant tout humain. Il concerne particulièrement la prise de conscience de la nécessité de l'action humaine dans la réalisation du projet divin. Tout se passe donc comme si la dynamique vers le domaine merveilleux consistait à y chercher des remèdes aux maux du royaume arthurien – qu'ils soient concrets avec la déchéance royale, ou abstrait et merveilleux comme la « mauvaise coutume » ou la prison d'amour féerique – en vue d'établir, non un royaume merveilleux, mais davantage un royaume des hommes dans lequel il n'y aurait plus de maux. C'est donc en vertu de cette perspective utopique que les travaux du héros consistent, non pas à réaliser des miracles, mais tout ce qui correspond à la satisfaction des désirs humains les plus élémentaires : l'abondance alimentaire, la paix, la justice, mais aussi l'amour, et surtout, le bonheur.

70 Danièle James-Raoul, « Conclusion », dans Danièle James-Raoul, Claude Thomasset (dir.), *En quête d'Utopies*, *op. cit.*, p. 395.

Dans cette perspective, la fonction avant tout métaphorique et critique du domaine merveilleux vis-à-vis du repère plus réaliste et courtois, constitue un indice supplémentaire de l'ambition profondément utopique du récit breton :

> Pas d'utopie sans représentation globale, idée-image d'une société autre, opposée à la réalité sociale existante, à ses institutions, rites, symboles dominants, à ses systèmes de valeurs, de normes, d'interdits, à ses hiérarchies, à ses rapports de domination et de propriété, à son domaine réservé au sacré, etc. Autrement dit, *il n'est pas d'utopie sans une représentation totalisante et disruptive de l'altérité sociale*[71].

Le domaine merveilleux figure bien cette « société autre » et « opposée », il relève bien d'un discours utopique.

En ce sens, la capacité du chevalier royal à devenir un roi sacré repose avant tout sur son aptitude à abolir la « mauvaise coutume » du domaine merveilleux. Le domaine merveilleux contient donc un sens symbolique qui nécessite un décryptage afin de réaliser l'eutopie prévue par le récit breton, c'est-à-dire un royaume dont l'enjeu de bonheur est tout entier métaphorisé par l'espace.

On peut donc admettre que l'espace arthurien conditionne et métaphorise une quête de bonheur qui s'exprime de manière latente et symbolique tout au long du périple, jusqu'à son dévoilement final dans le verger royal.

Au fondement du récit breton se logent donc les relations intrinsèques et ambiguës entre histoire et fiction, l'utopie permettant de commuer cette problématique en action.

Pourtant, la relation mythique liant la recherche de bonheur à un pouvoir royal fort à la tête du royaume subsume toutes les autres caractéristiques de l'utopie médiévale. Il s'agit là de la « parabole royale » qui associe le retour à l'équilibre du monde à l'action du *bon roi*. Notre attention se portera donc vers le roi, chargé d'instaurer ce bonheur en veillant notamment à ce que l'abondance perdure dans le royaume arthurien. C'est à l'occasion des scènes de repas collectives autour du roi que ce rôle transparaît le plus nettement. Nous consacrerons donc la fin du chapitre à l'étude des scènes de banquets, qui sont une expression de ce bonheur, tout en nouant les différents enjeux de la « parabole royale », comme du récit breton.

---

71 Bronislaw Baczko, *Lumières de l'utopie*, *op. cit.*, p. 30.

LE BANQUET ROYAL
Du rituel social à l'utopie du présent

Les banquets, noces et autres festins matérialisent la « bonne fortune » et l'harmonie du royaume par une référence à l'abondance alimentaire et à la richesse en général. Ces scènes ont toutes en commun la communion des sujets du royaume et du roi autour de la nourriture qu'il leur prodigue. Elles mettent particulièrement en lumière la figure du *bon roi*, tout en plongeant dans les racines mythiques du récit breton par leurs références au mythe de l'abondance. Elles représentent donc des moments nodaux de l'intrigue, puisqu'elles réunissent les différents enjeux royaux, politiques, littéraires et mythique de la parobole royale, en vertu même de l'idéal heureux du royaume.

BANQUETS, FESTINS ET NOCES : MOMENTS LITTÉRAIRES STRATÉGIQUES

Dans le récit breton, les scènes de banquet renvoient spécialement à des moments de communion entre le roi et ses sujets, où la thématique de l'abondance et de la fusion sociale expriment la « bonne fortune », c'est-à-dire le bonheur de l'ensemble du royaume. À notre sens, l'objectif final eutopique est véritablement emblématisé et métaphorisé par ces moments de faste et de profusion alimentaire.

Rappelons d'abord la dimension rituelle liée à tout repas collectif. Cette dimension se vérifie dans les pratiques religieuses – notamment les sacrifices ou l'eucharistie dans la religion chrétienne –, qui impliquent un repas, ou encore les cérémonies de funérailles ou de noces.

Le registre de la nourriture a aussi une forte dimension sociale. Après sa folie, Yvain, devenu dévoreur de viande crue comme une bête, revient bien à la raison humaine par le pain : l'ermite offre à l'homme *forsenez et salvage*[72] du pain et de la venaison *cuite*, lequel recouvre un semblant de mémoire par cette simple bouchée de pain, puisqu'il se souvient de n'en avoir jamais mangé de si dur[73], tout en le trouvant une nourriture

72 *Yvain*, v. 2830.
73 *Ibid.*, v. 2846.

exquise, *desatranpee et* desconfite[74]. Et pourtant, au lieu de vin, il n'y a que de l'eau, et la venaison n'est ni salée ni poivrée. Le rapport à une nourriture élaborée, aussi rudimentaire qu'elle soit, est le produit d'une culture. Ce rapport renvoie bien au statut humain des personnages, ainsi qu'en témoigne aussi le fait que le Bisclavret recouvre sa forme humaine au cours d'une scène de banquet organisée par le roi Arthur[75]. Dans ce lai, la nourriture renvoie alors à l'humanité profonde du personnage, qui s'oppose alors à la bestialité supposée de la créature merveilleuse.

Plus encore, la liesse collective s'exprime dans les scènes de repas, où la nourriture permet d'associer les dimensions politiques et historiques à la résolution narrative et utopique du récit :

> Résultat d'une convergence de facteurs biologiques, géographiques, économiques, idéologiques, religieux, sémiologiques, psychologiques, l'alimentation est indéniablement un fait culturel dans le sens anthropologique, totalisant, du terme[76].

La symbolique sociale unificatrice de la nourriture est en effet particulièrement exploitée dans le corpus d'étude lors des scènes de banquet qui marquent la réunion du roi et de ses sujets dans une paix heureuse :

> Pour aller plus loin dans ce rapprochement entre nourriture – en particulier carnivore – et vie en société, il faut ajouter que les banquets médiévaux étaient des pratiques pacificatrices et l'occasion pour les rois, les seigneurs laïcs et ecclésiastiques de réunir leurs vassaux, et par le biais du don de nourriture et de boisson, de renforcer ainsi la parenté spirituelle qui les unissait[77].

Ces repas, noces et autres festins matérialisent la « bonne fortune » du royaume par une référence au registre alimentaire et à la fête, comme en témoigne ce vers issu d'*Érec et Énide*, au moment des noces des héros : « Mout fu granz la joie el palés[78] ». Ce roman est d'ailleurs ponctué de gigantesques repas royaux, qui rythment les différentes péripéties. Au tout début, c'est bien à l'occasion d'un repas[79] que le roi Arthur réactualise la coutume du Blanc Cerf, qui mène à la rencontre entre

74 *Ibid.*, v. 2857.
75 *Bisclavret*, v. 189 et *sqq.*
76 Hilário Franco Júnior, *Cocagne, Histoire d'un pays imaginaire*, *op. cit.*, p. 81.
77 *Ibid.*, p. 114.
78 *Érec*, v. 2029.
79 *Ibid.*, v. 27-66.

les deux héros éponymes. Puis, leurs noces[80] annoncent le deuxième temps de l'action, celui dévoué à leur errance pour éviter l'écueil de la récréantise d'Érec. Enfin, après avoir aboli la « mauvaise coutume » de verger de la Joie de la Cour, le roman se termine sur l'évocation d'un festin somptueux, dont la description noue tous les enjeux de l'action :

> Ja fu tot prest et atorné,
> Tables mises et napes sus :
> Cinc cenz tables i ot et plus ;
> Mes ne vos voel pas feire acroire,
> Chose qui ne sanble trop voire :
> Mançonge sanbleroit trop granz
> Se je disoie que cinc cenz
> Tables fussent mises a tire
> En un palés. Ja nel quier dire.
> Ainz en i ot cinc sales pleinnes,
> Si que l'en pooit a granz peinnes
> Voie antre les tables avoir.
> A chascune table por voir
> Avoit ou roi ou duc ou conte,
> Et cent chevaliers tot par conte
> En chascune table seoient.
> Mil chevalier de pein servoient
> Et mil de vin et mil de mes,
> [...]
> Ne por quant se ge nel vos di,
> Vos savroie bien reison randre,
> Mes il m'estuet a el antendre
> Que a raconter le mangier :
> Assez an orent sanz dangier.
> A grant joie et a grant planté
> Servi furent a volanté[81].

Dans cet extrait mêlant savamment le couronnement du héros à la liesse générale, on retrouve de nombreuses hyperboles associées au registre de la profusion alimentaine : « Et mil de vin et mil de mes ». L'opulence royale est soulignée, notamment par le nombre et la qualité des invités royaux présents : « ou roi ou duc ou conte ». La fin de l'extrait, qui est aussi celle du roman, se conclut ingénieusement sur le *topos* de

80 *Ibid.*, v. 1987-2085.
81 *Ibid.*, v. 6912-6929 ; 6932-6938.

l'indicible pour exprimer la dimension incommensurable, absolue et infinie de la joie et de l'abondance innervant de cette fête sous l'égide du roi Arthur. Ainsi donc, dans ce roman tout particulièrement, les scènes de banquets ponctuent les différents stades de l'action et assument de la sorte une fonction structurante.

Dans ses autres romans, Chrétien situe davantage ce moment de convivialité au début de l'intrigue et l'associe alors à l'insertion de l'élément perturbateur et le début de l'aventure, ce qui est une autre manière de valoriser le motif et de souligner ses potentiels significatifs. Dans le *Chevalier au Lion* en effet, Arthur s'endort à table[82] lors du banquet inaugural, donnant alors l'occasion à Calogrenant de raconter son aventure à la fontaine de Barenton, qui se fait aussi le prélude à l'aventure d'Yvain. De même, dans *Le Chevalier de la Charrette*, Guenièvre est ravie dès les premiers vers[83], au cours du repas curial réunissant Arthur et ses chevaliers. Chrétien aime donc représenter l'équilibre et l'harmonie du royaume par la métaphore du banquet royal, avant d'y introduire le déséquilibre qui nécessitera l'intervention du chevalier hors du domaine courtois. Enfin, dans le *Conte du Graal*, la fameuse scène de l'oubli de la question est aussi un banquet, comme le montre bien cette introduction au repas merveilleux :

> Li sires as vaslez comande
> L'eve doner et napes traire[84].

À ce titre, la Table Ronde, véritable *topos* de la chevalerie arthurienne unie, rappelle une fois de plus l'enjeu nodal de la réunion du roi et de ses pairs en une communion sociale, presque sacrée[85]. Cette métonymie du banquet royal marque symboliquement le lien entre le médiateur divin que représente le roi et la chevalerie humaine. Cependant, le rapport royal est ici inversé : l'intrusion de Perceval dans ce rituel merveilleux aurait réparé le royaume, alors que d'ordinaire c'est l'irruption d'un habitant du domaine merveilleux à la cour du roi qui provoque le déséquilibre de l'ensemble du royaume.

82 *Yvain*, v. 52.
83 *Lancelot*, v. 30-60.
84 *Perceval*, v. 3254-3255.
85 Philippe Walter rappelle que la Table Ronde matérialise l'ensemble du monde, elle est une « figure du monde cosmique », dans *Canicule…*, *op. cit.*, p. 68.

Marie de France et les autres auteurs de lais situent davantage leurs scènes de communion alimentaire à la fin de l'action, comme dans le lai de *Graelent*[86], où le banquet royal final marque aussi le retour à l'équilibre et à l'harmonie du royaume :

> Le jor que li rois ot nommé,
> Que sa feste devoit tenir,
> Molt i a fet grant gent venir[87].

C'est bien la réunion des barons convoqués par le roi au cours de cette *feste* qui permet de dénouer l'intrigue. L'objectif eutopique et royal du récit breton est donc véritablement matérialisé dans ces scènes collectives de banquets, qui visent avant tout à promouvoir le roi.

L'ÉLOGE DU *BOEN ROI*

Outre leur enjeu narratif primordial, les scènes de banquet visent avant tout à magnifier le roi par l'expression de la richesse, de l'abondance et de la prospérité du royaume dont elles font preuve. Elles représentent en effet autant d'images de bonheur collectif, grâce au puissant pouvoir royal qui s'y exprime, et assument de la sorte une fonction politique et historique.

Chez Marie, dans les lais de *Bisclavret* et de *Lanval* notamment, la représentation d'une cour apaisée sous l'égide du roi concorde avec son ambition de promotion royale. Cette idée est affichée dès le *prologue* :

> En mun quoer pensoe e diseie,
> Sire, kes vos presentereie.
> Si vos les plaist a recevoir,
> Mult me ferez grant joie aveir,
> A tuz jurz mais en serrai liee[88].

Le roi loué par Marie de France est Henri II, dont nous avons montré combien son pouvoir s'appuie sur une promotion de la figure royale et de la dynastie Plantagenêt[89].

86 Les lais de *Bisclavret* (v. 189 et *sqq.*) et de *Desirré* (v. 727 et *sqq.*) se closent aussi sur un banquet royal heureux.
87 *Graelent*, v. 548-550.
88 *Prologue*, v. 49-53.
89 *Supra*, p. 178 et *sqq.*

À notre sens, cette mise en valeur de la royauté s'exprime sur le plan narratif, lors des scènes de banquets, qui donnent aussi l'occasion au narrateur de montrer l'étendue de la richesse que le roi a su prodiguer à ses pairs, en une union heureuse du royaume. D'ailleurs, la première fois que Perceval voit Arthur, celui-ci est attablé et d'emblée associé au banquet[90], qui se fait la preuve de sa richesse et par extension prolongement de son pouvoir. De même, la description des noces d'Érec et Énide donne l'occasion au narrateur de s'adonner à un véritable éloge royal :

> Li rois Artus ne fu pas chiches :
> Bien comanda as penetiers
> Et as queuz et aus botelliers
> Qu'il livrassent a grant planté,
> Chascun selonc sa volanté,
> Et pain et vin et veneison.
> Nus ne demanda livreison
> De rien nule, que que ce fust,
> Qu'a sa volanté ne l'eüst[91].

L'hyperbole domine ce passage, afin de signifier tout le faste et l'abondance : « a grant planté » ou encore « Et pain et vin et veneison ». Par la richesse ainsi exhibée, ces types de scènes matérialisent la capacité du roi à apporter les vivres nécessaires à l'harmonie et au bonheur de ses sujets. Son prestige politique et son pouvoir sont ainsi prouvés et le résultat en est la liesse collective qui s'exprime : « mout fu granz la joie el palés[92] ». Le pouvoir royal repose en effet sur l'idée de la joie du roi d'où découle la liesse collective[93]. Ces moments d'union entre le roi et la collectivité autour d'un festin relèvent particulièrement du *topos* du *bon roi*. Rappelons ici que dès l'Ancien Testament, le *bon roi* est directement associé à l'abondance :

> [Le roi] sera comme une pluie qui tombe sur un terrain fauché,
> Comme des ondées qui arrosent la campagne [...]. Les blés abonderont dans le pays, au sommet des montagnes,
> Et leurs épis s'agiteront comme les arbres du Liban ;

90 *Perceval*, v. 907-908.

91 *Érec*, v. 2020-2028.

92 *Ibid.*, v. 2029.

93 Pierre Gallais, « Sémantique du bonheur chez les romanciers du XIIe siècle », dans Danielle Buschinger (éd.), *L'Idée de bonheur au Moyen Âge*, *op. cit.*, p. 194.

> Les hommes fleuriront dans les villes comme l'herbe de la terre[94]

Cette insistance sur le devoir avant tout nourricier du roi reflète aussi fidèlement une réalité du Moyen Âge, celle de la faim :

> La faim était l'une des plus grandes menaces pour l'Occident médiéval chrétien, de même que pour toute société pré-industrielle. Menace concrète, puisque le haut Moyen Âge connut fréquemment des phases de pénurie alimentaire, plus ou moins étendue géographiquement[95].

Par conséquent, dans les repas de noces ou de couronnement, la littérature, par son projet eutopique, compense cet état de fait, ce qui explique aussi que le principal devoir du *bon roi* soit avant tout de garantir les bonnes moissons. L'exemple du héros Haveloc illustre bien cette première mission nourricière du roi : il est cuisinier avant d'être roi. Outre l'enjeu burlesque de cet épisode, on peut y lire une amplification et une poétisation du *topos* du *bon roi.* Haveloc apprend en effet à nourrir sa communauté avant d'être reconnu comme le roi sacré légitime.

À l'abondance alimentaire succède comme une variante synonymique la prodigalité en matière de dons fonciers, comme en témoigne le repas topique ouvrant le lai de *Lanval* :

> A la Pentecuste en esté
> I aveit li reis sujurné ;
> Asez i duna riches duns
> E as cuntes e as baruns.
> A ceus de la Table Roünde –
> N'ot tant de teus en tut le munde –[96]

Ce type d'éloge relève d'abord d'une stratégie de valorisation de la figure royale, tant par l'insistance sur la richesse à disposition du royaume, que sur les qualités de générosité du roi. Ainsi, par ce reflet d'un rituel contemporain du règne d'Henri II, la promotion politique affleure une fois de plus[97].

Outre son enjeu historique et politique, la fonction nourricière du *bon roi* est aussi profondément liée au cycle cosmique, dont rendent compte toutes les histoires relatives au retour d'Arthur qui disent cette chose

94 Psaume LXXII, 6-16.
95 Hilário Franco Júnior, *Cocagne, Histoire d'un pays imaginaire*, *op. cit.*, p. 79.
96 *Lanval*, v. 11-16.
97 Sur la promotion politique mise en place durant le règne d'Henri II, *supra*, p. 178 et *sqq.*

inconcevable qu'est la mort du roi[98]. La figure d'Arthur, *rex quondam, rexque futurus*[99], semble donc douée d'éternité, nous disent les légendes, nous dit le mythe. Il nous donne l'image la plus poétique, donc la plus profonde d'un idéal, d'un rêve royal, basée sur cette idée que la bonne marche du cosmos est subordonnée à la présence d'un *bon roi*[100]. Le Roi Pêcheur, et son père encore davantage, rendent compte de cette sorte d'immortalité ou plutôt d'« amortalité » comme le suggère Jean Marx[101]. Cette dimension atemporelle de la figure d'Arthur s'illustre aussi par les nombreux récits et représentations qui le placent au cœur des royaumes d'Avalon. La notion de souveraineté est en ce sens profondément liée à celle de la fécondité et de l'éternel retour du cycle saisonnier. C'est ce qu'on désigne aussi parfois par le nom de « Königsheil », c'est-à-dire ce pouvoir miraculeux du *bon roi* de donner des terres fertiles et toutes sortes de richesses à son peuple. L'image du *bon roi* est donc aussi empreinte de réminiscences mythiques, en lien même avec le principe de l'abondance.

Sur le plan littéraire comme historique, l'abondance et la fertilité du royaume dépendent donc en premier lieu du *bon roi*, qui doit toujours veiller à ce que noblesse rime avec richesse, et à ce que le bonheur et l'harmonie règnent. Pourtant, dans les autres romans de Chrétien de Troyes, la royauté est toujours d'abord amputée, déséquilibrée par le péché du roi, ce qui justifie d'ailleurs le recours à un chevalier qui prolonge la volonté royale dans les terres. L'auteur champenois problématise la fonction royale, peut-être pour mieux en signifier les tenants et les aboutissements.

> Fertilité et fécondité, régularité des phénomènes naturels ne demandent pas toujours des rites particuliers : l'existence du roi juste les assure. Mais le roi peut faillir et, pour cette raison ou pour une autre, l'ordre peut être perturbé[102].

C'est là d'ailleurs toute la signification de l'introduction de l'élément perturbateur de l'action dans ces scènes de repas précisément,

98 Sur le plan historique, le principe même des « deux corps du roi » étaye cette impossibilité de la mort du souverain ; voir Ernst Kantorowicz, *Les Deux Corps du Roi*, *op. cit.*, p. 21 et *sqq.*

99 Thomas Malory, *Le Roman du Roi Arthur et de ses chevaliers de la Table Ronde (Le morte Darthur)*, *op. cit.*, p. 1041.

100 Il s'agit aussi du noyau formant la « parabole royale », que nous étudions dans le dernier chapitre, *infra*, p. 453 et *sqq.*

101 Jean Marx, *La Légende arthurienne et le Graal*, *op. cit.*, p. 278. Voir aussi p. 184 et p. 255.

102 Jean-Paul Roux, *Le roi. Mythes et symboles*, Paris, Fayard, 1995, p. 62.

notamment avec l'irruption de Méléagant en pleine cour royale, dans *Lancelot*. Dans *Yvain*, c'est aussi lors du repas annuel de la Pentecôte qu'Arthur s'endort à table.

La critique royale affleure aussi parfois dans les lais à l'étude. Les récits brefs marquent d'ailleurs un tournant dans la problématisation de la faiblesse royale, puisqu'on passe de la simple passivité du roi chez Chrétien, à son péché, notamment dans le lai de *Lanval*[103]. C'est en effet au cours du festin rituel que le roi oublie Lanval. Sa faute est donc d'autant plus grande, qu'elle concerne son premier devoir en lien avec la richesse. Ainsi donc, le *bon roi* ne doit pas seulement concourir à la profusion du royaume, il doit surtout redistribuer ces richesses afin de garantir à l'ensemble de ses sujets les conditions du bonheur.

Dans le corpus d'étude, la scène de banquet est donc toujours plus ou moins ambivalente : d'une part, elle se fait le lieu de l'éloge royal en bonne et due forme, d'autre part, elle peut aussi être l'occasion de la révélation de la faute royale, d'où d'ailleurs sa fonction narrative stratégique. L'ambivalence même du roi est à l'origine de ce phénomène. Rappelons qu'il est à la fois *pontifex* sacré et cause du déséquilibre du royaume. La scène de banquet fonctionne donc comme une métaphore poétique de la réflexion sur le pouvoir royal. D'ailleurs, dans *Le Conte du Graal*, le *mehaign* du roi est très nettement lié à un problème de stérilité, et donc d'abondance, tout comme la blessure du père de Perceval est reliée à la terre *gaste*. Par conséquent, le repas arthurien fait véritablement figure de nœud, tant historique, que politique et historique, et surtout mythique, en lien même avec le registre de l'abondance alimentaire.

Ainsi donc, selon le *topos* du *bon roi*, le souverain est avant tout chargé d'apporter les conditions favorables à l'éclosion du bien-être de sa communauté, en particulier la nourriture, la richesse, en somme l'abondance. Cette première fonction royale est ainsi directement liée à la métaphore alimentaire, qui comme nous l'avons déjà vu, résonne partout dans le récit breton et éclôt véritablement lors du banquet royal, par le biais de ses nombreuses réminiscences mythiques.

103 *Lanval*, v. 18-20.

BANQUET ET ABONDANCE : L'UTOPIE DU PRÉSENT

Repas mythiques

Depuis le repas sacré antique, en passant par *banquet* de Platon, la Cène chrétienne ou encore le mythe médiéval de Cocagne, les scènes de repas collectifs ont toujours constitué des moments au fort potentiel symbolique et mythique[104].

Particulièrement emblématiques, les festins d'immortalité[105] reposent sur la réunion de divinités autour de diverses nourritures célestes, symboles même de leur immortalité. Sans ici détailler leur structure mythique, nous insisterons sur une de leurs constantes, à savoir l'invitation d'un être humain à partager leur repas :

> Manger la nourriture des dieux signifie partager d'une certaine manière leur condition. Si l'homme arrive à l'assemblée divine du temps de son vivant, il a la chance de devenir leur semblable[106].

Certains critiques pensent que la religion chrétienne aurait assimilé ce motif, en présentant la Cène comme une variante du repas d'immortalité :

> La dernière cène, où Jésus institue l'Eucharistie, est, elle aussi, un décalque du banquet céleste : « Je vous le dis, je ne boirai plus désormais de ce produit de la vigne jusqu'au jour où je le boirai avec vous, nouveau, dans le Royaume de mon père » (Matthieu, 26, 29). Le Fils de Dieu figure au Royaume comme le dispensateur de la nourriture et de la boisson de vie, il assume le rôle de l'arbre de vie et des rivières nourricières du jardin d'Éden. « Le dernier jour de la fête, le grand jour, Jésus, debout, s'écria : "Si quelqu'un a soif, qu'il vienne à moi, et qu'il boive, celui qui croit en moi !", selon le mot de l'Écriture : De son sein couleront les fleuves d'eau vive » (Jean 7, 37-38)[107].

---

104 Nous considérons le mythe ici dans sa définition donnée par la mythocritique comme un discours construit associant divers « mythèmes », dont certains sont reconnaissables par leur résonnance et leur prégnance au sein de la narration, comme de l'univers mental. Voir notamment Gilbert Durand, *Figures mythiques et visages de l'œuvre, de la mythocritique à la mythanalyse*, Paris, Berg International éditions, 1979 ; Pierre Brunel, *Mythocritique, Théorie et Parcours*, Paris, PUF, 1992 ; Pierre Gallais, *La Dialectique du récit médiéval*, Amsterdam, Rodopi, 1982 ; *L'imaginaire d'un romancier français…*, *op. cit.* ; Joël Thomas (dir.), *Initiation aux méthodologies de l'imaginaire*, Paris, Ellipses, 1998 ; Jean-Jacques Vincensini, *Motifs et thèmes du récit médiéval*, *op. cit.*, p. 41 et 32.

105 Voir Georges Dumézil, *Le festin d'immortalité. Étude de mythologie comparée indo-européenne*, Paris, Paul Geuthner, 1924.

106 Corin Braga, *Le paradis interdit au Moyen Âge, la quête manquée de l'Éden oriental*, *op. cit.*, p. 27.

107 *Ibid.*, p. 69.

Fonctionnant en effet comme un chaînon entre les dieux et les hommes, en vertu d'une nourriture apaisante, ce festin mythique est aussi un *topos* des plus intéressants au regard de la « parabole royale ». En le convoquant, le récit breton insiste davantage sur le statut nécessairement intermédiaire du roi, qui, en tant que maître du festin des hommes, accède presque au statut des dieux. Cette résurgence mythique participe donc aussi d'une volonté de promotion de la figure royale. Par ailleurs, la référence au motif du festin d'immortalité expliquerait que le nœud des enjeux littéraires, historiques, et utopiques soit réalisé dans la scène de banquet arthurienne par le biais de la promotion royale.

La tradition celtique distingue aussi un autre type de repas mythique : le repas des morts, plus ambivalent. Françoise Le Roux et Christian-J Guyonvarc'h ont observé que la mythologie irlandaise place à Samain tous les récits

> [...] qui impliquent une réunion ou un banquet royal ; qui décrivent un conflit avec les puissances de l'autre monde, l'intervention dans les affaires humaines des puissances venues de l'autre monde ou inversement l'intervention des hommes dans le *sidh* ; qui mettent en scène, le plus souvent concurremment, avec un banquet, une mort de roi ou de héros, pour une raison constante : ruptures ou violations d'interdits, mauvaise conduite ou guerre injuste[108].

Le début du *Lancelot*, où Méléagant surgit au cours du banquet organisé par Arthur[109], fournit un excellent exemple de survenue d'un membre de l'Ailleurs dans les affaires humaines.

L'association dans les récits de notre corpus des deux types de traditions autour du repas pourrait alors fournir une explication à son ambivalence essentielle, que nous avons montrée. À ce titre, la pomme est un exemple particulièrement significatif de confluence mythique ayant conduit à une ambiguïté autour du repas. Rappelons en effet, que cet aliment est essentiel pour définir l'île d'Avalon, dont le nom rappelle le fruit, comme le paradis chrétien[110]. Ce fruit peut donc être connoté positivement ou négativement, selon qu'il renvoie à l'île d'Avalon connue pour son immortalité, ou au jardin d'Éden et à son péché originel :

108 Françoise Le Roux, Christian-J Guyonvarc'h, *Les fêtes celtiques*, Rennes, Éditions Ouest-France, 1995, p. 71.
109 *Lancelot*, v. 51-244.
110 *Supra*, p. 104-105.

> À la mythologie orientale, les Grecs, les Celtes et autres peuples de l'Europe ont ajouté leur propre variante du thème de la nourriture d'immortalité : les légendes et les contes sur les pommes d'or. [...]
>
> La plante divine a une double valence, positive et négative, qui lui a valu un dédoublement figuratif en deux images : la plante de vie et la plante de mort[111].

Particulièrement, le banquet du Roi Pêcheur auquel est convié Perceval apparaît comme une variante médiévale du festin d'immortalité, avec toute l'ambivalence du motif qu'il contient. En effet, le Roi Pêcheur apparaît comme un être immuable, puisqu'il est en quelque sorte condamné à pécher et à attendre qu'on lui pose une question sur sa condition. Il invite notre héros à partager sa condition éternelle, s'il répond favorablement au test de la question à poser. Bien que le jeune homme échoue à l'épreuve, le repas en lui-même possède de nombreuses résonnances mythiques :

> Un graal antre ses deus mains
> Une dameisele tenoit
> [...]
> Li sires as vaslez comande
> L'eve doner et napes traire.
> [...]
> Et dui vaslet ont aportee
> Une lee table d'ivoire.
> [...]
> Li fuz en ot deus bones graces,
> Don les eschaces fetes furent,
> Que les pieces toz jorz an durent.
> Car furent eles d'ebenus :
> De celui fust ne dot ja nus
> Que il porrisse ne qu'il arde,
> De ces deus choses n'a il garde.
> Sor ces eschaces fu asise
> La table, et la nape sus mise.
> Mes que diroie de la nape ?
> Legaz ne chardonax ne pape
> Ne manja onques sor si blanche.
> [...]
> Et li vaslet aparellierent

111 Corin Braga, *Le paradis interdit au Moyen Âge, la quête manquée de l'Éden oriental*, *op. cit.*, p. 30.

Les liz et le fruit au colchier,
Que il en i ot de mout chier,
Dates, figues et noiz muscades
Giroffle, pumes de grenades, [...][112]

Du bois d'ébène indestructible formant la table, en passant par la blancheur merveilleuse de la nappe, le repas oscille clairement entre le réel et la merveille, voire la mise en scène religieuse. En effet, les grenades évoquent le fruit défendu du jardin d'Éden, qui a d'abord pu être assimilé à ce fruit oriental, avant d'être une pomme. Le Graal même, qui est un simple *vaissel* dans ce passage, a aussi pu être considéré par la critique comme une corne d'abondance, voire comme un calice de la Cène chez les continuateurs de Chrétien[113].

Profondément nourrie de ces réminiscences mythiques, la métaphore alimentaire, qui innerve de part en part le récit breton, éclôt donc véritablement lors de la scène de banquet, en vertu de la représentation d'un bonheur profondément humain. En effet, du Graal qui est à l'origine un plat destiné à accueillir du poisson, jusqu'à la symbolique même d'Avalon, qui veut dire la pommeraie, en passant par le célèbre banquet du Roi Pêcheur dans *Le Conte du Graal*, ou par la fonction de cuisinier d'Haveloc, les références à la nourriture sont omniprésentes dans le corpus étudié. Ces résonnances font partie du mythe plus global de l'abondance[114], qui inclut aussi toutes les problématiques liées à la fertilité et à la stérilité du royaume. À preuve, dans *le Conte du Graal*, la dialectique établie entre la *terre gaste* et la stérilité du roi *méhaigniez*, blessé entre les hanches, attribue la stérilité du royaume au problème de fertilité du roi.

Par ailleurs, la description des banquets fait la part belle à l'amplification et à l'hyperbole, afin de donner une impression d'extraordinaire profusion de nourriture pour une ravissement des sens. Cette vision du bonheur à travers le paradis alimentaire entre aussi en résonnance avec l'imaginaire de Cocagne, qui émerge aussi à la même époque dans le *Fabliau de Cocagne*. Une comparaison entre les scènes de banquets de l'auteur champenois et ce récit bref s'avère ici nécessaire dans notre perspective d'analyse de l'enjeu utopique associé à la « parabole royale ».

112 *Perceval*, v. 3220-3221 ; 3254-3255 ; 3260-3261 ; 3268-3279 ; 3322-3326.

113 *Infra*, p. 478.

114 Le mythe de l'abondance sera développé dans le chapitre dévoué à la femme arthurienne, car il ne peut se comprendre qu'au regard de la portée mythique féminine, *infra*, p. 433 et *sqq*.

Cocagne ou le paradis alimentaire présent

La comparaison entre les scènes de banquets arthuriens et l'imaginaire de Cocagne[115] mettra en évidence l'inscription du banquet royal dans un éternel présent, associant l'émergence du bonheur à un paradis humain avant tout.

Une terre d'abondance située dans un ailleurs, des hommes attablés pour toujours autour d'une extraordinaire profusion de vivres : voici le pays de Cocagne, dont le nom même contient étymologiquement la référence à l'alimentation[116]. Dans ce pays où la fête est ininterrompue, les hommes, toujours jeunes et égaux, ne connaissent ni la satiété, ni le travail et sont réunis pour leurs plus grands plaisir et loisir, dans une liberté absolue. Une image se détache, celle d'un paradis terrestre fait d'une éternelle jouissance des sens. Car en effet, le monde imaginaire des récits de Cocagne s'appuie toujours sur un gigantesque festin marqué par une opulence alimentaire telle qu'elle confine au débordement :

> Brisant la hiérarchie sociale fondée sur la quantité d'aliments dont chacun dispose, la Cocagne propose l'abondance pour tous, chacun pouvant absorber gratuitement nourriture et boisson à volonté[117].

Par là, le bonheur y est donc toujours exclusivement matérialisé par une jouissance sans fin des sens. Les scènes de banquets de Chrétien de Troyes mettent aussi en place une esthétique de l'abondance excessive, nous évoquant le paradis de Cocagne, notamment lors du couronnement finale d'Érec et Énide. Citons encore l'extrait où le *bon roi* Érec et sa *feste* célèbrent l'aboutissement de la « parabole royale » en un bonheur presque éternel et alimentaire :

115 Sur le pays de Cocagne, voir Hilário Franco Júnior, *Cocagne, Histoire d'un pays imaginaire, op. cit.* ; Jean Delumeau, *La Mort des pays de Cocagne, Comportements collectifs de la Renaissance à l'âge classique*, Paris, PUPS, 1976 ; Jacques Le Goff, « L'Utopie médiévale : le pays de Cocagne », art. cité, p. 271-286 ; Jean-Charles Payen, « Fabliaux et Cocagne », Gabriel Bianciotto et Michel Salvat (éd.), *Épopée, fable, fabliau*, actes du IVe colloque de la Société internationale renardienne, Évreux, 7-11 septembre 1981, Paris, PUF, 1984, p. 435-448 ; Frédérick Tristan, *Le monde à l'envers, Étude et anthologie. La représentation du mythe, essai d'iconologie par Maurice Lever*, Paris, Hachette, 1980.

116 Cocagne remonte à un *cucann* gaélique qui signifie « cuisine » ; voir à ce propos, Hilário Franco Júnior, Cocagne, *Histoire d'un pays imaginaire, op. cit.*, p. 82-84.

117 *Ibid.*, p. 81.

Mil chevalier de pein servoient
Et mil de vin et mil de mes,
Vestuz d'ermins peliçons fres.
Des mes divers don sont servi,
Ne por quant se ge nel vos di,
Vos savroie reison randre,
Mes il m'estuet a el antendre
Que a raconter le mangier :
Assez an orent sanz dangier.
A grant joie et a grant planté
Servi furent a volanté[118].

Cette scène finale décrit une véritable orgie alimentaire, comme l'expriment les hyperboles et nombreuses amplifications rendant le faste du festin.

D'ailleurs, la comparaison des textes de Chrétien avec les traditions autour du pays de Cocagne est justifiée, en vertu même d'un univers de référence commun à l'époque d'écriture. En effet, l'existence d'un *Fabliau de Cocagne*, écrit vers 1250, montre aussi un intérêt pour la frugalité, ainsi qu'une importance donnée à la nourriture et au plaisir sensoriel. Certes, Chrétien n'a pas eu connaissance de ce fabliau, ou même de l'imaginaire autour des Pays de Cocagne. La convocation de cette tradition est donc ici effectuée avec beaucoup de prudence. Toutefois, on retrouve aussi dans les scènes de banquets de l'auteur champenois une prédominance accordée à la jouissance des sens et à l'orgie de nourriture. Il semble donc que ces idées circulaient au moment de l'écriture du corpus, qu'elles ont nourrie. Nous savons aussi en outre que, l'auteur du fabliau, s'il demeure inconnu, écrivait en Picardie, dans une région donc proche de celle de l'auteur champenois[119]. Tous ces éléments permettent de comparer les scènes de banquets royaux de notre corpus à l'imaginaire de Cocagne, en vertu d'une vision du monde commune à la fin du XIIe siècle et au début du XIIIe siècle.

Dans notre perspective personnelle, ces réminiscences mythiques de Cocagne comptent surtout pour leur dévoilement du caractère utopique du récit breton, par la métaphore du banquet royal heureux. En effet, le pays de Cocagne est actuellement considéré comme la première utopie médiévale, comme Jacques Le Goff le déclare :

118 *Érec*, v. 6928-6938. C'est nous qui soulignons.
119 Hilário Franco Júnior, *Cocagne, Histoire d'un pays imaginaire*, *op. cit.*, p. 12.

> Le Pays de Cocagne m'apparaît comme la seule utopie médiévale qui possède ces caractéristiques de globalité et de quotidienneté dans la subversion dans lesquelles Bronislaw Baczko a eu raison de voir l'essence de l'utopie[120].

En effet, outre leurs potentialités poétiques, les récits autour de Cocagne se présentent comme comme une réponse possible au problème historique de la faim médiévale :

> La fortune des « Pays de Cocagne » ne se comprend que par le contraste avec la réalité. Ils sont une évasion hors d'une civilisation caractérisée d'ordinaire par la pénurie, voire la faim, par des conditions de travail très dures et enfin par la morale sexuelle exigeante des autorités religieuses[121].

La réponse imaginaire et poétique proposée par l'imaginaire de Cocagne au problème de la faim correspond aussi à la définition de l'utopie comme action et réaction à l'histoire. Par ce rapport ambigu à l'histoire qu'elle dévoile tout en la corrigeant, l'utopie de Cocagne établit ainsi un rapport spécifique au temps, à un présent surtout, qui se veut éternité :

> La Cocagne est une utopie médiévale, car elle n'est pas le nostalgique âge d'or de l'Antiquité, ni une société futuriste comme celles des socialismes de l'époque moderne. La Cocagne n'est ni dans le passé ni dans le futur. La Cocagne est la fête d'un éternel présent[122].

Le pays de Cocagne parle du présent, tout en échappant à l'écueil de la nostalgie du passé. Il en est de même dans le récit breton. Si le *bon roi* est en effet celui qui saura faire régner l'abondance, sa capacité même à prodiguer de la nourriture à l'envi à ses congénères contient en creux l'utopisme spécifiquement breton. Le récit breton cesse alors de s'attacher à la nostalgie de l'Âge d'Or pour s'engager dans l'action et le projet d'un futur humain, en commançant par célébrer le présent par une fête convoquant l'ensemble des sens.

Ainsi donc, l'abondance alimentaire, qui partout résonne et affleure dans le récit breton, éclôt véritablement lors des banquets qui possèdent des réminiscences mythiques. Associant l'opulence à une perpétuelle jouissance

120 Jacques Le Goff, « L'Utopie médiévale : le pays de Cocagne », art. cité, p. 286.

121 Jean Delumeau, *La Mort des pays de Cocagne, Comportements collectifs de la Renaissance à l'âge classique*, *op. cit.*, p. 11-14.

122 Hilário Franco Júnior, *Cocagne, Histoire d'un pays imaginaire*, *op. cit.*, p. 9.

des sens, ces scènes contiennent en creux la volonté d'un éternel présent humain, et dévoilent par là même la perpective utopique du récit breton.

Sur le plan imaginaire, cette métaphorisation du bonheur par l'orgie alimentaire contient aussi une référence mythique au ventre maternel :

> En effet, le thème du pays de Cocagne est intimement lié à celui de l'avalement. Les personnages qui ont accès à ces lieux privilégiés vont pouvoir manger et boire tout leur soûl, et cela sans exercer le moindre effort puisque la nourriture leur arrive droit dans la bouche. D'ailleurs, dès qu'ils ont fini de se repaître, ils ont tout loisir de s'endormir aussitôt. Ils sont donc revenus à l'état fœtal. Le pays de Cocagne est l'image du ventre maternel, c'est-à-dire le rêve que l'homme jeté dans le monde caresse de revenir à la paix profonde de sa gestation[123].

Sur le plan mythique, l'abondance est toujours et d'abord liée à la femme, qui affleure partout, à commencer par sa fonction d'abord nourricière, qui transparaît aussi par les rites celtiques et grecs de fertilité. Une analyse de sa fonction mythique au regard de la « parabole royale » s'avère nécessaire.

La Table Ronde, qui tournoie comme le monde, ne fait pas que réunir les chevaliers arthuriens : autour d'elle tournerait aussi l'ensemble du royaume. Associant les moments clefs de l'action que sont l'introduction de l'élément perturbateur, ou encore la résolution de l'intrigue, à une propagande royale, les scènes de banquets font en effet converger les enjeux littéraires, politiques, et historiques du récit breton en vertu d'un idéal heureux et royal.

Surtout, représenter les hommes attablés autour du roi qui a su prodiguer les richesses indispensables au bonheur, constitue en soi l'une des caractéristiques de l'utopisme médiéval. Dans un monde qui regrette le présent, et rêve d'un futur pour l'instant inaccessible, reste alors le présent dévoué à la satisfaction des sens et des besoins les plus élémentaires.

Néanmoins, si les banquets métaphorisent la richesse et le bonheur retrouvés dans le royaume, à travers la communion sociale et la nourriture notamment, sur le plan mythique cette abondance royale passe nécessairement par la femme et l'harmonie qu'elle apporte, à la fois au roi et au royaume, qui sont les deux conditions essentielles à une souveraineté légitime durable.

123 Frédérick Tristan, *Le monde à l'envers, Étude et anthologie…*, *op. cit.*, p. 39.

SOUVERAINETÉ FÉMININE

Après avoir analysé l'idéal eutopique figuré à la fin du récit breton, nous nous tournons à présent vers son ancrage mythique à travers l'union du roi avec sa dame. L'étude de la femme arthurienne en général sera ici menée. Nous considérerons particulièrement son lien au mythe de la fédondité et de l'abondance. Rappelons que sur les traces de Gilbert Durand et de Philippe Walter, nous considérerons le mythe en tant que discours construit associant divers « mythèmes », dont certains sont reconnaissables par leur résonnance et leur prégnance au sein de la narration, comme de l'univers mental. En ce sens, le mythe peut être défini comme « un récit [...] mettant en scène des personnages, des situations, des décors [...] fragmentables en séquences ou plus petites unités sémantiques[1] ».

Nous montrerons que si l'idéal arthurien est certes humain, l'instauration d'une souveraineté légitimée et durable du roi ne peut être dissociée de son ancrage féminin.

LE MIROIR DU DOMAINE MERVEILLEUX
Inversion et pôle féminin

Rappelons que les deux domaines arthuriens sont investis de fonctions qui leur sont propres, notamment l'introduction d'aventures pour le domaine merveilleux. Mieux, le passage du héros dans cet espace vise particulièrement à la rencontre amoureuse et surtout à introduire la femme arthurienne dans le périple chevaleresque, comme dans le récit breton plus généralement.

1 Voir notamment Gilbert Durand, *Figures mythiques et visages de l'œuvre, de la mythocritique à la mythanalyse*, *op. cit.* ; Pierre Gallais, *La Dialectique du récit médiéval*, *op. cit.* ; *L'imaginaire d'un romancier français...*, *op. cit.* ; Joël Thomas (dir.), *Initiation aux méthodologies de l'imaginaire*, *op. cit.* ; Jean-Jacques Vincensini, *Motifs et thèmes du récit médiéval*, *op. cit.*

RENCONTRE AMOUREUSE

Si, du point de vue narratif, le domaine merveilleux propose d'abord des épreuves au héros qui révèleront sa bravoure au monde, ce lieu instaure surtout la rencontre amoureuse entre le futur roi et la femme arthurienne, ce qui constitue un prélude essentiel à l'harmonie et à la « bonne fortune » finale. Ce schéma est particulièrement prégnant dans les lais, à l'instar de Lanval qui rencontre son *amie* après son errance dans la zone de marge que représente le pré :

Fors de la vilë est eissuz,
Tuz suls est en un pré venuz ;
Sur une ewe curaunt descent,
Mes sis cheval tremble forment ; [...]
La u il gist en teu maniere,
Garda aval lez la riviere,
Si vit venir deus dameiseles :
Unkes n'en ot veü plus beles ! [...]
Il l'esgarda, si la vit bele.
Amurs le puint de l'estencele
Ki sun quor alume e esprent[2].

Comme nous l'avons déjà remarqué, le tremblement du cheval renvoie au passage du héros dans le domaine merveilleux. Néanmoins, en arrivant de l'autre côté, Lanval rencontre, non un monstre merveilleux ou un guerrier, mais des demoiselles, qui le conduisent vers une dame. L'immersion du héros dans ce domaine se présente d'emblée comme une plongée dans un univers féminin. En outre, cet espace se présente ici davantage comme le lieu de l'aventure amoureuse, plus que périlleuse. Le bonheur et l'apaisement suscités par l'amour naissant entre Lanval et la dame seront ensuite signifiés par la scène collective du banquet :

Puis li aportent a mangier.
Od s'amie prist le super :
Ne feseit mie a refuser !
Mut fu serviz curteisement
E il a grant joie le prent.
Un entremés i ot plenier,
Ki mut pleiseit al chevalier,

2 *Lanval*, v. 43-46 ; 53-56 ; 117-119.

Kar s'amie baisout sovent
E acolot estreitement[3] !

Nous avons vu que le banquet figure une véritable harmonie terrestre instaurée. Ici, le geste même de Lanval qui enlace son amie renvoie à cette plénitude, à cette union essentielle du féminin et du masculin qui ne font alors plus qu'un. Ce même schéma de la rencontre amoureuse dans le domaine merveilleux est aussi à l'œuvre dans les lais de *Graelent*[4] et de *Guingamor*[5]. Et même un chevalier insensible à l'amour, comme Guigemar au début du lai éponyme, succombe au charme féminin en pénétrant dans l'espace merveilleux, qui est encore féminin. Si le héros était d'abord décrit en ces termes : « Ke unc de nule amur n'out cure[6] », lorsqu'il rencontre la fée, son sentiment est totalement opposé, puisqu'il est alors totalement subjugué, presque envoûté par ses charmes : « Mes Amur l'ot feru al vif ; / Ja ert sis quors en grant estrif[7] ».

Dans les romans de Chrétien, il est aussi courant que la rencontre amoureuse ait lieu après un passage dans le domaine merveilleux, ou en tout cas un lieu qui le figure. Érec fait la connaissance d'Énide juste après la chasse merveilleuse au Blanc Cerf. Même s'il ne participe pas à vraiment à cette épreuve, cette péripétie le conduit indirectement vers le domaine du père de l'héroïne[8] de laquelle il tombe vite amoureux. De même, la fontaine magique de Barenton marque le point d'entrée dans le domaine de Laudine et permet à Yvain de rencontrer sa future épouse[9]. L'aventure merveilleuse est donc surtout une aventure amoureuse. Il s'agit avant tout de réintroduire le pôle féminin, quand le domaine courtois se présente comme un monde essentiellement viril et guerrier. La femme constitue pourtant le chaînon essentiel à l'harmonie durable du royaume eutopique imaginé.

3 *Ibid.*, v. 180-188.
4 *Graelent*, v. 209 et *sqq.*
5 *Guingamor*, v. 330 et *sqq.*
6 *Guigemar*, v. 58.
7 *Ibid.*, v. 379-380.
8 *Érec*, v. 342 et *sqq.*
9 *Yvain*, v. 904 et *sqq.*

UN DOMAINE MERVEILLEUX FÉMININ

Si le domaine d'Arthur se présente comme un lieu majoritairement commandé par le masculin, où les failles royales infusent une dynamique d'errance solitaire, le domaine merveilleux est au contraire dominé par une emprise avant tout féminine, puisque les fées y règnent, tout en permettant la rencontre amoureuse. Le lai de *Lanval* est exemplaire pour étayer cette idée. Jusqu'au vers 52, les seuls protagonistes mentionnés sont uniquement masculins, du roi au héros, en passant par les comtes et barons récompensés lors de la fête de la Pentecôte[10]. Mais au moment où Lanval pénètre dans le pré[11], qui sert de seuil vers le domaine merveilleux, il rencontre alors deux jeunes filles :

> Garda aval lez la riviere,
> Si vit venir deus dameiseles :
> Unkes n'en ot veü plus beles[12] !

Elles annoncent sa rencontre avec la dame[13]. Le domaine merveilleux introduit donc bien le féminin, et c'est le cas dans un grand nombre des textes de notre corpus, ainsi que le note Daniel Poirion à propos du passage au Pont de l'Épée dans le *Lancelot* :

> [d]ésormais le texte change de style, alors que va s'imposer la perspective féminine : après les aventures héroïques, de style épique, ce sont des épisodes plus dramatiques, pathétiques ou élégiaques, qui caractérisent déjà la mode littéraire de ce que l'on appelle le roman[14].

De même, dans *Le Chevalier au Lion*, l'univers masculin correspond à la prouesse et au domaine courtois. La reine semble même y jouer un rôle dans la passivité du roi. Il s'est en effet attablé auprès d'elle et s'est enformi à cause de cela. Au contraire, l'univers féminin est équilibré. Il apparaît avec la fontaine de Barenton, qui correspond aussi à l'introduction du domaine merveilleux, de la reine Laudine et surtout de l'amour. Il semble aussi que le voyage dans le domaine merveilleux

10 *Lanval*, v. 14.
11 *Ibid.*, v. 44.
12 *Ibid.*, v. 54-56.
13 *Ibid.*, v. 93 et *sqq.*
14 Daniel Poirion, « notice », dans Daniel Poirion (dir.), *Chrétien de Troyes, Œuvres complètes*, *op. cit.*, p. 1242.

fasse prendre conscience au héros de la nécessité d'allier l'amour à la prouesse, et par conséquent d'intégrer le féminin au masculin, afin de parvenir à un équilibre heureux. La plupart des romans de Chrétien posent, on l'a vu, ce problème capital des relations entre hommes et femmes et de l'équilibre à maintenir entre l'élan contradictoire vers l'amour ou vers l'aventure[15]. On tient sans doute ici une motivation profonde de cet état de fait.

Ainsi, la femme remplit la fonction miroir propre au domaine merveilleux. Rappelons en effet que le domaine merveilleux compense les failles du domaine courtois. En l'occurrence, l'élément féminin y joue un rôle important, à l'instar du motif de la « mauvaise coutume », dont souvent des filles ou des femmes constituent l'enjeu[16]. Ce faisant, le domaine merveilleux relève d'une fonction compensatoire du domaine courtois. À la solitude chevaleresque et masculine du domaine courtois répond bien l'union harmonieuse et féminine du domaine merveilleux[17].

C'est donc tout naturellement que nous nous tournons vers l'étude des fonctions des figures féminines de notre corpus.

HÉROÏNE, MÈRE, REINE
La femme trivalente

Véritable clef pour un bonheur durable dans le royaume, la femme apparaît multiple dans le récit breton : héroïne, mère, ou reine, voire les trois à la fois. Eu égard à cette trivalence, elle est dominée par une grande ambiguïté découlant des profondeurs mythiques et symboliques qui lui sont attachées. Nous proposons ici d'analyser précisément ses principales fonctions narratives, mythiques et royales, par le biais d'une typologie des principales figures féminines de notre corpus.

---

15 Philippe Walter, *Canicule…*, *op. cit.*, p. 249.

16 Il n'est que de rappeler la Joie de la Cour dans *Érec et Énide*.

17 Cette fonction de compensation d'une réalité décevante est aussi dévolue à l'utopie. Une convergence de plus donc entre le récit breton et l'utopie littéraire s'instaure. Voir Patrick Hubner, « utopie et mythe », dans Pierre Brunel (dir.), *Dictionnaire des mythes littéraires*, Monaco, Éditions du Rocher, 1988, p. 1434.

Dans les textes à l'étude, la femme[18] arthurienne occupe des fonctions narratives, mais aussi mythiques et royales. Sur le plan narratif, elle se comporte la plupart du temps en adjuvant à la quête chevaleresque et pousse le héros à se surpasser. En cela, elle le prépare à sa mission humanitaire de salut collectif. Sur le plan mythique, la femme renvoie au mythe de la fécondité. Elle est chargée d'assurer la postérité et représente l'avenir de l'idéal de royaume à construire. Sur le plan de l'utopie royale autour de laquelle est forgée notre problématique, la reine constitue le chaînon essentiel pour l'acquisition d'une souveraineté légitimée. La femme permet notamment d'associer les armes et l'amour, deux axes chers au récit breton, mais qui a priori s'opposent. Elle permet aussi au royaume de perdurer et établit un lien temporel, notamment vers un avenir heureux. Elle représente ainsi l'espoir même du royaume. Sur le plan mythique et cosmique, elle affirme la nécessité de la fertilité pour préserver l'idéal cosmique de l'éternel retour. Le roi doit toujours rencontrer la reine pour parvenir à construire son royaume idéal. Par l'action féminine, la problématique spatiale du royaume devient temporelle. On passe en effet d'un idéal mythique passé à l'espoir d'un avenir heureux, humain et durable. La construction d'un royaume heureux est ainsi totalement subordonnée la présence féminine. Néanmoins, la femme n'agit pas à la manière du chevalier. Elle *est* fondamentalement, alors que le chevalier *fait*.

Seules les femmes susceptibles d'infléchir le cours de l'action seront ici considérées[19]. Cette typologie fonctionnelle des personnages féminins dans la construction d'un royaume eutopique souligne le rôle prépondérant des mères, des veuves et des reines qui sont emblématiques des trois facettes de la femme arthurienne.

---

18 Sur le personnage féminin dans le récit breton, voir Micheline Dessaint, *La Femme médiatrice dans de grandes œuvres romanesques du XIIe siècle*, Paris, Honoré Champion, 2001 ; Joan Marguerite Ferrante, *Woman as image in medieval literature : from the twelfth century to Dante*, New York, London, Columbia University Press, 1975 ; Myrrha Lot-Borodine, *La Femme dans l'œuvre de Chrétien de Troyes*, Paris, A. Picard, 1909 ; Bénédicte Milland-Bove, *La Demoiselle arthurienne, écriture du personnage et art du récit dans les romans en prose du XIIIe siècle*, Paris, Champion, 2006.

19 Les nombreuses demoiselles rencontrées au gré du périple chevaleresque, mais sans effet essentiel sur la quête, ne font pas partie de l'analyse.

FONCTION NARRATIVE : LES HÉROÏNES

La femme arthurienne occupe d'abord des fonctions narratives, à travers notamment son statut d'héroïne[20], que l'intrigue soit centrée sur elle, comme dans le lai du *Fresne*, ou qu'elle accompagne le chevalier-héros dans son aventure, comme le fait Énide dans *Érec*[21]. En l'occurrence, le personnage féminin est très rarement le personnage principal dans les textes à l'étude, excepté dans le lai du *Fresne*, qui est entièrement centré sur le parcours de la demoiselle éponyme, de sa naissance malheureuse jusqu'à son mariage heureux avec l'homme qu'elle aime. Le lai des *Deus Amanz* traite aussi l'histoire des deux protagonistes en les plaçant sur le même plan, accordant de ce fait le statut d'héroïne à la jeune fille au destin tragique.

La plupart des autres femmes qualifiées d'héroïnes sont en réalité les amies du héros, qu'elles accompagnent, mais elles peuvent jouer un rôle important : adjuvantes à la quête chevaleresque, leur action modifie la quête, quand elle n'en est pas l'origine même.

Un premier indice de leur importance réside dans l'attribution d'un prénom ou d'un nom, dans des récits parsemés de demoiselles aussi nombreuses qu'indifférenciées[22]. Énide, Fénice, Laudine, Blanchefleur, Guenièvre, mais aussi Guildeluëc et Guilliadun, ou encore Argentille sont individualisées par leur prénom, qui possède d'ailleurs aussi souvent des connotations symboliques en lien avec leur personnalité, ou leurs attributs fonctionnels, puisque rappelons-le : « [...] par le non conuist an l'ome[23]. ». L'analyse de leur prénom permettra de préciser leur personnalité, ou du moins leur fonction symbolique.

Néanmoins, toutes les femmes nommées ne sont pas pour autant des héroïnes, à l'instar de Soredamor, la mère de Cligès qui est aussi

20 Dans un premier temps, l'étude est centrée sur le statut d'héroïne des principales femmes arthuriennes du corpus, sans prendre en compte leur statut royal. Les reines sont analysées dans la sous-partie traitant de fonction royale de la femme arthurienne, *infra*, p. 448 et *sqq*.

21 D'autres femmes arthuriennes influent sur la quête, notamment les reines déloyales que l'on retrouve dans *Lanval*, *Graelent* et *Guingamor*, et qui, par leur action néfaste et mensongère, poussent le héros à sortir du royaume. Toutefois, excepté l'introduction de l'élément perturbateur, ces reines particulièrement négatives ne réapparaissent pas dans la suite de l'histoire, elles ne constituent donc pas des héroïnes, au sens narratif de « personnage principal ».

22 Ce sont des types.

23 *Perceval*, v. 562.

l'épouse de l'empereur Alexandre. Elle n'apparaît que rapidement au début du roman, où son mariage avec Alexandre et la naissance de son fils Cligès sont contés, avant de mourir d'amour en même temps que son époux[24]. Sa présence n'a d'ailleurs que peu d'effet sur l'action, si ce n'est de renseigner sur le lignage du héros éponyme. Sa première fonction est en effet d'être reine et mère du héros. Corollairement, d'autres femmes arthuriennes qui ne sont pourtant pas nommées occupent des fonctions narratives similaires à celles des héroïnes, notamment l'aide à la quête chevaleresque que prodigue la dame dans *Guigemar* en soignant le héros blessé chez elle[25]. À ce titre, force est de constater que les lais ne dotent que rarement les femmes de prénom. Dans *Guigemar*, *Bisclavret*, *Yonec*, *Laüstic*, *Milun*, *Chaitivel*, *Desirré*, *Tydorel* et *Melïon*[26], la dame occupe pourtant aux yeux et dans le cœur du héros la même place que les héroïnes chez Chrétien. Il s'agit davantage d'insister sur le statut de dame et de renvoyer à l'éthique courtoise ainsi connotée, que de brosser un portrait détaillé d'une figure qui n'intéresse le ou la poète que dans son lien amoureux et courtois au chevalier-héros. Chez Chrétien au contraire, les héroïnes sont davantage décrites, elles font même l'objet de portraits élaborés, comme celui de Fénice lorsque Cligès la rencontre :

> El palés vint eneslepas,
> Et fut si bele et si bien feite
> Con Dex meïsmes l'eüst feite,
> Qui molt i pot a traveillier
> Por la gent feire merveillier. [...]
> Ausi Fenyce, ce me sanble,
> N'ot de biauté nule paroille.
> Ce fu miracles et mervoille
> C'onques a sa paroille ovrer
> Ne pot Nature recovrer[27]. [...]

À l'image de la minutie de cette description qui confine à l'hypotypose, l'attention portée aux héroïnes est beaucoup plus poussée dans le corpus de l'auteur champenois, que dans les lais, où prime l'esthétique de la brièveté.

---

24 *Cligès*, v. 2222-2607.

25 *Guigemar*, v. 337 et *sqq.*

26 La dame désigne avant tout une femme mariée, c'est pourquoi l'héroïne n'est seulement appelée par cette dénomination qu'après son mariage avec le héros. Le nom signale alors le changement de statut social de l'héroïne qui, de demoiselle, devient dame.

27 *Cligès*, v. 2698-2702 ; 2712-2716.

Infléchissement de la quête et sublimation morale du chevalier

À partir du moment où l'héroïne arthurienne joue un rôle dans la quête du héros, elle a une incidence, positive ou négative, sur l'idéal de royaume projeté à l'issue de l'errance. Elle influe en effet sur les réactions du chevalier, sur sa conduite de l'aventure, en somme sur le bonheur final qu'il s'attache à instaurer. Les fonctions narratives assumées par les héroïnes peuvent d'abord être directes, notamment lorsque la figure féminine détermine immédiatement la quête chevaleresque, ou indirecte quand son statut de dame conduit le chevalier courtois à sublimer ses actions afin de lui plaire.

– Fonctions narratives directes

Très rarement, l'héroïne cause la perte du héros et fait figure d'opposant à la quête chevaleresque. L'épouse de Bisclavret, celle de Melïon, ainsi que la reine dans *Equitan*, par leurs actions néfastes, provoquent la ruine du personnage principal, et même la mort du roi Equitan. Malgré la présence primordiale de la femme que nous décelons, dans ces lais, aucune volonté d'élaboration d'un idéal royal ne peut être discernée. En effet, l'action des lais de *Bisclavet* et de *Melïon* concerne davantage la réflexion sur la créature merveilleuse du loup-garou, quand *Equitan* se rapproche nettement du fabliau. Par conséquent, nous ne développerons pas davantage les cartéristiques narratives de ces figures féminines en opposition au héros.

Excepté ces trois lais, la plupart du temps, les héroïnes assument un rôle actantiel d'adjuvant à la quête chevaleresque. La femme peut notamment soigner le héros blessé, ainsi qu'en témoigne l'exemple de *Guigemar*[28]. En outre, l'héroïne peut aussi compenser, voire réparer le péché du roi, comme en témoigne le comportement de l'amie de Lanval, qui gratifie le héros de nombreux présents lorsqu'il passe dans son domaine :

> Un dun li ad duné aprés :
> Ja cele rien ne vudra mes
> Que il nen ait a sun talent ;

28 *Guigemar*, v. 337 et *sqq*.

Doinst e despende largement,
Ele li troverat asez;
Mut est Lanval bien assenez :
Cum plus despendra richement,
E plus avra or e argent[29] !

Les nombreuses hyperboles signifiant toute la richesse et la profusion des dons de l'amie : *mut*, *bien assenez*, *richement*, ou encore, *e plus avra or e argent*, font directement écho à l'oubli du roi, que rendait la multiplication des négations :

Fors a un sul ki l'ot servi :
Ceo fu Lanval; ne l'en sovint
Ne nuls des soens bien ne li tint. [...]
Kar li reis rien ne li dona
Ne Lanval ne li demanda[30].

Les deux extraits sont donc construits en miroir, l'hyperbole positive renvoyant à la générosité de la fée, quand la modalité négative signifie toute l'ingratitude du roi. Le personnage féminin et féerique s'oppose en tout point au roi égoïste du domaine courtois. Réparant ainsi la faute royale, l'amie de Lanval participe aussi de l'équilibre et du bonheur du royaume.

Toutefois, la fonction actantielle de l'héroïne est parfois plus ambiguë. Dans l'exemple précédent, l'amie de Lanval le délaisse ensuite, lorsqu'il n'a pas respecté les modalités du don contraignant qui exigeaient qu'il garde le secret au sujet de son existence[31]. De même, chez Chrétien de Troyes, l'infuence de l'héroïne sur le parcours du héros est parfois ambiguë. En effet, le mariage d'Érec avec Énide entraîne aussi un fort risque de *recreantise* pour le héros :

Tant fu blasmez de totes genz,
De chevaliers et de sergenz,
Qu'Enyde l'oï antre dire
Que recreant aloit ses sire
D'armes et de chevalerie [...][32]

29 *Lanval*, v. 135-142.
30 *Ibid.*, v. 18-20; 31-32. C'est nous qui soulignons.
31 *Ibid.*, v. 337 et *sqq.*
32 *Érec*, v. 2475-2479.

L'amour exclusif cause ici le discrédit d'Érec et la présence d'Énide auprès de lui apparaît davantage comme un frein à sa quête chevaleresque. Néanmoins, par la suite, c'est aussi Énide qui se révèle comme étant l'origine de la véritable aventure du chevalier, celle qui fera toute sa valeur. Elle l'informe des rumeurs qui courent à son sujet et contribue de ce fait à son nouveau départ en errance. Puis, peu après, alors que trois brigands s'apprêtent à quereller le héros, elle le prévient de ce danger imminent :

> Dex ! serai je donc si coarde
> Que dire ne li oserai ?
> Ja si coarde ne serai :
> Jel li dirai, nel leirai pas. »
> Vers lui se torne en es le pas
> Et dist : « Biau sire, ou pansez vos ?
> Ci vienent poignant aprés vos
> Trois chevalier qui mout vos chacent.
> Peor ai que mal ne vos facent[33].

L'extrait dépeint ici une femme douée de raison. Alors confrontée au dilemme de désobéir à son époux en lui parlant, alors que celui-ci lui a justement défendu de lui adresser la parole, ou de la sauver, elle opte très rapidement pour la solution la plus sensée. Énide apparaît par conséquent comme une femme qui œuvre pour le bien de son mari, même si le narrateur la présentait dans un premier temps comme un frein à son épanouissement chevaleresque. Ensuite, si le chemin des deux amants est long et semé d'embûches, c'est dans le verger de la Joie de la Cour que la réussite dans le mariage est confirmée. Érec vainc en effet le chevalier merveilleusement grand car il a acquis une plus grande maturité guerrière à la faveur de la présence de son épouse à ses côtés. La fonction d'Énide évolue donc au gré de l'élévation morale du héros. C'est elle qui le pousse d'abord en aventure, avant de l'aider à réussir sa quête et donc à instaurer un idéal de bonheur, comme à accéder à la souveraineté légitime.

Au contraire, Laudine est un personnage beaucoup plus ambigu. Elle provoque la folie d'Yvain et par extension sa régression, ainsi que l'arrêt total de ses combats. Elle s'oppose alors complètement à la quête chevaleresque. Cependant, une fois l'épreuve du rejet surmontée, Yvain

33 *Ibid.*, v. 2852-2860.

gagne en vertu morale en combattant, non plus pour une récompense, mais par pure gentillesse. À un niveau plus profond, Laudine pousse donc le héros à se surpasser et à atteindre une véritable valeur de cœur. Néanmoins, malgré cette interprétation courtoise confirmant le rôle d'adjuvant joué par Laudine dans la quête chevaleresque et spirituelle du héros, elle reste un personnage foncièrement ambigu, comme le révèle la scène de réunion des deux époux. En effet, bien que tout le monde soit convaincu de la valeur d'Yvain, Laudine n'accepte pas facilement de se réconcilier avec lui. Lunete doit même user d'un stratagème pour forcer sa maîtresse à reprendre son époux, sans qu'elle ne s'en rende compte :

> – Dame, qui cuideroit trover
> Celui qui le jaiant ocist,
> Et les trois chevaliers conquist,
> Il le feroit boen aler querre ;
> Mais tant com il avra la guerre
> Et l'ire et le mal cuer sa dame,
> N'a en cest mont home ne fame
> Cui il siuist, mien esciant[34],

Dans cet extrait, Yvain n'est pas désigné par son prénom, mais par une périphrase commençant par *celui qui*, visant à mettre en relief ses prouesses chevaleresques, comme le montre la place à la rime d'*ocist* et *conquist.* De même, Lunete n'indique pas à Laudine qu'elle est elle-même la « dame » cruelle en question. La réconciliation est donc orchestrée par une duperie purement rhétorique. Même si les qualités d'Yvain ont ainsi été soulignées, lorsque Laudine découvre le mensonge, elle ne consent à faire la paix avec son mari qu'après avoir manifesté son mécontentement[35]. Ainsi, l'héroïne n'accepte pas la réconciliation par amour, mais davantage par obligation conjuguale. Le mérite d'Yvain ayant été préalablement reconnu, elle aurait dû accorder son amour sans hésiter. Pourtant, Laudine ne le fait qu'avec réticence, faisant alors souffrir inutilement le héros. En fait, la fonction ambiguë de Laudine, comme de la majorité des héroïnes arthuriennes, ne peut se comprendre sans analyser leur statut de dame en rapport avec le modèle d'amour courtois, ce qui nous conduit à considérer les fonctions narratives indirectes des héroïnes.

34 *Yvain*, v. 6604-6611.
35 *Ibid.*, v. 6762-6778.

– Fonctions narratives indirectes

Les fonctions narratives assumées par les héroïnes sont davantage indirectes, c'est-à-dire que, sans qu'elles n'aient à agir, l'histoire est modifiée du fait de leur statut, ou de leur simple présence.

Tout d'abord, l'origine de l'histoire est la plupart du temps féminine, ce qui constitue un premier exemple de fonction narrative indirecte des héroïnes. Dans *Érec*, il s'agit d'élire la plus belle femme du royaume. Dans *Yvain*, le chevalier valeureux doit tenter de prendre la fontaine de Laudine, quand dans *Lancelot* et *Perceval*, il doit réparer un affront fait à la reine. *Eliduc* précise d'ailleurs cette constante du récit breton : « Kar des dames est avenu / L'aventure dunt li lais fu[36]. » De même, la volonté de construction d'un nouveau royaume eutopique fait toujours suite à une visite dans le domaine merveilleux, qui introduit la rencontre avec la femme, comme en témoigne les exemples de *Guigemar*, *Lanval*, *Graelent*, ou encore *Guingemor* que nous avons pu analyser auparavant. C'est en voyant cet autre système, féminin et merveilleux, que le chevalier prend conscience de la fatuité du domaine courtois duquel il provient. Germe alors l'idée dans son esprit qu'un autre idéal, heureux et humain, est possible. La femme est donc profondément liée au projet même d'un royaume idéal et eutopique.

Ensuite, le statut de dame courtoise, assumée par la plupart des héroïnes modifie fortement l'action, du fait de l'influence alors exercée sur le héros. Rappelons ici ce schéma au cœur duquel se trouve la *domina*, maîtresse absolue, femme mariée, d'une situation sociale plus élevée que l'amant qui lui voue un culte quasi religieux. Au premier plan, la femme est d'abord suzeraine, d'où son surnom de *domina*, en référence à la domination qu'elle doit exercer sur le chevalier. Au regard de ce premier aspect dominateur, l'action de l'héroïne peut en premier lieu paraître à contre-courant de l'ambition chevaleresque, comme en témoigne l'exemple de Laudine. La mort de trois prétendants sur quatre dans le lai du *Chaitivel* marque aussi le statut alors négatif de la dame, puisqu'elle est indirectement la cause de leur perte[37]. Ces derniers ont en effet combattu dans le tournoi pour briller à ses yeux :

36 *Eliduc*, v. 25-26.
37 *Le Chaitivel*, v. 121.

A l'assembler des chevaliers
Voleit chescuns estre primiers
De bien fere, si il peüst,
Pur ceo qu'a la dame pleüst[38].

Mais surtout, le bonheur escompté par le chevalier-héros ne saurait être complet sans la femme et surtout l'amour qu'elle provoque chez lui. De ce sentiment procède son ambition d'élévation morale et spitiruelle, en vertu de l'éthique courtoise. Ainsi, plus profondément, il s'agit de pousser le chevalier à se dépasser, à mériter cette dame, cette *domina* qu'il admire tant et à laquelle il est totalement soumis. Une fois sa valeur prouvée par la *proesce* chevaleresque, la dame accorde alors son amour au chevalier, qui atteint alors l'extase véritable, ce qui constitue le deuxième versant de cette figure féminine. La prouesse chevaleresque est donc intimement imbriquée dans la problématique amoureuse, et doit même s'articuler avec elle. Les deux forces doivent se nourrir et se stimuler réciproquement dans un rapport mesuré et équilibré. La scène d'amour entre Cligès et Fénice, dans le secret du verger, constitue un exemple remarquable de *sorplu* accordée par l'héroïne, lorsque le chevalier a su démontrer son élévation morale par l'action chevaleresque désinteressée :

La se va Fenice deduire,
Si a fet soz l'ante son lit :
La sont a joie et a delit[39].

L'initiative de ce moment est bien féminine, comme le précise le sujet Fenice. En outre, les termes de *joie* et de *delit* nous rappellent l'ambition heureuse de la quête du chevalier. Par ailleurs, il semble bien que le bonheur amoureux du chevalier précède celui de sa communauté. L'amour préparerait de la sorte le héros à sa mission de bonheur humanitaire et collective.

En somme, en vertu de son double statut – à la fois dominatrice et d'épanouissement amoureux du héros –, l'héroïne courtoise peut d'abord paraître double, alors que son ambiguïté n'est qu'à la mesure de la nécessité d'élévation morale et de sublimation nécessitée par la quête royale.

38 *Ibid.*, v. 63-66.
39 *Cligès*, v. 6400-6402.

Si les textes à l'étude se reposent bien sur le modèle courtois, ainsi qu'en témoigne la dénomination même de *dame* attribuée à beaucoup d'héroïnes des lais, chez Chrétien tout particulièrement, leurs fonctions narratives ne peuvent être dissociées du message du poète sur la *fin' amor* et de sa volonté de réconcilier les armes et l'amour, et surtout l'amour et le mariage. Nous avons en effet remarqué que dans ses romans, les héroïnes ont aussi une fonction actantielle double et ambivalente, à la mesure même des réserves de l'auteur champenois sur le modèle courtois[40]. À ce titre, l'héroïne courtoise la plus ambiguë est Guenièvre, qui est rappelons-le l'épouse d'Arthur, mais aussi l'amante de Lancelot. Guenièvre est même le prototype de la dame et la seule héroïne à revenir dans plusieurs textes du corpus, comme dans la légende arthurienne en général, c'est pourquoi nous développerons un peu plus son analyse.

Rappelons tout d'abord qu'Arthur n'est pas un amant particulièrement haut en couleur : il est d'abord et avant tout roi, même si naturellement il sait mieux que quiconque honorer les dames. D'ailleurs, le roi et la reine n'ont pas d'enfant, ce qui peut signifier non seulement que le mariage est stérile mais qu'il y a un problème. Nous ne sommes pas ici dans le domaine de la médecine mais dans le langage chiffré de la poésie. Plus encore, lorsque Arthur est abattu, affligé, c'est souvent à cause de Guenièvre. De fait, dans le *Lancelot*, on la lui a enlevée, et dans le *Conte du Graal*, on l'a offensée en renversant sur elle un verre de vin. L'épisode où l'ambiguïté narratologique de Guenièvre apparaît le plus clairement se passe cependant avec son amant Lancelot, lorsque les deux protagonistes consomment leur amour, dans une tour située au cœur d'un verger, ce qui n'est pas anodin au regard des références véhiculées par ce lieu. Dans l'extrait analysé, la reine accorde le *sorplu* à son amant, mais ce dernier se blesse aussi en franchissant la barrière le séparant de son amante. C'est Guenièvre elle-même qui met Lancelot au défi de franchir les barreaux importuns :

> Ne veez vos con cist fer sont
> Roide a ploier, et fort a fraindre ?
> Ja tant ne les porroiz destraindre,

40 Quant à l'idéal de l'amour courtois ou *fin' amor*, Chrétien prend bien des distances après l'avoir érigé comme repère, à la fois pour en dénoncer les imperfections et pour proposer un idéal personnel de l'amour.

Ne tirez a vos, ne sachier,
Que les poïssiez arachier[41].

La forme négative de la question « *Ne veez vos con cist fer sont* » met en doute la capacité du meilleur chevalier du monde à franchir ce simple obstacle. Ces paroles sont d'ailleurs interprétées par ce dernier comme une ultime mise à l'épreuve, ainsi que le prouve sa volonté de franchir les barreaux malgré le risque de se blesser :

– Dame, fet il, or ne vos chaille !
Ja ne cuit que fers rien i vaille ;
Rien fors vos ne me puet tenir
Que bien ne puisse a vos venir. [...]
As fers se prant, et sache, et tire,
Si que trestoz ploier les fet
Et que fors de lor leus les tret.
Mes si estoit tranchanz li fers
Que del doi mame jusqu'as ners [...][42].

La plaie physique rend concret le danger de mort encouru par Lancelot lorsqu'il passe la nuit avec la reine. Le chevalier risque sa vie pour sa bien-aimée, ce qui ne peut pas en faire une adjuvante totale. Pourtant, le *sorplu* que Guenièvre accorde à Lancelot valide son parcours moral : il a mérité ce discernement de la reine. Remarquons aussi que si le chevalier se surpasse, l'héroïne n'agit, elle, pas vraiment, puisque c'est son statut de *domina*, ainsi que la relation amoureuse qu'elle entretient avec le chevalier, qui le poussent à agir, c'est pourquoi concernant son statut courtois, nous parlons de fonction narrative indirecte.

Outre Guenièvre, l'autre point de mire du récit breton est Morgane ou Morgue selon les appellations, qui est surement la fée la plus connue de l'histoire arthurienne[43]. L'attention portée à cette figure merveilleuse nous servira de transition vers les attributs merveilleux de certaines héroïnes du corpus primaire.

Tout d'abord, Morgue connaît de multiples secrets, comme celui de la métamorphose qu'elle partage avec Merlin, et elle sait aussi voler.

41 *Lancelot*, v. 4610-4614.
42 *Ibid.*, v. 4615-4618 ; 4644-4648.
43 Sur les fées, voir plus particulièrement Laurence Harf-Lancer, *Les Fées au Moyen Âge...*, *op. cit.*

Elle est aussi réputée pour sa science en matière d'herbes médicinales[44]. Dans *Le Chevalier au Lion*, elle est uniquement caractérisée par sa connaissance des plantes. Lors de la folie d'Yvain, on se réfère en effet à elle pour déterminer la provenance de l'onguent qui le guérira. Son prénom est juxtaposé au qualifiant « la sage[45] » dans un rapport de métonymie. Cette disposition syntaxique particulière crée l'impression que la qualité de sagesse de Morgue la détermine entièrement. Ainsi, chez l'auteur champenois, la fée possède d'abord un grand savoir des éléments naturels en général. De ce fait, elle apporte une aide profonde au héros et aucune connotation péjorative ne s'attache à elle. Morgue apparaît aussi dans le lai de *Lanval* par la mention de l'île de l'Avalon. Bien qu'elle ne soit pas explicitement nommée, la référence à cette île majeure de la légende arthurienne suffit à l'introduire[46]. Outre son lien à la nature, cette fée est aussi souveraine et triple et trifonctionnelle, comme le montre d'ailleurs dans le lai de *Lanval*, la présence à ses côtés de deux demoiselles. Enfin, elle incarne aussi l'abondance, comme le figure la richesse qu'elle prodigue à Lanval. Malgré le peu de mentions de cette fée dans le corpus primaire, nous lui consacrons un paragraphe du fait de son rôle clef au sein de l'ensemble du mythe arthurien. C'est en effet Morgue qui vient chercher Arthur à la fin de sa vie, lorsqu'il est blessé à mort, et le ramène en Avalon et qui restera fidèlement auprès de lui. Elle occupe donc un rôle fondamental dans la « parabole royale » et cosmique qui se dessine à travers le mythe arthurien, puisqu'elle est chargée de soigner continuellement Arthur, de veiller à ce que le roi soit en mesure de revenir un jour.

Cette prévalence de Morgue dans le schéma arthurien nous servira de transition pour envisager certains points communs entre les héroïnes de notre corpus et les fées, notamment de leur ambiguïté, ou surtout de leur attachement à un territoire.

44 Dans la *Vita Merlini* de Geoffroi de Monmouth, il est précisé : « Morgane est son nom, elle a appris les propriétés utiles de toutes les herbes, si bien qu'elle peut guérir les malades. Elle sait aussi l'art de changer de forme et de fendre l'air sur des ailes neuves tout comme Dédale. » (trad. Karin Ueltschi).

45 *Yvain*, v. 2955.

46 Les informations mentionnées sur la Morgue s'appuient sur la « Notice » de *Lanval* réalisée par Philippe Walter dans Philippe Walter (dir.), *Lais du Moyen Âge*, *op. cit.*, p. 1148.

Ambiguïté : des héroïnes faee *?*

Outre les potentialités narratives ouvertes par l'attitude équivoque de certaines héroïnes, comme Guenièvre précédemment évoquée, l'ambiguïté essentielle des héroïnes s'exprime surtout sur le plan poétique, par une accointance tout particulière qu'elles entretiennent avec la merveille, ce qui la rapproche logiquement de la fée. Leur prénom peut les rapprocher des fées[47], à l'instar de Guenièvre, qui signifie « blanc fantôme ». La blancheur semble définir la reine tout entièrement. Toutefois, cette couleur est polysémique car si elle symbolise la pureté, elle peut aussi évoquer la teinte cadavérique. Le prénom de cette héroïne instaure donc un véritable mystère. Est-elle de notre monde ou de l'autre ? Il en est de même pour Laudine, qui vient de *laus, laudis*, signifant « louange » en latin. Néanmoins, les paroles de cette dame sont tout le contraire de ce que son nom connote, puisqu'elle profère de nombreux reproches à l'encontre d'Yvain. Une fois de plus, l'ambiguïté définit cette femme arthurienne. De même, Fénice est la forme féminisée de phénix, qui désigne l'oiseau qui renaît de ses cendres. Ici encore ce prénom est ambigu, quant à l'enracinement de celle qui le porte, dans le réel, ou dans le merveilleux, puisque la renaissance suppose avant tout la mort. Le prénom des héroïnes est donc porteur d'uné véritable mystère quant à leur appartenance au domaine courtois ou merveilleux.

La blancheur et la lumière sont aussi souvent utilisées pour définir l'apparence des fées. Ces éléments forment en effet un halo merveilleux autour de ces créatures. Elles qualifient aussi toutes les héroïnes du corpus. Leur beauté est en effet décrite selon les mêmes procédés rhétoriques, ce qui contribue au mystère quant à leur identification[48]. En fait, les héroïnes sont si belles, qu'elles « semblent fées », ce qui constitue d'ailleurs une comparaison récurrente dans le récit breton[49]. Que ce soit pour représenter une fée ou une héroïne, un discours panégyrique utilisant des *topoi* codés, tel que l'intervention de la Nature,

47 Sur l'ambivalence de la fée, voir Laurence Harf-Lancer, *Les Fées au Moyen Âge…*, *op. cit.*, p. 381 et *sqq.*

48 Flore Verdon, *Le Verger arthurien dans l'œuvre de Chrétien de Troyes et le* Lancelot en prose *: de la confluence topique et mythique à la* senefiance *merveilleuse et courtoise*, mémoire cité, p. 109-112 ; 123.

49 Notamment dans le lai de *Guigemar*, où la beauté de la dame est qualifiée en ces termes : « Ki de beuté resemble fee », v. 704.

est employé. Comme le résume Alice M. Colby, la ressemblance entre la fée et l'héroïne s'explique par l'idéal de beauté que les deux figures représentent. La critique distingue trois niveaux de qualification de la beauté, dont le troisième correspond à une beauté idéale :

> *This kind of eulogy, which is granted only to women, derives much of its effect from the fact that, since it does not in the least prevent the writer from attempting to describe the lady, any portrayal of physical appearance to which it is joined cannot be so flattering that it will not be taken as an understatement by the reader. In using this topos, the poet either says that his own talents cannot cope with such extraordinary beauty or that neither he nor several famous writers are equal to the task or that no writer could ever do justice to the subject*[50].

Si l'enveloppe charnelle des héroïnes correspond en tous points aux canons de beauté de l'époque, elles les dépassent même, puisque l'auteur ne les qualifie pas par un comparatif, mais par le superlatif. La figure stylistique de référence sera ici aussi l'hyperbole, qui peut donc suggérer la surnature. Ainsi, à propos de Fénice, le narrateur précise :

> N'ot de biauté nule paroille.
> Ce fu miracles et mervoille
> C'onques a sa paroille ovrer
> Ne pot Nature recovrer[51].

De même, Énide est bien la plus jolie femme du royaume puisque selon la coutume du Blanc Cerf, elle reçoit le baiser du roi qui dit à son propos :

> Ceste est de cors, de vis ansanble,
> Et de quanqu'estuet a pucele,
> Et la plus gente et la plus bele
> Qui soit dusque la, ce me sanble,

50 Alice M. Colby, *The Portrait in twelfth-century French literature : an example of stylistic originality of Chrétien de Troyes*, Genève, Droz, 1965, p. 28 : trad. : « Cette sorte de panégyrique, que l'on accorde seulement aux femmes, tire beaucoup de son effet du fait que, puisqu'il n'empêche pas l'auteur d'essayer de décrire la dame, n'importe quelle représentation d'apparence physique à laquelle il s'essaie ne peut pas être si flatteur qu'il ne sera pas pris comme une litote par le lecteur. Dans l'utilisation de ce *topos*, le poète dit que ses propres talents ne peuvent pas faire face à une telle beauté extraordinaire ou que, ni lui, ni plusieurs auteurs célèbres ne sont égaux à la tâche ou qu'aucun auteur ne pourra jamais faire honneur au sujet. » C'est nous qui traduisons.

51 *Cligès*, v. 2713-2716. Voir aussi le portrait de Blanchefleur dans *Perceval*, v. 1795-1829.

Ou li ciax et la terre asanble[52].

Nous sommes bien face au troisième niveau défini par A. Colby, du fait de l'emploi du superlatif « *la plus* ». Néanmoins, dans cette appréciation exprimant le point de vue du roi, *bele* est uni à *gentis*, qui est un adjectif orientant ce portrait vers une interprétation non pas féerique, mais courtoise. Cette description confirme que les héroïnes ne sont pas féeriques puisqu'elles n'ont aucun rapport au surnaturel et n'utilisent pas de magie. Leur action ne modifie jamais le réel. Leur beauté idéale crée l'illusion d'une présence surnaturelle mais il ne s'agit que d'un artifice permettant au narrateur de semer le doute. Mais il lève l'ambiguïté, tout au moins dans *Érec et Énide*, lors de la description de la robe de couronnement d'Énide. Une indication confirme en effet l'humanité du personnage :

Quatre fees l'avoient fet
Par grant san et par grant mestrie[53].

Le recours à l'aide extérieure des fées pour effectuer ce travail est une indication qu'Énide elle-même en serait incapable. Aussi, en revêtant une robe faite par une figure merveilleuse, l'héroïne en devient également une, au niveau symbolique bien sûr.

Les héroïnes ne sont donc pas des femmes merveilleuses au sens magique du terme. Elles le sont au sens médiéval, c'est-à-dire qu'elles surprennent et créent l'étonnement des personnages qui les rencontrent pour la première fois. Excepté pour Lunete et Laudine, seul ce physique charmeur rapproche donc les héroïnes de la figure féerique. Et de fait, la beauté superlative n'a pas le même rôle qu'elle identifie une héroïne ou une fée. Dans le cas de la demoiselle *faee* du lai de *Lanval*[54] par exemple, le portrait physique vise à l'assimiler au domaine merveilleux. Dans le cas des héroïnes, la prosopographie est en rapport avec l'esthétique courtoise qui vise à glorifier les qualités de la dame. Ainsi, si leurs traits physiques donnent l'illusion de la féerie, les héroïnes n'ont en réalité aucun attribut surnaturel. Les références à la blancheur éblouissante définissant les héroïnes ne sont que des pratiques d'écritures visant à magnifier la beauté des femmes qui correspondent à un idéal de beauté.

52 *Érec*, v. 1746-1750.
53 *Ibid.*, v. 6736-6737.
54 *Lanval*, v. 96-106.

Correspondant chacune à un idéal qui les rapprochent de prime abord, les héroïnes et les fées correspondent respectivement aux deux domaines royaux, et ceci en vertu des dynamiques collectives et individuelles qui s'expriment dans chaque espace :

> Deux figures féminines incarnent, dans les romans comme dans les lais, les deux valeurs antithétiques qui correspondent à ces deux représentations spatiales : l'amour fou, force de mort pour les amants et de destruction pour la société ; l'amour sage, soumis aux lois sociales. Ce sont la fée et la reine[55].

Selon cette perspective, la fée serait catégoriquement cantonnée au domaine merveilleux et la reine au domaine courtois. Cette organisation à la fois spatiale et actantielle, mais aussi binaire et symétrique est fortement perceptible dans le lai de *Guingamor*, où la reine séductrice et malfaisante est attachée à la cour du roi, quand la fée, qualifiée au contraire de « sage » et « bien aprise[56] », règne « loiument[57] » dans le domaine merveilleux. Néanmoins, il est aussi fréquent que la fée vienne à la cour, notamment à la fin de *Lanval*[58] et de *Graelent*[59], où elle vient réhabiliter le héros devant le roi. Par ailleurs, il est tout aussi courant que la reine aille dans le domaine merveilleux. On pensera notamment au rapt de Guenièvre par Méléagant, qui l'emmène dans le royaume de Gorre, avatar du domaine merveilleux. Malgré cela, la fée du domaine merveilleux est souvent érigée en principale maîtresse, véritable souveraine de son espace sur lequel elle règne sans aucune autre aide masculine, comme en témoigne le lai de *Guingamor*. Or la femme du domaine merveilleux n'y est pas appelée « fée ». Le poète entretient ici encore l'ambiguïté entre la fée et l'héroïne. Pourtant, le domaine merveilleux y est entièrement ordonné et commandé selon la volonté de cette femme. Juste après sa rencontre avec le héros, sa servante se presse d'aller tout aménager selon les désirs de sa maîtresse :

> La meschine en ala devant,
> El palés vint esperonnant

55 Laurence Harf-Lancner, « La Reine ou la fée – l'itinéraire du héros dans les *Lais* de Marie de France », *Amour et merveille, Les* Lais *de Marie de France*, *op. cit.*, p. 99.
56 *Guingamor*, v. 497 pour les deux exemples.
57 *Ibid.*, v. 470.
58 *Lanval*, v. 549 et *sqq.*
59 *Graelent*, v. 615 et *sqq.*

Ou Guingamor avoit esté ; [...]
Les chevaliers a fet monter
Et encontre lor dame aler
Por son ami qu'ele amenot[60].

En ce sens, la fée fait aussi figure de reine, non pas de compagne du roi, mais davantage de roi au féminin, en ce qu'elle exerce son ascendant sur son propre territoire et ses sujets. Sans pour autant schématiser, il est parfois possible d'associer le domaine merveilleux à une emprise féminine et féerique, quand le domaine courtois déploie davantage la dominance masculine du roi. Nous retiendrons donc que la frontière entre la fée et la reine n'est jamais nette, ce qui nous poussera à envisager les deux types en même temps, dès lors qu'elles entretiendront un lien avec la royauté, comme l'exige notre approche.

Mieux, l'association de la reine à la fée a surtout pour corollaire l'enracinement du personnage royal dans une mémoire mythique celtique, celle d'ordinaire dévolu aux fées. Cet ancrage de la reine transparaît par exemple par la convocation d'anciennes coutumes celtiques qui l'entourent dans la scène initiale d'œuvres comme *Érec et Énide*, ou dans les lais féeriques de *Lanval*, de *Graelent*, ou encore de *Cor* et *Mantel* pour le corpus secondaire. À chaque fois, le scénario narratif débute par un concours de chasse qui renvoie à un motif d'origine celtique, qui a des liens figurés avec l'amour, le désir, la conquête[61]. Dans l'exemple de la chasse au Blanc Cerf, dans *Érec et Énide*, le cerf figurerait la forme animale, *faee*, d'une jeune fée, femme ou déesse souveraine du domaine merveilleux, expressément dans le présent cas où la chasse est associée au baiser :

60 *Guingamor*, v. 503-505 ; 507-508.

61 Notons par ailleurs que l'épervier échoit ici au chevalier qui a la plus belle amie et qui l'impose par sa victoire sur ses adversaires. Est ici actualisé un lien profond entre chasse et amour, entre chasseur et proie, l'oiseau rapace pouvant incarner l'un et l'autre. On retrouve ce même motif dans *Le Bel Inconnu* de Renaud de Beaujeu (1165-1230, v. 1589 et *sqq.*). Enfin, rappelons que dans *Lanval*, la dame, qui fait son entrée quasi royale à la cour du roi Arthur pour justifier et emporter son ami Lanval en Avalon, porte sur son point un épervier. Tous ces exemples montrent à n'en pas douter qu'au-delà du symbole aristocratique, cet animal est un marqueur de la passion amoureuse fondée sur la confiance mais également le libre consentement qui définit le lien d'attache profond entre deux êtres qui se sont apprivoisés au terme d'une « chasse », et qui s'appartiennent désormais. Enfin, on y a lu un « symbolisme guerrier féminin » voire un « symbolisme masculin réversible sur la femme » (Philippe Walter, Le bel inconnu *de Renaut de Beaujeu*, *op. cit.*, p. 85). Rappelons enfin, que l'épervier est l'oiseau d'Artémis.

> [...] la bête blanche que le héros ou le chevalier chasse dans la forêt « aventureuse » est un leurre envoyé par une fée pour attirer auprès d'elle, dans l'Autre Monde, celui dont elle désire l'amour[62].

On reconnaît là le schéma morganien mis en lumière par Laurence Harf-Lancner[63], à propos de la fée médiévale, confirmant une fois encore l'ancrage symbolique celtique de la femme et surtout de la reine.

L'association de la fée au domaine merveilleux et de l'héroïne au domaine courtois nous pousse à envisager la possibilité d'un ancrage spatial de l'héroïne : entièrement assimilée à son espace, elle en constitue le prolongement symbolique.

Prolongement symbolique du territoire

À un domaine correspond un type de femmes : les héroïnes appartiennent au domaine courtois quand les fées semblent attachées au domaine merveilleux. Les romans de Chrétien sont fortement révélateurs de l'association des héroïnes au domaine courtois. En effet, dans *Le Conte du Graal*, la recherche d'un défenseur de Beaurepaire face à l'attaque de Anguinguerron pousse Blanchefleur à séduire Perceval[64], ce qui montre que la femme arthurienne est totalement surbordonnée à sa terre, qu'elle a à cœur de préserver coûte que coûte. De même, Laudine ne quitte jamais sa fontaine. Dans les autres romans de l'auteur champenois, excepté Énide qui est contrainte d'accompagner son époux durant toute son aventure[65], la sortie de l'héroïne constitue l'élément perturbateur de l'intrigue, la crise à résoudre, autre indice de l'ancrage de l'héroïne dans un espace auquel elle est attachée. En effet, Fénice est transportée de Cologne, sa ville d'origine, à la demeure d'Alis, jusqu'à ce que Cligès ne l'en délivre. Guenièvre, quant à elle, ne sort du château d'Arthur que dans *Lancelot*, lorsque Méléagant l'enlève.

Il en est de même dans le lai d'*Haveloc* où l'usurpation des terres d'Argentille par le roi constitue la dernière péripétie d'Haveloc, avant la reconnaissance royale finale :

62 Jean Frappier, *Chrétien de Troyes : L'homme et l'œuvre*, *op. cit.*, p. 90-91.

63 Laurence Harf-Lancner, *Les Fées au Moyen Âge...*, *op. cit.*, p. 205 et *sqq.*

64 *Perceval*, v. 1945-2074.

65 Les deux héros, bien que mariés, ne possèdent pas de domaine à eux, puisque c'est à la fin qu'ils héritent de celui du roi Lac après son décès, ce qui explique qu'Énide puisse voyager.

Quant Haveloc est rois pussanz,
Le regne tint plus de .IIII. anz,
Merveillous tresor i aüna.
Argentille li comanda
Qu'il passast en Engleterre
Pur son heritage conquerre,
Dont son oncle l'out engettee,
A grant tort desheritee.
Li rois li dist qu'il fera
Ceo q'ele li comandera[66].

À ce moment du lai, l'ascendance royale d'Haveloc a déjà été reconnue[67], il a été sacré et a même apporté la prospérité à ses sujets : « merveillous tresor » renvoyant implicitement au *topos* du *bon roi*[68]. Pourtant, l'histoire continue, témoignant par là que seul le territoire féminin permettra au royaume et au bonheur de perdurer. La femme arthurienne contient en elle l'espoir même de la postérité et donc de l'avenir. Par ailleurs, la répétition du verbe *comander*, associé à Argentille, renvoie encore une fois au modèle courtois, où même le roi Haveloc est soumis à son épouse. La récupération du royaume d'Argentille fondera donc le royaume final idéal, signe de l'importance capitale du trio formé par le roi, la terre et la femme dans la dynamique royale eutopique.

En somme, l'association de la femme arthurienne à la terre, au royaume en tant qu'entité spatiale, confirme d'abord le statut clef et fondamental de la femme dans le projet de royaume eutopique. Celui-ci ne pourra germer que de la rencontre amoureuse entre le roi et la reine.

Rappelons que la plus grande divinité du panthéon celte est la Déesse-mère, responsable de la fécondité, de la maternité, de l'abondance, de la spiritualité, de la féminité, mais aussi de la terre. L'assimilation de la femme à la terre est surtout un signe du statut mythique de la femme. Elle nous conduit ainsi à envisager l'héritage celte de la littérature arthurienne dans la fonction mythique de fécondité de la femme arthurienne.

---

66 *Haveloc*, v. 979-988.
67 *Ibid.*, v. 842 et *sqq.*
68 Sur le *topos* du *bon roi*, voir le paragraphe sur les banquets, *supra*, p. 396 et *sqq.*

LA FÉCONDITÉ MYTHIQUE DE LA FEMME

Sur le plan narratif, le voyage dans le domaine merveilleux permet la rencontre amoureuse entre le héros et la dame. À cette fonction courtoise de la femme, s'ajoute aussi un autre ingrédient assez effacé mais digne d'être mentionné : l'héritage mythique celte, qui reposait sur le matriarcat, et dont le roman breton, particulièrement dans l'esthétique courtoise, retient l'idée de la toute-puissance féminine.

Les relations entre la tradition celtique et la matière de Bretagne trouvent d'abord une explication dans une origine commune indo-européenne. L'expansion des Indo-Européens vers le troisième millénaire avant J.-C. a en effet abouti à la constitution des grandes familles culturelles d'Europe : Grecs, Celtes, Germains, Slaves, etc.[69]. Ensuite, « établis aux confins de l'Europe occidentale, les Celtes forment eux-mêmes plusieurs familles : les Gaulois en Gaule, les Bretons en (Grande) Bretagne[70] ». Puis, aux Ve et VIe siècles, on assiste à d'importantes migrations des Bretons vers l'Irlande d'une part, et vers l'Armorique d'autre part[71]. À ce titre, l'Irlande constitue un pays particulièrement propice à accueillir un imaginaire édenique et idéal. Sa topographie à la fois insulaire et aux extrémités de la terre correspond en effet à l'imaginaire onirique médiéval :

> L'Irlande [...] figure d'abord un lieu : les confins du monde connu. Ce lieu a la forme d'une île. [...] L'Irlande fait ainsi la synthèse de deux terrains d'élection de l'imaginaire : « les extrémités de la terre » – ici ce sont ses bornes occidentales – et l'île. C'est l'espace mythique type, un espace mythique universel et intemporel [...][72].

Transformés dans un but avant tout poétique et enfouis dans les strates de signifiance les plus profondes[73], les substrats celtiques irriguent profondément la *senefiance* de la matière de Bretagne :

---

69 Philippe Walter, *Gauvain, le chevalier solaire*, Paris, Imago, 2013, p. 28.

70 *Ibid.*, p. 29.

71 *Idem.*

72 Jeanne-Marie Boivin, *L'Irlande au Moyen Âge. Giraud de Barri et la* Topographia Hibernica *(1188)*, *op. cit.*, p. 111.

73 Dans la littérature médiévale, surtout chez Chrétien, le mythe « s'efface pour ne laisser subsister que des vestiges, qui peuvent prendre une autre signification dans la nouvelle construction qui les utilise comme images symboliques », Daniel Poirion (dir.), *Chrétien de Troyes, Œuvres complètes*, *op. cit.*, p. 1238.

> Il est permis de supposer que l'influence des bardes bretons et gallois a été déterminante à une époque où la cour ducale de Bretagne, de langue française, était en relations constantes avec les principales cours d'Europe, de l'Anjou à la Champagne et de l'Angleterre à l'Allemagne.
>
> [...] On n'a pu établir à ce jour aucune filiation directe et définitive entre les romans arthuriens et les mythes celtes. [...] Pourtant, on sait bien que cet univers culturel et aucun autre a consolidé le socle de l'imaginaire arthurien. Il faut alors résoudre ce paradoxe méthodologique d'une « source » qui n'en est pas vraiment une, tout en apparaissant bien comme une documentation incontournable dès lors que l'on s'avise d'étudier les composantes thématiques des récits arthuriens[74].

On peut signaler à titre d'exemples les résidus insulaires gallois, dans les quatre branches du Mabinogi. On y retrouve en effet des situations narratives et des motifs similaires aux romans de chevalerie[75]. *L'Histoire de Peredur fils d'Evrawc*[76] présente des similarités confondantes avec *Le Conte du Graal*. En outre, un conte écrit en moyen gallois (XII-XIVe siècle), le *Mabinogi d'Owein*, dériverait du même « archétype » celtique que *Le Chevalier au Lion*, ainsi que le montre notamment l'épisode similaire de la folie du héros Owein, dont le nom ressemble d'ailleurs phoniquement à Yvain. Par ailleurs, certains lais, comme celui de d'*Equitan* ou de *Melïon* comportent des traits communs avec le Mabinogi gallois, ainsi que Bernard Sergent l'a récemment montré[77]. La chasse d'un animal blanc, qui est à l'origine un motif celtique, est exploitée à plusieurs reprises dans le corpus pour mettre en route l'action, notamment dans *Érec*[78], ainsi que dans les lais de *Guigemar*[79], de *Graelent*[80] et de *Guingamor*[81]. De même, le motif « Putiphar[82] », dont l'archétype se trouve dans l'Ancien Testament[83],

74 Philippe Walter, *Gauvain, le chevalier solaire*, *op. cit.*, p. 27.

75 Christian-Joseph Guyonvarc'h, Françoise Le Roux, *La Civilisation celtique*, Paris, Payot & Rivages, 1995, p. 61.

76 *Les Quatre Branches du Mabinogi et autres contes gallois du Moyen Âge*, traduction et présentation Pierre-Yves Lambert, Paris, Gallimard, 1993.

77 Bernard Sergent, *L'origine celtique des Lais de Marie de France*, *op. cit.*, p. 70 ; 157.

78 *Érec*, v. 36 et *sqq.* Il s'agit d'un cerf blanc.

79 *Guigemar*, v. 90 et *sqq.* L'animal chassé est une biche blanche.

80 *Graelent*, v. 211 et *sqq.* L'animal chassé est aussi une biche blanche.

81 *Guingamor*, v. 157 et *sqq.* Il s'agit d'un sanglier blanc.

82 Sur ce motif, voir Bernard Sergent, *L'origine celtique des Lais de Marie de France*, *op. cit.*, p. 123 ; 127 ; 133 ; 138-140 ; 177-182 ; 302.

83 *Genèse*, 39, 7-20. Bernard Sergent résume ainsi cet épisode et ses enjeux : « [...] Putiphar est un officier de Pharaon dont la femme tombe amoureuse de Joseph, alors réfugié en Égypte. Comme ce dernier se refuse à elle, elle l'accuse auprès de son mari de viol, et le

est aussi présent de nombreuses fois dans le corpus, à l'instar des lais de *Lanval*, de *Graelent* et de *Guingamor*. Cependant, dans ce motif, la femme tente de séduire un jeune homme, puis devant son refus, le dénonce à son mari pour lui nuire. Il est aussi fréquent que la femme soit à l'initiative de l'échange amoureux dans le corpus étudié, comme dans les lais d'*Eliduc* ou de *Yonec*.

La récurrence de ce type de motif celtique nourrissant la représentation des personnages féminins nous pousse à considérer une vision celtique de la femme arthurienne. D'ailleurs, de même que dans le récit breton, dans l'imaginaire celtique, la femme est d'abord très indépendante :

> Loin d'être confinée dans le gynécée ou tenue en servitude comme dans certaines sociétés polygames, la femme irlandaise, bretonne ou gauloise, possède un statut bien défini, lequel est strictement le même que celui de l'homme : elle peut tester, hériter, jouir de ses biens, exercer une profession, avoir sa propre domesticité. Elle a même accès au sacerdoce pour y exercer l'art de la *prophétie*[84].

La figure de la dame courtoise, qui domine entièrement le chevalier, est d'ailleurs directement issue de cet héritage matriarcal qui attribuait à la femme la plus haute place, tant divine que sociale. En lien avec l'étude de la fonction féminine dans l'idéal royal envisagé, nous allons envisager l'influence celtique dans le signe de prospérité et d'abondance dont les femmes sont porteuses.

L'imaginaire de l'abondance

– Femme et abondance celtique

Comme nous l'avons brièvement expliqué, la civilisation celtique accorde un rôle proéminent à la femme, tant d'un point de vue social, qu'imaginaire, ou même divin. D'un point de vue social d'abord, le droit irlandait repose sur le concept de filiation utérine qui implique une succession avant tout maternelle :

---

fait ainsi emprisonner. Le motif est fort répandu, attesté qu'il est Egyspte ancienne (sic), en Grèce ancienne, en Iran médiéval, dans le domaine germanique, dans le domaine celtique […]. », *L'origine celtique des Lais de Marie de France*, *op. cit.*, p. 177-178.

84 Christian-Joseph Guyonvarc'h, Françoise Le Roux, *La Civilisation celtique*, *op. cit.*, p. 103.

> Le droit irlandais était basé sur le concept de filiation utérine, selon lequel les fils devaient revenir au clan de la mère, même quand la mère vivait dans le clan du père [...][85].

Cette règle explique notamment l'importance du neveu du roi dans le corpus médiéval, à l'instar de Gauvain qui est le fils de la sœur d'Arthur, de Tristan qui est le neveu du roi Marc, et même de Roland, qui a la même filiation avec Charlemagne. La filiation est toujours féminine.

Cette prévalence de la femme s'est naturellement transposée sur le plan imaginaire. Corin Braga cite particulièrement l'exemple de Manannan Mac Lir, dieu de l'Autre Monde et descendant de la déesse Dana/Duna[86]. Dans son royaume, les reines et autres figures féminines possèdent leur propre domaine et ont le pouvoir de choisir leur époux, selon une trame narrative qui a eu des descendances dans le corpus arthurien :

> Ce sont elles qui convoquent les humains à les visiter, en les hypnotisant avec des vers magiques ou en les charmant avec des branches, des pommes ou d'autres accessoires enchantés. Ceux qui acceptent l'invitation et les prennent en mariage changent eux aussi de condition. Ils tombent dans une sorte d'amnésie et de béatitude sans regret, ils sortent de la durée historique et, stoppant la déchéance de leurs corps, ils restent éternellement jeunes, à condition qu'ils ne retournent plus en Irlande[87].

On reconnaît le schéma mythique de la belle dame de l'Autre Monde qui reçoit chez elle un heureux mortel à qui elle donne son amour, et bien plus encore. On le retrouve dans beaucoup de textes à l'étude, notamment dans les lais de *Guigemar*, de *Lanval*, de *Graelent* ou encore de *Guingamor*.

Dans la tradition celtique, cette singularité du lignage féminin a aussi pour conséquence que l'institution de la royauté sacrée repose sur le mariage symbolique du roi avec la déesse tutélaire : la Grande Déesse. À ce titre, force est de souligner que la plus grande divinité de l'imaginaire celtique est féminine. Rappelons ici qu'Arthur lui-même est issu d'une lignée divine, mais surtout féminine. En effet, Brut, dont

85 Corin Braga, *La Quête manquée de l'Avalon occidentale. Le paradis interdit au Moyen Âge* – 2, Paris, L'Harmattan, 2006, p. 51.

86 Les deux déesses principales du mythe celtique sont Dana/Danu et Domnu, voir Corin Braga, *ibid.*, p. 44 et *sqq.*

87 Corin Braga, *La Quête manquée de l'Avalon occidentale. Le paradis interdit au Moyen Âge*, *op. cit.*, p. 32.

descend Arthur, est l'arrière-petit-fils d'Énée, lui-même fils de Vénus[88]. Lors de cette union mythique instaurant la royauté sacrée, le souverain reçoit alors les attributs du pouvoir que sont la coupe d'hydromel ou le vin de consécration[89].

Les textes à l'étude, à l'instar des lais de *Guigemar*, *Lanval*, *Les Deus Amanz* ou encore du *Chaitivel*, dérivent de rites celtiques similaires, puisqu'ils associent la femme, la Terre et l'accès à la royauté :

> Guigemar rencontre une biche extraordinaire, qui lui révèle l'amour, et Lanval, dans des circonstances analogues, rencontre une fée : [...] A en croire les données irlandaises aussi, cette femme, fée, biche, est une incarnation de la Terre, que le héros, devenant roi épouse[90].

Le mariage du héros avec la femme féerique entérine l'association du roi à sa Terre, son royaume en somme. La femme constitue donc le lien symbolique, essentiel et originel entre le roi et son royaume.

Dans la tradition celtique, la Grande Déesse est surtout une divinité agraire[91], ce qui renvoie directement au mythe de l'abondance. À ce titre, il n'est pas non plus anodin que l'ancêtre de l'île d'Avalon, qui donne ses couleurs symboliques au domaine merveilleux arthurien, comme au *topos* du verger, ait aussi pour nom Tir-nam-Bán, dont la signification est « terre des femmes » :

> La terre des morts-vivants a plusieurs noms, qui fonctionnent souvent comme des synonymes : Mag Mell (plaine des délices), Mag Mór (grande plaine), Aunwfu (abysse), Tir-fa-tonn (terre sous les vagues), O'Brasil, Tir-nam-Béo (terre des vivants), Tir na n-Og (terre des jeunes), Tir n-Ail (l'autre terre ou l'autre monde), Tir-nam-Bán (terre des femmes), Tir Tairngirne (terre de promesse), Emain Abhlach (terre des pommes) qui a son correspondant gallaois dans l'Avalon (l'Ile des pommes du roi Arthur)[92].

Le lien ontologique entre la femme, la Terre et surtout l'abondance, est encore confirmé.

---

88 Wace, *Le Roman de Brut*, *op. cit.*

89 Corin Braga, *La Quête manquée de l'Avalon occidentale. Le paradis interdit au Moyen Âge*, *op. cit.*, p. 52.

90 Bernard Sergent, *L'origine celtique...*, *op. cit.*, p. 333.

91 Corin Braga, *La Quête manquée de l'Avalon occidentale. Le paradis interdit au Moyen Âge*, *op. cit.*, p. 48-49.

92 *Ibid.*, p. 28-29.

– Le mythe de l'abondance dans le récit breton

Le corpus arthurien est tout entier empreint de l'imaginaire de l'abondance, qu'il soit décliné à travers la référence à la fertilité du royaume, ou par la métaphore nourricière, ou encore par le biais de la problématique de la fécondité. Nous avons souligné plusieurs fois le soubassement essentiel qu'il constitue. En effet, dès l'ouverture du récit, la fertilité du royaume est toujours introduite par une référence au printemps[93], saison connotant la renaissance de la nature et le foisonnement végétal. D'ailleurs, le verger, dont nous avons analysé la dimension imaginaire, est d'abord une place d'agrément nourricière, où les fruits poussent à profusion.

La richesse du sol du royaume apparaît comme essentielle, comme en témoigne *Perceval*, qui s'ouvre par la mention de la *terre gaste* de sa mère, que les *herseors* s'échinent à ensemencer, pour rétablir la fertilité, la vie en somme. Autre exemple, le lai des *Deus Amanz* se clôt sur la terre extraordinairement fertile de la montagne grâce au philtre qui s'y est répandu :

> Li muns en fu bien arusez ;
> Mut en ad esté amendez
> Tuz li païs e la contree :
> Meinte bone herbe i unt trovee
> Ki del beivrë orent racine[94].

Si l'épreuve a été funeste et tragique pour le jeune homme, le philtre de la tante, de fabrication féminine donc, a profité à toute la montagne, ainsi qu'à la multitude. On retrouve l'association entre la fertilité et la femme, qui bénéficie à l'ensemble du royaume. À l'image de ces exemples, l'imaginaire de l'abondance innerve de part en part la *senefiance* du récit breton, même s'il transparaît parfois de manière plus subtile. Par exemple, la fontaine de Barenton met en place un rite de fertilité presque tronqué, ainsi que l'explique le paysan sauvage à Calogrenant :

> Lez la fontainne troverras
> Un perron, tel con tu verras ;

93 *Érec*, v. 27-32 pour ne citer qu'un exemple représentatif de ce *topos* de l'ouverture du récit breton.

94 *Les Deus Amanz*, v. 225-229.

[...]
S'au bacin viax de l'eve prandre
Et desus le perron espandre,
La verras une tel tanpeste
Qu'an cest bois ne ramanra beste,
Chevriax ne cers, ne dains ne pors,
Nes li oisel s'an istront fors ; [...][95]

Il s'agit d'arroser le perron avec de l'eau, connue pour sa symbolique de fertilité[96], comme nous avons déjà pu le remarquer. Pourtant, arroser une pierre est un geste paradoxal. Il s'agit de féconder quelque chose qui, par définition, est stérile. De plus, la pluie provoquée est destructrice, alors qu'on s'attendrait davantage à une action bienfaisante. D'ailleurs, dans le Prologue du *Conte du Graal*, Chrétien ne dit-il pas qu'il faut répandre la semence en bon lieu pour qu'elle puisse fructifier, plutôt que sur le roc stérile[97] ? Répandre l'eau, la semence sur le rocher équivaudrait véritablement à une malédiction évangélique. Mais justement, la force régénératrice, fondamentale, de l'eau est ainsi mise en valeur et comme provoquée : ce rituel magique se situe véritablement à contre-courant des lois de la nature, que justement il entend transgresser, dont il cherche à s'affranchir et s'émanciper. Philippe Walter relie la signification de ce rite à l'imaginaire de la canicule :

> Le rite de la fontaine ressortit donc du mythe et se rattache d'emblée à l'idée d'un éternel retour. Telle est en effet la figure la plus reconnaissable du temps mythique : un cycle permanent de rites et de mythes accordés aux grands rythmes de l'année. On peut supposer que le mythe central auquel se réfère le rite de Barenton est un mythe de la Canicule. La pluie fécondante est particulièrement nécessaire lors des périodes de sécheresse et l'on comprend alors que le rite de la fontaine s'inscrive dans la réalité d'un temps calendaire[98].

La question de l'abondance et de la fertilité du royaume est donc à la fois mythique et nodale. Elle s'exprime aussi à travers la métaphore

95 *Yvain*, v. 387-388 ; 393-398.

96 Gilbert Durand explique la fertilité attribuée à l'eau par un lien aux menstrues : « Ce qui constitue l'irrémédiable féminité de l'eau, c'est que la liquidité est l'élément même des menstrues. On peut dire que l'archétype de l'élément aquatique et néfaste est le *sang menstruel*. », dans *Les Structures anthropologiques de l'imaginaire*, *op. cit.*, p. 110. Il confirme ainsi la fonction mythique de fertilité et de fécondité attribuée à la femme.

97 *Perceval*, v. 1-6.

98 Philippe Walter, *Canicule...*, *op. cit.*, p. 48-49.

alimentaire qui, partout présente dans le corpus, revêt des fonctions à la fois structurelles et surtout royales. Citons en guise d'exemple le Graal, qui est à l'origine un *vaissel* servant à recueillir de l'alimentation. Il est lié à la fécondité, avant d'être sacralisé. Dans *Le Conte du Graal*, il contient – voire génère – une hostie, qui constitue la seule nourriture du Père du Roi Pêcheur ; c'est une *[t]ante sainte chose* que le Graal[99]. L'objet est par là même sanctifié, puisqu'on passe de la cuisine à l'autel car, définitivement, on ne sert plus de poisson sur ce plat devenu réceptacle d'hostie. À l'évidence, on reste dans le domaine de la nourriture et de la fertilité. Toutefois, Chrétien en reste là :

> C'est seulement après Chrétien et pour la première fois chez Robert de Boron, autant qu'on puisse en juger, que le symbolisme religieux et théologique a changé le Graal-plat en Graal-calice. [...] à l'intérieur de la théorie chrétienne et liturgique, on n'a jamais réussi à expliquer pourquoi ce terme profane aurait désigné un calice ou un ciboire. [...] Le Graal reste avant tout chez lui un plat porteur d'une nourriture miraculeuse[100].

Ce faisant, l'auteur champenois a surtout donné naissance à l'une des plus grandes énigmes de la littérature. Le Graal sera tour à tour plat creux, pierre creuse, corne d'abondance, et à nouveau plateau d'argent transportant une tête ruisselant de sang. Mais il deviendra durablement le *Calice* de la sainte Cène, celui-là même que le Christ avait levé lors de son dernier repas à ses disciples. C'est donc en tant que calice eucharistique originel que le Graal va entreprendre son immense marche. Les auteurs qui s'emparent de la matière racontent en effet non seulement l'histoire par eux « reconstituée » de ce saint objet, depuis la crucifixion jusqu'à Perceval puis Galaad, mais inventent également un lignage de gardiens du Graal. Enfin, désormais, la quête chevaleresque a changé du tout au tout d'objectif : à la suite du *Perceval* de Chrétien, un nouvel idéal chevaleresque émerge qui marquera profondément la matière romanesque[101].

De même, Haveloc est un héros employé comme commis de cuisine chez son rival, apportant aussi la preuve que la nourriture est essentielle au royaume. Cette particularité burlesque d'un héros

---

99 *Perceval*, v. 6425.

100 Jean Frappier, *Autour du Graal*, Genève, Droz, 1977, p. 277-278.

101 L'essentiel de ce matériau est désormais traduit et accessible dans Philippe Walter (dir.), *Le Livre du Graal*, Paris, Gallimard, « La Pléiade », 2001-2009.

cuisinier sera d'ailleurs reprise dans *Les Merveilles de Rigomer*, où Lancelot passe un certain temps dans les cuisines, au point de souffrir d'embonpoint[102]. Par ailleurs, nous avons montré combien les scènes de banquets, qui ouvrent et ferment la plupart des récits à l'étude, forment une structure circulaire, tout en vantant le faste et la richesse du royaume. Outre cette fonction structurelle, ces scènes sont bâties sur un riche substrat mythique, du banquet de Platon, au festin de Cocagne, en passant par la Cène chrétienne, qui sont des indices de l'importance de l'imagerie culinaire dans l'économie et la *senefiance* du récit breton.

La métaphore nourricière, et l'imaginaire de l'abondance en général, constituent en effet l'ossature mythique autour de laquelle la « parabole royale » s'organise. Rappelons ici encore que le *bon roi* doit apporter à son peuple et à son royaume la prospérité et l'abondance, ce que métaphorise les scènes finales et collectives de banquets. À ce titre, le souverain est lui-même lié au mythe de la fécondité.

Dans notre corpus, comme nous l'avons déjà évoqué, le roi est passif, fatigué, voire *mehaigniez*, comme le deuxième chapitre de la première partie l'a souligné. Sur le plan mythique, ce *méhaign* du roi infécond contient en creux la raison de la chute du domaine de la mère de Perceval, comme du royaume arthurien dans son ensemble : le père du héros, comme le roi, sont inféconds, ils manquent alors à leur devoir de prospérité et d'abondance envers leurs sujets. Francis Dubost compare même une occurrence du *Conte du Graal*, où il est fait mention de pattes du lion sectionnées sur l'écu de Gauvain[103], et l'épisode de la queue coupée du lion dans *Yvain* :

> Queue coupée dans l'*Yvain*, pattes sectionnées dans le *Perceval*, le lion est l'animal « méhaignié » chez Chrétien de Troyes. Faut-il transférer ce méhaing léonin sur la figure symbolique du roi[104] ?

La royauté est au cœur de la parabole qui développe un mécanisme cyclique du temps sans lequel il n'y a pas de fertilité, pas de renouveau.

102 *Les Merveilles de Rigomer*, Wendelin Förster (éd.), Dresden, Gesellschaft für romanische Literatur, 1908-1915, v. 6343 et *sqq.*

103 Gauvain tranche à un lion affamé qui l'attaque la tête et les deux pattes ; celles-ci restent accrochées par les griffes à son écu, *Perceval*, v. 7867-7870.

104 Francis Dubost, *Le Conte du Graal ou l'art de faire signe*, Paris, Champion, 1998, p. 92.

La faute du roi est donc d'abord une question au regard de la fécondité. Les lais de *Lanval* et d'*Eliduc* sont d'ailleurs construits à partir de cette problématique d'un roi qui ne fournit pas les conditions du bonheur et de prospérité à ses chevaliers et son royaume[105].

Dans les récits à l'étude, l'ensemble de la trame narrative procède du problème de l'abondance, particulièrement du manquement du roi dans sa mission de préservation de la fécondité de son royaume. La question de la fécondité et de la stérilité du royaume y est véritablement nodale : de la faute du roi à la terre *gaste* dans *Le Conte du Graal*, en passant par à la stérilité présumée de la mère de Desirré ou de Tydorel[106]. L'enjeu de la mission du chevalier-héros consiste alors à ramener la vie dans le royaume, soit en soignant le roi pour qu'il soit de nouveau capable d'accomplir sa mission de régénerescence, soit par un autre moyen.

La charrette de Lancelot fournit à cet égard un exemple de solution trouvée par le héros pour ramener la vie dans son royaume menacé. En effet, le héros a pour but d'établir, sinon une libre-circulation, du moins un possible retour des prisonniers du pays « dont on ne revient pas », donc du pays des morts, ce qui ne va pas sans danger. Des valeurs de fertilité et valeurs funéraires coexistent et coïncident dans la symbolique attribuée à la charrette, qui n'est en réalité qu'une boîte. Néanmoins, une boîte possède un autre potentiel de matrice. Elle peut renvoyer au berceau, mais aussi à la tombe : on a déjà depuis longtemps mis en lumière leur intrinsèque parenté : *cimetière (koimêtêrion)* veut dire à l'origine « chambre nuptiale[107] ». L'amour même de Lancelot pour la reine enlevée fait ici le lien entre la naissance et la mort. Ainsi, par l'action du héros qui ramène Guenièvre parmi les vivants, « la terre devient berceau magique et bienfaisant[108] » et renvoie donc à la fois au ventre maternel

105 Comme nous l'avons déjà montré, la structuration d'ensemble du *Conte du Graal* est aussi révélatrice de l'enjeu nourricier inhérent à la métaphore royale : depuis la *terre gaste* aux herseurs de Valdone, au bateau providentiel dans l'épisode de Blanchefleur, en passant par le Graal, lui-même envisagé comme vecteur d'un miracle alimentaire, tout découle d'une métaphore alimentaire, rendant sur le plan poétique le mythe de la fécondité et de la regénérescence.

106 À ce sujet, Francis Dubost précise : « La situation qui fonde le texte est celle de la stérilité du couple royal (stérilité imputable au mari ou au mariage). Le problème est donc déplacé du conflit conjugal vers la crise de succession, s'il y a au départ un désir à satisfaire, ce n'est plus le désir amoureux, mais le désir de progéniture. », dans « Yonec, le vengeur et Tydorel, le veilleur », dans Francis Dubost (dir.), *La Merveille médiévale*, *op. cit.*, p. 247.

107 Gilbert Durand, *Les Structures anthropologiques de l'imaginaire*, *op. cit.*, p. 271.

108 *Ibid.*, p. 270.

en gestation, mais aussi à la chrysalide, qui sont autant d'autres images de la boîte. La double symbolique attribuée à la charrette – image de vie, comme de mort – nous rappelle le rôle celtique fondateur attribuée à la femme : elle est celle par qui tout commence, celle par qui tout est amené à continuer et peut-être à finir, ce qui constitue aussi un signe de sa fonction dans la préservation et dans l'avenir du royaume. La prévalence accordée à lignée féminine arthurienne nous invite par conséquent à nous pencher sur les figures typiques de fécondité que sont les mères, ainsi que sur leurs opposés, les veuves.

Mères et veuves

Par sa capacité à donner la vie et à perpétuer le lignage[109], la mère est directement liée à l'imaginaire de l'abondance. Sa mission consiste en effet à préserver la fécondité du royaume en lui assurant un avenir. Dans la problématique royale arthurienne, elle garantit particulièrement le bon déroulement du temps. En effet, la mère représente d'abord le lien au passé par le lignage qu'elle perpétue, et au futur, par sa capacité à garantir la vie dans le royaume et à en assurer la postérité. Ce faisant, elle représente l'espoir même de l'idéal eutopique.

Si la mère peut être définie par sa capacité à engendrer, à faire éclore la vie, le personnage de la veuve, privée de son mari, représente l'exacte opposée, puisqu'elle incarne le manque, le chagrin, la mort et surtout la stérilité ; les deux figures sont miroirs l'une de l'autre, c'est pourquoi leur étude sera simultanée.

Dans le corpus étudié, la profonde intuition maternelle, conséquence de la gestation et de la mise au monde, s'apparente parfois à une véritable vertu prophétique. Par exemple, à la mère du jeune orfèvre chargé de veiller Tydorel révèle la nature féerique du héros :

> – Biaus fiz, fet ele, entent a moi :
> Tu iras veillier o le roi.
> Qant il te rovera conter,
> Ne fable dire, ne chanter,
> Respon que tu n'en sez noïent.
> S'il se corrouce durement,
> Si li di tant que n'est pas d'ome

109 Dans sa définition familiale, comme royale.

Qui ne dort, ne qui ne prant some[110].

Cette mère, qui est d'ailleurs aussi une veuve[111], détient donc un grand savoir, celui du lignage merveilleux du roi éponyme.

Cet extrait montre surtout qu'au regard de la problématique royale, la mère représente symboliquement le chaînon temporel du royaume : elle fait le lien entre le passé et le futur. La mère renvoie en effet plus particulièrement au lignage, souvent prestigieux et royal, voire mythique du héros[112]. Pensons d'abord aux deux reines et mères, dans *Le Conte du Graal*, qui font directement signe vers un temps très ancien, presque anhistorique, puisque l'une, très vieille aux *treces blanches* / *Qui li pandoient sor les hanches*[113], n'est autre que la mère d'Arthur[114], quand l'autre, la mère de Gauvain et épouse du roi Lot[115], est morte depuis vingt ans[116]. En outre, le vieux roi nourri par une unique hostie est l'oncle maternel de Perceval, ainsi que l'explique l'ermite, qui est lui aussi un oncle maternel du héros. D'ailleurs, le Roi Pêcheur, lui-même fils de ce premier oncle, et donc cousin du jeune homme, appartient aussi à la lignée maternelle. Il est ainsi possible d'affirmer que le lignage maternel de Perceval est d'une importance fondamentale tant sur le plan narratif, que mythique.

Citons aussi l'exemple d'*Érec et Énide*, dont le héros éponyme est présenté comme étant le *fil Lac*[117] ; le texte dira même *filz Lac le roi*[118]. L'ancrage mythique et maternel est donc évident, par la référence à la Dame du Lac, connue pour avoir élevé Lancelot[119].

Enfin, le lai de *Desirré*, où trois générations successives sont représentées par leur figure maternelle, démontre aussi que la mère assure la

110 *Tydorel*, v. 283-290.

111 *Ibid.*, v. 251.

112 On rappellera d'ailleurs que les plus grands héros et rois sont tous issus de déesses, à l'instar d'Arthur, qui est un descendant lointain de Vénus.

113 *Perceval*, v. 8107-8108.

114 *Ibid.*, v. 8733.

115 *Ibid.*, v. 8750-8751.

116 *Ibid.*, v. 8756.

117 *Érec*, v. 19 ; 1681.

118 *Ibid.*, v. 1261 ; 3884 ; 6034.

119 Même si elle n'est pas explicitement mentionnée dans le corpus, le rôle fondamental de Lancelot dans le corpus exige que l'on porte attention à sa mère : la Dame du Lac. Ninienne de son prénom est en effet une fée bienfaisante connue pour ses fonctions maternelles envers Lancelot. Voir Laurence Harf-Lancner, *Les Fées au Moyen Âge...*, *op. cit.*, p. 289 et *sqq.*

continuité entre les différents membres de la famille et les différentes époques : le passé, le présent, mais aussi le futur. La mère du héros est d'ailleurs définie par le manque[120], jusqu'à ce qu'elle lui donne naissance, confirmant que son rôle consistait à engendrer le héros de l'histoire. Ensuite, l'épouse de Desirré devient à son tour mère de deux enfants qui symbolisent la descendance, ainsi que la continuité du royaume : « C'un filz et une fille en ot[121] ». À cet égard, la femme est le seul personnage, après le héros, dont le statut évolue au cours de l'histoire, notamment dans les lais, où il est fréquent que l'héroïne devienne à son tour mère, comme en témoigne le lai d'*Yonec*, construit en deux parties, dont la première conte l'histoire de la mère du héros[122]. En ce sens, l'héroïne du lai est surtout la mère de Yonec, celle par qui tout commence, celle sans qui rien ne saurait arriver. Cet exemple confirme l'importance du statut mythique et royal de la mère : la destinée du royaume repose sur sa compétence à perpétrer la vie.

Outre la profondeur mythique du lignage auquel la mère renvoie, cette figure représente aussi la postérité et la pérennité du royaume, le lien vers le futur et l'avenir en somme. Le roi doit en effet rencontrer la femme pour assurer au royaume une fertilité et une abondance continues. Par le lien qu'elle crée entre les profondeurs mythiques du passé et l'avenir à construire, la femme assure ainsi la fécondité du royaume. Elle préserve ainsi l'idéal cosmique de l'éternel retour, en une convergence définie ainsi par Helmut Birkhan :

> Ce qui m'importe ici, c'est plutôt la convergence de la déesse Fortune, déesse du sort et du bonheur, représentée par la roue, et de la conception de la déesse-mère et de la déesse de l'amour, amour facile, [...][123] »

L'exemple de la *veve dame*, dans *Perceval*, révèle en creux la fonction essentielle de fécondité assumée par la femme arthurienne. Alors privée de sa capacité à donner la vie, puisque son mari est décédé, la mère de Perceval veille à ce que la vie éclose par d'autres moyens : elle perdure la fécondité de sa terre. Elle est d'ailleurs d'emblée présentée

120 *Desirré*, v. 49.

121 *Ibid.*, v. 267.

122 *Yonec*, v. 11-459.

123 Helmut Birkhan, « Le bonheur dans quelques traditions celtiques du Moyen Âge », dans Danielle Buschinger (éd.), *L'Idée de bonheur au Moyen Âge*, *op. cit.*, p. 76.

dans sa relation à l'ensemencement de sa terre, comme en témoigne la périphrase : *li hercheor ma mere*[124]. Rappelons aussi que la *veve dame* est avant tout la mère du héros.

En somme, de la femme, tout commence certes, mais aussi, tout est à venir : la destinée et l'avenir du royaume reposent sur sa compétence à engendrer et à perpétuer la vie. Sa fonction est donc cyclique, elle est une véritable gardienne du cycle de l'éternel retour.

Pourtant, les héroïnes de notre corpus ne sont jamais mères. Les récits à l'étude se terminent en effet pour la plupart sur l'union heureuse du roi et de la reine, sans mentionner une possible descendance : *Érec et Énide* se clôt sur le couronnement du roi et de la reine, *Cligès* sur leur mariage, *Yvain* sur leurs retrouvailles apaisées. De même, dans les lais étudiés, la fin matérialise la plupart du temps le bonheur et l'amour entre l'homme et la femme, sans jamais évoquer la filiation future.

En outre, toutes les mères ne remplissent par leurs fonctions primaires de sustentation et de protection de leur enfant. La mère de Fresne abandonne l'une de ses filles à la naissance de peur d'être calomniée publiquement[125]. Sans aller jusqu'à des actes si extrêmes, d'autres mères du corpus sont des personnages négatifs, comme l'héroïne de *Melïon*, qui bien qu'ayant donné naissance à deux descendants du héros[126], lui nuit ensuite, en lui confisquant la possibilité de revenir à sa forme humaine et en s'enfuyant avec un autre chevalier[127].

Enfin, les uniques figures maternelles représentées n'apparaissent que provisoirement dans l'intrigue, avant de mourir une fois leur rôle rempli. En effet, la mère de Yonec expire après avoir raconté à son fils son histoire et la vérité sur son lignage[128]. Les mères de Cligès et d'Haveloc, quant à elles, rendent l'âme après avoir engendré le héros de l'histoire[129]. Enfin, la *veve dame* et mère de Perceval, tombe raide morte au moment où son fils se lance dans sa mission initiatique[130]. Ainsi, malgré sa fonction mythique essentielle, la mère n'est pas un personnage essentiel du récit arthurien.

124 *Perceval*, v. 300.
125 *Le Fresne*, v. 121 et *sqq.*
126 *Melïon*, v. 131.
127 *Ibid.*, v. 189 et *sqq.*
128 *Yonec*, v. 539-540.
129 *Cligès*, v. 2605-2606 ; *Haveloc*, v. 116, Orewen, la mère d'Argentille meurt aussi, v. 233.
130 *Perceval*, v. 620-625.

Le poids de la tradition chrétienne et du péché originel pourrait expliquer cette ambiguïté de la mère et du personnage féminin en général. Car ce qui est stigmatisé, ce sont clairement les plaisirs de la chair qui « amollissent » proprement l'homme, à la lumière d'une subtile et répandue logique, celle qui fait dériver l'étymologie de *mulier*, la femme, de *molitia*, mollesse[131]. C'est cette mollesse caractéristique de la femme qui a fait succomber Ève devant le serpent, et la femme, ainsi associée au plaisir de la chair, continue à représenter un danger vital pour l'homme et sa *virtus*, sa virilité. Ainsi dans le corpus, certains personnages féminins apparaissent faux, mensongers, méchants, rusés, autant de qualifiants rappelant le rôle attribué Ève dans la tradition chrétienne du péché originel :

> La diabolisation de la femme s'inscrit dans l'émergence d'une véritable culture apocalyptique préfigurant le déclin du monde et la fin des temps. Comme agent de Satan, la femme ne fait que précipiter la déchéance du monde terrestre qui se conclura dans la conflagration universelle de la fin des temps et la dénonciation de la Grande Prostituée (Apocalyspe, 17)[132].

Le Moyen Âge est en effet une époque profondément religieuse, il est donc logique de retrouver cette vision particulièrement négative de la femme dans certains personnages. Malgré le haut potentiel mythique de la mère, notamment dans son rapport à l'abondance, il semble que la femme arthurienne compte davantage pour son statut royal, c'est pourquoi nous nous tournons vers l'étude de la reine.

---

131 Isidore de Séville, 560-636, *Étymologies* : « mulier a mollitie nomen accepit. »

132 Philippe Walter, *Galaad, le pommier et le Graal*, *op. cit.*, p. 108. Marie-Thérèse Brouland accorde davantage cette ambiguïté à la multiplicité de traditions mythiques qui nourrissent la symbolique de la reine : « Bref, la trouvaille, dans l'espace ouvert par la mise en "roman" des œuvres narratives du XIIe siècle, suivant le rythme proprement musical d'une langue nouvellement trouvée, fut de rapprocher insensiblement, au point de les confondre grâce au thème celtique de l'*aithed* (l'enlèvement d'une héroïne par un roi de l'Autre Monde), l'épouse d'Orphée et la Reine des enfers, Eurydice et Proserpine. La figure féminine acquit ainsi une étrange ambivalence, puisqu'elle avait partie liée, telle une faute obscure, avec le monde des morts et ses secrètes terreurs, mais que d'autre part, on le savait depuis Porphyre, la déesse souterraine était aussi au Ciel l'astre nocturne qui signifie le cycle d'une renaissance. », dans *Le substrat celtique du lai anglais* Sir Orfeo, *op. cit.*, p. 13.

FONCTION ROYALE : LES REINES

Outre ses fonctions narratives et mythiques, la reine apporte particulièrement au roi la possibilité d'une souveraineté légitimée durable.

Héroïnes royales

La reine est aussi souvent l'héroïne du récit breton. Énide accède au statut royal à la fin de l'action, en même temps que son époux, le couronnement marquant symboliquement l'équilibre et la naissance du nouveau royaume eutopique. Fénice est à la fois la fille de l'empereur d'Allemagne et l'épouse d'Alis, l'empereur de Constantinople. Laudine règne sur son domaine en véritable reine, puisqu'elle choisit comme époux le meilleur défenseur possible pour sa fontaine et l'ensemble de son territoire. Enfin, Guenièvre est bien évidemment l'épouse du roi Arthur. Seule Blanchefleur n'est pas explicitement reine, mais son statut de suzeraine du château de Beaurepaire la pare des mêmes fonctions. À ce titre, la mère de Perceval, la *veve dame* est aussi la maîtresse de son domaine, c'est-à-dire la *terre gaste*, mais aussi l'îlot de fertilité qu'elle y maintient grâce aux « *hercheor ma mere*[133] ».

L'ascendance royale de l'héroïne la destine particulièrement à être choisie par le héros royal, prélude nécessaire à l'équilibre de son royaume. La paix, principale condition à l'immuabilité du bonheur collectif, passe avant tout par une harmonie entre le pôle masculin et le pôle féminin, harmonie qui s'exprime dans l'unité de l'amour, et que nous avons pu relier à la fonction narrative de l'héroïne-reine. La « bonne fortune » passe par l'action de la femme, que celle-ci apparaisse au premier plan, narratif, ou au plus profondément, par le biais de signification mythique. Car en effet, par le prisme même de l'amour courtois, le chevalier cherche à plaire à sa *domina*, à s'élever. Ce rôle particulier dévolu à la dame est aussi une manière de concilier la rudesse chevaleresque avec l'amour, en vertu d'un ordre moral. La femme contribue ainsi à l'harmonie sur tous les plans.

Pourtant, si l'héroïne et la reine sont une seule et même personne, les reines ne sont jamais représentées en figures maternelles, malgré un rôle mythique fondamental au regard du royaume. En effet, le récit

133 *Perceval*, v. 300.

breton se concentre d'abord sur l'accession à la souveraineté d'un roi reconnu comme légitime par l'ensemble de son parcours. Les héroïnes royales ne sont pas des personnages de premier plan, le cœur de l'action étant constitué du roi et de son royaume. Leur devenir n'intéresse que peu le poète. Car en effet, si la femme représente le chaînon essentiel vers l'avenir, la possibilité du futur et donc la postérité, le présent reste cependant entre les mains même du roi, comme le rappelle Gilbert Durand :

> Le sceptre est l'incarnation sociologique des processus d'élévation. Mais ce sceptre est également verge. Car il semble bien qu'il faille adjoindre à l'élévation monarchique la notion œdipienne de Dieu Père, de Dieu grand-mâle. [...] La puissance apparaît d'abord comme royale[134].

Dans ce parcours, la reine, par l'harmonie amoureuse qu'elle permet de créer avec le héros royal, constitue le lien essentiel vers une souveraineté durable. À cet égard, elle représente surtout la possibilité d'assurer un avenir au royaume, dans son union avec le roi. Cette prospérité qu'elle symbolise n'est pas explicitement introduite, car seuls comptent l'espoir et l'idéal eutopique. Rappelons encore que le royaume idéal reste à l'idée de projet, de prospection, d'envie et d'espoir, mais n'est jamais décrit, ni même esquissé dans le corpus. Au XIIe siècle, cet idéal eutopique et humain est en germe dans les esprits, mais n'est jamais explicitement introduit, ce qui explique aussi les reines ne soient pas représentées dans leur rôle de mère.

Souveraineté féminine et espoir royal

Dans le corpus étudié, le héros ne saurait devenir le roi légitime sans l'action de son épouse. Le rôle fondamental de la femme dans l'acquisition de la souveraineté est fortement perceptible dans le lai d'*Haveloc*, où l'intervention finale d'Argentille permet au héros de remporter la bataille finale :

> Od ses Danois s'en fust alez
> Et a sa navie retournez,
> Si la reïne li suffrisist.
> Mes un engin ele l'aprist,

134 Gilbert Durand, *Les Structures anthropologiques de l'imaginaire*, *op. cit.*, p. 152-153 ; 154.

Dont il veincroit son enemi,
Remist le roi, si la creï.
Tote nuit fist granz peus trencher
Et de. II. parz bien aguisser.
Les homes morz i enficherent
Et entre les vifs les drescerent ; [...]
Rois Alsi primer s'arma,
Si firent tuit si chevaler,
Pur bataille comencer.
Mes quant il virent ceus de la,
Tote la char lur heriça[135].

Argentille, l'épouse d'Haveloc, est à l'origine de la ruse qui assure la victoire finale au héros : l'*engin*, qui vise à faire croire à l'ennemi que l'armée dressée par le camp du roi légitime compte plus d'hommes qu'en réalité. Concrètement, dans le lai, le rôle de la femme concerne précisément le territoire, le royaume au sens géographique du terme donc, ce qui corrobore directement notre perspective, ainsi que le montre la suite du passage du lai d'*Haveloc* :

A la dame rende son droit
Et face peez einz que pis soit. [...]
Tote sa terre li rendit[136].

La ruse visait en effet à ce que la *terre* qui appartenait légitimement à Argentille, lui revienne de droit, ce qui a pour corollaire de rétablir la *peez*, pour un bonheur durable. Dans ce lai particulièrement, la royaume naît donc de la fusion d'un pouvoir masculin et d'un fief féminin.

Par conséquent, si la couronne symbolise la souveraineté[137], la femme – particulièrement la reine – constitue le moyen pour y accéder. Elle se fait en effet garante d'un passé légendaire et instaure par là-même la réconciliation entre l'éthique courtoise et l'éthique matriarcale celtique, sous le prisme de la souveraineté légitime et nécessaire à la perspective eutopique[138]. Surtout, par le lien temporel qu'elle introduit du fait de sa fonction de fécondité, la femme permet à l'idéal eutopique du royaume de basculer vers un projet durable :

135 *Haveloc*, v. 1049-1058 ; 1062-1066.
136 *Ibid.*, v. 1075-1076 ; 1083.
137 *Supra*, p. 133-136.
138 Philippe Walter, *Canicule…*, *op. cit.*, p. 207 ; 209.

> Ainsi ce sont les femmes qui assurent le lien entre le monde arthurien féodal, en proie aux diverses heurs et malheurs, et les temps bibliques de la grâce et de la Rédemption[139].

Ce primat accordé à la figure féminine est aussi transposé sur le plan historique dans le culte marial[140], où culmineront, notamment au XIIIe siècle, les projets de cathédrales offertes à notre Dame.

Surtout, ainsi que le montraient déjà les métaphores spatiales, particulièrement celles du bilan réalisé après le passsage dans le domaine merveilleux, la création d'un royaume heureux passe nécessairement par l'association du masculin et du féminin, comme l'explique Philippe Walter à propos d'*Yvain* :

> Sur le vieux mythe celtique de la souveraineté guerrière par la femme se bâtit l'idéal d'une chevalerie où la seule hiérarchie juste est celle du mérite individuel. La croyance en la vertu féminine motive les exploits du héros viril ; elle anime l'enthousiasme du guerrier courtois. C'est ainsi que dans la plupart des tournois, les chevaliers servants n'existent qu'à travers la dame de leurs pensées à laquelle ils vouent leur énergie, leurs exploits et leurs triomphes. C'est à ce prix que le chevalier peut devenir Roi[141].

Ce nécessaire équilibre entre les pôles masculin féminin est aussi particulièrement perceptible dans le *Conte du Graal*. Si le souvenir du système matriarcal y est particulièrement présent, en définitive, le sens profond de ce roman peut être assimilé à un problème de virilité royale. Du roi *méhaigniez*, blessé entre les deux hanches, au père de Perceval qui souffrait du même handicap, en passant par le héros lui-même, incapable de sortir le royaume du Roi Pêcheur de sa stérilité, tout est lié à un manque de virilité :

> Et l'échec au château du Graal, l'inachèvement de l'épreuve qui aurait dû mettre fin à la stérilité de la couronne ne conduisent-ils pas à s'interroger sur cette virilité incertaine qui semble trahir Perceval ? Le lien symbolique serait fourni par l'épée qui pend à sa ceinture et sur laquelle la cousine attire soudain son attention, en lui annonçant qu'elle lui fera défaut au moment de la bataille. […] Comme dans les mythes réinterprétés par la tragédie

139 Catalina Gîrbea, *la Couronne ou l'auréole…*, *op. cit.*, p. 85.

140 Notamment la poésie mariale, dont la thèse de Laurence Hélix explore les possibilités et enjeux, voir *Le lyrisme marial en langue vernaculaire au XIIIe siècle : enjeux et paradoxes d'une poésie de la conversion*, thèse soutenue à Amiens, sous la direction de Gérard Gros, 2001.

141 Philippe Walter, *Canicule…*, *op. cit.*, p. 259.

classique, et donc rationnellement restructurés, le destin du héros se noue dans l'héritage familial[142].

Cependant, sur le plan mythique, une autre caractéristique féminine concerne l'abondance même, dont nous avons aussi vu que le fil symbolique irrigue la perspective d'une eutopie royale. La fonction royale de la femme arthurienne permet de lier sa fonction narrative et amoureuse à sa fonction mythique de fécondité en vertu même de la souveraineté légitimée du roi : grâce à la reine et à l'espoir qu'elle représente, le royaume peut prétendre à un équilibre durable.

Ainsi donc, si la souveraineté est féminine, le roi, qui la détient, incarne bien le pôle masculin, puisqu'il détient la *virtus*, c'est-à-dire le pouvoir, et les armes. L'harmonie du royaume passe donc par un équilibre en le pôle masculin et le pôle féminin, le tout en vertu du bonheur collectif. Et en effet, le tournoi final de *Cligès*, qui dure quatre jours, en qualifiant le héros comme roi du monde, lui permet, par son union avec Fénice, de réincarner un empire qui, tel un phénix, renaîtra de ses cendres, expliquant aussi le sens profond du nom de l'héroïne.

Qu'elle pousse le héros à quitter le domaine courtois, ou qu'elle l'incite à une élévation morale et courtoise, la femme arthurienne infléchit toujours la quête chevaleresque.

Outre ses fonctions narratives, elle compte surtout pour ses fonctions mythiques en lien avec l'imaginaire de l'abondance, dont nous avons démontré l'ossature symbolique profonde du récit breton qu'il constitue.

Sur le plan royal, la femme constitue le chaînon fondateur d'une souveraineté légitimée durable. D'emblée associée à la Terre car investie d'une mémoire mythique immémoriale, elle permet aussi au roi, par le prisme de l'amour, d'entrer en communion avec son territoire royal. L'harmonie du royaume passe avant tout par un équilibre amoureux entre son pôle masculin et féminin. Mais surtout, associant le passé du lignage à l'espoir du futur, la femme introduit la solution temporelle au royaume, qui lui permet aussi d'envisager de durer. L'ouverture sur l'avenir et l'amour définissent donc la femme arthurienne, de même que l'eutopie royale rêvée.

142 Daniel Poirion, *Chrétien de Troyes, Œuvres complètes*, *op. cit.*, « Notice », p. 1316.

LA « PARABOLE ROYALE »

De l'idéal arthurien à la relève mythique du temps

Après avoir étudié l'idéal humain esquissé à l'issue de la quête du héros, en lien avec l'émergence d'une forme d'utopisme arthurien, l'étude s'est concentrée sur les figures féminines. Par leurs liens aux traditions celtiques de la fécondité et de l'abondance, elles assurent la pérennité du royaume eutopique. L'idéal arthurien se dégageant de la « parabole royale » fera l'objet de ce chapitre.

Quelques considérations sur la notion de « parabole royale » sont tout d'abord nécessaires. Nous entendons par là le « scénario mythique » qui sous-tend le récit breton et dont le propos concerne la royauté, particulièrement le rétablissement du *bon roi* afin de restituer un règne de paix et de prospérité. Le roi est en effet au cœur d'un scénario cosmique, puisque la « bonne fortune » du monde dépend de lui. S'il est vieux, malade ou coupable, il faut le guérir ou le remplacer afin de ramener l'ordre et la prospérité dans l'univers. Précisons que la parabole arthurienne s'appuie particulièrement sur une dynamique d'« éphébie » royale, comme la deuxième partie de la recherche l'a montré. En outre, l'idéal reflété par ce scénario allégorique ne relève pas de l'intentionnalité auctoriale. En conséquence, la « parabole royale » arthurienne ne délivre pas d'enseignement, ni de morale. Ce scénario relève davantage de la poésie et du mythe qui alimente la fiction littéraire.

Nous étudierons d'abord l'idéal ternaire distingué au creux de la perspective utopique, comme un indice de la mutation spatiale et mentale qui s'opère au XIIe siècle et qui pourrait avoir trait à la fin de la croyance en la possibilité d'un paradis sur terre. Cette révolution réorganise les structures spatiales, mais surtout temporelles du monde. Le récit breton refléterait ce changement mental dans la première occurrence d'un idéal royal avant tout humain, renvoyant implicitement à la responsabilité de l'homme devant sa destinée.

Ensuite, nous verrons que la « parabole royale », en orientant la vision du monde vers un avenir radieux et utopique, met aussi en place une uchronie. Au fond ce déplacement temporel concourt à établir une vision cyclique du temps en lien même avec la mise au jour d'un idéal royal cosmique.

Enfin, nous terminerons cette étude en illustrant le fonctionnement de la « parabole royale » dans *Érec* et dans *Haveloc.*

LE TROISIÈME DOMAINE
Un royaume eutopique

RUPTURE DE BINARITÉ ET IDÉAL TERNAIRE

L'idéal ternaire dans le récit breton

De l'instauration d'un bonheur commun sous l'égide du *bon roi* à la mise en place d'une souveraineté légitimée par la présence féminine, en passant par la royauté acquise par le chevalier à l'issue de sa quête, tous les enjeux de l'action du récit breton convergent vers l'objectif d'un royaume eutopique. Une dynamique d'espérance est à l'œuvre, d'un avenir marqué par une emprise royale juste, équilibrée et harmonieuse. Ce mouvement est associé à un puissant enracinement féminin, symbolisant une fertilité durable du territoire, comme sa pérennité dans le temps. De la sorte, la fin du récit breton esquisse les prémices d'un troisième type d'espace, en tous points différents des domaines courtois et merveilleux fondant l'espace arthurien initial. En effet, contrairement aux apparences, le chevalier ne répare pas seulement le domaine courtois. L'aboutissement de sa quête, que métaphorisent les festivités et banquets, fonde surtout un nouveau royaume. S'il y a bien retour vers un espace réaliste, le lieu du départ diverge du lieu de l'achèvement. Pierre Gallais l'avait d'ailleurs bien montré à travers sa théorie associant la structure narrative du récit breton à une figure spiralée[1]. La spirale renvoie en

1 Pierre Gallais, « L'hexagone logique et le roman médiéval », *Cahiers de civilisation médiévale*, XVIII, 1975, p. 1-14.

effet à l'errance chevaleresque, non avec comme issue le retour au point de départ, mais davantage comme une évolution où la fin du parcours débouche à la fois sur un nouvel état distinct de la situation initiale et sur un territoire différent du domaine courtois :

> La spirale est caractéristique de ce qui vit, de ce qui veut croître, se développer et progresser ; elle est la forme par excellence de la force qui tend à se développer et qui est entravée dans son développement par une force opposée[2].

Dans le corpus, la plupart des héros fondent leur propre domaine, instituant ce faisant surtout un nouvel ordre. De fait, dès lors que le chevalier est sacré et couronné roi à la fin de son périple, un nouveau royaume est instauré, différent de celui d'Arthur, puisque le souverain à sa tête est un autre personnage. Il s'agit du royaume eutopique. En d'autres termes, à un nouveau roi correspond un nouveau territoire et une nouvelle communauté réunie autour de ses aspirations au bonheur. *Érec*, *Cligès*, *Yvain*, mais aussi les lais de *Guigemar*, *Tyolet* et *Haveloc* s'achèvent bien sur l'image d'une royauté distincte de celle d'Arthur, puisqu'heureuse, et juste, à l'image même du *bon roi* qui en est à l'origine. L'avant-dernier vers de *Tyolet* résume cet état de fait d'un royaume eutopique incarné dans et par ses figures royales : « Roi fu e ele fu roïne[3] ».

Le cas de Perceval est plus ambigu, car son mutisme conduit à l'échec patent de sa quête et le roman reste inachevé. Les lais de *Lanval* et de *Guingamor* ont aussi une fin un peu différente, où il n'y a pas de création d'un royaume eutopique. En effet, si Lanval rentre bien à la cour après son aventure, il y est malmené jusqu'à ce que la fée vienne le chercher et l'emporte dans son propre royaume. À son retour, en effet, Lanval n'a pas eu l'occasion de fonder son propre royaume, puisque la cour est alors devenue l'image de l'injustice. Le roi est même allé jusqu'à accuser son chevalier pour soutenir le mensonge de reine, accusant le chevalier d'infamie :

> Li reis parla vers sun vassal
> Que jeo vus oi numer Lanval ;
> De felunie le retta[4]

2 *Ibid.*, p. 1.
3 *Tyolet*, v. 704.
4 *Lanval*, v. 437-439.

La cour, ainsi corrompue, ne pouvait plus accueillir le bonheur, ce qui explique que le lai finisse sur le départ de Lanval en Avalon, avatar du domaine merveilleux :

> Od li s'en vait en Avalun,
> Ceo nus recuntent li Bretun,
> En un isle ki mut est beaus.
> La fu raviz li dameiseaus[5] !

Le même schéma est reproduit dans le lai de *Guingamor*, avec un chevalier injustement bafoué par la reine, conduisant ainsi à une injustice curiale qui nécessite le départ du héros dans l'ailleurs[6].

Citons aussi le cas particulier du lai d'*Eliduc*, dans lequel le troisième royaume fondé est placé sous l'égide de Dieu, puisqu'il s'agit d'un monastère :

> Pres del chastel, de l'autre part,
> Par grant cunseil e par esgart
> Une eglise fist Elidus.
> De sa terë i mist le plus
> E tut sun or e sun argent ;
> Hummes i mist e autre gent
> De mut bone religïun
> Pur tenir l'ordre e la meisun[7].

Néanmoins, l'aboutissement ternaire de l'action arthurienne comporte des zones d'ombre, notamment concernant l'appartenance de ce royaume eutopique au royaume arthurien. Ce troisième espace n'est jamais représenté, ni même décrit dans le corpus. Il constitue un rêve, une projection, voire un aboutissement. Il est un *topos*, c'est-à-dire un lieu poétique, mythique, c'est pourquoi d'ailleurs il ne fait l'objet d'aucune description. En tant que proposition « utopique », il n'a pas besoin d'enracinement spatial. Par conséquent, il est aussi possible d'admettre qu'il est englobé dans l'ensemble du royaume arthurien. Il en constituerait alors une

5 *Lanval*, v. 641-644.

6 *Guingamor*, v. 136 et *sqq.*

7 *Eliduc*, v. 1153-1160. Cette réorientation religieuse du troisième royaume, eutopique, rejoindrait alors à quelque égard l'expression « royaume de Dieu », qu'elle illustrerait dans un sens littéral. Nous avons certes souligné que son apparition dans la langue est plus tardive que le corpus à l'étude, mais il n'empêche que l'idée dénotée par l'expression est magnifiquement illustrée à la fin du lai d'*Eliduc*.

partie, ainsi que le domaine courtois et le domaine merveilleux. Dans cette perspective, le royaume arthurien figurerait une sorte de monde où les différents rois et espaces le constituant seraient tous considérés sur le même plan, sans distinction de rang. De même, il est aussi tout à fait possible de penser le royaume eutopique comme l'idéal à atteindre pour le royaume arthurien. Dans ce cas, le royaume eutopique constituerait la représentation future et eutopique du royaume arthurien. En fait, les deux perspectives ne s'excluent pas et au contraire, se nourrissent réciproquement, l'absence même de figuration du royaume eutopique permettant d'accepter les deux approches. L'ambiguïté elle-même d'ailleurs est signifiante. En somme, nous considérerons que le royaume eutopique constitue une perspective future à atteindre pour le royaume arthurien. En outre, d'un point de vue fonctionnel et narratif, le royaume eutopique formant le troisième espace du royaume arthurien, ce dernier apparaît comme triple, puisqu'alors composé du domaine courtois, du domaine merveilleux et du royaume eutopique esquissé. L'errance même du chevalier donne accès à cette triple configuration du royaume arthurien.

En outre, si le royaume arthurien est bien tripartite, notons que les éléments de l'idéal heureux sont eux-aussi triples. Il s'agit en effet de ce territoire royal, mais aussi du roi et de la reine. On rappellera d'ailleurs que le lien à la royauté de ces différents composants de l'idéal arthurien est constitutif même du caractère utopique du récit breton, puisque l'utopie est toujours déjà royale. Thomas More lui-même dans son traité de l'île d'*Utopia* reprendra cette caractéristique du genre :

> D'après des traditions confirmées par l'aspect du pays, la région autrefois n'était pas entourée par la mer avant d'être conquise par Utopus, qui devint son roi et donc elle prit le nom[8].

L'île d'utopie est bien un royaume puisqu'elle est placée sous l'égide d'un roi.

Si l'idéal est bien ternaire, les figures royales le composant sont elles-mêmes définies par une trivalence. Nous avons illustré la triple fonction de la reine, qui doit être à la fois épouse, mère et surtout reine pour apporter la postérité nécessaire à l'équilibre du royaume. Si les héroïnes

8 Thomas More, *L'Utopie ou Le Traité de la meilleure forme de gouvernement*, Marie Delcourt (trad.), Paris, Flammarion, 1987 [1re éd. 1966], p. 138.

du corpus ne sont effectivement pas mères, leur statut même de reine ou de suzeraine contient leur rapport à la fertilité, tant au regard de la descendance royale et de la postérité du royaume, qu'au niveau du royaume géographique. Le personnage d'Argentille à la fin du lai d'*Haveloc* le montre bien : elle épouse le roi éponyme, ce qui amène d'abord l'espoir d'une progéniture royale. Ensuite, elle récupère ses terres qui contribuent à étendre et fortifier le domaine royal.

De même, le roi, rappelons-le, réunit en lui les trois fonctions duméziliennes, que sont la fonction sacrée, la fonction guerrière et enfin la fonction liée à la fécondité. Le parcours d'Érec est révélateur de cette triple fonction royale. Le héros commence par illustrer la fonction guerrière durant les nombreuses aventures de son errance qui l'opposent tantôt à des brigands, tantôt à un comte jaloux, tantôt au géant Mabonagrain. Durant cette dernière épreuve, il met fin à la « mauvaise coutume » et restaure la joie, comme l'abondance, dans le pays de Brandigan. Il agit donc comme un *bon roi*, ce qui renvoie à la fonction de fécondité. Enfin, ayant démontré sa capacité à assurer la « bonne fortune » de sa communauté par ce parcours, il est couronné roi, illustrant par conséquent la fonction sacrée du roi.

En outre, l'eutopie arthurienne inclut aussi le chevalier, puisqu'avant d'être roi, le *bon roi* est en effet chevalier, c'est là tout le sens de la formidable marquetterie arthurienne. De fait, le chevalier Érec est couronné roi à l'issue de sa quête. Roi et chevalier constituent donc une seule et même personne, ce qui explique que le chevalier soit aussi caractérisé par une triple « modalité » :

> C'est un chevalier exceptionnel caractérisé par la triple modalité du vouloir, du pouvoir, du savoir, dont le roman raconte une tranche de vie caractérisée par des découvertes, des exploits et traduite par une errance aventureuse, qui incarne précisément, dans les romans de Chrétien de Troyes, le point de rencontre de cette double dimension spatio-temporelle[9].

Le cheminement d'Yvain est en effet balisé par les trois modalités du vouloir, du pouvoir et du savoir. Tout d'abord, le récit de Calogrenant lui donne envie de démontrer sa bravoure chevaleresque, il s'agit du « vouloir ». Ensuite, sa victoire sur le mari de Laudine, Esclados le Roux, ainsi que son mariage avec l'héroïne et les nombreux tournois

9 Danièle James-Raoul, *Chrétien de Troyes, la griffe d'un style*, *op. cit.*, p. 270.

auxquels il participe, illustrent cette seconde modalité du « pouvoir ». Yvain est un chevalier très vigoureux. Toutefois, le chevalier ne saurait être exceptionnel sans la connaissance, c'est-à-dire sans le « savoir ». C'est là tout le sens de l'oubli de la promesse de Laudine. Alors puni de son erreur[10], Yvain apprend l'acte chevaleresque désintéressé. Il apprend à employer sa grande force pour faire le bien autour de lui et entreprend un itinéraire dès lors plus spirituel. Il s'attache alors à aider des causes justes, ce qui constitue le savoir nécessaire au roi légitime. Son nouveau nom du « chevalier au lion[11] » entérine d'ailleurs son changement et souligne qu'il s'est montré digne de ces trois modalités et peut devenir le roi légitime, ce que symbolise l'espoir de la réconciliation finale avec Laudine.

Ainsi donc, dans le récit breton à l'étude, les trois éléments indispensables à la configuration du bonheur éternel : le territoire royal, ainsi que le roi et la reine, sont eux aussi triples, voire trivalents. En ce sens, l'idéal ternaire apparaît donc multiplié par des éléments eux-mêmes tripartites ou triples, ce qui dégage corrollairement la référence implicite au chiffre neuf[12], symboliquement parfait à tous points de vue et renvoyant à une manière d'achèvement. L'aboutissement de la quête chevaleresque est donc marqué par l'avènement du troisième royaume, eutopique, en relation même à la perfection associée au chiffre trois.

Le chiffre trois

Le chiffre trois est à la fois récurrent dans le corpus primaire et particulièrement signifiant dans l'idéal eutopique esquissé. Dans *Érec*, après la chasse au Blanc Cerf, la reine propose à Arthur d'attendre trois jours avant de choisir et de trancher, délai qui pourrait notamment renvoyer

10 La folie apparaît comme une étape nécessaire vers son accession à la souveraineté : « La folie traduit une étape rituelle dans l'accession au stade héroïque. Le héros est étymologiquement un "demi-dieu", c'est-à-dire un être intermédiaire entre les hommes et les dieux. La folie initiatique signale une métamorphose de l'humain en quête de divinité. », Philippe Walter, *Canicule…*, *op. cit.*, p. 180-181.

11 Symboliquement, le lion est l'animal royal par excellence, Philippe Walter, *Canicule…*, *op. cit.*, p. 199-200. On retrouve le lion comme animal symbolisant la royauté dans le lai d'*Haveloc*, notamment dans le rêve d'Argentille, où le félin s'agenouille devant Haveloc, signifiant par là qu'il s'agit du roi légitime, *Haveloc*, v. 429-432.

12 Voir particulièrement le paragraphe « neuvaines » dans Karin Ueltschi, *Mythologie des boiteux et du pied fabuleux. Œdipe, Jacob, Mélusine & Cie*, Paris, Imago, 2019.

à la mort, puis à la résurrection du Christ. Dans *Haveloc*, les royaumes où se déroule l'action sont aussi au nombre de trois, autre exemple de l'omniprésence de ce chiffre au cœur de la « parabole royale ».

Le trois est d'abord un chiffre parfait, comme l'explique très tôt Isidore de Séville dans son *Liber numenorum* :

> 13. Ternarius princeps est imparium numerus, perfectusque cons*end*us ; nam iste prior initium mediumque finemque sortitur, et centro medietatis principiumque finemque aequali iure componit.
>
> Qui dum uere constet ex tribus, secundem aliquid tamen unus est, quia tres unum sunt ; unum utique in diuinitate, tres in personarum distinctione ; in natura unum, tres in appellatione[13].

Il est donc tout à fait apte à servir un idéal tel que celui de l'eutopie arthurienne, qui rappelons-le, repose sur une dialectique faisant émerger un troisième « royaume ». Nous avons aussi observé que les Indo-Européneens, dont la structure de pensée irrigue la vision médiévale du monde, ont comme fonds mental l'organisation de la société en trois principales fonctions qui sont la fonction sacrée, guerrière et productive[14]. Lorsque l'homme néolithique s'est sédentarisé, il a organisé sa société autour du triptyque « prêtres-guerriers-producteurs », qui informe encore

13 Isidore de Séville, *Le Livre des nombres*, *Liber numerorum*, Jean-Yves Guillaumin (éd.), Paris, Les Belles Lettres, 2005, trad. : « 13. Le nombre trois est le premier des impairs, et il doit être considéré comme parfait ; car il est le premier à avoir commencement, milieu et fin, et, placé au centre de la médieté, il réunit dans l'égalité son début et sa fin. Car, s'il est en vérité formé de trois unités, il est pourtant un en quelque mesure, parce que les trois sont un ; un dans la divinité, trois dans la distinction des personnes, un sous le rapport de la nature, trois sous le rapport de la domination », p. 18.

14 Joël H. Grisward explique : « [...] ces conquérants qui parlaient approximativement la même langue et auxquels, par commodité et convention, on a attribué le nom tout symbolique d'Indo-Européens, partageaient une vision du monde tripartite où s'articulent selon un ordre hiérarchique la souveraineté magique et juridique (la première fonction), la force physique et principalement guerrière (la deuxième fonction), la richesse tranquille et féconde (la troisième fonction). Ainsi, nos très lointains ancêtres nourrissaient-ils, au moins à titre d'idéal, une conception de la société que chérira longtemps le Moyen Âge occidental et qui distingue différentiellement et hiérarchiquement les *prêtres*, les *guerriers* et les *éleveurs-agriculteurs*. [...]. Ce système de pensé à trois termes, cet outil mental classificatoire a permis aux Indo-Européens et à leurs héritiers, Indiens, Iraniens, Scythes, Grecs, Romains, Celtes, Germains..., de mettre de l'ordre dans l'ensemble de l'univers. Non seulement cette idéologie trifonctionnelle dispose les habitants du ciel et sous-tend rituels et sacerdoces, mais elle charpente la quasi-totalité des phénomènes, des productions, des discours humains. », préface à Georges Dumézil, *Mythe et épopée. L'Idéologie des trois fonctions dans les épopées des peuples indo-européens*, Paris, Gallimard, 1968, p. 10.

l'imaginaire au Moyen Âge, et bien au-delà. Les traditions chrétiennes et celtiques, dont hérite l'imaginaire du récit breton, sont empreintes de cet idéal ternaire.

Dans la tradition chrétienne, la trinité se compose de Dieu en tant qu'entité unique et en tant que trois entités, le Père, le Fils et le Saint Esprit. Cette référence confère au chiffre trois un fort sens sacré. Il peut renvoyer par extension au corps, à l'âme et à l'esprit. La Bible regorge de références au chiffre trois, qui apparaît omniprésent, tant dans l'Ancien Testament, que dans le Nouveau Testament. Citons la famine qui dure trois ans sous le règne de David[15], ou encore les trois jours de chemin dans le désert pour les Hébreux[16] mais aussi les trois mois durant lesquels Moïse est caché après sa naissance[17]. La vie de Jésus est également ponctuée de références ternaires. Outre les trois rois mages annonçant sa naissance[18], par trois fois, dans les Évangiles, le Père rend témoignage au Fils : lors de son baptême au bord du Jourdain[19], sur le Thabor lors de la Transfiguration[20], et au temple lors de la dernière Pâques[21]. Jésus reçoit par ailleurs le baptême de Jean-Baptiste à trois heures de l'après-midi, il meurt le trois avril à trois heures de l'après-midi[22] – et par trois fois se répétera alors le séisme qui suivra sa mort –, et ressuscite trois jours après à trois heures du matin[23]. Jésus est aussi tenté trois fois au désert[24]. Par trois fois l'apôtre Pierre renie Jésus et par trois fois également il affirme son amour pour Lui[25]. Enfin, sur l'image du Saint Suaire sur laquelle est représentée la Sainte Face de Jésus, sur son front, on voit apparaître une coulée de sang en forme de trois. Gilbert Durand rattache ces récits de la Passion et de la Résurrection du Christ au mythe anthropologique d'Hermès Trismégiste, figure d'abord définie par le trois :

> À la passion et à la résurrection du Fils se rattache *le drame alchimique* avec la figure centrale d'Hermès Trismégiste. Selon l'histoire des religions, Hermès

15 2 Samuel XXI, 1.
16 Exode III, 18 et XV, 22.
17 Exode II, 2.
18 Matthieu II, 1-23.
19 Matthieu III, 17.
20 Matthieu XVII, 5.
21 Jean XII, 28.
22 Marc XV, 25.
23 Marc XVI, 1-8 ; Matthieu XXVIII, 1-10 ; Luc XXIV, 1-12 ; Jean XX, 1-17.
24 Marc I, 12-13 ; Matthieu IV, 1-11 ; Luc IV, 1-13.
25 Luc XXII, 56-65 ; Jean XXI, 15-19.

> serait le dieu des Pélasges, substitut d'une Grande Déesse de la génération et de la fécondité et coifferait la triade des Cabires. La tétrade cabiricohermétique semble donc formée de l'antique triade à laquelle s'ajoute la Déesse Mère sous la forme d'un substitut masculin : le Fils. [...] « Trismégiste », figure centrale de l'alchimie, indique une triple nature et une triple action dans le temps. Il est le principe même du devenir, c'est-à-dire, selon l'hermétisme, de la sublimation de l'être. [...] Le Trismégiste est donc bien la trinité symbolique de la totalité, de la somme des phases du devenir[26].

Le trois est aussi le chiffre du Saint-Esprit, la troisième personne de la Trinité. Par ailleurs, le chiffre trois étant associé au triangle de par sa forme géométrique, le Saint-Esprit se voit aussi lié au triangle et avec raison.

En outre, dire trois équivaut à dire « la totalité » ou « toujours ». Ainsi, les trois fils de Noé[27] représentent la totalité de ses descendants[28]. Et quand l'Ancien Testament appelle Dieu le « trois fois saint[29] », c'est pour signifier qu'il possède la plénitude de la sainteté. Ce chiffre exprime donc aussi la totalité, sans doute parce qu'il y a trois dimensions du temps : le passé, le présent et l'avenir. On bascule ici des considérations chrétiennes aux croyances plus générales et anthropologiques[30]. De fait, le trois est aussi un repère, puisqu'il définit aussi le temps à plus petite échelle, tel le matin, l'après-midi et le soir. Même, le passage de l'homme sur terre est souvent mesuré au regard des trois moments que sont la naissance, la vie et la mort. L'homme a une donc vision ternaire du temps, ce qui explique d'ailleurs que le monde arthurien soit marqué par un idéal ternaire car il est profondément lié au temps[31].

Enfin, faut-il rappeler les trois Parques antiques qui décidaient du destin des hommes et dont découlent les nombreuses triades celtiques ? La déesse dans cet imaginaire est aussi trivalente, à l'image même de la femme arthurienne, comme le chapitre précédent l'a montré.

En somme, les symboliques de perfection, d'harmonie, de totalité et de repères font du trois un chiffre idéal à tous points de vue. Ces références sont communes aux traditions chrétiennes, celtiques, comme

---

26 Gilbert Durand, *Les Structures anthropologiques de l'imaginaire*, *op. cit.*, p. 347-348.

27 Genèse V, 32.

28 Isidore de Séville développe aussi cette idée : « [...], et c'est à partir des trois fils de Noé que se reconstituent tous les peuples après le déluge. », *Liber numenorum*, *op. cit.*, p. 20.

29 Ésaïe VI, 3.

30 Sur le symbolisme anthropologique associé au chiffre trois, voir Gilbert Durand, *Les Structures anthropologiques de l'imaginaire*, *op. cit.*, p. 327 et *sqq.* ; 346 et *sqq.*

31 *Infra*, p. 471 et *sqq.*

à l'ensemble des mythes issus du fonds commun indo-européen qui nourrit la signifiance du récit breton, comme la vision médiévale du monde en général. L'eutopie arthurienne ne pouvait être que ternaire, triple et trivalente. Sur le plan spatial et historique, l'orientation ternaire du récit breton reflète le changement de perspective spatiale qui passe d'une vision binaire du monde, incluant la terre et les aux-delàs, à une structure tripartite, où la naissance du purgatoire vient compléter le schéma.

L'emblématique naissance du purgatoire

La rupture de binarité dans l'espace mental est illustrée par l'émergence d'une théorie – qui aboutira à un dogme – particulièrement emblématique car elle est contemporaine de nos textes :

> Plus compliqué que le modèle moderne, le modèle médiéval de l'espace n'est pas seulement hiérarchisé, comprenant plusieurs étages qualitatifs. Il est marqué surtout par une frontière de transcendance qui sépare/unit la sphère de la créature à celle du Créateur. Ce modèle a par conséquent la tâche de penser et de figurer (ou au moins de suggérer) l'image du réel selon une optique bipolaire[32].

À la vision duelle et manichéenne du monde, succède une définition tripartite et plus nuancée de l'univers, à travers la théorisation du purgatoire[33], proposant l'émergence d'un « troisième lieu[34] », entre le paradis et l'enfer. Jusqu'alors, une idée de peine à purger pour atteindre l'au-delà céleste existait à travers une référence au feu[35]. Toutefois, des allusions à un stade « purgatoire » avant l'accès au paradis se trouvent aussi déjà dans l'Ancien Testament[36] et plus

32 Anca Manolescu, « L'espace et la perspective inversée : architecture et mystique médiévales », Mianda Cioba, Catalina Gîrbea, Ioana Gogeanu, Mihaela Voicu (dir.), *Espaces et Mondes au Moyen Âge*, actes du colloque internationel de Bucarest, 17-18 octobre 2008, Bucarest, editura universitatii din bucuresti, 2009, p. 363.

33 Voir Jacques Le Goff, *La Naissance du purgatoire*, *op. cit.* ; voir également Claude Lecouteux, *La Mort, l'au-delà et les autres mondes*, *op. cit.*, p. 79-82.

34 Jacques Le Goff, *La Naissance du purgatoire*, *op. cit.*, p. 9 et *sqq.*

35 *Ibid.*, p. 181-183.

36 Genèse XXXVII, 35 ; I Samuel II, 6 et XVIII, 13-14 ; le *Shéôl*, lieu intermédiaire entre la géhenne et l'Éden, comporte également la montagne et le fleuve : *cf.* Job, XXXIII, 18 et XXXVI, 12.

encore dans le Nouveau[37]. Cependant, il appartient aux docteurs du Moyen Âge d'en préciser les contours à travers surtout sa localisation spatiale. De fait, c'est au cours du XIIe siècle que ses attributs se concrétisent, notamment grâce à ce qui devient un véritable genre littéraire : les visions et les voyages dans l'au-delà[38]. La plupart du temps, il s'agit de personnes qui pendant leur sommeil ou par le truchement d'une mort apparente visitent l'au-delà et en ramènent des récits et des images. On y retrouve bien sûr le feu qui purifiait déjà l'âme du pécheur dans les anciennes évocations du purgatoire. Dans *L'Espurgatoire seint Patrice*[39] de Marie de France, nous trouvons force dragons, serpents et crapauds de flammes, des crochets de feu, des clous enflammés, des brasiers et même des métaux en fusion. Plus insolite, une référence au froid est aussi mentionnée, puisque certaines âmes sont exposées dans le purgatoire de Saint Patrice à un *freiz venz*. Le purgatoire peut aussi très bien se trouver dans l'air, ce qui le différencie par conséquent de l'enfer qui, lui, se situe sous terre. C'est le lieu intermédiaire par excellence puisqu'il se trouve entre l'enfer et le paradis et que les âmes qui y résident n'ont pas obligatoirement rompu le commerce avec les vivants. Cette conception se nourrit particulièrement de l'épisode néo-testamentaire de la descente aux enfers du Christ qui a lieu entre le moment de sa mort sur la croix et sa Résurrection à Pâques. La *Légende Dorée* précise même, en s'appuyant sur l'Évangile apocryphe de Nicodème[40], que le Christ y vient chercher les saints, qu'il fait briser les portes et qu'il les emmène avec lui.

Quoi qu'il en soit, la théorisation du purgatoire marque le passage d'un système bipartite à une structure tripartite de l'univers. Ce faisant, il introduit une évolution de la perspective spatiale, puisque ce qui est en jeu est l'introduction du concept d'intermédiaire :

---

37 Luc XVI, 19-26; Matthieu XII, 40; Actes II, 31; Épître Rom. X, 7; I Corinth., III, 11-15; les Apocalypses apocryphes, et notamment la version dite « Rédaction IV » de Paul du 9e siècle qui introduit le pont.

38 Voir Alexandre Micha, *Voyages dans l'au-delà d'après des textes médiévaux, IVe – XIIIe siècles*, Paris, Klincksieck, 1992; Fabienne Pomel, *Les Voies de l'au-delà…*, *op. cit.*

39 *Les* Lais *de Marie de France*, Karl Warnke (éd.), Laurence Harf-Lancner (trad. et éd.), Paris, Librairie Générale Française, Le Livre de Poche, 1990, p. 341-350.

40 Jacques de Voragine, *La Légende Dorée*, Alain Boureau (dir.), Paris, Gallimard, Bibliothèque de la Pléiade, 2004, p. 292-295.

> Le purgatoire est un lieu doublement intermédiaire : on n'y est ni aussi heureux qu'au paradis ni aussi malheureux qu'en Enfer et il ne durera que jusqu'au Jugement dernier. Il suffit pour le rendre vraiment intermédiaire de le situer entre le paradis et l'Enfer[41].

Plus encore, cette mutation est une véritable révolution, qui met en jeu l'ensemble des conceptions mentales de la société médiévale[42]. Jacques Le Goff situe précisément la théorisation du purgatoire entre 1150 et 1250[43]. Si l'on ne peut pas alléguer que les auteurs médiévaux avaient connaissance de cette révolution mentale immédiatement contemporaine de leur écriture, voire quelque peu postérieure, l'idée d'une spatialisation ternaire est toutefois déjà présente dans les textes étudiés par le projet final attribuant au troisième lieu la portée de l'idéal heureux. Même, Corin Braga relie directement la naissance du purgatoire dans l'esprit médiéval à l'influence même des traditions irlandaises et celtiques qui irriguent la matière de Bretagne :

> Les quêtes des Iles de féerie ou des antres magiques se déroulent du vivant des héros, dans leur condition charnelle actuelle. L'immortalité qu'ils espèrent obtenir est une immortalité immédiate, qui évide la mort. Cela revient à dire que les îles paradisiaques comme les *sidhe* magiques sont situés dans l'histoire, précédent le Royaume de Dieu et l'Enfer eschatologique. [...] C'est pourquoi la « matière d'Irlande » a stimulé surtout le schéma narratif des quêtes physiques, dans ce monde, [...][44].

À notre sens, la matière de Bretagne poétise cette révolution spatiale par le truchement du troisième royaume eutopique[45]. D'ailleurs, l'humanité, qui est au cœur de l'idéal que le héros arthurien construit, renvoie au statut d'intermédiaire et d'entre-deux introduit par la conception

41 Jacques Le Goff, *La Naissance du purgatoire*, *op. cit.*, p. 305.

42 *Ibid.*, p. 10 ; 14, voir aussi p. 17-18, pages dans lesquelles Jacques Le Goff explique combien le concept d'intermédiaire a trait à une mutation des structures sociales et mentales du Moyen Âge, notamment dans la prévalence de la structure sociale tripartite distinguant les prêtres, des guerriers et des cultivateurs.

43 Fabienne Pomel associe davantage la théorisation de cet espace à la date de 1200, voir *Les Voies de l'au-delà...*, *op. cit.*, p. 38-39.

44 Corin Braga, *La Quête manquée de l'Avalon occidentale. Le paradis interdit au Moyen Âge* – 2, *op. cit.*, p. 78.

45 Christine Ferlampin-Acher explique que la création du purgatoire est encore trop récente pour être intégrée telle quelle sur le plan romanesque : « Au XIIIe siècle, le purgatoire est encore trop dogmatique pour être romanesque [...] », *Fées, bestes et luitons...*, *op. cit.*, p. 30.

du purgatoire : il n'y a plus d'une part, la bonté divine, et d'autre part, les pécheurs malheureux : le royaume eutopique, comme le purgatoire, proposent de considérer l'humanité dans ce qu'elle a de spécifique, d'où la nécessité d'un roi avant tout chevalier, car toujours d'abord humain.

Par ailleurs, cette révolution spatiale et mentale découle d'une autre mutation des croyances, à savoir celle associée à l'aspiration à un bonheur terrestre. L'interrogation portée sur la croyance en un possible paradis sur terre, à un moment de réhabilitation de l'existence terrestre, conduit naturellement l'homme médiéval à privilégier la responsabilité humaine sur la recherche géographique et nostalgique d'une terre divine de bonheur.

L'ASPIRATION À UN BIEN-ÊTRE TERRESTRE

Au contraire des visions et voyages dans l'au-delà qui proposent tous l'accès à un au-delà – paradis ou enfer –, à l'issue de la quête chevaleresque, aucune terre de bonheur, nul talisman, ni même de transcendance à la clef : seule compte l'ascension vers la royauté du héros. Ce troisième royaume esquissé propose par conséquent un idéal humain, jamais merveilleux, ni d'essence divine. Or il pourrait aussi coïncider avec la fin de la croyance en l'existence d'un paradis sur terre, autour de 1200. Cette mutation découle de l'aspiration émergente, à cette époque, de trouver le bonheur dans l'ici-bas, en lien même avec le recul du lieu commun du *contemptus mundi*, c'est-à-dire du mépris du monde[46].

Définitions géographiques et ascensionnelles du paradis

Des précisions concernant la spatialisation médiévale du paradis sont ici nécessaires. Si le paradis (céleste), en tant que lieu d'accueil des bienheureux, était déjà localisé dans le ciel, une croyance en un paradis terrestre subsistait depuis l'Antiquité. Directement inspiré de la nostalgie de la perte du jardin d'Éden, ce paradis sur terre était censé se trouver en Orient, mais demeurait toutefois interdit aux humains, par une barrière infranchissable[47]. Selon cette croyance, avec le péché

46 Jacques Le Goff, *La Naissance du purgatoire*, *op. cit.*, p. 311-316.

47 Jean Delumeau, *Le Paradis*, *op. cit.*, p. 19. L'interdiction qui pèse sur l'accès au paradis terrestre est directement due à la nature corruptible de l'homme depuis le péché originel, comme l'explique Corin Braga : « Après la désobéissance d'Adam, Dieu a refusé à jamais

originel, l'homme n'avait pas entièrement perdu le jardin des délices, son accès lui était juste refusé. La question de la localisation du paradis après la chute originelle n'a cessé d'intéresser les penseurs, à l'image de saint Augustin, de Thomas d'Aquin, ou d'Isidore de Séville qui y consacrèrent certains de leurs écrits[48]. Elle est aussi directement liée à la thématique de *l'homo viator*, qui est sous-jacente à la dynamique d'errance du récit breton :

> La Bible raconte comment Adam, après avoir mangé la pomme interdite, est chassé du paradis : cette chute détermine ce que l'on pourrait appeler une pérégrination originelle. L'homme, désormais, est en exil sur la terre, lieu pour lui du manque et de la souffrance physique et morale, par opposition au bonheur goûté au paradis terrestre. [...] Cette représentation fonde l'assimilation récurrente dans la Bible de la vie ici-bas à un chemin parsemé d'épreuves, notamment de confrontations au mal. Présente dès l'Ancien Testament, elle s'affirme dans le Nouveau et fonde le thème spirituel et littéraire de l'*homo viator*[49].

La croyance en un paradis terrestre a naturellement des conséquences, tant sur la structuration spatiale et mentale du monde, que sur la responsabilité de l'action de l'homme dans son destin. En effet, en premier lieu, de cette tradition découle une toute autre perspective géographique de l'univers, que traduisent les cartes de l'époque. En

---

l'accès au jardin édénique. Un mur impénétrable et sans porte, un barrage de flammes, des anges aux glaives de feu et autres obstacles impossibles à franchir en défendent l'entrée. [...] Selon les analyses des Pères de l'Eglise, c'est notre nature déchue qui est incompatible avec l'état paradisiaque. L'homme ne peut plus, de par sa condition, entrer au paradis, du temps de sa vie et dans sa condition corporelle corruptible », *Le paradis interdit au Moyen Âge, la quête manquée de l'Éden oriental*, *op. cit.*, p. 11-12.

48 Saint Augustin établit une distinction entre la cité céleste et la cité terrestre, distinction qu'il développe dans *La Cité de Dieu* ; Jean Delumeau synthétise les idées d'Isidore de Séville et de saint Thomas d'Aquin sur le paradis : « Isidore de Séville, traitant de la géographie de l'Asie écrivit : "Le paradis (terrestre) est un lieu de l'Orient dont le nom traduit du grec en latin a donné *hortus*. [...]" Saint Thomas d'Aquin, au XIIIe siècle, aborde, lui aussi dans la question 102 de la *Somme théologique*, le problème de la localisation du paradis terrestre. Il invite à penser que ce lieu "est très éloigné des investigations humaines, [...] Ces lieux sont coupés de notre habitat par certains obstacles, soit de montagnes, soit de mers, soit de quelque région brûlante qui ne peut être traversée". Saint Thomas se demande aussi, comme plusieurs autres auteurs, si le paradis terrestre se trouve à l'équateur et il répond prudemment : "il faut penser qu'il a été placé en un lieu très tempéré, soit à l'équateur, soit ailleurs" », *L'Avenir de Dieu*, *op. cit.*, p. 153.

49 Fabienne Pomel, *Les Voies de l'au-delà...*, *op. cit.*, p. 34.

raison de la localisation supposée de paradis terrestre en Orient, les cartographes médiévaux situent l'est, et non le nord, en haut de leur mappemonde[50]. Par conséquent, Constantinople, associé au paradis, apparaît aussi en haut. Du fait de leur proximité avec l'endroit associé au jardin idyllique, les villes situées en Orient sont d'ailleurs censées conserver certains privilèges et avantages de ce lieu parfait, à l'image de l'étoffe merveilleuse signalée dans le lai du *Fresne*[51]. Nous avons en effet souligné que la référence à Constantinople fonctionne dans ce cas comme un marqueur merveilleux de l'étoffe[52].

En second lieu, l'adhésion à la présence d'un lieu divin sur terre renforce l'impression d'une intervention de Dieu dans les affaires humaines, amenuisant par conséquent la responsabilité de l'homme sur son destin. Les recherches s'attachent alors à retrouver cet espace et à tenter d'y pénétrer, en mettant notamment en place un « scénario paradigmatique de la quête du paradis terrestre[53] ». *L'Espurgatoire Seint Patriz* de Marie de France et *La Navigation de Saint Brendan* de Benedeit reposent en effet sur le cheminement du héros, de son vivant, bien que passant par le truchement du motif du sommeil. Dans cette aventure, il est embarqué à découvrir différentes strates de l'au-delà, l'itinérance débouchant sur une découverte d'une terre divine. Ces textes tentent par conséquent de réunir les deux conceptions du paradis, à la fois la représentation ascensionnelle et aussi celle terrestre, le sommeil permettant la jonction entre les deux types.

Les deux représentations du paradis, géographiques ou ascensionnelles, cohabitent donc largement jusqu'au XIIIe siècle. Par conséquent, la conception de l'Éden est marquée par un flottement[54] : il est tour à tour sur terre et dans le ciel, tour à tour perdu, ou à venir, notamment dans les traditions millénaristes[55].

---

50 Jean Delumeau, *À la recherche du paradis*, *op. cit.*, p. 23 ; Corin Braga, *Les Antiutopies classiques*, Paris, Classiques Garnier, 2012, p. 199.

51 *Le Fresne*, v. 121-126.

52 *Supra*, p. 90.

53 Corin Braga, *Les Antiutopies classiques*, *op. cit.*, p. 306.

54 Jean Delumeau, *L'Avenir de Dieu*, *op. cit.*, p. 158.

55 Même s'il le situe dans un futur à venir, le courant millénariste croit aussi en la possibilité d'un paradis sur terre. Jean Delumeau en donne la définition suivante : « Le millénarisme, attente d'un royaume ici-bas qui serait une sorte de paradis terrestre retrouvé, est, par définition même, étroitement lié à la notion d'un âge d'or évanoui », *Mille ans de bonheur. Une histoire du paradis*, *op. cit.*, p. 15 ; voir aussi du même auteur, *À la recherche du paradis*, *op. cit.*, p. 91.

Néanmoins, même si la croyance en un paradis terrrestre reste vive dans les esprits jusqu'au XVe siècle, voire au XVIe siècle[56], sa localisation est progressivement déplacée au ciel, conservant son nom original, mais prenant peu à peu la signification de séjour éternel des élus. Cette mutation spatiale passe d'abord par une étape instaurant un paradis intermédiaire entre la terre et le ciel, mentionné dans des Écrits intertestamentaires à la jonction du judaïsme et du christianisme, notamment, après 70 de notre ère, dans le quatrième livre d'Esdras. Puis, une distinction entre deux Édens apparaît au milieu du IIe siècle dans les Apocalypses de Pierre, et au milieu du IIIe siècle dans celles de Paul[57]. La seconde rencontre d'ailleurs un vif succès à l'époque presque immédiatement antérieure à celle de nos textes, au VIIIe et IXe siècle. Progressivement donc, le paradis est déplacé de la terre vers le ciel, évolution que l'on doit sans doute à l'influence croissante des traditions chrétiennes à partir de la fin de l'Antiquité :

> Dans le système d'orientation de l'espace symbolique, là où l'Antiquité gréco-romaine avait accordé une place prééminente à l'opposition droite-gauche, le christianisme, tout en conservant une valeur importante à ce couple antinomique d'ailleurs présent dans l'Ancien et le Nouveau Testament, avait très tôt privilégié le système haut-bas. Au Moyen Âge ce système orientera, à travers la spatialisation de la pensée, la dialectique essentielle des valeurs chrétiennes[58].

En effet, déjà dans la Genèse, l'entrée du paradis est comparée à une ascension, notamment dans le Songe de Jacob[59], où la métaphore de la montée d'une échelle servait de point d'accès au paradis éternel.

La principale conséquence de cette mutation réside en une nouvelle organisation du monde, moralement, en vertu des péchés humains. En effet, avec la fin du paradis terrestre, la vision du monde se précise hiérarchiquement, puisqu'au XIIIe siècle, la terre appartient dès lors entièrement aux humains et le ciel à Dieu.

> […] dans les récits du XIIIe siècle, l'au-delà ne proposant plus de voie de communication physique avec l'ici-bas, perd son intrication spatiale avec

56 Selon Jean Delumeau, *À la recherche du paradis*, *op. cit.*, p. 16.
57 *Ibid.*, p. 237-238.
58 Jacques Le Goff, *La Naissance du purgatoire*, *op. cit.*, p. 11.
59 Genèse XXVIII, 10-19.

> l'ici-bas. [...] Une conception verticale semble se substituer à une conception horizontale de l'autre monde[60].

La création du purgatoire, zone intermédiaire entre les deux pôles humain et divin, procède de cette réorganisation ascentionnelle du monde subséquemment à la fin de la croyance en un paradis sur terre. Au XIIe siècle, même si le paradis n'est pas encore totalement considéré comme un royaume de bonheur immuable, il n'empêche qu'une mutation de la pensée est en cours. Elle redéfinit les structures spatiales, qui ne mettent alors plus l'accent sur une organisation géographique, mais davantage ascensionnelle. Cette évolution compte véritablement pour notre analyse, puisque la primauté de la dynamique ascensionnelle concorde aussi particulièrement avec l'imaginaire de la royauté et de la souveraineté, comme l'explique Gilbert Durand :

> La fréquentation des hauts lieux, le processus de gigantisation ou de divinisation qui inspire toute altitude et toute ascension rendent compte de ce que Bachelard nomme judicieusement une attitude de « contemplation monarchique » liée à l'archétype lumino-visuel d'une part, de l'autre à l'archétype psycho-sociologique de la souveraine domination. [...] Le sentiment de souveraineté accompagne naturellement les actes et les postures ascensionnelles. C'est ce qui fait comprendre en partie pourquoi le dieu céleste est assimilé à un souverain historique, ou légendaire[61].

L'image de l'axe céleste structure profondément la pensée médiévale. On la retrouve dans la littérature, chez Jacques de Voragine au XIIIe siècle notamment[62]. Mais avant cela, la « parabole royale » est directement inspirée de cette dynamique ascentionnelle, puisque l'errance chevaleresque ne débouche pas sur la découverte d'une terre idyllique, mais bien sur l'ascension royale du héros. Particulièrement, le cheminement d'Érec n'aboutit pas à la découverte d'un nouveau territoire, mais bien à son couronnement royal, ses aventures validant une quête plus spirituelle que géographique. Et d'ailleurs, on l'a dit, le royaume final eutopique même n'est pas décrit dans ses aspects géographiques, mais apparaît par le biais des conditions de « bonne fortune » que le roi sacré a su

---

60 Fabienne Pomel, *Les Voies de l'au-delà ...*, *op. cit.*, p. 139.

61 Gilbert Durand, *Les Structures anthropologiques de l'imaginaire*, *op. cit.*, p. 152.

62 Particulièrement la vision de Perpétue, *La Légende dorée*, éd. Alain Boureau (dir.), Paris, Gallimard, « La Pléiade », 2004, p. 986.

prodiguer à ses sujets. En creux de l'itinéraire arthurien pourrait donc se dessiner le changement de perspective du monde médiéval, qui de spatial et divin, devient royal et surtout humain.

La réhabilitation des valeurs terrestres

Dans le récit breton, comme dans l'évolution des mentalités en général, l'homme et la vie terrestre tendent à être privilégiés, du moins valorisés. En effet, le déplacement progressif du paradis vers le ciel a pour principale conséquence de placer l'homme en principal maître de son destin. Si Dieu n'intervient plus dans les affaires humaines, l'homme doit alors prendre en charge sa vie terrestre. C'est bien le cas dans le corpus primaire, où l'auteur favorise l'étoffe humaine du héros, dont le rôle consiste à apporter les conditions d'une « bonne fortune » terrestre.

Cette réhabilitation de l'homme et des valeurs terrestres en général découlerait d'un grand mouvement de fond qui affecte les XIIe et XIIIe siècles. Il s'agit de l'émergence de l'aspiration à un bonheur terrestre, objectif qui rejoint directement celui de la quête du héros arthurien, que nous avons mis en lumière. Ce changement en faveur de la vie humaine résulte de l'affaiblissement du grand lieu commun du haut Moyen Âge, le *contemptus mundi*, c'est-à-dire le mépris du monde[63]. Selon cette doctrine, seule comptait la vie après la mort. La vie céleste était par conséquent nettement valorisée au détriment de la vie terrestre. Si cette théorie était surtout nourrie par la spiritualité monastique qui allait jusqu'à se retirer totalement du monde pour mieux attendre le grand passage vers la vie éternelle, il n'en reste pas moins qu'elle irriguait l'ensemble de la vie médiévale. Pourtant, au XIIe siècle, ce lieu commun recule à la faveur croissante des valeurs terrestres. Jacques Le Goff parle même de « conversion à l'ici-bas née au XIIe siècle[64] ».

Cette petite révolution n'exclut pas pour autant l'espérance eschatologique, mais une fois la vie bien vécue :

> Mais cette conception de l'ordre naturel que l'homme peut étudier sans en appeler à Dieu, n'efface pas un autre sens, selon lequel la nature s'identifie à

63 Sur le mépris du monde, voir Jacques Le Goff, *La Naissance du purgatoire*, *op. cit.*, p. 311-316 ; Robert Bultot, *La Doctrine du mépris du monde en Occident, de saint Ambroise à Innocent III*, Louvain, Nauwelaerts, 1963.

64 Jacques Le Goff, *La Naissance du purgatoire*, *op. cit.*, p. 312.

> lui. En tant que création, la nature est une manifestation du pouvoir divin et un agent de sa puissance[65].

Les hommes se mettent alors à considérer leur passage sur terre, non comme un simple temps d'attente mais comme l'occasion de passer un moment agréable, voire d'agir sur leur condition et de la modifier, ce qui rejoint le projet eutopique et humain du récit breton.

Dans le corpus primaire, le sens donné au verger courtois rejoint cette idée de considérer la vie et le bonheur terrestre. Ce lieu, dont les connotations doivent le plus à l'imaginaire paradisiaque[66] est réorienté vers un sens intime et courtois. De fait, ses interférences édeniques sont amenuisées vers une unique signification agréable, destinée à renforcer la fonction du lieu d'intimité en vertu du déploiement de la *fin' amor*. Le bien-être terrestre y est bien privilégié. Par ailleurs, la quête passe par un domaine merveilleux, c'est-à-dire un espace alternatif qui n'a rien à voir avec le paradis terrestre, avant de revenir à un espace profondément humain, excluant toute intervention divine, voire toute idée de transcendance.

Ainsi donc, le passage dans le domaine merveilleux, comme la création d'un royaume eutopique associant le roi, la reine et l'espace royal dans un idéal humain, procèdent tous de la recherche d'un idéal ailleurs et surtout terrestre.

Perspective utopique et responsabilité humaine

Associée à l'aspiration émergente aux XIIe et XIIIe siècles de trouver le bonheur dans l'ici-bas, la théorie de la fin de la croyance en un paradis terrestre[67] pourrait éclairer la perspective utopique du récit breton. En effet, l'adhésion à une forme de paradis sur terre fonctionne d'abord comme un idéal religieux reposant sur la perte du paradis perdu à la suite du péché originel. Nostalgique, cette croyance était avant tout orientée vers un passé perdu, considéré comme l'Âge d'Or du genre humain. La

65 Maaike van der Lugt, « L'autorité morale et normative de la nature au Moyen Âge. Essai comparatif et introduction », dans Maaike van der Lugt (dir.), *La Nature comme source de la morale au Moyen Âge*, Firenze, Sismel Edizionu del Galluzzo, 2014, p. 5.

66 Jean Delumeau, *L'Avenir de Dieu*, *op. cit.*, p. 153.

67 Cette idée est présentée par Corin Braga dans ses ouvrages. Nous renvoyons à la bibliographie pour les références exactes.

fin de cette croyance religieuse entraîne naturellement la recherche d'un autre idéal, ailleurs, et dans le futur, une utopie en somme :

> [...] ils (les utopistes) fixent leur tâche en ce monde et non dans l'autre, ils veulent le paradis sur terre et non dans les cieux. En deux mots, ils cherchent à transformer l'homme plutôt qu'à le sauver[68].

Dans le corpus primaire, qu'il s'agisse de l'espoir d'une postérité délivrée par le personnage féminin, ou d'un bonheur défini par les besoins humains les plus élémentaires, ou encore de la perspective adoptée, centrée sur le futur et non plus sur la nostalgie du passé, les différentes directions ainsi proposées relèvent toutes d'un discours utopique. En souscrivant à la théorie de Corin Braga, la construction humaine du futur pourrait avoir remplacé la culpabilité et la nostalgie du paradis perdu :

> En d'autres mots, l'opération qui régit l'équation du paradis terrestre et de l'Utopie est l'inversion imaginaire, l'antiphrase affective et symbolique qui transforme le premier terme en l'image intermédiaire d'un paradis interdit. L'Utopie est apparue parce que le jardin divin a été refusé aux humains, comme la compensation d'une attente frustrée depuis plusieurs millénaires[69].

Les différentes voies offertes par le récit breton fourniraient alors autant de solutions proposées à la perte de cette dynamique.

En fait, il est chaque fois question de la responsabilité de l'homme dans sa destinée. Et en effet, en considérant la perte du paradis terrestre, l'idéal ne peut être que profondément humain, en un mot immanent :

> Le paradis terrestre et l'Utopie sont des *topoï* charriés par le même courant imaginaire collectif qui cherche pour l'homme un salut immanent[70].

On l'a vu, la quête du héros aboutit, non à la découverte d'une terre divine ou d'un talisman, mais à la satisfaction des besoins humains les plus élémentaires : nourriture, amour, paix et stabilité y sont présentés comme autant de conditions à l'harmonie commune. En outre, de la richesse à l'amour comme gage de postérité, en passant par le pouvoir

---

68 Michel-Antoine Burnier, *Les paradis Terrestres. 25 siècles d'utopies de Platon à Biosphère 2*, Paris, COL, 2000, p. 8.

69 Corin Braga, *Du paradis perdu à l'Antiutopie au* XVIᵉ-XVIIIᵉ *siècles*, Paris, Classiques Garnier, 2010, p. 35.

70 Corin Braga, *Du paradis perdu à l'Antiutopie au* XVIᵉ-XVIIIᵉ *siècles*, *op. cit.*, p. 39.

ou la préservation de paix, toutes les composantes du bien-être arthurien reposent sur l'action du héros royal qui assume entièrement la responsabilité de la satisfaction de ces aspirations humaines. L'idéal dégagé est d'ailleurs placé sous la responsabilité d'un chevalier, plutôt que du roi. Rappelons que contrairement au roi, qui figure un *pontifex* entre ciel et terre, le chevalier arthurien n'est qu'un homme parmi les hommes. Le texte le peint sans pouvoirs spéciaux, en homme face à l'aventure, comme en témoigne les nombreux dangers qu'il encourt durant son périple. Lors de l'épreuve du Pont de l'Épée, Lancelot n'est sauvé de la noyade et d'une mort certaine que grâce à sa bravoure et à sa force physique. Le héros arthurien apparaît alors profondément seul face à sa destinée.

L'idéal ainsi dessiné propose l'intervention de l'homme sans l'intervention de la surnature. Il s'agit là de la nouveauté radicale de l'étude ici entreprise, à savoir la mise au jour de l'idéal du récit breton du XIIe siècle, qui nest pas surnaturel – chrétien, merveilleux –, mais profondément et surtout humain. On est donc aux antipodes des voyageurs visionnaires des *navigatio*, tout comme les chevaliers du Graal, ceux de la *Queste del Saint-Graal*[71] en particulier. Par conséquent, l'utopie arthurienne redéfinirait en filigrane le rôle de l'homme face à Dieu[72].

Rappelons ici que l'une des caractéristiques de l'utopie de Thomas More consisterait à insister sur une responsabilité toute humaine, à la différence des rêves millénaristes et des promesses eschatologiques dans l'établissement d'un monde idéal. Nulle Providence divine n'y est décrite. Les Utopiens sont des hommes comme les autres, marqués par la chute et le péché. Ils n'ont bénéficié d'aucune grâce divine particulière. La société idéale est, ici-bas, l'œuvre des hommes eux-mêmes : l'environnement naturel n'est pas idéalisé, comme dans les légendes de l'Âge d'Or. S'ils sont parvenus à chasser les maux et les vices, c'est simplement en construisant une autre organisation sociale. Cet idéal humain n'est pas l'apanage du XVIe siècle, il est déjà en germe dans le corpus étudié. La

71 Leur schéma narratif constitue davantage une variante de voyage sotériologique, voir Corin Braga, *Le paradis interdit au Moyen Âge, la quête manquée de l'Éden oriental*, *op. cit.*, p. 14-15.

72 Corin Braga considère même qu'il est question d'une inversion des pôles d'intérêt découlant d'une sécularisation de la vision du monde : « Le déclic qui a provoqué la solution de continuité entre la vision paradisiaque et celle utopique a été la sécularisation de la vision du monde. La rupture a résidé dans une inversion de pôles, dont le déplacement du centre de densité ontologique de Dieu vers l'homme. », *Du paradis perdu à l'Antiutopie au XVIe-XVIIIe siècles*, *op. cit.*, p. 41.

véritable révolution de la perspective utopique du récit breton consiste par conséquent à redéfinir la place de l'homme face à Dieu.

Ainsi donc, en creux de l'idéal humain arthurien se dessinerait peut-être la prise de conscience de la fin de la croyance médiévale en un possible paradis terrestre, en tout cas la recherche d'une autre voie. Prenant la relève de la nostalgie par l'espoir, l'utopisme arthurien démontre aussi une volonté, non plus de référer à un passé empreint de la culpabilité du péché originel, mais de croire en un avenir heureux. Cette nouvelle dynamique introduit donc aussi une mutation d'ordre temporel : le héros royal cesse de vivre en référence au paradis perdu mais s'attache au contraire à construire un présent et un avenir heureux. En conséquence, l'eutopie arthurienne possède aussi un sens uchronique.

UTOPIE ET UCHRONIE

De l'eutopie à l'uchronie arthurienne

– Paradis, utopie et perspective uchronique

Le paradis et l'utopie sont les deux pôles opposés d'une même configuration psychique autour du lieu idéal[73].

« Espace sacré » qui renvoie, au plus profond, à la figure psychanalytique de l'utérus, mais aussi à la figure archétypale de l'habitat rêvé, le lieu idéal a toujours exercé un fort pouvoir de fascination sur l'ensemble des modes de catégorisations mentales. L'habitat parfait « apparaît multiplié dans une longue série d'images numineuses : le jardin, la terre d'en bas et les cavernes, les montagnes et les îles inabordables, la maison et le palais, la cité fortifiée, l'utopie[74] ». Il est même considéré comme un mythème primordial du régime de l'imaginaire par Gilbert Durand[75]. Il constitue le lieu commun à l'ensemble des structures de l'imaginaires desquels découlent toutes les configurations particulières, allant de l'île paradiasique à l'âge d'or, en passant par l'utopie.

Deux types particuliers de lieu idéal, le paradis et l'utopie se distinguent par la perspective temporelle qu'ils privilégient : passé ou futur.

73 Jean-Jacques Wunenburger, *L'utopie ou la crise de l'imaginaire*, Paris, Delarge, 1979, p. 17 et *sqq.*

74 Corin Braga, *Du paradis perdu à l'Antiutopie au* XVIe-XVIIIe *siècles*, *op. cit.*, p. 21.

75 Gilbert Durand, *Les Structures anthropologiques de l'imaginaire*, *op. cit.*, p. 125 et *sqq.*

Le paradis peut en effet être associé à un mythe, au sens tradionnel du terme, qui renvoie à un récit légendaire et étiologique expliquant les origines des hommes[76]. Par son lien au mythe chrétien du péché originel, il touche en effet aux premiers instants de l'humanité et suppose par conséquent un retour sur le passé. Au contraire, l'utopie regarde vers l'avenir et privilégie par conséquent le futur. Respectivement placés aux deux pôles de l'axe temporel, le paradis propose donc une retro-jection, quand l'utopie au contraire se fait pro-jection :

> Il y a donc bien lieu de rechercher un possible lien entre le mythe et l'utopie, puisqu'il est question d'une origine mythique dans le paradigme ainsi défini par l'initiateur du genre, du moins dans une version positive confondant significativement l'« u-topie » avec l'« eu-topie », c'est-à-dire le lieu idéal. [...] À la vision poétique, naturaliste et régressive du lieu mythique répondrait la vision politique, culturaliste et prospective du lieu dit utopique[77].

À la fin du XIIe siècle, la nostalgie et la culpabilité engendrées par le souvenir du péché originel étaient très prégnantes dans la vie des hommes. Toutefois, l'éloignement progressif de la croyance en un possible paradis sur terre, pourrait avoir contribué à réorganiser les structures de compréhension du monde. En effet, la prise de conscience de l'impossibilité d'un lieu divin sur terre pourrait avoir engendré un déplacement de perspective, qui de géographique et spatiale, serait devenue ascentionnelle et temporelle. En ce sens, dans le récit breton, la recherche d'une terre de bonheur ailleurs, dans un monde parallèle, celui du domaine merveilleux, ou dans un espace à construire et rejeté dans le futur, le royaume eutopique, constituerait une réponse possible au vide ontologique laissé par la fin de cette croyance.

Concernant l'évolution des mentalités, le courant du millénarisme, qui repose sur l'annonce d'une nouvelle venue du messie sur terre et d'une possible résurrection du genre humain, ferait la transition entre la nostalgie du passé mythique et l'espoir du bonheur collectif proposé par le discours utopique[78]. Promise à une réalisation terrestre, la croyance

76 Pour les besoins de notre étude, nous quittons volontairement le champ de la mythocritique pour considérer un instant le mythe dans sa première définition se rapportant aux origines de l'humanité.

77 Patrick Hubner, « utopie et mythe », dans Pierre Brunel (dir.), *Dictionnaire des mythes littéraires*, *op. cit.*, p. 1431 ; 1436.

78 Corin Braga, *Du paradis perdu à l'Antiutopie au XVIe-XVIIIe siècles*, *op. cit.*, p. 22-23.

millénariste déplace en effet la perspective du passé nostalgique vers un possible futur, et cela même si elle ne le perçoit que sur le mode religieux. Elle se fait prospection et projet plutôt que nostalgie, regret et culpabilité :

> La société millénariste, si elle se présente comme une société heureuse et juste, n'est pas en même temps une société de l'ailleurs, du je ne sais où. Elle prendra la place de la société présente, ici-bas, entre la première et la seconde résurrection. Elle est une société prophétique, plutôt qu'utopique. Elle doit exister, elle est promise à la réalisation terrestre[79].

Marquant le point de départ d'une évolution des mentalités vers une perspective plus temporelle que spatiale, le millénarisme pourrait avoir un pendant littéraire dans les prémices du discours utopique que nous avons décelés dans le récit breton du XIIe siècle. De fait, le millénarisme, comme l'utopie, cessent de ne se référer qu'au passé pour envisager de considérer un autre temps. Pour le millénarisme, il est clair qu'il s'agit d'un futur plus ou moins immédiat. Pour l'utopie toutefois, le rapport au temps est plus complexe, davantage assimilable à une autre strate temporelle se superposant au temps ordinaire et policé[80]. Outre son enjeu spatial, la naissance d'un utopisme arthurien renvoie en fait surtout à une problématisation de la perspective temporelle :

> Or l'utopie ne se définit pas seulement par une ambiguïté, une tension incarnée dans l'espace (ici ou nulle part) mais aussi, car le temps est toujours lié à l'espace, par une ambiguïté temporelle (dans l'histoire ou hors de l'histoire)[81].

Comme nous l'avons déjà observé, le récit breton est aussi fondé sur cette distinction, qui est temporelle, avant d'être spatiale, et que Mikhaïl Bakhtine a très tôt reconnue, puisqu'il définit le chronotope de l'action comme « principale matérialisation du temps dans l'espace[82] ». Et en effet, dans le corpus d'étude, plus que l'espace, c'est le temps qui dote les domaines des caractéristiques qui leur sont propres. Passer d'un

79 Jacques Le Goff, « L'Utopie médiévale : le pays de Cocagne », art. cité, p. 273.

80 Corin Braga, *Du paradis perdu à l'Antiutopie au XVIe-XVIIIe siècles*, *op. cit.*, p. 50. Cette particularité temporelle sera d'ailleurs reprise dans l'île d'Utopie par Thomas More : « Les utopiens ne vivent même pas une histoire parallèle à la nôtre ; on dirait plutôt qu'ils sont situés dans un *temps qui se superpose au nôtre.* », Bronislaw Baczko, *Lumières de l'utopie*, *op. cit.*, p. 158.

81 Jacques Le Goff, « L'Utopie médiévale : le pays de Cocagne », art. cité, p. 274.

82 Mikhaïl Bakhtine, *Esthétique et théorie du roman*, *op. cit.*, p. 390.

domaine à l'autre n'est d'ailleurs le plus souvent perceptible que par les changements temporels : resserrement ou, au contraire, étirement temporel, voire basculement dans un temps suspendu assimilable à la mort, comme nous l'avons analysé en début d'étude[83]. À titre d'exemple, rappelons le cheval du lai de l'*Espine*, entièrement soustrait à la temporalité terrestre, puisqu'il n'a pas besoin de manger tant qu'on lui tient la bride[84]. Rappelons aussi le lai de *Guingamor*, dont la trame narrative est entièrement construite autour de la problématisation temporelle inhérente aux deux domaines. Le héros bascule en effet dans le domaine merveilleux, y reste trois jours en temps « merveilleux », qui équivalent à trois-cents ans de temps « réel ». L'étirement temporel ne lui est révélé que lors de son basculement final dans son domaine d'origine, où il est rattrapé par sa première condition de mortel. La fin du lai, qui voit le départ final de Guingamor dans le domaine merveilleux, marque un choix définitif entre les deux temporalités et les deux lieux, signe que les allers-retours entre les deux domaines sont surbordonnés à une voie qui les transcende, mais qui passe par la temporalité. Il s'agit bien sûr de la voie de l'eutopie, c'est-à-dire de la « bonne fortune » de tous. Si exceptionnellement le héros s'en retourne à jamais dans le domaine merveilleux, c'est parce que son union avec la fée, ainsi que le caractère idyllique du lieu, concordent en tous points avec l'idéal arthurien eutopique, contrairement à la « mauvaise coutume » qui s'enracine d'ordinaire dans l'espace merveilleux.

La problématique temporelle est aussi perceptible dans le corpus par les fonctions performatives attribuées à certains objets sacrés, qui deviennent des sortes de talismans, des marqueurs à la fois temporels et royaux. Le Graal constitue bien sûr un parfait relai entre d'abord le temps mythique des origines – celui-là même de la mère d'Arthur et de Gauvain –, ensuite la « parabole royale » à l'œuvre dans le corpus d'étude, et enfin l'espoir mythique incarné par les futurs chevaliers de la *queste* du Graal. La critique a d'abord vu dans cet objet une sorte de corne d'abondance, rappelant les origines mythiques du récit breton. Son lien à la royauté est en outre aussi inclus dans sa signification dès ses origines, puisqu'initialement associé au Roi Pêcheur, il est ensuite attribué au roi des roi, Jésus-Christ. Enfin, il porte en lui pérennité de la matière de Bretagne qui passera

83 *Supra*, p. 284.
84 *Espine*, v. 419-421.

dans les siècles ultérieurs à notre époque d'étude par sa *queste*. Son lien au temps est donc primordial puisqu'associé aux origines du récit breton, il en permet aussi sa continuité à travers les siècles.

Par ailleurs, l'exemple du cor démontre le lien entre le passé et l'espoir futur. Présent à la fois dans le roman d'*Érec* et dans le lai d'*Haveloc*, il est doté de fonctions à la fois narratives et performatives, mais surtout mythiques et temporelles. À notre sens, cet objet permettrait de lier les trois dimensions temporelles générales admises, le passé, le présent et le futur, à l'enjeu royal et eutopique du récit arthurien.

Le cor s'enracine d'abord dans un passé à la fois syncrétique et mythique. L'introduction de cet objet fait en effet jaillir les traditions chrétiennes autour de l'Apocalypse qui associent son action à la fin même du temps. Dans l'Apocalypse de saint Jean, le déclenchement des trompettes marque en effet le début des phénomènes liés à la lutte finale, puis à la Résurrection[85]. Par ailleurs, dans les traditions d'origine celtique, le cor est associé au mythe fondateur de l'abondance, puisqu'il est à l'origine une corne d'abondance. Dans *Érec*, le cor se trouve d'ailleurs dans un verger, qui, rappelons-le, est un lieu d'abord marqué par la profusion alimentaire. La présence de cet objet en ce lieu insiste, voire redouble, la référence à l'abondance. En outre, dans le corpus primaire, la référence à l'abondance convoque d'autres fils nodaux, à savoir la nécessité d'une présence féminine dans l'idéal royal pour assurer la fertilité et la pérennité du royaume. La fonction toujours temporelle du cor permet d'ailleurs d'associer les symboliques chrétiennes et celtiques. De fait, avec la présence de cette trompe, affleure un riche passé mythique entrecroisant la fin des temps au mythe celtique de l'abondance :

> Ainsi, ne pourrait-on pas y voir en filigrane le motif de la fécondité, non seulement intrinsèquement lié à la problématique de la mort, mais aussi dans la perspective celtique du règne du bon roi, et que l'irruption d'un *méhaign* a compromis, entraînant l'avènement de la *terre gaste* et que le problème d'identité stigmatise ? Lorsque l'élu sonne le cor, que le cor veut enfin sonner, alors, la souveraineté est rétablie, et la malédiction en termes de disette est conjurée[86].

---

85 Voir Karin Ueltschi, « Signal, signe et performance ou du *fiat* au *factum est* : considérations sur la thématique du cor dans l'imaginaire médiéval », Fabienne Pomel (dir.), *Cornes et plumes dans la littérature médiévale, attributs, signes et emblèmes*, *op. cit.*, p. 299.

86 Art. cité, p. 301.

Mais surtout, dans le corpus, le cor possède aussi une dimension performative essentielle, puisqu'elle associe la reconnaissance du roi légitime à l'espoir même d'un avenir radieux. À preuve, sonner le cor dans le lai d'*Haveloc* révèle l'identité royale du héros[87] :

> De son tresor fet apporter
> Le corn que nul ne poet soner,
> Si dreit heir n'est de lignage
> Sur les Danois par heritage.
> [...]
> Haveloc est levé en piez
> Et del corner apparaillez.
> Le corn benesquit et seigna ;
> Hautement et bien le sona.
> A grant merveille le tenoient
> Tuit cil q'en la sale estoient.
> [...]
> Veez ci nostre dreit heir ;
> Bien en devom grant joie aveir[88].

La dimension performative est même associée à la résolution de l'intrigue, puisque c'est l'objet en question qui fait connaître à l'ensemble de la communauté le roi sacré Haveloc. Par le cor donc, la destinée individuelle du héros rejoint celle de l'ensemble du royaume sous le prisme de la royauté et du bonheur. De même, lorsqu'Érec sonne le cor dans le verger clos d'air, il signale à l'ensemble de la population qu'il a mis fin à la « mauvaise coutume » qui s'y exerçait :

> Erec le prant et si le sone,
> Tote sa force i abandone
> Si que mout loing an va l'oïe.
> Mout s'an est Enyde esjoïe
> Quant la voiz del cor antandi,
> Et Guivrez mout s'an esjoï.
> Liez est li rois et sa gent liee ;
> N'i a un seul cui mout ne siee
> Et mout ne pleise ceste chose :
> Nus n'i cesse ne ne repose
> De joie feire et de chanter.
> Ce jor se pot Erec vanter

87 *Ibid.*, p. 296.

88 *Haveloc*, v. 881-884 ; 902-908 ; 913-914.

C'onques tel joie ne fu feite :
[...]
Par le païs novele vole
Qu'ainsi est la chose avenue[89].

C'est en sonnant le cor que la joie se répand, d'abord chez Énide et Guivret, puis à l'ensemble du pays : « par le païs novele vole », illustrant par là même le passage d'une visée individuelle et royale au bonheur collectif de l'ensemble du royaume. L'action de sonner le cor possède donc ici aussi une fonction performative, celle de prévenir tout le royaume de l'exploit réalisé, comme du nouvel ordre qui s'annonce. Par conséquent, elle acquiert aussi une visée prospective et future, puisque le succès d'Érec lui permet en même temps d'achever sa quête en vertu d'acquérir la royauté légitime. La suite du roman voit en effet le couronnement du héros et l'instauration de l'idéal eutopique et riche métaphorisé par la scène finale du banquet grandiose.

En somme, le cor matérialise la problématique temporelle de l'idéal eutopique arthurien associant la royauté légitime à un ancrage temporel et mythique fort.

– De l'utopie merveilleuse à l'eutopie :
problématisation de l'uchronie arthurienne

Si le temps proposé par le discours utopique est toujours alternatif, une nuance doit être apportée quant à l'utopisme spécifiquement arthurien. Le temps de l'utopie est le plus souvent imaginaire, le *u* de *u-topos* pouvant chez Thomas More, tour à tour désigner un « autre » lieu, ou un « non » lieu. Au XVIe siècle, l'utopie, c'est l'ailleurs, comme le nulle part. Par conséquent, le temps de l'utopie est un temps autre, à l'image de celui déployé dans le domaine merveilleux, où Guingamor passe trois jours mais qui était en réalité une durée beaucoup plus considérable, dépassant la durée ordinaire d'une vie humaine.

Néanmoins, dans le récit beton du XIIe siècle, la fusion entre le *u-* et le *eu* de *u-topos* n'est pas effective. Le domaine merveilleux met davantage en place un temps imaginaire similaire à celui de l'utopie de Thomas More. Le projet du royaume eutopique porte davantage en lui l'espoir de l'avenir. Ainsi donc, l'utopie arthurienne procède d'un temps parallèle

89 *Érec*, v. 6155-6167 ; 6172-6173.

au temps réel, d'un autre temps donc, quand l'eutopie, en tant que prospection et espoir, correspond au temps réel, mais futur, à l'autre bout de l'axe chronologique donc. Une frise chronologique permet de comprendre la distinction que nous proposons ici :

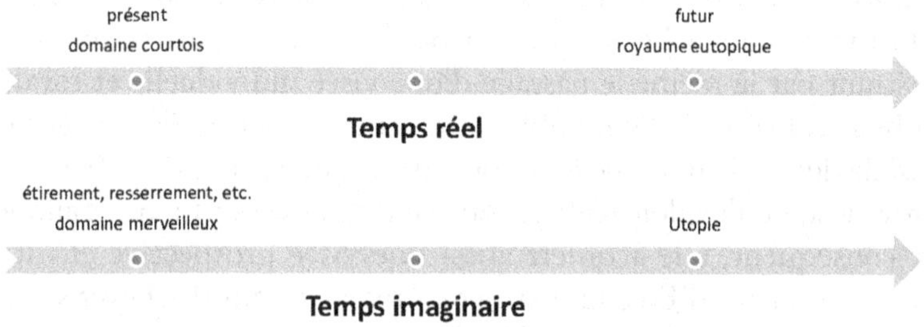

La nuance établie est primordiale, car elle définit les trois types d'espaces arthurien. Le domaine courtois renvoie au temps T, reflet aussi de l'histoire. Ensuite, le domaine merveilleux est marqué par un temps parallèle, imaginaire et inexistant. Il relève ainsi de l'utopie dans son deuxième sens, c'est-à-dire renvoyant au pays de nulle part. Enfin, le troisième royaume, appelé aussi royaume eutopique dans notre étude et marqué par un espoir heureux, est tourné vers un avenir réalisable sous l'égide du roi. L'eutopie arthurienne se distingue donc ici de l'utopie de Thomas More par son caractère prospectif et ancré dans le temps de l'action. Elle représente un espoir plus qu'une fuite imaginaire de la réalité.

Quoi qu'il en soit, les différences entre les trois types d'espaces arthuriens se fondent sur leurs différences temporelles qu'ils problématisent. L'eutopie arthurienne est ainsi surtout une uchronie :

> Comme on l'a maintes fois observé, l'*u-topie* se voit transformé en *u-chronie* : la Cité Nouvelle est située dans un temps imaginaire[90].

En outre, la création d'un discours utopique contient en creux la problématique historique, qui voit la dynamique de contemplation passive muer en action, par le relai de l'espoir. De fait, le mythe du passé était avant tout étiologique et visait à conserver la société dans son état actuel. Avec la survenue du discours utopique, surtout eutopique

90 Bronislaw Baczko, *Lumières de l'utopie*, *op. cit.*, p. 166.

dans le cas du récit breton, l'explication étiologique cède le pas à une projection qui renvoie à une volonté d'améliorer son existence, et donc d'intervenir sur le cours de l'histoire :

> Tombée de l'âge d'or dans l'âge de fer, l'humanité nostalgique, en inventant l'utopie, substitua à la conscience navrée d'un impossible retour, un espoir. Révolution capitale, puisque la construction de la cité heureuse dépendrait désormais d'une volonté d'agir sur l'histoire et d'en rectifier le cours. [...]
>
> C'est dans cette mesure que l'utopie dépasse la fantaisie imaginative : elle est le reflet de l'humanité devant sa hantise de la perfection et de l'absolu ; ou encore, si l'on veut, l'incarnation de son rêve d'échapper à la contingence[91].

C'est bien ce que propose aussi le récit breton par la représentation de l'action chevaleresque en vertu du bonheur collectif, associant par là même l'ascension royale au bien de tous. Un discours historique, presque politique se dégage donc de la « parabole royale » : il s'agit de la nécessité de la légitimation du pouvoir royal par les sujets, en vertu de la métaphore de la tête et des membres que Jean de Salisbury a présentée dans son œuvre[92]. À une époque où la royauté cherche à acquérir toujours plus de puissance, soit par un renforcement de la tête royale chez Louis VII, soit par une politique de promotion royale instaurée par la dynastie Plantagenêt, le discours utopique en germe dans le récit breton du XIIe siècle établit un écho avec l'histoire. Il ouvre le champ à un idéal avant tout humain, dans lequel le roi est subordonné à une action en vertu du bien de la communauté. Les mythèmes de l'abondance qui partout innervent, tant par la prédominance de la femme symbole de fertilité, que par la représentation d'un *bon roi* sachant prodiguer force richesses à ses sujets, ont tous pour vocation de représenter le royaume idéal, eutopique, car la prospérité et la postérité y sont maintenues par l'action du roi, et non pour son pouvoir personnel. La question du temps est donc profondément enracinée dans la « parabole royale », ce qui est particulièrement incarné dans le corpus d'étude par la récurrence d'un temps cyclique et plongeant par là même dans les profondeurs mythiques du récit breton :

> Le temps du mythe est cyclique, c'est celui de l'éternel retour et de la Mémoire[93].

91 Raymond Trousson, *D'Utopie et d'Utopistes*, *op. cit.*, p. 9 ; voir aussi Bronislaw Baczko, *Lumières de l'utopie*, *op. cit.*, p. 11 ; 18.

92 *Supra*, p. 125 et *sqq.*

93 Philippe Walter, *Canicule...*, *op. cit.*, p. 48.

Idéal royal et éternel retour

Plus que par l'espace, la problématique uchronique du récit breton s'incarne particulièrement dans la figure du roi. Si l'ensemble des conditions à l'instauration d'un royaume heureux est généralement réuni, le royaume en lui-même n'est jamais décrit, il est supposé plus que constaté. L'adjectif qualificatif « eutopique » choisi vise à rendre compte de cette caractéristique. Au contraire, le roi est présent de part en part de l'intrigue. Il porte même en lui l'idéal arthurien, de même que la problématique temporelle.

De fait, pour tourner, la roue du temps a besoin d'un roi fort. Le roi *méhaigniez* de *Perceval* représente le parfait exemple d'un enracinement avant tout temporel de la « parabole royale ». Ne pouvant plus chasser à cause d'une blessure entre les cuisses – connotant par là même la stérilité du royaume consécutive –, ce roi s'adonne à la pêche. D'actif et de guerrier, il est ainsi devenu passif, puisqu'avec ce loisir, il « passe son temps » à attendre que le poisson morde. La blessure royale renvoie par conséquent fondamentalement à un problème de temps[94]. Au fond, l'« éphébie » royale contient en son cœur la nécessité d'une royauté forte et vigoureuse : si le roi est affaibli, alors il faut qu'il guérisse. De lui dépend non seulement la bonne marche de la société, mais aussi et surtout du calendrier et des saisons :

> L'assimilation est si totale que, dans les civilisations archaïques au moins, on pense que ce qui affecte le roi affecte aussi le peuple. [...] Si le roi est malade ou affaibli par l'âge, tout le monde en pâtit. Les Bantous disent que, s'il se retourne dans son sommeil, le pays tout entier est sens dessus dessous ; s'il ploie les genoux, le pays se rétrécit ; s'il meurt, toutes les activités vitales s'arrêtent[95].

Le récit breton résume cette nécessité d'une royauté forte par toutes les allusions à la figure du *bon roi*. C'est donc parce que le roi est *méhaigniez* et ne peut assumer son rôle de *pontifex* sacré, que le chevalier prend la suite et assume la responsabilité de l'avenir de l'humanité. La relève du héros royal passe d'ailleurs par un sacrifice, équivalent à une mort

94 Karin Ueltschi, « Le Vieillard Temps : rois *méhaigniés*, *Manekines* et rédempteurs », Hubert Heckmann et Nicolas Lenoir (éd.), *Mimétisme, violence sacrée. Approche anthropologique de la littérature narrative médiévale*, Orléans, Paradigme, 2012, p. 149-165.

95 Jean-Paul Roux, *Le roi. Mythes et symboles*, *op. cit.*, p. 56.

rituelle et validant sa capacité à assurer la pérennité du royaume à la suite du roi malade :

> Le héros de Chrétien et après lui bien des héros arthuriens actualisent ce schéma de la mort-résurrection dans leur propre chair : leur trajectoire les conduit à travers une mort rituelle, toujours liée à une faute, à la révélation de leur identité et de leur mission de chevalier et d'homme, mieux, les conduit à devenir des modèles humains, possiblement à imiter dans le contexte social ou esthétique qui est le leur, des modèles en tout cas d'un idéal à désirer et à perpétuer, ne serait-ce qu'à travers le discours littéraire et poétique[96].

La folie d'Yvain, l'abaissement social d'Haveloc en commis de cuisine, ou encore le bannissement temporaire d'Eliduc, peuvent ainsi s'expliquer par cette dynamique de sacrifice qui associe la révélation du nouveau roi à une nécessaire forme de mort sociale. Tel un phénix, le héros royal sait mourir en tant qu'homme, pour renaître en roi légitime. La « parabole royale » à l'œuvre dans le corpus propose donc une guérison du *meheign* royal par la mise en place d'un nouveau roi. Cette logique de réinvestiture royale subsume par conséquent la contingence de la maladie du roi pour ne s'attacher qu'au roi en tant que figure immanente à la tête du royaume. La royauté est vouée à perdurer, soit que le roi guérisse, à l'image d'Arthur ou de Charlemagne qui doivent revenir[97], soit que son remplaçant assure la continuité de sa charge. C'est cette dernière voie qui est explorée dans le corpus, comme le révèle la comparaison entre le début d'*Yvain*, qui dépeint un Arthur épuisé, et la fin présentant Yvain et Laudine, maîtres de leur royaume qu'ils s'en vont gouverner dans la force de leur amour. La même « parabole royale » est à l'œuvre dans *Cligès*, ainsi qu'*Haveloc*, où le nouveau roi éponyme prend le relai d'un Arthur présenté d'entrée comme défaillant. Par contraste, Cligès et Haveloc réussissent à fonder un royaume fort, prestigieux et surtout destiné à durer. De même, dans les lais féeriques de *Graelent* et de *Lanval*, le couple formé par le héros et la demoiselle (féerique) succède au roi ingrat. Quoi qu'il arrive, la royauté perdurera. Par conséquent, la logique temporelle du récit breton est cyclique, en vertu même de la pérennité du royaume. C'est bien ce que suggère, dès le début, le récit

96 Karin Ueltschi, « Le Vieillard Temps : rois *méhaigniés*, *Manekines* et rédempteurs. », Hubert Heckmann et Nicolas Lenoir (éd.), *Mimétisme, violence sacrée. Approche anthropologique de la littérature narrative médiévale*, *op. cit.*, p. 164-165.

97 Philippe Walter, *Arthur, l'ours et le roi*, *op. cit.*, p. 201.

breton, en insistant sur les dates et autres fêtes rituelles qui ouvrent l'action, comme autant de rappels du temps mythique et cyclique, comme du cycle royal qui se reproduit à l'infini.

En somme, le récit breton propose finalement une perspective cyclique du temps associant la relève royale au mythe de l'éternel retour. En ce sens, l'uchronie arthurienne est surtout cyclique et mythique. Mais ici encore, cette conception implique que l'on cherche le salut ailleurs. En effet, la tradition espérant une Résurrection du genre humain dans un lieu divin sur terre était associée à une vision linéaire et eschatologique du temps, en vertu d'une fin programmée et prévue du genre humain dans le royaume de Dieu. À la conception eschatologique du temps, le récit breton substitue une perspective cyclique, qui paradoxalement tend vers l'immuabilité et l'immobilité du temps, seule garantie pour la permanence des choses.

Au fond, l'idéal humain de l'utopie royale, comme l'uchronie cyclique et mythique représentent autant de solutions proposées en filigrane par la littérature au problème ontologique et religieux de la recherche d'un paradis. Cette évolution se traduit dans la littérature par la place centrale donnée à l'initiative de l'homme. L'idéal royal arthurien se présente par conséquent comme une compensation mythique et poétique de la peur et de la perte de repères ainsi induites.

Ainsi donc, dans le récit breton, la « parabole royale » propose une alternative au paradis terrestre. L'idéal ternaire associant le roi, la reine et le royaume, de même que le projet de royaume eutopique et humain, représentent autant d'espoirs face à la solitude engendrée par cette perte. D'ailleurs, dans cette recherche de solutions alternatives, aucune intervention divine n'est envisagée, ni même mentionnée. Ainsi, délesté de toute intervention transcendentale, l'homme est seul responsable de son avenir qu'il a tout entier à construire.

DEUX EXEMPLES DE « PARABOLE ROYALE »

Afin d'illustrer ce que nous entendons par « parabole royale » et d'éclairer de manière globale notre hypothèse eutopique, nous allons, pour finir, procéder à une lecture de deux œuvres, *Érec* et *Haveloc*.

ÉREC ET ÉNIDE

L'histoire d'Érec peut être lue à la lumière de notre thèse. Avant de développer la « parabole royale » du roman, une précision sur sa structure en trois temps est nécessaire. Dans cette construction en triptyque innerve en effet l'idéal ternaire du royaume, qui associe la représentation d'une royauté parfaite à la communion entre le roi, la reine et un royaume. Les trois étapes du roman sont en outre ponctuées de scènes de banquets, où le narrateur précise à chaque fois l'assise spatiale et temporelle de l'action, en un puissant signe de l'idéal à la fois eutopique et uchronique émergeant de la « parabole royale ».

Le récit commence dans le domaine courtois, à Caradigan, ville arthurienne par excellence, à Pâques. Une réunion royale regroupe Arthur et ses pairs autour de la Table Ronde. D'ailleurs, la référence temporelle à la date rituelle de Pâques relève d'une volonté d'ancrage mythique de l'action. Tenir cour aux grandes fêtes du printemps, c'est relancer la Roue du Temps, comme jeter la trame d'un nouvel avenir. La mention de ce moment rituel introduit donc d'abord le rapport cyclique au temps, mais aussi une perspective utopique dans le déploiement d'un nouvel avenir, privilégiant le plan du futur.

Le scénario mythique concerne bien l'exercice de la royauté. Arthur est en effet directement à l'origine de l'action, puisqu'il réactive l'ancienne coutume à dimension mythique de la chasse au Blanc Cerf[98]. D'emblée le roman tisse les différents fils de l'idéal projeté et dont les enjeux sont à la fois mythiques, cosmiques et en lien même avec la royauté. Le lendemain est marqué par la chasse à laquelle Érec ne participe pas, puisqu'il reste avec la reine et ses suivantes. Il a déjà compris le rôle clé

98 Dans ce premier roman de Chrétien, si le roi Arthur est donc à l'origine de l'intrigue, il n'est cependant pas encore question de péché ou de maladie royale.

que jouera la femme dans l'accomplissement de son destin. Ensuite, Érec rencontre Énide après une rencontre fâcheuse avec un chevalier arrogant et son nain hideux. En parallèle, le roi a pris le cerf et entreprend d'aller jusqu'au bout de la coutume en entendant donner un baiser à la plus jolie femme du royaume. La reine le convainc d'attendre trois jours, chiffre dont nous avons exposé les implications signifiantes.

Après ce prélude, le roman se concentre sur Érec, alors que le début du récit concernait l'ensemble de la société arthurienne : le roi, la reine, les chevaliers, mais aussi l'ensemble des sujets symbolisés dans la Table Ronde. Érec ramène Énide à la cour et l'épouse presque aussitôt. Le mariage est l'occasion pour le narrateur de décrire l'héroïne comme la plus belle femme du royaume, épisode qui clôt corollairement l'épisode mythique de la chasse au Blanc Cerf. Énide reçoit des vêtements de la reine, ce qui équivaut à une investiture royale. En effet, par ce rituel, l'héroïne devient reine, avant même qu'Érec ne soit reconnu roi. En creux, par cette qualité royale attribuée prématurément à Énide, pourrait se dessiner en filigrane le rôle fondateur de la femme pour l'instauration de la souveraineté, comme pour la postérité du royaume.

Suit un deuxième grand banquet, celui des noces des héros, qui célèbre le faste de la cour d'Arthur ; la « parabole royale » se déploie. Comme pour le premier temps, le repas est ancré dans une date rituelle, la Pentecôte, qui rappelle le temps cyclique et fondateur de la « parabole royale ». En outre, le repas reflète une réalité historique contemporaine de l'écriture du roman. Ces scènes rituelles et royales sont comme autant d'enchevêtrements des perpectives historiques, mythiques, littéraires débouchant sur le déploiement utopique du parcours du héros. Il s'agit bien de lancer l'errance d'Érec qui prend figure d'ascension royale, puisque sa quête aboutira à son couronnement, ainsi qu'à la construction de son royaume. La mise en route de l'aventure associe encore une fois la figure féminine au destin du héros, comme du royaume, puisque c'est Énide qui est à l'origine de la sortie d'Érec hors du domaine courtois. Elle lui rapporte en effet les propos des pairs d'Érec quant à son enlisement dans le château de Carnant, au lieu de courir les tournois et le monde. Ce faisant, elle informe le héros du risque de recreantise attaché à son attitude passive. À la fois force centrifuge poussant le héros vers son destin, Énide noue les enjeux mythiques aux enjeux narratifs et bien sûr royaux de la parabole.

Érec se lance alors en quête d'aventures, mais aussi en quête de stabilité pour son couple, puisque cette crise découle directement de son mariage avec Énide, qui semble de prime abord inconciliable avec ses prérogatives chevaleresques et sociales. Recherchant alors à démontrer sa prouesse, en parcourant la forêt ouvrant sur divers domaines merveilleux, tout en mettant à l'épreuve son couple, en emmenant avec lui son épouse tout en lui interdisant de parler, Érec apparaît surtout en quête de lui-même. Huit épisodes s'enchaînent alors, avec à la clef la reconnaissance royale d'Érec. C'est en effet un véritable chemin de rédemption que vit Érec et qui devra faire de lui un chevalier royal enfin accompli, en l'occurrence dans le cadre du mariage.

Le troisième temps du roman s'ouvre par l'épreuve de l'aventure de la Joie de la Cour qui clôt l'errance spatiale d'Érec. Cette ultime aventure prend place dans le « verger clos d'air », qui constitue une sorte de domaine merveilleux, puisque c'est un lieu dont bien des chevaliers ne sont pas revenus. Ce jardin est comme sous une cloche ; c'est une des rares fois que le domaine merveilleux est marqué par une vraie frontière, fût-elle invisible.

Cette ultime péripétie relie le destin individuel du chevalier royal au bonheur de l'ensemble du royaume. En mettant fin à la « mauvaise coutume » qui s'exerce, Érec rétablit l'ordre du monde, tout en prouvant sa capacité à devenir le roi légitime. Il vainc Mabonagrant et rétablit la joie de la cour, de toute la société en réalité, car la victoire du chevalier a des répercussions dans le monde entier. Le cor qu'il sonne pour annoncer son exploit est d'ailleurs l'emblème par excellence de la reconnaissance royale, qui achève d'associer le destin d'Érec à sa communauté, par la joie collective qu'il provoque.

La victoire d'Érec est aussi celle de la réconciliation du mariage et de la chevalerie sur l'idéal adultère courtois issu des traditions celtiques. Par là, l'idéal mythique d'abondance est aussi concerné. Avant de mettre à l'épreuve les chevaliers qui s'y arrêtent, le verger clos d'air est en effet initialement une prison amoureuse dans laquelle la demoiselle a enfermé son amant.

Mais outre ces résurgences mythiques intéressant directement l'avenir du royaume eutopique, ce jardin aux apparences de *locus amoenus* est en réalité un *locus terribilis* aux antipodes de la référence au paradis que l'on attendrait. Ce lieu nodal pourrait aussi évoquer l'idée de la fin du paradis terrestre, notamment par la transgression du lieu idyllique qui y est réalisée. En somme, à l'issue de sa quête, Érec ne découvre pas une terre de bonheur, mais accède au statut royal, reproduisant par là même la mutation des structures de pensée, qui de spatiales, deviennent ascensionnelles. L'aventure finale de la Joie de la Cour noue ainsi la conquête royale d'Érec à sa quête spatiale et ascensionnelle, tout en se nourrissant des promesses d'abondance et de fécondité.

La fin du roman prend place à Nantes, à Noël. Ce dernier temps du récit est surtout marqué par le couronnement des héros, symbolisant l'ascension royale. À ce titre, le présent d'Arthur à Érec, le manteau royal, renvoie particulièrement à une forme de transmission et de filiation de la royauté et fait pendant à l'épisode où la reine habillait Énide. En effet, par cet acte symbolique, on passe du règne d'Arthur à celui d'Érec, il s'agit bien de l'éclosion d'un troisième royaume. Par ailleurs, l'idéal royal demeure et est destiné à durer. Le récit se clôt donc sur une perspective certes eutopique, mais surtout uchronique, en un rappel de l'éternel retour du temps et de la royauté cosmique arthurienne. Enfin, au lieu de marquer le début du troisième volet du triptyque, le banquet le ferme, entérinant par là la structure circulaire du récit, qui commence et finit par un rassemblement social célébrant la royauté.

À l'issue du couronnement, Érec fonde son propre royaume, qui constitue un troisième domaine, puisqu'il est différent des domaine courtois et merveilleux. Il est fondamentalement eutopique, puisque, si l'idéal humain qui le caratérise est réaffirmé, il n'est jamais précisément décrit, renvoyant davantage à un espoir futur, ainsi qu'à une conception cyclique et uchronique celébrant la royauté arthurienne vouée à perdurer au fil des siècles par le mythe littéraire.

HAVELOC

De même que dans *Érec*, les différentes problématiques historique, littéraire et mythique de la « parabole royale » convergent dans l'espoir de créer un royaume eutopique sous l'égide du *bon roi*, où la pérennité du bonheur sera permise par une emprise féminine en assurant la fécondité.

Le roi Arthur est directement responsable de l'action du lai d'*Haveloc*, puisque dans sa rage d'expansion, il cause le bannissement de la famille du héros hors de ses terres, inaugurant par là la « parabole royale ». Il n'est pas le *bon roi* et les conséquences sont terribles. D'emblée le scénario mythique concerne le déséquilibre du monde par un mauvais roi et la nécessaire relève royale à assurer. Privé de ses terres, Haveloc l'est aussi de ses parents et même de son identité : à partir de là, il est nommé Cuarant. Le récit bascule ensuite vers l'itinéraire de la rédemption, à l'image de celui qui avait animé l'errance d'Érec. Ce parcours passera aussi par une régression sociale qui voit le héros rabaissé à la simple fonction de commis de cuisine. À l'issue de cette ascèse nécessaire dans le parcours initiatique vers la royauté, tel un phénix, le héros renaît de ses cendres et est enfin investi en tant que roi légitime. La reconnaissance royale est d'ailleurs imbriquée avec la particularité merveilleuse du héros : une flamme sort de sa bouche lorsqu'il dort, ce qui constitue à la fois un signe de féerie et une marque royale. On retrouve ainsi la mutation du parcours spatial et maritime vers un objectif ascensionnel et royal, en vertu du bonheur de tous. C'est d'ailleurs le cor qui vient annoncer à l'ensemble du monde la bonne nouvelle, associant le bonheur individuel du héros à celui de l'ensemble de la société dont il a désormais la charge. Le cor relie par là même le passé malheureux à la perspective radieuse de l'avenir sous l'égide du *bon roi* Haveloc : « Ainsi donc, le bon roi, ce n'est pas Arthur, ce sera Haveloc[99] ». La relève royale est ainsi assurée, entérinant corollairement une perspective cyclique du temps, celui de l'éternel retour.

Mais la mise au jour de cet idéal royal et cosmique est aussi subordonnée à l'entreprise féminine. Le rôle essentiel de la reine Argentille concerne la fécondité et l'ancrage mythique du royaume. Elle apporte l'espoir d'un avenir durable pour le royaume. D'ailleurs, de même qu'Énide qui était considérée comme reine avant son époux, Argentille est gratifiée d'un rêve prémonitoire qui lui annonce la reconnaissance royale de son mari[100]. Corollairement, elle fait aussi figure de maîtresse de l'avenir, puisqu'ainsi informée, elle est à l'initiative de l'entreprise et de la ruse aboutissant à la récupération de leurs terres respectives. Argentille ancre bien l'idéal royal dans une solide ramification mythique, puisqu'elle concourt à assurer durablement la fertilité du royaume grâce à son accroissement territorial.

---

99 Karin Ueltschi, « Notice » du lai d'*Haveloc*, dans Philippe Walter (dir.), *Lais du Moyen Âge*, *op. cit.*, p. 1316.

100 Voir à ce sujet, Philippe Walter, *Canicule…*, *op. cit.*, p. 199-200.

Haveloc fonde finalement son propre royaume eutopique à partir des trois territoires[101] initialement en rivalité. La logique ternaire affleure encore une fois, nourrie des références religieuses chrétiennes selon lesquelles trois aboutit à l'un, unique et unifié.

En somme, l'idéal innervant de la « parabole royale » s'appuie sur l'entreprise du chevalier royal associée à l'amour qu'il porte à la reine, pour fonder un royaume à la fois humain et eutopique, et par conséquent uchronique et cosmique. En devenant le *bon roi*, Haveloc, comme Érec, rétablissent surtout l'équilibre dans le monde.

Le sixième chapitre a considéré les résultats de la quête, qui convergent dans un projet de « bonne fortune » collective. Si le héros ne revient pas avec un talisman ou un trésor de son périple, ce qu'il rapporte est bien plus précieux, car composé des premiers besoins humains : paix, justice, amour, mais surtout agrément. En ce sens, l'action individuelle du personnage principal est bénéfique, voire salvatrice pour l'ensemble de la communauté. Plus encore, c'est cette vertu unificatrice de la société du royaume qui permet au chevalier d'accéder au statut de héros-royal. Il n'y a pas de « bonne fortune » possible sans prise en compte de la communauté comme un tout uni. On passe donc du collectif divisé du domaine courtois à une communauté unie dans le royaume eutopique.

Le voyage du chevalier dans le domaine merveilleux vise donc avant tout à faire ressortir les défauts du domaine courtois, et principalement le péché royal. Ce que propose le récit arthurien c'est la perspective compensatoire d'un idéal réalisable car composé de « bonne fortune » et de mesure. Il s'agit de réaliser le bonheur sur terre par et pour les hommes. Thomas More s'inspirera d'ailleurs de cette humanité idéale dans la présentation de son île Utopia. De même que le royaume eutopique arthurien, la société idéale que l'auteur anglais propose est, ici-bas, l'œuvre des hommes eux-mêmes. Ainsi donc, Thomas More a condensé les deux visions de l'« utopie » déjà présentes dans le récit arthurien : une localisation impossible de ce pays de « nulle part » l'assimile à l'imaginaire du domaine merveilleux, quand son projet politique, social et surtout humain s'inspire de l'eutopie du troisième royaume. Par conséquent, la comparaison avec l'œuvre de Thomas More nous a

101 Il s'agit du royaume du Danemark de Gunter, de celui d'Edelsi et de celui de Surrey que gouverne Echebrit.

permis de discerner et de classer les propriétés dominantes de chacun des domaines composant le royaume arthurien.

Toutefois, à la différence du traité de Thomas More, le royaume eutopique, dont la construction s'inspire d'un idéal, n'est jamais explicitement décrit. Seules les conditions du bonheur sont récurrentes au fil des textes. Si la perspective est réalisable, tout est à construire, ce qui nous permet de conclure à un espoir immense finalement délivré par le récit arthurien.

La femme arthurienne est garante de cet espoir, c'est pourquoi le septième chapitre s'est concentré sur ce personnage. Elle constitue le chaînon essentiel entre l'action du *bon roi* et le projet de royaume eutopique, sous le prisme de la souveraineté légitimée. Dans le corpus, les figures féminines sont trivalentes, puisque des fonctions à la fois narratives, mythiques et royales leur sont associées. Promesse d'harmonie, la femme effectue aussi le lien entre le roi et son royaume, tant son territoire, que ses sujets. Elle constitue le chaînon fondamental entre l'ancrage mythique de la royauté et sa postérité à venir. La fertilité du royaume passera par elle, symboliquement en tout cas. Elle se fait par là même gardienne du temps et du cycle de l'éternel retour.

Plus qu'un rapport à l'espace, c'est une nouvelle perspective temporelle que propose finalement le récit breton, c'est pourquoi le huitième chapitre s'est attaché à la finalité uchronique dessinée par la « parabole royale » arthurienne. Par la naissance d'un utopisme médiéval, on passe en effet de la nostalgie du paradis exprimée dans la recherche sur terre d'un lieu idyllique, à la projection future dans un bonheur humain. Le récit breton cesse ainsi de considérer le passé, définitivement perdu, pour s'attacher à construire un avenir, mission qu'il place entre les mains du *bon roi*, dont il retrace l'émergence à travers l'aventure.

La mutation des structures spatiales de pensée en germe dans le projet de royaume eutopique a d'abord été développée. Les récits à l'étude introduisent en effet la perspective d'un troisième lieu, dont les prémices sont disséminées lors du retour final du héros à la cour du roi. Cette conception ternaire, et non plus binaire des repères, permet d'expliquer que le périple du héros continue après qu'il a aboli la « mauvaise coutume ». À notre sens donc, plus qu'un royaume du bonheur, le récit breton vise d'abord à faire éclore une nouvelle perspective spatiale et ternaire, qui dote aussi le discours littéraire d'une perspective politique et social réalisable, comme d'un sens mythique.

La conception ternaire de l'espace arthurien, comme du monde médiéval, pourrait être associée à une aspiration émergente aux XIIe et XIIIe siècles de trouver le bonheur dans l'ici-bas. Cette réhabilitation de la vie terrestre a en effet aussi pour corollaire le passage d'une perspective spatiale à une vision ascensionnelle et morale du monde : la terre est désormais réservée aux hommes, quand le ciel est l'apanage du divin et le purgatoire un lieu de transition reflétant bien la douleur de ce changement de perspective. De fait, cette évolution des structures de pensée a pour principales conséquences une plus grande responsabilité de l'homme, comme une peur face à la solitude laissée par le transport du divin dans le ciel. Les textes à l'étude métaphoriseraient cette prise de conscience par la recherche d'un idéal ailleurs. Le domaine merveilleux, que nous avons aussi appelé « Ailleurs », comme l'espoir d'une cité humaine et royale incarné dans le projet eutopique, ou la vision cyclique, et cosmique, voire messianique de la royauté proposée par la parabole arthurienne, constitueraient autant de solutions de compensation proposées par le récit breton.

Par la « parabole royale » associant le projet d'un royaume eutopique au rétablissement du *bon roi*, le récit breton est bien davantage qu'un simple reflet de la mutation qui s'opère à l'époque. Avec la projection utopique d'un bonheur réalisé pour et par les hommes, la fiction se mue en action, pour ne plus simplement dire le monde, mais proposer aux hommes, sous le prisme de la poésie, d'en modifier le cours et d'en devenir les maîtres. Au fond, l'utopisme en germe dans les textes étudiés renvoie finalement à un rééquilibrage du rapport entre Dieu et les hommes, avec à l'issue la nécessaire responsabilité de l'homme à laquelle parviendra le traité de Thomas More. Néanmoins, si les rôles entre les hommes et Dieu sont redistribués, c'est avant tout à l'avantage du roi. Il acquiert en effet la responsabilité même de la destinée et de l'avenir de l'homme. Au fond, l'idéal proposé par le récit breton propose le remplacement d'une culpabilité religieuse et divine par une projection royale et humaine.

En somme, projection dans un futur radieux, quand les récits s'attachaient jusqu'alors à dire la nostalgie du passé perdu, l'eutopie arthurienne se mue en uchronie, avec à la clef toujours, la relève de la royauté.

CONCLUSION

LE ROYAUME ARTHURIEN EST OMNIPRÉSENT

Fondant le décor dans lequel l'action se déploie, le royaume arthurien est partout présent et accueille les nombreuses aventures du chevalier-héros. Il constitue en effet une partie du chronotope. Domaine courtois, domaine merveilleux et autres domaines évoqués au gré de l'action s'enracinent tous dans un espace royal érigé en principal repère du récit. Pourtant, en tant que décor, il n'apparaît le plus souvent qu'en arrière-plan. Il semble de ce fait difficile à circonscrire, voire insaisissable ; c'est pourquoi le premier temps de l'étude a concerné le lexique utilisé pour le nommer.

Par leur récurrence dans le récit breton, les co-occurrences synonymiques *contree*, *païs*, *terre* et surtout *cort* permettent de conclure à une véritable hégémonie du motif dans l'économie du récit. Mais ces termes sont aussi ouverts et mouvants que la notion de royaume elle-même, presque imprécis, suggérant une diversité telle du lieu qu'elle offre une brèche généreusement ouverte à la suggestion poétique et à la mémoire mythique.

Le royaume apparaît surtout dessiné par le biais de ces toponymes, qui oscillent entre une référence réaliste, reproduisant une géographie similaire à celle du XIIe siècle, et celle d'un paysage totalement fictif, imaginaire voire merveilleux. La richesse du vocabulaire utilisé pour le dénoter, comme la dualité de ses noms, sont à l'image du concept étudié.

LE ROYAUME ARTHURIEN EST AUSSI DOUBLE ET AMBIGU

L'ambiguïté du royaume arthurien reflète en fait les interrogations historiques et narratives de son temps. Sur le plan historique, la dualité spatiale entre un domaine courtois et un domaine merveilleux reproduit les doutes d'un monde tiraillé entre deux pays d'abord : la France et l'Angleterre, mais aussi entre deux figures royales : Louis VII et Henri II, et enfin entre deux visions du monde. Cet espace est en effet nourri des interrogations concernant les problèmes de *persona* royale.

Sur le plan narratif, le royaume arthurien reflète les interrogations des auteurs médiévaux quant au registre merveilleux. L'inscription de l'action dans une cour royale similaire à celle de leur temps démontre une volonté plutôt réaliste. Cependant, le chevalier s'éloigne bien vite de cet univers, élargissant ce cadre spatio-temporel. Les plans réalistes et merveilleux de l'action, ainsi que leur dichotomie, sont bien au cœur des préoccupations des auteurs du XIIe siècle. Chrétien semble résoudre ce dilemme en intégrant les indices merveilleux à l'intrigue et en les rationalisant, de sorte qu'ils sont presque indécelables. Les lais prennent davantage le parti du merveilleux, n'hésitant pas à installer définitivement Lanval en Avalon par exemple. Quoi qu'il en soit, la notion de royaume reflète ces questionnements d'ordre narratif.

Afin de cerner au mieux le mode de passage du plan plus réaliste au plan merveilleux de l'intrigue, nous avons donc élaboré une typologie des lieux et moments de transition. Il est apparu que les lieux naturels et étendus favorisent l'ambiance merveilleuse, de même que les moments ou durées aux fortes symboliques, comme les fêtes religieuses par exemple.

Au sein de cette ambivalence consubstantielle du royaume, la seule constante est le roi, qui constitue aussi le véritable pivot et repère de l'intrigue. Le chevalier constitue le fil directeur entre ces différentes dimensions du royaume. Il permet de passer d'un royaume à guérir aux possibles solutions proposées par le récit pour résorber ces failles. Cette position stratégique du héros se traduit concrètement à travers la dynamique de l'errance qui aboutit à l'initiation royale. Sous cet angle, l'étude a aussi démontré qu'au-delà de la progression chevaleresque, le propos concerne encore et toujours le royaume arthurien, puisque dans l'errance chevaleresque s'exprime surtout la volonté de trouver le roi qui permettra au royaume de perdurer.

LE ROYAUME ARTHURIEN APPARAÎT COMME UN MOTIF SYNCRÉTIQUE DU RÉCIT BRETON

Le royaume apparaît au cœur des différentes dimensions du récit breton : narrative certes, aussi historique, symbolique, voire mythique. S'il existe bien une évolution entre le début et la fin de l'intrigue arthurienne, son objet concerne avant tout le royaume, son équilibre et sa pérennité. Au début, le royaume apparaît déséquilibré, menacé à cause de la faiblesse royale. Les ambiguïtés alors remarquées s'inscrivent dans ces limites du royaume. Il doit être guéri, ce qui constitue l'ambition profonde du périple chevaleresque. À la fin du récit, le royaume proposé et esquissé est certes encore à construire, mais il constitue surtout la promesse d'un temps agréable immuable. La communauté arthurienne est alors réunie autour du roi juste et sacré, qui a su lui prodiguer les conditions de cette harmonie.

Il est donc possible d'affirmer que la création d'un royaume « eutopique », c'est-à-dire dévoué à l'harmonie et au bien-être de tous, sous-tend l'ensemble de ces fils entrecroisant la destinée collective du peuple à celle du héros, la dimension fictive au reflet historique de la royauté du XIIe siècle, ou encore les questions mythiques autour de la régénération cosmique de la royauté.

SURTOUT, LE ROYAUME ARHURIEN PROPOSE UN IDÉAL EUTOPIQUE

Dans le récit breton, le royaume arthurien participe d'une dimension d'une bien plus grande envergure. Il est associé à la projection d'un idéal qui émerge d'une dialectique facile à repérer. Le récit breton contient en réalité, non pas un, ni deux, mais bien trois domaines arthuriens. Le premier domaine reflète les limites et interrogations contemporaines par sa dualité caractéristique. Or cette dichotomie créatrice d'ambiguïtés doit être dépassée par la création d'un royaume « eutopique » et unifié. Il ne s'agit donc pas de partir chercher l'harmonie et l'équilibre dans un ailleurs, merveilleux ou même chrétien, mais bien de choisir un roi qui saura instaurer un bien-être ici-bas et maintenant, pour toujours. Le troisième domaine esquissé donc constitue un miroir idéal, eutopique et fondé à partir des limites des domaines courtois et merveilleux.

Plus qu'un rapport à l'espace, le royaume eutopique propose surtout une nouvelle perspective temporelle. Grâce à cet idéal littéraire, la nostalgie du paradis exprimée dans la recherche sur terre d'un lieu idyllique, cède le pas à la projection future dans un bonheur humain ancré dans un royaume, c'est-à-dire un territoire sinon fermé, du moins parfois circonscrit. Par le motif du royaume, le récit breton cesse ainsi de considérer le passé, définitivement perdu, pour s'employer à construire un avenir, mission qu'il place entre les mains du *bon roi*, et dont il retrace l'émergence à travers l'aventure du héros. Par ce projet assignant à l'homme la responsabilité de son destin, la fiction devient dès lors invitation à l'action, avec à la clef une perspective heureuse certes, mais toujours poétique.

Par la richesse, la profondeur et le foisonnement de ce motif, le royaume qui perdure est aussi celui de la littérature, dans et par lequel l'idéal heureux demeure.

L'étude menée permet de proposer la définition suivante du royaume eutopique arthurien : s'inspirant des limites de son temps, il propose, par la voie de l'*eutopie*, d'accéder au « *bon-eüir* », c'est-à-dire de réparer les maux du monde par l'instauration d'une harmonie commune, dans un lieu fondé par un chevalier royal, qui par son action accède au statut de roi sacré. Il s'inscrit donc dans une volonté dialectique de monde idéal.

L'investigation menée a montré que, plus qu'objet fondant le décor de l'action, le royaume constitue donc un véritable sujet et objet du récit breton.

ROYAUME EUTOPIQUE ET IDÉAUX ARTHURIENS

Qu'en est-il finalement de ce « royaume eutopique » ? Quels sont ses traits, ses caractéristiques, ses conditions ? Nous allons essayer d'en esquisser les contours sur quelques exemples emblématiques.

La réunification amoureuse semble figurer la première condition, comme le soulignent les romans de Chrétien de Troyes ainsi que les lais de *Guigemar*, de *Graelent* et de *Lanval*. L'amour et l'énergie vitale, ainsi que la *joie* qui découle, constituent notamment, au niveau collectif, une image à la fois de paix et de fécondité.

Un autre aspect de cet idéal renvoie à la nécessité d'une justice qui a des répercussions sur l'ensemble de la collectivité arthurienne. Ce royaume juste et équilibré est représenté à la fin du lai de *Guigemar* ou de *Fresne*. De même, dans *Yvain*, l'harmonie finale s'étend à l'ensemble de la communauté. Les fléaux sociaux sont abolis et la justice royale est rétablie à tous les niveaux. La fontaine est pacifiée, les demoiselles de la Noire Épine sont réconciliées et le héros a enduré la pénitence nécessaire à sa révélation en roi légitime et sacré. Prime alors une impression diffuse de paix, d'ordre et d'équilibre, qui sont autant de conditions à l'immuabilité de l'*eutopie*. Ce nouveau royaume gouverné conjointement par Yvain et Laudine sonne par conséquent comme un prolongement et une version améliorée du royaume d'Arthur. À chaque fois, il s'agit de compléter le royaume d'origine et d'en corriger les failles, non de l'abolir en tant que tel.

La pacification via la récupération des territoires constitue une autre caractéristique du nouveau royaume. Les lais d'*Haveloc* et d'*Eliduc* soulignent cette dimension du modèle arthurien. L'harmonie instaurée par le couple royal doit être associée à une unification des territoires sous l'égide du roi sacré. Le royaume final d'*Haveloc* est en effet construit autour de la fusion des trois royaumes de départ aux terres d'Argentille. Le lai d'*Eliduc* accorde aussi une importance au territoire féminin, mais sous un autre angle, puisque l'espace finalement créé est d'ordre religieux. Par ailleurs, le lai de *Lanval* propose une eutopie un peu différente, puisque le héros part définitivement en Avalon, qui constitue, rappelons-le, le royaume merveilleux par excellence. Il s'agit même de la seule fois dans le corpus où le royaume rêvé se pare des couleurs de la merveille, faisant aussi conjuguer l'aspiration à un idéal heureux avec un Ailleurs. Ce lai constitue particulièrement la toute première occurrence de la littérature où l'*u-topie*, c'est-à-dire le pays de nulle part, est aussi une *eu-topie*, un espace d'harmonie et de bien-être. Cette particularité sera aussi à l'œuvre dans l'*Utopia* de Thomas More. Elle était déjà en germe au XIIe siècle, ce qui permet de déceler dans la littérature bretonne étudiée les prémices de la pensée du philosophe anglais.

Ces modalités de l'eutopie arthurienne sont précisées et problématisées par Chrétien. Il leur associe une nécessaire dimension humaine et terrestre et surtout la pérennité possible du modèle présenté. Le couronnement d'Érec marque en effet non seulement, en tant que secondes noces, le couple resoudé, mais aussi et surtout la promesse d'avenir du royaume. Le royaume d'Érec émerge de la dialectique qui a conduit à évincer les autres territoires royaux dépeints au fur et à mesure de l'intrigue. Au contraire du domaine courtois du début qui était source de discorde, notamment à cause de l'épisode de la chasse au Blanc Cerf, il est en effet avant tout défini par son unité. En outre, il se présente comme un envers heureux du jardin d'amour stérile et mortifère de Mabonagrain. Ce troisième royaume, qui est certes à peine esquissé à la fin du récit, contient bien toutes les conditions pour que la quiétude dure. La scène finale symbolise l'émergence de ce nouveau royaume, amené à perdurer et à prolonger le royaume d'Arthur par le transfert des *regalia* au nouveau roi. En effet, Arthur donne au héros le sceptre, qui constitue un symbole de jeunesse, de fécondité et renvoie à la permanence de ce nouveau royaume.

Dans *Cligès*, l'avenir est envisagé à travers l'union royale du héros éponyme avec Fénice. L'empereur félon Alis a été évincé pour que le véritable amour triomphe. Le message est clair : seul l'amour sincère et conforme à l'esthétique courtoise permet au royaume de perdurer. Il en assure la fécondité et la descendance.

Ce roman plus oriental de Chrétien souligne aussi une autre modalité de l'idéal breton. Si l'aspiration à une forme d'éternité est au cœur des rêves médiévaux autour du royaume, des fantasmes d'hégémonie le caractérisent aussi. Cligès retourne en effet en Grèce pour y être couronné, exportant ainsi le modèle arthurien, eutopique et occidental à l'Orient et à l'ensemble du monde. Une idée d'expansion de cet idéal germe, puisque le royaume parfait tend à devenir une représentation totalisante de l'univers. L'idéal ainsi représenté a donc aussi une dimension exemplaire à visée universelle.

Pour prendre à présent quelques exemples particulièrement emblématiques, relisons *Lancelot* dans notre perspective : le retour de la reine depuis le pays des morts fait ressortir la supériorité du modèle eutopique, où règnent à la fois justice, équilibre et plénitude terrestre. En comparaison, l'au-delà de Méléagant paraît injuste, cruel et sombre. En ramenant ainsi Guenièvre de cet au-delà, Lancelot répare la faiblesse d'Arthur et permet au royaume arthurien de perdurer sans qu'aucune ombre maléfique ne se profile. La plénitude ici-bas est le fruit des travaux de ce chevalier royal. Elle est avant tout humaine. Lancelot est en effet l'un des chevaliers les plus humains qui soit. Il est capable du meilleur comme du pire. D'une part, souvent caractérisé comme le « meilleur chevalier du monde », il délivre le royaume de la « mauvaise coutume » imposé par le mauvais Méléagant. Mais il est aussi responsable de l'adultère et du péché de la reine. Dans cette humanité de Lancelot, se loge surtout la potentialité même du rêve arthurien. Cet idéal est accessible. L'*eutopie* arthurienne peut être réalisée par tous. Il n'est pas nécessaire d'être un dieu pour concourir à l'harmonie de l'univers.

Cet aspect humain et abordable de l'idéal arthurien est développé et amplifié dans *Le Conte du Graal*. Perceval figure le héros par excellence qui aurait pu, qui aurait même dû réparer le royaume. Sa condition d'homme parmi les hommes le définit entièrement. Dès sa première apparition dans le roman, il ne se préoccupe que de satisfaire ses besoins les plus primaires : il réclame à manger à sa mère. Cette nature terrestre, presque trop crue d'un héros choisi avant même la fleur de l'âge, permet surtout l'introduction de la métaphore alimentaire et des principaux enjeux de l'idéal eutopique. Le récit de l'initiation d'un antihéros est donc doublé d'une quête de plénitude alimentaire. Rappelons que la terre de la mère de Perceval est stérile, de même que le Roi Pêcheur, blessé entre les deux cuisses. Il faut rétablir la fécondité dans le royaume pour le réparer de tous les maux qui l'accablent, c'est-à-dire la disette, mais surtout l'arrêt du temps, auquel est soumis le château du Graal. Ce palais merveilleux est en effet enfermé dans un hiver éternel, duquel découle l'ensemble des maux arthuriens. Cette situation explique à bien des égards le dénuement du monde, puisque cette saison de la mort coïncide avec la stérilité de la terre infructueuse. Plus qu'une simple stratégie narrative, cet hiver renvoie donc à l'arrêt funeste de la marche du temps. Il faut relancer le temps pour que le printemps revienne, que les graines germent et que l'abondance revienne dans le royaume. La problématique centrale du *Conte du graal* est donc aussi temporelle. À cet égard, le Graal, autour duquel tout le mystère et la continuité du modèle idéal s'ancre, constitue la solution fondamentale pour rétablir l'abondance, comme la clef du projet eutopique. En effet, il est avant tout un miracle de bouche. À l'origine, il est défini comme une coupe servant à l'infini de la nourriture. Il produit particulièrement l'hostie quotidienne qui maintient en vie le père du Roi Pêcheur. La perpétuité de son action va à l'encontre de la stabilité mortifère du royaume. Ce simple *vaissel* constitue donc la clef de voûte de la quête à la fois alimentaire et d'éternité. Il nous fournit l'argument le plus puissant en faveur de notre thèse autour de la dimension eutopique du roman arthurien.

PÉRENNITÉ ET POSTÉRITÉ LITTÉRAIRE DE L'IDÉAL EUTOPIQUE

En effet, si Perceval échoue à réparer le royaume, la pérennité de l'idéal eutopique est assuré symboliquement grâce au Graal. Cet objet, qui est d'ailleurs souvent qualifié de *real*, comme un rappel de sa signification royale, renferme un si grand mystère qu'il est devenu le centre d'un mythe fécond jusqu'à nos jours. Il a même tendu à cristalliser la majorité des productions arthurienne postérieures au XIIe siècle. Il a notamment bénéficié d'un fabuleux enrichissement sémantique. À cet égard, il n'est pas anodin, dans notre perspective, qu'il soit passé du registre alimentaire dans le vocabulaire religieux d'abord, puis commun enfin, pour désigner l'objet d'une quête dont l'accessibilité est conditionnée par la pureté de celui qui l'entreprend. Il désigne même, plus largement, le summum de toute espérance. C'est exactement le sens même de l'idéal eutopique esquissé à travers les récits bretons.

Simple objet chez l'auteur champenois, le Graal est peu à peu devenu l'objet même des quêtes arthuriennes. Ces suites ont en effet décliné le mystère de ce plat pour l'infléchir vers une dimension spirituelle, tantôt religieuse, tantôt mystique. Toutes ces continuations, toute cette postérité fournissent surtout la preuve que l'idéal eutopique de fécondité et de bonheur proposé dans le royaume arthurien véhicule un idéal, un rêve humain absolu. Il est possible d'admettre que l'idéal arthurien a accédé à une certaine permanence, voire à une forme d'éternité littéraire grâce à cette composante. Chrétien a ainsi réalisé un morceau de bravoure en transférant symboliquement son idéal eutopique sur cet objet si mystérieux qu'est le Graal. Il a transmué les rêves d'*eutopie* vers la littérature et a ainsi permis au « royaume eutopique » de perdurer.

Par ailleurs, comme nous l'avons montré en divers endroits de cette étude, le traité que Thomas More rédige au XVIe siècle constitue une autre marque de la continuité temporelle des rêves d'eutopie sans doute inspirés, en partie du moins, de la littérature bretonne : la continuité du projet eutopique proposée par des types de textes divers indique une permanence de l'idéal heureux au-delà des espérances des auteurs du XIIe siècle. L'exploration que nous avons menée soulève par conséquent d'autres interrogations dont les réponses permettraient de poursuivre la voie initiée dans cette thèse.

On peut par exemple se demander pourquoi les continuations du Graal infléchissent-elles religieusement un idéal qui est revendiqué au XIIe siècle comme terrestre ? À ce titre, comment expliquer que l'*eutopie* de Thomas More soit plus proche de celle du récit breton du XIIe siècle que des siècles postérieurs ? En outre, serait-il possible d'isoler des modalités caractéristiques de l'*eutopie* persistant au fil des siècles ? En somme, quelle filiation établir entre les continuités arthuriennes et l'utopie narrative formalisée par Thomas More au XVIe siècle ?

En vertu donc de la permanence du motif étudié au-delà du XIIe siècle et du corpus médiéval, il serait tout à fait opportun d'ouvrir, après avoir clos cette thèse, un nouveau chantier : une investigation diachronique, qui analyserait et comparerait les différentes apparitions et modalités de l'idéal eutopique, au moins jusqu'à l'œuvre de Thomas More.

BIBLIOGRAPHIE

ÉDITIONS DE RÉFÉRENCE

CORPUS PRIMAIRE

Cligès, Alexandre Micha (éd.), Paris, Champion, 1957.

Deux lais féeriques bretons, Graelent *et* Tyolet, Herman Braet (éd.), Bruxelles, Éditions Aurelia, 1980.

Érec et Énide, Mario Roques (éd.), Paris, Champion, 1952.

GEOFFROI DE MONMOUTH, *Histoire des rois de Bretagne*, Laurence Mathey-Maille (trad.), Paris, Les Belles Lettres, 1992.

Lais bretons (XIIe-XIIIe siècles) : Marie de France et ses contemporains, Nathalie Koble et Mirelle Séguy (éd.), Paris, Champion, 2011.

Lais féeriques des XIIe et XIIIe siècles, Alexandre Micha (éd.), Paris, Garnier-Flammarion, 1992.

Lais du Moyen Âge, Récits de Marie de France et d'autres auteurs (XIIe-XIIIe siècle), Philippe Walter (dir.), Paris, Gallimard, Bibliothèque de la Pléiade, 2018.

La Partie arthurienne du Roman de Brut, Ivor Arnold et Margaret MacLean Pelan (éd.), Paris, Klincksieck, 1962.

Le Chevalier au Lion (Yvain), Mario Roques (éd.), Paris, Champion, 1963.

Le Chevalier de la Charrette (Lancelot), Mario Roques (éd.), Paris, Champion, 1958.

Le Roman de Perceval ou le Conte du Graal, William Roach (éd.), Genève, Droz, 1959.

Les Lais anonymes des XIIe et XIIIe siècles, Prudence Mary O'Hara Tobin (éd.), Genève, Droz, 1976.

MARIE DE FRANCE, *Les Lais*, Karl Warnke (éd.), Laurence Harf-Lancner (trad. et éd.), Paris, Librairie Générale Française, Le Livre de Poche, 1990.

Œuvres complètes, Daniel Poirion, Anne Berthelot, Peter F. Dembowski, Sylvie Lefèvre et al. (éd.), Paris, Gallimard, Bibliothèque de la Pléiade, 1994.

Romans, édition et traduction d'*Érec et Énide, Cligès, le Chevalier de la Charrette, Le Chevalier au Lion, Le Conte du Graal, Chansons, Philomena*, Michel Zink, Jean-Marie Fritz, Charles Méla, Olivier Collet, David F. Hult et Marie-Claire Zai (éd.), Paris, Librairie Générale Française, Le Livre de Poche, 1994.

The Anglo-Norman Lay of *Haveloc*, Glyn Sheridan Burgess (éd.), Cambrige, D. S. Brewer, 2015.

CORPUS SECONDAIRE

Âtre périlleux (L'), Brian Woledge (éd.), Paris, Champion, 1935.
Cantique des Cantiques, dans *La Bible : traduction œcuménique : TOB*, Paris, Éditions du Cerf, 1988.
CICÉRON, *De officiis*, Walter Miller (trad.), London, William Heinemann, New York, Macmillian, 1913.
Conte de Floire et Blanchefleur (Le), Jean-Luc Leclanche (éd. et trad.), Paris, Champion, 2003.
Des Troubadours à Apollinaire, petite anthologie poétique, Annie Collognat-Barès (éd.), Paris, Gallimard, 2009.
GAUTIER MAP, *Contes pour les gens de cour*, Bate Alain Keith (préf. et trad.), Turnhout, Brepols, 1993.
Genèse, dans *La Bible : traduction œcuménique : TOB*, Paris, Éditions du Cerf, 1988.
GERVAIS DE TILBURY, *Otia imperalia* (III, n° 58), G. W. Leibniz (éd.), *Scriptores rerum Brunsvicensium*, I, Hanovre, 1707.
GERVAIS DE TILBURY, *Otia Imperialia, Recreation for an Emperor*, S. E. Banks, J. W. Binns (éd.), Oxford University Press, Clarendon Press, 2002. Annie Duchesne (trad.), *Le Livre des Merveilles*, Les Belles Lettres, 1992.
GIRAUD DE BARRI, *De principis instructione*, dans *Geraldi Cambrensis Opera*, Brewer et al. (éd.), Londres, RS 21, 1891.
GIRAUD DE BARRI, *La Topographia Hibernica*, Jeanne-Marie Boivin (trad.), dans *L'Irlande au Moyen Âge, Giraud de Barri et la* Topographia Hibernica *(1188)*, Paris, Champion, 1993.
Guillaume d'Angleterre, Christine Ferlampin-Acher (éd.), Paris, Champion, 2007.
GUILLAUME DE LORRIS, JEAN DE MEUN, *Le Roman de la rose*, Armand Strubel (éd.), Paris, Librairie Générale Française, Le Livre de Poche, 1992.
GUILLAUME DE MALMESBURY, *Gesta Regum Anglorum*, R. A. B. Minors (éd.), Oxford, Clarendon, Press, 1998.
ISIDORE DE SÉVILLE, *Étymologies*, Paris, Les Belles Lettres, 1981-2012.
ISIDORE DE SÉVILLE, *Le Livre des nombres, Liber numerorum*, Jean-Yves Guillaumin (éd.), Paris, Les Belles Lettres, 2005.
JACQUES DE VORAGINE, *La Légende Dorée*, Alain Boureau (éd.), Paris, Gallimard, Bibliothèque de la Pléiade, 2004.
JEAN DE JOINVILLE, *Vie de Saint Louis*, Jacques Monfrin (éd. et trad.), Paris, Librairie Générale Française, Le Livre de poche, 2002.
JEAN DE MANDEVILLE, *Voyage autour de la Terre*, Christiane Deluz (trad.), Paris, Les Belles Lettres, 1993.

JEAN DE SALISBURY, *Policraticus*, C. C. J. Webb (éd.), Oxford, 1909.

La Chanson de Roland, Jean Dufournet (éd.), Paris, Garnier Flammarion, 1993.

La Mort du roi Arthur, David F. Hult (éd.), Librairie Générale Française, Le Livre de Poche, 2009.

Lancelot : roman en prose du XIII*e siècle*, Alexandre Micha (éd.), Genève, Droz, Tome I à VIII, 1978-1982.

Le Livre du Graal, Philippe Walter (dir.), Paris, Gallimard, Bibliothèque de la Pléiade, 2001, t. I-III ; 2003-2009.

Les Merveilles de Rigomer, Wendelin Förster (éd.), Dresden, Gesellschaft für romanische Literatur, 1908-1915.

Les Quatre Branches du Mabinogi et autres contes gallois du Moyen Âge, Pierre-Yves Lambert (éd. et trad.), Paris, Gallimard, 1993.

Nouvelles courtoises occitanes et françaises, Suzanne Méjean-Thiolier, Marie-Françoise Notz-Grob (éd.), Paris, Librairie générale française, 1997.

PHILIPPE DE RÉMI, *La Manekine*, Marie-Madeleine Castellani (éd.), Paris, Champion, 2012.

Perceforest (Le Roman de), Première partie, J. H. M. Taylor (éd.), Genève, Droz, 1979.

SAINT-AUGUSTIN, *Œuvres II*, *La Cité de Dieu*, Paris, Gallimard, Bibliothèque de la Pléiade, 2000.

SÉNÈQUE, *Dialogues. Tome Premier, De ira*, Paris, Les Belles Lettres, 1922.

Sir Orfeo, Marie-Thérèse Brouland (éd.), *Le substrat celtique du lai anglais Sir Orfeo*, Paris, Didier Érudition, 1990.

THOMAS MALORY, *Le Roman du Roi Arthur et de ses chevaliers de la Table Ronde (Le morte Darthur)*, Pierre Goubert (trad.), Nantes, Librairie de l'Atalante, 1994.

Tristan et Iseut, Les poèmes français, La saga norroise, Daniel Lacroix et Philippe Walter (dir.), Paris, Librairie Générale Française, Le Livre de Poche, 2007.

VIRGILE, *Énéide*, Paul Veyne (éd.), Paris, Les Belles Lettres, 2016.

Voyages dans l'au-delà d'après des textes médiévaux, IV*e*-XIII*e siècles*, Alexandre Micha (éd.), Paris, Klincksieck, 1992.

DICTIONNAIRES, MANUELS ET REPERTOIRES

AARNE, Antti, *The Types of Folktale. A classification and bibliography* (1928), Stith Thompson (éd.), Helsinki, Academia Scientiarum Fennica, FF Communication, 1987.

BRUCE, Christopher W., *The Arthurian Name Dictionary*, New York, London, Garland, 1999.

CHAUVIN, Danièle, SIGANOS André, WALTER Philippe, *Questions de mythocritique : dictionnaire*, Paris, Imago, 2005.

CROSS, Tom Peete, *Motif-Index of Early Irish Literature, Bloomington*, Indiana University.

Dictionnaire Électronique de Chrétien de Troyes, http://www.atilf.fr/dect/

Dictionnaire encyclopédique de la Bible, Brepols, Turhout, 2002 [3e éd.].

Dictionnaire étymologique de la langue française, Oscar Bloch, Walther von Wartburg (dir.), Paris, PUF, 2004.

Dictionnaire étymologique latin, Michel Bréal, Anatole Bailly, Paris, Hachette, 1885.

Dictionnaire de la Bible, André-Marie Gérard (dir.), Paris, Robert Laffont, 1989.

Dictionnaire des Lettres françaises. Le Moyen Âge, Robert Bossuat, Louis Pichard et Guy Raynaud de Lage (dir.), Fayard, 1964. Geneviève Hasenohr, Michel Zink (éd.), Librairie Générale Française, Le Livre de Poche, 1992.

Dictionnaire des mythes féminins, Pierre Brunel (dir.), Paris, Éditions du Rocher, 2002.

Dictionnaire des mythes littéraires, Pierre Brunel (dir.), Paris, Éditions du Rocher, 1988.

Dictionnaire du français médiéval, Takeshi Matsumara, Michel Zink (dir.), Paris, Les Belles Lettres, 2015.

Dictionnaire du Moyen Âge, Claude Gauvard, Alain de Libera, Michel Zink (dir.), Paris, PUF, 2002.

Dictionnaire historique de la langue française, Alain Rey (dir.), Paris, 2006.

FLUTRE, Louis-Fernand, *Table des noms propres avec toutes leurs variantes figurant dans les romans du Moyen Âge écrits en français ou en provençal et actuellement publiés ou analysés*, Poitiers, Centre d'Études Supérieurs de Civilisation Médiévale, 1962.

Le Grand Robert de la langue française, Alain Rey (dir.), Paris, 2001.

GODEFROY, Frédérique, *Lexique de l'ancien français*, Paris, Champion, 2003.

GUERREAU-JALABERT, Anita, *Index des motifs narratifs dans les romans arthuriens français en vers (XIIe-XIIIe siècles)*, Genève, Droz, 1992.

Le Grand Gaffiot, Paris, Hachette, 2000.

MOISAN, André, *Répertoire des noms propres de personnes et de lieux cités dans les chansons de geste françaises et les œuvres étrangères dérivées*, Genève, Droz, 1986, 5 tomes.

MINARY, Ruth, MOORMAN, Charles, *Petit dictionnaire du Monde arthurien*, Hélène Pasqualini (trad.), Rennes, Éditions Terre de Brume, 1996.

STITH, Thompson, *Motif-Index of Folk-Literature*, Copenhague, 1955.

WALTER, Philippe, *Dictionnaire de mythologie arthurienne*, Paris, Imago, 2014.

WARTBURG, Walther von, *Französisches Etymologisches Wörterbuch*, Bâle, R. G. Zbingen & Co., 1961.

West, G. D., *An Index of Proper Names in French Arthurian Verse Romances 1150-1300*, University of Toronto Press, 1969.

BIBLIOGRAPHIE CRITIQUE

ÉTUDES CONCERNANT LA LITTÉRATURE MÉDIÉVALE

Théories linguistiques et poétiques

Bakhtine, Mikhaïl, *Esthétique et théorie du roman*, Daria Olivier (trad.), Paris, Gallimard, 1978.

Barthes, Roland, « Introduction à l'analyse structurale des récits », *Communications, 8, L'analyse structurale du récit*, 1966, 6, p. 1-27.

Barthes, Roland, « L'Effet de Réel », *Communications*, 1968, 11, p. 84-89.

Baumgartner, Emmanuèle, *Le Récit médiéval*, Paris, Hachette, 1995.

Berthelot, Anne, *Le Roman courtois, une introduction*, Paris, Armand Colin, 2005.

Bessière, Irène, *Le Récit fantastique, La poétique de l'incertain*, Paris, Larousse, 1973.

Boutet, Dominique, *Formes littéraires et conscience historique aux origines de la littérature française (1100-1250)*, Paris, PUF, 1999.

Bremond, Claude, « Comment concevoir un index de motifs », *Bulletin du groupe de recherches sémio-linguistiques*, 16, 1980.

Bremond, Claude, « Trois approches en littérature et dans les arts », *Ethnologie française*, « Le motif en sciences humaines », XXV, 2, 1995, p. 180-185.

Bremond, Claude, Le Goff, Jacques, Schmitt, Jean-Claude, *L'Exemplum*, Turnhout, Brepols, 1982.

Bricout, Bernadette, « Pour une étude ethno-littéraire du motif », Michel Zink, Xavier Ravier (éd.), *Réception et identification du conte depuis le Moyen Âge*, Toulouse, Université Toulouse-Le Mirail, 1987, p. 91-111.

Brouland, Marie-Thérèse, *Le substrat celtique du lai anglais* Sir Orfeo, Paris, Didier Érudition, 1990.

Burgess, Glyn Sheridan, *The Old French narrative lay : an analytical bibliography*, Cambridge, Boydell and Brewer, 1995.

Caillois, Roger, *Anthologie du fantastique*, Paris, Gallimard, 1966.

Caillois, Roger, *Au cœur du fantastique*, Paris, Gallimard, 1965.

Caillois, Roger, *Les Démons de midi*, Fata Morgana, 1991.

CERQUIGLINI, Bernard, *La Parole médiévale*, Paris, Éditions de Minuit, 1981.

CHARNAY, Thierry, « Formation de la stéréotypie discursive », *Ethnologie française*, « Le motif en sciences humaines », XXV, 2, 1995, p. 266-276.

CHÊNERIE, Marie-Luce, *Le Chevalier errant dans les romans arthuriens en vers des XIIe et XIIIe siècles*, Genève, Droz, 1986.

COURTÉS, Joseph, « Ethnolittérature, rhétorique et sémiotique », *Ethnologie française*, « Le motif en sciences humaines », XXV, 2, 1995, p. 157-170.

COURTÉS, Joseph, « Motif et type dans la tradition folklorique : problème de typologie », *Littérature*, 45, 1982, p. 114-127.

CURTIUS, Ernst Robert, *La Littérature européenne et le Moyen Âge latin*, Paris, PUF, 1991.

DE LA BRETÈQUE, François, « Lion en mots, en images. Un exemple de motif modalisateur dans l'épopée médiévale », *Ethnologie française*, « Le motif en sciences humaines », XXV, 2, 1995, p. 239-246.

DOUDET, Estelle, *Chrétien de Troyes*, Paris, Tallandier, 2009.

DUBOST, Francis, *Aspects fantastiques de la littérature narrative médiévale, XIIe-XIIIe siècles*, Paris, Champion, 2 tomes, 1991.

DUBUIS, Roger, *Les Cents nouvelles nouvelles et la tradition de nouvelle en France au Moyen Âge*, Grenoble, Presses universitaires de Grenoble, 1973.

DUFOURNET, Jean (dir.), *Amour et merveille, Les* Lais *de Marie de France*, Paris, Champion, 1995.

DURAND, Gilbert, « À propos du vocabulaire de l'imaginaire : Mythe, mythanalyse, mythocritique », *Recherches et Travaux, L'Imaginaire*, 15, 1977, p. 5-9.

ECO, Umberto, *Lector in fabula, Le rôle du lecteur ou la coopération interprétative dans les textes narratifs*, Myriam Bouzaher (trad.), Paris, Grasset, 1979.

FARAL, Edmond, *Les Arts poétiques du XIIe et XIIIe siècle : recherches et documents sur la technique littéraire au Moyen Âge*, Paris, Champion, 1982.

FAUCON, Jean-Claude, *Temps et histoire dans le roman arthurien*, Toulouse, Éditions Universitaires du Sud, 1999.

FERLAMPIN-ACHER, Christine, GIRBEA, Catalina (dir.), *Matières à débat. La notion de matière littéraire dans la littérature médiévale*, Rennes, PUR, 2017.

FOUCAULT, Michel, *Les mots et les choses : une archéologie des sciences humaines*, Paris, Gallimard, 1966.

FRAPPIER, Jean, *Du Moyen Âge à la Renaissance : études d'histoire et de critique littéraire*, Paris, Champion, 1976.

GALLAIS, Pierre, « L'hexagone logique et le roman médiéval », *Cahiers de civilisation médiévale*, XVIII, 1975, p. 1-14.

GALLAIS, Pierre, *La Dialectique du récit médiéval*, Amsterdam, Rodopi, 1982.

GALLAIS, Pierre, *L'imaginaire d'un romancier français de la fin du XIIe siècle. Description raisonnée, comparée et commentée de la Continuation-Gauvain (Première suite du Conte du Graal de Chrétien de Troyes*, Amsterdam, Rodopi, 4 tomes, 1989.

Gallais, Pierre, *La fée à la fontaine et à l'arbre. Un archétype du conte merveilleux et du récit courtois*, Amsterdam, Rodopi, 1992.

Genette, Gérard, *Figures III*, Paris, Éditions du Seuil, 1972.

Gingras, Francis, *Le Bâtard conquérant, essor et expansion du genre romanesque au Moyen Âge*, Paris, Champion, 2011.

Greimas, Algirdas Julien, *Sémantique structurale : recherche et méthode*, Paris, Larousse, 1966.

Greimas, Algirdas Julien, « Avant-propos à la "lettre" dans le conte populaire français », *Ethnologie française*, « Le motif en sciences humaines », XXV, 2, 1995, p. 154-155.

Hüe, Denis, *Rémanences. Mémoire de la forme dans la littérature médiévale*, Paris, Champion, 2010.

James-Raoul, Danièle, *La Parole empêchée dans la littérature arthurienne*, Paris, Champion, 1997.

James-Raoul, Danièle, *Chrétien de Troyes, la griffe d'un style*, Paris, Champion, 2007.

Jauss, Hans-Robert, *Pour une esthétique de la réception*, Claude Maillard (trad.), Paris, Gallimard, 1978.

Jouve, Vincent, *La Poétique du roman*, Paris, SEDES, 1997.

Kleiber, Georges, *Le mot* « ire » *en ancien français (XIe-XIIIe siècles). Essai d'analyse sémantique*, Paris, Klincksieck, 1978.

Klonski, Tom, « Réflexions sur la notion d'Autre Monde : de la critique au texte », Denis Hüe, Christine Ferlampin-Acher (dir.), *Le Monde et l'Autre Monde*, Orléans, Paradigme, 2002.

Köhler, Erich, *L'Aventure chevaleresque. Idéal et réalité dans le roman courtois. Étude sur la forme des plus anciens poèmes d'Arthur et du Graal*, Éliane Kaufholz (trad.), Paris, Gallimard, 1974.

Kundera, Milan, *L'Art du roman*, Paris, Gallimard, 1986.

Larivaille, Paul, « L'analyse (morpho)logique du récit », *Poétique*, 19, 1974, p. 368-388.

Loomis, Roger Sherman, *Arthurian Tradition and Chrétien de Troyes*, New-York, Columbia University Press, 1949.

Lukacs, Georg, *La Théorie du roman*, Jean Clairevoye (trad.), Paris, Gonthier, 1963.

Martin, Jean-Pierre, *Les Motifs dans la chanson de geste, définition et utilisation (discours de l'épopée médiévale)*, Lille, Centre d'études médiévales et dialectales, Université de Lille-III, 1992.

Martin, Jean-Pierre, « Le pèlerin messager. Un exemple de motif modalisateur dans l'épopée médiévale », *Ethnologie française*, « Le motif en sciences humaines », XXV, 2, 1995, p. 187-194.

MATORÉ, Georges, *Le Vocabulaire et la société médiévale*, Paris, PUF, 1985.
MÉNARD, Philippe, *Les* Lais *de Marie de France*, Paris, PUF, 1997 [1re éd. 1979].
MÉNARD, Philippe, « Marie de France et nous », *Amour et merveille, Les* Lais *de Marie de France*, Jean Dufournet (dir.), Paris, Champion, 1995.
RÉGNIER-BOHLER, Danielle (dir.), *Le Récit bref au Moyen Âge*, actes du colloque des 27, 28 et 29 avril 1979, Université de Picardie, Centre d'études médiévales, Paris, Champion, 1980.
POIRION, Daniel, *Résurgences*, PUF, 1986.
POIRION, Daniel, *Écriture poétique et composition romanesque*, Orléans, Paradigme, 1994.
POIRION, Daniel, *Le Merveilleux dans la littérature française du Moyen Âge*, Paris, PUF, 1982.
POMEL, Fabienne, *Les Voies de l'au-delà et l'essor de l'allégorie au Moyen Âge*, Paris, Champion, 2001.
RIBARD, Jacques, *Le Moyen Âge. Littérature et symbolisme,* Paris, Champion, 1984.
RICŒUR, Paul, *Temps et récit. Tome 1, L'intrigue et le récit historique*, Paris, Éditions du Seuil, 1991.
RIFFATERRE, Michael, « L'intertexte inconnu », *Littérature*, 41, 1981, p. 4-7.
SCHAEFFER, Jean-Marie, *Qu'est-ce qu'un genre littéraire ?*, Paris, Éditions du Seuil, 1989.
TADIÉ, Jean-Yves, *Le Roman d'aventures*, Paris, PUF, 1982.
TODOROV, Tzvetan, *Introduction à la littérature fantastique*, Paris, Éditions du Seuil, 1970.
VALETTE, Jean-René (dir.), *Perspectives médiévales, trente ans de recherches en langues et en littératures médiévales*, Société de langues et de littératures médiévales d'oc et d'oïl, 2005.
VINCENSINI, Jean-Jacques, *Pensée mythique et narrations médiévales,* Paris, Champion, 1996.
VINCENSINI, Jean-Jacques, « D'une distinction préalable à la définition des stéréotypes anthropologiques », *Ethnologie française*, « Le motif en sciences humaines », XXV, 2, 1995, p. 257-265.
VINCENSINI, Jean-Jacques, *Motifs et thèmes du récit médiéval,* Paris, Nathan, 2000.
WALTER, Philippe, *Chrétien de Troyes*, Paris, PUF, 1997.
ZUMTHOR, Paul, *Langues, texte, énigme*, Paris, Éditions du Seuil, 1975.
ZUMTHOR, Paul, *La Lettre et la voix de la « littérature » médiévale*, Paris, Éditions du Seuil, 1987.

Autour de l'utopie

ALEXANDER, Peter, GILL, Roger (éd.), *Utopias*, London, Gerald Duckworth, 1984.

ALLEMAND, Roger-Michel, *L'Utopie*, Paris, Ellipses, 2005.

ATKINSON, Geoffroy, *The Extraordinary Voyage in French Literature before 1700*, New York, Colombia University Press, 1920.

BACZKO, Bronislaw, *Lumières de l'utopie*, Paris, Payot, 1978.

BEJCZY, István, La Lettre du prêtre Jean, *une utopie médiévale*, Paris, Imago, 2001.

BLOCH, Ernst, *L'Esprit de l'utopie*, Anne-Marie Lang, Catherine Piron-Audard (trad.), Paris, Gallimard, 1977.

BRAGA, Corin, *Le Paradis interdit au Moyen Âge. La quête manquée de l'Éden oriental*, Paris, L'Harmattan, 2004.

BRAGA, Corin, *La Quête manquée de l'Avalon occidentale. Le paradis interdit au Moyen Âge – 2*, Paris, L'Harmattan, 2006.

BRAGA, Corin, *Du Paradis perdu à l'Antiutopie au* XVIe-XVIIIe *siècles*, Paris, Classiques Garnier, 2010.

BRAGA, Corin, *Les Antiutopies classiques*, Paris, Classiques Garnier, 2012.

BRAGA, Corin, *Pour une morphologie du genre utopique*, Paris, Classiques Garnier, 2018.

BURNIER, Michel-Antoine, *Les paradis Terrestres. 25 siècles d'utopies de Platon à Biosphère 2*, Paris, COL, 2000.

CAIRE-JABINET, Marie-Paule, « *La lettre du prêtre Jean* : de la création d'un faux à la genèse d'une utopie », Thomasset Claude, James-Raoul Danièle (dir.), *En quête d'Utopies*, Paris, PUPS, 2005, p. 111-133.

CHRISTINGER, Raymond, *Le Voyage dans l'imaginaire*, Paris, Stock, 1981.

DETCHERRY, Chantal, « Chrétien de Troyes : Le Graal ou la découverte manquée », Claude-Gilbert Dubois (éd.), *L'imaginaire de la découverte ou Les Européens face aux nouveautés, Eidolon*, Cahiers du Laboratoire Pluridisciplinaire de Recherches sur l'Imaginaire Appliquées à la Littérature, Bordeaux, Université Michel de Montaigne, 1994.

DELUZ, Christiane, *Le Livre de Jehan de Mandeville. Une « géographie » au* XIVe *siècle*, Louvain-la-Neuve, Université Catholique de Louvain, 1988.

DONNELLY, Dorothy F., *Patterns of Order and Utopia*, New York, Freeport, Books for Libraries Press, 1969.

DUVIGNAUD, Françoise, *Terre mythique, terre fantasmée. L'Arcadie*, Paris, L'Harmattan, 1994.

ELIADE, Mircea, *Le Mythe de l'éternel retour. Archétypes et répétition*, Paris, Gallimard, 1949.

FORTUNATI, Vita, TROUSSON, Raymond (éd.), *Dictionary of Literary Utopias*, Paris, Champion, 2000.

GANDILLAC, Maurice de, PIRON, Catherine (éd.), *Le Discours utopique*, actes du Colloque de Cérisy, 1975, Paris, Union Générale d'Éditions, 1978.

GILSON, Étienne, *Le Rôle de la pensée médiévale dans la formation du système cartésien*, Paris, Vrin, 1980.

HEERS, Jacques, *Fêtes de fous et carnavals*, Paris, Fayard, 1983.

HILÁRIO FRANCO JÚNIOR, *Cocagne, Histoire d'un pays imaginaire*, Paris, Arkhê, 2013.

HUGUES, Micheline, THOMASSET, Claude (dir.), *L'Utopie*, Paris, Nathan, 1999.

JEAN, Georges, *Voyages en utopie*, Paris, Gallimard, 1994.

LAPOUGE, Gilles, *Utopie et civilisation*, Paris, Flammarion, 1978.

LE GOFF, Jacques, « L'Utopie médiévale : le pays de Cocagne », *Revue européenne des sciences sociales*, Giovanni Busino (dir.), Tome XXVII, 85, 1989, p. 271-286.

LE GOFF, Jacques, *Pour un autre Moyen Âge. Temps, travail et culture en Occident*, Paris, Gallimard, 1978.

MANGUEL, Alberto, GUADALUPI, Gianni, *Dictionnaire des lieux imaginaires*, Patrick Reumax, Michel-Claude Touchard et Olivier Touchard (trad.), Nice, Actes Sud, 1998.

MANUEL, Franck E., *Utopias and Utopian Thought*, Boston, Beacon Press, 1967.

MARIN, Louis, *Utopiques : jeux d'espace*, Paris, Éditions de Minuit, 1973.

MATTÉI, Jean-François, *Platon et le miroir du mythe. De l'Âge d'Or à l'Atlantide*, Paris, PUF, 1996.

MORE, Thomas, *L'Utopie ou Le Traité de la meilleure forme de gouvernement*, Marie Delcourt (trad.), Paris, Flammarion, 1987 [1re éd. 1966].

PRÉVOST, André (dir.), *L'Utopie de Thomas More*, Paris, Mame, 1978.

RACAULT, Jean-Michel, *Nulle part et ses environs. Voyages aux confins de l'utopie littéraire classique (1657-1802)*, Paris, PUPS, 2003.

ROUGIER, Louis, *Du paradis à l'utopie*, Paris, Éditions Copernic, 1979.

RUYER, Raymond, *L'Utopie et les utopies*, Saint-Pierre-de-Salerne, Gérard Monfort, 1988.

SERVIER, Jean, *Histoire de l'utopie*, Paris, Gallimard, 1991.

THOMASSET, Claude, « Quand les rois seront philosophes ou le rêve utopique des universitaires… », Claude Thomasset, Danièle James-Raoul (dir.), *En quête d'Utopies*, Paris, PUPS, 2005, p. 59-71.

THOMASSET, Claude, JAMES-RAOUL, Danièle (dir.), *En quête d'Utopies*, Paris, PUPS, 2005.

TOURNIER, Michel, « Utopie, ce lieu de nulle part qui est à tous et à personne », *UTOPIE…utopies*, Simone Bonnafous et Vincent Milliot (dir.), *Mots. Les langages du politique*, 35, 1993, p. 144-120.

TRISTAN, Frédérick, *Le monde à l'envers, Étude et anthologie. La représentation du mythe, essai d'iconologie par Maurice Lever*, Paris, Hachette, 1980.

TROUSSON, Raymond, *D'Utopie et d'Utopistes*, Paris, L'Harmattan, 1998.
TROUSSON, Raymond, *Voyages aux Pays de nulle part. Histoire littéraire de la pensée utopique*, Bruxelles, Éditions de l'université de Bruxelles, 1999.
WUNENBURGER, Jean-Jacques, *L'Utopie ou la crise de l'imaginaire*, Paris, Delarge, 1979.

Onomastique et toponymie

BAUDELLE, Yves, *Sémantique de l'onomastique romanesque*, thèse soutenue à la Sorbonne nouvelle, sous la direction de Henri Miterrand, 1989.
BÉRIOU, Nicole, BOUDET, Jean-Patrice, ROSIER-CATACH, Irène (dir.), *Le Pouvoir des mots au Moyen Âge : Études réunies*, Turnhout, Brepols, 2014.
BILLY, Pierre-Henri, « Nom propre et nom commun au Moyen Âge », *Nouvelle revue d'onomastique*, 25-26, 1995, p. 19-36.
BLOCH, R. Howard, *Étymologie et généalogie, Une anthropologie littéraire du Moyen Âge français*, Béatrice Bonne et Jean-Claude Bonne (trad.), Paris, Éditions du Seuil, 1989.
BLOCH, R. Howard, *The Anonymous Marie de France*, Chicago and London, The University of Chicago Press, 2003.
BRUMBERG-CHAUMONT, Julie, « Sémantiques du nom propre : sources anciennes et discussions médiévales à l'époque d'Abélard », *Histoire Épistémologie Langage*, 29-I, 2007, p. 137-166.
BURIDANT, Claude, « Les paramètres de l'étymologie médiévale », Claude Buridant (dir.), *L'étymologie de l'Antiquité à la Renaissance*, *Lexique*, 14, Lille, Presses Universitaires du Septentrion, 1998, p. 11-56.
CORBLIN, Francis, « Les désignateurs dans les romans », *Poétique*, 54, 1983, p. 199-212.
DRAGONETTI, Roger, *La Technique poétique des trouvères dans la chanson courtoise : contribution à l'étude de la rhétorique médiévale*, Bruges, De Tempel, 1960, 2 vol.
DRAGONETTI, Roger, *La Vie de la lettre au Moyen Âge (Le Conte du Graal)*, Paris, Éditions du Seuil, 1980.
DRAGONETTI, Roger, « *La Musique et les lettres* » : *Études de littérature médiévale*, Genève, Droz, 1986.
DRAGONETTI, Roger, *Le Mirage des sources, l'art du faux dans le roman médiéval*, Paris, Éditions du Seuil, 1987.
GUIETTE, Robert, « Symbolisme et "*senefiance*" au Moyen Âge », Herman Braet, Jean Dufournet, Marcel De Grève (éd.), *Forme et senefiance*, Paris, Droz, 1978, p. 29-45.
LATIMIER-IONOFF, Adeline, *Lire le nom propre dans le roman médiéval*, Paris, Classiques Garnier, 2019.

LOT, Ferdinand, « Études sur la provenance du cycle arthurien », *Romania*, 24, 1895, p. 497-528.

MOLINO, Jean (dir.), *Langages, Le Nom propre*, 66, 1982.

NICOLE, Eugène, « L'onomastique littéraire », *Poétique*, 54, 1983, p. 233-253.

NITZE, William A., WILLIAM, Harry F., *Arthurian names in the* Perceval *of Chrétien de Troyes, Analysis and Commentary, University of California, Publications in Modern Philology*, 38, 3, 1955, p. 265-298.

PLET, Florence, « La carte du Temps. Les entrelacs de l'espace, du temps et du récit dans la toponymie du *Tristan en prose.* », Denis Hüe, Christine Ferlampin-Acher (dir.), *Le Monde et l'Autre Monde*, Orléans, Paradigme, 2002, p. 305-320.

PLET, Florence, *La Création du Monde, Les noms propres dans le roman de* Tristan en prose, Paris, Champion, 2007.

ROSIER-CATACH, Irène, *La Parole comme acte, Sur la grammaire et la sémantique au XIIIe siècle*, Paris, Vrin, 1994.

SAINT-GELAIS, Richard, *Fictions transfuges : la transfictionnalité et ses enjeux*, Paris, Éditions du Seuil, 2011.

Études arthuriennes

BADEL, Pierre-Yves, « Masculin, féminin dans le lai de *Guingamor* », *C.C.M.*, XXXVIII, 1995, p. 103-114.

BAUMGARTNER, Emmanuèle, « Jeux de rimes et roman arthurien », *Romania*, CIII, 4, 1982, p. 550-560.

BANCOURT, Paul, « Bonheur et innocence : regard sur l'image du bonheur idyllique et des "amours enfantines" dans quelques romans du XIIe et XIIIe siècles », Danielle Buschinger (éd.), *L'Idée de bonheur au Moyen Âge*, actes du Colloque d'Amiens, mars 1984, Göppingen, Kümmerle Verlag, 1990, p. 49-57.

BANCOURT, Paul, « Temps linéaire, temps circulaire et écriture romanesque (XIIe-XIIIe siècles) », Yvonne Bellanger (dir.), *Le Temps et la durée dans la littérature au Moyen Âge et à la Renaissance*, Paris, Nizet, 1986, p. 7-21.

BERDAL, Olaug, « Amour, courtoisie et merveilleux dans quelques lais bretons du XIIe siècle », *Mélanges d'études médiévales offerts à Helge Norhal*, Oslo, Solum, 1988, p. 17-30.

BICHON, Jean, *L'animal dans la littérature française du XIIe et XIIIe siècles*, thèse soutenue à Paris IV, sous la direction de M. V. L. Saulnier, 1975.

BIRKHAN, Helmut, « Le bonheur dans quelques traditions celtiques du Moyen Âge », Danielle Buschinger (éd.), *L'Idée de bonheur au Moyen Âge*, actes du Colloque d'Amiens, mars 1984, Göppingen, Kümmerle Verlag, 1990.

BOQUET, Damien, NAGY, Piroska, *Sensible Moyen Âge, Une histoire des émotions dans l'Occident médiéval*, Paris, Éditions du Seuil, 2015.

BRAET, Herman, *Deux lais fées bretons*, Graelent *et* Tyolet, Bruxelles, Éditions Aurelia, 1980.

BUSCHINGER, Danielle (éd.), *L'Idée de bonheur au Moyen Âge*, actes du Colloque d'Amiens de mars 1984, Göppingen, Kümmerle Verlag, 1990.

CALUWE, Jacques de, « L'élément chrétien dans les *Lais* de Marie de France », *Mélanges Jeanne Lods*, Paris, 10, 1978, t. I, p. 95-114.

CARASSO-BULOW, Lucienne, *The « Merveilleux » in Chrétien de Troyes' Romances*, Genève, Droz, 1976.

CHOCHEYRAS, Jacques, *Réalité et imaginaire dans le* Tristan *de Béroul*, Paris, Champion, 2011.

CIOBA, Mianda, GÎRBEA, Catalina, GOGEANU, Ioana, VOICU, Mihaela (dir.), *Espaces et Mondes au Moyen Âge*, actes du colloque international de Bucarest, 17-18 octobre 2008, Bucarest, Editura universitatii din Bucuresti, 2009.

COLBY, Alice M., *The Portrait in twelfth-century French literature : an example of stylistic originality of Chrétien de Troyes*, Genève, Droz, 1965.

COLLIOT, Régine, « De quelques langages de la magie médiévale », *PRIS-MA*, II, 2, 1986, p. 55-66.

COMBES, Annie, *Les Voies de l'aventure, Réécriture et composition romanesque dans le* Lancelot *en prose*, Paris, Champion, 2001.

CONNOCHIE-BOURGNE, Chantal, « Miroir ou Image… Le choix d'un titre pour un texte didactique », Fabienne Pomel (dir.), *Miroirs et jeux de miroir dans la littérature médiévale*, Rennes, PUR, 2003, p. 29-38.

D'EPISCOPO, Francesco, « L'idée du "paradis terrestre" au Moyen Âge : une perspective critique », Danielle Buschinger (éd.), *L'Idée de bonheur au Moyen Âge*, actes du Colloque d'Amiens, mars 1984, Göppingen, Kümmerle Verlag, 1990, p. 159-162.

DESSAINT, Micheline, *La Femme médiatrice dans de grandes œuvres romanesques du XIIe siècle*, Paris, Champion, 2001.

DUBOST, Francis, DUFOURNET, Jean (dir.), *Revue des langues romanes, L'Imaginaire de la nuit au Moyen Âge*, 2, 2002.

FERLAMPIN-ACHER, Christine, GAUCHER, Elisabeth, HÜE, Denis (dir.), *Sommeil, songes et insomnie*, actes du colloque, CELAM (Rennes 2) et Université de Bretagne occidentale (28-29 septembre 2006), Perspectives médiévales, 2008.

FERRANTE, Joan Marguerite, *Woman as image in medieval literature : from the twelfth century to Dante*, New York, London, Columbia University Press, 1975.

FRAPPIER, Jean, *Chrétien de Troyes : L'homme et l'œuvre*, Paris, Hatier, 1957.

FRAPPIER, Jean, *Autour du Graal*, Genève, Droz, 1977.

FRAPPIER, Jean, « Le cortège du Graal », René Nelly (dir.), *Lumières du Graal*, Paris, Les Cahiers du Sud, 1951.

FRAPPIER, Jean, « Le motif du "don contraignant" dans la littérature du Moyen Âge », *Travaux de Linguistique et de Littérature*, t. 7, 2, Strasbourg, 1969, p. 7-46.

GALLAIS, Pierre, « Sémantique du bonheur chez les romanciers du XIIe siècle », Danielle Buschinger (éd.), *L'Idée de bonheur au Moyen Âge*, actes du Colloque d'Amiens, mars 1984, Göppingen, Kümmerle Verlag, 1990, p. 189-204.

GINGRAS, Francis, « Nocturnes vulgaires : l'invention des nuits romanesques (1150-1180) », Dubost Francis, Dufournet Jean (dir.), *Revue des langues romanes, L'Imaginaire de la nuit au Moyen Âge*, 2, 2002, p. 273-294.

GUIOMAR, Michel, *Principes d'une esthétique de la mort : les modes de présences, les présences immédiates, le seuil de l'Au-delà*, Paris, José Corti, 1967.

GRISWARD, Joël H., « Le motif de l'épée jetée au lac », Emmanuèle Baumgartner (dir.), *La Mort le Roi Artu*, Paris, Klincksieck, 1994, p. 57-75.

HARF-LANCNER, Laurence, « Les membres et l'estomac : la fable et son interprétation politique au Moyen Âge », Dominique Boutet, Jacques Verger (éd.), *Penser le pouvoir au Moyen Âge, (VIIIe-XVe siècles). Études d'histoire et de littérature offertes à Françoise Autrand*, Paris, Éditions rue d'Ulm, 2000, p. 111-126

HAUGEARD, Philippe, OTT, Muriel (dir.), *Droit et violence dans la littérature du Moyen Âge*, Paris, Classiques Garnier, 2013.

HÉLIX, Laurence, *Le lyrisme marial en langue vernaculaire au XIIIe siècle : enjeux et paradoxes d'une poésie de la conversion*, thèse soutenue à Amiens, sous la direction de Gérard Gros, 2001.

HENRICHOT, Michel, « La Fiction Infernale dans *Les Dialogues des morts* », Arlette Bouloumié (dir.), *Les Vivants et les morts, Littératures de l'entre-deux-mondes*, Paris, Imago, 2008, p. 55-66.

HOEPFFNER, Ernest « La géographie et l'histoire dans les *lais* de Marie de France », *Romania*, 56, 1930, p. 1-32.

KELLOGG, Judith L., « Economic and Social Tensions Reflected in the Romance of Chrétien de Troyes », *Romance Philology*, 39, 1985, p. 1-85.

KORCZAKOWSKA, Anna Elzbieta, « La mer et la mort dans la matière de Bretagne », Chantal Connochie-Bourgne (éd.), *Mondes marins du Moyen Âge*, Aix-en-Provence, Publications de l'Université de Provence, 2006, p. 231-242.

KOUTLOUKA, Maria E., « La notion de temps, de l'antiquité au christianisme », *Platonisme et néoplatonisme. Antiquité et temps modernes (colloque septembre 1990)*, Paris, Académie des Inscriptions et Belles Lettres, 1991, p. 72-78.

LECOUTEUX, Claude, « Les Marches de l'Au-delà », Danièle James-Raoul,

Olivier Soutet (dir.), *Par les mots et par les textes, Mélanges de langue, de littérature et d'histoire des sciences médiévales offerts à Claude Thomasset*, Paris, PUPS, 2005, p. 483-492.

LECOUTEUX, Claude, *Mélusine et le Chevalier au Cygne*, Paris, Imago, 1997.

LOT-BORODINE, Myrrha, *La Femme dans l'œuvre de Chrétien de Troyes*, Paris, A. Picard, 1909.

MADDOX, Donald, « Lancelot et le sens de la coutume », *Cahiers de Civilisation médiévale*, XXIX, 1986, p. 339-353.

MARTINEAU, Anne, *Le Nain et le chevalier. Essai sur les nains français du Moyen Âge*, Paris, PUPS, 2003.

MÉHU, Didier, « *Locus, transitus, peregrinatio.* Remarques sur la spatialité des rapports sociaux dans l'Occident médiéval (XIe-XIIIe siècles) », *Construction de l'espace au Moyen Âge : pratiques et représentations*, XXXVIIe Congrès de la Société des Historiens Médiévistes de l'Enseignement Supérieur public (Mulhouse, 2-4 juin 2006), Paris, PUPS 2007, p. 275-294.

MÉTOIS, Julie, *Histoire inédites de la* translatio studii *: des poètes aux chroniqueurs. Édition critique et étude des* Aventures qui avinrent a troie de Jean de Flixecourt et de Jofroi de Waterford *(XIIIe siècle)*, thèse soutenue à Poitiers, sous la direction de Claudio Galderisi et Cinzia Pignatelli, 2016.

MIKHAÏLOVA, Miléna, « L'espace dans les *Lais* de Marie de France : lieux, structure, rhétorique », *Cahiers de civilisation médiévale*, 40, 158, 1997, p. 145-157.

MIKHAÏLOVA, Miléna, *Le Présent de Marie*, Paris, Diderot, 1996.

MILLAND-BOVE, Bénédicte, *La Demoiselle arthurienne, écriture du personnage et art du récit dans les romans en prose du XIIIe siècle*, Paris, Champion, 2006.

PAYEN, Jean-Charles, « Fabliaux et Cocagne », Gabriel Bianciotto et Michel Salvat (éd.), *Épopée, fable, fabliau*, actes du IVe colloque de la Société internationale renardienne, Évreux, 7-11 septembre 1981, Paris, PUF, 1984, p. 435-448.

PAYEN, Jean-Charles, « Un sujet impossible : le bonheur au Moyen Âge (quelques interrogations) », Danielle Buschinger (éd.), *L'Idée de bonheur au Moyen Âge*, actes du Colloque d'Amiens, mars 1984, Göppingen, Kümmerle Verlag, 1990, p. 327-336.

PERRET, Michèle, « Atemporalités et effet de fiction dans *Le Bel Inconnu* », *Le Nombre du Temps. En hommage à Paul Zumthor*, Paris-Genève, Champion-Slatkine, 1988.

POMEL, Fabienne, « Présentation : réflexions sur le miroir », Fabienne Pomel (dir.), *Miroirs et jeux de miroir dans la littérature médiévale*, Rennes, PUR, 2003, p. 17-26.

POMEL, Fabienne (dir.), *Cornes et plumes dans la littérature médiévale : attributs, signes et emblèmes*, Rennes, PUR, 2010.

POSSAMAÏ-PEREZ, Marylène, « Sommeil et songe : mythologie et allégorie », *Sommeil, songes et insomnie*, actes du colloque, CELAM (Rennes 2) et Université de Bretagne occidentale (28-29 septembre 2006), Perspectives médiévales, 2008, p. 165-184.

QUERUEL, Danielle (dir.), *Amour et chevalerie dans les romans de Chrétien de Troyes*, actes du colloque de Troyes (27-29 Mars 1992), Paris, Les Belles lettres, 1995.

RÉGNIER-BOHLER, Danielle, « Du bonheur des sens : les paradis artificiels dans la littérature narrative du XIIe au XIIIe siècle », Danielle Buschinger (éd.), *L'Idée de bonheur au Moyen Âge*, actes du Colloque d'Amiens, mars 1984, Göppingen, Kümmerle Verlag, 1990, p. 369-378.

SCHMITT, Jean-Claude, « "De l'espace aux lieux" : les images médiévales », *Construction de l'espace au Moyen Âge : pratiques et représentations*, XXXVIIe Congrès de la Société des Historiens Médiévistes de l'Enseignement Supérieur public (Mulhouse, 2-4 juin 2006), Paris, PUPS, 2007, p. 317-346.

SERGENT, Bernard, *L'origine celtique des lais de Marie de France*, Genève, Droz, 2014.

STANESCO, Michel, *D'Armes et d'amours. Études de littérature arthurienne*, Orléans, Paradigme, 2002.

THOMASSET, Claude, JAMES-RAOUL, Danièle (dir.), *La Montagne dans le texte médiéval, entre mythe et réalité*, Paris, PUPS, 2000.

UELTSCHI, Karin, *La Mesnie Hellequin en conte et en rime. Mémoire mythique et poétique de la recomposition*, Paris, Champion, 2008.

UELTSCHI, Karin, *La Main coupée, Métonymie et mémoire mythique*, Paris, Champion, 2010.

UELTSCHI, Karin, *Le Pied qui cloche ou le lignage des boiteux*, Paris, Champion, 2011.

UELTSCHI, Karin, « Signal, signe et performance ou du *fiat* au *factum est* : considérations sur la thématique du cor dans l'imaginaire médiéval », Fabienne Pomel (dir.), *Cornes et plumes dans la littérature médiévale, attributs, signes et emblèmes*, Rennes, PUR, 2010, p. 285-302.

UELTSCHI, Karin, « Énigme, question rituelle et performance magique : la question à poser ou à ne pas poser », *L'Enigma nella letteratura europea dall'antichità e dal medioevo all'età moderna, a cura di* Margherita Lecco, Alessandria, Edizioni dell'Orso, 2010, p. 79-91.

UELTSCHI, Karin, « La Dormition d'Arthur : entre temps d'achèvement et temps cyclique », Catalina Gîrbea, (dir.), *Temps et mémoire dans la littérature arthurienne*, Bucarest, Editura universitatii bucuresti, 2011, p. 58-68.

UELTSCHI, Karin, *Mythologie des boiteux et du pied fabuleux. Œdipe, Jacob, Mélusine & Cie*, Paris, Imago, 2019.

UELTSCHI, Karin, WHITE-LE GOFF, Myriam (dir.), *Les entre-mondes. Les vivants et les morts*, Paris, Klincksieck, 2009.

VIEGNES, Michel (dir.), *Imaginaires des points cardinaux, aux quatre angles du monde*, Paris, Imago, 2005.

WHITE-LE GOFF, Myriam, *Changer le monde. Réécritures d'une légende.* Le purgatoire de saint Patrick, Paris, Champion, 2006.

WOLEDGE, Brian, « Bons vavasseurs et mauvais sénéchaux », *Mélanges Rita Lejeune*, Glembloux, Éditions Duculot, 1969, p. 1263-1277.

ZINK, Michel, « Un nouvel art d'aimer », Michel Cazenave, Daniel Poirion, Armand Strubel, Michel Zink (dir.), *L'Art d'aimer au Moyen Âge*, Paris, P. Lebaud, 1997.

Topique (verger, royaume, merveilleux)

AGAMBEN, Giorgio, *Homo sacer. Le pouvoir souverain et la vie nue*, Paris, Éditions du Seuil, 1995.

ALEXANDRE-BIDON, Danièle, « Arbre de vie et Pâques fleuries », Michel Pastoureau (dir.), *L'Arbre. Histoire naturelle et symbolique de l'arbre, du bois et du fruit au Moyen Âge*, Paris, Le Léopard d'Or, 1993, p. 83-91.

ALEXANDRE-BIDON, Danièle, « L'arbre à alphabet », Michel Pastoureau (dir.), *L'Arbre. Histoire naturelle et symbolique de l'arbre, du bois et du fruit au Moyen Âge*, Paris, Le Léopard d'Or, 1993, p. 127-143.

ALEXANDRE-BIDON, Danièle, « La mort en son jardin », Danièle Alexandre-Bidon et Cécile Treffort (dir.), *À réveiller les morts. La mort au quotidien dans l'Occident médiéval*, Lyon, Presses Universitaires de Lyon, 1993, p. 109-120.

ALIBERT, Dominique, « Aux origines du Pressoir mystique : images d'arbres et de vignes dans l'art médiéval (IXe-XVIe siècle) », Danièle Alexandre-Bidon (dir.), *Le pressoir mystique*, actes du Colloque de Recloses, 27 mai 1989, Paris, Éditions du Cerf, 1990, p. 27-42.

ATANASSOV, Stoyan, « L'Autre Monde comme une scène de quiproquo », Denis Hüe, Christine Ferlampin-Acher (dir.), *Le Monde et l'Autre Monde*, Orléans, Paradigme, 2002.

BECHMANN, Roland, *Des Arbres et des hommes : la forêt au Moyen Âge*, Paris, Flammarion, 1984.

BERTHELOT, Anne, « Tombes enchantées, prisons d'air, manoirs invisibles : demeures de l'Autre Monde dans les textes littéraires du Moyen Âge français et de la tradition orale africaine », Francis Gingras (éd.), *Une étrange constance. Les motifs merveilleux dans la littérature d'expression française du Moyen Âge à nos jours*, Québec, Presses de l'Université Laval, 2006, p. 251-262.

BIBOLET, Jean-Claude, « Jardins et vergers dans l'œuvre de Chrétien de

Troyes », *Senefiance*, n° 28, 1990, *Vergers et jardins dans l'univers médiéval*, CUERMA, PUP, p. 31-40.

BLANCHOT, Maurice, « Du merveilleux », *L'Arche*, 27-28, 1948, p. 120-133.

BLAISE, Marie, *Terres gastes. Fictions d'autorité et de mélancolie*, Montpellier, Publications de l'Université Paul Valéry Montepellier 3, 2005.

BLOCH, Marc, *Les Rois thaumaturges. Étude sur le caractère surnaturel attribué à la puissance royale particulièrement en France et en Angleterre*, Paris, Gallimard, 1983 [1re éd. 1924].

BOUTET, Dominique, *Charlemagne et Arthur ou le roi imaginaire*, Paris, Champion, 1992.

BROSSE, Jacques, *Mythologie des arbres*, Paris, Plon, 1996.

CARASSO-BULOW, Lucienne, *The Merveilleux in Chrétien de Troyes' Romances*, Genève, Droz, 1976.

CARLYLE, Alexander James, CARLYLE, Robert Warrand, *History of mediaeval political theory in the West*, Londres, Blackwood, 1962.

CASTELLANI, Marie-Madeleine, *La Figure du roi (tome 1)*, actes du Colloque, septembre 1998, Villeneuve d'Ascq, Centre d'études médiévales et dialectales de Lille 3, 1999.

CASTELLANI, Marie-Madeleine, *La Figure du roi (tome 2)*, acte du Colloque, septembre 1998, Villeneuve d'Ascq, Centre d'études médiévales et dialectales de Lille 3, 2000.

Centre Culturel de l'abaye de Flaran, *Jardins et vergers en Europe occidentale (VIIIe-XVIIIe siècles)*, Neuvièmes Journées internationales d'histoire 1987, Auch, Flaran 9, 1989.

CHAUOU, Amaury, *L'idéologie Plantagenêt, Royauté arthurienne et monarchie politique dans l'espace Plantagenêt (XIIe-XIIIe siècles)*, Rennes, PUR, 2001.

COLLOT, Michel (dir.), *Les Enjeux du paysage*, Bruxelles, Ousia, 1997.

CUERMA, *L'Eau au Moyen Âge*, Aix-en-Provence, Marseille, Lafitte, 1985.

CURSENTE, Benoît et MOUSNIER, Mireille (dir.), *Les territoires du médiéviste*, Rennes, PUR, 2005.

DAUPHINE, James, « Du paradis terrestre », *Senefiance*, n° 28, 1990, *Vergers et jardins dans l'univers médiéval*, CUERMA, PUP, p. 87-96.

DE COMBARIEU DU GRÈS, Micheline, « La mort en ce jardin (vergers et jardins dans le cycle du *Lancelot-Graal*) », *Senefiance*, n° 28, 1990, *Vergers et jardins dans l'univers médiéval*, CUERMA, PUP, p. 63-86.

DELUZ, Christiane, « Le jardin médiéval, lieu d'intimité », *Senefiance*, n° 28, 1990, *Vergers et jardins dans l'univers médiéval*, CUERMA, PUP, p. 97-108.

DEMOUY, Patrick, *Le Sacre du roi : histoire, symbolique, cérémonial*, Paris, Place des victoires, 2016.

DOUCHET, Sébastien, « *"Si ne pot li rois dormir" : à propos de l'insomnie du roi dans la* Première Continuation », *Sommeil, songes et insomnies*, actes du colloque, CELAM (Rennes 2) et Université de Bretagne occidentale, 28-29 septembre 2006, 2008.

DUBOST, Francis, « Les motifs merveilleux dans les Lais de Marie de France », Jean Dufournet (dir.), *Amour et merveille, Les* Lais *de Marie de France*, Paris, Champion, 1995, p. 41-80.

DUBOST, Francis, « La vie paradoxale : la mort vivante et l'imaginaire fantastique au Moyen Âge », Francis Dubost (dir.), *La Merveille médiévale*, Paris, Champion, 2016, p. 145-174.

DUBOST, Francis, « Les nuits magnétiques du *Perlesvaus* », J-Claude Faucon, Alain Labbé, Danielle Quéruel (dir.), *Miscellenea Mediaevelia, Mélanges offerts à Philippe Ménard*, Paris, Champion, 1998, t. I, p. 429-446.

DUBOST, Francis (dir.), *La Merveille médiévale*, Paris, Champion, 2016.

DUBOST, Francis, « La pensée de l'impensable dans la fiction médiévale », Francis Dubost (dir.), *La Merveille médiévale*, Paris, Champion, 2016, p. 21-48.

DUBOST, Francis, *Le Conte du Graal ou l'art de faire signe*, Paris, Champion, 1998.

FARAL, Edmond, *Le Merveilleux et ses sources dans les descriptions des romans français du* XIIe *siècle*, Paris, Champion, 1913.

FASSEUR, Valérie, JAMES-RAOUL, Danièle, VALETTE, Jean-René (dir.), *L'arbre au Moyen Âge*, Paris, PUPS, 2010.

FERLAMPIN-ACHER, Christine, *Fées, bestes et luitons. Croyances et merveilles*, Paris, PUPS, 2002.

FERLAMPIN-ACHER, Christine, « La nuit des temps dans *Perceforest* : de la nuit de Walpurgis à la nuit transfigurée », *Revue des langues romanes*, 2002, 2, p. 415-436.

FERLAMPIN-ACHER, Christine, *Merveilles et topique merveilleuse dans les romans médiévaux*, Paris, Champion, 2003.

FERLAMPIN-ACHER, Christine, HÜE, Denis (dir.), *Lignes et lignages dans la littérature arthurienne*, Rennes, PUR, 2007.

FROLICH, Juliette (dir.), *Dimensions du merveilleux*, actes du colloque d'Oslo (juin 1986), Oslo, Université d'Oslo, 1986.

GIRAULT, Pierre-Gilles (dir.), *Flore et jardins : usages, savoirs et représentations du monde végétal au Moyen Âge*, Paris, Le Léopard d'Or, 1997.

GÎRBEA, Catalina, *La Couronne ou l'auréole : royauté terrestre et chevalerie célestielle à travers la légende arthurienne (*XIIe-XIIIe *siècle)*, Turnhout, Brepols, 2007.

GOURAIGE, Adrienne, *Le Merveilleux dans les lais de Marie de France*, thèse soutenue à l'University of New York at Albany, 1973.

GUERREAU, Anita, *L'État ou le Roi, les fondations de la modernité monarchique en France (*XIVe-XVIIe *siècles)*, Paris, N. Bulst, 1996.

HALPHEN, Louis, « La place de la royauté dans le système féodal », dans Louis Halphen, *À travers l'histoire du Moyen Âge*, Paris, 1950, p. 266-274.

HARF-LANCNER, Laurence, *Les Fées au Moyen Âge. Morgane et Mélusine : la naissance des fées*, Paris, Champion, 1984.

HARF-LANCNER, Laurence, « La Reine ou la fée – l'itinéraire du héros dans les *Lais* de Marie de France », Jean Dufournet (dir.), *Amour et merveille, Les* Lais *de Marie de France*, Paris, Champion, 1995, p. 81-108.

HARF-LANCNER, Laurence, *Le Monde des fées dans l'Occident médiéval*, Paris, Hachette, 2003.

HARF-LANCNER, Laurence, « Merveilleux et fantastique dans la littérature française du Moyen Âge : une catégorie mentale et un jeu littéraire », Juliette Frolich (dir.), *Dimensions du merveilleux*, actes du colloque d'Oslo (juin 1986), Université d'Oslo, 1986, p. 243-256.

HAUDEBOURG, Marie-Thérèse, *Les Jardins du Moyen Âge*, Paris, Perrin, 2001.

HÜE, Denis, « Reliure, clôture, culture : le contenu des jardins », *Senefiance*, n° 28, 1990, *Vergers et jardins dans l'univers médiéval*, CUERMA, PUP, p. 155-176.

HÜE, Denis, FERLAMPIN-ACHER, Christine (dir.), *Le Monde et l'Autre Monde*, Orléans, Paradigme, 2002.

JONIN, Pierre, « Merveilleux celtique et symbolisme universel dans *Guigemar* de Marie de France », *Mélanges Jeanne Wathelet-Willem, Marche romane*, XX, 1978, p. 584-597.

KANTOROWICZ, Ernst, *Les Deux corps du Roi, essai sur la théologie politique au Moyen Âge*, Jean-Philippe Genet, Nicole Genet (trad.), Paris, Gallimard, 1989 [1re éd. 1957].

KLAPISCH-ZUBER, Christiane, « La genèse de l'arbre généalogique », Michel Pastoureau (dir.), *L'Arbre. Histoire naturelle et symbolique de l'arbre, du bois et du fruit au Moyen Âge*, Paris, Le Léopard d'Or, 1993, p. 83-91.

LABBÉ, Alain, *L'Architecture des palais et des jardins dans les chansons de geste, Essai sur le thème du roi en majesté*, Paris-Genève, Champion-Slatkine, 1987.

LECOUTEUX, Claude, *Au-delà du merveilleux. Des croyances au Moyen Âge*, Paris, PUPS, 1993.

LECOUTEUX, Claude, « Introduction à l'étude du merveilleux médiéval », *Études germaniques*, 3, 1981, p. 273-290.

LECOUTEUX, Claude, *Mondes parallèles, l'univers des croyances au Moyen Âge*, Paris, Champion, 1994.

LECOUTEUX, Claude, *La Mort, l'au-delà et les autres mondes*, Paris, Imago, 2019.

LE GOFF, Jacques « Le Merveilleux dans l'Occident médiéval », *L'Étrange et le Merveilleux dans l'Islam médiéval*, actes du Colloque organisé par l'Association pour l'Avancement des Études Islamiques, mars 1974, Paris, Éditions J. A., 1978, p. 61-115.

LEGROS, Huguette, « Du verger royal au jardin d'amour : mort et transfiguration du *locus amoenus* (d'après *Tristan* de Béroul et *Cligès*) », *Senefiance*, n° 28, 1990, *Vergers et jardins dans l'univers médiéval*, CUERMA, PUP, p. 215-234.

LOT, Ferdinand, *Fidèles ou vassaux ? Essai sur la nature juridique du lien qui unissait les grands vassaux à la royauté depuis le milieu du* IX*e* *jusqu'à la fin du* XII*e* *siècle*, Paris, E. Bouillon, 1904.

MATHEY-MAILLE, Laurence, GAUCHER, Élisabeth, *Richard sans peur, duc de Normandie, entre histoire et légende*, actes du colloque de l'université du Havre, 29-30 mars 2012, 64, janvier-juin 2014.

MÉNARD, Philippe, « L'heure de la méridienne dans la littérature médiévale », Nadine Henrard, Paola Moreno, Martine Thiry-Stassin (dir.), *Convergences médiévales, Épopée, lyrique roman, Mélanges offerts à Madeleine Tyssens*, Bruxelles, De Boeck Université, 2001, p. 327-338.

MILIN, Gaël, *Le Roi Marc aux oreilles de cheval*, Genève, Droz, 1991.

MONTANDON, Alain, « Espaces et frontières dans l'imaginaire du merveilleux », *Proceeding of the* XII*th* *Congress of the International Comparative Literature (München, 1988)*, Munich, Iudicium Verlag, 1990, p. 384-391.

POIRION, Daniel, « La Mort et la merveille chez Marie de France », Herman Braet, Werner Verbeke (éd.), *Death in the Middle Ages*, Louvain, Leuven University Press, 1983, p. 191-204.

POIRION, Daniel, « Edyppus et l'énigme du roman médiéval », *Senefiance*, n° 9, 1980, p. 285-299.

POIRION, Daniel, *Le Merveilleux dans la littérature française du Moyen Âge*, Paris, PUF, 1982.

PONTFARCY, Yolande de, « L'imaginaire de la souveraineté dans les mythes des dynasties mérovingienne et capétienne », *Iris*, hors série, 1998.

RIBÉMONT, Bernard, « Du verger au cosmos, plantes et planètes dans la tradition médiévale », *Senefiance*, n° 28, 1990, *Vergers et jardins dans l'univers médiéval*, CUERMA, PUP, p. 313-328.

RIMASSON-FERTIN, Natacha, *L'autre monde et ses figures dans les* Contes de l'enfance et du foyer *des frères Grimm et les* contes populaires russes *d'A. N. Afanassiev*, thèse soutenue à l'Université Stendhal-Grenoble 3, sous la direction de François Genton et Claude Lecouteux, 2008.

STANESCO, Michel, « Du Démon de midi à l'Eros mélancolique : topologie du féerique dans le lai narratif breton », *Poétique*, 106, 1996, p. 131-159.

STRUBEL, Armand, « L'allégorisation du verger courtois », *Senefiance*, n° 28, 1990, *Vergers et jardins dans l'univers médiéval*, CUERMA, PUP, p. 343-358.

UELTSCHI, Karin, « Le Premier Roi ou le Fils Méhaignié. À propos d'Arthur, d'Hellequin et des Plantagenêts », Christine Ferlampin-Acher, Denis Hüe (dir.), *Lignes et lignages dans la littérature arthurienne*, Rennes, PUR, 2007, p. 165-177.

UELTSCHI, Karin, « Le Vieillard Temps : rois *méhaigniés*, *Manekine* et rédempteurs », Hubert Heckmann et Nicolas Lenoir (éd.), *Mimétisme, violence sacrée. Approche anthropologique de la littérature narrative médiévale*, Orléans, Paradigme, 2012, p. 149-165.

VALETTE, Jean-René, *La Poétique du merveilleux dans le* Lancelot en prose, Paris, Champion, 1998.

VERDON, Flore, *Le Verger arthurien dans l'œuvre de Chrétien de Troyes et le* Lancelot en prose *: de la confluence topique et mythique à la* senefiance *merveilleuse et courtoise*, mémoire de master II soutenu à l'Université de Reims Champagne-Ardenne, sous la direction de Miren Lacassagne, 2012.

VESCOLI, Michaël, *Calendrier Celtique, le signe de l'arbre*, Walter Weideli (trad.), Arles, Actes sud, 1996.

VICTORIN, Patricia, *Ysaïe le Triste : une esthétique de la confluence : tours, tombeaux, vergers et fontaines*, Paris, Champion, 2002.

VINCENSINI, Jean-Jacques, « Le jardin de la fée : phénoménologie de la séduction et régulation actantielle », *Senefiance*, n° 28, 1990, *Vergers et jardins dans l'univers médiéval*, CUERMA, PUP, p. 389-404.

ÉTUDES ANTHROPOLOGIQUES ET HISTORIQUES

Histoire

ALEXANDRE-BIDON, Danièle, *La mort au Moyen Âge. XIIIe-XVIe siècle*, Paris, Hachette Littératures, 1998.

AURELL, Martin (dir.), *Culture politique des Plantagenêt (1154-1224)*, Poitiers, CESCM, 2003.

AURELL, Martin, *L'Empire des Plantagenêts, 1154-1224* Paris, Perrin, 2003.

AURELL, Martin, *La légende du Roi Arthur, 550-1250*, Paris, Perrin, 2007.

AURELL, Martin, GÎRBEA, Catalina (dir.), *Chevalerie & christianisme aux XIIe et XIIIe siècles*, Rennes, PUR, 2011.

BALDWIN, John, *Philippe Auguste et son gouvernement, Les fondations du pouvoir royal en France au Moyen Âge*, Béatrice Bonne (trad.), Paris, Fayard, 1991.

BARTHÉLEMY, Dominique, *Nouvelle histoire des capétiens, 987-1214*, Paris, Éditions du Seuil, 2012.

BARTHÉLEMY, Dominique, *La Chevalerie. De la Germanie antique à la France du XIIe siècle*, Paris, Fayard, 2007.

BATE, Keith, « La littérature latine d'imagination à la cour d'Henri II d'Angleterre », *Cahiers de civilisation médiévale*, 34, 133, 1991, p. 3-21.

BAUTIER, Robert-Henri, « Sacres et couronnements sous les Carolingiens et les premiers Capétiens. Recherches sur la genèse du sacre royal français », *Annuaire-bulletin de la Société de l'histoire de France*, 1987, p. 7-56.

BAUTIER, Robert-Henri, « Quand et comment Paris devint Capitale », Robert-Henri Bautier (dir.), *Recherches sur l'Histoire de la France médiévale*, Hampshire-Brookfield, Variorum, 1991, p. 17-48.

BILLORÉ, Maïté, « Construction des territoires et choix des aristocraties normandes entre la France et l'Angleterre, 1204-1258 », Véronique Gazeau, Jean-Philippe Genet (dir.), *La France et les îles Britanniques : un couple impossible ?* Paris, PUPS, 2012, p. 43-58.

BLOCH, Marc, *La Société féodale*, Paris, Albin Michel, 1989, 2 vol.

BOUREAU, Alain, *La loi du royaume. Les moines, le droit et la construction de la nation anglaise (XIe-XIIIe siècle)*, Paris, Les Belles Lettres, 2001.

BOURNAZEL, Éric, « Mémoire et parenté (le problème de la continuité dans la noblesse de l'an Mil) », Robert Delort (dir.), *La France de l'an Mil*, Paris, Éditions du Seuil, 1990.

BOUTET, Dominique, STRUBEL, Armand, *Littérature, politique et société dans la France du Moyen Âge*, Paris, PUF, 1979.

BRUGUIÈRE, Marie-Bernadette, « À propos des idées reçues en histoire : le divorce de Louis VII », *Mémoires de l'Académie des sciences, inscriptions et belles-lettres de Toulouse*, 140, Toulouse, Académie des sciences, inscriptions et belles-lettres, 1978, p. 191-206.

BRÜHL, Carlrichard, *Naissance de deux peuples, « Français » et « Allemands » IXe-XIe siècle*, Gaston Duchet-Suchaux (trad.), Paris, Fayard, 1994.

BULTOT, Robert, *La Doctrine du mépris du monde en Occident, de saint Ambroise à Innocent III*, Louvain, Nauwelaerts, 1963.

BYCHKOV, Oleg, « The use of the *De officiis* I in Walter Map's *De nugis curialum* », *Notes and Queries for Somerset and Dorset*, 42, 1995, p. 157-159.

COLLARD, Franck, *Pouvoirs et culture politique dans la France médiévale Ve-XVe siècle*, Paris, Hachette, 1999.

CONTAMINE, Philippe, *La Noblesse au Moyen Âge, XIe-XIVe siècles. Essais à la mémoire de Robert Boutruche*, Paris, PUF, 1976.

CONTAMINE, Philippe, GUYOTJEANNIN, Olivier, LE JAN, Régine, *Le Moyen Âge, Le roi, l'Église, les grands, le peuple 481-1514*, Paris, Éditions du Seuil, 2002.

DAUPHANT, Léonard, *Le Royaume des quatre rivières, l'espace politique français (1380-1515)*, Seyssel, Champ Vallon, 2012.

DAVID, Marcel, « Le serment du sacre du IXe au XVe siècle, contribution à l'étude des limites juridiques de la souveraineté », *Revue du Moyen Âge latin*, VI, Strasbourg, 1950.

DELORT, Robert (dir.), *La France de l'an Mil*, Paris, Éditions du Seuil, 1990.

DHONDT, Jan, *Étude sur la naissance des principautés territoriales en France, IXe-Xe siècles*, Gand, Travaux de l'Université de Gand, 1948.

DUBY, Georges, *Féodalité*, Paris, Gallimard, 1996.

FAVIER, Jean (dir.), *La France médiévale*, Paris, Fayard, 2003.

FLICHE, Augustin, *L'« Histoire de l'Église »*, VIII, *La Réforme grégorienne et la reconquête chrétienne (1057-1123)*, Paris, Bloud et Gay, 1940.

FLORI, Jean, *L'Idéologie du glaive, préhistoire de la chevalerie*, Genève, Droz, 1983.

FLORI, Jean, *L'essor de la chevalerie, XIe-XIIe siècles*, Genève, Droz, 1986.

FLORI, Jean, *Chevaliers et chevalerie au Moyen Âge*, Paris, Hachette littératures, 1994.

FLORI, Jean, « La chevalerie selon Jean de Salisbury (nature, fonction, idéologie) », *Revue d'histoire ecclésiastique*, 87, 1982, p. 35-77.

FOSSIER, Robert, *Histoire sociale de l'Occident médiéval*, Paris, Armand Colin, 1970.

FRANCIS, Elisabeth A., « Marie de France et son temps », *Romania*, 72, 1951, p. 78-99.

GAUVARD, Claude, *La France au Moyen Âge du Ve au XVe siècle*, Paris, PUF/Quadrige, 2010.

GAZEAU, Véronique, GENET, Jean-Philippe, *La France et les îles Britanniques : un couple impossible ?*, Paris, PUPS, 2012.

GENET, Jean-Philippe, « Le vocabulaire politique du *Policraticus* de Jean de Salisbury : le prince et le roi », Martin Aurell (dir.), *La cour Plantagenêt (1154-1204)*, actes du Colloque tenu à Thouars, 30 avril au 2 mai 1999, Poitiers, CESCM, 2000, p. 187-215.

GREEN, Judith A., *The Aristocracy of Norman England*, Cambridge, Cambridge University Press, 1997.

GUERREAU, Alain, « Fief, féodalité, féodalisme. Enjeux sociaux et réflexion historienne », *Annales. Economies, sociétés, civilisations*, 45e année, 1, 1990, p. 137-166.

GUILLOT, Olivier, SASSIER, Yves, *Pouvoirs et institutions dans la France médiévale, des origines à l'époque féodale*, tome 1, Paris, Armand Colin, 2011 [1re éd. 2006].

GUYONVARC'H, Christian-Joseph, LE ROUX, Françoise, *La Civilisation celtique*, Paris, Payot & Rivages, 1995.

GUYONVARC'H, Christian-Joseph, *Les fêtes celtiques*, Rennes, Éditions Ouest-France, 1995.

HARF-LANCNER, Laurence, « L'enfer de la cour : la cour d'Henri II Plantagenêt et la *mesnie hellequin* (dans l'œuvre de Jean de Salisbury, de Gautier Map, de Pierre de Blois et de Giraud de Barri) », Philippe Contamine (éd.), *L'État et les aristocraties, XIIe-XVIIe siècle : France, Angleterre, Écosse*, Paris, Presses de l'École normale supérieure, 1989, p. 27-50.

IOGNAT-PRAT, Dominique, « Le "baptême" du schéma des trois ordres fonctionnels », AESC, 41/1, 1986, p. 101-126.

KRYNEN, Jacques, *L'Empire du roi, Idées et croyances politiques en France, XIIIe-XVe siècle*, Paris, Gallimard, 1993.

LABANDE, Edmond, « Pour une image véridique d'Aliénor d'Aquitaine », *Bulletin de la Société des antiquaires de l'Ouest*, 1952, p. 175-234.

LACHAUD, Frédérique, *L'Éthique du pouvoir au Moyen Âge, L'office dans la culture politique (Angleterre, vers 1150-vers 1330)*, Paris, Classiques Garnier, 2010.

LE GOFF, Jacques, *L'Imaginaire médiéval*, Paris, Gallimard, 1985.

LE GOFF, Jacques, *La Naissance du purgatoire*, Paris, Gallimard, 2011.

LE GOFF, Jacques, *Saint Louis*, Paris, Gallimard, 1996.

LE GOFF, Jacques, *Textes sacrés et culture profane : de la révélation à la création*, Mélanie Adda (éd.), Berne, Peter Lang, 2010.

LEMARIGNIER, Jean-François, *La France médiévale, institutions et société*, Paris, Armand Colin, 2016 [1re éd. 1970].

LEMARIGNIER, Jean-François, « Les institutions ecclésiastiques en France de la fin du Xe au milieu du XIIe siècle », Ferdinand Lot et Robert Fawtier (dir.), *Histoire des institutions françaises au Moyen Âge*, t. III, Paris, PUF, 1962, p. 1-139.

LEMARIGNIER, Jean-François, *Recherches sur l'hommage en marche et les frontières féodales*, Lille, Université de Lille, 1945.

LE GOFF, Jacques, PALAZZO, Éric, BONNE, Jean-Claude, COLETTE, Marie-Noël (dir.), *Le Sacre royal à l'époque de Saint Louis*, Paris, Gallimard, 2001.

MATHEY-MAILLE, Laurence, *Écritures du passé, Histoires des ducs de Normandie*, Paris, Champion, 2007.

MAZEL, Florian, *Féodalités, 888-1180*, Paris, Belin, 2014.

MORSEL, Joseph, *L'aristocratie médiévale (Ve-XVe siècle)*, Paris, Armand Colin, 2004.

MORSEL, Joseph, « Appropriation communautaire du territoire, ou appropriation territoriale de la communauté ? Observations en guise de conclusion », *Hypothèses* 2006/1 (9), p. 89-104.

MORSEL, Joseph, *Le Moyen Âge vu d'ailleurs*, « les logiques communautaires entre logiques spatiales et logiques catégorielles (XIIe-XVe siècles) », p. 253-278.

PACAUT, Marcel, *Louis VII et les élections épiscopales dans le royaume de France*, Paris, Vrin, 1957.

PACAUT, Marcel, *Louis VII et son royaume*, Paris, SEVPEN, 1964.

PASTOUREAU, Michel, *Le Roi tué par un cochon*, Paris, Éditions du Seuil, 2015.

PAUL, Jacques, *L'Église et la culture en Occident, IXe-XIIe siècles*, Paris, PUF, 1986.

ROBERTSON, James Craigie, *Materials for the History of Thomas Becket, archbishop of Canterbury*, 7 vol., 1875-1885.

SASSIER, Yves, *Louis VII*, Paris, Fayard, 1998.

SASSIER, Yves, *Royauté et idéologie au Moyen Âge, Bas-Empire, monde franc, France (IVe-XIIe siècle)*, Paris, Armand Colin, 2012.

SENELLART, Michel, *Les Arts de gouverner. Du* regimen *médiéval au concept de gouvernement*, Paris, Éditions du Seuil, 1995.

TÜRK, Egbert, *Nugae Curialium : le règne d'Henri II Plantegenêt (1154-1189) et l'éthique politique*, Genève, Droz, 1977.

VAN DER LUGT, Maaike (dir.), *La Nature comme source de la morale au Moyen Âge*, Firenze, Sismel Edizionu del Galluzzo, 2014.

VERDON, Jean, *La Nuit au Moyen Âge*, Paris, Perrin, 1994.

WIRTH, Jean, *L'Image du corps au Moyen Âge*, Firenze, Sismel Edizionu del Galluzzo, 2013.

ZINK, Michel, *La Subjectivité littéraire, Autour du siècle de saint Louis*, Paris, PUF, 1985.

Théologie, anthropologie, mythologie comparée

ADDA, Mélanie (éd), *Textes sacrés et culture profane : de la révélation à la création*, Berne, Peter Lang, 2010.

BACHELARD, Gaston, *L'air et les songes. Essai sur l'imagination du mouvement*, Paris, José Corti, 1990 [1re éd. 1943].

BERTRAND, Dominique (dir.), *Mythologies de l'Etna*, Clermont-Ferrand, Presses Universitaires Blaise Pascal, 2004.

BOIVIN, Jeanne-Marie, *L'Irlande au Moyen Âge. Giraud de Barri et la* Topographia Hibernica *(1188)*, Paris, Champion, 1993.

BOULOUMIÉ, Arlette (dir.), *Les Vivants et les morts, Littératures de l'entre-deux-mondes*, Paris, Imago, 2008.

BOUTET, Dominique, HARF-LANCNER, Laurence (éd.), *Pour une mythologie du Moyen Âge*, Paris, Presses de l'École normale supérieure, 1988.

BROMWICH, Rachel, *The Welsh Triads*, Cardiff, University of Wales Press, 1961.

BRUNEL, Pierre, *L'évocation des morts et la descente aux enfers. Homère, Virgile, Dante, Claudel,* Paris, SEDES, 1974.

BRUNEL, Pierre, *Mythocritique, Théorie et Parcours*, Paris, PUF, 1992.

CAROZZI, Claude, *Le voyage de l'âme dans l'au-delà d'après la littérature latine (Ve-XIIIe siècle)*, Rome, École française de Rome, 1994.

DELPECH, François, « Le Chevalier-Fantôme et le Maure reconnaissant, remarques sur la légende de Muño Sancho de Finojosa », Philippe Walter (dir.), *Le mythe de la Chasse sauvage dans l'Europe médiévale*, Paris, Champion, 1997.

DELUMEAU, Jean, *La Mort des pays de Cocagne, Comportements collectifs de la Renaissance à l'âge classique*, Paris, PUPS, 1976.

DELUMEAU, Jean, *Le Jardin des délices. Une histoire du paradis*, t. I, Paris, Fayard, 1992.

DELUMEAU, Jean, *Mille ans de bonheur. Une histoire du paradis*, t. II, Paris, Fayard, 1995.

DELUMEAU, Jean, *Que reste-t-il du paradis ? Une histoire du paradis*, t. III, Paris, Fayard, 2000.

DELUMEAU, Jean, *Le Paradis,* Paris, Fayard, 2001.

DELUMEAU, Jean, *À la recherche du paradis*, Paris, Fayard, 2010.

DELUMEAU, Jean, *L'Avenir de Dieu*, Paris, CNRS Éditions, 2015.

DONTENVILLE, Henri, *Histoire et géographie mythique de la France*, Paris, Maisonneuve et Larose, 1973.

DUMÉZIL, Georges, *Le festin d'immortalité. Étude de mythologie comparée indo-européenne*, Paris, Paul Geuthner, 1924.

DUMÉZIL, Georges, *Mythe et épopée. L'Idéologie des trois fonctions dans les épopées des peuples indo-européens*, Paris, Gallimard, 1968.

DUMÉZIL, Georges, *Du mythe au roman*, Paris, PUF, 1970.

DUMÉZIL, Georges, *Les Dieux souverains des Indo-Européens*, Paris, Gallimard, 1977.

DURAND, Gilbert, *Le Décor mythique de la* Chartreuse de Parme, Paris, José Corti, 1961.

DURAND, Gilbert, *Les Structures anthropologiques de l'imaginaire, introduction à l'archéotypologie générale*, Paris, Bordas, 1984 [1re éd. 1969].

DURAND, Gilbert, *Figures mythiques et visages de l'œuvre, de la mythocritique à la mythanalyse*, Paris, Berg International éditions, 1979.

ELIADE, Mircea, *Aspects du mythe*, Paris Gallimard, 1963.

ELIADE, Mircea, *Image et symboles. Essai sur le symbolisme magico-religieux*, Paris, Gallimard, 1952.

ELIADE, Mircea, *Le Sacré et le profane*, Paris, Gallimard, 1965.

ELIADE, Mircea, *Traité d'histoire des religions*, Paris, Payot, 1949.

GREEN, Miranda, *Mythes celtiques*, Marie-France Palomera (trad.), Paris, Éditions du Seuil, 1995.

GRISWARD, Joël H., *Archéologie de l'épopée médiévale,* Paris, Payot, 1981.

GRISWARD, Joël H., « Des Scythes aux Celtes. Le Graal et les talismans royaux des Indo-Européens », *Artus*, 14, 1983, p. 15-22.

HUET, Gédéon, « Ogre dans le *Conte du Graal* de Chrétien de Troyes », *Romania*, 37, 1908, p. 301-305.

KRUTA, Venceslas, *Les Celtes. Histoire et dictionnaire des origines à la romanisation et au Christianisme*, Paris, Robert Laffont, 2000.

LAURENT, Donatien, TREGUER, Michel, *La Nuit celtique*, Rennes, PUR, 1997.

LÉVI-STRAUSS, Claude, *Anthropologie structurale*, Paris, Plon, 1958.

LÉVY-BRUHL, Lucien, *Le Surnaturel et la nature dans la mentalité primitive*, Paris, Alcan, 1931.

MASSON-VOOS, Caroline, « Les jardins objets d'attentions au Moyen Âge », Pierre-Gilles Girault (dir.), *Flore et jardins : usages, savoirs et représentations du monde végétal au Moyen Âge*, Paris, Le Léopard d'Or, 1997, p. 9-38.

MARX, Jean, *La Légende arthurienne et le Graal*, Paris, PUF, 1952.

RIBÉMONT, Bernard, « Christine de Pizan : entre espace scientifique et espace imagé », Liliane Dulac et Bernard Ribémont (éd.), *Une femme de lettres au Moyen Âge. Études autour de Christine de Pizan*, Orléans, Paradigme, 1995, p. 245-261.

ROUX, Jean-Paul, *Le roi. Mythes et symboles*, Paris, Fayard, 1995.

SCHMITT, Jean-Claude, *Le corps, les rites, les rêves, le temps. Essais d'anthropologie médiévale*, Paris, Gallimard, 2001.

SQUIRE, Charles, *Mythology of the Celtic People*, London, Tiger Books International, 1998.

THOMAS, Joël (dir.), *Initiation aux méthodologies de l'imaginaire*, Paris, Ellipses, 1998.

WALTER, Philippe, *Arthur, l'Ours et le Roi*, Paris, Imago, 2002.

WALTER, Philippe, *Canicule, essai de mythologie sur* Yvain *de Chrétien de Troyes*, Paris, SEDES, 1988.

WALTER, Philippe, *Galaad, le pommier et le Graal*, Paris, Imago, 2004.

WALTER, Philippe, *Gauvain, le chevalier solaire*, Paris, Imago, 2013.

WALTER, Philippe, *La Mémoire du Temps. Fêtes et calendriers de Chrétien de Troyes à* La Mort Artu, Paris, Champion, 1989.

WALTER, Philippe, *Le* Bel Inconnu *de Renaut de Beaujeu, rite, mythe et roman*, Paris, PUF, 1996.

WALTER, Philippe, *Le Gant de verre. Le Mythe de Tristan et Yseut*, La Gacilly, Artus, 1990.

WALTER, Philippe, *Le Mythe de la Chasse sauvage dans l'Europe médiévale*, Paris, Champion, 1997.

WALTER, Philippe, *Ma mère l'Oie. Mythologie et folklore dans les contes de fées*, Paris, Imago, 2017.

WALTER, Philippe, *Perceval, le pêcheur et le Graal*, Paris, Imago, 2004.

ZUMTHOR, Paul, *La Mesure du monde, Représentation de l'espace au Moyen Âge*, Paris, Éditions du Seuil, 1993.

INDEX DES NOMS[1]

1 Tous les héros du corpus primaire figurent dans cet index, car, en tant que héros royaux, ils sont avant tout définis comme des prolongements de la volonté du roi en ses terres.

INDEX DES LIEUX

TABLE DES MATIÈRES

DEUXIÈME PARTIE

LE ROYAUME AU MIROIR DU RÉCIT

POLARITÉS ET POLARISATION

TROISIÈME PARTIE

PRÉMICES D'UN ROYAUME EUTOPIQUE

IMPRIM'VERT®

Achevé d'imprimer par Corlet,
Condé-en-Normandie (Calvados),
en Mai 2022
N° d'impression : 176130 - dépôt légal : Mai 2022
Imprimé en France